# 屋开发总公司

润州消防站项目，已交付并投入使用

镇江实验学校改扩建工程竣工交付

御桥嘉园安置房

扬溧高速南出口改造项目效果图

佰润粤海国际酒店正式开业

# 《润州年鉴》主审

## 王冬生　　高国成

《润州年鉴》编审人员

| | | | | |
|---|---|---|---|---|
| **主　　编** | 贾敬远 | | | |
| **副 主 编** | 江朝民 | 华晨明 | | |
| **编　　辑** | 谢竞美 | 何春华 | 田　岽 | 张兴淮 |
| **封面题字** | 王明龙 | | | |

# 编辑说明

一、《润州年鉴》以马克思列宁主义、毛泽东思想、邓小平理论、“三个代表”重要思想、科学发展观为指导，是镇江市润州区人民政府主办，区政府办公室、区史志档案办公室具体承办的综合性地方年鉴，旨在记载润州区社会主义现代化建设的历史进程，为了解润州、研究润州、发展润州提供信息密集、准确权威的地情资料，也为续修《润州区志》积累史料。

二、《润州年鉴(2017)》为《润州年鉴》总第15期，记述时限为2016年1月1日至2016年12月31日。为保持年鉴的完整性、实用性，部分资料的时间略有前溯和后延。

三、全书采用条目体，分类编辑。全书共68余万字，分类目、分目、条目3个层次，共设28个类目、131个分目、541个条目。50个表格、黑白图照53幅。条目为记述实体，其标题用黑体字加【】表示。

四、本年鉴所用稿件由区各部门、单位专人撰写，(部分内容由编辑自撰或收录媒体发表的文章)经各单位领导审阅后定稿，在条目后署撰稿人姓名或单位，一个分目内同一作者的连续几个条目，署在最后一个条目。所有稿件均经过编辑部编辑加工，并经区地方志编委会审定。正文中数据由撰稿单位提供，如数据不一致的以区统计局提供的数据为准。量和单位的使用，执行国家标准。为保持文章原貌，“特载”“重要文件选录”等类目中的工作报告、文件、文章所涉及的数据、计量单位不作改动。

五、本年鉴在编辑过程中得到方志出版社和市史志办公室专家的热情指导，全区各级领导和有关方面给予了热情支持，在此一并致谢。由于编辑人员水平有限，疏漏错误之处在所难免，在此仅表歉意。

金山湖 陈岗 摄

南城新貌　陈岗 摄

跑马山路　陈岗 摄

润州年鉴
RUNZHOU YEARBOOK

# 润州便览 2016

## 【数字润州】

土地面积132.68平方公里
户籍总人口为24.4万人
8个街道　3个场圃　1个高新区
13个行政村　60个社区
地区生产总值369亿元
财政总收入29.51亿元
全社会固定资产投资427.57亿元
社会消费品零售总额177.85亿元
外贸进出口总额5.28亿美元
中小学17所
在校学生17936人
城乡基本社会保险覆盖率98%
城镇登记失业率2%
城镇居民人均可支配收入41433元
农村居民人均可支配收入23517元
城镇居民人均消费支出25784元
农村居民人均消费支出17485元

## 【辖区内风景名胜】

全国重点文物保护单位：镇江英国领事馆旧址、昭关石塔
全国重点寺庙道观：金山江天禅寺
国家重点风景名胜区：“三山”风景名胜区中的“金山”
国家AAAAA级旅游风景区：金山公园
国家AAAA级旅游风景区：镇江博物馆、南山风景区
国家森林公园：南山国家森林公园
省级风景名胜区：南山风景名胜区、西津渡历史文化街区

## 【荣誉】

全国科技进步先进区
江苏省社会治安安全区
江苏省工会工作模范区
江苏省依法行政示范点
江苏省土地执法模范区
江苏省素质教育实验区
江苏省社区建设示范区
江苏省社区卫生服务先进区
江苏省人口和计划生育工作示范区
江苏省科普示范区
党建工作先进区
江苏省科技进步考核先进区
江苏省残疾人社区康复先进区

区政府所在地位于北纬32°11′42″、东经119°24′20″。
地址：镇江市润州路5号
邮政编码：212005
政府网站为“中国•润州”（网址「http://www.runzhou.gov.cn」）。

# 总 目 录

# 《润州年鉴》主要机构(单位)简称全称对照表

| 简　称 | 全　　称 | 简　称 | 全　　称 |
|---|---|---|---|
| 区　委 | 中国共产党镇江市润州区委员会 | 规划分局 | 镇江市规划局润州分局 |
| 区人大 | 镇江市润州区人民代表大会常务委员会 | 国税二分局 | 镇江市国家税务局第二税务分局 |
| 区政府 | 镇江市润州区人民政府 | 地税三分局 | 镇江市地方税务局第三税务分局 |
| 区政协 | 中国人民政治协商会议镇江市润州区委员会 | 区环保局 | 镇江市润州区环境保护局 |
| 纪　委 | 中国共产党镇江市润州区纪律检查委员会 | 国土分局 | 镇江市国土资源局润州分局 |
| 法　院 | 镇江市润州区人民法院 | 城管局 | 镇江市润州区城市管理局 |
| 检察院 | 镇江市润州区人民检察院 | 科技局 | 镇江市润州区科学技术局 |
| 政法委 | 中共镇江市润州区委政法委员会 | 科　协 | 镇江市润州区科学技术协会 |
| 区委办 | 中共镇江市润州区委办公室 | 人社局 | 镇江市润州区人力资源和社会保障局 |
| 人大办 | 镇江市润州区人民代表大会常务委员会办公室 | 安监局 | 镇江市润州区安全生产监督管理局 |
| 政府办 | 镇江市润州区人民政府办公室 | 机关事务服务中心 | 镇江市润州区政府机关事务服务中心 |
| 政协办 | 政协镇江市润州区委员会办公室 | 工贸总公司 | 镇江市润州区工贸总公司 |
| 统战部 | 中共镇江市润州区委统一战线工作部 | 编　办 | 镇江市润州区机构编制委员会办公室 |
| 机关工委 | 中共镇江市润州区委区级机关工作委员会 | 台　办 | 中共镇江市润州区委台湾工作办公室 |
| 信访局 | 镇江市润州区信访局 |  | 镇江市润州区人民政府台湾事务办公室 |
| 法制办 | 镇江市润州区政府法制办公室 | 台谊会 | 镇江市润州区台属联谊会 |
| 史志档案办 | 镇江市润州区史志档案办公室 | 侨　办 | 镇江市润州区人民政府侨务办公室 |
| 团区委 | 共青团镇江市润州区委员会 | 侨　联 | 镇江市润州区归国华侨联合会 |
| 妇　联 | 镇江市润州区妇女联合会 | 工商联 | 镇江市润州区工商业联合会 |
| 文明委 | 镇江市润州区精神文明建设指导委员会 | 残　联 | 镇江市润州区残疾人联合会 |
| 区广播电视台 | 镇江市润州区广播电视台 | 供销社 | 镇江市润州区供销合作总社 |
| 关工委 | 镇江市润州区关心下一代工作委员会 | 环卫所 | 镇江市润州区环境卫生管理所 |
| 财政局 | 镇江市润州区财政局 | 作　协 | 镇江市润州区作家协会 |
| 农　委 | 镇江市润州区农业委员会 | 书　协 | 镇江市润州区书法家协会 |
| 发改经信委 | 镇江市润州区发展改革和经济信息化委员会 | 民革润州支部 | 中国国民党革命委员会<br>镇江市委员会润州区支部 |
| 商务局 | 镇江市润州区商务局 | 民建润州支部 | 中国民主建国会镇江市委员会润州区支部 |
| 公安分局 | 镇江市公安局润州分局 | 城投公司 | 镇江市润州区城市建设投资公司 |
| 市场监管局 | 镇江市润州区市场监督管理局 | 城管润州执法大队 | 镇江市城市管理执法支队润州大队 |

# 目 录

## 特 载



## 专 记



## 润州概况



## 大事记2016年

## 中共润州区委员会

## 润州区人民代表大会



## 润州区人民政府



## 政协润州区委员会

## 中共润州区纪律检查委员会



## 社会团体

## 民主党派·工商联



## 法治·人民武装

# 综合管理



# 农业·水利

## 工业·服务业



## 城乡建设·环境保护



## 商业经济

## 财政·税务·审计·金融



## 教 育



## 科技·卫计·广播电视·文化·体育

## 居民生活与社会保障



## 街道·园区·场圃

# 人　物



# 荣 誉 榜

## 文件选录·题录



## 统计资料



## 彩色画页

## 索　引

## 报 告

# 为高水平全面建成小康社会而奋斗

## ——在区委八届二次全体(扩大)会议上的讲话

王冬生

(2016年12月29日)

同志们：

在加快建设“强富美高”新润州的关键时期，我们召开区委八届二次全体(扩大)会议，主要任务是：深入贯彻党的十八大、十八届三中、四中、五中、六中全会和习近平总书记系列重要讲话精神，全面落实中央、省经济工作会议要求和省第十三次党代会、市委七届二次全会精神，回顾今年、部署明年，动员全区各级党组织和广大党员干部励精图治、群策群力，为高水平全面建成小康社会而奋斗。

下面，我代表区委常委会，讲三个方面的意见。

**一、回顾今年，我们必须肯定成绩、正视不足**

今年以来，面对严峻复杂的发展环境，全区上下坚决贯彻中央和省、市委的决策部署，适应经济发展新常态，加快供给侧结构性改革，打好转型升级“组合拳”，攻坚克难、勇于担当、干事创业，全区发展迈上新台阶。

1.发展成效稳中有进。主要经济指标完成情况好于预期，全区GDP、一般公共预算收入预计(下同)分别完成370亿元、20.62亿元，工业投资、社会消费品零售总额等多项指标增幅位居全市前列。项目建设振奋人心,40个亿元以上产业项目推进顺利,部分竣工投产,其中2个省级、18个市级重大项目均达序时,增强了发展后劲。群众“获得感”显著增强,城镇、农村常住居民人均可支配收入分别增长8.5%、8.8%;教育现代化监测综合得分位居全省第三,医养护一体化等经验在省、市推广,城镇登记失业率控制在2%以内,安置房建设、旧城改造、物管提升等惠民工程广受赞誉。

2.发展质态更加优化。转型升级态势良好,惠龙港国际物流园区荣获首批国家级示范园区,“两化”融合、“机器换人”、企业上市工作取得全新突破。创新动力明显增强,建成市知识产权创新创业服务平台,新增国家级高新技术企业22家,高新技术产业产值占规模工业总产值比重达53%,万人发明专利拥有量名列全市前茅,国家和省市级人才计划申报数创历史新高,入选省“双创计划”6人、市“金山英才计划”15人。供给侧结构性改革扎实推进,产业发展、精准扶贫、城市生态、党的建设等补短板工作深入开展,“三去一降一补”成效明显,产业结构调整和发展动力加快转换,经济社会发展质态更加平稳优化。

3.发展环境持续提升。生态环境更美,中央环保督察组反馈意见整改有力,“一湖九河”、西南片区综合整治取得阶段性成果,秸秆禁烧、大气管控严格到位,国家卫生城市、全国文明城市复审顺利,城市管理日益精细化。社会环境更好,“法治润州”“平安润州”建设不断加强,社会治安防控网络日趋完善,信访积案化解有力有效;社会“三安”工作不断深化,全年未发生有影响的安全事件。干事环境更优,机关效能革命扎实开展,行政审批改革深入推进,“店小二”精神全面弘扬,为民宗旨自觉践行,“一切在于干”蔚然成风。

4.发展保障有效强化。“两学一做”学习教育富有成效,理论武装、党校工作得到加强。组织开展多层次、宽领域专题培训,干部队伍素质不断提高。圆满完成区委和村(社区)党组织换届,推行红色形象体系建设,促进党建文化有形落地,“融城党建”荣获全国组工教学案例二等奖,党的基层战斗堡垒全面夯实。严格落实党风廉政建设“两个责任”,把握运用监督执纪“四种形态”[1],党员干部纪律规矩意识更加强化,党风政风呈现新气象。同时,人大、政协职能作用有效发挥,统战、工会、工商联、共青团、妇联等工作卓有成效,人武、双拥工作开创新局面。

这些成绩来之不易,最让我们难忘的是,以区四套班子领导为代表的各级干部坚定信心不退却、克难奋进不松劲;最让我们感动的是,广大企业家直面挑战不退缩、振奋精神闯新路;最让我们鼓舞的是,社会各界同舟共济渡难关、凝心聚力谋发展。在此,我代表区委,向全区广大党员和干部群众,向给予润州发展大力支持的社会各界人士,表示衷心的感谢和崇高的敬意!

成绩固然可喜,但我们更要清醒认识到,与新的形势要求相比,与人民群众热切期盼相比,全区经济社会发展还存在一些问题和不足:一是大项目好项目太少,科技创新缺乏“高峰”。二是居民收入、企业利润、财政收入“三个口袋”不够充实,“马太效应”[2]较为突出。三是党员干部应对新常态、谋求新发展、解决新问题的能力还需提升,维稳工作压力较大,城市品质还不够高,生态基础还比较薄弱,等等。以上问题,我们必须高度重视,采取有力措施,认真加以解决。

**二、部署明年,我们必须谋定而动、精准发力**

“十三五”期间,“两聚一高”[3]是全省工作的重中之重,也是市委七届二次全会部署的主要任务,我们必须重实际、抓关键、善作为。聚力创新,就要充分发挥我区创新资源优势,在新技术、新模式、新业态、新机制上求突破,构建既有“高原”又有“高峰”的创新发展格局。聚焦富民,就是要拿出实实在在举措,在促增收、强服务、优治理、兜底线上见成效,让全区老百姓生活得更为殷实、更有获得感;当前,宁镇扬一体化是我们高水平全面建成小康社会的重大机遇,要自觉把润州放在一体化大局中去考量,分析利弊、扬长避短,在产业升级、项目建设、城市建设等方面承载承接,抢得先机。要因时而变、因事而动、乘势而上,充分吸纳南京创新发展之力、产业溢出之力、辐射带动之力,坚决防止虹吸效应的不利影响,避免“丢了西瓜拣芝麻”;当下,落实省委、市委工作要求,我们认为润州最该干的是生态文明建设,能够干的是“两聚一高”和城市发展,必须干好的是充实居民收入、企业利润、财政收入“三个口袋”和全面从严治党,并且要扎扎实实、持之以恒干出成效。

2017年,全区工作的指导思想是:**在以习近平同志为核心的党中央坚强领导下,坚持以邓小平理论、“三个代表”重要思想、科学发展观为指导,深入贯彻党的十八大、十八届三中、四中、五中、六中全会和习近平总书记系列重要讲话精神,全面落实中央、省经济工作会议要求和省第十三次党代会、市委七届二次全会精神,坚持稳中求进工作总基调,以提高发展质量和效益为中心,以推进供给侧结构性改革为主线,围绕“两聚一高”,推进“五城共建”,扎实做好稳增长、促改革、调结构、惠民生、优生态、防风险各项工作,全面完成年度各项目标任务,在“强富美高”新润州建设征程中不懈努力,为高水平全面建成小康社会而奋斗,以优异成绩迎接党的十九大胜利召开。**

新的一年,重点干好三件大事:

1.全力优化生态环境。良好生态环境,是最公平的公共产品、最普惠的民生福祉、最基本的发展资源。要坚持生态领先、特色发展，以更高水平、更严标准、更大力度推动生态环境根本性好转。

绿色的自然环境，是人类文明的重要摇篮。要坚持“绿水青山就是金山银山”，按照全市生产力布局框架，严守农业空间和生态空间保护红线，提升开发水平，控制开发强度，推进绿色发展。要充分发挥市低交会成果，鼓励发展绿色经济、循环经济和再生经济，坚决淘汰落后产能，加快退出低端低效项目；全面推行低碳技术，突出绿色金融与低碳产业嫁接，招引更多低碳环保项目落户，建好润州“生态云”，着力打造资源节约型、环境友好型社会。要构建生态资源转化发展红利的良性循环，立足韦岗温泉、东山嶂山等特色小镇建设，发展生态旅游，推进人与自然和谐相处、经济与自然协调发展。

宜人的居住环境，是人人向往的幸福家园。要抓住中央环保督察整改的契机，下大决心、花大力气，加强生态保护和环境治理，对各类违法行为“零容忍”，全力解决群众身边的突出环境问题。要以“两减六治三提升”[4]专项行动为统领，全面深化“一湖九河”综合整治、“水岸共治十大行动”，严格落实水资源保护“三条红线”，确保国控断面水质达标；大力实施大气污染、土壤污染防治计划，加强源头管控，进一步减少环境风险。要着力保护长江湿地、南山、嶂山等区域的生物多样性，加快治理韦岗铁矿、船山矿等废弃矿山，全面实施畜禽禁限养，打通“山水林田湖”生命共同体彼此间的“关节”与“经脉”。

优美的城市环境，是区域竞争的魅力所在。城市规划要有大格局，坚持开发与保护、继承与发扬并重，融合现代化的眼光、战略性的谋划、市场化的理念，把城市山林、大江风貌体现得更好，把城市文脉、历史底蕴彰显得更足，努力在长三角、宁镇扬城市群中建设独具特色的现代化山水花园城区。功能布局要有大思维，深刻分析宁镇扬“五个一体化”[5]的重大影响，充分发挥区位交通、宜居宜业优势，协调推进南徐新城、北部滨水区、官塘新城、西南片区建设，优化完善路网管网、商业市场等基础设施、配套设施，主动承接南京高端要素溢出效应。城市建设要有大手笔，抢抓国家棚户区改造等政策机遇，深入实施城中村、棚户区、危旧房改造，确保市、区重点城建项目顺利实施。统筹抓好全国文明城市、国家卫生城市、海绵城市、低碳城市、智慧城市建设，增创润州宜居宜业宜游的独特优势。城市管理要有大决心，深化大城管“网格化”机制，常态长效推动城市管理精细化、全面化；深入开展城乡环境综合整治，大力开展占道经营、违章建筑、户外广告、渣土扬尘“四项整治”，确保城市顽疾“负增长”。

2.*聚力推进创新驱动*。创新是引领发展的第一动力，处在发展全局的核心位置。要坚持创新驱动战略，深化与镇江高新区的良性互动、资源共享，加快推进以科技创新为引领的全面创新，加快形成以创新为主要支撑的经济体系和发展模式。

推进创新驱动，必须做大做强产业。要把发展实体经济放在更加突出的位置，让润州的产业更强、实力更足、效益更好、就业渠道更宽广，达到充实居民收入、企业利润、财政收入“三个口袋”的目的。要突出高端化、智能化、绿色化、服务化、品牌化，主动对接“中国制造2025”“互联网+”行动计划，推动新型工业化与信息化深度融合，促进船舶与海工配套、小型工程机械、电子信息数字等主导产业提档升级，展现“主力军”“压舱石”作用；突出先导性和支柱性，大力发展战略性新兴产业，加快培育新能源、智能终端等高增长产业，激发“生力军”“加速器”潜力。要积极引导生产性服务业向专业化和价值链高端延伸、生活性服务业向便利化精细化品质化提升，促进城市综合体差异化发展，构建以金融服务、电子商务、物流配送、文化旅游为主体的现代服务业体系。

推进创新驱动，必须强化项目建设。要坚持不懈抓项目，集中一切资源、集聚一切要素，确保明年项目的规模总量大于今年、结构状况好于今年、实施进度快于今年，新建项目开工率达到100%。要全面提升专业化招商水平，加大人力、物力、财力、智力投入，全面摸排潜在资源、整合各方力量，深入实施“走出去、请进来”的开放发展战略，深化驻点招商、上门访商、链式招商和以商引商，力争落户一批大项目、好项目。

推进创新驱动，必须突出企业主体。要切实加强协同创新能力建设，提升企业创新发展的“内功”。要突出高新技术企业的引领作用，立足“小升高”“老转高”“新育高”，全力冲刺“百家高企”培育目标，打造一批创新型、高成长性 “牛羚”“瞪羚”“独角兽”[6]企业和行业“单打冠军”；促进创新资源、创新要素向企业集中，支持鼓励企业与高校院所联合共建技术中心、工程中心、博士后工作站等研发机构，全面推进产学研深度合作。要提升创新平台的功能和层次，积极推进众创空间、科技服务、创客定制、开放式创新、知识产权交易等平台建设，培育一批国家级、省级创新平台和“双创”基地。

推进创新驱动，必须集聚高端人才。要坚持把人才特别是高层次领军人才作为创新的核心要素，抢抓宁镇扬一体化带来的人才溢出效应，深入推进“金山英才”计划，强化高校、企业、政府联动，依托产业、平台、项目引才，围绕产业链、创新链打造人才链。要借助“科技镇长团”资源优势，发挥驻欧经济协作处、留日博士总会等海外机构作用，加快“镇江东北亚科技人才合作交流中心”等载体建设，吸引更多海内外人才到润州创新创业。要探索创新人才评估和管理考核办法，进一步完善本地人才库、科技专家库，打造优质全面高效的引才用才聚才环境，争取全年引进20名以上高层次人才。

推进创新驱动，必须完善体制机制。要进一步深化改革、优化服务，多为科技创新谋划布局，多为企业和人才松绑助力，以行政权力的“减法”换取创新活力的“加法”。要借助市科技风险池资金，强化科技金融服务，以“四两拨千斤”引导社会资本投向科技创新，建立多元化、多渠道的科技投入体系。要完善网上技术交易平台，依托苏南自主创新示范区知识产权创新创业服务平台，健全科技成果转化激励机制，增加科研人员成果转化收益。要着力营造勇于探索、鼓励创新、宽容失败的良好氛围，培育创新意识、激发创新潜能、激励创新行为，让创新成为全区上下的自觉追求和共同行动。

3.大力提升民富民享。要自觉践行以人民为中心的发展思想，千方百计回应民心所盼，坚决维护好、实现好、发展好人民群众最根本、最直接的切身利益，努力让人民群众过上好日子。

抓好创业就业，百姓才能富之有路。要坚持政府有形之手、市场无形之手、群众勤劳之手同向发力，共同创造幸福生活。要鼓励“大众创业、万众创新”，通过优化环境、改进服务、强化政策支持、打造创新创业平台，促进各类社会群体依靠自身智力和体力创造财富；要推动高质量的充分就业，优化就业结构，开发就业岗位，构建和谐劳动关系，实现零就业家庭“动态清零”。要拓宽居民增收渠道，继续支持村、社区集体资产保值增值，努力增加居民财产性收入。要重点关注农民富裕，大力推进农业供给侧结构性改革，让农民分享更多产业链增值收益。要大力实施农民、居民精准扶贫、精准脱贫工程，建立横向到边、纵向到底、互联互通的信息平台，坚持建档立卡、一户一策、精准施策，补齐全面小康的短板。

发展社会事业，百姓才能富有所享。要围绕高水平发展小中高12年基础教育，加快发展学前教育和继续教育，继续推进省教育现代化县级示范区建设，创成江苏省基础教育装备示范区。要牢固树立“没有全民健康就没有全面小康”的意识，把人民健康摆在优先发展的地位，不断深化基层卫生综合改革，完善分级诊疗制度和家庭医生签约服务，积极创建国家慢病防控示范区和艾滋病防控城市示范区。要满足人民群众对精神文化生活的更高需求，进一步繁荣发展文化事业，努力创造文艺精品，大力发展文化产业，深入实施文化惠民工程，建设一批真正符合群众需求的公共文化服务设施、基层文化服务中心和便民体育场所，构建完善的现代公共文化服务体系。

健全社会保障，百姓才能富得踏实。要深入实施“全民参保登记计划”，做到应保尽保、即征即保，全面建成覆盖城乡居民的社会保障体系。要不断健全多层次医疗保障体系，加强大病保险制度建设，稳步提升医疗保障待遇水平。要着力完善救助体系，建立“托底基金”、教育救助专项基金等，健全“救急难”长效机制，积极发展慈善公益事业，保障妇女和未成年人权益，确保困难群众和弱势群体得到及时救助。

保证和谐稳定，百姓才能富之能安。要高度重视安全生产和食品药品安全工作，全面、系统、深入地落实好政府监管责任、企业主体责任，扎实开展隐患排查治理，确保社会大局和谐安定。要着力提升社会治安综合治理水平，运用“大数据”“云计算”整合平台建设、治安防控、矛盾化解、网格化治理等工作，以“互联网+”思维打造治安防控体系的升级版。要积极引导分类处理信访投诉，依法处理在信访活动中的违法犯罪行为，规范信访秩序，推进积案有效化解。要全面深化“一式两化”社区服务管理体系，巩固提升“两长制”“民情图”等有效做法，实现政府治理、社会调节和居民自治的良性互动；要坚持“三社联动”，严格实行社区事务准入制，鼓励政府购买公共服务，打造区域性社区服务中心，提升社区服务水平。

**三、强化保障，我们必须从严从紧、管党治党**

事业兴衰，关键在党，关键在人。要坚定不移落实全面从严治党，把各级党组织建设得更加坚强有力，切实担负起时代赋予我们的重任。

1.以坚定信念为根本，强化思想引领。要深化理论武装工作，深入学习中国特色社会主义理论体系、习近平总书记系列重要讲话精神，引导党员干部自觉坚定“四个自信”、切实增强“四个意识”，坚定不移维护以习近平同志为核心的党中央权威。要全面落实意识形态工作责任制，牢牢把握“两个巩固”[7]根本任务，致力打造“润州发布”、润州手机报等新媒体平台，唱响主旋律，占领主阵地，把握舆论主动权。要推动学习型党组织和领导班子建设，深化“两学一做”学习教育，提升党委(党组)中心组学习成效，提高党员干部政治素质和专业能力，以理论和知识更新推动工作实践创新。

2.以固本强基为抓手，夯实基层堡垒。要按照“全面进步、全面过硬”的要求，夯实党在基层的执政根基和力量支撑。要履行书记抓基层党建主体责任、第一责任人职责，量质并举做好基层党建“书记项目”，持续加强“双型”先进党支部建设，积极打造一批党建示范点。要扎实推进“两新”组织党建工作，突出流动党员管理，实现党的组织、党的工作“有形覆盖、有效覆盖”，党员作用充分发挥。要选优配强基层党组织书记，组织实施村(社区)党组织书记能力素质提升三年行动计划，打造一支“双强双过硬”的“带头人”队伍。要加快红色形象体系建设，有序推进“红色视觉”“红色基因”“红色先锋”三大工程，提升党建文化软实力。要以深化“融城党建”为总揽，拓展“党建+”工作内涵，打通服务群众的“最后一米”，进一步做响做亮特色党建品牌。

3.以能力提升为关键，打造过硬队伍。要认真落实“20字”好干部标准，调优配强各级领导班子，用好各年龄段干部，拓展延伸“122”年轻干部培养计划，积极探索领导干部能上能下机制，推进领导班子系统化建设和专业化配备的有机融合。要以省、市干部教育培训规划为指导，重点抓好“一把手”、中青年干部培训工作，开设“周末课堂”，加大科级干部轮训调训力度，全面提升干部队伍整体素质。要完善干部考核机制，突出平时考核，注重综合研判，进一步探索构建定性定量结合、共性个性兼顾、显性隐性并重的考核指标体系，强化考核结果在干部选拔任用中的综合运用。要从严从细从实管理干三员一网”监督体系功能，丰富完善干部监督手段，防止和杜绝干部“带病上岗”。

4.以全面从严为要求，树立良好形象。要深入贯彻落实党的十八届六中全会精神，坚决执行《关于新形势下党内政治生活的若干准则》和《中国共产党党内监督条例》，以实际行动严守政治纪律和政治规矩，营造风清气正的政治生态。要扎实开展巡察工作，严格落实中央“八项规定”和省、市、区委“十项规定”，确保作风建设行之有效、行之久远。要始终保持惩治腐败的高压态势，严格落实“两个责任”，健全权力运行制约监督体系，加强执纪监督问责专门工作力量建设，强化派驻管理，用好监督执纪“四种形态”，构建不敢腐不能腐不想腐的长效机制，防止和整治发生在群众身边的“四风”和腐败问题，厚植党在基层的执政基础。

同志们，事业催人奋进，未来更加美好。让我们紧密团结在以习近平同志为核心的党中央周围，高举中国特色社会主义伟大旗帜，在镇江市委、市政府的坚强领导下，团结带领全区人民，不忘初心、继续前进，为高水平全面建成小康社会而奋斗，以优异成绩迎接党的十九大胜利召开！

## 【注释】

**（1）监督执纪“四种形态”**：经常开展批评和自我批评、约谈函询，让“红红脸、出出汗”成为常态；党纪轻处分、组织调整成为违纪处理的大多数；党纪重处分、重大职务调整的成为少数；严重违纪涉嫌违法立案审查的成为极少数。

**（2）马太效应**：指强者愈强、弱者愈弱的现象，反映到社会层面就是两极分化，富的更富，穷的更穷。

**（3）两聚一高**：聚力创新、聚焦富民，高水平全面建成小康社会。

**（4）两减六治三提升**：减少煤炭消费总量，减少落后化工产能；治理太湖水环境、治理生活垃圾、治理黑臭水体、治理畜禽养殖污染、治理挥发性有机物污染、治理环境隐患；提升生态保护水平、提升经济调控水平、提升执法监管水平。

**（5）宁镇扬“五个一体化”**：基础设施尤其是交通基础设施建设一体化；产业布局一体化；公共服务一体化；旅游资源开发一体化；生态环保一体化。

**（6）牛羚、瞪羚、独角兽**：牛羚，具有自主知识产权，年销售超500万元的高成长性科技企业；瞪羚，具有核心自主知识产权，年销售超3000万元、净利润超400万元或估值超1亿美元的科技企业；独角兽，具有颠覆传统行业或开拓新产业潜能，发挥着引领作用，估值超10亿美元的科技企业。

**（7）两个巩固**：巩固马克思主义在意识形态领域的指导地位，巩固全党全国人民团结奋斗的共同思想基础。

# 政府工作报告

## ——在润州区第九届人民代表大会第一次会议上

高国成

（2017年1月16日）

各位代表：

现在，我代表润州区第八届人民政府向大会作工作报告，请予审议，并请区政协委员和其他列席人员提出意见。

### 本届政府工作回顾

本届政府自2012年组建以来，紧紧团结和依靠全区人民，深入落实"四个全面"战略布局，认真践行"五大发展理念"，始终把握稳中求进总基调，积极适应经济新常态，实现了"十二五"圆满收官、"十三五"开局良好，完成了区八届人大一次会议确定的各项目标，全区发展充满活力、社会和谐安定，呈现出七个方面可喜的新变化。

**五年奋斗，综合实力跃上新台阶。**经济总量较快增长、质量稳步提升，预计(下同)2016年实现地区生产总值370亿元，年均增长10.9%；一般公共预算收入前四年年均增长13.5%，2016年推行"营改增"后完成20.66亿元、同口径增长3.8%；完成全社会固定资产投资431亿元，年均增长20.1%；累计实际利用外资6.47亿美元，是"十一五"期间的2.3倍。实施亿元以上重点产业项目225个，其中以船舶与海工配套产业园、中能建装备制造、镇江美的城等为代表的省市级重点产业项目73个，竣工投产或营业的项目90个、投资总额654亿元。

**五年奋斗，转型升级实现新突破。**三次产业占比由2011年的1.07:43.73:55.2优化为0.5:35.3:64.2，服务业投资总量连续五年领跑全市。制造业三大主导产业应税销售占全区工业比重超70%，产业特色更加鲜明；中船动力、镇江船厂等骨干企业在全行业低迷的情况下，调整产品布局、开拓新兴市场、实现产销两旺。现代服务业更加繁荣，智慧物流、数字出版、高端商贸迅猛发展；惠龙易通获批全国"智慧交通与现代物流创新示范基地"，平台在线交易额达到179亿元；睿泰数字产业园一期开园，一年多时间集聚优质上下游企业69家；城际商圈应税营业收入突破百亿元，迅速成长为镇江新商业中心。推动铁科新材料等4家企业在新三板挂牌，辖区企业上市实现"零突破"。

**五年奋斗，创新引领迸发新活力。**创成国家高新区、跻身苏南国家自主创新示范区，为镇江实施"一体两翼"[1]发展战略夯实基础。全社会研发投入占GDP比重由2011年的1.94%提升至2.38%，高新技术产业产值占比由31.2%提升至53.1%，省级以上高新技术企业由21家增加至76家、其中国家级高新技术企业达到51家。获评江苏省"优秀知识产权示范区"，万人发明专利拥有量实现翻番。创建国家火炬计划镇江光电子与通信元器件产业基地，新增省级工程技术研究中心5家，成为全省首批"苗圃-孵化器-加速器"科技创业孵化链条试点。累计引进"千人计划"[2]11名、高层次人才280名，创成2家国家级博士后工作站。"金莲"商标创成首个中国驰名商标，新增江苏省著名商标21件。

**五年奋斗，城市形象展现新姿态。**累计实施市、区重点城建项目150多个，润兴路、京江路、五凤口高架等30多条道路竣工通车，官塘新城"三纵三横"路网相继建成,城市功能更加完善;先后启动太古山、李家大山、岗子下等49个城中村、棚户区改造项目,完成征收35169户、490万平方米,危房解危1368户,群众居住条件极大改善;累计安置16910户、207万平方米,逾期安置问题基本解决。全面推行市容管理"街长制",创新实施"网格长"负责制,大城管考核每年被评为优秀,环卫保洁市场化实现城乡全覆盖。持续推进生态文明建设,累计实施36个生态重点项目;严格执法、重拳出击,全面完成中央环保督察组交办事项;西南片区生态环境综合整治阶段性任务全面完成,关停污染企业41家;"一湖九河"水环境整治效果明显,御桥港、运粮河等重点水利工程如期竣工。全区森林覆盖率达32%,建成区绿化覆盖率超过47%。

**五年奋斗,人民生活获得新改善**。城镇、农村常住居民人均可支配收入年均分别增长9.4%、12.1%,增幅在全市始终名列前茅。积极促进失地农民、失水渔民再就业,实现零就业家庭"动态清零",城镇登记失业率控制在2%以内。财政累计支出5.03亿元,养老、医疗等参保率在98%以上,城乡低保、失地农民保障、居民医保等标准逐年提高。居家养老服务中心实现全覆盖,每千名老年人拥有养老床位数达43张。创成首批全国义务教育发展基本均衡区、省义务教育优质均衡发展区,教育现代化建设监测评估成绩列全省第3名;社区卫生服务中心软硬件建设全省领先,成为全国17家基层卫生综合改革联系点之一;荣获"中华诗词之乡"称号,10分钟公共体育服务圈、15分钟公共文化服务圈、半小时法律服务圈辐射全区。

**五年奋斗,社会治理开创新局面**。全面构建"一式两化"[3]社区服务管理体系,新建光华、西津渡等6个社区服务中心,和谐社区建设100%达标。建立社区事务准入制度,努力减轻基层社区负担。安全生产、食品药品安全、社会治安和信访工作全面加强,公众安全感群众满意度测评始终位列全市、全省前茅。税务、规划、国土、广播电台、人民武装等相关单位倾心服务发展大局,工会、共青团、妇联、科协、残联、工商联、关工委等群众团体充分发挥桥梁纽带作用,机关事务、民族宗教、外事侨台、史志档案等各方面工作都取得了新成绩。

**五年奋斗,政府建设得到新加强**。深入推进简政放权、放管结合、优化服务,制定政府行政权力等"五张清单",推进"多评合一"[4]等审批制度改革,加强事中事后监管。认真开展党的群众路线教育实践活动、"三严三实"专题教育和"两学一做"学习教育,严格执行中央"八项规定"和省市区委"十项规定",扎实整治"四风"问题。坚定不移推进党风廉政建设和反腐败斗争,加大行政监察和审计监督力度,实现政府、部门及"三公"经费预决算全面公开。坚持依法行政,行政权力全部网上公开透明运行,顺利通过"六五"普法考核验收。坚决执行区委"三重一大"决策制度,坚持重大事项向区人大常委会报告、向区政协通报,充分发挥各民主党派、工商联、无党派人士以及人民团体的民主监督作用,认真办理市、区两级议案、建议和提案,落实解决率不断提高。

各位代表,五年的发展巨变有目共睹,五年的发展成就来之不易,五年的发展经验弥足珍贵,我们深刻体会到:**加快发展始终是政府工作的第一要务**。本届政府任期内,经济进入新常态,宏观形势趋紧、下行压力加大。对此,我们沉着应对、主动适应、积极引领,千方百计稳增长,集中精力抓创新,经济发展实现"换挡不失速、量增质更优"。全区GDP总量、财政总收入、一般公共预算收入、固定资产投资总额分别突破350亿、30亿、20亿和400亿,区域综合实力达到新高度。实践证明,无论形势怎样变化,只要紧紧抓住经济建设不放松、紧紧围绕持续发展不动摇,就能为各项事业的全面进步提供"源头活水"。**民生福祉始终是政府工作的第一追求**。悠悠万事,民生为重。我们紧紧围绕"七个更"[5]的目标,扎实推进征收利民、创业富民、就业惠民、保障安民等各项工作,努力解决群众最关心的教育、医疗、住房、养老等热点难点问题。区财政累计投入45.77亿元用于保障和改善民生、支出占比每年都在70%以上,累计实施78个市区重点民生项目,真金白银的民生投入,实实在在的民生变化,使30万润州人民获得感增多、幸福感增强。实践证明,无论发展处于什么阶段,只要着力保障民生、持续增进福祉,就能凝聚起全面建成小康社会的"最大力量"。**真抓实干始终是政府工作的第一标准**。政府生命力在于落实,公信力在于执行。对于区委的决策、区人大的决议、老百姓的呼声,我们心无旁骛抓推进、抓落实。久久为功推进全面城市化,同步打造主城区、新城区、现代化示范区。坚持政府工作项目化管理,年初细化分解、年终严格考核,圆满完成了区八届人大各次会议确定的任务,全面兑现了向全区人民作出的承诺。实践证明,无论任务多么艰巨,只要有一抓到底、踏石留印的执行力,就能谱写出区域发展的"生动篇章"。

各位代表,过去五年,我们之所以能够战胜一个又一个困难,取得一项又一项成绩,是区委科学决策的结果,是区人大有力监督的结果,是区政协倾情支持的结果,更是全区广大干部群众同心同德、奋力拼搏的结果。在此,我谨代表区政府,向积极投身润州经济社会建设的广大干部群众、驻区部队官兵,向给予政府工作支持和关心的人大代表、政协委员,向各民主党派、工商联、各人民团体和所有关心、支持润州发展的同志们、朋友们,表示衷心的感谢和崇高的敬意!

总结成绩和经验的同时,我们也清醒地认识到,经济社会发展中一些深层次矛盾和问题尚未根本解决,主要表现在:自主创新能力不强,转型升级任重道远;实体经济面临下行压力,财税增长、居民增收形势严峻;城市管理精细度、群众满意度有待提高;政府职能转变还不到位,作风建设仍需加强。面对问题,我们不回避、不掩饰、不懈怠,在今后的工作中将坚持问题导向、聚焦短板发力,以更扎实的作风、更务实的态度有效加以解决。

## 新一届政府奋斗目标

各位代表,新一届政府的任期,是高水平全面建成小康社会的决胜阶段,也是向着“强富美高”新润州目标阔步前行的关键时期。我们深知,人民群众对这样一个特殊时期充满着期盼。期盼我们保持经济稳中求进,实现富民强区,让人民收入更高、财富更多;期盼我们完善城市功能,提升承载能力,让人民居住更舒适、生活更便利;期盼我们建立优质、均衡、公平的公共服务体系,为人民提供更多更好的教育、医疗、养老等公共资源;期盼我们下大力气解决大气环境、水环境等生态文明建设中的突出问题,让天更蓝、水更清、空气更清新。这些期盼,既是广大人民群众对美好生活的向往,也是新一届政府的奋斗目标和工作重点,我们将为之坚持不懈地努力。

未来五年,**政府工作的总体要求是**:深入贯彻党的十八大以来中央决策部署和习近平总书记系列重要讲话特别是视察江苏重要讲话精神和对镇江寄予的厚望,全面落实区八届一次党代会部署,深入践行“五大发展理念”[6],紧紧抓住供给侧结构性改革主线,以“两聚一高”[7]为战略任务,以“生态领先特色发展”为战略路径,统筹推进“五城共建”[8],高质量实现“十三五”规划目标,高水平全面建成小康社会,加快建设富有特色的“强富美高”新润州。

围绕高水平全面建成小康社会的奋斗目标,今后五年**全区经济和社会发展的主要任务是**:

**创新驱动更加有力**。创新成为引领发展的第一动力,形成以创新为主引擎和支撑点的经济体系和发展方式,全要素生产率进一步提高,高新技术产业产值占比超过58%,科技进步贡献率达到65%以上。实现地区生产总值年均增长8%左右,全社会固定资产投资年均增长10%以上,一般公共预算收入保持稳定增长,形成以现代服务业为主导、先进制造业为支撑的现代产业体系,居民收入、企业利润、财政收入“三个口袋”更加殷实。

**人民生活更加幸福**。深入实施富民优先战略,努力构建多渠道、宽领域、可持续的增收格局,城乡居民收入增长与经济增长保持同步,脱贫任务全面完成。社会就业更加充分,劳动关系更加和谐,创业致富蔚然成风,政府有形之手、市场无形之手、群众勤劳之手同向发力,共同创造全区人民的幸福生活。建成高标准、广覆盖的社会保障体系,城乡基本社会保险实现全覆盖;筑牢以社会救助为重点的兜底保障,统筹推进扶老、助残、救孤、济困、优抚等事业发展。

**城市生态更加优化**。守住耕地保护、开发强度、生态保护“三条红线”,不断提升7个生态红线区保护和管控水平。严格落实主体功能区制度,科学布局生产空间、生活空间、生态空间,资源保护与利用水平大幅提升。基本完成宕口修复、山体整治、河流治理、水系贯通任务,突出环境问题得到有效解决。强化清洁生产力度,加快园区循环化改造,单位GDP能耗下降18%,绿色发展成为鲜明特色。基本完成城中村、棚户区和危旧房改造任务,城乡环境管理实现精细化、现代化,逐步形成全民共享的安居体系、配套完善的适居服务、品质卓越的宜居环境。

**社会事业更加繁荣**。以提升文明程度为目标,加快发展各项社会事业,推进基本公共服务均等化,加强和创新社会治理。继续推动优质教育均衡,构建体系完备的终身教育体系。大力发展公共文化事业,建立全覆盖的公共文化服务设施网络。加强精神文明引领,建设更高水平文明城市,推动社会主义核心价值观建设向深度拓展。深入推进“平安润州”和“法治润州”建设,创新社会治理,持续提升公众安全感、群众满意度。

## 2017年工作任务

今年是党的十九大召开之年,是供给侧结构性改革的深化之年,也是新一届政府的开局之年。总体看,润州发展既面临世界经济错综复杂、国内经济加速结构调整等宏观形势,更面临着前所未有的个性机遇。长三角发展规划正式实施,长江经济带发展纵深推进,苏南自主创新示范区建设全面展开,润州的生态优势、区位优势、空间优势将更加凸显。特别是宁镇扬一体化战略机遇正“扑面而来”,润州作为宁镇两市主城区到主城区、主枢纽到主枢纽互联互通的核心区域,要主动融入这一大趋势、敏锐把握这一大机遇,更好地借南京创新发展之力、产业溢出之力、辐射带动之力,在协同发展中拓展空间、抢得先机。因此,做好今年的各项工作,要坚定信心、顺势而为,按照区八届一次党代会和区委八届二次全会的部署,坚持稳中求进工作总基调,统筹做好稳增长、促改革、调结构、惠民生、优生态、防风险各项工作,在“强富美高”新润州建设征程中不懈努力,为高水平全面建成小康社会而努力奋斗,以优异成绩迎接党的十九大胜利召开。

**今年经济社会发展的主要预期目标是**:地区生产总值增长8%;固定资产投资增长12%;一般公共预算收入同口径增长4%;高新技术产业产值占规模工业总产值比重达54%;全社会研发投入占GDP比重达

2.4%；社会消费品零售总额增长10%；实际利用外资9000万美元以上；城镇、农村常住居民人均可支配收入增长与经济增长同步；全面完成市下达的节能减排约束性指标。

工作中，将紧紧围绕“全力优化生态环境、聚力推进创新驱动、大力提升民富民享”这三件大事，在五个方面努力实现更大作为：

**一、在加快产业转型升级上实现更大作为**

坚持做大规模与优化结构互动并进，高度重视强化实体经济支撑，千方百计保持实体经济增长，大力推动产业迈向中高端。

*提升现有产业层次*。坚持高端化、智能化、绿色化、服务化、品牌化的方向，落实《中国制造2025镇江行动纲要》，加快特种船舶制造与海工配套、工程机械、电子电器三大主导产业技术升级、装备提档和互联网化提升，实施15个重点技改项目、完成技改投入55亿元。推动城际商圈线上线下融合，促进城市综合体差异化发展，巩固百亿级城市商业中心和第一商圈地位；做强做优物流产业，物流业增加值增长12%；以惠龙为依托发展智慧物流、全力打造千亿级物流基地，以金山物流园为依托发展城市配送，以镇江农批市场为依托发展冷链物流和社区直供；积极打造全域旅游中的润州板块，推进海洋魔幻世界、长江生态湿地公园等重大旅游项目，打造西津渡旅游风情小镇，启动韦岗温泉小镇建设，推进东山文化园项目，做强“吃住行游购娱”产业链条，旅游总收入增长15%。编制润州农业空间布局规划，做强“亚夫在线”“农先生”等农产品电商销售平台，在“旅农”结合、都市农业发展上做足特色。

*狠抓项目有效投入*。把重大产业项目建设作为扩大有效投入的首要任务，提高项目对经济增长的贡献率。集中精力实施43个市、区重点产业项目，完成产业类固定资产投资125亿元，服务业投资总量在全市继续领先。加快形成新的有效供给，推进中能建、中船日立、美佳电梯等项目达产达效，中船电气、大照智能电网、官塘新城健康服务中心等项目开工建设，双环铂、丹佛斯等项目签约落户。探索股权投资、跨国并购、境外发债等引进外资新渠道，引导外资参与城市开发、旧城改造等基础设施建设，提升外资利用实效；支持辖区企业拓展海外市场，加快新型贸易业态发展，推动外贸向优质优价、优进优出转变。

*积极培育优质增量*。提升招商工作的针对性和成功率，加速集聚一批优质产业项目，做强引领未来发展的增量。做好以延链、补链、强链为目标的产业招商，围绕中船动力“三大系统”布局、江苏柳工小型工程机械产业园建设、睿泰数字出版产业集群、贝克尔扩产增能，招引关联项目、配套项目，推动上下游产业链整合。做好以产业基金为引导的精准招商，积极争取商务专项基金落户，大胆探索财政资金与社会资本合作设立基金，全区各类基金规模达到15亿元以上，充分利用资本对市场的敏锐性和洞察力，实现“基金+项目+人才”的最大实效。做好重点区域、重点领域的定向招商，抢抓宁镇扬一体化推进机遇，主动接受辐射，努力招引南京溢出的科技人才、产业项目；着力培育新经济，重点在靶向药物、微纳科技、健康养老等新产业上，在平台经济、创意经济、分享经济等新模式上寻求突破。

**二、在提升自主创新能力上实现更大作为**

聚力创新，加快实现新旧动能接续转换，不断激发经济社会发展活力，构建长远发展和竞争新优势。

*集聚高端创新要素*。完善科技金融体系，创新科技金融产品，力争全年各级财政科技扶持资金达3000万元以上、提供科技贷款1.8亿元以上。积极对接“创业江苏”行动计划和“创业苏南”示范工程，围绕创新与创业相结合、孵化与投资相衔接，着力打造2家以上低成本、便利化、全要素、开放式的众创空间和专业化科技孵化器。建好江科大海洋工程装备研究院、镇江市清洁水研究院等研发机构，培育江苏船舶海工产业技术创新中心，组建浙江大学微纳创新中心，争取创成1家江苏省产业技术研究院后备所。充分发挥科技镇长团作用，建立柔性引才机制和人才服务体系，围绕高层次创新创业、经营管理、专业技能、法律财务等发展紧缺人才，新增领军人才（团队）20个以上，推动更多的科技成果落户润州。

*激发企业创新活力*。坚持企业创新主体地位，全面加强企业理念创新、技术创新和产品创新。支持企业与高校院所建立风险共担、利益共享的长效合作机制，加大研发投入、建立研发机构、拓展研发活动，新增2家市级以上工程技术研究中心。大力扶持科技型中小企业发展，全力支持金港磁性、船舶电器等一批在行业细分领域创新能力突出、竞争优势明显的企业成为“单打冠军”。继续实施“小升高”“老转高”“新育高”计划，新培育省级以上高新技术企业10家。鼓励企业开展核心技术攻坚，实施双燃料发动机、智能纤维缠绕机研发等9个重点科技创新项目，全年新申报市级以上科技计划项目50个、科技成果转化项目2个。

*打造最佳创新环境*。以科技创新为核心带动全面创新，着力构建富有竞争力的区域整体创新体系，形成“政府部门全力推动创新、各类企业勇挑创新重担、各种人才施展创新才能”的生动局面。紧贴产业发展，落实好江苏省鼓励科技创新“40条政策”、镇江市聚力创新“6条政策”，营造有利于集聚高端要素的创新生态，大幅度提高创新浓度。加强对产学研结合的协调支持，努力消除创新中的“孤岛现象”，全年组织开展各类政产学研活动30次以上。加大对创新成果的保护，深化江苏省知识产权示范区建设，支持知识产权联盟、苏南专利运营展示交易平台发展，万人发明专利拥有

量达到17件。进一步降低创新创业制度性成本，努力实现全区域“效率最高、成本最低、服务最优”，切实营造鼓励创新、宽容失败的浓厚氛围。

**三、在建设生态宜居城市上实现更大作为**

坚持生态立区，突出“建管并重”，建设有亮点、有特色、环境整洁、秩序井然的现代化精美城市。

*提升城市生态环境*。以贯彻实施“两减六治三提升”[9]专项行动为抓手，更大幅度地改善环境质量，更加有效地规范环境秩序。落实企业环境主体责任，大力推行清洁生产，完成四项污染物[10]总量减排任务。继续推进西部地区生态环境综合整治，加快企业污染治理和转型升级。巩固提升“一湖九河”水环境综合整治成效，深化“水岸共治十大行动”[11]，开展西团结河等河道综合治理，确保运粮河国控断面水质达标。加强源头管控，严格实施畜禽禁限养。新增1个街头绿地，完成海绵城市年度建设任务。继续保持夏秋两季秸秆“零焚烧”。

*完善城市现代功能*。协调推进南徐新城、北部滨水区、官塘新城、西南片区建设，优化完善路网管网、商业市场等基础设施、配套设施，不断彰显宜居宜业新优势。完成太古山二期等“7+1”项目征收扫尾，加快实施和平路西片区、小街片区等棚户区改造，继续做好危旧房、空斗墙房屋解危工作，组织开展街巷改造和积水区整治，不断改善老城区环境。高标准建成富润华庭五期等区属安置房，蚕桑路西段启动建设，庆丰圩路建成通车。强化农村公路管养，完善农村道路路网。

*推进城市精细管理*。全面推行城市管理“网格化”，完善数字化城管系统区级平台，对重点区域、重点路段实时动态监控。继续加大对占道经营、户外广告、渣土扬尘整治力度，实现环卫保洁精细化、规范化、长效化。开展建成区违法建设专项治理工作，打造3个无违建小区。规范住宅小区物业管理，提升小区物业标准化管理水平。巩固提升村庄整治成果，促进农村环境持续改善。

**四、在不断增进民生福祉上实现更大作为**

创新增收举措，抓好生产安全、生活安宁和社会安定，尽心尽力办好民生实事，不折不扣兑现民生承诺。

*千方百计增加居民收入*。加快富民进程，健全灵活就业机制，发展就业新形态，提供就业岗位3000个以上，新增各类就业1万人，确保城乡零就业家庭“动态清零”。 降低创业门槛，构建全链条式创业服务体系，打造市场化、专业化、集成化、网络化的创业型平台，大力繁荣草根经济。深入推进农村集体产权制度改革，以农村社区集体资产股份合作为重点，增加集体经济组织成员财产性收入。大力实施精准扶贫、精准脱贫工程，一户一策、精准施策，努力帮助贫困群众解决实际问题。

*千方百计提高保障水平*。加快建设多层次社保体系，创新社会保险扩面征缴举措，实现“应保尽保”；加大被征地农民转企保力度，使失地农民享有更高水平的保障，做到“即征即保”。加大对基层养老服务机构的扶持力度，推动社区居家养老服务提档升级，充分挖掘高端养老市场潜力。加大对特殊困难群体的托底保障力度，做好医疗救助、教育救助、慈善救助之间的有序衔接，健全“救急难”工作长效机制。

*千方百计优化公共服务*。打造教育现代化强区，争创全国责任督学挂牌督导创新区、省基础教育装备示范区，推动教育优质均衡发展。打造基层医疗卫生先进区，以人民健康为中心，深化医疗卫生改革，推进医疗体制创新，完善分级诊疗、家庭医生签约服务模式。打造和谐劳动关系试验区，建成省级示范试点项目，打通劳动保障“双服务”快速通道。打造文化体育特色区，加强文化人才队伍建设，促进全民阅读，提高全民科学文化素质；推动全民健身与全民健康深度融合，倡导健康生活方式。

*千方百计确保公共安全*。加强法律援助，做到“应援尽援”，提升援助工作的实效。实施技防城二期建设，创新升级立体化、现代化社会治安防控体系。优化信访联动机制，着力预防和化解信访矛盾，实现减存量、控增量。严格落实安全生产责任，深入开展风险隐患排查整治，确保安全生产形势持续稳定向好。实施最严格的市场监督管理制度，构建从源头到消费全过程的监管格局。健全应急管理体制机制，提高公共安全和防灾减灾救灾能力。

**五、在加强政府自身建设上实现更大作为**

不忘初心、不辱使命，切实加强自身建设，不断提升政府工作效率、效能和效果，尽心竭力为人民服务、对人民负责、让人民满意。

*着力建设服务政府*。不断强化宗旨意识、为民意识和服务意识，切实提高服务能力和水平。深化行政审批制度改革，坚持简政放权、放管结合、优化服务协同推进，进一步减程序、减费用、减时限，提高办事效率，降低制度性交易成本。全面开展“走村入户进企”大走访活动，当好“店小二”和“勤务员”，切实解决企业和群众的实际困难与问题。

*着力建设务实政府*。坚持“一切在于干”，大力弘扬求真务实的作风，推动工作重心下沉，狠抓目标任务落实，形成真抓实干的生动局面。深入推进效能革命，加大对懒政、怠政、不作为等行为治理力度，做到立说立行、“马上就办”，推动各项工作提速、提质、提效。深化政民互动，强化“四风”问题整改，着力解决群众反映强烈的问题和事项。

*着力建设法治政府*。全面推进法治政府建设，把依法行政贯穿于政府工作各个层面、各个环节。坚持法定职责必须为，促使全体公务人员做到有作为、敢担

当。坚持法无授权不可为,严格按照法定权限和程序行使权力,做到有权不能任性、行权必须依法、用权必受监督。全面落实"七五"普法规划,提高依法行政能力和水平。自觉接受人大法律监督、工作监督和政协民主监督,高度重视社会舆论监督,切实改进政府工作。

*着力建设廉洁政府*。严格执行"两准则、三条例"[12],从严从细落实中央"八项规定"和省、市、区委"十项规定"以及作风建设要求。坚持把纪律挺在前面,严格执行党风廉政建设各项规定,扎实推进政府系统反腐倡廉工作。坚持厉行勤俭节约,严控"三公"经费支出,提高财政资金使用效率,把更多财力用在急需的民生事业上,更好树立为民、务实、清廉的政府形象。

各位代表,站在新的起点,时代的重任鞭策着我们,人民的期盼激励着我们,美好的未来召唤着我们。让我们在区委的坚强领导下,紧紧依靠全区人民,同心同德、励精图治,为高水平全面建成小康社会而扎实奋斗,以优异成绩迎接党的十九大胜利召开!

## 【名词解释】

**(1)一体两翼**:"一体"代表主城区,"两翼"指东部的国家级经济开发区、西部的国家级高新区。

**(2)千人计划**:全称为"海外高层次人才引进计划",是国家最高层面的人才引进计划。

**(3)一式两化**:参与式治理、精细化管理、一体化服务。

**(4)多评合一**:集中环境影响评估、碳排放影响评估、安全评价、水土保持方案等7项评估,由以往的串联方式审批调整为并联方式审批的服务新模式。

**(5)七个更**:努力让人民群众有更好的教育、更稳定的工作、更满意的收入、更可靠的社会保障、更高水平的医疗卫生服务、更舒适的居住条件、更优美的环境。

**(6)五大发展理念**:党的十八届五中全会提出的创新、协调、绿色、开放、共享的发展理念。

**(7)两聚一高**:江苏省第十三次党代会提出的"聚力创新,聚焦富民,高水平建设全面小康社会"。

**(8)五城共建**:区八届一次党代会提出的统筹推进产业城、科技城、花园城、幸福城、文明城建设。

**(9)两减六治三提升**:"两减"指减少煤炭消费总量、减少落后化工产能;"六治"指治理太湖水污染、治理生活垃圾、治理黑臭水体、治理畜禽养殖污染、治理挥发性有机物污染、治理环境隐患;"三提升"指提升生态保护水平、提升环境经济政策调控水平、提升环境执法监管水平。

**(10)四项污染物**:国家规定减排的四项主要污染物:化学需氧量、氨氮、二氧化硫、氮氧化物。

**(11)水岸共治十大行动**:指"河道达标、防洪保安、排口清查、管网补缺、水岸清洁、管理提效、水系连通、水文化培育、水景塑造、碧水绕城"十大行动。

**(12)两准则、三条例**:《中国共产党廉洁自律准则》《关于新形势下党内政治生活的若干准则》《中国共产党纪律处分条例》《中国共产党问责条例》《中国共产党党内监督条例》。

## 全国首个知识产权创新创业服务综合体开馆

2016年11月3日,镇江知识产权创新创业服务平台在润州区五洲创客中心开馆正式开馆。中国专利保护协会秘书长,江苏省知识产权局局长支苏平,润州区区长高国成等出席开馆仪式。该平台分为知识产权科普馆、专利导航实训馆、知识产权创新体验区及知识产权创业孵化区四大板块。知识产权科普馆通过多媒体、虚拟体验等方式,深入浅出、寓教于乐地展示知识产权基础知识;专利导航实训馆以培养专业人才队伍为特色,推动全国知识产权事业的发展;知识产权创新体验区以“创新、体验”为主线,提供从创意到创新实现的亲身体验;知识产权创业孵化区以“创业、服务”为主线,为创业者提供良好的创业孵化空间。该平台以国家知识产权培训基地、江苏省知识产权研究中心为依托,充分发挥国家专利运营试点企业在“1+2+20+N”专利运营服务体系中的节点作用,以知识产权“产、学、研、用”一体化模式打通产业协同创新价值链,连接创新源头与产业资源,演绎以知识产权为纽带的“人、创新、产业”的关系,真正发挥知识产权撬动创新与产业发展的巨大作用。

## 润州区建立《周末“家”说·“五城”论坛》平台

为进一步拓宽发现了解干部的渠道,创新常态化识人察人机制,结合润州改革发展实际,建立《周末“家”说·“五城”论坛》干部展示平台。该平台计划每年组织150名左右干部重点围绕“五大发展理念”“强富美高”新润州建设,紧扣区委提出的实力强劲产业城、创新驱动科技城、现代山水花园城、安居乐业幸福城、和谐稳固文明城“五城共建”战略等主题,不定期利用周末,分专题开展活动,常态化交流展示。让全区上下不同领域、不同层级、不同年龄的干部都有机会述说对全局发展的见解、对自身工作的体会、对个人成长的感悟等,形成干部个人与组织双向互动、增进了解的综合效应,进一步提高干部日常考察和综合分析研判工作的质效。每期活动结束后,区委组织部将对展示对象建立“一人一档”,进行项目化培养、动态式管理,并作为干部评价考核的基础资料和选拔使用的重要参考。同时制作《周末“家”说·“五城”论坛选粹》分期印发,供全区各单位、各部门和领导干部交流参考。

# 大型《章草劝学碑》落成

2016年2月，大型《章草劝学碑》在润州实验小学落成，全国政协委员、中国书法家协会顾问言恭达，镇江市篆刻推广协会会长冯士超为《章草劝学碑》剪彩。《章草劝学碑》碑文是荀子劝学篇的节录，由中国书法家协会会员范德平书写，在花岗岩天然石材上镌刻，碑长七米，碑高二点六米，碑文原作被镇江博物馆收藏。

## 田冰摄影作品选

《今昔跑马山》

# 润州概况

栏目编校：谢竞美

## 区情概要

**【位置、面积】** 润州区是镇江市市辖区，位于长江下游南岸古运河以西，地处镇江市区西南部。东以古运河为界，与镇江市京口区毗邻；东南部分地段与镇江新区（江苏省镇江经济开发区）连接；北濒长江，与扬州市邗江区隔江相望；西南与镇江市丹徒区接壤。

2016年年末全区土地总面积132.68平方公里，其中耕地面积1489公顷，茶园面积227公顷，果园面积200公顷。另有淡水养殖面积766.7公顷。境内七里甸街道20.42平方公里，蒋乔街道24.4平方公里，官塘桥街道22.2平方公里，宝塔路街道7.63平方公里，和平路街道26平方公里，金山街道6平方公里，韦岗街道12.8平方公里，南山街道15.58平方公里，工业园区12平方公里。共13个行政村，60个社区。其中，七里甸街道辖2个行政村，12个社区；蒋乔街道辖1个行政村，6个社区；官塘桥街道辖3个行政村，1个社区；宝塔路街道辖11个社区；和平路街道辖3个行政村，12个社区；金山街道辖10个社区；韦岗街道辖1个行政村；南山街道辖5个社区；润州工业园区辖3个行政村，1个社区。区政府所在地位于北纬32°11′42″、东经119°24′20″，地址为镇江市润州路5号，邮政编码为212005，政府网站中文域名为“中国·润州”（网址http://www.runzhou.gov.cn）。

**【环境交通】** 润州区境内有金山、南山国家森林公园、伯先公园、西津渡、彭公山石晶洞等旅游名胜。境内长江、运河交汇构成水路运输网；沪宁铁路、312国道、243省道、222省道、沪宁高速公路和润扬长江公路大桥等重要交通要道纵横交织，陆运非常发达。官塘桥路、南徐大道、润州路、朱方路、中山西路、黄山路、电力路、大西路、长江路、金桥大道、跑马山路、檀山路、团山路等贯通境内城区，农村实现村村通公路。

**【地貌、资源】** 润州区位于长江运河交汇处，属宁、镇、扬丘陵地区和长江冲积平原区，地势西高东低，南高北低。境内丘陵平地此起彼伏，有金山、宝盖山、跑马山、五州山、嶂山、南山、长山等，征润州、牌湾、鲇鱼套、小码头一带滨江沙洲由长江淤泥沉积而成，地形平坦宽阔。土壤类型分为水稻土、潮土、黄壤土和石灰岩土。土壤分布低，山以黄棕壤为主，岗地以黄土为主，平原以潜育型水稻土为主。

水利资源。全区北有长江，东有古运河，西有运粮河，南有周家河、四明河等，开掘成大、中、小沟渠45条共75.98公里，有小型水库6座，水闸、滚水坝15座，排灌站31座共55台（套），总装机容量2328.5千瓦。区域内自然资源比较丰富，全区矿产资源以非金属矿产为主，有分布于韦岗一带的优质熔剂灰岩、铁矿，分布于五州山至彭公山一带的石灰石，及分布于赣山北麓、五州山等地的石英砂岩等，区内砖瓦黏土、水泥配料等分布广泛。生物资源也很丰富。植物主要有常绿树种如雪松、侧柏、广玉兰、女贞等；落叶树种有蜡梅、白杨、银杏、水杉、槐等，药用植物有枸杞、黄芪、何首乌、龙胆草、车前草等，经济作物有茶树、果树、桑树、竹林等。2016年成片造林面积6.6公顷，森林覆盖率32.18%。动物有哺乳类犬、猫、狐、鼠等，鸟类有麻雀、喜鹊、乌鸦等100多种，家禽类有鸡、鸭、鹅、鹌鹑、家鸽等，爬行类有水蛇、蜥蜴、壁虎、龟、鳖等，昆虫类有蟋蟀、金龟子、天牛、蝉等，境内长江鱼类有13目25科90多种，其中刀、鲥、鳗、河豚等属名贵鱼类，另外近郊养殖户养殖青

鱼、草鱼、鲫鱼、鲤鱼等。（史志办）

【雨情、水情、气象】 一、2016年气候概况

2016年市平均气温16.8℃，较常年偏高1.1℃，属显著偏高年份，全年月平均气温3月偏高、4月显著偏高，8月显著偏高，12月异常偏高，其他月份均正常。全市年平均降水量2052.3毫米，比常年平均偏89%，属异常偏多年份，破历史极值。受厄尔尼诺次年影响，2016年降水时间分布极不均匀，全年12个月降水均出现异常，其中9个月降水量出现偏多到异常偏多，特别是9~12月连续四个月降水量异常偏多。全市平均日照时数为1726.6小时，比常年同期偏少13.9%，属正常范畴。

气温：全市年平均气温16.8℃，较常年偏高1.1℃，异常度值为1.64，属显著偏高年份，排历史第二极值。

降水：全市年平均降水量2052.3毫米，破历史年降水量极值，比常年平均偏多89%，属异常偏多年份。

梅雨概况

（1）入梅正常、出梅偏晚、梅期偏长。2016年6月19日入梅（常年平均6月19日），7月20日出梅（常年平均7月12日），入梅接近常年，出梅较常年偏晚，梅雨期31天（常年23天），较常年偏长；

（2）梅雨量异常偏多。梅雨期降水量异常偏多，降水量为475.5～647.3毫米，呈南多北少分布，平均梅雨量为563.9毫米，较常年平均（253.9毫米）偏多1.2倍。

（3）梅雨期中段出现集中强降水。7月上旬全市总降水量为343.7～398.6毫米，是常年平均的3～4倍，其中7月1日～5日出现持续大到暴雨，局部大暴雨的天气。

二、重要天气气候事件

1. 暴雨（大暴雨）。受厄尔尼诺次年影响，2016年暴雨日镇江10天，其中大暴雨日镇江2天。

2.高温。2016年高温主要集中在夏季7~8月之间，年高温日数镇江20天。

3.寒潮。2016年冷空气较为频繁，出现2次强冷空气、3次寒潮以及1次强寒潮天气过程，具体为：1月22到1月24日寒潮，2月13日到15日寒潮，3月7日到9日冷空气过程，11月21到23日强寒潮天气过程，48小时最低气温降温幅度均达12℃以上；12月13到15日寒潮，12月26到28日出现了强冷空气天气过程。

4.降雪和积雪。2016年共出现9个降雪日，具体为：2016年1月共出现5天雪日（以20时为日界，12日、21日、22~23日、31日），其中22日、31日夜间的降雪和降温，引起第二天早晨的严重道路结冰，给交通带来严重影响。2月份降雪日为2天，1月31日下午到夜间受冷暖空气共同影响，出现大雪天气。其中1月31日20~2月1日08时出现小雪天气，2月13日夜里受冷空气南下影响出现降雪。11月23日镇江出现初雪，比常年初雪日（12月17日）提前了24天，是1981年以来最早初雪。

5.大雾和霾。全年霾天数189天；雾日数共55天。

6.台风。9月14日20时到17日08时，受2016年第14号台风“莫兰蒂”的外围以及其残留云系和冷空气结合的影响，出现区域性大暴雨，局部特大暴雨，同时出现6～7级的东北大风，属于严重影响级。9月28日到30日，受第17号台风“鲇鱼”和北方冷空气共同影响，出现区域性暴雨到大暴雨，南多北少，同时出现6～7级的东北大风，属于一般到严重影响级。受第22号台风“海马”残留云系和冷空气共同影响，10月20日20时到23日20时出现了区域性大暴雨天气，以稳定性降水为主，未出现大风天气，因此没有灾情发生。

7.霜或霜冻。3月26日出现晚霜。11月3日出现初霜，比常年平均初霜日（1980年到2010年30年平均初霜日为11月13日）早了10天；11月27日出现霜冻。

8.低温冰冻。2016年1月24日最低气温镇江-10.1℃、为1981年来最低气温极值，当天最高气温镇江-4.5℃，日平均气温镇江-7.0℃。23~26日连续四天日最低气温镇江-5.1℃~10.1℃。

（市气象局）

【风景名胜】 润州区具有“城市森林”和“真山真水”的独特风貌，以“天下第一江山”闻名于世。“寺裹山”的金山以绮丽著称。市区的昭关石塔、西津渡古街、镇江英国领事馆旧址等古、近代建筑和近郊的金山寺、招隐寺、竹林寺、鹤林寺等寺庙体现润州历史名胜深厚的内涵；城南有南山国家森林公园，公园青山连绵，古木幽深，昭明太子读书台、文苑、增华阁等点缀其中。长江路和金桥大道把春江潮广场、金山江天禅寺、润扬长江公路大桥连为一体，成为润州版图一道亮丽的风景线。（史志办）

【民族、方言】 全区有回、蒙古、满、维吾尔、苗、壮、布依族等少数民族21个，4300余人，其中回族约3900人。

润州话属北方方言的次江淮方言，城区及近郊（七里甸街道）以镇江话为主要方言，而远郊韦岗一带有部分移民操河南罗山话，征润州部分居民带有明显泰兴话。与普通话相比，镇江话没有全浊声母和舌尖后音声母，鼻化元音介于前鼻音韵母与元音韵母之间，in、ing不分，en、eng不分，n、l不分；有入声调。词汇中保留着丰富的吴方言词。（史志办）

【人口】 2016年年末，全区总户数为10.18万户，户籍总人口为24.4万人，其中男12.26万人，女12.14万人，男、女之比为100.99%；全年出生1928人（男997人，女931

人),全年死亡1385人(男787人,女598人),人口自然增长率为2.22‰。(公安分局)

## 经济和社会发展

**【国民经济】** 2016年完成地区生产总值(GDP)370亿元,固定资产投资431亿元,完成服务业投资331.62亿元,增长12.7%。社会消费品零售总额177.85亿元,增长11.6%。完成工业投资95.94亿元,增长18.4%,工业技改投入53.28亿元,增长22.6%。实施亿元以上重点产业项目225个,其中以船舶与海工配套产业园、中能建装备制造、镇江美的城等为代表的省市级重点产业项目73个,竣工投产或营业的项目90个、投资总额654亿元。

转型升级实现新突破。制造业三大主导产业应税销售占全区工业比重超70%,产业特色更加鲜明;中船动力、镇江船厂等骨干企业在全行业低迷的情况下,调整产品布局、开拓新兴市场、实现产销两旺。现代服务业更加繁荣,智慧物流、数字出版、高端商贸迅猛发展;惠龙易通获批全国“智慧交通与现代物流创新示范基地”,平台在线交易额达到179亿元;睿泰数字产业园一期开园,一年多时间集聚优质上下游企业69家;城际商圈应税营业收入突破百亿元,迅速成长为镇江新商业中心。推动铁科新材料等4家企业在新三板挂牌,辖区企业上市实现“零突破”。惠龙港国际物流园区荣获首批国家级示范园区,“两化”融合、“机器换人”、企业上市工作取得全新突破。

创新动力明显增强,建成市知识产权创新创业服务平台,新增国家级高新技术企业22家,高新技术产业产值占规模工业总产值比重达53%,万人发明专利拥有量名列全市前茅,国家和省市级人才计划申报数创历史新高,入选省“双创计划”6人、市“金山英才计划”15人。供给侧结构性改革扎实推进,产业发展、精准扶贫、城市生态、党的建设等补短板工作深入开展,“三去一降一补”成效明显,产业结构调整和发展动力加快转换,经济社会发展质态更加平稳优化。

生态环境更美,“一湖九河”、西南片区综合整治取得阶段性成果,秸秆禁烧、大气管控严格到位,国家卫生城市、全国文明城市复审顺利,城市管理日益精细化。社会环境更好,“法治润州”“平安润州”建设不断加强,社会治安防控网络日趋完善,信访积案化解有力有效;社会“三安”工作不断深化,全年未发生有影响的安全事件。干事环境更优,机关效能革命扎实开展,行政审批改革深入推进,“店小二”精神全面弘扬,为民宗旨自觉践行,“一切在于干”蔚然成风。

创新引领迸发新活力。创成国家高新区、跻身苏南国家自主创新示范区,为镇江实施“一体两翼”发展战略夯实基础。创建国家火炬计划镇江光电子与通信元器件产业基地,新增省级工程技术研究中心5家,成为全省首批“苗圃-孵化器-加速器”科技创业孵化链条试点。累计引进“千人计划”11名、高层次人才280名,创成2家国家级博士后工作站。“金莲”商标创成首个中国驰名商标,新增江苏省著名商标21件。

城市形象展现新姿态。累计实施市、区重点城建项目150多个,润兴路、京江路、五凤口高架等30多条道路竣工通车,官塘新城“三纵三横”路网相继建成,城市功能更加完善;先后启动太古山、李家大山、岗子下等49个城中村、棚户区改造项目,完成征收35169户、490万平方米,危房解危1368户,群众居住条件极大改善;累计安置16910户、207万平方米,逾期安置问题基本解决。全面推行市容管理“街长制”,创新实施“网格长”负责制,大城管考核每年被评为优秀,环卫保洁市场化实现城乡全覆盖。

**【社会事业和人民生活】** 城镇常住居民人均可支配收入41433元,农村常住居民人均可支配收入23517元。城镇、农村常住居民人均可支配收入年均分别增长9.4%、12.1%,增幅在全市始终名列前茅。积极促进失地农民、失水渔民再就业,实现零就业家庭“动态清零”,城镇登记失业率控制在2%以内。财政累计支出5.03亿元,养老、医疗等参保率在98%以上,城乡低保、失地农民保障、居民医保等标准逐年提高。居家养老服务中心实现全覆盖,每千名老年人拥有养老床位数达43张。

创成首批全国义务教育发展基本均衡区、省义务教育优质均衡发展区,教育现代化建设监测评估成绩列全省第3名;教育教学质量全省、全市领先,全省义务教育阶段学业水平检测名列全省前茅,领先苏南发达地区。小学生综合素质测评继续位居全市第一。中考总均分连续10年蝉联全大市第一,辖区四所初中总均分全部进入镇江市九十六所初中的前十。在镇中、一中达线率全市最高。江苏省职业学校对口单招高考,本科录取率达23.3%,专科录取率达100%,为全市最高水平。57个单位建成“镇江市教育现代化先进街道、学校”,总进度列全市第一。

社区卫生服务中心软硬件建设全省领先,成为全国17家基层卫生综合改革联系点之一;黎明中心在全国优秀示范社区卫生服务中心核心资料评选、现场能力与质量评价、中心主任演讲PK等三轮评审中获全省综合排名第一,在江苏省选送国家卫计委评审的10家优秀示范社区卫生服务中心中位列第一,被国家卫计委评为首批全国百强优秀示范社区卫生服务中心，黎明、宝塔路、工业园区、官塘桥等社区卫生服务中心结合群众需求，制定了健康管理型、医护需求型、糖友个性定制型等以健康管理为主要内容、主动服务为主要形式的具有鲜明特点的个性化有偿签约服务包，在坚持居民自愿的前提下，完成家庭医生与居民签约4000多人，黎明中心家庭医生服务模式被列为省级创新项目。荣获“中华诗词之乡”称号，10分钟公共体育服务圈、15分钟公共文化服务圈、半小时法律服务圈辐射全区。

## 政治文明建设

**【政治文明建设】** 深入推进简政放权、放管结合、优化服务，制定政府行政权力等“五张清单”，推进“多评合一”等审批制度改革，加强事中事后监管。认真开展党的群众路线教育实践活动、“三严三实”专题教育和“两学一做”学习教育，严格执行中央“八项规定”和省市区委“十项规定”，扎实整治“四风”问题。坚定不移推进党风廉政建设和反腐败斗争，加大行政监察和审计监督力度，实现政府、部门及“三公”经费预决算全面公开。坚持依法行政，行政权力全部网上公开透明运行，顺利通过“六五”普法考核验收。坚决执行区委“三重一大”决策制度，坚持重大事项向区人大常委会报告、向区政协通报，充分发挥各民主党派、工商联、无党派人士以及人民团体的民主监督作用，认真办理市、区两级议案、建议和提案，落实解决率不断提高。“两学一做”学习教育富有成效，理论武装、党校工作得到加强。组织开展多层次、宽领域专题培训，干部队伍素质不断提高。圆满完成区委和村（社区）党组织换届，推行红色形象体系建设，促进党建文化有形落地，“融城党建”荣获全国组工教学案例二等奖，党的基层战斗堡垒全面夯实。严格落实党风廉政建设“两个责任”，把握运用监督执纪“四种形态”，党员干部纪律规矩意识更加强化，党风政风呈现新气象。

## 精神文明建设

**【精神文明建设】** 选树“道德模范”“最美人物”和“身边好人”，持续开展道德模范和先进典型学习宣传活动，金山街道陈杰群当选2016年1月份“中国好人”，区检察院秦彪等5人被评选为“镇江好人”；指导万科社区建成高质量的“善行义举榜”。组织志愿者完成“志愿江苏”平台信息注册工作，及时发布区志愿服务工作动态。润州区志愿者培训学校定期开展志愿者培训，打造专业化程度较高的志愿者服务团队。贯彻落实《镇江市建设更高水平文明城市行动纲要（2015~2017年）》，坚持齐抓共管的长效管理工作机制，结合市督查组双月测评结果，强化日常督查、落实“负面清单”，促进文明城市创建活动常态发展。加强对省级文明系列单位的动态管理，全区共有12个文明单位，2个文明校园，8个文明社区，3个文明村获得省级文明系列单位称号。对照市文明办在公共场所开展“道德美、环境美、秩序优、服务优”创建活动的要求，确定并重点打造中山广场、万达广场、新城花园菜场、银山门火星庙巷、迎江路中心社区、万科社区、润州实验小学、黄山南路、中山北路7类9个示范点，以点带面，放大效应。深化“最美乡村”建设。蒋乔街道嶂山村获得镇江市首届“最美乡村”和“农村道德文化园”示范村称号。组织实施“养正学堂”未成年人文明礼仪养成教育，开展小橘灯志愿服务、道德童谣系列活动，广泛开展践行“八礼四仪”“我们的节日”“学雷锋”“七彩夏日”等道德实践活动。建成润州区未成年人指导中心。

## 生态文明建设

**【生态文明建设】** 持续推进生态文明建设，累计实施36个生态重点项目；严格执法、重拳出击，全面完成中央环保督察组交办事项；西南片区生态环境综合整治阶段性任务全面完成，关停污染企业41家；完成江苏船山集团有限公司3台燃煤锅炉的拆除替代工作（拆除1台、煤改油1台、空气能锅炉替代1台）。江苏联合水泥有限公司电收尘提标改造已完成并通过验收。“一湖九河”水环境整治效果明显，御桥港、运粮河等重点水利工程如期竣工。扎实推进大气污染防治。完成船山集团3台锅炉整治、联合水泥提标改造、中船动力挥发性有机物治理三项治理任务。

## 润州区组织机构及领导人名录

### 中共润州区委员会

| | |
|---|---|
| 书　　记 | 王冬生 |
| 副 书 记 | 高国成 |
| | 范永放 |
| 常　　委 | 蔡文龙（　~2016.07） |
| | 刘凯成（　~2016.07） |
| | 陈平才（　~2016.06） |
| | 聂美红 |
| | （女，　~2016.06） |
| | 郭继军（　~2016.06） |
| | 严竹波（2016.06~　） |
| | 徐　燕 |

（女，2016.06~ ）
仇 洋（2016.06~ ）
陈家军（2016.06~ ）
周文雄
张庆松（2016.07~ ）
蒋 勇

### 区委办公室
主 任 周洪源（ ~2016.08）
江其兵（2016.10~ ）
副主任 陆振兴（ ~2016.03）
季前进
陈赞群（2016.03~ ）
吴从芜（2016.10~ ）

### 区委机要保密局
局 长 陆振兴（ ~2016.03）
季前进（2016.10~ ）
副局长 吴从芜

### 区委政策研究室
副主任 陈仕寅（ ~2016.02）

### 区委督查室
主 任 陈赞群（ ~2016.03）

### 组织部
部 长 陈平才（ ~2016.06）
徐 燕
（女，2016.06~ ）
副部长 倪南成
纪宁军（ ~2016.10）
徐文军（2016.11~ ）

### 区级机关工委
书 记 魏春平

### 老干部局
局 长 倪南成
副局长 吴国良

### 区委新经济社会组织工委
书 记 陈文博（ ~2016.10）
副书记 霍晓剑（ ~2016.10）
薛锦涛（2016.10~ ）

### 区委党代表联络办公室
主 任 汤小东

### 区委党员电教中心
主 任 杜 炜（2016.05~ ）

### 宣传部
部 长 郭继军（ ~2016.06）
陈家军（2016.06~ ）
副部长 张 镇
蒋天舒（女）
杜婷婷（女）

### 文明办
主 任 张 镇
副主任 田 冰（ ~2016.02）
方 翔（2016.02~ ）

### 文联
主 席 蒋天舒（女）
副主席 杨 镇

### 互联网信息办公室
主 任 束志祥（2016.10~ ）

### 广播电视台
台 长 杜婷婷（女）
副台长 陈 岗
王晓滢（女）
于彬彬

### 统战部
部 长 周建华（ ~2016.02）
徐 燕
（女，2016.06~ ）
副部长 张群林
曹 阳（ ~2016.02）
陈 鑫
（2016.02 ~ 2016.10）
高 峰（2016.10~ ）

### 民族宗教局
局 长 曹 阳（ ~2016.02）
陈 鑫
（2016.02 ~ 2016.10）
高 峰（2016.10~ ）

### 台湾工作办公室
（区政府台湾事务办公室）
主 任 潘大林
副主任 王镇俐（女）

### 政法委
书 记 刘凯成（ ~2016.07）
张庆松（2016.07~ ）
副书记 贺永欣（女）
顾忠卫
孙建民

### 社会管理综合治理委员会办公室
主 任 贺永欣（女）
副主任 王纪庚

### 国家安全领导小组办公室
主 任 顾忠卫
副主任 郑永明

### 依法治区领导小组办公室
主 任 刘凯成（ ~2016.07）
张庆松（2016.07~ ）
副主任 孙建民

### 编办
主 任 刘 旭（ ~2016.10）
张 斌（2016.10~ ）
副主任 徐海萍（女）
张 伟

### 人才办
主 任 徐子强
副主任 袁 颖（女）

### 信访局
局 长 张 轶
副局长 瞿惠林（ ~2016.10）
王 霞（女）
胡中良（2016.10~ ）

### 区社会矛盾纠纷调处服务中心
主 任 张志荣
副主任 包永林
王 霞（女）

### 维稳办
副主任 孙 伟

### 史志档案办公室

主　　任　华晨明
副 主 任　谢竞美(女)
　　　　　许传亮(　~2016.08)

**档案馆**

馆　　长　华晨明

**区委党校**

校　　长　范永放(2016.08~　)
常务副校长
　　　　　范丰年(　~2016.02)
　　　　　卢春生(2016.02~　)
副 校 长　卢春生(　~2016.02)
　　　　　朱恒赏(2016.05~　)
　　　　　何　峥
　　　　　(女,2016.03~　)

## 润州区人大常委会

主　　任　王冬生(　~2016.01)
　　　　　范永放(2016.01~　)
副 主 任　缪杏沛(　~2016.01)
　　　　　易丽娟(女)
　　　　　赵宝恒
　　　　　徐菊生(2016.01~　)
党组书记　王冬生(　~2016.02)
　　　　　范永放(2016.02~　)

**办公室**

主　　任　张　斌(　~2016.10)
　　　　　祝昌镜(2016.10~　)

**人事代表联络委员会**

主　　任　杨　飚
副 主 任　李庆华

**内务司法委员会**

主　　任　陈维怡
副 主 任　夏丽萍
　　　　　(女,　~2016.02)
　　　　　姜克才(2016.02~　)

**财政经济委员会**

主　　任　潘红年(　~2016.10)
　　　　　孙　渊(2016.10~　)
副 主 任　邹媚华(女)

**社会事业委员会**

主　　任　黄成龙
副 主 任　蔡文辉

**环境资源城乡建设委员会**

主　　任　徐厚华

## 润州区人民政府

区　　长　高国成
副 区 长　蔡文龙(　~2016.07)
　　　　　严竹波(2016.06~　)
　　　　　祝中昊
　　　　　陆金火
　　　　　胡如明
　　　　　张锦红(　~2016.11)
　　　　　眭月虎(　~2016.07)
　　　　　蔡　萍
　　　　　(女,2016.12~　)

**政府办公室**

主　　任　江朝民
副 主 任　姚　继
　　　　　陈欣国(　~2016.08)
　　　　　李　远(　~2016.02)
　　　　　张　杰(2016.03~　)
　　　　　周恒祥(2016.10~　)
党组书记　江朝民
纪检组长　陈欣国(　~2016.08)

**外事办公室**

主　　任　姚　继
副 主 任　汤　丹

**侨务办公室**

主　　任　周　红(女)

**法制办公室**

主　　任　孙　渊(　~2016.10)
　　　　　陈文博(2016.10~　)
副 主 任　陈　飞

**机关事务服务中心**

主　　任　李其兵
副 主 任　曹　阳
　　　　　刘　亮
　　　　　王　毅

**发展改革和经济信息化委员会**

主　　任　刘国明
副 主 任　蔡　飞
　　　　　李　伟
　　　　　范海进
　　　　　倪守俊(2016.11~　)
　　　　　李　雍(　~2016.10)
　　　　　冯　斌
　　　　　黄　昕
　　　　　向　绯
　　　　　(女,2016.10~　)
党组书记　刘国明
党组副书记
　　　　　范海进
　　　　　李　雍(　~2016.10)
　　　　　冯　斌
纪检组长
　　　　　向　绯
　　　　　(女,　~2016.10)
　　　　　沈小梅
　　　　　(女,2016.10~　)

**旅游局**

局　　长　李　雍(　~2016.10)
　　　　　向　绯
　　　　　(女,2016.10~　)

**教育局**

局　　长　庄炳锁
党委书记　庄炳锁
党委副书记　陈晓鸽(女)
纪委书记　陈晓鸽(女)
副 局 长　陈桢康(　~2016.10)
　　　　　钱　进
　　　　　曹　琳
　　　　　(女,2016.10~　)
　　　　　马国金
　　　　　樊安成(2016.10~　)
党委委员　束乾春
　　　　　夏建平
　　　　　李祥荣
　　　　　樊安成(2016.10~　)

**区政府教育督导室**

主　　任　陈晓鸽(女)
副 主 任　樊安成(　~2016.10)

**文体局**

局　　长　钱　进

### 镇江市信息中等专业学校

校　　长　杜闵生
党支部书记　谢　军

### 镇江实验学校

校　　长　夏建平
党支部书记　文执良

### 润州区实验小学

校　　长　靳钟琦(女)
党支部书记　张　悦(女)

### 科学技术局

局　　长　张　娟(女)
副 局 长　陆承宝(　~2016.02)
　　　　　李　忠(　~2016.10)
　　　　　赵　翼(2016.02~　)
　　　　　张　希
　　　　　(女,2016.10~　)
党组书记　张　娟(女)
党组副书记
　　　　　陆承宝(　~2016.02)
纪检组长
　　　　　沈小梅
　　　　　(女,　~2016.10)
　　　　　许育根(2016.10~　)

### 民政局

局　　长　徐建春
副 局 长　徐怀联
　　　　　李　忠(2016.10~　)
　　　　　王志华
　　　　　严国平(　~2016.05)
党组书记　徐建春
纪检组长　丁　琳(女)

### 司法局

局　　长　张志荣
副 局 长　包永林
　　　　　解宏亮
　　　　　张　健
　　　　　王宝凤(女)
党组书记　张志荣
党组副书记　包永林
纪检组长　包永林

### 财政局

局　　长　匡淑平
副 局 长　吴建春
　　　　　徐新华
　　　　　朱建福
　　　　　殷荣栋
党组书记　匡淑平
纪检组长　易仁东
七里甸分局局长
　　　　　倪秋凤
　　　　　(女,2016.03~　)
蒋乔分局局长
　　　　　李　俊
　　　　　(女,2016.10~　)
官塘桥分局局长
　　　　　戴洪祥(2016.03~　)

### 会计服务中心

主　　任　徐新华

### 资产经营管理公司

总 经 理　殷歌民

### 人力资源和社会保障局

局　　长　孙祥波
副 局 长　徐子强
　　　　　陆承宝(2016.02~　)
　　　　　张国荣
　　　　　方　翔(　~2016.02)
　　　　　戴　敏
党委书记　孙祥波
党委副书记
　　　　　王文育(　~2016.03)
　　　　　胡志中(2016.03~　)
纪委书记　王文育(　~2016.02)
　　　　　胡志中(2016.03~　)

### 社会保险管理中心

主　　任　杜建华

### 劳动就业管理中心

主　　任　戈新苏

### 人才服务中心

主　　任　蒋厚军

### 住房和城乡建设局

局　　长　张春平
副 局 长　许　谦(2016.11~　)
　　　　　池鹤云
　　　　　卢　军
　　　　　张旭春(　~2016.03)
　　　　　王文育(2016.03~　)
党委书记　张春平
党委副书记　祝明强
纪委书记　祝明强

### 城管局

局　　长　沈明安
副 局 长　李　俊
　　　　　江再连
　　　　　刘　俊
　　　　　刘洪建
党委书记　沈明安
党委副书记
　　　　　蒋志诚
纪委书记　蒋志诚

### 环卫所

所　　长　卜　平
党支部书记　卜　平

### 交通运输局

局　　长　吴　忠(　~2016.03)
　　　　　江其兵
　　　　　(2016.05 ~ 2016.10)
　　　　　纪宁军(2016.10~　)
副 局 长　于苏平
　　　　　邵建栋(　~2016.10)
　　　　　陈　鑫(2016.10~　)
　　　　　赵仲秋
　　　　　朱　辉(2016.11~　)
党组书记　吴　忠(　~2016.03)
　　　　　江其兵
　　　　　(2016.05 ~ 2016.10)
　　　　　纪宁军(2016.10~　)
党组副书记　于苏平
纪检组长　高　奇

### 农业委员会

主　　任　朱　震
副 主 任　张云凯
　　　　　尹　忠
党委书记　朱　震
党委副书记
　　　　　宋玉平(　~2016.03)
　　　　　易宝顺

（2016.05 ~ 2016.08）
王明新（2016.08~ ）
纪委书记 刘祝迁

## 水利局

局　　长 孙学斌
副 局 长 欧阳国良
高　峰（ ~2016.10）
张建明
李国楠（2016.10~ ）
党组书记 孙学斌
党组副书记 欧阳国良
纪检组长 欧阳国良
党组成员 祝昌镜（ ~2016.10）
王桂元（2016.10~ ）

## 商务局

局　　长 吴斌斌
副 局 长 王明新（ ~2016.08）
仲　凡（女）
许传亮（2016.08~ ）
党组书记 吴斌斌
党组副书记
王明新（ ~2016.08）
纪检组长 王明新（ ~2016.08）
许传亮（2016.08~ ）

## 招商中心

主　　任 吴斌斌
副 主 任 邓　燕（女）
印兴剑
王晓东

## 卫生和计划生育委员会

主　　任 蒋阿喜
副 主 任 周志红（女）
赵立军
王国文
袁其中
党委书记 蒋阿喜
党委副书记 夏兴政
纪委书记 夏兴政
党委委员 夏　峰

## 区人民医院

党支部书记 满　明

## 区红十字会

会　　长 夏兴政
副 会 长 朱月霞（女）

## 审计局

局　　长 史润忠
副 局 长 施耘宁（女）
季吉祥
党组书记 史润忠
纪检组长 刘建华

## 安全生产监督管理局

局　　长 唐明乐（ ~2016.02）
范丰年（2016.02~ ）
副 局 长 杨宗庆
孙　伯
顾万银（2016.02~ ）
姜克才（ ~2016.02）
殷叶飞
党组书记 唐明乐（ ~2016.02）
范丰年（2016.02~ ）
纪检组长 殷叶飞

## 统计局

局　　长 江金保
副 局 长 朱玉和
李玉萍（女）
张涵宇
党组书记 江金保
党组副书记 朱玉和
纪检组长 朱玉和

## 环保局

局　　长 张康生（ ~2016.02）
唐明乐（2016.02~ ）
副 局 长 顾万银（ ~2016.02）
曹　阳（2016.02~ ）
沙开红
（女，2016.02~ ）
曾远忠
党组书记 张康生（ ~2016.02）
唐明乐（2016.02~ ）
纪检组长 康　忠

## 金融办

主　　任 姜银土
副 主 任 陈伟林
钱玲凤（女）
党组书记 姜银土

## 市场监督管理局

（食品药品监督管理局）

局　　长 朱　明
副 局 长 蔡　勇
刘　健
许忠华（ ~2016.10）
赵　敏（女）
胡　俊
肖　骁（2016.10~ ）
稽查大队大队长 郑江新
第一分局局长 杨　勇
第三分局局长 卢惠平
第五分局局长
袁小鲁（ ~2016.10）
党委书记 朱　明
副 书 记 曾晓亚
纪委书记 曾晓亚
党委委员 戴　鹏
孙　浪

## 物价局

局　　长 李　伟
党组书记 李　伟

## 供销合作总社

主　　任 祝昌镜（ ~2016.10）
王桂元（2016.10~ ）
副 主 任 李慧萍（女）
谭福良
李火云
缪　迪
党委书记 祝昌镜（ ~2016.10）
王桂元（2016.10~ ）
纪委书记 李火云

## 区工贸总公司

总 经 理 蔡　飞
副总经理 谢泉林（ ~2016.02）
朱邦政（ ~2016.03）
周望梢（女）
葛月鹏（2016.03~ ）
党委书记 刘志敏
纪委书记 朱邦政（ ~2016.03）
周望梢
（女，2016.03~ ）

### 房地产开发总公司

副总经理 陈志强
杨延春( ~2016.10)
刘景荣
王永海

### 土地房屋开发总公司

副总经理 田伟忠
党总支书记 余江华

### 城市建设投资公司

副经理 陈宏平
王昌仁
财务总监 罗开智

## 政协润州区委员会

主 席 王明龙( ~2016.01)
蔡文龙(2016.01~ )
副主席 周建华( ~2016.01)
高亚明
蒋卫东
蔡 飞
季 莉(女)
党组书记 王明龙( ~2016.02)
蔡文龙(2016.02~ )
秘书长 王寿从

### 办公室

主 任 陆庆宏( ~2016.10)
刘向华
(女,2016.10~ )

### 提案委员会

主 任 宦玉兔

### 学习和文史委员会

主 任 肖尚平
副主任 吕 芹(女)

### 经济科技委员会

主 任 杨东明

### 社会事业委员会

主 任 曹建平( ~2016.10)
陆庆宏(2016.10~ )
副主任 李国楠( ~2016.10)

## 润州区纪律检查委员会(监察局)

书 记 聂美红
(女, ~2016.06)
仇 洋(2016.06~ )
副书记 周向群
常 委 孙建军
李志鹰(女)
易宝顺( ~2016.05)
夏 兵(2016.07~ )
局 长 周向群
副局长 刘向华
(女, ~2016.10)
郭海燕
(女,2016.10~ )
办公室主任
易宝顺( ~2016.05)
基层工作室主任 夏 兵
信访室主任 蔡楚天
案件审理室主任
许育根( ~2016.10)
袁小鲁(2016.10~ )
党风政风监督室主任
李志鹰(女)
纪检监察干部管理监督室主任
刘 玥(女)
第一纪检监察室主任
孙建军
第二纪检监察室主任
赵 莹(女)

## 润州区人民法院

院 长 岳益民( ~2016.12)
代院长 张子敏(2016.12~ )
副院长 马 力
杨克勤
姚维新
党组书记 岳益民( ~2016.12)
张子敏(2016.12~ )
党组副书记 马 力
纪检组长 王新国
党组成员 杨克勤
姚维新
徐根法
王 翔
政治处主任 徐根法

### 执行局

局 长 王 翔

## 润州区人民检察院

检察长 鲁 宽( ~2016.12)
代检察长 王 飞(2016.12~ )
副检察长 张耀林
曹学卫
王志祥(2016.02~ )
田云山
党组书记 鲁 宽( ~2016.12)
王 飞(2016.12~ )
党组副书记
王志祥(2016.02~ )
纪检组长 杨 可
党组成员 张耀林
曹学卫
杨 可
蒋文明
成建民
杨海峰
马少俊(2016.02~ )
政治处主任 蒋文明

### 反渎职侵权局

局 长 马少俊

### 检察委员会

专职委员 成建民
杨海峰

## 润州区人武部

部 长 朱小兵
副部长 王正荣( ~2015.05)
政 委 周文雄(2015.06~ )

## 社会团体

### 总工会

主 席 夏祝平
副主席 叶宏军
丁建美(女)

### 团区委

书　　记　祁明星
　　　　　（女，　　~2016.11）
副 书 记　蒋　蒙
　　　　　（女，2016.11~　　）
　　　　　高　嫱（女）

### 区妇联

主　　席　戴　云（女）
副 主 席　范玲玲（女）

### 科协

主　　席　吴建国（　~2016.10）
　　　　　刘　旭（2016.10~　）
副 主 席　李　志

### 残疾人联合会

理 事 长　杜长春

### 工商业联合会

主　　席　刘永飞
副 主 席　马雪松
党组书记　张群林

### 侨联

主　　席　王宏平（　~2016.02）
　　　　　田　冰（2016.02~　）

## 街道、场圃、开发区

### 七里甸街道

书　　记　张庆松（　~2016.08）
　　　　　邵建海（2016.08~　）
副 书 记　韩绪超
　　　　　陈小坤
　　　　　陈稳宇
　　　　　胡立仁（　~2016.08）
　　　　　陈欣国（2016.08~　）
纪工委书记
　　　　　陈稳宇（　~2016.03）
　　　　　吴　瑛
　　　　　（女，2016.03~　　）
组织宣传统战委员
　　　　　束志祥（　~2016.10）
　　　　　霍晓剑（2016.10~　）
人武部长　戴永能（　~2016.10）
　　　　　瞿惠林（2016.10~　）
主　　任　韩绪超
副 主 任　黎　骏
　　　　　戴永能（　~2016.10）
　　　　　周景润
　　　　　曹　琳
　　　　　（女，　　~2016.10）
　　　　　瞿惠林（2016.10~　）
　　　　　曹永曜（2016.10~　）
人大工委主任　江晓鹏
政协联络委主任　陈小坤
政协联络委副主任
　　　　　束志祥（　~2016.10）

### 蒋乔街道

书　　记　陈家军（　~2016.06）
　　　　　周洪源（2016.08~　）
副 书 记　刘春光（　~2016.08）
　　　　　胡立仁（2016.08~　）
　　　　　贾代武（　~2016.10）
　　　　　常耀中
　　　　　高　飞
　　　　　郑奇斌（　~2016.08）
　　　　　易宝顺（2016.08~　）
　　　　　高　静
　　　　　（女，2016.10~　　）
纪工委书记
　　　　　常耀中（　~2016.02）
　　　　　金威威（2016.02~　）
组织宣传委员
　　　　　蒋　蒙
　　　　　（女，　　~2016.11）
统战委员　蒋　蒙
　　　　　（女，　　~2016.02）
　　　　　汤　丹（2016.02~　）
人武部长　房　永（　~2016.02）
　　　　　薛真文（2016.02~　）
主　　任　刘春光（　~2016.08）
　　　　　胡立仁（2016.08~　）
副 主 任　房　永（　~2016.02）
　　　　　汤　丹（　~2016.02）
　　　　　毛　辉
　　　　　朱红辉
　　　　　薛真文（2016.02~　）
　　　　　王　慧
　　　　　（女，2016.02~　　）
人大工委主任　贾代武

### 官塘桥街道

书　　记　邵建海（　~2016.08）
　　　　　刘春光（2016.08~　）
副 书 记　江其兵（　~2016.05）
　　　　　陆振兴
　　　　　（2016.03 ~ 2016.10）
　　　　　蒋伟林
　　　　　胡志中（　~2016.03）
　　　　　陈　鑫（　~2016.02）
　　　　　戚　研（2016.05~　）
　　　　　祁明星
　　　　　（女，2016.11~　　）
纪工委书记　汪　健
组织宣传统战委员　刘美中
人武部长　孙宝定
主　　任　江其兵（　~2016.05）
　　　　　戚　研（2016.05~　）
副 主 任　陶文琦（女）
　　　　　孙宝定
　　　　　袁尤其（2016.10~　）
　　　　　朱　怡
　　　　　薛锦涛（　~2016.10）
人大工委主任
　　　　　胡志中（　~2016.03）
　　　　　陆振兴
　　　　　（2016.03 ~ 2016.10）
　　　　　张　浩（2016.10~　）
人大工委副主任
　　　　　袁尤其（　~2016.10）
政协联络委主任　蒋伟林
政协联络委副主任　刘美中

### 宝塔路街道

书　　记　赵春雷
副 书 记　田　伟
　　　　　刘步楼（　~2016.10）
　　　　　许忠华（2016.10~　）
　　　　　康　云
　　　　　江　琳
　　　　　（女，　　~2016.02）
纪工委书记
　　　　　张　晋（女）
组织委员　李　远（2016.02~　）
宣传委员　张媛媛（女）
统战委员　吴　莹（女）
人武部长　蔡　军（　~2016.10）
　　　　　李建国（2016.10~　）
主　　任　田　伟
副 主 任　俞进东

张　杰(　~2016.03)
李建国(2016.03~　)
鄂　萍
(女,2016.03~　)
康　伟
人大工委主任
康　云(　~2016.10)
刘步楼(2016.10~　)
人大工委副主任
曾　杰
政协联络委主任
刘步楼(　~2016.10)
政协联络委副主任
蔡　军(　~2016.10)

**和平路街道**

书　　记　王重阳
副 书 记　王桂元(　~2016.10)
陆振兴(2016.10~　)
杨庆荣
黄华良(　~2016.02)
石光亚(2016.02~　)
沙开红
(女,　~2016.02)
纪工委书记
沙开红
(女,　~2016.02)
王卫领(2016.02~　)
组织宣传统战委员
高　静
(女,　~2016.10)
丁一舟
(女,2016.10~　)
人武部长　严海平(　~2016.05)
张　宇(2016.10~　)
主　　任　王桂元(　~2016.10)
陆振兴(2016.10~　)
副 主 任　程相会(　~2016.10)
严海平(　~2016.05)
高　闯(2016.10~　)
张　宇(2016.10~　)
丁笑笑
张　希
(女,　~2016.10)
人大工委主任
黄华良(　~2016.02)
石光亚
(2016.02 ~ 2016.10)
邵建栋(2016.10~　)
人大工委副主任
高　闯(　~2016.10)
政协联络委主任　杨庆荣
政协联络委副主任
程相会(　~2016.10)

**金山街道**

书　　记　周　藜(女)
副 书 记　戴克祥
卢庆荣(　~2016.10)
张　浩(　~2016.10)
石荣贺
李　雍(2016.10~　)
戴永能(2016.10~　)
纪工委书记
石荣贺(　~2016.03)
臧荣辉(2016.03~　)
组织宣传统战委员
吴润宇
人武部长　王美吉
主　　任　戴克祥
副 主 任　薛真文(　~2016.02)
王美吉
房　永(2016.02~　)
郭海燕(女,~2016.10)
刘　欢(女)
人大工委主任　卢庆荣
人大工委副主任
臧荣辉(　~2016.03)

**韦岗街道**

书　　记　孙　晶(女)
副 书 记　马　乐
石光亚(　~2016.02)
江　琳
(女,2016.02~2016.10)
熊　文
程相会(2016.10~　)
纪工委书记
熊　文(　~2016.03)
王　妮
(女,2016.03~　)
组织宣传统战委员
周恒祥(　~2016.10)
尤　毅(2016.10~　)
人武部长　刘银辉
主　　任　马　乐
副 主 任　刘银辉
赵　翼(　~2016.02)
吴俊彪
耿长旭
人大工委主任
石光亚(　~2016.02)
江　琳
(女,2016.02~　)

**南山联合社区服务中心**

书　　记　徐文军(　~2016.05)
副 书 记　黄华良
(2016.02~2016.05)
吴国武
费荣海
纪工委书记　吴国武
组织宣传统战委员　杨海莲
副 主 任　姜光明
赵　鸣

**南山街道**

(2016.05成立)

书　　记　徐文军
(2016.05 ~ 2016.11)
副 书 记　黄华良(2016.05~　)
主　　任　黄华良(2016.05~　)
人大工委主任
郑奇斌
(2016.08 ~ 2016.10)
蔡　军(2016.10~　)

**黄山园艺良种场**

副 场 长　朱邦政(2016.03~　)
郑红青
龚祝峰
糜有俊
朱一国(2016.05~　)
纪委书记　郑红青

**水产养殖试验场**

副 场 长　谢泉林(2016.02~　)
丁　军
张红军

**润州茶叶良种场**

副 场 长　窦宏进
倪南强
周　斌

洪　敏
（女，2016.05~　　）

**润州工业园区**

副书记　张敬荣（~2016.06）
王　旭
孙　松
凌　鑫
陈　俊
纪工委书记　韦福余
组织委员　胡　菲（女）
宣传委员　朱大智
统战委员
胡　菲
（女，　~2016.05）
倪德斌（2016.05~　）
人武部长　冯筱祥
主　任　王　旭（2016.06~　）
副主任　陈祥峰
乔文成
周煜昕
张　岭
人大工委主任　孙　松

**田冰摄影作品选**

《赛场卫士》

# 大事记

## 2016年

栏目编校：张兴淮

### 1 月

**4~6日** 中国人民政治协商会议镇江市润州区第五届委员会第五次全体会议召开。中共润州区委书记、镇江高新区党工委书记王冬生在开幕式上做题为《立足新起点 实现新发展》重要讲话。会议审议通过了王明龙所作的《政协润州区第五届委员会常务委员会工作报告》和蒋卫东所作的《政协润州区第五届委员会常务委员会提案工作报告》;会议通过了《政协润州区第五届委员会第五次会议决议》和提案审查委员会关于《政协润州区第五届委员会第五次会议提案审查情况的报告》。列席了区人大八届五次全体会议,听取并讨论了高国成区长所作的《政府工作报告》以及其他报告。会议根据选举办法,选举蔡文龙为区政协主席、肖尚平为常务委员。

**4~6日** 润州区第八届人民代表大会第五次会议召开,会议正式代表168人,组成8个代表团。列席代表72人,分别编入各代表团参加大会活动。大会主要议程是:听取、审议润州区人民政府工作报告;审查、批准润州区国民经济和社会发展第十三个五年规划纲要;审查、批准润州区2015年国民经济和社会发展计划执行情况及2016年国民经济和社会发展计划(草案)的报告;审查、批准润州区2015年财政预算执行情况和2016年财政预算(草案)的报告;听取、审议润州区人大常委会工作报告;听取、审议润州区人民法院工作报告;听取、审议润州区人民检察院工作报告;审议通过润州区第八届人民代表大会法制委员会、财政经济委员会组成人员名单;会议依法选举范永放为区八届人大常委会主任,刘凯成、徐菊生为区八届人大常委会副主任,张斌为区八届人大常委会委员。

**7日** 副市长赵建生带领公安、城管、民政等部门相关负责人,对万达商圈综合环境进行检查。

**13日** 镇江市中小企业服务中心和市中小企业协会联合举办“企业网络服务”进园区活动,向润州工业园区的30多家企业重点推介“镇江市企业网络服务平台”,为企业提供全方位、宽领域、多层次的一站式服务。

**15日** 副区长胡如明率队赴国家科技部汇报镇江高新区建设创新型特色园区及推进大学科技园等工作情况。高新司司长秦勇、火炬中心主任张志宏及相关处负责人听取汇报。

**20日** 金山街道“自救互救微工作站”揭牌,市120急救中心与该街道签署共建单位协议,并在西津渡景区投放AED,为深化完善基层社区医疗卫生综合改革,推动健康型社区创建奠定基础。

**21日** 润州区召开2015年度基层党(工)委书记抓基层党建和履行党风廉政建设主体责任述职会,专题听取各街道(园区)党工委书记和部分区级机关部门党委书记抓基层党建和履行党风廉政建设主体责任述职。润州区委书记、镇江高新区党工委书记王冬生主持会议并讲话。

**28日** 润州区四套班子领导前往镇江军分区、73056部队、镇江武警支队、镇江消防支队等驻军部队向全体官兵们致以节日的祝福和诚挚的问候。

**是日** 教育部职教专家、同济大学职业技术学院书记王继平教授率队来到润州区,为全区职业教育工作人员及辖区相关企业做德国双元制职业教育专题讲座,副区长胡如明主持讲座。市委宣讲团走进润州工业园区,以《新理念 新镇江 新发展》为题,为基层党员作专场辅导,拉开了园区基层党员冬训的序幕。

**29日** 市委常委、宣传部长曹当凌，副市长曹丽虹分别走访慰问省道德模范提名奖张兴淮和镇江好人王士国，代表市委、市政府送上慰问金和新春祝福。

**30日** 全区组织系统"大学习、大练兵、大比武"业务测试、知识竞赛在区政府一楼会议厅举行。市委市级机关工委书记谭金生、市委组织部县区干部处处长徐玉军、政策研究室主任孙丽君、组织处处长卞云峰等应邀到场指导。

**31日** 在镇江市举办的"2015年度镇江经济盛典"上，江苏睿泰数字产业园有限公司获得"影响镇江·2015十大年度企业"荣誉称号。

## 2 月

**1日** 市委书记、市人大常委会主任夏锦文深入润州区基层信访调处部门，看望慰问信访一线干部，调研指导基层信访工作。

**2日** 润州区召开全区党建工作会议，认真总结2015年全区党建工作成绩和经验，全面部署2016年党建工作各项任务。区委书记、镇江高新区党工委书记王冬生出席会议并做重要讲话。

**4日** 中共镇江市润州区第七届纪律检查委员会第六次全体会议举行。会议深入学习贯彻习近平总书记在中央纪委六次全会上的重要讲话和中央、省、市纪委全会精神，总结部署全区党风廉政建设和反腐败工作，坚持全面从严、坚守责任担当，以更高的标准、更严的要求、更实的举措和更大的成效，为全区各项工作提供强有力的保障。润州区委书记、镇江高新区党工委书记王冬生出席会议并作重要讲话。

**是日** 润州区人民法院被江苏省高院表彰为2014~2015年度集体一等功。

**5日** 大型《章草劝学碑》在润州实验小学落成，全国政协委员、中国书法家协会顾问言恭达，镇江市篆刻推广协会会长冯士超为《章草劝学碑》剪彩。

**7日** 润州区委副书记、区长高国成通过润州区广播电台发表2016年新春致辞，代表润州区政府，向全区广大干部群众，向所有关心支持润州发展的社会各界致以新春的祝福。

**15日** 副市长詹立风深入镇江高新区调研，详细了解国家级高新区晋级以来的建设发展情况。

**16日** 润州区召开全区项目建设推进大会，进一步强化全区项目首要地位意识，从头抓紧、从早部署，努力在"十三五"开局之年掀起新一轮项目建设的高潮。区委书记、镇江高新区党工委书记王冬生出席会议并作重要讲话。区委副书记、区长高国成主持会议。

**22日** 市委副书记李茂川到润州调研冬春水利工作，要求润州区相关部门紧抓序时，抢在汛期来临前做好各项准备工作。

**23日** 润州区中船船舶及海洋工程动力系统产业化等5个项目举行集中开工仪式。市政协主席李国忠，市委常委、市纪委书记孙健，市委常委、宣传部长曹当凌，副市长胡宗元、詹立风，润州区委书记、镇江高新区党工委书记王冬生，区委副书记、区长高国成参加启动仪式，

**是日** 城市西圩区水系整治工程——跃进河水系整治正式开始实施。工程将通过对跃进河进行深度清淤、拓宽底部，在跃进河北岸修建我市首条海绵景观道路，完善防洪排涝体系的微循环。

**24日** 润州区召开全区政法和信访工作会议，全面总结2015年政法、信访工作成绩，分析当前面临的新形势和新任务，部署2016年全区政法、信访工作。区委常委、政法委书记、区人大常委会副主任刘凯成出席会议并讲话。

**25日** 润州区召开安全生产工作会议，贯彻落实国家和省、市安全生产工作会议精神，总结2015年全区安全生产工作情况，部署当前主要工作任务，确保全区安全生产形势稳定。

**27日** 润州区政协召开五届四十八次主席会议，听取区政协五届五次全体会议提案立案情况汇报，讨论确定重点提案。区政协主席、常务副区长蔡文龙主持会议并作讲话。

**是日** 省外国专家局公布2015年省级引进国外技术、管理人才项目资助名单，润州区南山农艺有限公司与德国专家共同合作的"废弃植物秸秆提取植物明胶"成功入选引智成果示范常规项目。

**28日** 润州区首家社区食品安全快速检测示范点在李家山社区正式启动，现场开展日常食品安全快速检测活动，增强市民的食品安全意识。

## 3 月

**1日** 中国科学院科技政策与管理科学研究所执行主任刘会武率队赴镇江高新区，就合作建设创新型特色园区工作进行洽谈。

**2日** 省政府召开全省推进"先照后证"改革后加强事中事后监管工作电视电话会议，润州区组织相关部门集中收听收看。

**是日** 镇江市第八批科技镇长团全体成员赴润州区考察交流。科技镇长考察团一行参观考察中船动力有限公司、惠龙e通国际物流股份有限公司、五洲创客中心等地，与相关企业单位负责人面对面进行交

流,探讨发展合作空间。

**8日** 江苏省生产力促进中心、润州区科技局联合举办高企新政策及省级科技计划体系解读专题培训。省生产力促进中心副总工程师刘爱英受邀为辖区内140多名高新技术企业高管授课。

**9日** 镇江高新区成为科技部第二批40家科技服务业试点单位之一。

**10日** 区农委、农业行政执法大队联合公安润州分局、区市场监管局等部门开展农资打假综合整治行动,规范辖区农资市场,维护消费者合法权益,确保农业生产安全、农民增产增收。

**11日** 市委书记、市人大常委会主任夏锦文率队到位于润州区的大桥公园,与润州区四套班子领导以及200多名市、区级机关干部一起参加义务植树活动。

**12日** 润州区召开国家卫生城市复审迎检动员会议,区委副书记、区长高国成出席会议并讲话。

**14日** 润州区成立全市首家区级社会工作协会,成为区社会工作者及从事社会工作相关人员相互学习、交流和沟通的"家园"。

**16日** 副市长赵建生带领市公安、城管、民政及润州区、火车站、万达商场等地区和相关部门负责人,检查万达商圈综合整治情况。

**是日** 润州区召开全区人才工作领导小组会议,总结回顾2015年度人才工作,研究"十三五"期间重点工作。润州区委副书记、区长、区人才工作领导小组组长高国成到会并作讲话。

**21日** 润州区召开全区一季度经济分析会,围绕当前经济运行形势,分析原因,研究对策,部署工作。区委书记、镇江高新区党工委书记王冬生主持会议并讲话。

**22日** 市委常委、宣传部部长曹当凌率有关单位负责人到润州区蒋乔街道检查迎接国家卫生城市复审工作。

**是日** 由睿泰数字产业园与区教育局合作创建的润州区中小学课外创新实践基地——"小创空间",正式对润州区中小学师生开放。

**23日** 润州区召开基层党委换届工作会议,对全区基层党委换届工作进行具体部署,明确换届工作纪律要求。区委副书记、区人大常委会主任范永放出席会议并作讲话,区委常委、组织部部长陈平才主持会议。

**24日** 市委常委、宣传部部长曹当凌到润州区,对润州区贯彻落实全市宣传思想文化工作会议情况进行调研,区委书记、镇江高新区党工委书记王冬生参加调研。

**是日** 润州区召开全区发展壮大村、社区集体经济总结推进会,全面总结部署全区发展壮大村、社区集体经济工作,研究分析发展形势,明确工作目标和努力方向,全力推动全区村、社区集体经济发展再上新台阶。区委副书记、区人大常委会主任范永放出席会议并作讲话。区委常委、组织部部长陈平才主持会议。

**28日** 市委常委、副市长蒋建明到润州区和平路街道检查迎接国家卫生城市复审工作。副市长孙晓南带领市卫计委、城管、工商、住建、交通等相关部门负责人,到润州区韦岗街道、润州工业园区督查国家卫生城市复审迎检工作。

**29日** 润州区召开2016年人武部党委(扩大)会议,聚焦强军使命,深化改革创新,推进党管武装工作再上新台阶,为建设创新型特色高新区、打造强富美高新润州做出更大贡献。区委书记、镇江高新区党工委书记、区人武部党委第一书记王冬生出席会议并作重要讲话。

**是日** 区人大、区政府、区政协联合召开全区人大代表和政协委员建议提案交办会,总结去年建议提案办理工作,部署2016年办理任务,确保把人大代表建议和政协委员提案落到实处,不断提升政府服务水平。

**本月** 在江苏省经信委公布的《第二批江苏省高端装备制造业特色和示范产业基地公示名单》中,润州船舶配套科技创业园成功获批省高端装备制造业示范产业基地,成为本批次全省两个获批示范基地之一。

## 4 月

1日 润州区召开全区农村工作会议,全面贯彻落实中央、省、市农村工作会议精神,部署2016年农业工作。区委副书记、区人大常委会主任范永放出席会议并作讲话。区四套班子分管领导出席会议。

4日 润州区慈善总会荣获2015年度"江苏省示范性社会组织"。

5日 第一次全国海洋经济调查江苏镇江润州区试点工作动员会在润州区召开。国家海洋局战略规划与经济司副司长沈君、国家海洋信息中心主任何广顺、江苏省海洋与渔业局副局长张建军出席会议并作讲话。

6日 润州区政协召开"弘扬价值观、践行当模范"主题活动动员部署会,贯彻落实市政协《关于在全体市政协委员中开展"弘扬价值观、践行当模范"主题活动的意见》精神。区政协主席、常务副区长蔡文龙出席会议并作讲话。

8日 市、区司法局在常发广场联合举办江苏省第二届"司法日"主题活动——12348法润千万家志愿者行动授旗仪式。

**9日** 润州区中船海洋装备电气产业园项目正式签约。作为润州区省重点产业项目镇江中船海工配套基地的一部分，该项目将打造国内领先、国际一流的船舶电气及相关集成设备产业化基地。

**13日** 副市长胡宗元率市农委、民政、食药监、质监等相关部门负责人到润州区，现场推进民生改善重点项目建设。

**13日** 省委、省政府印发《关于表彰江苏省先进开发区、江苏省优秀企业、江苏省优秀企业家的决定》，惠龙易通国际钢铁物流股份有限公司董事长施文进、江苏省镇江船厂（集团）有限公司董事长郭琰，成为此次受表彰的江苏省优秀企业家。

**14日** 市委常委、宣传部部长曹当凌带队到润州区宝塔路街道，现场督查国家卫生城市复审迎检工作。

**是日** 市经信委主任卜晓放带领经信、发改部门有关领导和处室负责人走进镇江高新区，开展"三聚服务在行动——走进镇江高新区"活动。区长高国成、副区长胡如明参加活动。

**15日** 润州区召开二季度经济分析会暨开放发展工作会议，贯彻落实全市开放发展大会精神，总结一季度经济工作，部署二季度发展任务，全力冲刺"双过半"。区委副书记、区长高国成主持会议并作重要讲话。

**18日** 经省人社厅批准，润州区镇江南山农艺有限公司"复合立体综合农业技术"引智基地成为江苏省引进国外智力成果示范推广基地。

**21日** 润州区举行2016年度"爱在润州·慈善一日捐"动员大会，贯彻落实《中华人民共和国慈善法》，弘扬慈善精神，推动全区慈善事业持续健康发展。区委副书记、区长高国成出席会议。

**22日** 润州区召开国家卫生城市复审迎检指挥部成员会议，推进卫生城市复审迎检工作。副区长张锦红出席会议并讲话。

**是日** 润州区残联举办残疾人辅具适配应用培训班。全区70余名残联康复服务工作人员参加培训。

**23日** 省环保厅苏南环保督查中心殷坤主任率队督查孔家巷小学周边堆积垃圾清理情况，区委副书记、区长高国成，副区长张锦红陪同检查。

**24日** 江苏省版权局命名一批省版权示范园区（基地）和单位，江苏睿泰数字产业园有限公司获得"江苏省版权示范单位"荣誉称号。

**26日** 市委宣传部常务副部长、市文明办主任顾小俊率队督查润州"双美双优"示范点创建工作。区委常委、宣传部部长郭继军陪同督查。

**是日** 润州区七里甸街道万科社区举行全国社区侨务工作明星社区揭牌仪式。省政府侨务办公室侨政处处长卢胜平、润州区副区长胡如明出席仪式并共同为万科社区揭牌

**28日** 润州区召开太古山片区旧城改造1号地块二期房屋征收进场动员部署会。区委副书记、区长高国成在会上要求全力落实市委、市政府的部署，确保如期完成征收任务。

## 5 月

**1日** 润州区和台湾中华两岸连锁经营协会正式签订战略合作框架协议，建立现代服务产业磋商合作机制，增进业界的交流与合作，推动两地间服务产业服务信息互通、资源有效利用。

**3日** 润州区七里甸街道王根定当选为镇江市第三届"十大法治人物"。

**5日** 市长朱晓明率队到润州区，检查防汛项目。

**7日** 润州区召开全区"两学一做"学习教育工作座谈会，认真贯彻习近平总书记重要指示和中央、省委、市委座谈会精神，对全区开展"两学一做"学习教育进行动员部署。区委书记、镇江高新区党工委书记王冬生出席会议并讲话。

**13日** 润州区蒋乔街道"慈爱"残疾人康复室在凤凰家园社区举行揭牌仪式。区长高国成出席活动，并与市慈善总会、市残联领导共同为残疾人康复室揭牌。

**15日** 位于檀山路与金润大道交会处原国际工业品城地块，经过三个多月的试营业，工业品城"转型升级版"——江苏芳满庭生态科技园正式开园迎客。园区占地面积58公顷，总投资6亿多元，是镇江首个生态交易市场。

**18日** 由省财政厅、市政府和睿泰数字产业园联合发起的乐泰数字产业基金在睿泰数字产业园正式创立。市委副书记、市长朱晓明和市委常委、常务副市长张洪水，润州区委书记王冬生，区长高国成出席成立仪式并见证合作项目签约。

**26日** 润州区召开全区防汛防旱指挥部（扩大）会议，贯彻落实省、市防汛防旱工作会议精神，全面动员部署今年全区防汛防旱工作。区委副书记、区长高国成出席会议并作重要讲话。

**29日** 润州区政府召开创建"江苏省平安校园建设示范区"动员部署会。

## 6 月

**1日** 润州区委常委、常务副区长，区政协主席蔡

文龙带队视察全区农村防汛工作。

**2日** 润州区召开国家卫生城市复审迎检工作推进会，区委副书记、区长高国成在会上要求全区上下要整装肃纪、坚定信心、昂扬斗志，以奋进的姿态、扎实的作为和崭新的面貌，圆满完成“守土尽责，以区保市”的工作目标。

**4日** 润州区举办全区“两学一做”学习教育示范培训班，对全区各级党组织“两学一做”学习教育业务骨干进行培训。

**7日** 副市长詹立风率领市发改委、规划、国土、住建等部门相关负责人赴润州区调度推进重点产业项目。

**8日** 润州区召开全区经济工作冲刺“双过半”会议，确保完成二季度经济工作各项指标和任务。区委书记王冬生出席会议并作重要讲话。

**30日** 润州区举行纪念中国共产党成立95周年暨先进表彰大会，回顾党的发展历史，缅怀党的丰功伟绩，对润州区经济社会发展和党的建设进程中涌现出来的先进基层党组织、优秀共产党员和优秀党务工作者进行集中表彰。润州区委书记王冬生在会上作重要讲话暨“两学一做”专题党课。

## 7 月

**1日** 由润州诗协、荷韵诗社联合举办的庆祝建党95周年诗词吟唱会，在七里甸街道文化中心举行，吟唱会共吟唱了自创诗作30多首及快板书、诗词小合唱等节目，讴歌党的95岁华诞。

**4日** 市长朱晓明率市有关部门负责人到润州区开展国家卫生城市复审迎检工作督查，察看迎检一线，听取迎检汇报，协调布置迎检相关工作。

**是日** 由润州区委宣传部、区文联和南京市高淳区委宣传部、区文联联合举办的“笔墨丹青颂党恩”——庆祝建党95周年书画联展在西津渡开幕。

**5日** 副市长雷志强率住建、交通以及润州区等单位部门的相关负责人，赴城区部分积水点、河道闸口现场，检查强降雨过后的城区防洪排涝工作情况。

**6日** 润州区八届人大常委会第32次会议上，区人民政府向区人大常委会报告了关于“白湾”及“烟墩湾”棚户区改造项目的情况，提请区人大常委会审议批准将项目资金列入2017～2019年财政预算。这是2015年1月1日《镇江市润州区人民代表大会常务委员会讨论决定重大事项的规定》实施以来，润州区人大首次审议表决政府提请的重大事项。

**是日** 润州区召开国家卫生城市复审迎检工作推进会。区委副书记、区长高国成出席会议并作重要讲话。

**7日** 市伊斯兰教协会在润州区省级文物保护单位山巷清真寺举行一年一度的开斋节庆典。

**11日** 润州区召开国家卫生城市复审迎检督查推进会，区委书记王冬生主持会议并作重要讲话，区长高国成出席会议并提出具体要求。

**13日** 润州区召开第三次全国农业普查区级综合试点动员培训暨现场观摩会。润州此次区级综合试点选择在该区农民的总体情况和发展趋势较有代表性的蒋乔街道乔家门社区和严庄社区进行。

**14日** 润州区召开全区行政许可与行政处罚信用信息公开公示工作部署会暨填报系统业务培训会，贯彻落实国家、省、市有关加快推进“双公示”工作部署，全面启动部署润州区“双公示”工作。

**15日** 市委书记夏锦文赴润州区现场督查推进生态文明建设与环境保护工作。

**16日** 台湾新北市中小学家长协会到镇，参加2016“梦圆两岸·文化深耕之旅”，与中华路小学家长委员会交流经验，探讨家校联动的发展。

**17日** 2016全国物流园区工作年会上，润州工业园区的惠龙港国际物流园被授予“示范物流园区”荣誉。

**18日** 和平路街道金江社区高资组渔民盛金银在沙堵港江边意外发现一头搁浅的年幼江豚，当即入江救助并报告渔政部门。市渔政监督支队立即会同江苏镇江长江豚类省级自然保护区管理处，派出专业人员赶到现场施救，并在当晚放生长江。

**19日** 润州区妇联联合团区委、公安润州分局在富润华庭社区为40多名“留守儿童”举办主题为“青少年安全自护与心理健康教育”的专题讲座。

**20日** 市委常委、组织部部长秦海涛率队赴润州区召开严肃换届纪律暨党代会筹备情况督查汇报会。会上，秦海涛作重要讲话，市纪委副书记丁夕平主持会议，润州区委书记王冬生出席汇报会并作有关情况汇报。

**是日** 润州区总工会和区卫计委共同开展“竞技练兵，展我风采”为主题的岗位练兵和技能竞赛活动。

**21日** 润州区委七届十二次全会召开。区委书记王冬生主持会议并讲话。全会决定，区八届一次党代会于2016年7月26日召开。区委委员、候补委员参加会议，区纪委委员列席会议。

**22日** 市残联与润州区就创建全国残疾预防综合试验区举办交流研讨活动，市残联理事长印明、润州区区长高国成出席活动。

**23日** 润州区召开国家卫生城市复审迎检工作会议，对复审迎检工作做出再动员、再部署，要求全区上下上足力量、严防死守、严格责任、强化应急，确保交出国家卫生城市复审迎检的满意答卷。区长高国成出席会议并作重要讲话。

**27~29日**　中共镇江市润州区第八届代表大会第一次会议召开。会议回顾总结区七届一次党代会以来的工作，研究确定当下五年经济社会发展和党的建设的目标、任务及举措，区委书记王冬生代表中共润州区第七届委员会向大会作题为《用心成大事　实干谱新篇　向着“强富美高”新润州开拓奋进》的工作报告。会议选举产生了中共润州区第八届委员会、新一届区纪律检查委员会和出席市第七次党代会的代表。

## 8　月

**7日**　润州区集中组织收听收看省委、省政府举办的全省县委书记工作讲坛。

**11日**　润州召开全区项目建设推进会，区委书记王冬生在会上要求，全区上下要深入贯彻落实市委六届十三次全会和区八届一次党代会精神，进一步浓厚“一切围绕项目干，一切围绕项目转”的工作氛围，扎实推进全区重点项目建设，确保完成全年各项经济指标和重点任务。

**19日**　润州区召开全区财税工作会议，传达贯彻省、市财政工作会议精神，总结上半年工作成绩，部署下一阶段财税工作安排，并下发新的全年财税目标任务，进一步动员全区上下鼓足干劲，咬定目标，苦干实干，全面打赢财税增收攻坚战。

**20日**　省人社厅、省发改委组织专家组到润州，对入选第三届“江苏服务业专业人才特别贡献奖”的惠龙易通国际物流股份有限公司董事长施文进进行综合实地复审。

**24日**　润州区总工会和市城建产业集团工会联合开展了2016年度 “金秋助学·圆梦学子”活动，组织40多位困难职工子女参观了镇江市规划展示馆。

**26日**　润州区人大常委会组织召开上半年政情通报会。区长高国成代表区政府，通报了上半年全区经济社会发展情况以及下半年的工作安排。参加会议的副区长，就群众关注的热点问题，现场回答人大代表的提问，共商谋划解决问题的方案。会议由区委副书记、区人大常委会主任范永放主持。

**27日**　润州区首场《周末‘家’说·‘五城’论坛》开讲，该区21名相关经济服务部门、街道(园区)经济分管领导以及中层正职、副科级后备干部围绕“产业转型升级”专题进行风采展示。

**30日**　润州区召开全区村(社区)党组织换届工作暨严肃换届纪律工作部署会，对村(社区)党组织换届工作进行具体部署，明确换届工作纪律要求。区委副书记、区人大常委会主任范永放出席会议并作重要讲话，区委常委、纪委书记仇洋主持会议。

## 9　月

**1日**　润州区委书记王冬生率区四套班子领导走进镇江市党纪教育馆开展纪律教育。王冬生要求全体党员特别是领导干部要进一步强化党员干部的党章意识、纪律意识，扎实推进全区“两学一做”学习教育取得实际成效，更好地服务润州区经济社会发展。

**3日**　润州区召开补短板工作推进会暨区政府全体(扩大)会议。区委书记王冬生主持会议并讲话。区委副书记、区长高国成作区政府全体(扩大)会议工作报告。

**6日**　区市场监管局筹建的区“食品快检中心”正式投入使用。

**7日**　润州区召开区委中心组(扩大)学习会议，通过集中系统地学习党章，切实增强广大党员领导干部的党章意识和党性观念，进一步激发全区党员干部干事创业的热情，在全区掀起开展“两学一做”活动的新高潮，为建设“强富美高”新润州提供强有力的支撑。会议由区委副书记、区人大常委会主任范永放主持。

**8日**　润州区召开全区第三次全国农业普查领导小组第一次全体会议，贯彻落实国家、省、市对第三次全国农业普查工作的相关要求，研究部署相关工作。

**12日**　第九批“科技镇长团”走进润州工业园区，对辖区内重点企业惠龙E通、宏信华印进行了集体调研和走访，持续推进产学研合作，为辖区内科技发展出谋划策。

**13日**　润州区劳动人事争议仲裁院润州工业园区巡回仲裁庭揭牌仪式在龙门村举行。区委副书记、区长高国成，副区长胡如明参加揭牌仪式。

**14日**　润州区召开全区“两学一做”学习教育工作推进会，深入学习贯彻中央和省委、市委“两学一做”学习教育相关会议精神，总结交流前一阶段工作，研究部署下一阶段任务，推动学习教育深入开展，取得实实在在的成效。区委书记王冬生出席会议并讲话。

**20日**　副市长王常生带领市安监和安全生产领域专家，到润州区，对国庆节前安全生产情况进行检查。

**20～21日**　润州区委副书记、区长高国成率相关部门、各街道及工业园区主要负责人，赴杭州市学习考察特色小镇建设先进经验，探索促进经济转型升级，推动润州发展的新路径。副区长胡如明参加学习考察。

**22日** 省委常委、宣传部部长王燕文到润州调研宣传思想文化工作。

**是日** 中国船舶工业集团公司与江苏科技大学签订全面战略合作协议,双方未来将在人才培养、协同创新、资本运作、机制改革等方面加强战略合作。中船集团董事长、党组书记董强,市委书记夏锦文,省教育厅副厅长、省教育科学研究院院长丁晓昌出席签约仪式并致辞。润州区委书记王冬生,区长高国成出席签约仪式。

**27日** 科技部2016年"科技之家大使镇江行"活动顺利举行。前驻法国大使赵进军、前驻欧盟大使团团长关呈远、前联合国副秘书长沙祖康等一行到润州,走访考察船舶与海工配套产业园区。副区长胡如明陪同考察。

**31日** 润州区召开全区领导干部大会,传达贯彻市第七次党代会精神。区委书记王冬生主持会议并讲话。区四套班子领导,区法院院长、区检察院检察长出席会议,各街道、润州工业园区党政主要负责人,区各部委办局、各人民团体、各直属单位主要负责同志参加会议。

## 10 月

**9日** 润州区八届人大常委会召开第三十四次会议。会议讨论通过了区人大换届选举有关事项并作出决定。根据决定2016年第四季度至2017年1月底,润州区将进行区人大换届选举,12月9日为全区选举日。区人大常委会主任范永放出席会议,区人大常委会副主任赵宝恒主持会议。

**14日** 润州区纪委召开纪检监察推进会,区纪委全体成员、各基层纪(工)委书记、纪检组长和派驻纪检组长共计50余人参加了会议。

**21日** 润州区召开决战全年经济工作推进会,深入贯彻市第七次党代会和全市"大干一百天"经济工作推进会的精神,确保完成全年各项经济指标和重点任务。区委书记王冬生出席会议并作讲话,区长高国成作具体工作部署。区委副书记、区人大常委会主任范永放主持会议。区委常委、常务副区长、镇江高新区管委会主任严竹波,副区长胡如明分别作工作点评。

**25日** 江苏城市频道与润州区司法局联合举办的"美好城市 法律相伴 你我共创"——全省倡议推广行动暨江苏城市频道法治环省行活动在润州广场拉开帷幕。区委常委、政法委书记张庆松,副区长柳洪出席活动。

**31日** 润州区召开全区村(居)委会换届选举会议暨精准扶贫工作推进会议,部署全区第十一届村民委员会和第六届居民委员会换届选举工作,扎实推进、全面落实全区精准扶贫工作。区委副书记、区人大常委会主任范永放出席会议并就全区精准扶贫工作作重要讲话。副区长柳洪就全区村(居)委会换届选举工作提出具体要求。

**31日** 全球跨国集团公司丹佛斯的动力系统工作装置事业部总裁多梅尼科一行到润州考察,润州区委书记王冬生参加会谈活动,并表示润州愿进一步加强、深化与丹佛斯集团的合作,希望以优质、高效、快捷的服务,生态、和谐、宜居的发展环境为丹佛斯集团的跨国投资留下最深、最美的印象,共同开创双方合作的美好局面。润州区长高国成,润州区委常委、区政府常务副区长,镇江高新区管委会主任严竹波,副区长胡如明热情接待多梅尼科一行。双方就企业并购怀特公司落户润州后的未来发展进行深入探讨,洽谈交流合作。

## 11 月

**2日** 市委常委、宣传部部长童国祥到润州专题调研宣传思想文化工作,区委书记王冬生陪同调研。

**是日** 润州区政协召开五届五十六次主席会议,听取并评议区政府关于提案办理工作情况的通报。区政协主席蔡文龙主持会议并讲话。区政协副主席高亚明、蒋卫东、蔡飞、季莉,秘书长王寿从出席会议。

**3日** 全国首个知识产权创新创业服务综合体"知识产权创新创业服务平台",在润州区五洲创客中心开馆。该平台开放面积达2000平方米,由江苏汇智知识产权服务有限公司建设和运营。知识产权创新创业服务平台下设有知识产权科普馆、专利导航实训馆、知识产权创新体验区、知识产权创业孵化区等。

**6日** 润州区村(社区)新任党组织书记综合素质提升培训班举行开班动员会,区委常委、组织部长徐燕出席会议并讲话,区委组织部副部长纪宁军主持会议。全区各村(社区)新任党组织书记、相关街道(园区)分管民政副主任以及区纪委、区委宣传部、区农委、区民政局等相关单位负责人参加培训。

**是日** 镇江市首届互联网创新创业项目路演活动日前在润州区睿泰数字产业园举行。23个创新创业团队带着自己的互联网项目参加路演,向现场的风投机构自我推介、吸引投资。

**8日** 市人大常委会党组书记、常务副主任张庆生带队赴润州区,调研选民登记及基层人大规范化建设等工作情况。市人大常委会副主任凌苏,润州区委书记王冬生，区委副书记、区人大常委会主任范永放，区人大常委会副主任赵宝恒陪同调研。

**10日** 润州举行区人大换届选举提名推荐、协商确定和介绍代表候选人阶段工作培训会，区人大常委会副主任赵宝恒出席会议并作讲话。

**15日** 新华日报、江苏电视台、中国知识产权报等新闻媒体采访团，借由江苏省知识产权局发起的第十届中国专利周活动，走进润州开展"加强知识产权运营、开拓知识产权强企之路"主题采访，深入了解润州区企业知识产权工作在培育经济新增长点、推动产业高端化中取得的经验和成绩。

**18日** 润州区召开全区迎接全国文明城市测评动员部署大会，贯彻落实全市动员部署大会精神，部署全区迎检任务，确保以优异的成绩通过新一轮的全国文明城市测评。区委常委、宣传部长陈家军出席会议并讲话。各街道、园区党（工）委书记、宣传委员；区相关部门主要领导，各村、社区主要负责人，区创建办全体成员参加会议。

**24日** 润州区召开传达学习省第十三次党代会精神大会，动员全区上下打赢"两聚一高"主攻仗，高水平全面建成小康社会。区委书记王冬生主持会议并讲话。区四套班子领导，区法院院长、区检察院检察长；各街道（园区）党政主要负责人，区委各部委办、区各委办局、各场圃、各人民团体、各直属单位主要负责人参加会议。

**28日** 润州区召开推行红色形象体系第一批试点单位启动部署会，12家参加试点工作的机关、村（社区）、非公企业党组织围绕"红色视觉""红色基因""红色先锋"三大工程的打造，进一步加强静态阵地建设和党员动态活动管理，区委副书记、区人大常委会主任范永放，区委常委、组织部部长徐燕参加会议。

**29日** 润州区召开全区"六五"普法总结表彰暨"七五"普法动员部署大会。

## 12 月

**9日** 区委召开全区领导干部务虚会，深入贯彻落实中共十八届六中全会和省、市、区党代会精神，研讨润州"最应干、能够干、必须干好"的事情和明年"补短板"工作重点。区委书记王冬生主持会议并讲话，区委副书记、区长高国成出席会议并作小结。 区委常委，区人大、区政协主要领导，区政府副区长出席会议并发言。各街道、润州工业园区党政主要负责同志和区各有关部门主要负责人列席会议。

**是日** 中华诗词学会检查验收组成员中华诗词学会青年部主任任胡宁、江苏省诗词协会秘书长陈玉金，对润州诗教工作进行检查验收。

**10日** 区委举行中心组（扩大）学习会，区委书记王冬生带领全区各级党员领导干部专题学习贯彻党的十八届六中全会和省十三次党代会精神。

**13日** 法国巴黎第十大学副校长、孔子学院法方院长索尼娅女士及中俄友好、和平与发展委员会教育理事会理事、国际文化教育学院院长张晓光教授一行到润州开展考察交流活动。区长高国成、副区长凌云志陪同考察。

**13日** 区委常委、区人武部政委周文雄，副区长祝中昊，区人武部部长朱小兵一行前往视察全区基层战备规范化建设工作。

**14日** 中宣部副部长鲁炜，中宣部宣教局副局长齐绍军一行到润州区，专题调研网络社会组织培育和践行社会主义核心价值观工作。

**14日** 润州区召开"扫黄打非"进基层工作推进会，贯彻落实习总书记关于做好意识形态工作的系列重要讲话精神，以及省"扫黄打非"领导小组《关于深入推进"扫黄打非"进基层的实施意见》文件要求，营造健康向上、规范有序的文化环境。区委常委、宣传部部长、区"扫黄打非"领导小组组长陈家军出席会议并讲话。副区长、公安润州分局局长陆金火主持会议。

**16日** 润州区举行"七五"普法宣传暨平安法治志愿者协会成立文艺演出，各街道园区相关分管领导、各社区干部以及平安法治志愿者代表300余人参加活动。

**11~17日** 润州区在浙江省委党校举办党务干部党建工作培训班，区委直属党（工）委的分管领导以及纪检、组织、宣传、统战条口的党务干部50人参训。区委副书记、区人大常委会主任区委党校校长范永放，区委常委、组织统战部部长徐燕全程参加培训。

**20日** 润州区八届人大常委会召开第三十七次会议。区人大常委会主任范永放主持会议，区长高国成到会提请人事任免案。

**21日** 润州区召开全区承包土地经营权确权登记领导小组会议，重点推进农村土地承包经营权确权登记颁证和验收工作。区长高国成主持会议并作讲话，区委副书记、区人大常委会主任范永放出席会议。

**22日** 市委常委、宣传部部长童国祥率领第五检查考核组到润州开展2016年度党风廉政建设责任制检查考核，并在润州区委扩大会议上作动员讲话。市委宣传部常务副部长、市文明办主任顾小俊主持会议。区四套班子领导参加会议。

**22日** 润州区工商联召开第六次会员代表大会。会议听取审议了区工商联第五届执委会工作报告，选举产生了第六届执行委员会委员和领导班子成员，表决通过了出席市工商联第十二次会员代表大会的代表名单。市政协副主席、市工商联主席卢道富，区委副书记、区长高国成出席开幕式并作讲话。

**29日**　中国共产党镇江市润州区第八届委员会第二次全体会议举行。区委副书记、区长高国成主持会议开幕式。全会听取和讨论了区委书记王冬生代表区委常委会所作的工作报告，审议并通过了《中国共产党镇江市润州区第八届委员会第二次全体会议决议》。区委委员、区委候补委员、区纪委委员、区四套班子领导以及区法院、区检察院主要领导参加会议。

田冰摄影作品选

《奋勇争先》

# 中共润州区委员会

栏目编校：谢竞美　张兴淮

## 区委常委分工

王冬生：主持区委全面工作，主管党建、干部人事、机构编制工作，分管区人大、区政协、区人武部工作。

高国成：主持区政府全面工作，分管经济工作和机构编制、审计、对外开放和人民武装委员会工作。

范永放：主持区人大全面工作，负责区委党校工作，协助书记分管党建工作、区委日常工作和经济工作；分管场圃、双拥、对台、保密、区委办公室工作。

严竹波：负责区政府常务工作，分管财政、税务、金融、保险、证券、档案、地方志、润州工业园区、城投公司、房地产开发总公司、土地房屋开发总公司等方面工作。

蒋　勇：分管农村工作、大项目建设。

徐　燕：负责区委组织部、区委统战部工作，分管组织人事、干部和干部培训、人才、工会、共青团、妇联、区级机关工委、老干部、关工委工作；协助分管区委党校工作。

仇　洋：主持区纪委工作，分管纪检监察工作。

周文雄：分管人民武装、国防动员和驻区部队联系工作。

陈家军：负责区委宣传部工作，分管意识形态、社会科学理论、新闻、文化、科技、科协、教育、医疗卫生、体育、人口与计划生育、精神文明创建工作。

张庆松：负责区委政法委工作，分管政法、社会稳定、社会治安综合治理、国家安全、信访、城建城管工作。

## 区委常委、委员、候补委员名单

（2016年12月）

区委常委

王冬生　高国成　范永放　严竹波　蒋　勇　徐　燕　仇　洋　周文雄　陈家军　张庆松

区委委员

王冬生　高国成　范永放　蔡文龙　严竹波　蒋　勇　徐　燕　仇　洋　周文雄　陈家军　张庆松　陆金火　胡如明　王　旭　刘国明　周洪源　江朝民　匡淑平　沈明安　邵建海　赵春雷　孙　晶　祁明星

区委候补委员

庄炳锁　周　藜　徐文军　王重阳　朱　震

# 综 述

【概况】 2016年,全区上下坚决贯彻中央和省、市委的决策部署,适应经济发展新常态,加快供给侧结构性改革,打好转型升级“组合拳”,攻坚克难、勇于担当、干事创业,全区发展迈上新台阶。发展成效稳中有进。全区GDP、一般公共预算收入分别完成370亿元、20.62亿元,工业投资、社会消费品零售总额等多项指标增幅位居全市前列。40个亿元以上产业项目推进顺利,部分竣工投产,其中2个省级、18个市级重大项目均达序时。城镇、农村常住居民人均可支配收入分别增长8.5%、8.8%;教育现代化监测综合得分位居全省第三,医养护一体化等经验在省、市推广,城镇登记失业率控制在2%以内,安置房建设、旧城改造、物管提升等惠民工程广受赞誉。发展质态更加优化。惠龙港国际物流园区荣获首批国家级示范园区,“两化”融合、“机器换人”、企业上市工作取得全新突破。建成市知识产权创新创业服务平台,新增国家级高新技术企业22家,高新技术产业产值占规模工业总产值比重达53%,万人发明专利拥有量名列全市前茅,国家和省市级人才计划申报数创历史新高,入选省“双创计划”6人、市“金山英才计划”15人。供给侧结构性改革扎实推进,产业发展、精准扶贫、城市生态、党的建设等补短板工作深入开展,“三去一降一补”成效明显,产业结构调整和发展动力加快转换,经济社会发展质态更加平稳优化。发展环境持续提升。中央环保督察组反馈意见整改有力,“一湖九河”、西南片区综合整治取得阶段性成果,秸秆禁烧、大气管控严格到位,国家卫生城市、全国文明城市复审顺利,城市管理日益精细化。“法治润州”“平安润州”建设不断加强,社会治安防控网络日趋完善,信访积案化解有力有效;社会“三安”工作不断深化,全年未发生有影响的安全事件。机关效能革命扎实开展,行政审批改革深入推进,“店小二”精神全面弘扬,为民宗旨自觉践行,“一切在于干”蔚然成风。发展保障有效强化。“两学一做”学习教育富有成效,组织开展多层次、宽领域专题培训,干部队伍素质不断提高。圆满完成区委和村(社区)党组织换届,推行红色形象体系建设,促进党建文化有形落地,“融城党建”荣获全国组工教学案例二等奖。严格落实党风廉政建设“两个责任”,把握运用监督执纪“四种形态”,党员干部纪律规矩意识更加强化,党风政风呈现新气象。同时,人大、政协职能作用有效发挥,统战、工会、工商联、共青团、妇联等工作卓有成效,人武、双拥工作开创新局面。

【区委办公室工作】 2016年,在区委的正确领导下,办公室始终坚持以中共十八大、十八届三中、四中、五中、六中全会和习近平总书记系列重要讲话精神为指引,紧紧围绕高水平全面建成小康社会建设大局,全面加强业务能力和工作作风建设,充分发挥了参谋助手、综合协调、后勤保障等应有作用,有力保证了区委决策的贯彻落实和区委机关的高效运转,办公室工作质量和整体服务水平得到进一步提升。在公文处理上,严格按照有关规定要求,严把公文运行质量,实现了文件收、发、传、送、批、借、存、销等各个环节的程序化、制度化、科学化,做到了严谨、规范、精简、无差错,件件有批阅、有登记、有责任人。全年共审核、制发各类文件260余份,办理各类通知60多次,接收办理上级电报520余件,处理上级来文700余份。编辑《润州通讯》18期,《润州信息》10期,共上报《镇江信息》200多条。在会务筹备上,切实增强预见性、计划性和科学性,认真细致地做好大小会议、各类接待活动的筹备工作,妥善做好应急方案,确保各项活动前期准备周密、环节衔接紧凑、结果高效圆满。全年共组织、承办各类会务、活动100余次,保证了区八届一次党代会、区委八届二次全会等重大会议、重要活动的顺利组织,做到了组织严密、节俭高效,得到了区委领导的充分肯定。在办事统筹上,坚持围绕大局、通盘谋划,进一步强化上下级、各部门之间的沟通,对涉及部门较多的事项主动协调,在尽职尽责、不越权越位的前提下,注重发挥区委办公室的桥梁纽带作用。

【政策研究工作】 2016年,区委政策研究工作紧扣中心大局,紧跟发展步伐,倾力服务高水平全面建成小康社会,以习近平总书记系列重要讲话精神为引领,深入贯彻中共十八大、十八届三中、四中、五中、六中全会,全面落实中央、省经济工作会议要求和省第十三次党代会、市第七次党代会、市委七届二次全会精神,坚持科学发展、特色发展,深入剖析润州面临的各项发展机遇,通过学习教育先行,扎实打牢工作基础,努力做到超前思考、深入谋划,掌握第一手资料,敏锐发现存在问题,充分发挥智库作用,为区委正确决策、科学决策提供科学依据,得到了区委主要领导的充分肯定。认真配合市委研究室做好相关调研工作,为领导研判形势、科学谋划提供了有力支撑。

【保密工作】 2016年度全区保密工作紧密围绕区委中心工作,深入贯彻落实中央、省、市关于密码工作的方针政策,进一步规范制度机制,强化运行管理,始终做到密不离人,按照“安全保密、规范高效”的原则,扎实开展各项工作,确保上级各项涉密文件、重要精神以及重大决策部署迅速传达到位,有力保障了区委工作的全面开展。全年共完成电报办理520余份,电子政务内网建设、加密视频会议系统等重点工作有序推进，未发生失密窃密事件，实现全年办报“零失误”。进一步完善密码通信网络，充分发挥密码通讯的主渠道作用，保证了中央、省、市重大决策和重要工作部署的迅速贯彻落实，为区委工作提供了有力保障。及时调整充实区委保密委员会成员，修订完善区委保密委员会工作规则，机要工作在“党管密码”的原则指导下有序开展。同时加强保密意识教育，全区各级各部门保密意识进一步增强。加大了对涉密网络的管理和检查力度，健全和落实了保密管理责任制，确保了国家秘密的安全。 （殷　燕）

## 重要会议

**【中共润州区第八届代表大会第一次会议】** 中共镇江市润州区第八届代表大会第一次会议于7月26日~29日在粤海会议中心举行。大会认真审议了王冬生同志代表中共镇江市润州区第七届委员会所作的题为《用心成大事、实干谱新篇，向着“强富美高”新润州开拓奋进》的报告。大会认为，报告总结工作实事求是、振奋人心，部署工作目标明确、催人奋进，具有很强的针对性、指导性和操作性。大会审议并一致通过这个报告。

大会认为，过去五年，是全区各级党组织和广大党员、干部群众及社会各界奋发有为的五年，是润州经济社会发展取得巨大成就的五年。在市委的坚强领导下，区委以“功成不必在我”的胸襟，积极应对经济新常态的各种考验，用“奋战”谱写了华章、“拼搏”展示了担当、“开拓”打造了特色，“付出”收获了肯定，圆满完成了区七届一次党代会各项目标任务。五年攻坚克难，经验弥足珍贵，必须牢记“思路一变天地宽”，唯有谋大势方能赢大局；必须牢记“功夫不负有心人”，唯有用心干方能成大事；必须牢记“众人拾柴火焰高”，唯有人心齐方能创大业。

大会指出，当下五年，是全面建成小康社会的决胜时期，也是建成“强富美高”新润州的关键时期，机遇不容错过、挑战不容忽视、发展不容懈怠，要以中共十八大、十八届三中、四中、五中全会和习近平总书记系列重要讲话尤其是视察江苏和镇江重要讲话精神为指导，准确把握新常态下经济社会发展特征，协调推进“四个全面”战略布局，全面落实五大发展理念，全力推进供给侧结构性改革，统筹推进产业城、科技城、花园城、幸福城、文明城“五城共建”，用心成大事、实干谱新篇，加快建设富有特色的“强富美高”新润州。

大会要求，要牢固确立“补短板”意识。深化改革激活力、产业升级增实力、“三集”发展添动力，建一座实力强劲产业城；加快汇聚创新要素、提升平台载体、做强支撑体系，建一座创新驱动科技城；推动绿色化发展、推进品质化建设、推行精细化治理，建一座现代山水花园城；完善富民保障体系、公共服务供给体系、社会安全体系，建一座安居乐业幸福城；推动社会风气更加“向上向善”、依法治区迈向“水平领先”、社会治理实现“和谐共治”，建一座和谐稳固文明城。

大会强调，实现新发展，一切在于干！达成新目标，关键在于人！必须优化勤廉新生态，以教育夯实思想之基、以制度匡正行为之范、以党法营造廉洁之风；必须壮大发展新力量，打造素质过硬的干部队伍、培育全面发展的企业家队伍、激活创新创业的人才队伍；必须展现作风新气象，切实做到事事用心、人人实干、处处为民；必须坚决执行中央和省委、市委关于严肃换届纪律的要求，保证换届选举风清气正、圆满成功。

大会号召，全区上下要以习总书记系列重要讲话精神为引领，在市委、市政府的坚强领导下，以更大的胸怀和气魄，以更多的智慧和汗水，用心成大事、实干谱新篇，向着“强富美高”新润州开拓奋进！

**【中共润州区八届二次全体（扩大）会议】** 中共镇江市润州区第八届委员会第二次全体会议于12月29日在粤海会议中心举行。全会认真审议了王冬生同志代表区委常委会所作的题为《为高水平全面建成小康社会而奋斗》的工作报告，一致同意并批准通过了这个报告。

全会认为，今年以来，面对严峻复杂的发展环境，全区上下坚决贯彻中央和省市委的决策部署，适应经济发展新常态，加强供给侧结构性改革，打好转型升级“组合拳”，发展成效稳中有进，发展质态更加优化，发展环境持续提升，发展保障有效强化，全区发展迈上新台阶。

全会指出，“十三五”期间，“两聚一高”是全省工作的重中之重，也是市委七届二次全会部署的主要任务，我们必须重实际、抓关键、善作为。当前，宁镇扬一体化是高水平全面建成小康社会的重大机遇，要立足大局谋划润州发展，承载承接南京溢出效应。当下，润州最该干的是生态文明建设，能够干的是“两聚一高”和城市发展，必须干好的是充实居民收入、企业利润、财政收入“三个口袋”和全面从严治党，并且要扎扎实实、持之以恒干出成效。

全会要求，2017年全区工作要在以习近平同志为核心的党中央坚强领导下，深入贯彻党的十八大、十八届六中全会和习近平总书记系列重要讲话精神，坚持稳中求进工作总基调，以提高发展质量和效益为中心，以推进供给侧结构性改革为主线，围绕“两聚一高”，推进“五城共建”，扎实做好稳增长、促改革、调结构、惠民生、优生态、防风险各项工作，全面完成年度各项目标任务，在“强富美高”新润州建设征程中不懈努力，为高水平全面建成小康社会而奋斗。新的一年,要重点干好全力优化生态环境、聚力推进创新驱动、大力提升民富民享三件大事。

全会强调,事业兴衰,关键在党,关键在人。要坚定不移推进全面从严治党,以坚定信念为根本,强化思想引领;以固本强基为抓手,夯实基层堡垒;以能力提升为关键,打造过硬队伍;以全面从严为要求,树立良好形象;把各级党组织建设得更加坚强有力。

全会号召,让我们紧密团结在以习近平同志为核心的党中央周围,高举中国特色社会主义伟大旗帜,在镇江市委、市政府的坚强领导下,团结带领全区人民,不忘初心、继续前进,为高水平全面建成小康社会而奋斗,以优异成绩迎接党的十九大胜利召开!(殷 燕)

## 组织工作

**【概况】** 2016年,全区组织工作深入贯彻中共十八大、十八届三中、四中、五中、六中全会、习近平总书记系列重要讲话以及上级组织系统会议精神,主动融入中心,积极服务大局,围绕"五城共建",统筹抓好干部队伍建设、人才队伍建设、基层党组织和党员队伍建设,全面提升组织工作科学化水平,为建设"强富美高"新润州提供坚强的组织保障和人才支撑。

"两学一做"学习教育有力有效。围绕"学有实效、做有实绩",全区618个党支部、13000多名党员深学、实做、力改。创新开展"亮身份,比担当,争做服务先锋;亮标准,比业绩,争做岗位标兵;亮家规,比家风,争做齐家楷模"为主要内容的"三亮三比三争"及评选表彰十名优秀共产党员标兵、百个机关党组织结对服务百家企业、千名党组织书记结对帮扶千户困难家庭、万名党员每人做一件好事的"十百千万"主题实践活动。累计开展专题讨论3000多次、帮扶走访和志愿服务3000多次、查摆解决问题15000多个,2个基层支部做法入选省级案例,8个入选市级案例。93岁老人何以范高龄入党事迹,引领全市"信仰的力量"大讨论,获市委主要领导批示肯定。

干部队伍建设从严从实。规范健全选人用人体制机制,制定《选拔任用科级领导干部初始提名工作实施办法(试行)》,全面规范初始提名"第一关口",明确组织部门、单位党组织、多人联名和个人自荐四类提名主体,并按照"谁提名、谁负责"的原则,构建起主体清晰、程序科学、责任明确的干部选拔任用提名制度。结合全区干部队伍总体现状,建立新一轮81名后备干部人才库,其中"一把手"(街道、园区正科职)后备干部41名,副科级后备干部40名,后备干部队伍整体年龄、学历结构进一步趋于合理。落实省委"789"计划,在全市率先配备90后科级干部。综合考量大学生村官工作实绩,择优选拔4名纳入选调生管理、考核招聘3名成为街道事业单位工作人员。

基层组织建设创新创优。全面深化五位一体"融城党建",先进做法荣获全国组工教学案例二等奖,系全省唯一基层组织建设案例。实施基层党建"书记项目"10个,争创"五星"先进党支部5个,争取市级为民服务专项资金410万元,走在全市前列。持续厚植基层"家底",村(社区)集体经营性收入达5000多万元,《新华日报》予以头版报道。继续实施基层服务资源共享计划,提高基层服务资源利用率,全区共梳理发布会议室、阅览室、活动室、健身室、图书室等基层服务资源274个。

人才招引高质高效。在全市率先制定《润州区高层次人才发展"十三五"规划》,明确全区"十三五"时期人才工作总体目标和建设重点。成功举办全市科技镇长团"聚智促转型,服务新镇江"润州行活动,邀请全市镇长团62名专家教授来润州考察指导。编制《2016年润州区紧缺型人才需求目录》,赴北大、浙大等20多所知名高校开展人才对接活动,与黑龙江大学签订全面战略合作协议。全年申报国家、省、市各类人才计划82人、创历史新高,入围国家"千人计划"最终评审1人,入选省"双创计划"6人、市"金山英才计划"15人,新增领军人才(团队)30个。

自身建设抓常抓细。深化开展"双周五学习""每月20日固定学习日""读书评书荐书"等学习制度,通过"自主学+集体学""书本学+实境学"相结合的方式,切实增强履职能力。加大信息报送力度,共完成省组工信息、短讯2篇,市组工信息、动态共36篇,省、市报纸杂志载理论文章24篇、调研文章14篇。以塑造组工干部良好形象为落脚点,积极开展部机关"家"文化建设,及时更新、精心布置部机关文化走廊,陈列20多幅展现组工精神、家风家训的文化展牌,让"家规"上桌、"家训"上墙。

**【圆满完成党组织换届任务】** 在区委领导下,抓好党委换届风气监督,研究制定《"五个责任主体"责任清单细化方案》,统筹干部识别考察、换届人事安排、"两代表一委员"把关、换届风气监督和选举等各项工作,有效保证人选的政治素质、德才表现和民意基础,换届环境风清气正,组织意图圆满实现。督导73个村(社区)党组织顺利换届,得到上级充分肯定。

**【试点红色形象体系建设】** 围绕让党支部活动"活"起来、广大党员"动"起来、基层组织"强"起来,试点推行"红色视觉、红色基因、红色先锋"三大工程,进一步规范全区基层党建的静态阵地建设和动态活动开展,推动党建文化有形落地,阵地标准化、教育规范化、活动开放化建设开局良好。

【持续强化干部队伍监管力度】 制定《润州区换届工作"五个责任主体"责任清单细化方案》，明确各个责任主体重点职责，提出25项具体工作任务，切实细化分解推进措施、层层传导责任压力。区四套班子领导率先签订领导干部严守换届纪律承诺书，全区101名正科职领导干部全部作出承诺，形成以上率下、齐抓共管的良好局面。结合换届工作要求，全面完成上一年度的个人有关事项报告及随机抽查核实工作，明确提出"四必查"要求，将所有正科职领导干部、后备干部、执法执纪干部和拟提拔对象列为必核对象，进一步扩大抽查核实范围，集中抽查核实对象共198名，占填报总人数的32.7%，远远超过10%的规定要求。全面完成对任职1年以上的6名街道（园区）主要负责人"三责联审"工作，共发现各类共性、个性问题40条，全部及时反馈联审对象，规定期限整改到位。

【创新开展干部教育培训】 组织36名区级机关部门和街道（园区）"一把手"赴清华大学参训，引导"一把手"领导干部树立全局眼光、培养战略思维。组织2013年以来新提拔的41名领导干部赴深圳大学接受素质提升培训，全面提升年轻干部领导力、创新力、战斗力。创新采取"2+4"模式组织71名新任村（社区）党组织书记参加素质提升培训班，在本地培训2天的基础上，赴武汉大学对基层社会治理创新等课程进行4天系统学习。组织组纪宣统4个部门和基层单位共50多名党务干部，赴浙江省委党校参加从严治党专题培训，增强全区党务干部创新开展工作的能力。建立周末"家"说·"五城"论坛展示平台，以"产业转型升级""创新驱动"等为主题，组织干部参加展示交流，促进成果转化。

【党员教育管理成效显著】 坚持强化党员经常性教育，创新方式方法，强化作用发挥，通过健全制度，建立党员管理完整闭环。2016年全区共发展党员135人，其中"两新"组织人员60人，为全区党员队伍补充新鲜血液，进一步优化党员队伍结构。结合党员组织关系排查工作，全面摸排流动党员情况，按照"一人一档"原则建立流动党员信息库。推行党员"先锋亮绩、积分管理"试点工作，按照规定步骤和序时进度完成各项要求，指导试点党支部结合不同领域党员特点，合理确定基础积分和贡献积分比例，细化党员积分评价标准，有效覆盖党员作用发挥各领域。

【抓好纪念建党95周年系列活动】 制定下发《关于开展纪念建党95周年系列活动的实施意见》及相关配套文件，科学部署，精心谋划，把庆祝建党95周年活动与"两学一做"学习教育和区八届一次党代会等紧密结合起来，表彰全区优秀共产党员、优秀党务工作者和先进基层党组织各30人。开展"送关怀、送温暖、送祝福"走访慰问活动，做好党内关怀，全区共慰问新中国成立前老党员和困难党员120余名，发放慰问金6万余元。

【创新引才载体建设】 打造"1+X"孵化平台。以国家级科技孵化器——镇江高新区高创中心为核心，积极推进3.4万平方米的科技大厦及高创中心二期等载体建设，全面拓展创新创业承载空间，实现90%以上的入驻率，吸纳高科技企业及各类中介服务机构95家。工业园区重点打造6.5万平方米的五洲创客中心，吸纳驻镇高校的大学生创业，入驻各类创新型企业40余家，在地注册企业超100家。盘活万达、常发、东方伟业等5万平方米楼宇存量，打造总部经济，通过项目引才的方式，吸引IT软件研发、电子商务、服务外包专业人才53名。 （潘　涛）

党的基层组织数量情况和换届情况

表1　　截止时间:2016年12月31日　　单位:个

| 项　目 | | 总数 | 党委 | 总支部 | 支部 |
|---|---|---|---|---|---|
| 党的基层组织数 | | 715 | 52 | 45 | 618 |
| 任届期满 | | 434 | 42 | 31 | 361 |
| 本年换届 | | 434 | 42 | 31 | 361 |
| 城市街道 | | 272 | 34 | 31 | 207 |
| 乡镇 | | — | — | — | — |
| 企业 | 国有经济控制 | 20 | 2 | 1 | 17 |
| | 集体经济控制 | 7 | | 1 | 6 |
| | 非公有经济控制 | 145 | 7 | 1 | 137 |
| 事业单位 | | 59 | 3 | 3 | 53 |
| 机关 | 合计 | 129 | 13 | 4 | 112 |
| | 中央一级 | — | — | — | — |
| | 省（区、市）一级 | — | — | — | — |
| | 市（地、州、盟）一级 | — | — | — | — |
| | 县（市、区、旗）一级 | 56 | 6 | 2 | 48 |
| 其他 | | 355 | 27 | 35 | 293 |

## 党员基本情况

表2　　截止时间:2016年12月31日　　单位:人

| 项目 | | 年龄 | | | | | | | | | | | | | | |
|---|---|---|---|---|---|---|---|---|---|---|---|---|---|---|---|---|
| | | 总数 | 预备党员 | 女 | 少数民族 | 台湾省籍 | 30岁及以下 | 31至35岁 | 36至40岁 | 41至45岁 | 46至50岁 | 51至55岁 | 56至60岁 | 61至65岁 | 66至70岁 | 71岁及以上 |
| 总计 | | 13110 | 135 | 3871 | 180 | 1 | 1557 | 844 | 727 | 924 | 1095 | 1271 | 1132 | 1640 | 1523 | 2397 |
| 一、在岗职工 | | 5093 | 122 | 1664 | 82 | 1 | 1045 | 653 | 616 | 755 | 818 | 737 | 431 | 21 | 12 | 5 |
| 公有制单位 | 合计 | 2823 | 52 | 1042 | 49 | — | 430 | 414 | 416 | 494 | 468 | 393 | 208 | — | — | — |
| | 党政机关工作人员 | 983 | 18 | 195 | 21 | — | 136 | 131 | 112 | 157 | 181 | 181 | 85 | — | — | — |
| | 事业单位管理人员 | 462 | 5 | 168 | 6 | — | 64 | 57 | 83 | 70 | 67 | 80 | 41 | — | — | — |
| | 事业单位专业技术人员 | 849 | 20 | 487 | 16 | — | 108 | 130 | 166 | 201 | 142 | 69 | 33 | — | — | — |
| | 企业管理人员 | 194 | 4 | 69 | 3 | — | 30 | 40 | 20 | 28 | 30 | 29 | 17 | — | — | — |
| | 企业专业技术人员 | 83 | 3 | 29 | 1 | — | 30 | 17 | 7 | 10 | 6 | 3 | 10 | — | — | — |
| | 工勤技能人员 | 252 | 2 | 94 | 2 | — | 62 | 39 | 28 | 28 | 42 | 31 | 22 | — | — | — |
| | 农民工 | — | — | — | — | — | — | — | — | — | — | — | — | — | — | — |
| 非公有制单位 | 合计 | 2270 | 70 | 622 | 33 | 1 | 615 | 239 | 200 | 261 | 350 | 344 | 223 | 21 | 12 | 5 |
| | 企业管理人员 | 679 | 39 | 163 | 8 | 1 | 105 | 45 | 69 | 113 | 151 | 111 | 69 | 9 | 6 | 1 |
| | 企业专业技术人员 | 445 | 27 | 108 | 9 | — | 97 | 51 | 51 | 49 | 78 | 65 | 42 | 7 | 4 | 1 |
| | 民办非企业单位管理人员 | 48 | 2 | 19 | — | — | 18 | 7 | 3 | 2 | 3 | 9 | 3 | 1 | | 2 |
| | 民办非企业专业技术人员 | 18 | — | 6 | — | — | 10 | 1 | 3 | 1 | 2 | 1 | — | — | — | — |
| | 工勤技能人员 | 1080 | 2 | 326 | 16 | — | 385 | 135 | 74 | 96 | 116 | 158 | 109 | 4 | 2 | 1 |
| | 农民工 | — | — | — | — | — | — | — | — | — | — | — | — | — | — | — |
| 二、农牧渔民 | | 309 | 5 | 72 | — | — | 8 | 2 | 5 | 3 | 16 | 34 | 48 | 55 | 57 | 81 |
| 外出务农经商人员 | | — | — | — | — | — | — | — | — | — | — | — | — | — | — | — |
| 三、军人、武警 | | — | — | — | — | — | — | — | — | — | — | — | — | — | — | — |
| 四、学生 | | — | — | — | — | — | — | — | — | — | — | — | — | — | — | — |
| 五、离退休人员 | | 5946 | 1 | 1560 | 79 | — | — | — | — | — | 41 | 263 | 479 | 1477 | 1417 | 2269 |
| 六、其他 | | 1762 | 7 | 575 | 19 | — | 504 | 189 | 106 | 166 | 220 | 237 | 174 | 87 | 37 | 42 |

## 党员学历情况

表3　　截止时间:2016年12月31日　　单位:人

| 项目 | | 总数 | 研究生 | 大学本科 | 大学专科 | 中专 | 高中、中技 | 初中及以下 |
|---|---|---|---|---|---|---|---|---|
| 总计 | | 13110 | 248 | 2888 | 2930 | 1041 | 2563 | 3440 |
| 一、在岗职工 | | 5093 | 192 | 2184 | 1545 | 236 | 635 | 301 |
| 公有制单位 | 合计 | 2823 | 142 | 1578 | 790 | 91 | 165 | 57 |
| | 党政机关工作人员 | 983 | 88 | 605 | 269 | 10 | 10 | 1 |
| | 事业单位管理人员 | 462 | 12 | 243 | 154 | 16 | 30 | 7 |
| | 事业单位专业技术人员 | 849 | 25 | 559 | 203 | 31 | 25 | 6 |
| | 企业管理人员 | 194 | 9 | 57 | 74 | 14 | 33 | 7 |
| | 企业专业技术人员 | 83 | 5 | 43 | 21 | 3 | 6 | 5 |
| | 工勤技能人员 | 252 | 3 | 71 | 69 | 17 | 61 | 31 |
| | 农民工 | — | — | — | — | — | — | — |
| 非公有制单位 | 合计 | 2270 | 50 | 606 | 755 | 145 | 470 | 244 |
| | 企业管理人员 | 679 | 16 | 187 | 290 | 37 | 109 | 40 |
| | 企业专业技术人员 | 445 | 13 | 118 | 160 | 32 | 77 | 45 |
| | 民办非企业单位管理人员 | 48 | 3 | 16 | 14 | 1 | 10 | 4 |
| | 民办非企业专业技术人员 | 18 | 2 | 5 | 6 | 2 | 3 | |
| | 工勤技能人员 | 1080 | 16 | 280 | 285 | 73 | 271 | 155 |
| | 农民工 | — | — | — | | | | |
| 二、农牧渔民 | | 309 | | 8 | 28 | 9 | 69 | 195 |
| 外出务农经商人员 | | — | — | — | — | — | — | — |
| 三、军人、武警 | | — | — | — | — | — | — | — |
| 四、学生 | | — | — | — | — | — | — | — |
| 五、离退休人员 | | 5946 | 5 | 251 | 880 | 694 | 1469 | 2647 |
| 六、其他 | | 1762 | 51 | 445 | 477 | 102 | 390 | 297 |

（潘　涛）

# 宣传工作

【概况】 2016年,润州区宣传思想文化工作在区委的正确领导下,在市委宣传部的精心指导下,全面贯彻落实中共十八大、十八届三中、四中、五中和六中全会精神,紧紧围绕全市宣传思想文化工作"双创双争"的总目标,着力深化思想理论建设,着力营造良好舆论氛围,提高社会文明程度,推动文化繁荣发展,通过创新工作方法、务实工作举措、革新工作理念,宣传思想文化工作取得了明显的成效,为建设"强富美高"新润州提供了强大的思想保证、舆论支持和精神动力。

坚持学用结合,扎实推进理论武装。以高度的政治责任感,严格落实意识形态工作责任制工作要求,思想理论建设向纵深推进。理论宣讲全面覆盖。坚持把学习贯彻习近平总书记系列重要讲话精神作为首要政治任务,全年先后组织12场不同专题的中心组学习会。以"润心讲堂"区级理论大讲堂为载体,推动全区党员干部的日常学习。区委书记王冬生带头开展理论宣讲,亲自主持并开展纪念建党95周年重要讲话、十八届六中全会精神等重要理论宣讲。全力打造"百姓宣讲直通车""小李村官讲堂"等理论微讲堂,发挥理论宣讲"轻骑兵"作用,深入各街道、社区、学校、企业开展理论宣讲。意识形态工作落到实处。严格落实中央、省、市委关于意识形态责任制的工作部署,做到守土有责,认真履职。向区委专题报告全区意识形态领域工作情况,区委常委会专题研究全区意识形态工作,进一步明确工作职责。加强对全区党员、干部的教育管理,增强全区党员、干部看齐意识,巩固壮大主流思想文化。做好网络论坛的信息传播管控,严格对各类报告会、研讨会、讲座、论坛活动的管理,召开全区"扫黄打非"工作推进部署会。积极参加学习调研活动,全区领导班子全年报送调研成果近40篇,完成年度调研和信息工作任务。

坚持服务发展大局,强化舆论宣传鼓劲造势。紧紧围绕建设"强富美高"新润州的工作大局,唱响主旋律,壮大主流舆论,为润州经济发展营造良好氛围。强化主题教育活动。精心策划建党95周年系列宣传活动,放大镇江日报《润州天地》专版效应,开设《为党旗添彩》专栏,生动反映发生在润州的重大事件、人物故事。在手机报、微信和微博等新媒体公众账号上,开设学习总书记讲话精神"大家谈"、手抄党章党规等互动栏目,让主旋律和正能量唱响网络空间。提升"润州电台"宣传水平,打造《润广时空》等品牌节目,加大优秀新闻挖掘和报道力度。建好用好博物馆、嵇直故居等爱国主义教育基地,在"七一"期间、烈士纪念日、国家公祭日等关键时间节点,组织党员赴现场学习教育,结合教育基地,深入开展学习习近平总书记"七一"重要讲话、革命基地红色教育等主题宣传教育活动。对外宣传影响广泛。2016年先后围绕适应和引领经济发展新常态、"十三五"发展规划布局、建设"强富美高"新润州等主题积极策划新闻宣传活动,凝聚全区发展力量。全年在市、区党代会召开期间,先后在《镇江日报》《新华日报》制作整版,集中展示过去5年来润州的发展成就,专版宣传取得了良好的宣传效果。"两学一做"学习教育开展以来,及时开展形式多样的宣传引导,做到动态性报道及时准确,深度报道通俗生动,全面完成对外宣传任务。充分发挥《润州天地》专版的宣传主阵地作用,今年以来共刊发50期,40万字、600多篇新闻稿件,先后开设《为党旗添彩》《文明新观察》《调结构 转方式 来自企业一线的报道》等专题、专栏,充分展示润州新亮点、润州新优势。全区在省级以上媒体刊发稿件400多篇,其中《新华日报》20篇、头版2篇,头版头条1篇,《人民日报》17篇,光明日报7篇,新华社通稿3篇,中新社80余篇。在市级媒体刊登稿件600多篇,其中《镇江日报》头版头条33篇。官塘桥街道秀山民间文化被央视新闻频道宣传报道。圆满完成今年党报党刊征订任务。着力强化网络管理。成立全区网络管理专设机构,配备专职人员、专项经费,实现网信办实体化运转,统筹协调全区互联网管理工作。建立区网评员队伍,推进网络论坛真实身份信息注册工作。依托有关部门,组织网站从业人员开展技能培训2次。强化网上正面宣传。全年处置负面舆情75起,未产生较大负面影响。精心策划微信抢红包、感恩节送鲜花、文明随手拍等网络主题活动,常态化开展机关干部、党员团员网上"发声音、亮观点"活动,推进西津渡社区"爱心家园"志愿者组织等网络公益社团规划化建设,开展网络公益活动。积极抢占新媒体宣传主阵地,"润州发布"微博和微信公众号的影响力不断提升,形成区域新媒体第一品牌。

文明创建弘扬正能量,有效提升社会文明程度。弘扬践行核心价值观。浓厚讲文明树新风氛围,在"润州发布"微信平台开设"小润说礼仪"和"文明创建"栏目,生动宣传文明礼仪新动态。全区投入近百万元,制作40000余张公益广告KT板,张贴在全区各个角落,并在沿街店铺、社区办事大厅的电子屏播放公益广告。蒋乔街道嶂山村出新了"乡风明德文化墙",并一举创成镇江市"最美乡村"和"农村道德文化园示范村"。万科社区高质量建成"善行义举榜",省委常委、宣传部部长王燕文莅临视察指导。不间断开展典型培树。常态化开展"身边好人"推荐和学习活动,在全区范围内形成长效机制。宝塔路街道在万达广场开展"最美宝塔人"表彰活动,推选出一批群众身边的道德典范,引导居民群众养成良好的道德素养和行为习惯。组织大学生村官巡回宣讲好人事迹,扩大"最美人物"的影响力,进一步倡导和培育崇德向善、文明礼仪的社会风尚。全年引导学校、社区、文明单位开展"我们的节日"系列活动417个、志愿服务类活动517场、"道德讲堂"294场、各类青少年文体活动349次、"家长学校"291场。志愿服务制度化建设迈上新台阶。全区在"志愿江苏"平台累计注册志愿者45858、志愿者团队177个。注册人数占润州区常住人口总数的19.29%、占适龄人口的22.82%。继续发挥区志愿者培训学校的示范作用,邀请10多位专家、资深社工及优秀志愿者进驻课堂讲课,培训内容涉及礼仪服务、应急医疗救护、残疾人康复、失独家庭关怀等。在"润州志愿者"微信公众平台,广泛传播志愿者活动和培训内容。针对居民群众实际需要,以社区为中心,按需设岗,围绕文体、法律、卫生、治安等志愿者服务项目,全区形成了"邻里桥""平安锣""家捷帮"等有特色、有影响力的志愿服务品牌。提升未成年人思想道德水平。全区各学校利用建设养正学堂网站的契机,充分宣传和推进"八礼四仪"的育人作用;利用校园设施,在礼仪体验馆开展具有实效的礼仪训练;利用各类家长会和网上家长学校,对家长进行常规礼仪知识宣传。组织家庭亲子共读,营造协调一致的良好育人环境。开展"文明礼仪开学第一课"系列主题活动,使学生爱校护校,用文明举止扮靓校园的信念得到增强。投入40余万元建成现代化、高水平的区新未成年人成长指导中心。巩固文明城市创建成效。在更高水平文明城市创建期间,成立5支文明城市督查小组,分片督查,现场指导,交办并解决问题282个。组织职能部门针对校园周边环境和集贸市场开展专项拉网式检查。以万达广场商业街区为平台,继续推进"诚信示范街区"建设,制定"八有"标准,提升地区商业形象,打造商家、消费者以及执法部门三方满意的诚信示范街区。继续推行文明城市"网格化"管理,结合属地实际,整合资源,建立了属地与城管部门统一协调的城市管理运行机制。加强对2013~2015年省级文明单位、文明社区、文明校园、文明村的迎检指导,全区共有12个文明单位,2个文明校园,8个文明社区,3个文明村获得省级文明系列单位称号。市、区两级评选和推荐单位数量和质量均超出列届。

强化重点项目引领,促进文化产业繁荣发展。重点项目建设进展顺利。贯彻落实全市文化产业重点工作会议精神,克服宏观经济持续下行的压力,设立总额100万元的区级文化产业引导资金。润州区文化产业2016年新增投资15.9亿元,完成招商任务10.12亿元,新三板上市企业一家。龙头项目睿泰数字产业园承载力进一步增强。巨人商学院镇江分院、镇江乐泰基金管理有限公司、北京康智达科技有限公司等8家公司已经入驻睿泰总部研发大楼。镇江移动物联网产业大厦及镇江移动第三机房楼建设进展顺利。招商引企工作有序推进。围绕新增文化产业投资13亿元、招商引资10亿元等重点指标,进一步突出园区和产业链招商,加强文化产业招商的学习培训,及时跟进在谈项目。积极筹备企业进规、上市,通过走访调研、召开专题会议等形式,要求相关部门对已入库的规上企业和潜在规上企业做好上门服务工作,积极发展企业进规。2016年,实现新增规模以上文化企业一家——镇江金鹏软件科技有限公司。

落实文化惠民,不断繁荣文化事业。加大公共文化建设投入。深入推进国家基层综合性文化服务中心建设试点工作。全年顺利完成32个基层文化服务中心建设任务,实现全区100%的村和社区建成综合文化服务中心的目标任务,8个村(社区)被评为中心示范点。积极推进文化广场标准化建设,顺利建成5个生态文化广场,高质量通过市文广新局现场验收。加大街道文化站建设,顺利建成3个街道文化站示范点。全区公共文化设施面积为81315.2平方米,万人享有2678.3平方米,较2015年增加167.9平方米。大力开展文艺精品创作。贯彻落实市委《关于繁荣发展社会主义文艺的实施意见》文件精神,着力抓好艺术精品的创作生产,完成儿童小说《他只是一个小小男孩》的初稿创造。歌曲《春风又绿月又圆》参加镇江市第四届群众文艺展演,荣获江苏省第十二届五星工程奖音乐类铜奖,填补了全区成人群文类单项奖的空白。策划开展文化惠民活动。进一步提升"家在润州"文化广场月月演、"街巷剧场"文化品牌、"润心书场"、润州彩虹文化志愿服务等品牌活动。在润州广场开展了"春天的歌会""庆五一"全民健身进社区节目展演、"舞动镇江"广场舞大赛、"纪念镇江解放67周年群众文艺演出"等20多场精彩纷呈的活动。"润心书场"邀请扬州资深评话表演艺术家沈志凤、青年演员陈鼎新、周蕾蕾开设扬州评话(弹词)《玉蜻蜓》《三笑》《绿牡丹》等书场表演,受到百姓的热烈欢迎。开办润心书场的流动书场,送书进拆迁安置小区,在凤凰家园小区连续开讲扬州评话《八窍珠》书场表演40余场。

提升业务水平,强化干部队伍建设。深入推进宣传部班子建设。把学习教育活动与做好宣传思想文化工作有机结合起来,全年专题学习习近平在党的新闻舆论工作座谈会、在网络安全和信息化工作座谈会上的重要讲话等内容，着力提升干部队伍理论水平。以解决问题为导向，组织党员干部对照“四讲四有”合格党员标准，深入查找自身和工作中存在的不足。着力增强干部队伍建设。加大业务培训力度，组织宣传思想文化干部赴浙江省委党校开展业务培训。开设“业务沙龙”，定期组织开展专项业务技能大讨论。强化专业人才引进，将引进宣传文化系统急需的文化名家、全媒体能人等高层次专业人才列入全区专业人才招引计划。以“补短板”倒逼工作创新。按照区委统一部署，在全区宣传文化系统深入开展了“补短板”大调研活动。组织常委部长和分管副部长，分别带队，围绕理论宣讲、文明城市创建、文化产业发展、新媒体应用、服务重点企业等多个课题开展大调研活动，全面收集梳理出宣传思想文化工作9个短板问题，提出了21条整改方案，调研成果得到了区委、区政府的认可并以文件形式下发。

**【“润州发布”微信公众号影响力显著提升】** “润州发布”微信公众号的影响力不断提升，已成为区委、区政府向全区干部群众发送权威信息的最重要新媒体信息平台，“润州发布”微信公众号每周固定推送3期，每次发布本土新闻3条以上，有粉丝3500人左右，推送信息平均点击量500次左右，形成区域新媒体第一品牌。

**【成功挖掘九旬老人入党新闻线索，获夏锦文书记批示】** 2016年6月份，由区通讯员提供新闻线索，报道和平路街道93岁老人何以范入党事迹的《九旬老人何以范昨圆入党梦》新闻稿件，受到市民热议，市委书记夏锦文专门批示并要求全市党员在“两学一做”活动中，广泛开展“从何以范入党看信仰的力量”的主题讨论。

**【典型培树不断弘扬社会正能量】**

深入宣传“身边好人”，在全区范围内形成“月月推荐，季度评选”的长效模式，全年共有4人当选“镇江好人”，金山街道的陈杰群获得“中国好人”荣誉称号，区检察院秦彪获得“江苏好人”荣誉称号。

**【文化产业上市企业实现零的突破】** 江苏镇江建筑科学研究院集团股份有限公司，2015年12月在全国中心企业股份转让系统获批挂牌，2016年1月21日成功上市。

**【文艺精品创作阔步向前】** 歌曲《春风又绿月又圆》参加镇江市第四届群众文艺展演，荣获江苏省第十二届五星工程奖音乐类铜奖，填补了润州区成人群文类单项奖的空白。

**【开设宣传系统“业务沙龙”】** 定期组织开展专项业务技能大讨论，相互学习、互相启发、共同提高，先后围绕“政务新媒体培育”“创新宣传文化工作考核举措”等主题开展了头脑风暴活动。 （张　烁）

## 统战工作

**【概况】** 2016年润州区委统战部在区委的领导和市委统战部指导下，认真贯彻落实全国省市统战工作会议精神，围绕中心，服务大局，认真履行统战职能，扎实开展各项工作，为建设强富美高新润州作出了积极贡献。润州区委将统战工作作为党建工作重要组成部分，深化“四个纳入”“四个带头”工作机制。区委换届后，统战部部长由区委常委兼任。成立了全区统一战线工作领导小组，初步形成区委统一领导、统战部牵头协调、有关方面各负其责的大统战格局。深入学习并传达习近平总书记系列重要讲话和中央、省委、市委统战工作会议精神，市、区党代会精神，引导广大党外人士牢固树立社会主义核心价值观，始终与党委保持同心同德、同心同向、同心同行。深入领会、准确把握中央《统战工作条例》、省委《实施办法》和市委《实施意见》最新要求，区委将统战工作一系列重大决策部署内容列入重要议事日程，纳入全区“补短板”工作，切实抓好落实。

**【顺利完成市、区两级人大、政府、政协换届中的有关人事安排工作】**

2016年是市、区两级人大、政府、政协换届年，为做好相关人事工作，区委统战部与组织部门团结协作，密切配合，圆满完成了对新一届党外人大代表、政协委员的推荐提名、资格审查工作，牵头15家部门对8个批次102名非公经济人士进行综合评价工作，严格按照各项政策规定，确保了市、区换届工作顺利进行，为今后统一战线工作奠定了坚强的组织基础。

**【稳步推进民主党派和无党派人士统战工作】** 积极引导民主党派和无党派人士切实履行参政议政、民主监督职能。2016年，共向区“两会”提交议案、提案70余件，提供社情民意130余条，民进润州支部获民进江苏省委会参政议政先进集体称号。积极打造“同心工程”品牌，迎江路中心社区“同心工程”示范区建设卓有成效，致公党“致福工程”、民盟“梦圆学校大讲堂”、九三“润州社区慰问”、民进“端午关爱老人”等助困助学活动深得民心。

**【扎实做好党外代表人士选拔任用工作】** 建立健全党外代表人士推荐机制和党外后备干部动态管理机制，截至2016年年底，全区党外代表人士“六支队伍”共有128人。党外副科级后备干部占全区后备干部总数的15%；机关中层干部中党外人士占比10%的要求列入了党建考核指标。认真开展党外干部教育培训工作，2016年，共安排5名党外干部参加清华、浙大等综合培训班，选派10余名党外干部到基层挂职锻炼。同时还积极探索建立多层次的党员领导干部与党外代表人士联谊交友制度。

**【突破开展党外知识分子和新的社会阶层人士统战工作】** 6月份以来，统战部安排街道(园区)及相关单位开展深入排查，摸清了辖区归国留学人员底数，初步掌握新媒体从业人员和自由职业者基本情况。向市委统战部推荐党外知识分子联谊会理事8名，推荐归国留学人员代表1名，完成归国留学人员调研报告一篇，并建立了新的社会阶层人士QQ群。

**【积极推进非公有制领域统战工作】** 实现基层街道商会全覆盖，工商联会员总数达到1037个。对促进全区经济发展、增强非公有制经济人士凝聚力，发挥了重要的作用。区、街道两级商会协同相关贷款公司为企业发放贷款近千万元，金山街道商会成立的企业互助基金会筹集资金60多万元，用实际行动有效地解决了部分企业资金紧缺的问题。区工商联顺利进行了换届改选，一批各行业的领军人物和企业家当选为区工商联副主席和执委，进一步提升了区工商联领导班子的素质和能力，为今后工作开展奠定了基础。

**【多措并举促进民族团结进步】** 利用张贴标语、知识竞赛等多种形式，广泛宣传民族理论和民族政策。宝塔路街道开办社区民族学校，金山街道开设社区百姓学堂，利用街巷剧场开展民族文化宣传，使"五个认同"的思想深入人心。聚焦少数民族集中区域，重点打造"一村一校两社区"，即大桥村、穆源民族学校、杨家门社区、同德里社区，调研指导社区少数民族居民综合服务平台建设，跟踪推进市穆源民族学校110周年校庆系列活动。针对少数民族外来流动人员及贫困弱势群体，成立少数民族法律援助站、少数民族再就业指导服务站和"12315"少数民族消费维权联络站，社区推出"一卡式"服务清单，提供家政救助、就业创业、政策咨询、法律援助等的便民利民服务。

**【依法管理提升宗教场所管理水平】** 2016年年初召开创建工作动员部署会，制订了全区星级场所创建计划，2016年圆通寺和净因寺被评为四星级、观音禅寺被评为三星级宗教活动场所，名列全市前茅。与各宗教活动场所签订"创建最安全场所"工作责任书。对全区基督教聚会点和民间小庙小观进行了摸底排查和整治，5月份依法处置青年广场基督教聚会点信众纠纷，并取缔了该非法聚会点，引导信众合法开展宗教活动。建立健全民宗、公安、国保等部门协调工作机制，围绕辖区主要庙观重大香期的消防安全保障，制订落实重大宗教活动工作预案，确保平稳有序。持续加强各宗教场所文明敬香的教育和监管，重大宗教活动坚持一线指挥、现场协调。全程参与了五洲山净因寺大雄宝殿落成佛像开光暨方丈升座大型庆典等重大活动。（彭麒羽）

## 对台工作

**【概况】** 2016年，润州区委台办主动适应新形势，落实新要求，在区委、区政府的领导下，在市委台办的指导下，认真贯彻落实党中央、国务院对台工作方针政策，深入贯彻习近平总书记到镇江考察时的讲话精神，落实省委对台工作"八个共同"新要求，打造"台商发展第一福地"品牌。一年里，区委台办积极开展各项工作：共组团3批次17人次，赴台参加经贸、农业和学术交流；诚邀台商、台胞到润州区参观、交流、投资，全年共接待台商20多批次300多人次；按照上级要求，跟团赴台开展与新北市瑞芳区基层交流交往活动，构建了与台湾基层交流的通道；围绕加快推进"四个新高地建设"的具体目标，不断强化组织领导，细化工作举措，提升服务水平，努力把润州打造成台商台企投资兴业的新家园。

**【谱写两地基层交流交往新篇章】** 按照中央对台工作新要求，根据江苏省、镇江市台办分配给润州区和台湾新北市瑞芳区结对交流的任务，积极挖掘台商资源，想方设法构建了和台湾新北市、瑞芳区民间交流的管道，和新北市中小学家长联谊会、瑞芳区里长联谊会建立了较为密切的联系，新北市学生家长联谊会组织各分会会长52人到润州区参访；瑞芳区里长联谊会先后两次组织70多位里长和相关人士到润州参访。实现润州和台湾民间交流新突破。

**【开展对台宣传和涉台教育】** 为了加大《台湾同胞投资保护法》的宣传力度，区委台办利用多种形式的座谈会进行学习、宣讲。利用召开宣传统战委员会议和台属联谊会理事会之机，认真组织学习《反分裂国家法》和对台工作基本知识，使党中央、国务院对台工作方针政策更加深入人心，增强促进祖国早日统一的民族责任感和使命感。在平时工作中注重收集整理党中央、国务院对台工作方针政策和辖区台企的发展情况以及台商中的先进典型，主动与有关媒体进行联系，进行广覆盖的社会宣传、对广大群众进行党的对台方针政策的宣传教育，扩大对台工作的影响。

**【创建青年创业和交流基地】** 主要以镇江高新区五洲创客中心为平台，利用镇江深厚的台资企业兴业基础、"台商投资第一福地"的品牌效应、“创业中国”苏南创新创业示范工程，充分发挥镇江高新区特色和优势，吸引和鼓励台湾青年来润州创业发展。在产业重点上，将着力吸引“互联网+”、游戏开发、文创设计、数字出版、生技医疗、装备制造和船舶动力等相关产业创业者加入。目前已有就业和实习台湾青年合计31从，其中创业台湾青年11人，已批准和孵化台湾青年项目合计24个，意向签约项目9个。

**【打造服务台企特色品牌】** 为了更好地服务台企，当好企业“店小二”，区委台办建立一套服务机制，对于企业提出的实际困难和问题，做到第一时间受理，第一时间成立工作组，由区委台办牵头，多部门协同办公，合理推进。妥善协调解决大润发超市与中山西路中央大街建设方在施工、广告灯箱设置等方面的多种矛盾，因为商场灭老鼠导致老鼠掉下来污染食品引发的一系列涉及媒体、相关职能部门的若干问题协调；台江软件园研发团队办公用房紧张的问题；泰利丰健康产业园在发展过程中遇到的政策协调等一系列问题，各个项目稳步推进。通过扎实周到的服务，润州的对台工作得到了台商的认可，台商对润州经济建设也给予全力支持，所有在地台商、台企对政府相关工作也全力支持配合。经台商引荐，成功引进了镇江市华康动力设备公司基于“互联网+”的百度外卖项目、江苏展势国际贸易有限责任公司等非台资项目。

（杨贤峰）

## 信访工作

**【概况】** 2016年，全区信访系统认真贯彻中共十八大、十八届五中、六中全会精神以及中央、省、市关于信访工作的一系列决策部署，紧紧围绕“抓信访、保稳定、促发展”主题，以全省开展的“化解信访积案集中攻坚”“越级进京访专项整治百日会战”等活动为抓手，强化领导、创新机制、狠抓落实，着力夯实信访工作基础，全国“两会”、杭州G20峰会、十八届六中全会和省第十三届党代会等敏感时期和重大活动期间没有发生有影响的信访极端事件和群体性事件。

2016年，全区信访形势总体呈现渠道畅通、秩序规范、总量趋降、平稳可控的局面。全区共发生群众进京179批228人，群访5批47人，其中非正常上访5人次，与去年同期相比下降85.73%；赴省上访82批175人次，其中集访12批102人次，与上年度相比，总批数、总人次分别上升15%、16%，集访批数、人次分别上升50%、60%；到市上访193批690人次，其中集访34批526人次，与上年度相比，总批数、总人次分别下降25%、50%，集访批数、人次分别下降30%、40%；到区上访237批729人次，其中集访34批456人次，与上年度相比，总批数、总人次分别上升5%、1%，集访批数、人次分别下降4%、12%。

**【严格规范信访事项办理】** 落实各级各部门工作责任，规范群众来访事项受理办理工作，推进“依法逐级走访权益保障卡制度”，组织相关职能部门出台《分类处理信访投诉请求法定途径清单》，积极引导信访群众依法逐级走访，切实维护好信访人的合法权益，有效减少重复上访、越级上访发生，实现了法定渠道内的信访事项“初次信访领卡、逐级信访凭卡、处理结果记卡、保障权益用卡”的目标。

**【切实加强初信初访接待】** 认真办理每次群众来信，热情接待每次群众来访，积极寻求解决问题的办法。通过及时交办、查办每件信访案件，提高初访问题的办结率，逐步扭转了群众重越级上访、轻初始访，重集体访、轻单个访的观念，有效防止了越级访、集体访和重复访的发生。全年，共收到人民来信352封，比去年同期增加8.69%，办结340封；来访233批，比去年同期减少38%，办结211件；求决类初信初访事项一次性办结率100%，去省访登记数35批次。

**【积极推进接访下访工作】** 全年共安排区领导接待218次，全区党政领导共接待群众上访176批520人次，带案下访30批42人次、重点约访15批28人次，其中党政主要领导接待36批58人次，带案下访8批45人次、重点约访8批8人次。督办、会商解决重大疑难信访案件51件。

**【扎实推进信息系统建设】** 规范“阳光信访”信息系统操作，明确考核目标，落实责任区分，提高案件的及时受理率、按期办结率。网上投诉37件，比去年同期增加37%，目前已办结30件，及时受理率为92.75%，按期办结率为98.59%，满意率为99.16%。全力推行“依法逐级走访权益保障卡”制度，引导信访群众按规定逐级上访，努力营造依法、理性、有序的良好信访氛围，全年共发放权益保障卡195份，提高全区信访工作的法治化、规范化、科学化水平。

**【认真组织矛盾纠纷排查】** 以环境保护、劳动社保、城市建设、征地拆迁、涉法涉诉、非法集资等领域为重点，深入排查可能引发重大群体性事件的问题，切实做到情况清、底数明、不留死角。对排查出的问题逐一明确责任领导、整改方案和工作时限；密切关注和全面掌控重点群体活动动向，对重点人头，按照“一人一策”的要求分级分类开展稳控。全区各级各部门共滚动排查出各类矛盾368件，会办重点信访事项55余件，化解率达

96%以上。

【深入开展积案化解行动】 自开展积案化解行动以来，区委、区政府高位推动，各地各部门按照“三到位一处理”要求，着力源头化解，综合政策化解，坚持包案化解。区主要领导主动带案下访，包案领导亲力亲为，基层各地采取结对帮扶、真情感化、多管齐下、友情操作等方法措施，取得明显成效。2016年上级共交办润州区52件信访案件，其中国家信访局交办信访积案31件，累计结案31件、化解10件，总体结案率和化解率分别为100%和32.2%；省交办进京赴省重复访案件12件，累计结案12件、化解3件，总体结案率和化解率分别为100%和25%；市联席办交办“骨头案”9件，累计结案4件、化解3件，总体结案率和化解率分别为44.4%和33.3%。

【全力做好信访稳定工作】 区委、区政府高度重视重大活动和敏感时期的信访稳定工作，精心谋划、周密部署、制定预案、细化措施，明确重点防控人员，细化应急处置措施，完善信息零报告机制。各基层单位及各相关部门互动联动，做到信息共享、研判准确、行动迅速，牢牢掌握工作的主动权，确保了全国“两会”、杭州G20峰会、十八届六中全会和省第十三届党代会等敏感时期和重大活动期间没有发生有影响的信访极端事件和群体性事件。（区信访局）

## 史志工作

【概况】 2016年，区史志工作以中共十八届五中、六中全会精神及习总书记的重要讲话精神为指导，围绕中心，服务大局，积极落实全市史志工作会议精神，认真履行职能，主动开展工作，充分发挥史志“资政、存史、育人”作用，为全区经济和社会发展做贡献。2016年被市史志办评为信息报送先进集体和史志成果“三服务”先进集体。

【《润州年鉴(2016)》出版发行】 《润州年鉴》是润州区人民政府主办、润州区史志档案办公室编纂的公报性、综合性、资料性大型工具书。11月，《润州年鉴(2016)》由方志出版社正式出版发行。全书共502千字，设28个类目、129个分目、474个条目，另配以47个表格、17幅黑白图照，谋篇布局合理，层次清晰，内容丰富，资料翔实，客观、全面、真实、系统地记录了润州2015年全区政治、经济、社会、文化发展等方面的基本面貌、发展状况和各行各业取得的新进展、新成绩、新经验，为宣传润州，资政、存史发挥了重要作用。

【宣教活动进广场】 为纪念国务院颁布《地方志工作条例》10周年，5月份，会同市史志办在中山广场开展宣传、纪念活动，通过展板、赠书等形式，向市民介绍镇江的历史文化、风土人情，为宣传润州、资政、存史发挥了重要作用。

（区史志档案办）

## 档案工作

【概况】 2016年，全区档案系统围绕区委、区政府的中心工作，认真学习中共十八届五中、六中全会及习总书记的重要讲话精神，务实进取，不断创新，打牢基础，整合资源，恪守“为党管档，为国守史”的神圣职责，促进档案事业稳步发展。全年，共接待群众查阅婚姻档案近2000人次，文书档案近100人次，企业改制档案近20人次，有力地服务了社会各界人士对档案的需求。公安润州分局创成了省五星级档案室，和平路街道、区农委创建了省三星级档案室，净因寺、高崇寺创建成了省二星级档案室。区市场监督管理局、区法院顺利通过了五星级档案室复审。

【完成档案库房改造任务】 随着全区经济社会的发展，档案工作的规范，区档案馆现有库房老、旧、小，安全隐患大，库房容量已达到了饱和不堪重负，很多档案资料散落在各个单位，严重影响了档案的收集、保存、使用功能。2016年7月份，区政府第35次常务会议研究同意了档案馆升级改造后，区史志档案办本着节俭的精神，在改造思路上坚持“档案工作为中心工作服务”的理念，多举措改造档案库房，扩建档案库房，整体修缮档案库房墙体及附属设备，增大档案库房的存储容量，以满足日后档案保管需求，改造后的档案馆新增库房面积600平方米，新置20组密集架，内设特藏室、永久档案库房、长期档案库房、档案整理室、机房、查档室等，并增设了查档群众休息区，年内，库房改造完成，基本符合国家档案馆所要求的功能布局。

【档案日开展宣传咨询活动】 6月8日，区史志档案办深入到老城区金山街道杨家门社区开展国际档案日宣传活动。活动现场，张贴了“民生档案 服务民生”的宣传挂图，以图文并茂的形式向群众宣传档案利用的惠民事例，提高公民利用档案的意识。为增强公民保护档案的意识，还向辖区内群众发放了《中国的世界记忆遗产》宣传册。宣传活动解答群众咨询20余人次，进一步扩大了档案工作的社会影响力。

【开展节前安全大检查】 为进一步加强档案安全管理工作，杜绝安全隐患，做到防患于未然，春节前，区史志档案办对各办公室和档案库房进行了一次卫生大清扫和节前专项安全大检查，重点检查了档案库房档案安全落实情况和库房门窗、电源、温湿度计、消防器材等直接关系档案安全的设备情况，要求所有工作人员高度重视，加强管理，通过节前安全大检查，进一步提高了机关干部职工的档案安全意识、增强了安全责任感，各项安全制度和安全措施得到进一步加强和落实。

**【召开档案学会成立大会暨第一次会员大会】** 为适应新形势下档案事业发展需要，更好地服务润州经济社会建设，10月份，润州区召开档案学会成立大会暨第一次会员大会，各会员单位的领导和个人会员参加了会议。会议在听取学会筹备情况工作报告后，审议并表决通过了《润州区档案学会章程》，经过充分酝酿，选举产生了润州区档案学会理事会。区史志档案办主任华晨明当选为第一届理事会理事长。 （区史志档案办）

## 机关党建工作

**【概况】** 2016年，润州区机关工委认真学习贯彻中共十八届五中、六中全会和习近平总书记系列重要讲话精神，按照区委八届一次党代会的部署要求，紧紧围绕"服务中心、建设队伍"核心任务，科学落实全面从严治党要求，积极践行五大发展理念，有效促进机关党建转型增效，切实增强机关党组织政治功能和服务功能，为建设创新型特色高新区和"强富美高"新润州提供强大动力。

**【深入推进书香机关建设】** 在机关党员干部中开展"四个一"活动，即细读一本好书，漂流一本好书，写一篇读书体会，讲一堂微型党课。向52个机关党组织赠送了《法律的故事》《我相信中国的前途》等五本书籍，并列出2016年度好书推荐单。邀请了《千高原》杂志主编苏伟主讲了《诗与人生》的读书报告会，举办了"润心读书节"征文演讲比赛。认真开展书香机关调研工作，通过发放调查问卷等形式，及时了解润州区书香机关建设现状和特点，并形成调研报告上报市级机关工委。机关各党组织结合单位职能，向党员赠送各类书籍，有的还建立了图书室、图书架，并开展读书征文演讲活动。

**【组织开展"两学一做"学习教育】** 机关各党组织紧密结合本单位实际，通过集中学习、专题讨论、自学原文、辅导讲座、知识竞赛、学习交流等多种形式，确保学有实效，在完成规定动作的同时，积极创新。党工委邀请党校等教授给入党积极分子进行习总书记系列讲话精神和党章党规专题辅导，并进行了闭卷考试。制定下发《区级机关开展党章党规知识竞赛实施方案》，组织机关分5个片区开展竞赛，120名选手参加了片区预赛，组织了10支队进行了总决赛，并组织代表队参加镇江辖市区机关党员干部党章党规知识竞赛，获二等奖。

**【深化"双型"先进党支部创建】** 落实好机关党组织的创建责任，结合润州实际，细化考核评分标准，将党建文化、书香机关、"两学一做"等重点工作与党建工作有机结合，制定下发党支部党建工作责任清单，使基层党组织明确创建工作的标准、方法和责任；强化督促检查责任，对创建情况分片进行检查，严格执行创建标准，做好2016年度的"双型"党支部评比工作；在区检察院、区财政局机关党组织中开展积分制管理的试点。同时完成市级机关工委"双型"党支部调研文章上报工作。

**【深化机关党建文化品牌创建】** 以党建文化品牌创建为依托，不断探索机关党建工作的新思路、新举措、新方法，开展机关党建文化申报工作，积极鼓励机关党组织结合实际，认真总结党建工作的好做法、好经验，按照"一支一特"的要求，开展自主创新，打造"6+X"机关党建文化品牌，如区财政局坚持依法、科学、为民理财，争做行业的骑兵、发展的炮兵、廉政的卫兵，打造"领兵"党建。

**【不断推进机关效能建设】** 深入开展党员志愿服务活动，结合部门实际、行业特点，组建机关在职党员志愿服务队伍50多支，每月到社区"志愿服务一小时"，同时根据党员个人兴趣特长，组建法律、维修等专业服务团队，主动对接响应式志愿服务平台，有针对性地开展组团服务。深化机关党组织与村、社区党组织统筹共建和机关党员干部结对帮扶等活动，帮助解决基层组织和广大群众关注的热点及实际问题，2016年走访慰问困难党员、困难群众384人，同时机关部门结对认领社区服务项目等资金近20万元。深化"为民服务创先争优"，组织窗口单位机关党组织按照"三个零"的服务要求，不断推进窗口单位规范化、标准化、优质化建设，会同有关部门加强窗口单位督查力度，定期开展优秀服务窗口、党员先锋岗、优秀服务标兵的评比活动。

**【深化党员队伍建设】** 坚持和完善党员发展工作"公示制""票决制"，严格按照《中国共产党发展党员工作细则》及相关要求做好党员发展工作，全年共发展党员9名，转正13名，组织机关新党员开展入党宣誓活动；举办一期入党积极分子培训班，158名积极分子参加培训。

**【做好社会各界评议机关工作】** 制定了2016年《润州区社会各界评议区级机关实施细则》，建立了2000多人的市、区评议人员信息库,组织了千名社会各界人士评议区级机关部门,做好评议结果的反馈工作,并督促整改。(颜 玲)

## 老干部工作

【概况】 2016年,区委老干部局在区委、区政府的领导下,在上级部门的指导下,深入学习中共十八届六中全会和贯彻习近平总书记系列讲话精神,紧紧围绕"四个全面"战略布局,牢固树立和贯彻五大发展理念,认真落实全国、全省老干部局长会议部署和区委要求,坚持为党的事业增添正能量的价值取向,把握大局大势,突出工作重点,全力抓好落实。

利用党支部阵地,加强思想政治工作。定期或不定期组织离退休老干部集中学习,集中辅导,内容涉及中共十八届四中、五中、六中全会和习总书记系列重要讲话精神,以及中办发〔2016〕3号《关于进一步加强和改进离退休干部工作的意见》的精神和内容。特别是2016年下半年,集中学习了六中全会和《中国共产党廉洁自律准则》《中国共产党纪律处分条例》。老干部们纷纷表示坚决拥护,自觉执行。

利用重大活动,加强思想政治工作。2016年,充分利用中共十八届六中全会召开、纪念红军长征80周年,以及中国共产党建党95周年、中华人民共和国成立67周年等重大活动之际,采取学文件、听报告、看影视、察实情等多种形式,加强政治思想教育。

利用宣传媒体,加强思想政治工作。鼓励老干部们在家,在社会中多看书,多读报,多关心时事和政治,一方面通过电视或互联网等平台,直感国内外大事。另一方面通过报纸杂志等刊物,感知国内外大事,使老干部们能及时了解时政,把握思想。

落实好老干部两个待遇,一是及时传递上级文件精神,只要是上级有要求,老干部们有期盼的文件精神,学习材料,都能第一时间给予传达和提供。二是组织老干部参加区里的重大会议或活动,如列席区委工作会,区党代会、区人代会、区政协会等。参加每年年底的全区情况通报会和重大事情的座谈会。三是为每位老干部们征订学习和阅读材料如《时事政治》《银潮》老年周报以及《镇江日报》等。四是老干部们生活待遇得到及时落实。每逢工资调整,护理费增加等切身利益时,均能及时与相关部门联系沟通,确保按时足额发放到位,对老干部医疗费用,做到按规定实报实销。对身体不好,家境困难的对象,及时给予看望,关心和照顾。五是开展好重大节日的慰问工作。每逢中秋、重阳、春节等重要节日,以及夏季高温,冬季寒冷季节时,统筹安排,在政策允许的情况,对每位服务的老干部进行上门慰问。同时也动员老干部所在原单位也给予关心和慰问。六是每年组织老干部们体检,考虑到老同志随着年龄增大,增加了体检项目,受到了老同志的一致好评。七是对易地离休干部定期走访慰问,2016年对暂住上海和苏州的两位80多岁,身体不好的老干部看望和慰问。

加强老干部活动室管理,为活动提供优质的服务。一是活动室做到每天干干净净,茶水供应,冷暖保障,工作日随时开放。内有阅览桌,交流桌,棋牌桌等活动器具和场所。使来活动的老干部均能做到心情愉悦,高兴而来,满意而归。同时鼓励老干部们参加市老干部活动中心的一些活动,并为他们提供方便。二是组织视察活动,2016年分别组织两次有影响的视察参观活动。4月份结合"两学一做"组织县区级离退休干部20余人赴淮安参观周恩来纪念馆,接受一次党性教育,10月份组织了县区级退休干部20余人视察润州区社区卫生服务中心活动。三是组织参与上级活动,2016年是中国共产党建党95周年和红军长征80周年,省、市老干部工作部门均安排了一系列的纪念活动,润州局积极组织,广泛参与。选送了多幅字画和照片参加全市老干部书画摄影展。选送了3篇关于在离退休干部中开展"我看从严治党新气象"的调研文章,选送了10余篇诗词在全市老干部报纸杂志和其他刊物上刊登。极大地丰富老干部们的精神文化生活。四是鼓励老干部参与社区活动。鼓励老干部按照"四就近"原则自愿参加社区活动,如献爱心,创文明城市和关心青少年成长等公益项目,一年来,涌现出一批像何以范、张兴淮、李克俭等优秀离退休老干部。五是关心和支持全区各类老年协会组织开展活动。动员和引导老干部们自愿加入协会组织。丰富自身的业余文化生活,践行自身的晚年价值。

为认真贯彻全面从严治党要求,探索新形势下加强离退休党员教育管理的有关途径,建立健全保持党员先进性,根据中央和省、市有关文件要求,结合润州实际,分别在和平路街道桃一社区和七里街道万科社区进行试点工作。经过一年多的探索,两社区基本做到了离退休干部党组织健全,活动正常。推动离退休党员教育,管理和服务有效衔接,坚持"老有所养、老有所教、老有所为、老有所乐",创新"一方隶属、多重管理"模式,建立健全各方党组织互动衔接机制,加强关爱服务,完善教育管理,引导发挥作用,共建幸福家园。构建开放型党建工作新格局,以组织设置创新和活动载体建设为依托,积极动员机关事业单位参与社区建设,鼓励引导离退休党员发挥优势,奉献余热,共同构建"条块结合、资源共享、优势互补、共驻共建"的开放型党建工作新格局。两

社区的试点工作和总结出的初步经验,得到省局、市局领导的表扬和认可。（区委老干部局）

【润州区诗词协会】 润州区荣获“中华诗词之乡”称号。2016年11月4日上午,“中华诗词之乡”授牌大会在市政府第二会议室举行。中华诗词学会常务副会长李文朝向润州区等6个市区授牌,并对镇江各市区所取得的成绩及创新经验给予高度评价。2013年以来,按照润州区创建“中华诗词之乡”领导小组统一部署,全区上下同心同德,全力推进“中华诗词之乡”创建各项工作,取得了明显效果。2015年12月11日,润州区创建工作获得国检专家组的高度评价并通过考核验收;12月25日被中华诗词学会命名为“中华诗词之乡”。这是润州区继2014年6月成功创建“江苏省诗词之乡”之后,取得的又一丰硕成果。润州区中华路小学、西津古渡社区和润州区人民法院被推荐为“中华诗教”先进单位,12月9日通过了国检专家组考核验收。

2016年润州区诗协开展多项活动,会员成绩斐然。7月15日上午,区诗协常务副会长李克俭宣布《润州诗词论坛》正式开坛,并举行了首场个人诗词品评会。《润州诗词论坛》每周举行一次诗词品评会,每次安排一名会员作为被品评对象,印发5~8首新作,供与会诗友进行点评。设立《润州诗词论坛》,其目的是为了进一步贯彻落实习近平总书记《在文艺工作座谈会上的讲话》和区委办、区政府办《关于印发润州区2016年“诗词之乡”内涵提升工作任务的通知》精神,确立精品意识,搭建互动平台,开展诗词评论,营造“品诗评诗”的良好氛围,提高诗词创作水平,进一步弘扬中华优秀诗词文化,巩固深化润州区“中华诗词之乡”创建成果。10月18日,润州区召开首届诗教研讨会。该研讨会由区委、区政府主办,区委宣传部、区教育局和区诗协承办,旨在从理论和实践上探讨诗教活动的新途径、新办法和新经验。诗教研讨会共收到39篇文章,8名同志作了大会交流发言。区文体局局长钱进的《润州区教育系统诗教工作实践研究》、区诗协常务副会长李克俭的《当前诗教应把握的几个问题》、区文化馆书记张晓波的《关于整合文化资源开展诗教的几点思考》、镇江风雅文化传播有限公司总经理邢灿华的《给传统诗教插上互联网的科技翅膀》等研讨文章,从理论和实践上就如何建立行之有效的诗教工作机制,在诗词文化传播方式上如何重视发挥网络传播速度快、传播面广的特殊功能等方面,探讨诗教活动的新途径、新办法和新经验。

润州区诗词楹联协会推荐参赛的10位诗人在全球华文内蒙古风情《清丽双臻》填词大奖赛中获奖,其中李克俭获优异奖。区诗协6名会员诗词作品入选《百年诗词精选》。区诗协5人被批准为“中华诗词学会”会员。

（李克俭 陈宏嘉 润苑）

【润州区老年人体育协会】 一是认真组织2016年江苏省老年人体育节镇江市润州区分会场开幕式。由润州区文体局、润州区老年人体协、润州区七里甸街道党工委、办事处共同主办的2016年江苏省老年人体育节镇江市润州区分会场开幕式于5月5日在润州广场隆重举行。这是中老年朋友的体育盛会,也是推动全区中老年体育健身活动的再动员大会。开幕式的筹备工作,得到了区、街道有关单位领导的高度重视和大力支持。区文体局选出8个精彩文体节目进行了表演。在大会组织委员会的统一领导下,大会呈现出隆重、热烈、有序、严谨。在各街道(园区)老年体协精心组织下,首次组织20~50老年人参加了这次大型活动。二是区老年体协组织开展老年人象棋比赛。2016年5月19日,区老年体协在宝塔路32号文体中心四楼举办了老年人象棋比赛活动。参加比赛的运动员都是来自全区各街道(园区)的象棋爱好者,参赛队员从55岁到75岁共24名。金山街道、七里甸街道、官塘桥街道代表队分别获得团体1~3名优胜奖,其余五个代表队均荣获荣优秀奖。三是区老年体协组队参加市老年人象棋比赛。6月15~17日,区老年体协根据5月19日举办的老年人象棋比赛结果,推荐荣获区老年人象棋比赛团体第一名的代表参加市老年人象棋比赛。两天多的比赛,润州区代表队荣获团体第一名,其中陈泰宝获个人第二名,李焕新获个人第四名,肖鸿清获个人第七名。四是区老年体协组队参加市老年人扑克比赛。7月21日,润州区老年体协组队参加市老年人扑克比赛,经过两天的比赛,润州代表队荣获团体第四名。五是区老年体协组队参加市老年人乒乓球比赛。8月17~18日,润州区老年体协组队参加市老年人乒乓球比赛,经过两天的紧张拼搏,润州区女子代表队荣获团体第二名,男子组获优秀奖。六是区老年体协组织老年人扑克比赛。9月29日,润州区老年体协组织全区老年朋友在和平路文体中心举办扑克比赛,全区10个代表队近60人参加了比赛活动。经过一天的比赛,金山街道、官塘桥街道、和平路街道、宝塔路街道代表队获得优胜奖,其余6支代表队获得优秀奖。七是区老年体协组团参加市中、老年气排球比赛。10月29日上午,润州区气排球男、女代表队30多人和各街道(园区)共200多人参加了江苏省老年人体育节镇江市分会场闭幕式,这是各街道(园区)老年体协响应市、区老年体协的号召,又一次认真组织老年朋友参加大型活动。经过两天多的奋力拼搏,润州老年气排球男、女代表队双双获得优胜奖(女子代表队荣获团体第二名,男子代表队荣获团体第五名)。八是组织参加市老年体协在丹阳召开的基层体育工作推进会。12月7~8日,市老年体协在丹阳召开《基层体育工作推进会》,润州区各街道(园区)多数老年体协主席参加了会议,亲眼看到丹阳部分老年人活动场所,亲耳聆听到先进单位代表的发言,听到省、市老年体协主席关于推进基层体育工作重要讲话。

(区老体协)

【润州区老科技工作者协会】

2016年,润州区老科技工作者协会以中共十八大精神为指引,深入学习贯彻习近平总书记系列重要讲话精神,认真落实中央和省委党的群团工作会议精神,认真贯彻区委“科教兴区”战略,发挥老科协的最大优势,创新协会工作思路,开展了形式多样的科普活动,为加快建设创新型特色高新区,打造“强富美高”新润州作出新贡献。

一是深入基层开展科普活动。2016年“科普宣传周”活动中,5月13日,区老科协会同区官塘桥街道,开展了“2016年官塘桥街道科普宣传周暨健康宣传月”主场活动。活动在官塘桥街道秀山美苑广场拉开帷幕,区老科协部分会员和官塘桥街道机关工作人员、各村(社区)党员和基层干部、居民代表、科普志愿者、学生代表等300余人参加活动。活动期间,来自各个领域的专家深入农村、社区、企业、校园、机关、军营举办一系列科普宣传活动,开展了创新创业培训班、低碳经济与生态文明科普报告会、青少年科普游、食品安全与公众健康科普巡展等生动有趣的系列科普教育活动,为全街道公众烹饪丰盛的科普大餐。2016年,和平路街道老科协充分利用社会单位、社区卫生服务站、科普志愿者等平台开展特色科普活动。科普活动周期间,组织开展“健康进工地”科普活动,分别进入润康城和金山湖1号工地为群众提供健康教育讲座、培训和免费体检等服务,培训了1500余人,发放宣传品2200余件。在2016年“全国科普活动日”活动中,区老科协会同工业园区组织园区辖区的村、社区及企业开展医疗保健知识讲座及宣传活动。9月22日在工业园区富润华庭小区开展了“常笑健康苑,名医面对面”活动,邀请专家举办健康养生讲座。12月中旬,在鲇鱼套村会同江苏科技大学志愿者,开展了“娃娃学科普,快乐度周末”活动,为小朋友演示讲解慧鱼模型、智能车和机器人等科普知识。2016年11月,区科普讲师团成员、市液压件厂有限责任公司副总工程师焦文瑞为公司技术人员进行了SPC生产统计过程控制培训工作,受训总人数达40人。通过培训,技术人员对生产过程进行实时监控,从而对生产过程的异常趋势提出预警,并采取措施,从而达到控制质量的目的。

二是深入老年人开展科普活动。为提升居民的科教意识,区老科协会同宝塔路街道通过各种渠道,充分利用辖区资源优势,发挥老年人作用,开展老年人科普活动,让越来越多的老年人在科普活动阵地上更好地发挥作用。在5月份的“科普宣传周”、9月份的“全国科普活动日”活动中,运河社区开展老年人心脑血管健康讲座活动。邀请社区卫生服务中心的专家结合具体的案例,从日常的饮食、生活起居等方面向老年人讲述如何进行日常护理以及需要注意的事项。凤鸣新村社区针对老年人开展了“模拟法庭”活动,通过现场“审案”,还原了整个案件,让前来参加的老年人切身感受了法庭的氛围,增加了法律知识。此外,志愿者们还向老年人分发普法资料、宣传法律法规。金山街道老科协会同银山门社区在科普宣传周中开展了“谨慎使用抗生素”的科普宣传活动,邀请了金山社区卫生服务中心的医生为老年人提供现场咨询服务、播放公益电视广告、举办“药品安全知识大讲堂”等多种形式,宣传药品安全法规,广泛普及安全用药知识,宣传抗生素滥用之害;京畿路社区举办“街巷剧场——科普文艺演出”,舞蹈、合唱、三句半、对口快板等精彩节目轮番上演,演出过程穿插科普知识抢答环节,社区老年人纷纷踊跃答题,使他们在看演出、答问题中受到潜移默化的教育。

和平路街道老科协还积极推动科普工作走出去,组织辖区内老年人参观市博物馆,带领老年人参观新四军纪念馆和句容农博园。让科普工作在辖区外得到延伸。

三是深入学校开展科普活动。2016年5月14日至5月21日,区科普讲师团成员、镇江实验学校高先锋老师积极组织全校学生举办了丰富多彩的科技节活动,不仅有以“奇思妙想”为主题的科普论文、以“科技知识”为主题的科技手抄报比赛、“变废为宝”小制作比赛,还有“航模比赛”、“参观数字科技园”等5个科技竞赛项目。这些活动,大大激发了师生们参与科技活动的热情和积极性,也让全校师生享受一顿科技大餐,让他们在科技实践活动中亲近科技,认识科技,爱上科技。5月29日,在区科普讲师团成员田家飞、史明老师的组织下,宝塔路小学44名学生参加了由江苏省体育局、教育厅、团省委、科协、妇联、关工委主办的第二十一届“驾驭未来”全国青少年车辆模型教育竞赛(江苏预选赛)。共有24名学生获得省级奖项,其中又有4名同学分获本项目的金、银、铜牌。田家飞、史明老师被评为江苏省优秀科技辅导员。10月17日,来自润州区各中小学的分管校长、大队辅导员、科技辅导员及少先队员代表百余人,在宝塔路小学共同参加了“星火杯全国青少年计算机科技创新实践教育暨青少年走进科学世界——科普百校行活动走进江苏镇江"活动。中国青少年发展中心、省、市、区领导为上所全国"计算机科技创新实践教育示范基地"学校授牌并赠送了学生实验工具箱、书籍及VR眼镜。在启动仪式结束后，少年队员们在中国少年科学院科普讲师团导师的带领下，分别开展了为时一小时的编程体验活动、科学实验体验活动和VR教育体验活动，深受队员们的欢迎。区科普讲师团成员田家飞老师代表润州区做少年科学院工作汇报。

区科普讲师团成员、李家大山小学邵红兵老师在该校积极开展了形式多样的科普活动。一是举办科普专题讲座，讲解"科普"。当前近视已经不同程度地影响了师生的生活与学习。为此，在邵老师的牵头下，请名医走进校园。特邀了市第一人民医院专家向老师和同学们详细讲解了中小学生真假性近视的识别和预防措施，并着重向老师们交代了如何在教学和课下帮助和督促学生预防近视的一些问题。二是开展"国旗下讲话"活动，宣传"科普"。该校以升旗仪式作为教育学生的重要渠道，利用"国旗下讲话"宣传科普活动的重要性和科学文化知识。在组织形式上，他们广泛发动学生写发言材料，以每班为单位，各评出1名同学到学校参加评选，优中选优，评出1名同学进行国旗下讲话。这种活动，既扩大了教育的范围，又让广大学生加深了印象，增强了教育效果。三是组织主题班会，议论"科普"。他们利用每周星期一的班队会时间，开展了主题班会活动。在活动中，以"科技在我心中""展望未来科技""我的科学小常识""我的未来"等为主题，让学生充分参与。四是举办科学幻想绘画比赛，描绘"科普"。在5月份"科普宣传周"期间，李家大山小学举办了科学幻想绘画比赛，同学们的作品想象丰富，极富科学价值，这次活动学校一至五年级每班各评出了4幅精品参加学校的比赛，取得成功。五是发动小制作、小发明比赛，走进"科普"。该校利用兴趣活动组织了小制作、小发明比赛，学生很认真很投入的制作了很多作品，并给自己的作品起上好听的名字，大大地激发了学生的兴趣，在活动中学生们增长了知识，开阔了视野，取得了显著成效。

（区老科协）

# 党校工作

【概况】 2016年，润州区委党校紧紧围绕"五城共建"中心任务，始终把教育培训、改进作风和加强自身建设作为日常重点工作，积极履行工作职能，充分发挥党校轮训、培训党员干部主渠道和主阵地作用，较好地完成了年度各项任务。

坚持系统谋划、力求实效，教育培训工作扎实推进。在区委干部教育培训工作领导小组和组织部门的牵头领导下，党校坚持围绕中心、服务中心，为提高全区广大党员干部的党性修养和能力素质开展了一系列的培训活动。突出问题导向，开展针对性的教育培训。4月上中旬，组织36名区级机关部门和街道(园区)"一把手"赴清华大学培训，听取相关专家学者关于产业转型升级、供给侧改革、互联网+、中国制造等方面的前沿知识授课，引导"一把手"树立全局眼光、提升战略思维，提高科学判断形势、驾驭市场经济以及应对复杂局面的综合能力。突出创新发展，开展启发性的教育培训。9月下旬，组织46名新提拔科级干部赴深圳大学开展为期6天的脱产培训，在创新之城让履新干部碰撞智慧火花、跃动思维光华、撰写调研报告，并在10月底的《周末家说·五城论坛》上谈学习感悟，话工作思路。突出责任担当，开展实用性的教育培训。11月上旬，集中组织85名换届中新任的村(社区)党组织书记采取"2+4"模式(区委党校2天、武汉大学4天)，开展基层党建和社区建设的理论教学和现场教学，努力提高换届后新任书记的综合素质，进一步推动基层党的建设和社会管理创新。突出党性修养，开展党的理论教育和党性教育。每期培训把《党章》《廉洁纪律准则》《纪律处分条例》和《问责条例》等纳入培训必修内容，主体班次均设立"党性教育单元"，确保不低于总课时的20%，努力教育引导党员干部始终保持忠诚、干净、担当的政治品质。12月中旬组织组、纪、宣、统"大党建"系统的党务干部约55人赴杭州开展专题培训，进一步提高全区党建工作水平。

坚持理论先导、运用载体，"两学一做"学习教育开展有效，区委党校紧紧围绕"两学一做"基础在"学"、关键在"做"、重点在"改"的学习教育思路，原原本本学党章党规、学系列讲话，认认真真听党课、上党课，实实在在搞讨论、抓整改。系统制定学习教育计划。结合党校工作任务和党员成分的实际情况，精心谋划、通盘考虑，制定了《党校党支部"两学一做"学习教育计划安排表》，支部书记带领大家就学习教育的时间、内容、方式和责任人员进行了逐一研究明确，并就学习教育需要达到的效果进行了重点强调。认真开展学习讨论。党校针对党员数量少和退休党员年龄、身体及居家休养的实际情况，坚持集中动员部署，集中党课辅导，集中讨论交流；坚持自学《党章》和习总书记系列重要讲话，自学党规党纪，撰写讨论交流提纲和心得体会；坚持送学上门，电话咨询沟通，QQ和微信互动交流，进一步提升学习教育效果。细查严改问题清单。对照党章党规，结合习总书记系列重要讲话精神，每名党员严查思想作风上的痼疾顽症，列出个人问题整改清单，并结合区委"三亮三比三争"实践活动和"十百千万”行动方案，从学习、工作、生活和作风等方面，即知即改、立行立改。

坚持夯实基础、练好内功，党校自身建设不断加强。区委党校坚持通过“打基础、抓党建”来更好地服务于中心工作。加强基础设施建设。积极协调相关部门，对因漏雨造成吊顶脱落、部分设施设备损毁的原区委中心组学习室进行整修，以实现多媒体网络教学的最终目标。同时，还设置党校公示栏，布置党校宣传框，添置图书和书橱等设施，进一步提升党校教育培训的硬件环境。加强内部组织建设。坚持落实“三会一课”“统一党日”等党内组织生活制度，把支部建设成为坚决贯彻执行党的路线、方针、政策的坚强领导集体。坚持定期召开工作例会，集体研究重大事项，分析解决党校在发展过程中遇到的新情况、新问题，制定具体的解决措施。严格执行中央八项规定和省、市、区委十项规定，大力开展党风廉政教育和廉政文化建设，深化党务公开，开展“必谈必访”等管理模式，营造团结、严肃、活泼的组织环境。加强工作推进落实。区委党校始终把抓党建工作作为促进日常事务工作的“催化剂”。在完成党校教育培训主业的同时，连续3年派人积极参加区委群众路线教育实践活动、“三严三实”专题教育和“两学一做”学习教育的综合协调和督导工作，得到了大家一致好评。其他同志也服从服务于润州建设大局，积极主动地参加会务保障、城建拆迁和文明卫生创建等重点工作，也得到了大家充分认可。努力开展为民服务活动。结合“百个机关党组织结对服务百家企业”和“千名党组织书记结对帮扶千户困难家庭”活动，多次走访结对服务企业镇江市邦禾螺旋制造有限公司和结对帮扶户常荣生家庭，适时了解掌握结对企业的发展情况和结对帮扶家庭的实际状况，及时搞好相关服务、帮扶工作。 (区委党校)

# 关心下一代工作

**【概况】** 2016年，区关工委在区委、区政府的领导和市关工委的指导下，按照打造“强富美高”新润州和“五城共建”的要求，认真学习贯彻中共十八届五中、六中全会精神，深入学习领会习近平总书记就关心下一代工作作出的重要指示精神，结合润州实际，围绕中心，服务大局，发挥优势，主动作为，坚持服务青少年的正确方向，紧扣培育和践行社会主义核心价值观这一根本任务，切实抓好各项工作，全区关心下一代工作全面推进，再上新的台阶。在省关工委25周年纪念大会上，润州区七里甸街道万科社区获得“全省关心下一代工作先进集体”，秦来顺、董安华、王久林、李和根获得“全省关心下一代先进工作者”。在市关工委25周年纪念大会上，润州区关工委、润州区教育局关工委、润州区工业园区关工委等4个单位获得先进集体表彰，12位热心关心下一代事业的志愿者获得先进个人表彰。

**【开展“学党史国史，听党话跟党走”主题教育活动，引导青少年自觉践行社会主义核心价值观】** 开展“学法守法、崇德立德”教育活动，深化青少年社会主义核心价值观教育。组织“学法守法、崇德立德”教育活动，教育引导青少年学法崇德，从小树立宪法意识和法治理念。积极参加全区“未成年人零犯罪社区(村)”创建活动，政法系统关工委注重发挥区法院青少年法制教育基地作用，利用区法院少年庭阵地及青少年法制教育广场积极开展形式多样的法制教育活动，组织青少年模拟法庭、法制讲座、法官进课堂等活动来普及青少年法律知识。

因地制宜结合形式多样的活动，开展爱国主义主题教育。全区各级关工委结合各自实际，抓好重大纪念日、寒暑假等时间节点，组织开展形式多样的主题教育实践活动，引导广大青少年主动融入社会大课堂，在潜移默化中接受爱国主义教育，取得明显成效。区关工委、工业园区关工委和富润华庭社区校外辅导站，暑假组织了为期两天的“学党史、听党话、跟党走”暑期公益夏令营，组织金山实验学校的80多名优秀学生前往赵亚夫事迹展展览馆参观学习，学习赵亚夫的奉献精神，参观亚夫试验基地，感受大学生村官不怕脏和苦的创业精神。走进茅山新四军纪念馆接受爱国主义教育、瞻仰革命英雄纪念碑，了解党的历史，牢记新中国的诞生史，懂得要更加珍惜如今这来之不易的幸福生活。走进部队体现和感受军旅生活，走进法院接受法制教育等，多彩的夏令营活动同学们身心放松受益匪浅。端午节前夕，四圩社区校外辅导站邀请镇江高专大学生志愿者带着孩子们开展“键盘下的端午”PPT制作比赛。志愿者、社区工作人员与孩子们一起学习包粽子，看动画《端午节的由来与传说》，了解人文历史，学习屈原的爱国精神。孩子们上网搜索图片、音乐等素材，大学生志愿者们讲授PPT操作基础知识，上传摄影作品，插入图片文字等，指导孩子们进行PPT制作。孩子们在这样特殊的劳动和学习中感受中华传统文化带来的魅力，增强爱国热情。

**【着力打造校外教育辅导站建设升级，青少年校外教育成效全面提升】** 校外教育辅导站建设提档升级。校外辅导站的建设和活动是关心下一代工作的重要平台，按照“加强内涵建设，提高活动质量，提升办站水平，增强育人效果”的要求，区关工委注重加强校外辅导站建设，积极争创省市示范级辅导站，使青少年校外教育成效全面提升。2016年万科社区校外辅导站获市级示范站授牌。示范级辅导站电子阅览室、图书室每天为社区青少年开放，特别是寒暑假和双休日有专人管理与辅导，有完整的规章制度和活动计划，大学生志愿者、"五老"志愿者、教师志愿者达到规定人数，全年辅导站校外活动达80次以上。蒋乔街道嶂山村校外辅导站结合嶂山村本土特色，带领同学们去嶂山村科普教育基地超群花卉和镇江市蔬菜研究所现场参观和学习，使同学们从感性上认识了以前课堂上学到的东西。暑假组织蒋乔小学的少先队员们，开展了"蒋乔小学红领巾寻访嶂山果园——走近'嶂山牌'水蜜桃"活动。金山街道迎江路中心社区辅导站爱心辅教工作坚持开展了十三年，以市二中退休老师关爽为主的十多名退休教师和社区志愿者梁兰芳等一年来为小学、初中、高中学生提供英语、数学、化学、物理等学科的辅导近1500人次，受到广大家长和市民的大力点赞。

校外辅导站突显个性特色和活力。全区各村、社区校外教育辅导站注重发挥现代化资源优势，组织青少年开展形式多样的教育实践活动，彰显其个性和活力。官塘桥街道官塘桥村按照示范辅导站要求，上年建成280平方米的活动中心，配备了"图书阅览室""健身室""电子阅览室"等现代化设施，今年与江苏大学青年志愿者结对共建，积极配合"五老"志愿者，利用寒暑假、双休日、节假日等，组织孩子们开展"娃娃学科普，快乐度周末""乡村娃娃趣味运动会""乡村孩子读书乐"等活动，孩子们的参与热情十分踊跃。宝平社区利用新建的校外辅导站，主动承接了关爱外来务工人员子女健康成长的公益教育项目，开办了40多名外来务工人员子女参加的"小候鸟"暑期课堂，邀请江苏大学外国留学生和大学生志愿者定期前来授课，带着孩子们学英语、学科普，做益智游戏，深受广大家长的夸赞。万科社区引进9家专业型社会组织，为社区青少年思想道德建设提供个性化、专业化的教育实践活动。引进润州区篆刻协会致力于满足社区青少年篆刻艺术方面的需求；引进艾德心理咨询为辖区青少年和家长提供心理支撑等。社区校外辅导站根据青少年兴趣爱好、服务需求，共实施4个文化服务项目，投入资金8万多元。开展"八礼四仪"微学堂讲座，每月一次"青少年礼仪"活动，形式丰富多样，有模拟场景体验教学，角色扮演，运用电子阅览室教授学生制作礼仪电子小报，旨在提升青少年整体素质，建立正确的社会主义核心价值观，让孩子们从学礼、知礼、懂礼，成为礼仪的践行者。年初在全省关工委电子阅览室培训会议上开展的"文明礼仪记心中PPT制作"实践展示活动获得了一致好评。

**【整合社会教育资源促提升，结合特殊群体青少年教育优化成长环境】** "五老"志愿者主动作为，护航特殊群体青少年成长。为落实市关工委、市司法局《关于动员组织"五老"参与社区矫正志愿服务的意见》，区关工委积极发动"五老"志愿者主动作为，积极参与社区矫正服务工作。全区社区矫正对象共113名，其中未成年人3名。有106名"五老"志愿者参加了社区矫正服务工作，其中心理咨询师20名。"五老"志愿者逐步形成一对一帮扶机制。金山街道迎江路中心社区根据服刑和曾服刑人员的未成年子女敏感、自卑、自闭、爱"发脾气"、社会疏离感强烈等特点，有针对性开展心理援助，舒缓孩子们不良情绪和心理压力，引导其理性看待父母的行为，增进对道德和法律的理解，对不合理的认知和行为进行矫正，使他们的家人成为间接受益人群，收到良好效果。

广泛开展扶贫助学爱心活动，传递满满正能量。和平路街道征润州社区2016年又有5名大一新生和10名贫困学子受到爱心资助，社区关工委连续14年开展捐资助学、爱心接力活动，并成立了扶贫助学基金会，共资助了209名大学生和贫困家庭学子，资助资金达19.76万元，关工委又捐资2000元。工业园区关工委积极开展"一对一"扶贫助学活动，组织帮扶贫困生学费万余元。区关工委2016年参与江苏省关心下一代基金会镇江分会开展的"爱的奉献"捐资助学活动，资助贫困且优秀学生10名，资助金额6700元，参与江苏省周报社"冰凌花"捐资助学活动，资助贫困学生11名，资助金额6500元，参与江苏省关心下一代基金会第二轮"三年千人助学计划"资助学生3名，金额3500元。关工委多方合力整合社会资源，动员社会各方面力量帮助困难学生完成学业，传递着正能量。

**【开展"学党史国史，听党话跟党走"主题宣讲活动】** 按照省市关工委统一部署，全区各级关工委认真组织、扎实开展"学党史国史，听党话跟党走"主题教育活动。区关工委、教育局关工委组织的"润州区老园丁宣讲团"，5月份在各中小学开展"学党史国史，听党话跟党走"主题教育宣讲活动，宣讲次数18场，受教育师生1.5万人次。组织各中小学学生以歌颂党、歌颂祖国为主要内容的读书征文活动，参加学生5000人，推送优秀征文20余篇。

（区关工委）

# 润州区人民代表大会

栏目编校：谢竞美 张兴淮

## 区人大常委会主任、副主任工作分工

范永放：主持区人大常委会全面工作，分管办公室工作。
刘凯成：分管内务司法、信访工作。
易丽娟：分管区人大常委会社会事业工作。
赵宝恒：分管区人大常委会人事代表联络、财政经济工作。
徐菊生：分管环境资源与城乡建设工作。

## 区人大常委会组成人员名单

| | | | | | | | | |
|---|---|---|---|---|---|---|---|---|
| 范永放 | 刘凯成 | 易丽娟 | 赵宝恒 | 徐菊生 | 艾学平 | 卢庆荣 | 华庆富 | 刘步楼 |
| 江　琳 | 江晓鹏 | 孙　松 | 孙　渊 | 杜长春 | 李庆华 | 杨　飚 | 沙玉庆 | 张　浩 |
| 张永宁 | 陈　晖 | 邵建栋 | 林伟庆 | 祝昌镜 | 贾代武 | 夏祝平 | 徐文军 | 徐厚华 |
| 常　修 | 黄成龙 | 蒋　蒙 | 蔡　军 | 戴　云 | | | | |

## 综　述

【概况】 2016年是“十三五”开局之年，也是决胜全面小康的关键之年。区人大常委会按照“听民意、重民生、强监督、促发展”的要求，切实履行宪法和法律赋予的职责，为推动全区经济社会发展作出了积极贡献。

强化监督工作，促进经济发展与民生改善。区人大常委会围绕全区改革发展稳定大局和群众的切身利益，科学谋划年度工作，认真履行监督职责，努力发挥人大推进经济社会发展的职能作用。一是着力促进经济发展。区人大常委会紧抓经济持续健康发展这一主线，通过监督为人民管好“钱袋子”，推动“十三五”发展实现良好开局。区人大常委会审议了财政决算和财政同级审计情况的报告以及上半年国民经济社会发展计划和财政预算执行情况的报告，提出了不断强化财政收支管理，不断培植新的税源，不断优化支出结构，不断化解制约经济发展的瓶颈，实现经济稳中求进等建议。区人大常委会还审议了“产业项目突破年”相关情况的报告，主任会议听取了区内企业项目用地服务工作情况的报告，建议区政府及国土部门为企业发展和项目建设提供更加优质高效的服务。二是着力加强民生改善。围绕群众关注的焦点、热点，区人大常委会通过听取专题报告、组织代表视察和召开座谈会等形式，推进各项社会事业的发展。区人大常委会审议了社区卫生服务工作的报告，提出了大力培养全科医生，完善“15分钟健康服务圈”，不断提升公共卫生服务水平等审议意见。审议了贯彻实施《药品管理法》工作情况的报告，强调要不断提高群众的用药安全意识，加大监管力度和执法力度，保障群众的身体健康。持续关注教育工作，主任会议听取了贯彻实施《江苏省学前教育条例》工作情况的报告，提出优化幼儿园布局、提升公办园比例、加强幼教队伍建设、加大对民办园的扶持力度等建议。城市管理和农贸市场建设与群众的生活息息相关，主任会议在视察的基础上听取了构建数字化城管系统区级平台和市场信息化远程信用监管平台建设使用情况的报告，建议区政府充分利用先进的科学技术，整合信息资源和管理资源，充分发挥信息化平台的效能，提高监督管理水平。三是着力推进生态文明。区人大常委会审议了贯彻落实《环境保护法》工作情况的报告；主任会议组织视察了运粮河治理情况，听取了水利工作情况的报告。在充分调研的基础上，认为河道整治、小流域治理、水库除险加固等水利重点工程建设取得了很大的进展，长山引水河、御桥港、运粮河等主体水系水质有了明显的提升，向区政府提出了强化部门监管职责，提高执法督查水平，既要做好短期治理更要建立长效机制的要求，促进了区域水环境质量和生态环境保护水平的全面提升。

强化依法治区，推进法治润州建设。区人大常委会积极发挥权力机关在法治润州建设中的主导作用，不断强化法律监督职能，努力推进依法行政和公正司法。加强司法监督。区人大常委会审议了立案工作情况的报告，建议区人民法院加大工作力度，积极发挥立案和诉讼服务在案件受理、化解社会矛盾、维护社会公平正义的职能作用。审议了未成年人刑事检察工作情况的报告，建议区人民检察院深入贯彻未成年人犯罪轻刑化的执法理念，加大普法力度，预防和减少未成年人犯罪，营造关心与保护未成年人成长的良好氛围。主任会议还听取了公安润州分局工作情况的汇报，视察了公安润州分局网络安全监察工作和区人民法院南徐法庭。重视法制宣传教育。区人大常委会第三十三次会议审议了“六五”普法实施情况和“七五”普法启动工作的报告，通过了《关于在全区公民中深入开展法制宣传教育第七个五年规划的决议》，建议区政府在认真总结“六五”普法经验、巩固“六五”普法成果的基础上，进一步增强法制宣传教育的针对性和实效性，创新和丰富法制宣传教育的载体和形式，在“七五”普法中再创佳绩。

强化履职担当，充分发挥代表作用。区人大常委会切实增强责任感和使命感，强化履职担当，充分发挥代表作用，加大工作落实力度，提高人大工作水平。讨论决定重大民生事项。区人大常委会根据《讨论决定重大事项的规定》，在区八届人大常委会第三十二次会议上，对“白湾”及“烟墩湾”棚户区改造项目资金列入2017~2019年财政预算这一事项作出决定，这也是润州人大首次审议表决政府提请的重大民生事项。

加强人大规范化建设。在区委的关心支持下，基层人大工委主任均实现了专职化。区人大常委会配备了无线电子表决系统。区人大常委第三十一次会议修订通过了《润州区人民代表大会常务委员会街道工作委员会工作暂行规定》，规范了基层人大工委监督权，在授权基层人大工委依法监督本行政区域内政府派出的行政机关、司法机关（庭、所长）方面进行了有益探索和实践。认真督办代表批评建议。区八届人大五次会议期间，代表共提出书面建议53件。为了提高办结率，区人大常委会持续加大督办力度，实行“开门办案”“回头看”制度。2016年分别召开了6场批评建议答复会，参加代表45人次，涉及建议39件。截至目前办结37件，占交办建议的69.8%。

强化依法依纪，圆满完成人大代表换届选举。区人大常委会把坚持党的领导、充分发扬民主和严格依法办事统一起来，认真做好区人大换届选举工作。一是加强领导，通力协作。区委高度重视换届选举工作，专题研究并批转了区人大党组《关于做好全区人大换届选举工作的意见》，成立了润州区选举领导小组，及时召开全区人大换届选举工作会议进行动员部署。区人大常委会依法成立了区选举委员会，先后召开了4次会议，讨论、通过了有关换届工作的意见、办法和规定。全区各参选单位依法成立了9个选举工作领导小组和85个选区选举工作小组，抽调专兼职工作人员400余人，构建了从上到下、全面周密的工作网络。二是加强培训，广泛宣传。区选举办公室加强对选举各阶段工作的指导，及时组织了3期骨干培训班，累计1200多人次参加了业务知识培训。各选区共发放、张贴各类宣传品2.5万份，悬挂横幅900多条，张贴宣传标语7000余张，设立宣传橱窗142个，营造了良好的法律环境和浓厚的舆论氛围。三是发扬民主，依法办事。从选民的登记、代表的推荐，到候选人资格审查、候选人与选民见面、投票选举，都严格依法办事，尊重民意，切实保障人民当家做主的民主权利。全区182812名选民参加了投票选举，参选率达92%。经过各级选举工作机构和全体工作人员的共同努力，167名区人大代表如期产生，代表的整体结构进一步优化，代表的整体素质进一步提升。

一年来，区人大常委会认真行使人事任免权，始终坚持党管干部原则，严格执行任前法律知识考试、颁发任命书、向宪法宣誓等制度，根据有关方面的提请，共办理人事任免事项78人次。加大任后监督力度，组织“两院”4名同志和区发改经信委、区住建局、区教育局负责人开展述职评议。全年共受理、接待群众来信来访20多件(次),加大交办督办力度,为保障群众合法权益、化解社会矛盾、维护稳定发挥了积极作用。围绕全区重点工作及重要议题深入开展调研,形成调研报告10多篇,在市级以上媒体发表各类宣传稿件60多篇,人大形象得到进一步提升。

**【重要视察活动】** 为进一步增强区人大常委会的监督实效,充分发挥人大代表参政议政作用,2016年,区人大常委会及主任会议先后视察了运粮河治理工作;视察润州分局网络安全监察工作;视察区人民法院南徐法庭。

## 重要会议

**【区人大常委会议】** 2016年,区人大常委会先后举行了8次常委会,审议了"一府两院"9项工作报告,提出了9项审议意见,作出了6项决议决定。主要议题是:对2015年度效能建设优秀单位进行表彰;讨论、通过《区八届人大常委会2016年度工作要点》;讨论、通过2016年度区八届人大常委会、主任会议历次会议议题安排;接受有关辞职请求,并做相关决定;讨论、通过有关人事任免事项;对3名区人大常委会任命的政府组成部门负责人述职评议;听取并审议区人民检察院关于未成年人刑事检察工作情况的报告;听取并审议区人民政府关于贯彻落实《环境保护法》工作情况的报告;听取并审议区人民政府关于社区卫生服务工作的报告;讨论、通过《润州区人民代表大会常务委员会街道工作委员会工作暂行规定》;接受有关辞职请求,并做相关决定;讨论、通过有关人事任免事项;对两名市人大代表述职评议;对1名区人大常委会任命的政府组成部门负责人述职评议;对4名区人大常委会任命的"两院"干部述职评议;听取并审议区人民政府关于2015年财政决算情况和同级审计情况的报告,并作相关决定;听取并审议区人民政府关于贯彻落实《药品管理法》工作情况的报告;听取并审议区人民法院关于立案工作情况的报告;讨论决定有关重大事项;讨论、通过有关人事任免事项;听取区人民政府政情通报;人大代表询问;通过换届选举有关事项;接受有关辞职请求,并做相关决定;讨论、通过有关人事任免事项;听取并审议区人民政府关于"产业项目突破年"相关情况的报告;听取并审议区人民政府关于办理区八届人大五次会议代表批评、建议和意见办理情况的报告;作关于召开区九届人大一次会议的决定;讨论、通过有关人事任免事项;讨论、通过有关人事任免事项;组织区人大常委会组成人员对区政府组成部门、垂直管理部门、"两院"效能建设开展测评;讨论、通过区人大常委会工作报告(草案);讨论、通过区九届人大一次会议的有关事项;听取并审议区人民政府关于调整润州区2016年度财政预算收入任务的报告,并作相关决定。

**【区人大主任会议】** 2016年,区人大常委会召开了29次主任会议,听取了"一府两院"8项工作报告。主要议题是:讨论《区八届人大常委会2016年度工作要点》;讨论2016年度区八届人大常委会、主任会议历次会议议题安排;听取区人民政府关于贯彻实施《江苏省学前教育条例》工作情况的报告;听取区人民政府关于运粮河治理以及润州水利工作情况的报告;听取国土润州分局关于区内企业项目用地服务工作情况的报告;听取公安润州分局工作情况汇报;听取区人民政府关于构建数字化城管系统区级平台工作情况的报告;听取区人民政府关于市场信息化远程信用监管平台建设使用情况的报告;听取2016年预算执行情况,审查2017年预算草案;听取区人民政府关于科技创新一条街建设情况的报告。

**【区第九届人民代表大会第一次会议】** 润州区第九届人民代表大会第一次会议于2017年元月15日下午在粤海国际酒店大厅隆重开幕,大会正式会议历时四天半。会议正式代表168人,组成9个代表团。列席代表67人,分别编入各代表团参加大会活动。大会主要议程是:听取、审议镇江市润州区人民政府工作报告;审查、批准镇江市润州区2016年国民经济和社会发展计划执行情况及2017年国民经济和社会发展计划(草案)的报告;审查、批准镇江市润州区2016年财政预算执行情况和2017年财政预算(草案)的报告;听取、审议镇江市润州区人大常委会工作报告;听取、审议镇江市润州区人民法院工作报告;听取、审议镇江市润州区人民检察院工作报告;审议通过润州区第九届人民代表大会法制委员会、财政经济委员会组成人员名单。会议依法选举出席镇江市第八届人民代表大会的代表;选举范永放同志为区九届人大常委会主任,刘凯成、易丽娟、赵宝恒、徐菊生同志为区九届人大常委会副主任,选举区九届人大常委会委员;选举高国成同志为区人民政府区长,严竹波、蔡萍、祝中昊、陆金火、胡如明、刘国明同志为区人民政府副区长;选举张子敏同志为区人民法院院长;选举王飞同志为区人民检察院检察长。

(刘 璇)

## 区人大2016年常委会会议情况一览表

表4

| 时　间 | 名　称 | 议　题 |
|---|---|---|
| 2月26日 | 区八届人大常委会第30次会议 | 会议对2015年度效能建设优秀单位进行表彰；讨论、通过《区八届人大常委会2016年度工作要点》；讨论、通过2016年度区八届人大常委会、主任会议历次会议议题安排；接受有关辞职请求，并做相关决定；讨论、通过有关人事任免事项 |
| 4月26日 | 区八届人大常委会第31次会议 | 会议对3名区人大常委会任命的政府组成部门负责人述职评议；听取并审议区人民检察院关于未成年人刑事检察工作情况的报告；听取并审议区人民政府关于贯彻落实《中华人民共和国环境保护法》工作情况的报告；听取并审议区人民政府关于社区卫生服务工作的报告；讨论、通过《润州区人民代表大会常务委员会街道工作委员会工作暂行规定》；接受有关辞职请求，并做相关决定；讨论、通过有关人事任免事项 |
| 6月28日 | 区八届人大常委会第32次会议 | 会议对两名市人大代表述职评议；对1名区人大常委会任命的政府组成部门负责人述职评议；对4名区人大常委会任命的“两院”干部述职评议；听取并审议区人民政府关于2015年财政决算情况和同级审计情况的报告，并作相关决定；听取并审议区人民政府关于贯彻落实《中华人民共和国药品管理法》工作情况的报告；听取并审议区人民法院关于立案工作情况的报告；讨论决定有关重大事项；讨论、通过有关人事任免事项 |
| 8月26日 | 区八届人大常委会第33次会议 | 会议对3名市人大代表述职评议；听取并审议区人民政府关于“六五”普法实施情况和“七五”普法启动工作的报告，并作关于在全区公民中深入开展法制宣传教育第七个五年规划的决议；听取区人民政府关于我区部分行政区划调整情况的报告；接受有关辞职请求，并作相关决定；讨论通过有关人事任免事项；听取区人民政府政情通报；人大代表询问 |
| 10月9日 | 区八届人大常委会第34次会议 | 会议通过换届选举有关事项；接受有关辞职请求，并做相关决定 |
| 10月25日 | 区八届人大常委会第35次会议 | 会议讨论、通过有关人事任免事项；听取并审议区人民政府关于“产业项目突破年”相关情况的报告；听取并审议区人民政府关于办理区八届人大五次会议代表批评、建议和意见办理情况的报告；作关于召开区九届人大一次会议的决定 |
| 11月10日 | 区八届人大常委会第36次会议 | 会议讨论、通过有关人事任免事项 |
| 12月20日 | 区八届人大常委会第37次会议 | 会议讨论、通过有关人事任免事项；组织区人大常委会组成人员对区政府组成部门、垂直管理部门、“两院”效能建设开展测评；讨论、通过区人大常委会工作报告(草案)；讨论、通过区九届人大一次会议的有关事项；听取并审议区人民政府关于调整润州区2016年度财政预算收入任务的报告，并作相关决定 |

## 区人大常委会2016年主任会议情况一览表

表5

| 时　间 | 名　称 | 议　题 |
|---|---|---|
| 1月13日 | 区八届人大常委会第93次主任会议 | 讨论决定对涉嫌违纪违法的代表实施强制措施的有关事项 |
| 1月21日 | 区八届人大常委会第94次主任会议 | 讨论效能测评结果通报事宜；讨论《区八届人大常委会2016年度工作要点》；讨论2016年度区八届人大常委会、主任会议历次会议议题安排；讨论主任会议成员分工事项 |
| 1月27日 | 区八届人大常委会第95次主任会议 | 讨论《区八届人大常委会2016年度工作要点》；讨论2016年度区八届人大常委会、主任会议历次会议议题安排；讨论基层人大工委百分考核结果通报事宜、确定“一府两院”对接会的有关事项 |
| 2月19日 | 区八届人大常委会第96次主任会议 | 研究区八届人大常委会第三十次会议相关事宜 |
| 3月15日 | 区八届人大常委会第97次主任会议 | 讨论主任会议有关事项；讨论代表经费使用办法；确定基层人大会议有关事项；传达全市主任会议精神；讨论法制委员会工作职责；各委办交流重点工作 |
| 3月25日 | 区八届人大常委会第98次主任会议 | 讨论相关分工事项 |
| 3月30日 | 区八届人大常委会第99次主任会议 | 听取区人民政府关于贯彻实施《江苏省学前教育条例》工作情况的报告 |
| 4月7日 | 区八届人大常委会第100次主任会议 | 研究区八届人大常委会第三十一次会议相关事宜；交流有关工作 |
| 4月19日 | 区八届人大常委会第101次主任会议 | 讨论决定对涉嫌违纪违法的代表实施强制措施的有关事项 |
| 5月10日 | 区八届人大常委会第102次主任会议 | 讨论月底主任会议有关事项；讨论财政经济工作委员工作职责；确定市人大和“一府两院”联系点；传达“两学一做”会议要求；确定市代表述职的有关事项 |
| 5月25日 | 区八届人大常委会第103次主任会议 | 听取区人民政府关于运粮河治理以及润州水利工作情况的报告，并组织视察 |
| 6月8日 | 区八届人大常委会第104次主任会议 | 研究区八届人大常委会第三十二次会议相关事宜；讨论电子表决系统有关事项；讨论当前工作 |
| 7月6日 | 区八届人大常委会第105次主任会议 | 研究区八届人大常委会主任会议相关事宜；讨论近期工作；传达区委常委会会议精神；传达“两学一做”部署要求 |
| 7月22日 | 区八届人大常委会第106次主任会议 | 听取国土润州分局关于区内企业项目用地服务工作情况的报告；听取公安润州分局工作情况汇报并视察润州分局网络安全监察工作 |
| 8月3日 | 区八届人大常委会第107次主任会议 | 研究区八届人大常委会第三十三次会议相关事宜 |
| 8月22日 | 区八届人大常委会第108次主任会议 | 研究区八届人大常委会第三十三次会议相关事宜；讨论政情通报会有关事项；讨论人大代表换届选举有关事项 |
| 9月1日 | 区八届人大常委会第109次主任会议 | 研究九月份主任会议相关事宜；讨论有关事项 |

续表5

| 时　间 | 名　称 | 议　题 |
|---|---|---|
| 9月27日 | 区八届人大常委会第110次主任会议 | 听取区人民政府关于构建数字化城管系统区级平台工作情况的报告；听取区人民政府关于市场信息化远程信用监管平台建设使用情况的报告；视察区人民法院南徐法庭 |
| 9月28日 | 区八届人大常委会第111次主任会议 | 讨论人大代表换届选举有关事项 |
| 10月9日 | 区八届人大常委会第112次主任会议 | 传达区委常委会关于换届工作的有关精神；研究区八届人大常委会第三十四次会议相关事宜；研究区八届人大常委会第三十五次会议相关事宜；讨论换届选举动员工作有关事项；讨论白湾、烟墩湾项目列入财政预算的有关事项 |
| 11月4日 | 区八届人大常委会第113次主任会议 | 研究区八届人大常委会十一月份主会议相关事宜；交流当前工作 |
| 11月15日 | 区八届人大常委会第114次主任会议 | 讨论召开人大党组会的相关事宜 |
| 11月29日 | 区八届人大常委会第115次主任会议 | 听取2016年预算执行情况，审查2017年预算草案；听取区人民政府关于科技创新一条街建设情况的报告 |
| 12月5日 | 区八届人大常委会第116次主任会议 | 研究区八届人大常委会第三十六次会议相关事宜；讨论效能测评有关事项；讨论人大常委会工作报告（初稿）；讨论九届人大一次会议有关事项；讨论有关事项 |
| 12月14日 | 区八届人大常委会第117次主任会议 | 讨论人大常委会工作报告（修改稿） |
| 12月16日 | 区八届人大常委会第118次主任会议 | 研究区九届人大一次会议相关事宜 |
| 12月20日 | 区八届人大常委会第119次主任会议 | 关于提名区法院代院长、检察院代理检察长的相关事宜 |
| 12月27日 | 区八届人大常委会第120次主任会议 | 讨论人大常委会工作报告（三稿）；交流各委办近期重点工作；有关测评事项 |
| 2017年1月5日 | 区八届人大常委会第121次主任会议 | 讨论人大常委会工作报告（四稿）；讨论效能测评结果通报事宜；讨论《区八届人大常委会2016年度工作要点》；讨论2016年度区八届人大常委会、主任会议历次会议议题安排 |

（刘　璇）

# 润州区人民政府

栏目编校：谢竞美　张兴淮

## 区政府领导工作分工

高国成：主持区政府全面工作，兼管机构编制、审计、人事、人民武装委员会工作。

严竹波：负责区政府常务工作，分管财政、税务、金融、监察、国有资产管理、档案、地方志、政务公开等方面工作。分管区政府办公室、机关事务服务中心、财政局、监察局、法制办、金融办、城投公司、土地房屋开发总公司、房地产开发总公司、档案馆。联系工业园区、市国税二分局、地税三分局、史志办。

祝中昊：负责城乡规划、住房和城乡建设、城乡管理、房地产开发、安置房建设、交通运输、环境保护、国土资源、司法、民政、社区建设、双拥、信访、民族宗教事务、老龄事业、残疾人事业等方面工作，协助分管人民武装方面工作。分管区住建局、城管局、交通运输局、环保局、民政局、司法局。联系规划分局、城市管理行政执法润州分局、区信访局、区残联、国土润州分局、驻区部队。

陆金火：负责公安、消防、稳定工作，主持公安润州分局全面工作。分管润州公安消防大队。

胡如明：负责发展和改革、项目建设、多评合一、人力资源、社会保障、服务业经济、开放型经济、“四招四引”、商务、市场建设、科技、知识产权、工业经济、信息化、民营经济、产业“三集”发展、统计、安全生产、供电、能源、物价、旅游、农业和农村经济、“菜篮子”工程、粮食、供销社、场圃、水利、农机、外事、侨务、对台事务等方面工作；分管区发改经信委、人社局、商务局、科技局(知识产权局)、统计局、安监局、农委、水利局、供销社、工贸总公司、外事办、侨办。联系区黄山园艺场、水产养殖场、润州茶场、总工会、工商联、侨联、台办。

张锦红：负责教育(含成人教育、职工教育)、文化、体育、卫生、医改、血防、人口和计划生育、妇女儿童、广播电视、工商管理、食品药品监督、产品质量监督等方面工作。分管区教育局(文体局)、卫计委、市场监督管理局、广播电视台。联系团区委、妇联、文联、红十字会、驻区学校。

柳　洪：协助分管金融、发展改革、经济和信息化、商务、农业经济等方面工作。

## 重要会议

**【润州区政府第37次常务(扩大)会议】** 8月27日上午，润州区政府召开第37次常务(扩大)会议，专题学习《中华人民共和国政府信息公开条例》，区长高国成出席会议，区委常委、常务副区长，镇江高新区管委会主任严竹波主持会议。会议特邀镇江市中级人民法院行政庭副庭长王从国授课，授课中，王从国结合多年从事行政审判工作的实际，对《中华人民共和国政府信息公开条例》进行了深入地解读和分析，对全市信息公开审判现状及应对策略进行了生动地讲解和阐述。并围绕一些具体案例，从理论和实践相结合的角度作了很好的讲解，深入浅出，针对性强，令参会人员受益匪浅、深受启发。会议指出，推行政府信息公开，既是提高政府工作透明度的需要，也是保障人民群众知情权、参与权和监督权的需要，对全面推进依法行政具有重要意义。会议要求，全区各地、各部门要认真贯彻落实《条例》要求，切实提高对政府信息公开工作重要性的认识，切实增强深化政务公开工作的责任感和紧迫感，加强学习，强化落实，不断提高政务公开工作成效，加快推动全区政务公开工作制度化、规范化进程。副区长祝中昊、陆金火、胡如明、柳洪出席会议。

**【润州区召开补短板工作推进会暨区政府全体(扩大)会议】** 2016年9月3日上午，在粤海会议中心，润州区召开补短板工作推进会暨区政府全体(扩大)会议。区委书记王冬生主持会议并讲话，要求贯彻落实省委十二届十二次全会、市委六届十三次全会、区八届一次党代会精神，对全区"补短板"工作进行部署，加速推进供给侧结构性改革，为全区适应、把握、引领经济新常态提供基本路径和重要抓手。区委副书记、区长高国成作区政府全体(扩大)会议工作报告。王冬生表示，要充分认识"补短板"的重要性和紧迫性，将其作为当前和今后一个时期的重点工作，按照"六要"标准，即看得要远，目标要明，方法要多，工作要实，数字要真，底线要守住。现在到年底还有4个月不到，各级各部门必须树立强烈的时效意识和责任意识，以"补短板"为关键路径和重要抓手，强调问题导向、找准薄弱环节，集中精力抓重点，创新作为攻难点，咬定目标、真抓实干，全面冲刺全年各项目标任务。宝塔路街道、区发改经信委、区环保局、区民政局分别结合实际针对"补短板"作了表态发言，切实把补短板工作记在心上、抓在手上、扛在肩上。

**【区政府常务会议】** 2016年，区政府召开常务会议11次。第29次常务会议，学习贯彻全国安全生产电视电话会议精神和研究节前安全生产工作；第30次常务会议，研究设立南山街道办事处有关事宜；第32次常务会议，研究润州区部分行政区划调整；第34次常务会议，研究成立官塘桥街道远洋社区有关事宜；第35次常务会议，研究贯彻落实市委、市政府《关于推进供给侧结构性改革的意见》实施方案；第36次常务会议，研究西南片区生态环境综合整治工作；第37次常务会议，《中华人民共和国政府信息公开条例》专题辅导，专题讨论《区政府组成人员(扩大)会议上的讲话》；第38次常务会议，研究部署中秋、国庆两节期间安全生产大检查工作，研究区土地房屋开发总公司发行企业债券；第39次常务会议，研究《润州区河湖和水利工程管理范围划定实施方案》，研究和平路街道谏壁社区撤销有关事宜；第40次常务会议，研究民主街、小街棚户区改造项目，研究镇江智能智慧展示交易中心项目；第41次常务会议，研究2017年政府工作报告，研究2017年国民经济和社会发展计划，研究2017年全区亿元以上重点产业项目投资计划等。

2016年润州区政府重要会议一览表

表6

| 时间 | 名称 | 议题 |
|---|---|---|
| 1月11日 | 第29次常务会议 | 研究经济"开门红"事宜，学习贯彻全国安全生产电视电话会议精神和研究节前安全生产工作 |
| 2月21日 | 第30次常务会议 | 研究设立南山街道办事处有关事宜，研究区政府2016年重点目标任务分解 |
| 4月29日 | 第32次常务会议 | 研究部署安全生产工作，研究润州区部分行政区划调整 |
| 5月24日 | 第34次常务会议 | 研究"白湾""烟墩湾"棚户区改造棚改项目列入财政预算及项目融资事宜，研究成立官塘桥街道远洋社区有关事宜 |

续表6

| 时　间 | 名　称 | 议　题 |
|---|---|---|
| 7月11日 | 第35次常务会议 | 研究国家卫生城市复审迎检工作，研究贯彻落实市委、市政府《关于推进供给侧结构性改革的意见》实施方案 |
| 8月10日 | 第36次常务会议 | 讨论区政府领导分工安排，研究西南片区生态环境综合整治工作 |
| 8月27日 | 第37次常务会议 | 《中华人民共和国政府信息公开条例》专题辅导，专题讨论《区政府组成人员（扩大）会议上的讲话》 |
| 9月14日 | 第38次常务会议 | 研究部署中秋、国庆两节期间安全生产大检查工作，研究区土地房屋开发总公司发行企业债券 |
| 11月8日 | 第39次常务会议 | 研究《润州区河湖和水利工程管理范围划定实施方案》，研究和平路街道谏壁社区撤销有关事宜 |
| 11月30日 | 第40次常务会议 | 研究民主街、小街棚户区改造项目，研究镇江智能智慧展示交易中心项目 |
| 12月26日 | 第41次常务会议 | 研究2017年政府工作报告，研究2017年国民经济和社会发展计划，研究2017年全区亿元以上重点产业项目投资计划，研究2017年财政预算编制工作，研究森林防火专业队伍建设 |

## 综合服务和协调工作

**【区政府办公室工作】** 2016年是"十三五"规划的开局之年，在区委、区政府领导下，区政府办公室围绕区委、区政府各项工作部署，积极参与政务，尽心管理事务，协调服务各方，圆满完成了年度工作目标和领导交办的各项任务，为全区经济和社会发展作出了新的贡献。

服务大局，参谋辅政下功夫。紧扣区委、区政府中心工作，围绕"打造'强富美高'新润州"的主题，充分发挥综合协调、决策参考、督查督办三大职能作用，有力促进了区政府各项工作的顺利开展。积极主动做好协调。综合协调各方，努力保障区政府正常运转是政府办公室的重要职责。围绕经济建设做好服务。主动投身经济建设主战场，协同有关部门积极做好项目建设等重大工作的综合协调，得到了区政府领导的充分认可。围绕区委区政府重点事项做好协调。始终与区领导站在第一线，靠前指挥，牵头协调。在国家卫生城市复审迎检、西南片区综合整治等重点难点工作上，多次召集部门协调推进，确保了任务的圆满完成。围绕社会稳定抓好矛盾调处。坚持积极主动、因势利导，严格依法办事，认真做好人民群众来信来访的接待处理工作，全年共办理群众来信100多封，在解决实际问题的过程中密切了政府与群众的联系。围绕民生改善做好牵头推进。牵头推进市、区两级重点民生项目建设工作，通过召开现场观摩会和专题推进会等多种形式，每月对全区12个民生项目逐一过堂，明确时间节点和工作要求，12个民生项目均提前完成年度任务。调查研究当好参谋。一方面，围绕区委、区政府的中心工作、领导关心的重点问题、社会关注的热点问题、涉及全局的重大问题、制约发展的关键问题，深入调查研究，提出对策建议，充分发挥参谋助手作用，形成了一批具有较高水准的调研报告，为领导决策提供参考。另一方面，始终坚持把信息作为服务领导的重要渠道抓紧、抓好。加强信息体系建设，拓宽信息渠道，强化信息整理，集中反映领导关注的重点、群众关心的热点和改革过程中的难点，及时反馈工作动态和社情民意。"中国镇江"门户网站录用信息150多条，得分居辖市区首位。督查督办抓好落实。坚持把抓好政府决策落实作为督查工作的出发点和落脚点，进一步创新工作思路，改进督查方式，规范工作程序，较好地发挥了督查督办职能。一是围绕工作落实开展督查督办。对区政府在八届五次人代会上向全区人民所作的2016年工作承诺进行分解，进一步明确了2016年全区百项重点工作，定期进行专项督查催办，有力推动了各项工作的落实。二是加强建议、提案办理。对于办理人大代表建议和政协委员提案工作，以严格程序、严格时限、保证质量为根本要求。在办理过程中，主动邀请人大、政协领导和代表委员实地视察办理情况，及时督查办理质量，研究解决问题的办法，取得了较好的成效。全年完成市人大代表建议、政协委员提案16件，代表委员的满意率100%，解决率100%。完成区人大代表建议53件、区政协委员提案132件，代表委员满意率100%，办复率100%，一大批群众反映强烈、代表高度关注的难点、热点问题得到有效落实。三是办好热线、信箱、论坛。畅通群众诉求渠道，加强考核督查，形成办理

12345热线、“书记、市长信箱”、镇江论坛的良性服务机制，不断提升办理速度和质量。全年办理12345热线、“书记、市长信箱”、镇江论坛6100多件，办结率100%。

强化责任，日常工作上水平。为进一步提高办公室的工作质量和服务水平，区政府办将有关目标任务量化分解到科室和有关责任人，实行压力传递，建立和完善考核激励机制，确保了办公室日常工作有序推进。严谨认真，严格把关公文办理。一是提高文稿质量。为全面、准确地反映区政府的决策和工作部署，要求全办人员牢固树立公文精品意识，认真做到了解上情，把握下情，找准实际工作的“切入点”，努力使撰写的文稿达到政策性、操作性和实效性的统一。全年共完成会议、汇报材料200多篇。组织起草的《政府工作报告》、区政府组成人员会议报告等重大文稿受到区政府领导的高度肯定。二是规范办理程序。按照特件特办、急件急办、一般文电抓紧办的原则，及时、准确地做好各类文件、电报的收发、办理工作。按照规范要求，对以区政府和区政府办名义上报、下发的各类公文，在内容、文字、格式、时限等方面认真审核把关，全年实现发文零差错。三是准确发布政府信息。根据《政府信息公开条例》的要求，对有关政府信息进行全面梳理，认真进行保密审查，上网公布，为公民及时快捷地了解相关政府信息提供了便捷。超前服务，精心组织各类会议。在组织政府常务会、区长办公会等会议时，广泛收集议题，充分准备材料，与有关部门事前会商到位。在组织工作部署类会议时，充分准备领导讲话、发言材料、传达提纲等，明确提出具有可操作性的贯彻意见，并做好会议精神的贯彻落实和情况反馈，切实保障会议取得良好效果。在会务的组织中，牢固树立“细节决定成败”的理念，从会议通知、材料准备、会场布置、会议记录等诸多环节，严格要求，确保万无一失。完善机制，切实加强应急管理。进一步完善突发事件预警体系和快速反应机制，严格抓好应急物资储备、应急预案管理、值守应急、突发事件处置、信息报送等制度落实，推进应急管理工作规范化、标准化。严格落实24小时值班制度，确保通讯畅通，遇到紧急重大事件，坚持做到及时报告，果断处置。组织开展了危化品生产企业和学校幼儿园应急实战演练活动，较好地锻炼了队伍。严格管理，扎实做好外事工作。严格按照审核程序与审批权限，加强对出国（境）人员、来华访问人员的审批，全年办理出国（境）9批27人次、邀请来访事项8批16人次无差错；拓宽外事工作服务经济发展途径，凡涉及项目洽谈、引进审批事项，做到急事急办、特事特办；会同区相关部门，积极为辖区外经外贸、外商、外资企业提供优质服务；配合市外办做好国际友人、国际友好城市的交流与合作。

转变作风，提升效能树形象。区政府办公室坚持“班长抓班子、班子带队伍、队伍促发展”的工作思路，认真执行党的政治纪律、组织纪律，遵守国家法律、坚持依法行政，解放思想，锐意创新，切实改进作风，优化服务，全面提高全办人员综合素质。突出班子自身建设。按照“团结、务实、高效、廉洁”的要求，班子成员注意强化整体意识，发挥整体功能，维护整体形象。一是坚持以身作则。班子成员充分发挥表率作用，带头讲党性、讲修养、讲原则，带头遵守各项党纪政规，带头执行办公室各项规章制度，将管人与管事、抓业务与抓队伍、抓勤政与抓廉政结合起来，切实担当起带好队伍的责任。二是坚持分工负责制。班子成员在平时的工作中既各司其职、各负其责，认真做好区政府领导的跟班服务工作，又团结协作、相互配合，遇有区委、区政府重要会议、重大招商活动时，能集中全部力量，实行统一指挥，齐心协力做好工作。三是坚持民主集中制。坚持定期召开主任工作会议，对涉及人事调整、评先荐优等重要事项，充分发挥民主，实行班子成员集体研究、民主决策。突出队伍素质提升。一是注重培养锻炼。针对办公室年轻同志多的特点，注意在实践中培养锻炼和大胆使用，搞好传帮带，主动给他们出题目、压担子，努力提高他们在工作中早挑大梁、独当一面的能力。二是扎实开展两学一做。根据“两学一做”专题教育安排，办公室党组成员带头上专题党课，交流心得体会，办公室全体党员参与学习党章、党规和习近平同志系列重要讲话精神，形成人人学、人人思、人人做的浓厚氛围。三是狠抓党风廉政教育。认真贯彻落实党风廉政建设责任制，严格执行党员干部廉洁自律的各项规定，进一步引导和教育党员干部增强党性修养，牢固树立正确的世界观、人生观、价值观，讲修养、讲道德、讲廉耻，筑牢拒腐防变的思想防线。突出管理规范化。坚持以各项创建活动为抓手，进一步强化办公室内部规范化管理，改进工作作风，不断提升服务发展、服务基层、服务群众的能力和水平。通过开展各类创建活动，办公室内部形成了团结和谐和争先创优干事业的良好氛围，全办同志精神面貌焕然一新，工作环境也得到进一步优化。

**【外事工作】** 2016年，在区委、区政府的领导和市外办的指导下，润州区外办立足实际，认真贯彻执行省、市有关外事方针政策，与时俱进，在落实上下功夫，在创新上做文章，较好地完成了全年各项工作任务。

规范管理，优化服务。因公出国（境）管理更加规范合理。2016年区外办严格按照上级有关管理规定和文件精神，进一步细化了管理措施，在实际审核工作中加大严控力度，共办理机关干部出国10批45人次，办理教师出国学习培训6批15人次。在严格执行有关规定的同时，对不同领域因公出访采取有保有压的措施，优化出访任务和人员结构。在全区出访总量持续下降的前提下，确保了润州工业园区、商务部门赴外开展经贸合作任务，对教育、卫生、科技、“双招双引”等领域的赴外交流合作提供了保障。涉外管理服务工作保持规范有序。严格审批到华访问邀请函的办理，积极为企业办理到华邀请和申请办理APEC商务卡，邀请来华4批10人次。为了能更好地了解外籍人员和境外本地人员基本情况，区外办与公安部门密切配合，长期做好动态跟踪服务，掌握相关资料，做好涉外事件的预警和防范，全年未发生一起不良外事案件。精心组织和参与配合全市大型涉外活动。由区招商部门牵头，区外办全力协助和参与各类涉外招商活动。积极做好项目沟通服务。一是接待德国贝克尔船舶系统有限公司董事长德克·雷蒙一行，寻找新的技术合作点；二是邀请日本中村部长一行5人访问润州，与金港磁性进一步洽谈合作细节；三是邀请美国普洛保利斯集团全球战略总监、怀特(中国)驱动产品有限公司总经理克里斯·古德先生、挪威安德森集团董事长泰杰·安德森先生、挪威长城集团总经理戴骏峰先生来镇，与镇江市科技局、润州区就CBO会议及贝克尔二期项目深入交换了意见；四是邀请世界500强公司丹麦丹佛斯集团中国区总裁艾瑞克来访润州洽谈有关项目。同时加强对外合作交流。接待留日博士总会李建平会长一行，就进一步深化合作进行了交流。

强化机制，深化建设 。加强学习，切实提高队伍思想政治素质。坚持把党的方针政策、法律法规以及外事工作专业知识作为学习的重点，要求干部通过文件、报刊、网络、集体学习和培训等形式钻研外事工作知识，努力提高政治理论水平。优化服务，完善健全合作共赢工作机制。区外办通过召开全区各街道分管领导、相关企业负责人座谈会，以及常态化走访相关企业，听取属地和企业对优化我区外事工作的意见，了解企业的运行现状和外事需要，推介外事服务的基本内容，同时就企业反映运营中遇到的一系列困难，迅速上报给区政府分管领导，尽快加以协调解决，得到了相关企业的好评。明确职责，深化内化党风廉政建设。进一步增强“窗口”服务意识，落实责任，将“两学一做”学习成果与具体工作项结合，将廉政学习与政治学习、民主生活会相结合，不断强化外事干部的廉洁意识和法制观念，确保责任落实到位。

**【为民服务公开电话与效能监督工作】** 2016年，区政府办公室系统共接收热线工单5854件，办结率100%，24小时三方通话接通率100%，群众满意率保持95%以上，热线办理工作水平不断提高。

抓规范管理，提高承办水平。组织领导不断强化。区政府主要领导、分管领导对热线办理情况高度重视，对市政府督查室《督查通报》和本区每月通报、每周专报坚持每期必阅，重要事项进行批示。各地、各部门明确各街道(园区)、部委办局主要领导为热线承办工作的第一责任人，分管领导负责具体协调办理，为切实提高办理质量提供有力保障。运行机制日趋成熟。润州区在印发《全区热线考核细则》和《区政府12345服务热线工作要点》基础上，不断完善网络、规范流程、强化领导。全区“区-街道-社区”三级办理网络在实践中被进一步织密，办理效率在实践中被进一步提升，承办单位“受理、办理、办结、回访”工作流程被固定下来，做到了“件件能落实、件件有回音”。人员安排科学合理。2016年，区政府继续优先保障热线办理力量，第一时间安排新晋公务员加入办公室热线办理队伍，重新启用多年从事热线办理工作的人员，形成以老带新、平顺过渡的工作格局。各属地、部门也主动调整，将经验丰富、工作负责的人员安排在“12345”热线处理的岗位上，年轻的公务员成为“12345”工作的生力军。

抓督办落实，提高办事效率。加强考核管理。健全政府“12345”服务热线月度督查考核评分机制，确保将群众满意率和单位办结率作为关键数值，纳入考核评比中。贯彻“民生为先”理念，实行差别化考核，把各街道(园区)与民生息息相关的工单办结率、满意率最低指标由100%和90%提高到100%和95%。完善“首接负责”和协办制度，明确规定工单首接单位为工单下步流转第一责任单位，在区领导未明确牵头单位前提下，首接单位具体负责牵头协调工作。加强督查催办。全年共印发督查专报25期，件件得到区领导批示，针对热线集中反映的物业管理、征地拆迁、社会保障等事项，多次现场参与问题推进，得到了辖区群众高度肯定；对所有工单均按照预计答复时间要求，实行24小时预警，严防出现超期工单；对紧急重大诉求做到第一时间介入，能不过夜坚决不过夜。加强业务指导。坚持每月工作例会制度，通报办理情况、学习政策文件、研讨共性问题，通过例会的交流、培训，“手把手”地帮助属地、部门规范了派单、办单、催单的一整套办理体系，基层办理水平稳步提升。

抓宣传引导，提高氛围影响。加大媒体宣传力度，相继在市级媒体上宣传热线办理贴近群众的创新举措，营造良好的宣传舆论氛围。做大舆论宣传，作响“润州模式”，借助“中国润州”、0511论坛等新媒体渠道，进一步贴近群众生活，将润州12345服务热线打造成一条政府联系民众、服务民众最优的“民生链”，在提升政务效能、密切政民联系、打造效能政府上发挥积极作用。　（区政府办）

## 机关事务服务中心工作

【概况】　2016年，在区委、区政府的正确领导下，在市局的关心指导下，区级机关事务服务中心紧紧围绕区委、区政府的中心工作，把机关事务工作与“两学一做”专题教育紧密结合，以“加强管理、优化服务、强化保障”为重点，解放思想、主动作为，不断提高后勤服务质量和服务水平，较好地完成了全年的各项后勤事务管理服务工作。

加强后勤管理。一是部门运转高质高效。与财政等相关部门及时沟通，确保各项经费按时拨付，保障各项工作的正常运行；认真做好区委、区政府文件交换，以及报纸杂志、学习资料的征订、分发工作，力求做到及时、迅速、规范。一年来，收发报纸杂志14万余份，交换各类文件2万余件；对相关经费的支出按照厉行节约的原则进行审核，严把支出关，合理调度资金，保障机关后勤工作正常运转。二是节能工作扎实有效。完善公共机构节能工作管理体制，积极开展能耗调查、统计工作，全区公共机构人均用水、用电、用气、单车年油耗均比上年下降2%以上。按时上报2016年全区公共机构能源消耗年报表，完善全区公共机构单位基本信息，并认真组织学习培训，切实抓好节能联络员的建设；2016年10月份的公共机构节能宣传周期间，围绕“低碳机关”为主题，组织了一系列节能活动，同时印发宣传册、宣传画、节能标识标牌1500份，挂条幅、横幅21条；继续以深入贯彻《公共机构节能条例》为主线，抓好日常节能的同时更加注重科技节能，在区政府洽谈楼屋顶，建设了分布式光伏发电项目，扎实推进节能工作走上科学运行轨道。

做好后勤保障。一是做好会务服务工作。服务保障再接再厉，坚持以做好服务保障工作为根本，提升服务标准、规范服务流程。2016年共保障服务洽谈楼会议厅、会议室召开的各种会议、培训、讲座共960场次，接待与会人员5.6万人次。二是狠抓安全保卫执勤工作。注重宣传引导，抓牢安保维稳工作基础，全年共接待来机关办事人员960余人次，上访人员320余人次，均做到服务热情周到，处置妥当及时。三是严抓公务用车管理工作。对集中管理的公务用车采用信息化管理，部分车辆加装OBD车辆自动诊断设备，实现统一调度管理，切实保障公务用车的规范化、高效化运行；车队加大安全学习力度，做好车辆年检工作，做到定期审验，通过多种形式加深驾驶员对安全的理解，开展了多次由全体驾驶员参加的以安全教育为主题的座谈会，敲响安全警钟，确保车辆安全行驶；一年来，车辆百公里平均油耗13升，4月和9月份对所有车辆进行了安全大检查，车辆维修保养次数达到1000多台次，修理班在维修和保养中出色完成任务。　（蔡成国）

## 政府法制工作

【概况】　2016年，政府法制工作为加快建设法治政府作出新努力。一是加强推进依法行政工作统筹谋划。拟定全年工作要点和行政执法监督检查、区政府常务会议学法、部门普法等方面的工作计划，明确目标任务。二是不断增强政府公务人员法治观念和依法行政能力。协同推进领导干部学法、执法机关普法和法治工作绩效考核等制度建设，把区政府常务会议作为领导干部学法的重要平台，专题学习《政府信息公开条例》，着力解决实际问题，取得较好效果。三是做好法制审查工作。对全区28家单位制订的“分类处理信访投诉法定途径清单”进行审核把关，审核政府协议6件。四是开展行政执法人员清理工作。确认行政执法主体25个，其中法定行政机关22个（内含挂牌机构3个）、法律法规授权组织3个，另有受委托组织3个；清理前行政执法人员、行政执法监督员、执法辅助人员合计分别为336人、14人、16人，清理后为251人、9人、16人。在清理后的行政执法人员当中，行政编96人、事业编155人，其中参公事业编15人、自收自支事业编54人；持省政府行政执法证件208人、持全国统一样式证件备案人数48人，持有“双证”者5人。五是开展集中换发行政执法证件工作。针对此轮换证的新情况、新做法，加强沟通指导，仔细查核、有序推进，不断规范行政执法队伍建设。六是组织有关部门参加全市行政执法案卷评查，规范案卷制作，提高执法水平。区卫计委行政处罚案卷、行政许可案卷均获二等奖，区人社局、区环保局行政处罚案卷分获二、三等奖。七是坚持较高标准，审核行政权力入库事项322项，其中新增事项41项、修改事项275项、暂停事项6项，加强动态调整和日常维护，不断改进和修正基础数据库，为行政权力网上规范运行夯实基础。八是做好行政复议和应诉工作。按照行政复议规范化建设工作的要求，对照标准认真自查自评、查补缺漏。收到行政复议申请7件，受理6件，依法审结6件（含上年结转1件），其中不服投诉举报告知（处理）行为3件，认为不依法履行依申请公开政府信息职责2件，不服质量管理行政处罚1件，复议结果驳回5件、维持1件。精心制作复议文书，编撰案例分析材料，确保办案质量，防范后续矛盾，争取案结事了。代理行政诉讼案件6件，积极配合司法审查，案件均未审结。九是立足服务，加强指导。为20名新增人员办结行政执法证件，保障相关领域执法工作开展，对有关部门的涉法问题提供大量咨询服务。十是全面总结全区推进依法行政情况，完成上级对区政府法治建设工作进行核查的迎检任务。（萧　波）

## 侨务工作

**【概况】** 2016年，区侨办在区委、区政府的领导和上级侨办指导下，按照年初提出的2016年工作思路，发挥侨务工作优势，主动适应经济发展新常态，服务经济发展大局，维护侨界合法权益，圆满完成了年度工作目标和领导交办的各项任务。年内指导七里甸街道万科社区成功创建"全国社区侨务工作明星示范单位"。

注重信息侨务建设。充分利用侨刊侨网和侨界微信群等平台作用，围绕本区引智引资、创业投资环境、重大活动等内容，积极向上级侨务部门投稿，多角度宣传润州区招才引智政策，发布重点人才需求、项目信息，搭建了海内外、区域间信息化互动交流平台，取得了良好地实际效果，提升润州影响力，在宣传侨务、工作交流等方面发挥了积极作用。

**【协助招才引智】** 借助侨办的海外网络，发布润州区引资引智环境介绍、高层次人才政策和需求信息，大力推介人才政策、投资环境等信息，扩大润州在海外影响力；承担区人才工作领导小组成员单位的职责，配合十大领域海内外引才行动计划，协助开展海内外人才引进需求调查；协助区委办开展海外知名人士调查，收集信息，加强与区商务、科技等单位及园区、企业的联系，积极配合做好高新技术项目和急需人才的引进工作。

**【夯实基层侨务工作基础】** 指导有条件的街道社区建立侨界志愿者服务队，对老弱家庭开展走访、在节日时慰问、在生病时探望、在侨胞回乡时拜访；指导社区为困难归侨侨眷及侨界的"四有人士"重点眷属举办健康知识讲座，进行医疗咨询活动；引导有条件的社区，开展社区居家养老服务，让归侨侨眷享受安定祥和的晚年生活。

**【积极落实"传递乡情行动"】** 注重侨务文化交流，依托基层社区侨之家，为华侨华人文化交流提供了新的平台；同时，进一步丰富侨界文艺活动，组织侨界人士参加"端午节包粽子"、"迎中秋晚会"等活动，丰富了侨界群众精神和文化生活，增强了凝聚力。通过把社区建成对外宣传侨务的窗口，拓展侨务工作的覆盖面，得到省侨办领导称赞，并推荐外地社区前来学习参观，接待宜兴市委统战部和侨办等地交流学习。

**【开展"侨界关爱行动"】** 认真做好困难归侨慰问救济、定补等相关工作，开展好重要节日的走访慰问工作。认真组织开展"送温暖送健康"活动，为困难归侨进行送医送药活动，为困难归侨侨眷争取了爱心年夜饭，为困难归侨发放了定补，使关爱活动常态化、亲民化。通过做好侨界特殊群体扶贫救助工作，让困难侨界群众感受到党和政府的关心。

**【宣传落实侨法】** 依托润州区"全国侨法宣传角"阵地，加大侨法宣传普及力度，指导开展侨法宣传进社区活动，有效营造社会各界爱侨氛围。以《江苏省保护和促进华侨投资条例》（以下简称《条例》）颁布为契机，通过组织企业家和基层侨务干部参加宣讲会，不断扩大了《条例》社会的认知度和影响力。

**【做好侨务信访工作】** 认真办理来信来电，倾听合理诉求，上下形成合力依法处理涉侨问题，涉及"三侨生"子女升学加分身份认定，侨眷拆迁求助等问题，做到件件有落实，事事有回应，维护了侨界人士的合法权益，确保了侨界和谐稳定。

**【加强队伍全面建设】** 培训是适应海内外侨情变化，提升侨务干部最直接的有效方式。组织基层侨务干部参加了省、市侨务部门的培训活动，丰富侨务理论知识，开拓新的工作思路，使他们能够了解侨情，扩大眼界，明确了工作方向，增强基层侨务干部的创造力，提高基层侨务干部综合素质和能力。

**【推行涉侨行政事务网上公开】** 推行涉侨行政事务网上查询、网上受理、网上办理，结合编制权力清单、责任清单以及规范行政审批行为等要求，全面梳理并建立涉侨行政审批和服务事项目录，方便服务对象办理各类涉侨审批和服务事项。

**【开展"搭桥引侨行动"，搭建企业合作交流的桥梁】** 依托上级侨办平台，拓展侨务资源，积极借助全国、省侨商会和市华商会的力量，主动对接参加上级侨务部门举办的各类经贸洽谈会及招商推介会，有效利用各种交流平台开展招商活动。加强海外侨领、侨商、社团的联络联谊。成功协办了"2016海外华侨华人高层次人才江苏行暨创新创业镇江洽谈会"，有20多个国家、地区的157位海外高层次人才和侨商参会，组织润州区科技、组织人才、商务等部门、街道、园区及企业参加，协助开拓国外"引智"渠道。成功协办"镇江荷兰国际项目合作洽谈会"和"国际化发展策略报告会"两场活动，帮助企业顺应“一带一路”和经济新常态，提升企业创新发展的积极性和创造性；开展区内侨企及华商会员单位参访交流活动；组织企业家参加武汉华创会、东盟华商会等活动，通过此类活动，让会员们“走出去”，促进信息交流、资源整合。

**【参与招商洽谈，开展“侨经服务行动”】** 找准侨务工作在大局中的定位，积极参与政府洽谈招商、协助区政府接待留日博士总会考察团访问考察润州区投资环境，考察了船舶及海工关键配套产业——镇江船厂和全国首个标准化大型物流电商平台——惠龙易通。与工业园区及企业对接交流，就人工智能、大数据、信息服务等方面的项目和技术与工业园区及企业对接交流，达成了初步合作意向。做好侨商投资、回国创业人才走访工作，组织企业家及高管参加省、市侨办及华商会举办各种活动，及时发布活动信息，收集意见建议，在对接洽谈及参观考察接待工作的同时，为涵养海外侨务资源拓展了渠道。做好已落户海外人才项目的跟踪服务，努力营造有利于海外高层次人才创新创业的良好工作环境。　（周　红）

田冰摄影作品选

《南山倩影》

# 政协润州区委员会

栏目编校：谢竞美　张兴淮

## 政协润州区第五届委员会主席、副主席、秘书长工作分工

蔡文龙：主持区政协全面工作，分管办公室。

高亚明：分管社事委(教育、卫生、文化、体育、社会保障、港澳台侨、民族宗教、外事、城乡建设、人口资源环境、政法、安全生产、工会、共青团、妇联)、学习和文史委、理论研究会。

蒋卫东：分管提案委、民主监督和社情民意工作，联系区各民主党派、工商联和各界人士。

蔡　飞：协助分管经科委。

季　莉：分管经科委(经济科技、农业和农村工作)。

王寿从：负责区政协日常工作的协调安排，协助主席分管办公室。

## 区政协五届五次全会常委会议组成成员

蔡文龙　高亚明　蒋卫东　蔡　飞　季　莉　王寿从　陆庆宏　宦玉兔　杨东明　曹建平　肖尚平　吴爱平　赵炬肃　杨正宏　陈桢康　曹　琳　刘向华　步建坤　陈　星　吴　忠　徐　萍　吴建国　仲　庆　陈时飞　唐顺明　戚　杰　刘永飞　陈晓鸽

## 综　述

**【概况】** 区政协五届一次全体会议以来，在中共润州区委的坚强领导下，区政协常委会全面贯彻中共十八大和十八届三中、四中、五中、六中全会精神，以及习近平总书记系列重要讲话特别是视察江苏时的重要讲话精神，聚焦改革发展，强化履职能力，各项工作取得了新进展，为润州区圆满完成“十二五”规划、实现“十三五”良好开局作出了积极贡献。

**【政治协商取得新进展】** 充分发挥人民政协协商民主重要渠道作用，拓展协商形式，提高协商效果。会议协商增共识。采取全体会议、常委会议、主席会议等主要形式，围绕全区发展中的重大问题开展协商。五年来，共召开全体会议5次、常委会议20次、主席会议60次，开展各类协商活动90余次，形成了300多条高质量、有价值的意见建议。重点协商破难题。组织委员就“十三五”规划、高新区建设等事关润州区经济社会发展的重大问题协商讨论，提出了《关于加快推进润州区现代服务业发展的建议案》《关于加快推进润州信息化和工业化深度融合的建议案》《关于进一步推进我区生态文明建设的建议案》等意见建议，得到区委、区政府主要领导和分管领导的重视，被有关单位积极采纳。专题协商谋长远。围绕产业三集发展、特色工业园区建设、创新能力提升等议题开展专题协商。政协主要领导和各民主党派负责人、有关界别代表人士出席协商会议，并邀请党委、政府领导及相关部门负责人参加，面对面直接交流，促进了对话与互动，提高了协商效果。政协各专委会主动加强与有关部门的沟通交流，先后就征收拆迁、窗口单位政风行风建设、文明城市创建等，加强对口协商，真正做到人才出库、智力出囊，有力助推热点、难点、焦点问题的解决。

**【参政议政取得新突破】** 按照“科学性、实效性、建设性”原则，紧紧围绕事关发展、涉及民生的重要课题，向区委区政府提出意见建议。精心组织视察调研，知情问政更加务实。围绕重点产业建设、基层综合文化服务中心建设、海绵城市建设等方面开展专题视察活动120余次，形成各类调研报告105篇。其中：《关于拓展镇江高新区发展空间的几点思考》《关于大力实施“人才兴区”战略的思考》等调研成果受到区委、区政府的高度关注。用心办理政协提案，出谋划策更加主动。区政协围绕经济建设、社会发展、民生问题撰写提案，共提交提案695件，经审查立案639件。区政协会同政府相关部门承办落实提案334件，落实率52%，满意率和基本满意率达98%。由主席、副主席领衔督办的“关于加快实施西津渡停车场通往长江路南地下通道的建议”“关于尽快搬迁花鸟市场，提高城市市场品位的建议”等33件重点提案均得到很好落实，受到社会广泛好评。悉心征集社情民意，关注民生更加广泛。主动安排政协委员进企驻村、挂钩联系困难群众。深入了解广大民众的真实愿望、意见和诉求，推动解决人民群众普遍关心的衣食住行等方面的问题。五年来，共收集编发社情民意信息300多条，部分社情民意信息得到区主要领导的批示，成为党政部门了解情况、作出判断、科学决策的有效途径和依据。

**【民主监督取得新成效】** 积极探索民主监督新途径，把支持部门工作作为出发点，把搭建协商平台作为着力点，把推进解决突出问题作为落脚点，有力推进了民主政治建设。注重规范，在制度建设上下功夫。区政协五届委员会根据工作需要及时调整了特约监督小组成员，下发了《关于向有关单位委派特约监督员的通知》，修改了《润州区政协特约监督员工作细则》。各派驻单位积极配合，邀请特约监督员参加本单位的各项会议、活动，定期向特约监督员小组通报情况。与区纪委建立联动监督机制，制定《区政协区纪委关于在特约监督员工作中建立联动机制的意见》，邀请区政协委员参加对有关部门工作作风和工作纪律的明察暗访，并提出意见建议。突出重点，在抓住主要矛盾上下功夫。一是对部门实施国家宪法、法律法规进行监督，督促其增强法治观念，提高依法行政、依法办事的能力；二是对部门执行党的重要方针政策进行监督，督促其加大工作落实力度，提高执行政策和促进发展的能力；三是对被派驻单位及工作人员履行职责、遵纪守法、勤政廉政进行监督，督促其提高工作效率和解决自身问题的能力；四是对人民群众关心的重大社会问题进行监督，督促相关部门树立以人为本思想，提高服务群众和化解矛盾的能力。创新实践，在务求实效上下功夫。为使民主监督工作能够适应形势的发展，取得实实在在的效果，在特约监督基础上，开展了集中民主评议试点，自2012年起，相继在区检察院、区法院、公安润州分局、区城管局开展了以“严格执法、公正司法”“履职尽责、勤政为民”为主题的民主评议活动，对相关部门工作进行深入细致的点评，提出富有针对性的建议，有效促进了机关作风的转变。积极组织政协委员参与全市“四位一体”民主评议政风、行风活动，客观公正地对被评议单位进行民主测评。区政协民主监督工作纪实——《让民主监督落地生根坚强有韧》被《人民政协报》《光明日报》光明网、《镇江日报》等多家媒体报道。

**【发挥智力优势，促进经济发展献良策】** 坚持用科学发展的眼光和创新的思维，推动政协工作与全区经济建设同频共振，努力为党委政府分忧解难。五年来，先后就推进高新区建设、强化企业创新主体地位、加快推进科技成果转化等工作开展视察，重点就深化人才管理改革试验区建设，加快官塘新城国家级低碳示范区创建，落实苏南现代化示范区建设等开展调研。区政协领导班子成员全力参与全区重大产业和重点项目的推进工作，先后视察高新区高新技术创业服务中心、五洲创客中心、美佳马达、睿泰、中能建等多个重点项目，为推进项目建设做了大量的沟通协调工作。

**【倾听百姓呼声，关注社会管理建真言】** 始终坚持以民为本，围绕人民群众关注的热点问题、构建和谐社会的重大问题等积极协商议政。五年来，区政协主席会议重点选择教育卫生、城市管理、环境治理、“一式两化”管理体系等民生问题开展调研。政协委员先后对全区医药卫生体制改革和联合病房实践、廉租房公租房等保障性住房建设、15分钟公共文化服务圈建设、菜市场改造升级、老小区物业管理全覆盖等方面，提出了很多有价值的建议。为了尽快解决韦岗地区群众吃水难问题，委员们连续多年奔走呼吁，促成当地自来水施工建设按期完工，让居民吃上了放心水。针对适龄儿童入学难问题，组织政协委员开展专题座谈会8次，形成了《关于促进我区学前教育健康发展的建议案》，促进了学前教育健康发展。

**【树立前瞻思维，谋划长远蓝图显智慧】** 区政协精心组织开展了“聚焦高新区，建言‘十三五’”主题活动。广大政协委员积极响应，结合各自界别和岗位特点，精选调研课题，深入调查研究，撰写各类建议34件，内容涵盖产业发展、科技创新、城乡建设、生态保护、民生改善、社会事业等各个方面，遴选了28件建议编印成册，为区委、区政府描绘好未来五年的发展蓝图出谋划策。主席会议持续关注我区环境综合治理和生态文明建设，将环境综合治理作为保障民生的重要内容。先后组织视察了“7+1”城建重点工程和村庄环境整治工作，助推西南片区环境综合整治和“一湖九河”水环境综合治理等专项工作，对城市规划建设管理中存在的突出问题提出合理化建议。积极参与“法治润州”建设进程，充分运用建议权、监督权、参政权，把法治理念、和谐思维贯彻落实到履行职能的方方面面。

**【传承千年文脉，建设诗词润州谱新篇】** 按照国家、省诗词之乡创建标准，认真落实区委、区政府对文化发展提出的“八个迈上新台阶”要求，区政协创新思维，认真组织开展诗词之乡创建工作。扎实开展诗词“六进”工作，做到“五个结合”，实施“万千百十”工程，建立区诗词创作基地、区诗词教育培训基地以及润州诗词数据库，诗词创作和诗教工作形成制度化、网络化、常态化。2014年，润州区通过了省诗词协会的考核验收，被授予“江苏省诗词之乡”称号；2015年，顺利通过了中华诗词学会的考核，被授予“中华诗词之乡”称号。2016年，开展了“润州‘诗词之乡’内涵提升年”活动，区委、区政府以文件形式对全区诗教工作提出了明确要求；成功举办了“弘扬诗词文化，书写诗意人生”诗教工作研讨会，研讨活动受到了中华伏羲文化研究会的关注，并在《千高原》杂志上刊载；润州法院、西津古渡社区、中华路小学三家单位，顺利通过了中华诗词学会的考核验收，被授予中华诗教工作先进单位。

**【充分发挥党派团体的桥梁作用】** 邀请民主党派、无党派、工商联、人民团体参加政协会议，安排他们参与重点提案的督办，支持他们充分发表自己的意见和主张，努力营造畅所欲言、合作共事的政治氛围。五年来，他们在政协全委会议上，共提交提案447件，所提意见和建议都得到了较好办理。

**【充分发挥界别小组的纽带作用】** 区政协领导、机关委办对口联系各界别活动小组，定期开展活动，增强委员与本界别群众的联系，最大限度发挥界别特色。侨台群团民族宗教界别组开展“进企业、话发展”活动，积极为企业转型发展建言献策；社会法制、社会保障界别组还专门到市城市管理局学习考察，了解情况，加大对城市管理工作的支持和宣传，增强广大市民参与城市管理的积极性和自觉性；科技界别组组织企业家委员开展座谈会，争做诚信经营、守法经营、致富思源、富而思进的典范。

**【充分发挥政协委员的主体作用】** 加强委员履职考核，建立委员述职评优制度，有效激发了委员履职的自觉性和使命感。党政部门及窗口单位聘请政协委员为党风廉政监督员、政风行风监督员。委员们从自身做起，以弘扬社会正气为己任，支持经济社会发展。多名委员的先进事迹受到市政协“政协时空”“委员在行动”栏目的大力宣传，充分展示新时期政协委员的风采。老年公寓里的好闺女石红，坚持数十年如一日，用“孝心、爱心、真心、诚心”诠释了“最美委员”的真谛。2016年6月，盐城射阳地区遭受风灾后，区政协委员纷纷慷慨解囊，第一时间捐赠爱心款10.3万元，彰显了委员回馈社会、无私奉献的高尚情怀。

**【充分发挥各专委会和基层联络委的基础作用】** 高度重视专委会作为联络、团结和组织委员履职的基础功能，充分利用专委会专业优势，围绕全区工作大局和区政协年度工作要点，精心组织开展调研、视察、考察、座谈等形式多样的活动，提出了许多有分量的意见和建议。经科委不定期组织开展“区政协委员走进企业”活动，社事委围绕教育卫生开展经常性调研视察，文史委持续关注境内文物保护工作，并提出意见建议。加强对区政协基层联络委工作的联系和指导，完善了《润州区政协基层联络委员会工作细则》，进一步拓宽政协工作领域，延伸政协工作触角。区政协基层联络委认真执行政协章程，充分发挥桥梁纽带作用。围绕街道、园区的工作和决策开展专题议政，为基层党政工作建言献策。关注辖区内人民群众关心的热点和难点问题，广泛收集社情民意，积极反映和调解群众信访问题和社会矛盾纠纷。组织协调辖区政协委员开展考察、调研、学习活动，为委员们履行政协职能提供平台。特别值得一提的是，区政协各基层联络委在润州创建诗词之乡过程中，勇挑重担，积极作为，做出了突出贡献。

【不断加强理论武装和思想引领】 组织和引导广大政协委员学习中共十八届三中、四中、五中、六中全会和习近平总书记系列重要讲话精神，特别是习近平总书记在庆祝人民政协成立65周年大会上的讲话精神。认真落实全省政协工作会议要求，围绕党的基本路线、基本纲领和国家的重要方针政策、法律法规，开展政治协商、民主监督、参政议政工作，在实践中增长知识和才干。坚持学以致用，常态化开展政协党组、常委会、主席会、专委会、界别小组等不同层次的学习活动，努力把学习成果转化为推动工作的动力和解决问题的能力。

【不断加强制度化程序化规范化建设】 坚持把"三化"建设贯穿于政协工作始终，体现在政协履职的方方面面。结合区政协工作的重点和特点，完善了《润州区政协界别活动组工作考核办法》、建立了《关于加强政协委员视察调研活动的意见》《政协润州区委员会关于委员参加政协会议和活动的暂行规定》等规章制度，这些制度的建立完善和落实，使政协工作运转更加规范高效。

【不断扩大对外交往和联谊合作】 迎接全国政协副主席何厚铧率驻澳全国政协委员到镇考察，多次参加省市政协开展的视察调研活动，密切与辖市区政协的学习交流，多批次接待外地政协考察团，有效宣传推介了润州，扩大了社会影响。围绕建区30周年、纪念抗日战争胜利70周年、孙中山诞辰150周年等重大主题活动，开展各类座谈研讨、慈善募捐、书画联展、摄影征文活动，增强政协组织内部活力。加强与新闻媒体的合作，及时宣传区政协协商议政、调研视察、建言献策的最新成果。

【不断加强机关作风和委员队伍建设】 巩固党的群众路线教育实践活动和"三严三实"专题教育成果，扎实开展"两学一做"学习教育，弘扬艰苦朴素、务实高效、团结民主的优良作风，模范遵守"两个条例"，严守政治纪律和政治规矩，自觉做守纪律、讲规矩的表率。积极响应市政协要求，组织开展"弘扬价值观、践行当模范"主题活动，认真部署落实，引导全体政协委员从我做起，锤炼品行，改进作风，争做社会主义核心价值观的模范践行者。

## 重要会议

【政协六届一次全体会议】 中国人民政治协商会议镇江市润州区第六届委员会第一次会议，于2017年1月14日下午至1月18日上午在碧榆园会议中心举行。会议听取了中共润州区委书记王冬生同志题为《同心同德 群策群力 为高水平全面建成小康社会而不懈奋斗》的讲话；听取并审议了区政协第五届委员会常务委员会工作报告和提案工作情况报告；通过了《政协润州区第六届委员会第一次会议决议》；通过了提案审查委员会关于《政协润州区第六届委员会第一次会议提案审查情况的报告》；听取并讨论了高国成区长所作的《政府工作报告》及其他有关报告；会议根据选举办法，选举蔡文龙为主席，高亚明、蔡飞、季莉、倪南成、张春平为副主席，王寿从为秘书长，王兴堂、邓燕、朱莉、朱顺云、仲庆、刘旭、刘永飞、刘向华、杨东明、步建坤、肖尚平、吴忠、吴爱平、邹明、张蕾、陆庆宏、陈星、范衡、宦玉兔、唐顺明、曹琳21名同志为常务委员。

【常委会议】 2016年，区政协先后召开4次常委会议。3月2日，召开政协五届十六次常委会议，审议通过了《润州区政协2016年工作意见》。6月29日，召开五届十七次常委会议，审议通过了《关于加强区食品安全监管工作的建议案(讨论稿)》。听取了区民政局局长徐建春对我区部分行政区划调整方案的通报。9月28日，召开五届十八次常委会议，审议通过了《关于加快推进润州区信息化和工业化深度融合的建议(讨论稿)》。与会人员先后视察了江苏凯德电控和中船设备有限公司，实地了解润州区"两化融合"工程在企业推行后的开展情况，并结合视察的所听、所看以及相关工作实际，围绕《关于加快推进润州区信息化和工业化深度融合的建议(讨论稿)》提出相关意见建议。12月27日，召开五届十九次常委会，讨论区政协六届一次全体会议有关事项，先后审议通过了区政协五届委员会常委会工作报告(讨论稿)、区政协五届委员会提案工作情况报告(讨论稿)、关于召开区政协六届一次会议的决定、会议各讨论组召集人和委员编组建议名单；会议还听取了区政协五届委员会人事安排说明，审议了大会副秘书长及秘书处各组负责人、主席团成员、秘书长、常务主席班子成员及主席团轮值、六届区政协提案委员会主任及成员的建议名单以及会议主要议程、日程安排、表彰等相关事项；协商决定了人事任免事项。

【主席会议】 2016年，区政协先后召开主席会议12次。1月25日，召开五届四十七次主席会议，协商讨论《区政协2016年工作意见》。2月24日，召开五届四十八次主席会议，听取区政协五届五次全体会议提案立案情况汇报，讨论确定重点提案，研究区政协领导班子成员分工。3月18日，召开五届四十九次主席会议，专题研究部署“中华诗词之乡”内涵提升工作，实地视察区级机关朱方诗社、宝塔路街道梅和清诗词创作工作室、七里甸街道跑马山诗词公园。会上还讨论决定了在全体政协委员中开展“弘扬价值观、践行当模范”主题活动方案。4月27日，召开五届五十次主席会议，专题视察农副产品社区直供直销示范工程进展情况，与会人员先后视察了镇江农批市场配送中心、南山华庭直供点、七里甸社区直供店，听取镇江农批市场负责人对项目建设情况的介绍，初步了解该项工程在推进过程中所面临的困难，并提出意见建议。5月25日，召开五届五十一次主席会议，专题视察基层综合文化服务中心建设情况，为构建现代公共文化服务体系建言献策。6月15日，召开五届五十二次主席会议，专题视察区“碧水绕润州——水岸共治十大行动”建设情况。与会人员视察了运粮河水利血防综合整治工程和跃进河整治现场，听取了区水利局专项整治情况汇报。会议对“水岸共治”十大行动取得的阶段性成果，给予了充分肯定和高度评价，并对今后工作提出了许多前瞻性、科学性的建议。会上还审议了《关于加强区食品安全监管工作的建议案(讨论稿)》。8月2日，召开五届五十三次主席会议，听取并审议了胡如明副区长代表区政府通报的2016年上半年经济运行情况，与会同志表示将以区八届一次党代会精神为指引，树立推动发展的主动意识，把服务大局与担当实干结合起来，把履行职能与凝聚力量结合起来，为推动润州“五城共建”贡献力量。8月31日，召开五届五十四次主席会议，视察润州推进海绵城市建设情况，听取相关汇报并进行评议，会上还学习传达了6月24日全省政协工作会议精神以及《中共江苏省委关于加强和改进人民政协工作的意见》文件精神。9月14日，召开五届五十五次主席会议，实地视察、听取区知识产权与创新产业化服务平台建设情况，与会人员结合自身认知及思考，就推进知识产权与创新产业化服务平台建设进行讨论评议。会上还审议通过了《关于加快推进润州区信息化和工业化深度融合的建议(讨论稿)》。11月2日，召开五届五十六次主席会议，听取区委常委、严竹波副区长代表区政府通报区政协五届五次全体会议提案办理情况。11月29日，召开五届五十七次主席会议，重点视察润州工业园区重点产业建设情况。先后视察了中能建集团华东电力设备研发制造、江苏美佳电梯高效节能电梯生产基地、四洋柴油机救生艇柴油机组生产项目，实地了解项目规划、建设、施工等基本情况和推进进度。工业园区党工委书记王旭介绍了园区今年以来项目建设、招引、储备情况，与会人员围绕抓好项目建设、增强产业特色、构建产业集群体系、加大科技创新和人才招引、完善基础设施建设等积极建言。12月27日，召开五届五十八次主席会议，专门讨论召开区政协六届一次全体会议的有关事项。

6月7日，区政协在润州信息中专举行捐资助学启动仪式，来自区5所学校的10名贫困学子参与活动，并接受捐赠。

润州区政协捐资助学　　（区政协　摄）

## 重要活动

**【捐资助学帮扶学子，情暖端午关爱老人】**　6月7日，在端午佳节到来之际，镇江市政协润州活动小组、润州区政协民主党派、无党派界别组联合举行“弘扬价值观，践行当模范”主题活动。政协委员们先后前往润州信息中专、康居老年公寓等地，开展捐资助学和关爱老人爱心行动，向10名贫困学子每人送上助学金1000元，并表示今后将继续关心这些孩子的成长，在他们需要时提供帮助；委员们到老年公寓，与40多位老人围坐一圈，包粽子、套鸭蛋，畅聊生活变化和居住条件的改善。

**【政协委员关注盐城风灾踊跃捐款】**　6月23日，盐城市阜宁县、射阳县部分地区突发的龙卷风冰雹特大自然灾害，牵动了全区政协委员扶危助困的关爱之心。委员们积极行动，纷纷慷慨解囊，一向热衷慈善公益事业的民营企业家镇江先锋汽车零部件有限公司董事长朱顺云捐赠爱心款5万元、镇江市亮光建材有限公司总经理陈继先捐赠爱心款1万元、江苏广庆电子材料有限公司总经理仲庆捐赠爱心款5000元等，委员们以实际行动诠释着社会主义核心价值观的真谛。据统计，区政协委员共向盐城灾区捐款10.3万元，凝结着委员们浓浓爱心的善款已委托润州区慈善总会转交灾区，用于灾区救援和重建工作。

**【开展“弘扬价值观、践行当模范”主题活动】** 4月6日，润州区政协召开了“弘扬价值观、践行当模范”主题活动动员部署会，积极响应市政协《关于在全体市政协委员中开展“弘扬价值观、践行当模范”主题活动的意见》精神，充分发挥区政协在培育和践行社会主义核心价值观中的积极作用，为建设创新型特色高新区和“强富美高”新润州凝聚正能量，作出新贡献。会议制定下发了《关于在全体政协委员中开展“弘扬价值观、践行当模范”主题活动的意见》，主题活动启动后，区政协各界别组分别召开小组会议，传达会议精神，制订主题活动方案，开展精彩纷呈的活动，10月底，区政协主席、常务副区长蔡文龙出席总结会并作讲话。

**【诗教工作研讨会】** 10月18日，围绕“巩固‘中华诗词之乡’创建成果，提升诗教内涵建设”这一主题，举办了诗教工作研讨会。研讨活动特邀中国人民大学文艺学硕士，中华伏羲文化研究会文创委秘书长、北京《千高原》杂志执行主编苏伟先生进行《诗与人生》主旨演讲。来自区机关、学校、社区、企业等单位的8位代表分别结合各自行业领域的诗教工作实际，从不同层面和角度作了精彩的发言。原市政协副主席、省诗词学会副会长、市“中华诗词之市”创建领导小组副组长赵庆荣以“氛围好、质量高、亮点多、内涵显”高度评价了此次诗教研讨活动和相关创建工作，并寄语润州，希望继续打造特色，擦亮品牌；持之以恒、常抓不懈；与时俱进、不断创新，努力开辟新形式、新途径、新经验、新办法，不断深化升华诗教工作。区委常委、宣传部长陈家军主持研讨会，区政协主席蔡文龙出席活动并作讲话，市“中华诗词之市”创建领导小组办公室主任王华，区政府副区长陆金火，区政协副主席高亚明、蒋卫东、蔡飞、季莉，秘书长王寿从出席活动。润州区中华路小学、区人民法院、金山街道西津古渡社区被中华诗词学会授予诗教先进单位。

**【“两学一做”动员部署】** 5月12日上午，润州区政协召开“学党章党规、学系列讲话，做合格党员”学习教育动员部署会，传达贯彻区委“两学一做”学习教育工作座谈会精神，部署区政协机关党支部开展学习教育工作。区“两学一做”学习教育督导一组组长蒋卫东到会指导。会议由机关支部书记陆庆宏同志主持，全体党员干部及离退休同志参加了会议。

## 重点建议

**【关于加快我区“双创”工作服务体系建设的建议】** 近年来，在市委、市政府的领导下，我区大力推进企业科技进步与创新，特别是党的十八大提出“实施创新驱动发展战略”后，我区更加将企业创新工作摆在核心位置。为进一步加快我区“双创”工作服务体系建设，建议：1.加强宣传引导。统筹加强对青年创业工作的思想引导、动态报道和专题宣传工作，对“大众创业、万众创新”进行系统、全面、广泛、深入的宣传。在广播、电视、报纸、期刊、网络以及各类移动互联网媒体终端开设专栏，宣传青年创业的意义，发布创业项目和信息，介绍扶持政策等等，让社会各界关注帮扶青年创业。2.加快完善政策机制。加快推进人才建设，特别是完善制定相关高层次人才需求、金融扶持等配套机制，进一步落实好引进急需紧缺人才和现有人才的待遇。同时，使各类人才享受优惠待遇和个性化便利服务，确保高层次人才能引得进、留得下、用得上。3.大力开展青年创业创新活动。包括举办形式多样的创业大赛，通过比赛筛选出优秀的创业项目，给予一定的奖励，激发青年创业热情；举办创业讲堂，邀请国内知名创业人士来镇江分享创业经验，解除创业青年的疑惑。

**【关于加快西南片区综合整治后转型升级的建议】** 自2014年起，我市开展东部片区和西南片区生态环境综合整治。目前，谏壁片区已完成重点整治项目93项，签约搬迁居民293户，西南片区已关闭企业141家，治理污染企业32家，治理效果明显。但是片区的基础设施建设和更新改造工作速度不快，发展规划不明确，区域内人民群众盼综合整治、盼环境改善的愿望十分强烈。为了巩固治理后的成果，在治理求得发展，现提出如下建议：首先，加强片区的规划，按照“生态领先，特色发展”的理念，重新规划定位片区的建设和发展。第二，治理是手段，发展是目的。要根据规划，确定片区的发展方向，东部片区要发挥紧邻江苏大学的区位优势，打造成创业创新的特色园区，西南片区要紧紧依托韦岗温泉，打造成旅游休闲的度假区域。结合区划调整，利用国家级高新区这个金字招牌，发展成为集旅游、创业等为特色的生态创新之城。

**【关于加快提升镇江高新区众创空间运行水平的建议】** 为进一步抢抓发展机遇，积极探索人才引领和创新驱动的有效路径，现就加快提升高新区众创空间运行质量和水平，提出如下建议：1.积极推动校地深度融合。建立健全国家级高新区共建共享机制，面向驻镇高校及周边城市高校，着力引进一批以教授团队创业者、青年教师创业者、大学生创业者为代表的“创客梯队”；与团市委、青商会等协同联动，吸引更多优质创客入驻。2.更好打造“五洲创客”省级众创空间。通过制定创客入驻优惠政策、发行“创客卡”、设立创客基金等方式，与深圳、北京等地有关孵化平台全面对接合作，构建低成本、便利化、全要素、开放式的创业服务平台，为广大创客提供良好的工作空间、网络空间、交流空间和共享空间。3.建立线上线下一体化的创业孵化模式。借鉴国内领先的众包服务交易平台、线上众创空间——猪八戒网的模式并寻求合作，以市场为导向，建立健全“创业导师+种子资金+专业服务”的孵化模式，提升创业孵化的市场价值。4.着力培育创新文化。联合高校、企业、科协等机构和组织，进一步开展好“科技活动周”“创客文化节”等系列活动，积极培育尊重知识、崇尚创造、宽容失败的创新文化，激发高新区的创新活力。

**【关于提高我区社区医院医疗服务水平的建议】** 社区医院主要为社区成员提供公共卫生和基本医疗服务，是以服务为主非营利机构。建立社区医院解决了百姓“看病难、看病贵”的问题，实现了“小病进社区，大病上医院”的目的。然而现社区医院却面临很多困难，如缺专业人才、缺资金缺资源、缺信任、如何应对急救或手术等。建议：1.实行社区医院服务人员引进人才方法和现在人员继续学习深造制度，联合大医院、中高级专家和医务人员，定期对口支援社区医院，以坐堂门诊、现场合诊、专家咨询等多种方式为社区居民提供诊疗服务与健康指导。2.加强对全科医生培养，实行公开招聘、竞争上岗、待遇提升，解决全科医生紧缺问题。3.提升服务质量与态度，加强诊疗设施的投入，加强药品的采购管理工作，多渠道、多方面健全药品科目。4.实现上门服务，建立家庭门诊，协议收取费用，为特殊患者提供特殊服务。5.和市120实现联动，建立社区急救站，投入急救设施和急救药品，实现先救命，再治病，先排险，后施救原则。

**【关于建设好中小学校长队伍，办人民满意教育的建议】** 当下，85%的校长忙于应付行政和社会事务，脱离教学一线；行政化现象日益突出，绝大多数学校行政人员偏多，副校长三、四个，行政人员普遍都是十多个，严重挫伤了教师工作的积极性、主动性和创造性；官僚习气越来越重，在教师管理上，有些校长采取以上压下的家长制管理方式，动辄把教师的考核与绩效挂钩，造成人际关系的紧张。建议：一要从源头、入口提高校长的队伍素质。组建中小学校长队伍，必须坚持任人唯贤、德才兼备的原则，坚持重德才、重实绩、重民意，看本质、看主流、看发展，大胆起用德才素质好、开拓创新能力强、教育教学实绩突出、广大教师公认的优秀年轻干部，树立正确的用人导向。二要推行校长任期目标责任制。成立校长考核委员会，由校长管理部门领导、有关专家、教师代表组成，校长考核委员会集体研究对校长作出考核结论。三要实行校长职级序列制。必须强化校长的职业意识，引领校长走职业化发展的道路，使校长姓“教”而不姓“官”。必须激励校长主动积极地钻研业务、研究管理、提升自身素质能力、提升办学层次。四要开展多渠道校长考核和督查。可以通过走访群众、电话、网络、局长信箱、意见箱、征求意见表、书面评议等，多渠道采集对校长的工作与思想品德情况的反馈信息。

**【关于加强基层公共文化服务的建议】** 党的十八届五中全会提出，要推动基本公共文化服务标准化、均等化发展，创新公共文化服务方式，保障人民基本文化权益。但实际情况看我区基层公共文化服务与区域经济发展、城市建设速度相比还比较滞后。主要存在三个方面的问题：一是基础设施相对落后；二是活动形式比较简单；三是文艺人才严重不足。建议：1.树立文化也是生产力的观念，把基层公务文化服务建设纳入我区“十三五”规划，注重顶层设计、体系建设，从组织层面推动基层公共文化服务标准化、均等化、创新式发展。2.区财政要从制度上确保财政对公共文化支出，投向公共文化支出中财政资金的增量重点适当向基层公共文化倾斜。同时，积极鼓励企事业单位与街道、社区结对帮扶或捐赠、冠名等办法，不断拓宽基层文化建设的投入渠道。3.加速推进队伍建设，抓好文化站等文化队伍建设，积极培育基层文化工作带头人和“热心人”，加强对基层业余文化队伍的培训和指导，既提高他们的整体素质和业务水平，又指导他们组织开展各种业余文化活动。4.摸清各街道、社区群众性文化活动的特性，创新文化活动品牌和活动方式，切实提高群众对文化活动的认可度和参与度，让基层文化阵地真正成为群众想来、爱来、常来的“文化之家”。

**【关于保护我区水资源，打造特色山水城市的建议】** 在满足城市防洪排涝、水土保持等功能的基础上，要注重河道自身生态价值和文化价值的挖掘和发展，打造滨河生态系统，做到河畅、水清、岸绿、景美。为此建议：1.树立生态优先理念。城市建设规划时，应充分考虑河道滨水生态化建设的要求，河道综合整治与土地开发利用、城市专项整治、重大工程项目相结合过程中，坚持生态优先原则，实现河道滨水生态系统效应最大化；镇江作为旅游城市，水清景秀的河道滨水生态景观会为锦上添花，成为一道亮丽的风景线。2.整体规划、理顺体制。河道整治旅游开发工作需要多个职能部门共同参与，首先要有高瞻远瞩的眼光，长远规划，明确各职能部门的职责与分工，并制定“市中心城区河道综合整治与保护开发工程实施方案、市中心城区河道长效管理规划、市中心城区河道长效管理实施办法”等相关的办法、规定，坚持统一领导、统一规划、统一标准，实行“一河一方案”，以保证河道滨水景观与区域环境和谐一致，保证沿岸绿色植被的连续性。3.大力推广生态护岸。在护岸建设中，以生态系统理论为指导思想，严格遵守护岸设计的安全性、生态型、亲水性和持续性原则；河道护岸提倡缓坡、减少直立式护坡；注重植物的多样性，构建结构合理、功能健全的生态护岸；周边规划严格执行产业政策和环保政策，加大执法力度，严惩环境违法行为，杜绝生活污水、生产废水直接排入河道，从源头上解决污染排放问题，保证水体质量，为水生动、植物的繁衍创造条件。4.借鉴其他城市的成功经验，如南通的濠河、无锡的蠡河；运粮河和西津渡一路之隔，紧邻金山公园，如果合理规划既可以解决西津渡有渡无水的问题，又可以使千年古河成为一个亲水的旅游景点，让镇江一日游变成二日游、三日游。

**【关于加强安置房电梯使用安全保障的建议】** 随着国家城镇化建设进程的加快，镇江市特别是润州区发生了翻天覆地的变化，原来的低矮房屋被一幢幢高楼大厦所取代。环境变得优美了，道路变得宽阔了，居民的生活条件比原来更好了。但新的问题随之而来，失地村民的生计、安置房电梯安全等。由于我国的土地国情的现实，现在一般都在向上要空间，所建成的房屋一般为小高层或高层。为维持小区的治安、卫生、绿化、电梯维护等市区一般物业费在1.5元/每平方米，按250平方米/每户计算，一个家庭每年物业费在3500元左右。拆迁的农民失地后，由于没有相应的技能，即使通过相关培训，也不能有较高的收入；加之农民的意识和习惯，大都不愿意交纳物业费，使得安置小区的物管运管变得艰难，问题频出，尤其是电梯经常发生故障，给广大住户的生活和出行带来困扰。对此，建议政府，按照国家特种设备的相关规定，加强安置房屋电梯的日常维护、检查、保养和定期检验，保证电梯的正常运行，保证居民的出行便捷和安全，相关费用由政府，所在街道、居民及其他渠道共同承担。 （张月琴）

# 中共润州区纪律检查委员会

栏目编校:谢竞美　张兴淮

## 润州区纪委常委、委员名单

（2016年12月）

常委:

仇　洋　周向群　孙建军　李志鹰　夏　兵

委员:

仇　洋　周向群　孙建军　李志鹰　夏　兵　倪南成

史润忠　石光亚　易仁东　马　力　王志祥　赵　莹

金威威

## 综　述

【概况】 2016年,全区各纪检监察组织在市纪委和区委的坚强领导下,全面履行党章赋予的职责使命,结合中心工作和经济社会发展大局,聚焦主业主责,坚持挺纪在前,不断夯实管党治党的专责监督责任,全力抓好各项任务落实,全区党风廉政建设和反腐败工作取得新的进展。

全力落实“两个责任”。实施“强责工程”,协助区委制定2016年度“两个责任”清单,细化分解职责任务,层层签订主体责任书和监督责任书,将党风廉政建设目标任务落实到具体对象、明确到责任部门、细化到时间节点。督促各单位严格落实“双报告”制度,协助开展年度责任制检查考核。做好区管干部和村(社区)干部廉政情况征求意见回复工作,共对46批次976名同志进行回复。对1起违纪案件实施责任倒查,因“两个责任”落实不到位问责追究党组织1个,党纪处分4人,并向全区通报。

积极实践执纪监督“四种形态”。落实纪法分开、纪在法前、纪严于法的要求,坚持惩前毖后、治病救人的方针,积极运用监督执纪“四种形态”,探索具体标准、适用方法、相互转化等有效机制,让党员干部真切感受到纪律的温度。有针对性地开展党风廉政宣传教育。2016年针对苗头性、倾向性问题谈话提醒42人次,函询5人,批评教育2人,诫勉谈话5人,发出纪律检查建议书11份、督办通知书6份,党纪轻处分24人,咬耳扯袖、红脸出汗逐渐常态化。始终保持惩治腐败高压态势,共接收信访举报103件(次),立案查处违纪问题34件,同比增长42%,其中涉及乡科级6件。注重综合效果,坚持快查快结,发现问题线索迅速按照“五类处置方式”进行处置。不断健全完善反腐败领导体制和工作机制,整合反腐败协调小组及其成员单位职能,共同推进党风廉政建设和反腐败斗争。加强案件监督管理,做到严格依纪依法安全办案,全面推行案件审理“三审一评”,办案合格率保持100%。

刚性落实“八项规定”精神。

紧盯换届选举、节假日等重要节点，开展对落实中央“八项规定”和省市区委“十项规定”精神行为的监督检查共32批次，党纪处分6人，并对典型案例进行通报。查处群众身边的不正之风和腐败问题5件。坚持以党章党纪党规、党的优良传统、工作惯例，特别是习近平总书记系列重要讲话为标尺，严肃纪律规定、规范运作程序、强化各方监督、严格责任追究，有效促进了全区党风政风进一步好转。

紧贴中心担当作为。按照统一部署，加强换届纪律的监督，配合有关部门扎实抓好人选考察、换届风气监督、重点对象谈心谈话等工作，为区委、人大、政府、政协及全区村(社区)两委换届工作的圆满完成作出积极贡献。严肃杜绝“为官不为”，探索开展正向激励、提速增效、依法履职、整庸治懒等专项行动，纠正少数单位部门和党员干部不负责任、不敢担当、不愿作为等行为。对区委重要决策部署的贯彻执行情况以及卫生城市复检、环保专项督察等重点工作进行监督检查，编发要情督察12期、督查情况2期。制定并实施润州区区级机关作风效能建设暗访督查实施办法(试行)，组织明察暗访13次，查处问题1起，提升了纪委在全区中心工作中的担当作用。

切实落实好“三转”各项要求。圆满完成区纪委换届工作，新当选区纪委委员的专职比例达61.5%。调整机关内设机构，承担执纪监督职能的机构数占总机构数71%、人员编制数占总编制数81%，取消、退出议事协调机构180个，保留12个。在全区纪检监察系统开展“强基”工程，落实基层纪(工)委书记、纪检组长的提名和考察以区纪委会同区委组织部为主的要求。开展纪检监察创新课题研究，由区纪委班子成员牵头，认真开展纪检工作“补短板”等系列调研。建立全区纪检监察工作项目化管理机制，通过年初下达任务、季度走访、定期通报、年末考核等方式，确保各项工作落到实处。制定区纪委常委会议制度和润州区纪委机关管理规定，实施重要工作集体会商、重要问题线索集体排查、重要案件查处专题部署等工作机制。加强教育培训，累计选派113名纪检监察干部参加各类培训。

2016年7月29日区纪委八届一次全会 （区纪委 摄）

**【“亮家规家训，讲家风故事”宣传展示活动】** 为进一步增强党员规矩意识，推进家庭廉政建设，润州区纪委在全区党员干部中开展“亮家规家训，讲家风故事”宣传展示活动，将家风家训传承教育融入党员干部的日常生活，以好家风涵养好作风。全区各级党组织一方面深入挖掘本土资源，收集整理本地知名人士世代传承的家规家训、治家格言、家风故事；另一方面引导党员干部结合个人实际、家庭实情，制定现代家规，反映家庭新变化和新感受。并以支部活动为契机，组织每名党员围绕个人制定的家规家训进行心得交流，相互启发，凝聚共识。截至活动结束，区纪委共征集到优秀家规家训100余条，家风故事20余篇，整理筛选后依托微信、网站等媒体进行宣传展示，在全区形成传承优良家风，弘扬清风正气的良好氛围。

**【分类施策，确保“两学一做”学习教育全覆盖】** 自“两学一做”学习教育启动以来，润州区纪委立足实际，针对不同类型党员特点，分类制定学习方案，丰富学习形式，深化学习效果。针对党员领导干部，要求学先一步、学深一步，以党章党规和习近平总书记系列重要讲话为必学内容，坚持学原著、读原文、悟原理，带头制定学习计划，带头抓好问题整改，以学促做，学做结合，切实树立起为民务实清廉的工作导向。针对机关普通党员，开展党章党规知识竞赛、“新时期共产党员思想行为规范”专题讨论，营造讲纪律、守规矩的良好氛围。针对离退休党员，通过上门送学、开设微党课、网络互动等形式，增强党性观念和规矩意识，自觉争做“四讲四有”合格党员。

**【以创新课题推动工作落实和创新】** 为进一步推动纪检监察工作创新，培育党风廉政特色亮点，润州区纪委着力开展了2016年度全区纪检监察创新课题调研工作，下发文件，并将此项工作纳入党风廉政建设考核的重要内容。全区各基层纪检监察组织迅速行动，主动向单位党(工)委(党组)进行汇报争取支持，及时与联系的委局领导和相关科室对接，积极组织创新课题申报。在课题的选定上，始终坚持问题导向，着眼于当前工作中存在的突出问题，摸清情况、寻求对策、破解难题。全区共申报创新课题12项，内容涉及教育预防、制度建设、监督管理等多个方面。课题调研坚持边研究边实践，努力实现理论成果、制度成果和创新实践共同推进。

**【切实抓好节日期间作风建设】** 每逢节假日，润州区纪委均会下发通知，对做好节日期间有关工作作出部署，要求全区各纪检监察组织认真履行职责，强化监督执纪问责，切实营造崇廉尚俭、风清气正的节日环境。一是坚守责任担当。要求各级党组织认真履行党风廉政建设责任，坚持问题导向，认真自查，抓早抓小，严防“四风”反弹，并加强党章党规党纪教育；要求各纪检监察组织查处、通报曝光一批违反八项规定精神的典型问题，形成有力震慑。二是明确纪律要求。要求各单位各部门严格践行廉洁自律和作风建设各项规定，切实把纪律和规矩立起来、严起来；要求各纪检监察组织实践和运用好监督执纪“四种形态”，对顶风违纪行为严查快办，对典型问题点名道姓通报曝光，不断释放越往后执纪越严、处理越重的强烈信号。三是加强监督检查。要求各单位各部门认真落实“三查一监督”联动督查机制，不断加大监督检查力度，强化明察暗访，畅通信访举报渠道，充分发挥群众监督和媒体监督的作用。　（张一玄）

## 2016年查办案件统计表

表7

| 项目／年份 | 立案数 | 上年遗留案件数 | 本年遗留案件数 | 错误性质 | | | | | | | 立案人数 | 处分结果 | | | | | | | | | | | | 处分人数 | 刑事处理人数 | 结案数 | 挽回经济损失（万元） |
|---|---|---|---|---|---|---|---|---|---|---|---|---|---|---|---|---|---|---|---|---|---|---|---|---|---|---|---|
| | | | | | | | | | | | | 党纪处分 | | | | | 政纪处分 | | | | | | 其他 | | | | |
| | | | | 违反政治纪律 | 违反组织纪律 | 违反廉洁纪律 | 违反群众纪律 | 违反工作纪律 | 违反生活纪律 | 违反国家法律法规规定 | | 警告 | 严重警告 | 撤销党内职务 | 留党察看 | 开除党籍 | 警告 | 记过 | 记大过 | 降级 | 撤职 | 开除 | 免予党纪处分 | | | | |
| 2016 | 34 | 1 | 1 | 1 | 2 | 6 | 1 | 2 | 6 | 22 | 34 | 15 | 6 | 1 | – | 11 | – | – | – | – | 2 | 2 | – | 32 | 12 | 34 | 100.55 |

# 社 会 团 体

栏目编校:田　崇

## 润州区总工会

**【概况】** 2016年,区总工会围绕供给侧结构性改革,广泛开展群众性经济技术创新和技能竞赛活动,推动转型升级与创优发展;深化企业工资集体协商,促进职工增收,全区企业工资协商建制率达97.6%;突出依法治会,加强法律宣传与普法教育,引导职工依法理性维权;注重民生改善,推动工会扶贫帮困普覆盖;加强源头保障,建章立制,夯实基层基础,工会工作在服务大局、创优做实中实现了新提升。

**【"金点子"工程】** 为服务供给侧结构性改革,促进转型升级,区总工会在全区组织实施"金点子"工程,广泛征集职工合理化建议和"微创新"等金点子,征集范围包括各种工艺流程、工作规程的改进;新项目开发;新技术、新材料的应用;针对企业管理制度等方面提出的完善建议等。"金点子"以个人、联名或工会小组提出,强调新颖性与可操作性。活动中共征集职工"金点子"1621条,实施847条,创经济效益约700万元。年底,区总工会对全区优秀金点子和优秀组织单位进行了表彰。

**【五大职工技能竞赛】** 区总工会广泛组织开展岗位练兵、技术比武活动,成功举办全区线路板检验、焊接装配、护理、公共自行车维护维修、餐饮等五大职工技能大赛,参赛职工达1026人次,38人获得先进表彰;在各类竞赛中评选了36家区级"五一"劳动奖和工人先锋号,177名职工技能获得提升;职工技能培训不断拓展,各级工会举办各类技能培训班57期,培训职工3851人次,通过技能竞赛和培训,983名职工晋升技能等级。

**【"一街一品"】** 为提升基层工会工作层次,促进创新创优,区总工会在全区工会系统推行了"一街一品"工程,制定下发工作意见及考核细则,明确每个街道(园区)结合实际,实施一项以上创新(特色)品牌创建工作,分别培树一个以上企业或村(社区)工会典型,工作实施情况与评先评优、经费回拨等挂钩;"一街一品"实施以来,全区各级工会扎实举措,争先创优,构建品牌,扩大工会影响力,其中金山街道实施的职工流动小家、工业园区实施的职工满意食堂等项目分别获评市、区工会工作创新奖,促进了工会工作整体水平新提升。

**【工会与工商联联席会议制度】** 为推动源头维权,区总工会与区工商联建立了联席会议制度,并召开首届联席会。制度明确:联席会每季度召开一次,双方班子成员全部参会,并根据实际情况邀请重点企业负责人、劳动模范、职工代表、基层工会干部参加。会议议题以职工权益维护、促进职企双赢、协调服务会员单位等为重点,沟通协商,化解难题。制度要求:双方定期就有关经济发展、工资协商、劳动就业及其他热点问题,进行调查研究,提出建议,形成调研报告。制度还规定联席会议确定的事项形成会议纪要印发,区总工会、区工商联分别负责督促检查基层贯彻落实情况。联席会议制度的建立,对于进一步维护职工合法权益、推动构建"亲""清"新型政商关系将起到积极作用。

**【互助兴家】** 为深化"六型"职工之家建设,区总工会组织了"互助兴家"活动,即模范职工之家与建家相对薄弱的单位结对共建,相互学习，共同提升。区总工会及时下发活动意见，制定实施细则，明确工作要求，其间召开了互助推进会，现场组织观摩华印、祥云药业、柳工等公司的结对活动，21家省、市模范与24家拟创单位进行了结对。通过目标管理、定向指导、点评互动、积分晋级等举措，推动创建活动不断深入，全年19家单位新申报市、区级模范并通过验收，职工之家规范化建设水平进一步提升。

**【四季帮扶】** 区总工会联合举办"春风行动"，87名下岗职工上新岗创新业；举办"创业技能提升"免费培训班4期，126名困难职工直接受益；开展夏季高温"三送"(送清凉、送法律、送安全)活动，惠及一线职工9500余人；实施"劳模引航·金秋助学"工程，46名困难职工子女圆了求学梦。深化关爱困难职工"暖流行动"，两节(元旦、春节)期间为193户困难家庭送温暖，全年共走访慰问困难职工456名，发放慰问金27.6万元；推动工会困难帮扶向普惠职工转型，全年参加互助互济保障会员人数达1.35万人，78名职工享受互助互济给付及慰问金16.6万元。

(黄和俊)

## 共青团润州区委员会

**【概况】** 2016年以来，润州团区委认真学习贯彻中共十八届六中全会和省、市、区党代会精神，紧跟区委区政府"五城共建"战略目标，坚持围绕用心成大事，实干谱新篇的工作步调和要求，深化改革，挖掘优势，以"活、新、特、实"四个字为工作主线，创造了共青团工作的新业绩。

**【基层组织建设】** 指导教育局团委做好换届工作，新建南山街道办事处团工委。专项推进"1+100"团干部直接联系青年工作，要求全区200位团干部、团工作负责人经常性直接联系不少于100名不同领域的团员青年，并坚持做到亮身份，建立联系渠道；促活跃，增强联系黏性；重倾听，关切青年诉求；办实事，助力青年成长；重引领，加强思想引导等五方面的工作职责。

**【服务青年创业就业】** 在"大众创业、万众创新"的热潮中，团区委继续深化区级青年创业帮办服务分中心、各街道、村居青年创业帮办服务窗口职能，依托82人的帮办员骨干力量，为青年创业提供系统化指导和个性化服务。团区委联合江苏大学团委、江苏科技大学团委、镇江高专团委，在高新区五洲创客中心"创客学院"开展多项活动，组织大学生参观创客中心，为怀揣创业梦想的人提供"造梦空间"，并且和大学生进行专场创业座谈，团区委结合政府政策帮扶进行了创业宣讲、邀请创业导师开展培训，切实帮助青年解决创业初始阶段的疑惑和困难。为助力创业青年融入本地生活，联合江苏睿泰数字产业园组织开展"青春同行 缘梦睿泰"青年联谊活动，帮助创业青年扩大"朋友圈"。

**【青年志愿者服务工作】** 全力围绕区委、区政府中心工作，开展各类卫生城市、文明城市志愿服务活动、宣传社会主义核心价值观。进一步加强志愿服务的组织、项目和机制建设，扩大青年志愿者总人数，在"三五"学雷锋月活动期间开展了"青春志愿，爱心同行"火车站候车室志愿快闪活动、"学雷锋 美化五洲山"植绿活动、雷锋精神宣讲活动、"助力绿色出行"学雷锋志愿服务活动、"植树护绿 你我一起"植绿活动、给环卫工人送水活动等集中性大型志愿者现场服务活动。组织全区40多位青年志愿者们积极参与造血干细胞血样采集活动。春运期间，联合江苏大学开展"青春志愿行，温暖回家路"活动，20余名志愿者们走进镇江火车站，为旅客提供取票、搬行李、送平安年画等系列服务，充分彰显团员青年志愿、公益、大爱之心。

**【"青年文明号"创建工作】** 进一步深化青年文明号活动内涵，加强对青年文明号单位的复查和调研力度，有针对性的指导青年文明号单位开展工作，进一步提升了青年集体服务群众的能力和水平，激发了全区青年立足岗位、建功立业的热情，增强了广大青年服务群众、服务社会的积极性和责任感，扩大了青年文明号活动的影响。1家青年集体被评为2015年度江苏省青年文明号，4家青年集体被评为2015年度镇江市青年文明号。

**【预防青少年违法犯罪】** 为畅通青少年诉求渠道，切实维护好青少年合法权益，深入推进"成长护航工程"，进一步做好未成年人保护和预防青少年违法犯罪工作，团区委联合公安、检察院、法院、司法局、教育局等预青工作领导小组成员单位，共同实施了"花样年华"项目，邀请青少年事务专业社工到社区开展系列暑期自护讲座，切实提高了在校中小学生的守法意识；联合妇联、教育局、关工委等单位共同开展了"城市融入计划"，有效提高了我区外来务工人员子女的法律意识；继续推进"护苗行动"，依托区检察院"康乃馨维权志愿团"促进未成年人维权服务；联合江苏大学法学院团委开展了主题为"博爱青春，伴飞梦想"的未成年人关爱活动，以"一对一"项目化帮扶的全新模式开展志愿服务，共结对30名外来务工人员子女；派员入驻区综治中心团委咨询窗口，配合公检法司健全未成年人权益保护制度。

**【少先队工作】** 承办市2016少先队工作研讨会，展示了润州区少先队工作成效，通过交流有效提升了我区少先队教育科研水平，推动了区少年科学院建设。在第四届江苏省少年科学院院士评聘终评展示暨表彰活动中，润州区6名少先队员被评为"第四届江苏省少年科学院院士"，其中有着优异表现的吴煜程、吴宇涵2名小院士被评为"十佳小院士"，区少工委被授予活动优秀组织奖。《依托"区域联动"，促进少年科学院的建设和发展》被评为省2015年度少先队工作优秀项目。

（陈 芸）

## 润州区妇女联合会

**【概况】** 2016年，区妇联在区委、区政府的领导下，紧紧抓住"十三五"妇女儿童发展规划开局之年的有利机遇，锐意进取，攻坚克难，较好地完成了年初制定的各项工作任务，维护了全区广大妇女儿童的合法权益。

**【创新创业巾帼行动】** 一是为提高全区妇女的就业能力和水平，组织"三八架金桥·春风送岗位"女性专场招聘会，现场有20余家单位为200多名前来应聘的妇女提供就业岗位，有18名妇女找到了适合自己的工作岗位。组织各类妇女就业创业培训，邀请创业导师20余人，全年累计培训人数达700余人，提供就业指导人数近千人。西津渡文化产业创业孵化园被命名为2016年度省级巾帼创新创业示范基地，在带动妇女就业方面发挥了重要作用。二是在全市纪念"三八"国际劳动妇女节106周年暨"镇发展·她力量"巾帼创业创新论坛上，全区有6名人员成为首届镇江市创业联盟会员，江苏润海能源科技有限公司总经理王书平作为优秀企业家代表在会上做交流发言，激励广大妇女创业就业。三是积极参加全市"镇有一手"巾帼创业创新主题系列活动，申报"最美手工制品'她'创意"作品6件，"电商女强人"寻访对象2名，"金牌月嫂"1名，女大学生创业项目设计作品1件，均在所属类型赛事中取得较好成绩。

**【妇儿民生关爱行动】** 一是开展"冬日暖阳"春节慰问活动，各级妇联主席、妇委会主任对贫困单亲母亲和儿童进行走访，送上慰问金和节日问候。20个"母亲邮包"也及时送到贫困妇女手中。二是开展"爱衣远行"公益活动，在全区范围内40余个部门、单位征集捐助的八成新以上衣物800余件，图书100余册，同时区妇联购置全新衣物、书包、文具总计84套，分别送到安徽金寨迈瑞希望小学、渔潭村委会以及在天堂寨镇上设立的2016年润州区"爱衣远行"公益活动志愿服务联络点，直接受益人数达到500余人。三是开展"社会妈妈与孩子一起欢度中秋"活动，社会妈妈代表与20名贫困学生参观元致亨生产车间，并一起制作手工月饼，每名结对的学生均拿到了助学金和中秋小礼物。11月，组织睿泰数字产业园、市级机关巾帼志愿服务队2场社会妈妈结对共建活动，又有近20名孩子找到了"妈妈"。全区共有社会妈妈120多名，结对孩子150多人。四是开展实施妇女儿童公益项目。2016年，区妇联统筹安排每个街道、园区均以项目申报的形式开展年度重点工作，按照"一家一项目、一地一特色"的原则申报项目，召集各街道妇联主席、项目策划执行人、高校专业指导教师以及相关社会组织负责人共同参加项目协调会，分别从立项、策划、实施、评估等不同层面对项目进行审定。全区8个街道、1个园区总计9个项目均在稳步实施。"韦岗候鸟之家"留守儿童关爱项目和"健康成长，幸福融城"困境儿童关爱计划被命名为"2016年度江苏省妇女儿童公益社工服务立项项目"。此外，区妇联认真筹划编制"十三五"妇女儿童发展规划，落实新一轮妇女儿童发展8件实事项目，扎实推进"妇女儿童之家"阵地建设，让改革发展成果惠及更多妇女儿童。

**【巾帼维权维稳行动】** 深化"平安家庭"创建，完善"和谐婚姻，幸福家庭"引导机制。3月1日，在万达广场举办"关爱家人，对暴力说'不'"反家暴广场活动，设立10个现场咨询台，现场免费发放4000余份法律宣传资料。深入推进律师志愿者与妇女儿童之家结对共建活动，全区共有10个妇女儿童之家与律师志愿者签订结对共建协议。在"国际家庭日"来临之际，邀请婚姻家庭咨询师蒋晓轩作为主讲嘉宾，走进金山水城社区，进行反家暴法宣传讲座。强化"12338"妇女维权热线、康乃馨家庭工作室等载体建设，凤凰家园社区康乃馨工作室的桑灶英被评为省级优秀调解员，是全市妇女维权工作者的先进典型。11月份，省妇联到区法院调研妇女儿童维权工作，区妇联与法院等多部门合作共建的家事调解委员会以及婚姻家庭纠纷调解机制得到省、市妇联领导的认可。

**【家庭文明建设行动】** 一是组织各类特色家庭的创建工作，开展润州区2016年度寻找"最美家庭"活动，在全区范围内推选出200户最美家庭和20户最美家庭标兵户。陈瑾被聘为全市"最美家庭"事迹宣讲团成员，张晓波、糜惠君等家庭分别被授予国家、江苏省级"书香家庭"，范建秀、高瑞明家庭被评为省级"平安家庭"，通过各类创建活动引导广大家庭弘扬文明新风。二是举办女性周末讲坛和"科学育儿"公益活动，促进亲子沟通和家庭和谐。在全市第三届家庭文化艺术节之书画摄影大赛中，润州在书法和摄影类均有获奖，言燕华的作品荣获摄影类一等奖。在全市家庭安全知识竞赛中,润州推荐的郑文杰家庭代表队取得第三名的好成绩。

**【妇联组织建设行动】** 一是不断完善妇联常、执委活动制度,加强常、执委之间的沟通联络。组织执委参与"爱衣远行"公益活动,年底组织寻访女企业家活动,参观睿泰、台江、汇智等多个企业,搭建了妇联执委与优秀女企业家之间的交流平台。二是创新网上妇女群众工作,开通了润州女性官方微信新媒体平台,打造网上网下相互促进、有机融合的妇联工作新格局,形成"互联网+妇联"工作新常态。建立完善三级女性人才信息库,加强女性社会组织的培育,2016年,成功培育了"爱的起点"公益服务指导中心。 (区妇联)

## 润州区科学技术协会

**【概况】** 2016年,区科协深入贯彻中共十八届六中全会、省市科协大会、区党代会精神,紧扣区委、区政府工作大局,以实施《纲要》提升全民科学素质为统揽,以服务"大众创业、万众创新"为主目标,以助推科技创新、服务科技人才为着力点,求真务实、开拓创新、积极发力为建成"强富美高"新润州,较好地完成了各项工作目标任务。

**【指导基层开展各项创建活动】** 区科协加强新成立街道的科协及社区科普组织建设,做到全覆盖;完善科普设施,提高社区科普服务能力;推进学会工作,指导镇江市恒源汽车零部件有限公司成立润州区首家企业科协,扩大科协组织的覆盖面,搭建企业与省级专家联系互动的平台,为企业创新助力的同时也更好地为科技工作者服务;继续强化农技协建设,指导成立2家农技协;发挥科普惠农服务站、农村科普示范基地、科普带头人及科技骨干的示范带动作用,促进了农民创新创业能力的提升。创成"全国科普示范社区"1个,"全国农村专业技术协会"1个;创成"江苏省科普示范社区"1个,"镇江市科普示范社区(村)"5个,建成市全民科学素质教育基地2家。

**【全国科普日活动】** 区科协联合镇江市科协在西津渡亚夫在线广场举办了镇江市暨润州区2016年科普宣传周活动启动仪式。为辖区居民送上了新颖别致、精彩纷呈的科普大餐。金山街道被评为江苏省2016年全国科普日优秀特色活动单位称号。

**【基层科普创新工作引进非营利社会公益组织】** 为进一步提升全区科普工作整体水平,推动科普工作创新创优、科学发展,试点社区发挥非营利社会公益组织的作用,协作开展公益宣传活动。让科普宣传更加贴近专业、贴近时代、贴近群众、贴近需求。创新协作推进有序、实施有力、效果明显,深受居民欢迎。

**【搭建载体服务"大众创新,万众创新"】** 11月19日,区科协配合市科协在五洲创客中心开展了"镇江市创新创业成果展及培训"活动。组织科技界企业家政协委员对大学生创业园、小微企业创业园等新型孵化模式进行深入调研,并开展专题讨论,向区政府建言献策,建议按创业者需求、载体规模,在润州工业园区、蒋乔街道试点一批低成本、便利化、全要素、开放式的"众创空间"。

**【润州区科普摄影书画诗词巡展】** 区科协联合区摄影家协会、区书画家协会、区诗词楹联协会、区篆刻推广协会等组织深入到社区、农村、学校、企业采风创作,将遴选的优秀作品制作成展板、画册到机关及基层进行巡展、发放,受到广大群众的好评,提高了科协的美誉度。 (区科协)

## 润州区文学艺术界联合会

**【概况】** 2016年,区文联以区委、区政府提出的打造"强富美高"新润州为动力,认真贯彻落实区委、区政府推进全区文化建设迈上新台阶的文件要求,带领全区文艺工作者认真学习习近平总书记在中国文学艺术界联合会第十次全国代表大会、中国作家协会第九次全国代表大会开幕式上的重要讲话精神。扎根基层,服务人民群众,积极践行社会主义核心价值观,努力推动文艺精品创作。

区诗词楹联协会积极抓好"中华诗词之乡"内涵提升工作,按照区委、区政府要求,进一步抓好校园诗教和社会诗教。中华诗词学会授予区中华路小学、区金山街道西津古渡社区和区人民法院"中华诗教"先进单位。7月份,在香港文联、全球炎黄子孙爱国促进总会联合主办的"全球华文内蒙古风情《清丽双臻》填词大奖赛"中,区诗协组织23首诗词作品参赛,10首作品入选。李克俭的《草原情》获优异奖;陈宏嘉、孙中、卜积祥、王汉民、吴俊彪、步小妮等9人的作品获优秀奖。

**【举办南京市高淳区镇江市润州区书画联展】** 2016年7月2日,南京市高淳区委宣传部、区文联和润州区委宣传部、区文联联合举办"笔墨丹青颂党恩"——庆祝建党95周年南京市高淳区·镇江市润州区书画联展。本次参展的百余幅书画作品,是两地文联组织书画家创作的精品力作,纵观参展作品,既有对高淳、润州两地经济文化取得辉煌成果的颂扬，又有对弘扬社会主义核心价值观、时代主旋律的赞美。

【润州作家获首届“千高原杯”征文奖】 2016年9月24日至27日，首届“千高原杯”文学征文颁奖暨非虚构文本培训在北京通州举办，夏兴政的《烤着生命之火取暖》、吕祥顺的《祖母，让我一生疼痛》获最佳散文奖，钱罗成的《初恋之殇(外一首)》获最佳诗歌奖。获奖者应邀赴京接受颁奖并聆听了李应该、李炳银、王聚敏、苏伟、汪雪涛、魏建军等名家所做的文学讲座。会后，润州作家一行在《千高原》执行主编苏伟等人陪同下，专程赴海淀区六道口静淑苑拜访了当代著名学者、散文大家林非先生及其夫人著名传记文学作家肖凤女士。

【《千高原》润州文学讲座】 2016年10月17日下午，区作协在润州区医院会议室举办了“《千高原》润州文学讲座”。邀请了《千高原》执行主编苏伟、《散文百家》常务副主编王聚敏两位专家先后做了有关文学创作的业务辅导，区作协20多名会员参加听课，并现场互动交流。

【《诗与人生》主题演讲】 2016年10月18日上午，由区委、区政府、区政协主办的“弘扬诗词文化，书写诗意人生”的师教工作研讨会在粤海国际会议中心举行，著名青年学者、评论家、《千高原》执行主编苏伟应邀到场做了《诗与人生》主题演讲，来自全区机关、学校、街道、社区等300多名代表现场聆听；镇江电视台记者到场对苏伟进行了专题采访。 （区文联）

## 润州区残疾人联合会

【概况】 2016年，区残联在区委、区政府的正确领导和市残联的精心指导下，以满足广大残疾人日益增长的物质精神需求为导向，努力整合各类社会资源，全区残疾人事业多项工作取得新的突破。

【残疾预防工作】 润州区为镇江唯一成功申报全国残疾预防综合试验区的地区。区残联参加了“全国残疾预防综合实验工作”启动仪式，为全面推进全区残疾预防综合工作，立即成立专项工作领导小组，按照《国家残疾预防行动计划(2016～2020)》的要求，创新残疾预防工作模式，重点做好产前筛查，儿童残疾筛查，残疾评定及残疾随报等工作，为强化全区残疾预防建立健全制度保障。

【民生助残项目】 一是全力选送符合镇江市残疾人托养中心要求的学员。长山残疾人托养中心自2015年正式启动以来，区残联满怀热情，积极作为，筛查出三批共56名贫困智力残疾人入住托养中心，他们不仅得到24小时的精心照料，还能学到一些实用的就业技能，得到学员和家长的广泛好评。二是“残疾人之家”建设初见成效。着力打造以辅助就业为主，集托养、康复、劳动、培训、文化体育、维权为一体的残疾人综合服务机构。各街道和有需求、有条件的村、社区普遍建立“残疾人之家”。三是积极推进西津渡公益实训基地创业项目。西津渡公益实训基地创业项目是一个充满温暖的残疾人创业公益项目，通过委托0511爱心家园负责人仪人培训残疾孩子各种茶品的冲泡技艺，使他们能够独立自主的从事茶艺服务、销售残疾人制作的各种手工艺品、设立读书的书吧，为游人提供读书和品茶服务。

【残疾人生活补贴和护理补贴发放】 区残联贯彻落实市政府《关于印发完善困难残疾人生活补贴和重度残疾人护理补贴制度实施办法的通知》文件的要求，保持与民政、财政的沟通与对接，在标准认证、材料审查和资料移交等方面做了大量工作，按照市残联和市民政局的会议要求，确保了补贴按时足额发放到位。 （孙 健）

## 润州区红十字会

【概况】 2016年，区红十字会在区委、区政府及市红十字会的正确领导和关心下，认真履行《中华人民共和国红十字会法》和《中国红十字章程》的有关职责和规定，强化自身建设，积极推进公益性应急救护培训项目，发挥红十字会组织在政府人道主义方面的助手作用。积极推进红十字青少年工作。一是开展爱心一元捐活动。与教育联合开展“手拉手爱心一元捐”活动，倡议学生个人捐赠一元钱帮助身边有困难学生，通过此项活动，让大家明白公益就在身边，点滴奉献，点燃希望，同时有效帮助困难学生家庭解除燃眉之急。2015年共募集爱心捐款48422.8元，用于救助困难、大病学生47000元。二是开展“博爱助学、为中考学子垫块砖项目”调查摸底工作。积极与教育局、街道联系，在教育系统内，将文件公布教育信息网；要求街道将实施办法发放到每个社区，利用社区宣传栏宣传实施办法，并在社区低保、低收入家庭中梳理有无符合条件的中考学生。三是开展救护培训进校园活动。为进一步提高全区教育系统广大师生防灾避险、自救互救能力，4月初，在金山小学、穆源小学、桃园小学、中华路等中小学开展形式多样救护知识进校园活动。通过开展培训活动，增强广大师生安全意识，切实提高自救互救能力，在今后的学习和生活中能够科学、专业的运用应急救护技能。

扎实开展公益救护培训工作。2016年是“十三五”规划开局之年,省政府继续将“新增应急救护培训100万以上”列入十大主要任务百项重点工作之一,为更好落实省政府公益性应急救护百万培训项目,润州区红十字会及早谋划,结合工作实际,详细制定了2016年救护培训项目实施方案。通过培训,进一步强化社会公众的自救互救意识。一是争取项目经费。专题向领导汇报润州区自“十二五”以来开展公益性应急救护培训情况,争取领导支持,又积极与财政沟通继续将救护培训项目纳入每年预算。二是充实师资队伍。2016年,区红十字会又选派了3人参加省组织的救护师资培训,2人初训,1人复训。三是实施培训项目。(1)以公益宣传为契机,开展应急救护培训。利用5月份世界红十字宣传月,先后在穆源、金山、中华路、金山实验等11所学校开展了形式多样的救护知识进校园活动。在世界急救日来临之际,围绕活动主题在李家大山、宝塔路小学开展了急救知识讲座。5月8日下午,联合区总工会、润州区七里社区卫生服务中心开展“关爱生命全民参与——世界急救应急救护技能趣味比赛”,比赛分别由街道、企业、学校共组织30名队员参加。(2)救护培训与学校军训相结合。8月下旬,组织师资对镇江中学高一学生心肺复苏操作普及培训;10月份,在镇江信息中等学校高一新生开展初级救护员培训。全年普及培训共4541人,初级救护员460人。

积极探索社区红十字服务工作。按照《关于进一步加强全省红十字会基层组织建设的意见》精神,润州区积极探索社区红十字服务工作,在金山街道西津古渡社区成立爱心驿站,为外地游客和社区居民提供文明引导、应急救护、便民、利民、助民服务。组织辖区内热心公益退休党员在爱心驿站为有需求的游客免费发放创可贴、红花油、云南白药喷雾剂,免费开水、针线包等力所能及的服务工作。2016年,根据《关于开展“红十字博爱家园”试点工作的通知》(苏红〔2016〕14号)文件精神,金山街道西津古渡社区对照文件要求,积极申报了“博爱家园”试点工作推荐书,社区主要依托“爱心驿站”开展应急救护培训项目。5月5日下午,在镇江六中开展“关爱生命绽放精彩”应急救护培训项目暨“5·8”世界红十字日活动,组建了应急救护志愿者队伍,通过开展培训、实践操作等形式提升志愿者自身能力和急救水平,营造人人学急救,急时救人人的氛围。

开展“博爱送万家”活动。按照省、市活动方案要求,本着为贫困群众办实事、办好事,公平、公正的原则,要求街道对救助对象进行公示。区红十字会根据各街道上报的特困名单进行认真审核,制订博爱送万家活动方案,将省红十字会援助润州区的博爱物资发放到各个街道,由各个街道根据社区上报特困户情况分配博爱资,发放到特困户手中。

积极开展无偿捐献宣传工作。在组织学校师生救护培训的同时,发放造血肝细胞捐献资料,让其了解造血肝细胞捐献知识。对咨询器官捐献的人群,讲解人体器官捐献的基本常识和相关政策法规。 (区红十字会)

## 润州区归国华侨联合会

**【概况】** 2016年,区侨联在区委、区政府和市侨联的指导下,紧紧围绕建设“强富美高”新润州的目标,以“双五有”创建为契机,用心工作,脚踏实地,力求在活动中凝聚人心,在服务中赢得侨心。

完善组织建设,各项工作有推进。1月份,区侨联召开了五届五次全委会议,会议学习贯彻中共十八大、十八届三中、四中、五中全会精神,传达了省侨联六届五次全委会议精神,传达了润州区七届五次党代会精神;3月份,区侨联召开了五届六次全委扩大会议,会议传达学习了2月25日市侨联五届十二次全委扩大会议以及润州区1月29日全区党建统战会议上的讲话精神,同时根据区委人事任免的文件,选举田冰为区侨联主席;5月份,召开全区统战委员会议,布置对侨资企业的调研以及如何做好侨务工作通讯报道的相关事项。为顺应时代信息变化,区侨联建立“润州区侨之家联谊会”微信平台以及侨联工作QQ群。围绕省“双五有”侨联组织的工作标准,完善台账资料向省里争创“双无有”侨联组织。各街道明确一名统战委员分管侨务工作,同时积极利用社区服务中心组织志愿者为侨胞、侨眷提供文化、文娱活动以及助老助残活动。七里甸街道万科社区成立了“侨之家”为新侨提供各类活动场所,万科社区被授予“全国社区侨务工作明星社区”;工业园区成立了“温暖小屋”经常为老侨胞开展系列服务活动;蒋乔街道还组建了一支由村、社区工作人员与侨资企业员工为联络员的信息员队伍,拓宽侨情民意的来源渠道,及时掌握基层侨联和侨企的动态;宝塔路街道建立了《街道侨务宣传工作管理办法》,将侨务宣传工作纳入社区年度考核内容,努力形成人人关注信息工作、人人参与侨务宣传工作的浓厚氛围。

以活动为主线,凝聚侨心有载体。区侨联根据现有侨务工作的特点,以“润州区侨之家联谊会”微信平台为载体,不断开展系列活动,充分调动侨胞参与活动的热情,同时通过微信平台不断发现新生力量,增强侨胞对政府工作的支持和赞许。1月底,区侨联和相关街道侨联干部一道,走访慰问了润州区部分归侨、侨眷;5月7日,母亲节前夕,区侨联组织20多位侨胞走进南山,载歌载舞,放飞心

9月12日晚，由润州区侨联、侨办、七里甸街道共同组织的"中华情·润州侨之家中秋晚会"在全国侨务工作明星社区万科社区举行

（区侨联 摄）

情。润州工业园区侨联联合镇江市中西医结合医院（市二院）在富润华庭社区联合举办大型义诊活动，组织康复科、老年病科、中医科等18个科室的专家走进润州工业园富润华庭社区，开展大型科普巡讲和义诊活动；5月8日，润州工业园区侨联会同大桥村组织志愿者给老侨胞洗脚活动；6月4日，区侨联统战部支部联合工业园区侨联在大桥村举办了"一家亲"端午联谊会；7月2日，区侨联组织侨联委员前往淮安区交流学习，参观了周恩来纪念馆、故居；9月12日晚，由区侨联、侨办、七里甸街道共同组织的"中华情·润州侨之家中秋晚会"在全国侨务工作明星社区万科社区举行；10月8日，区侨联联合金山街道西津古渡社区举办了一场"侨界女性走进西津渡品国茶，秀旗袍，度重阳"活动；12月23日，区侨联、侨办会同润州工业园区在润州工业园区社区卫生服务中心开展了"冬日暖阳·送医送健康"主题服务活动。

零距离接触，侨益保障有行动。区侨联组织侨联委员以及部分政协委员分别来到中英合资的铁科橡塑、台资企业泰利丰、宝利来斯橡胶有限公司调研企业生产经营、政策需求、企业权益保障等情况。市侨联副主席王永新等先后来到江苏707天然制药有限公司、劲马空调有限公司以及宝利来斯橡胶有限公司调研，了解企业发展情况以及对政府的需求。5月份，区侨联会同法顾委成员来到707制药厂，为企业一直困扰的离休干部基金欠费催缴之事进行了交流和探讨，提供法律服务，帮助企业维权。组织区各街道、南山联合社区分管领导参加《江苏省保护和促进华侨投资条例》座谈会。送《条列》进入侨资企业，各街道通过电子显示屏、社区宣传栏、微信平台等形式广泛宣传《条列》。金山街道侨联认真做好太古山片区旧城改造房屋征收过程中归侨侨眷的信访件（太古山29幢华侨新村房屋征收工作情况和太古山40幢301室信访件）的处理和协调工作，在保护侨胞合法利益的同时确保政府重点项目平稳实施。7月18日，接待美籍华人美国斯坦福精确医疗中心李晶晶博士。积极争取名额组织中美宝利来斯橡胶有限公司参加中国侨联10月份在南京举办的新侨创新创业成果展。积极为旅日老华侨86岁的黄阿金定居镇江寻求各方的援助。11月11日，组织侨眷代表带着老人喜爱的咖啡、鸡蛋，水果等礼物走进老人家中。

加强学习交流，不断增强服务能力。4月，区侨联主席参加中国侨联与江苏侨联联合在广东举办的为期一周的侨联干部培训班学习；6月，参加全省侨联文化宣传和联络工作会议。通过两期的交流学习，拓宽了工作视野，对侨胞、侨乡有了更加深入的认识，同时如何做好新形势下的基层侨联工作有了更加清晰的思路。

**【中华情·润州侨之家中秋晚会】** 9月12日晚，由润州区侨联、侨办、七里甸街道共同组织的"中华情·润州侨之家中秋晚会"在全国侨务工作明星社区万科社区举行。晚会中侨胞们同唱《我的祝福》，寄托对祖国的祝福，《明月千里寄相思》叙述着对海外游子的思念，《旗袍秀》走出侨胞们的生活自信。晚会最后，侨胞通过网络直播的形式，用中英语言向海外游子道出亲切的节日问候，表达自己在政府组织的关心下生活的美好与充实。

**【"侨界女性走进西津渡品国茶，秀旗袍，度重阳"活动】** 10月8日，镇江市润州区侨联联合金山街道西津古渡社区举办了一场"侨界女性走进西津渡品国茶，秀旗袍，度重阳"活动。20多位60岁以上的女性侨胞、侨眷早早来到景区"听雨茶坊"，她们静心细听坊主仪人与大家讲解中国茶文化知识，在品茶的同时，还咨询茶的存放等日常知识。之后，她们身着旗袍，行走在景区里拍照留念。活动报道在"中国视觉""人民图片""江苏视觉"《新华日报》《京江晚报》等省市级数家媒体刊登。远在海外的子女们,纷纷为妈妈点赞。

**【"冬日暖阳·送医送健康"主题服务活动】** 12月23日,区侨联、侨办会同润州工业园区在润州工业园区社区卫生服务中心开展了"冬日暖阳·送医送健康"主题服务活动。活动中18位生活困难在老归侨在党员志愿者的陪同下,按照健康档案的要求进行了免费常规体检、配药。同时摄影师还为每位老人拍摄个人肖像照片。活动在《江苏工人报》《京江晚报》刊登。

(区侨联)

10月8日,区侨联联合金山街道西津古渡社区举办了"侨界女性走进西津渡品国茶,秀旗袍,度重阳"活动 (区侨联 摄)

12月23日,区侨联、侨办会同润州工业园区在润州工业园区社区卫生服务中心开展了"冬日暖阳·送医送健康"主题服务活动

(区侨联 摄)

## 民革润州支部

【概况】 2016年,民革润州支部紧紧围绕“发扬传统、扎实工作、有所创新、争取突破”的支部工作十六字方针,以人为本、创造性地开展活动,博得党员们的一致共鸣,收到了较好的社会效果,充分发挥了基层组织对社会发展的促进作用。民革润州支部现有党员26人,其中担任:市政协委员1人,区政协常委1人,区政协委员4人;已退休党员8人,行政机关工作5人,党员主要分部在教育、医疗等行业;年龄最大的74岁,最小的34岁。

高度重视社情信息报送。一是制订了相关信息报送计划;二是作为支部党员评先的重要标准;三是注重发挥骨干党员作用。通过多方面推进,在广大党员的大力支持下,信息数量明显增加,建言范围明显扩大,质量明显提升。2016年,4篇信息被民革省委采用。

政协委员参政议政全情投入。4月份,市政协委员、民革润州支部主委曹琳受市政协邀请,参加召开的委员双月协商座谈会,围绕“推进镇江全民健身场地设施规划和建设”开展专题协商,为全面提升公共体育场地设施建设水平、满足人民群众健身需求建言献策。区政协委员、民革润州支部副主委、镇江市恒源磁电有限公司董事长经怀兵参加了由中共镇江市委统战部组织的全市民主党派企业家座谈会,为广大企业良性发展献计献策。区政协委员、江天技校教师鲁仲俊的提案被列为2016年区政协主席督办重点提案。

中山纪念活动拔得头筹。为纪念孙中山诞辰150周年,继承和发扬孙中山爱国、革命和不断进步的精神,支部党员怀着对中山先生的缅怀之情,用了半年时间创作、排练并演出的小品《中山装1915》获得镇江市民革文艺汇演一等奖。同时,党员刘峰鸽获得民革市委举办的“纪念孙中山诞辰150周年”演讲比赛一等奖。

支部关注社会热点问题。6月24日,民革润州支部与市食品药品监督管理局合作,在新城家园菜场现场开展“你来点,我检测”为主题的农药残留与食品添加剂检测宣传活动。同时,民革润州支部为进一步推进现代农业建设发展工作,调研了句容天王镇浮山樱花园、茅山北麓的墓东水库茅山桃花岛和句容茅山的撒石磨豆腐村,为现代化农村发展稳中求进提供有力智力支持。

【润州支部参观宁波翁文灏故居】 10月21日,民革润州支部响应民革中央“观故居,走多党合作之路”的号召,带领支部部分党员前往宁波参观翁文灏故居。

翁文灏故居位于宁波市海曙区月湖西岸大书院巷11号,现存有三进木结构传统民居和三合院小洋楼等建筑,总占地面积约为2120平方米,其中的小洋楼为翁文灏的生活之地,为一座罗马风格的西洋式砖混结构楼房,具罗马式建筑风格,红灰二种相间的水磨砖,制作工艺精湛,具有较高的建筑艺术价值。翁文灏故居作为一座名人故居,其建筑本身时代性和地域性显著,是一处不可多得的近代优秀建筑。

【开展农药残留与食品添加剂检测宣传活动】 6月24日,民革润州支部与市食品药品监督管理局合作,在新城家园菜场现场开展以“你来点,我检测”为主题的农药残留与食品添加剂检测宣传活动。

在活动现场,市食品药品监督管理局的检测人员现场做了食品添加剂安全小常识讲座,并发放宣传资料,同时现场取样进行了食品中调剂成分及含量的检测。民革润州支部党员及周边市民踊跃参加,纷纷拿出自己刚购买的食品进

6月24日，民革润州支部与市食品药品监督管理局在新城花园菜场开展“你采点，我检测”为主题的农药残留与食品添加剂检测宣传活动 （民革润州支部）

行现场监测。同时，润州支部也对新城家园菜场的环境卫生、食品安全等方面进行了调研。

## 民盟润州支部

【概况】 2016年，民盟润州支部坚持“立盟为公、参政为民”的宗旨，充分发挥智力优势，积极参政议政，切实履行参政党职能，不断加强自身建设，为润州区的跨越发展做出了积极贡献。在民盟镇江市委会成立60周年纪念大会上，润州支部被民盟镇江市委会表彰为先进支部。

加强组织学习，不断提高盟员思想政治素质。民盟润州支部为增强盟员爱国民主、同盟同志、建言力行、修身立业的党派意识，以中共十八大相关会议精神为指引，积极开展“树立和践行社会主义核心价值体系”学教系列活动；以镇江民盟成立60周年为契机，组织盟员学习盟史盟章，并积极参加民盟市委会组织的盟史盟章知识竞赛和征文活动，且在盟史盟章知识竞赛中荣获二等奖。注重发掘身边的先进人物和典型事迹，来启发和感召盟员。通过典型人物先进事迹的学习，发挥教育引领作用，引导盟员树立积极、健康、向上的人生观和价值观，努力营造催人奋进、积极向上的浓厚氛围。

积极参政议政，反映社情民意。民盟润州支部紧紧围绕区委、区政府制定的“十三五”规划纲要以及人民群众关心的热点、难点问题，精选调研课题，认真调查研究，提出具有前瞻性、建设性、可行性的意见和建议。广泛调动支部全体盟员的参政议政热情，切实提高参政议政水平。在要求盟员政协委员做好建议、提案的同时，鼓励和引导其他盟员积极投身到参政议政工作当中。继续开展“一支部一调研，一盟员一建议”活动，发动盟员关注民生，及时反映社情民意，力争所提的建议、提案、发言、信息等在质量上有提升。在年初召开的市政协会议上，支部盟员提出的“关于建立金山湖生态长效管理的建议”，三山南山景区管委会十分重视，有针对性地开展了专项整治活动，多举措并施合力解决破坏金山湖水系生态环境的捕捞行为。并根据《镇江市金山等风景名胜区保护条例》规定，出台一系列管理条例，对金山湖水系进行依法管理。针对全区中小学教师普遍关心的住房补贴和交通补贴问题，支部连续两年以提案的方式向市、区人民政府反映了区属学校教师的意愿，受到了各级领导的重视，全区中小学教师住房补贴和交通补贴问题终于得到落实。支部盟员边颖当选为市人大代表，参加市人大常委会第三十三次会议，视察新市政务办建设，参加镇江市政情通报会，并向市长提问。

积极组织盟员开展公益活动。2016年，民盟润州支部与金山街道继续合作开展“服务社区梦圆学校大讲堂”活动。让有专业特长的盟员教师积极参与到为社区中小学生课外教育服务的活动中来，为社区内的学生提供音乐、美术、科技、写作等方面的讲座，丰富学生的课外文化生活。继续组织金山街道辖区9名爱好音乐的特困生到“周艺公益古筝班”免费学习。

立足岗位争做优秀的人民教师。民盟润州支部通过开展各种有益的集体活动，凝聚人心。通过活动，鼓励盟员爱岗敬业，为办好人民满意的教育争做贡献。支部要求每一位盟员要努力成为传道、授业、解惑者，成为具有教育智慧的学者，成为人格修养的楷模。不仅要注重教书，更要注重育人；不仅要注重言传，更要注重身教。必须加强自身职业理想和职业道德教育，增强教师教书育人的责任感和使命感。2016年，朱莉获江苏省“333拔尖人才”称号，史金梅教学设计获省教学设计评比三等奖。

（民盟润州支部）

## 民建润州基层委员会

**【概况】** 2016年，民建润州组织在民建镇江市委及润州区委统战部的关心领导下，不断加强学习，进一步增强能力，团结协作，合力奋进，各项工作健康有序，稳步发展。

加强思想建设，增进政治共识。夯实“同心”思想基础，广泛参与学习实践活动，积极践行核心价值观。始终坚持把思想建设放在核心位置，认真学习上级有关精神，重点组织学习领会习总书记在政协民建、工商联界委员联组会上的讲话，进一步统一思想、凝聚共识、“亲”“清”同心，齐齐用力，牢固树立中国特色社会主义共同理想信念，坚定不移地为全面深化改革服务，为全面完成各项工作奠定坚实的思想基础。

加强组织建设，提升班子能力。为进一步提升润州民建工作能力，有效提升各支部活动成效，强化支部组织建设，按照市委会总体要求，组织支部负责人参加省、市各类培训班，增强民建理论知识，提高“四种”服务能力。同时，组织新会员参加市委会的新会员培训班学习，更深更全面了解民建的发展历程，加深对民建会的理解。全年，新发展会员2名，会友1名，目前会员数达41名。市政协委员3名，区政协常委1名，区政协委员11名。

强化支部活动，形式服从内容。积极开展形式多样的支部活动。面对经济严重下行，企业融资困难，组织企业家会员与镇江招商银行接洽，开展银企对接活动；组织会内管理咨询专家，走进企业，为企业“把脉”，提出较为科学合理的建议；联合兄弟支部，互相交流学习；借中国民建成立70周年之际，组织参观孙起孟故居等。通过丰富多彩的活动，既增加交流，又为会员企业发展鼓干劲、增信心。

发挥委员作用，参政履职尽职。紧密围绕润州经济社会科学发展，开展调查研究，依托各方力量，努力在参政议政中提出水平较高、操作性较强的建议和措施。“关于进一步加快镇江高新区建设”的提案被列为市政协重点提案办理；“关于加快西南片区生态环境整治中企业转型升级的几点建议”和“关于进一步加快推进我市工业绿色转型发展的建议”在市政协大会专题讨论会上发言后，被市经信委出台的“实施意见”所采纳；“关于推进镇江高新区建设”在市政协常委会上发言。

创新社会服务，构建和谐组织。认真贯彻“量力而行、尽力而为、突出重点、讲求实效”的社会服务工作方针，以“思源工程”“同心工程”为品牌，以定点、定向扶贫为重点，在江苏盐城地区遭受龙卷风灾害面前，三个支部积极响应民建镇江市委会的号召，基层委员会会员共捐出5800元，移交江苏省爱德基金会，用于灾区建设。个别企业家会员还积极为江苏大学、江苏科技大学、润州区下属的几所中学的贫困学生献出爱心。联系会员企业镇江美伦润滑油有限公司一起走进康居养老院，开展为孤寡老人送温暖行动。民建基层组织在会员生日当天，上门送上新鲜蛋糕一份，表示庆贺，团队已经构建起团结向上，和谐奋进的工作氛围。

（民建润州基层委员会）

## 民进润州综合支部

**【概况】** 2016年，民进润州综合支部始终把组织发展、自身建设和参政议政贯穿于全年的工作中，各项工作开展有声有色，取得了较为突出的成绩。

以强化学习为引擎，切实推进组织思想建设。民进润州综合支部全面贯彻“政治意识、看齐意识、核心意识和大局意识”四个意识，坚持同心同向的工作路径。每年组织活动不少于6次，支委会议不少于3次。3月，组织会员远程学习了上海复旦大学教授肖巍的报告会，提高会员对两会精神的解读和政策研判重大意义的认识；12月，及时将市委会换届的工作精神和人员变动情况以及要求传达给每一位会员。支部把强化学习作为提高会员修养和自身素质的最为有效的方式和途径。同时，支部注重领导班子协作意识，坚持民主集中制，解放思想，实事求是，履职尽责，艰苦奋斗，清正廉洁，纪律严明，管理严格，将物质文明建设和精神文明建设有机结合起来，努力做到同历练、同进步、同发展、同提升。做好发展会员工作，推荐人要充分了解入会积极分子情况，负责对入会积极分子进行培养、教育和考察，报负责组织副主任，支委要提出拟发展会员的意见，针对性加强对会员发展的组织流程的宣传，让组织发展程序透明化，做好会员档案管理工作；收缴会费并做好统计工作，加强会员组织纪律性的监督和批评。全年，新推荐发展了2名素质高、政治思想成熟的同志，努力做强支部阵地，扩大支部规模。

以参政议政为抓手，支部活动开展有声有色。2016年是民进中央提出了“参政议政主题年”建设活动，民进润州综合支部按照民进中央、省、市主要会的要求，结合“走基层、转作风”实践活动要求，具体细致地安排了全年工作。2016年春节前夕，民进润州综合支部组织召开了年终总结会，会议采取现场观摩与座谈相结合的形式。会议前，民进润州综合支部一行来到丹徒高桥镇考察高桥的雪地靴企业，并听取了江苏金德利鞋业有限公司总经理的介绍；认真学习民进中央主席严隽琪在民进中央2015年参政议政年会上讲话精神。会议同时传达了市人大和政协会议精神和民进市委会2016年的重点工作情况；并对支部新一年的工作进行了全面部署，要求全体会员，紧紧围绕市委会的工作大局，提振精气神，融入大环境，切实履职，敢于担当，充分发挥全体会员的优势，以崭新的姿态创造出支部新一年的辉煌。4月，民进润州综合支部和民进丹阳基层委员会联合赴镇江市江心洲开展现代农业课题调研活动，先后参观了江心洲百之味农场和百之味爱心手工蛋画坊，考察了新型农村合作社发展情况和残疾人就业情况。10月，民进润州综合支部在焦山碑林会议室召开协商选举产生了民进镇江市委会第七次代表大会参会代表。会后，大家参观了焦山碑林，听取了焦山妙持法师对正在修建的焦山佛学院的介绍，妙持法师与会员交流了宗教文化，提出了一些建议和思考。7月，会员陈星参加了市政协督办重点提案活动，参观了扬中中国工程电气博物馆、零碳岛等示范项目；9月，参加了市政协办的"特色发展"调研。2016年人大和政协会议期间，支部3名政协委员共提交市、区政协提案6件。其中，"关于实施主体功能制度的建议"被列为市政协重点提案；"关于加快西南片区综合整治后转型升级的建议"被列为2016年润州区重点提案；"关于鼓励多元化创新创业载体的建议"被作为市政协七届五次民进集体提案。

以同心同力为核心，坚持不懈社会服务。民进润州综合支部充分发挥会员的作用，顺势合力，以"同心工程"为引领，发挥支部特色和优势，创新形式、彰显资源。于2011年自发组织了"民进爱心志愿者"队伍，多次深入社区，资助孤寡老人和学生，切实将服务社会和履行职能有效地结合起来，夯实民进的"爱心志愿者"品牌，提高社会服务工作的实效。在"弘扬价值观、践行当模范"主题活动中，先后前往润州信息中专、康居老年公寓等地，开展了捐资助学和端午关爱老人活动；积极参与并服务好民进市委会中标省委会的调研课题"进一步健全外来务工人员随迁子女接受教育的保障机制"并随市委会赴浙江温州调研。

以有为有位为指引，支部活力显风采。2016年，民进润州综合支部获民进省委会参政议政先进集体，支部工作在2016年市委会组织的全体会议暨新会员培训仪式上做了典型发言。2016年市委会换届，陈星、叶国勤当选为民进七次市委会委员；会员陈星连续被聘为第二届市食品药品监督员，多次受邀参加食品药品专项检查活动；会员李星牵头的"小猪签到"项目荣获镇江市首届互联网创新创业项目路演一等奖；新会员张新东担任省书法家协会会员、镇江市书法家协会会员、镇江市中泠印社社员；叶国勤、张新东担任民进市委会书画联谊会会员，为民进市委会重阳节等社会服务活动积极展示自己的才艺。会员黄冰参加2016'中国(夏溪)花木节之华东精品展，作品《真柏》获铜奖；陈赟获镇江市级和校级优秀班主任，其主持的《老师您好 我的好老师》主题班会活动方案获市级比赛三等奖，撰写的《"启发式教学"在初中数学课堂中误区和思考》等刊登在省级刊物上，《理科考试研究》《以问题为导向以情境引探究》等两篇文章发表在《镇江教育》；会员张新东的作品"卧龙洞"参加了北固山公园"满眼风光北固楼"篆刻作品展，作品"天下为公"参加了——纪念孙中山诞辰150周年镇江市书画、篆刻作品展，作品"远去的乡愁——中华印章·闪耀朱方"获中华朱方篆刻大赛手工篆刻类作品三等奖。

以强基创新为目标，打造特色支部。一是不断完善目标量化管理和支部活动制度，做好支委分工安排，每一位支委在创建团结和谐的支部中有责任、有担当。明确支部每一次活动前，召开支委会进行沟通；重大活动或者调研，须由支委主任及时向市委会汇报沟通，确保支部活动顺利开展。同时开展会员直通车活动，支委委员要经常深入会员工作单位，加强与会员所在单位党组织的沟通，及时了解会员在本职岗位的工作和单位对会员的评价；及时帮助会员解决困难，争取基层党组织对民进支部的支持。二是活动的开展上注重生动性、多样性、有效性。除加强学习文件，开展政策培训会、敬老节活动、爱心志愿者活动等，重点围绕市委会中心工作，充分发挥政协委员和调动支部会员的参政议政热情，积极参与民进省委会和市委会的调研课题，以专题调研为抓手，紧紧围绕支部的特色和亮点工作，丰富合作的形式和内容，完善和拓展参政议政平台建设，把经济服务和民生服务做得更响更优。同时组织会员参加各种运动比赛和活动，以及参加民进中央、省委会和市委统战部有关纪念活动的征文比赛和摄影活动，进一步激发会员的活力和凝聚力。把支部"稳"的基础打得更好，"进"的步伐迈得更实、"特"的优势放得更大，努力实现新的发展，创造新业绩。

(民进润州综合支部)

## 致公党润州总支委员会

**【概况】** 2014年9月，致公党镇江市委重组成立润州总支委员会(以下简称润州总支)，设支部四个，总支主委赵炬肃，委员刘剑、王立、杭黎华、邓燕。2016年12月换届，总支主委由邓燕担任，委员刘剑、王立、杭黎华。截至2016年年底，有党员45名。

强化学习，营造总支党员学习氛围。2016年，润州总支继续重点推进坚持和发展中国特色社会主义学习实践活动，做到“学习全覆盖、党员全参与、宣传全方位”。将学习实践活动和履职工作结合起来，强化交流，在履职中凝聚党心，不断提升履行参政议政、民主监督职能的水平。2016年，致公党镇江高新区支部开展“让书香飘进每个人”读书活动，营造支部的阅读学习氛围，让读书成为每个党员的生活习惯，让书香飘进支部的每个角落。推行宣传特约撰稿人制度，利用镇江致公网站、致公党润州总支“微信群”、润州民主党派“微信群”，及时把学习实践活动的资料、文件和动态在网站上发布，让广大党员特别是外出流动党员能够及时了解活动动态，深刻体会学习实践活动开展的重要意义。全年，润州总支党员在镇江致公网站上及致公党润州总支“微信群”刊登文章、信息100余篇。

提档升级，提升组织建设能力润州总支积极贯彻中央统战工作会议精神，不断提升组织建设水平。2016年，润州总支成员开展了走访支部活动，对部分基层支部组织建设、支部发展等情况进行了调研和指导。选择了一批德才兼备、年富力强、热心党务的骨干力量充实到基层组织领导班子中，在基层组织的平台上对他们进行培养和选拔，建立了一支稳定的后备干部队伍，为今后党派组织发展奠定了人才基础。2016年，润州总支组织召开总支扩大会议6次，发展党员3名。定期讨论研究总支及支部工作，表彰先进，促进各支部工作平衡发展。在致公党江苏省委举办的“最美致公党员”评选活动中，赵炬肃、陈优烈、谢斌3名同志当选。2016年，润州总支评选出市优秀党员8名、优秀党务工作者5名、优秀基层支部1个。

积极建言，提升参政议政质量。2016年，润州总支党员在区人大和区政协会议上提交集体和个人议案、提案15件（其中总支集体提案3件），向统战部门和本党上级组织提供信息、社情民意37条。这些建议、意见大多得到区委、区政府的高度重视，得到满意答复。2016年，润州总支党员在《中国致公》发表文章3篇；在《江苏致公》发表文章（社情民意、图片）15件；在《镇江致公》发表文章（社情民意、图片）28件。仅党员王杰一人就被录用11条，被致公党省委评为信息工作先进个人和宣传工作先进个人。同时，润州总支的4个支部承担市委的4个调研课题顺利完成，其中完成致公党省委课题1个。

创新理念，提升社会服务实效。在推进社会服务工作中，润州总支不断创新服务社会的工作理念，力争工作领域有拓宽，工作方式有突破，树立了本党良好的社会形象，为地方经济社会发展做出应有的贡献。由总支组织，党员谢斌自费组织丹徒上会“七彩小屋”留守儿童30余人到西津渡参观。润州总支开展“帮困助学—爱心接力”做“社会妈妈”，继续帮扶困难家庭同学王楚、蔡晓东。致公党高新区支部集体资助了2名留守儿童并为其送去书包学习用品；党员印熙雅为留守儿童、白血病患者捐款1000余元，参加红十字会组织的造血干细胞采集取样志愿者服务；党员赵志刚资助贫困学生200元；徐睿为患病儿童捐款100元。

（赵炬肃）

## 九三学社润州委员会

【概况】 2016年，九三学社润州委员会(以下简称润州委员会)加强理论学习，发挥组织优势，积极开展社会服务与参政议政工作。

注重理论学习。结合召开年终总结会、选举代表等组织活动及外出参观等活动，认真学习了中央及省市统战工作会议精神，学习了社中央、省委及市委统战部有关党派换届的文件精神和有关换届纪律和政策；组织20多名成员赴安徽安庆参观邓稼先故居，学习其为了祖国的强盛、国防科研事业的发展默默无闻奋斗数十年的无私的奉献精神；组织近30名成员参加社市委召开的社史专题报告会，重温九三学社成长历史，传承九三学社的核心价值和光荣传统。

积极回报社会。发挥组织优势，积极发动成员参与社会活动。春节前，由社市委副主委钱伯安和润州委员会副主委赵俊华、刘军一行组成的送温暖慰问团到润州山路社区，送上10000元慰问金和30份年夜饭，给贫困家庭送上一份民主党派基层组织的暖暖心意和一位民营企业家的回报社会的浓浓爱意；联合中信银行镇江分行春节前到蒋乔街道蒋家门社区，将精心准备的一份份大米、食油分赠到该社区五保户、残疾人、老无所依的贫困户手中，把由市知名书法家所书的春联、“福”字分赠到居民手中。

加强学习交流。在社市委召开的基层组织经验交流会上，主委祝中昊代表润州委员会就2015年的工作在会上作了重点交流；在中共镇江市委统战部组织召开的全市民主党派企业家座谈会上，副主委刘军作为九三学社界别的企业家代表参加会议并在会上作了题为《守法诚信做企业 聚力发展争贡献》交流发言；在中共润州区委召开的党派工作交流会上，祝中昊主委亲自参加，介绍工作，分析问题，并就今后工作提出了建议。

宣传典型事迹。副主委王学剑光荣当选“全国优秀律师”，中船动力有限公司技术中心总部副部主任研究员级高级工程师黄汉龙荣获全国“五一劳动奖章”，委员会及时撰写了相关事迹材料报给社市委和区委统战部，并被九三学社中央、省委、市委网站及省委统战部相关刊物采用。润州委员会组织的送温暖、参观学习活动，也都及时撰写相关报道，均被社市委、社省委录用。

积极参政议政。积极组织成员参加社省委、社市委组织的信息、宣传培训班,先后有3名成员参加了社省委组织的议政工作培训班、近20名成员参加了社市委组织的参政议政专题培训。共有4人参与社省委的参政议政课题招标并有2人中标,有3人参与"江苏九三论坛"论文征集并全部入选;有5人共报送各类社情民意信息100多条,被社省委、市委统战部采用近40条。

加强沟通协调。多次就人大代表、政协委员安排及组织发展主动与区委统战部领导和区政协领导进行协商并形成共识,配合完成了九三界别的政协委员的资料收集、资格审查和政治审核工作。认真参加区委统战部与区政协召开的有关会议与组织的相关活动,认真参加区城管局开展的民主评议活动和区检察院开展的员额制检察员民主推荐活动。

截至2016年年底,委员会现有成员45人,3个基层支社。有12名代表参加了九三学社镇江市第八次代表大会,4人当选为九三学社镇江市第八届委员会委员,其中钱伯安、祝中昊继续当选为社市委副主委。润州委员会获得2016年度九三学社江苏省委社会服务先进集体,乔池获2016年度九三学社江苏省委社会服务先进个人;黄汉龙、周晓峰、刘元斌、王学剑、乔治、蒋庚等6人获社市委2012~2016年度优秀社员称号,王海、耿芳、刘军荣获2012~2016年度社市委优秀社务工作者称号;赵俊华被评为市统战系统信息工作先进个人。 (九三学社润州委员会)

## 润州区工商业联合会

【概况】 2016年,区工商联将基层工作的规律性与新形势新任务紧密结合,用心成事,实干谱新,做到"保留节目"韵味不减有新意,创新动作精准发力谋出彩,取得了较好的成效,荣获区委、区政府颁发的"先进单位"光荣称号。

深化"四信"教育,给力"两个健康"。以"信念、信誉、信用、信义"为特色的"四信"教育继续开展,结合新常态下的宏观经济形势、供给侧结构性改革的战略布局、润州区"五城共建"的施展空间,将促进非公有制经济健康发展、非公经济人士健康成长的"两个健康"作为更加突出的命题加以关心。区工商联领导班子全体成员深入基层商会和会员企业走访调研,指导基层商会开展特色专题活动,并专题召开"亲""清"政商关系座谈会,面对面听真声音,并鼓励会员企业资助社会公益事业,民企爱心人士踊跃参加个人冠名认捐。

践行"三个积极",发挥独特作用。一是积极参政议政、加强民主协商。着眼推动建立新型政商关系的新命题,引导非公经济人士对我区政治、经济、文化、社会等方面谏诤言、献良策。抓住党代会前的征求意见的宝贵机会,做好谏言献策的文章,正式报告中多处可见被吸收进去的观点或表述。二是积极牵线搭桥、加强在商言商。以会招商,基层商会全面参与招商分局的工作,与外地工商联、商会加强业务交流。新成立基层商会1个,新增会员61家,并积极引导会员企业转型升级,努力做强做优。三是积极打造平台、加强服务质效。主动对接权威部门,加强与金融机构的联系,为会员企业提供信息、法律、融资、维权等方面的服务,增强非公企业依法维权、抵御风险和可持续发展的能力。

弘扬大爱精神,壮美"同心工程"。润州区民营企业(家)积极投身各类公益慈善活动,以实际行动扶危济困,勇担社会责任。一大批民营企业(家)慷慨解囊,为全区慈善基金规模继续领跑辖市区作出了自己的贡献。艾学平捐助资金,持续帮扶灾区。沙玉庆、赵晶凯被评为第二届镇江市优秀中国特色社会主义事业建设者。基层商会按照年度工作计划组织会员企业对辖区困难群体开展"献爱心、送温暖"活动,与劳动部门共同举办面向困难家庭的定向招工招聘会,促进就业再就业工作。有的民营企业还设立了自己的爱心基金,用于助困、助学、助医、助残、助老等方面。此外,根据努力打造有特色、有影响的示范基层商会的要求,加大了新形势下基层商会的建设力度,初步形成"一会一特"的格局,提升了在区内的知名度和影响力。

彰显工商联机关正能量。一是在"两学一做"的大活动中,全区4个督导组的8名正副组长中,来自区工商联的正副组长占了四分之一;二是区工商联驻会干部作为正式代表或列席代表,全员全程出席区八届一次党代会,在区机关部门中创了纪录;三是区八届一次党代会报告关于培育全面发展的企业家队伍的意见,即"遵循市场经济规律,优化企业发展环境,大胆'放水养鱼',促使优秀企业家'英雄辈出'。坚持培训先行,创造条件组织企业家到国内外知名企业和高等院校,进行高层次的参观考察和学习研修,引导企业家转变观念、开阔视野、增强本领。大力推进简政放权,充分调动企业家主观能动性,弘扬乐于创新、激情创业、担当进取等企业家精神,让企业家有尽情展示的用武之地,充分彰显人生价值。"在民营企业家中引起了广泛的共鸣,得到了上级工商联的高度关注和点赞。

【召开第六次会员代表大会】 2016年12月22日,区工商联如期召开第六次会员代表大会,选举产生新一届执委会,刘永飞当选主席,张群林等22位同志当选为副主席、副会长。区工商联新一届领导班子认真学习贯彻习近平总书记系列讲话精神，以构建“亲”“清”新型政商关系为契机，充分发挥商会组织的桥梁纽带和非公经济代表人士的示范带头作用，团结带领广大会员，坚定发展信心，推动转型升级，努力做“政治上有方向、发展上有本事、责任上有担当、文化上有内涵”的新一代民营企业家，为加快实现“强富美高”新润州目标作出更大贡献。 （区工商联）

田冰摄影作品选

《人民公园》

# 法治·人民武装

栏目编校:田 宗

## 社会治安综合治理

【概况】2016年,全区政法部门围绕区委、区政府的决策部署,主动适应新形势下政法工作的趋势性变化,坚持改革创新,聚力服务发展、创先争优,较好地完成了各项目标任务。润州区连续多年被评为平安县(市、区),并于2016年9月份被省委、省政府授予“2014~2015年江苏省法治建设示范县(市、区)”称号;区委政法委荣获镇江市2016年度社会治安综合治理先进集体,公众安全感和法治满意度在省、市名列前茅,政法队伍满意率突破90%。

社会大局持续稳定。筑牢国家安全人民防线,广泛开展国安宣传,加强国安骨干和信息员队伍建设,坚决维护国家政治安全、政权安全和制度安全。积极创新信访工作体制机制,信访积案化解成效明显,全区信访形势总体平稳可控,进京访和进京非正常上访实现双下降,确保了全国人大和政协会议、杭州G20峰会和十八届六中全会等敏感时期和重大活动期间的社会稳定。认真落实社会稳定风险评估责任,全年,组织实施了7个领域的32个社会稳定风险评估项目,基本实现全覆盖,未发生各类重特大群体性事件。

平安润州建设质效显著。稳步开展“123技防城”增点扩面、老旧小区安防设施升级改造工程,努力整合社会面监控系统资源。全年,共新建高清标清探头300余个,接入社会面监控1000个,108个老旧小区和分散片区实现高清监控全覆盖。深入推进网格化治安巡防,构筑以点带面、辐射全区的治安防控屏障。成立了平安法治志愿者协会,推进志愿者队伍建设,把志愿服务与平安建设有机结合起来,志愿者队伍不断壮大,已达18000人。综治中心实体化运作,综治信息系统实战化应用,数据链条健全,注重分析研判,强化重点管理,办事流程规范,运行高效,切实增强了实战效果。不断完善矛盾纠纷调解机制,着力构建全区调解组织网格化管理网,推进专业性、行业性调解组织建设,进一步加强征地拆迁、环境保护、劳动保障等各领域调解的覆盖面和有效性。综治中心“三级平台”建设形成了区综治委全面统筹、区综治办协调推进、各街道(园区)及相关职能部门具体落实的工作格局,有效得促进了服务资源整合、功能聚合、部门联合、工作融合,切实提升了平安建设质效。

法治建设水平稳步提升。稳妥推进法官、检察官员额制改革,完成了53名法官和检察官的入额工作,推进立案登记制改革,建立领导干部干预司法活动、插手具体案件处理的记录、通报和责任追究制度,有效推进严格执法、公正司法。构建三级公共法律服务体系,实现了“半小时法律服务圈”,选齐配强一村(居)一法律顾问,降低法律援助门槛,进一步提升了法律援助工作水平。推进“法治惠民镇村行”工程,选派72名科级领导干部担任街道、村(社区)法治建设指导员,全面推行基本法律服务,区、街道、村(社区)三级做到法律顾问全部到位。强化法治宣传教育,加快推动法治宣传模式转型,努力打造合作共治的互动型普法,以群众需求为导向的服务型普法,增强了普法宣传质效为重点的创新型普法新格局,让广大人民群众将法治内生为自觉遵行。

政法队伍建设全面加强。区委政法委积极协调组织政法系统在职在岗的政法干警参加“政法大讲堂”等系列学习讲座,严格落实在职公务员培训和“万人学法”竞赛等学习安排,政法各部门以能力为引领,需求为导向,实行精准化培训、专业化训练,广泛开展轮值

2月24日，召开全区政法工作会议 （区委政法委 摄）

轮训、岗位练兵、技能比武，提高施展本领。同时，以“两学一做”教育实践活动为契机，重点开展专项巡查督查，强化刚性问责，强化制约和考核，确保纪律严明、风清气正，有效提高了政法队伍的综合素质，助力全区社会稳定。

【召开全区政法工作会议】 2月24日下午，区委、区政府在区政府1号楼一楼会议厅召开全区政法工作会议。主要任务是贯彻落实中央和省市政法工作会议精神，总结2015年全区政法工作，表彰全区政法工作先进集体和信访工作先进集体；部署2016年全区政法工作任务。会议由副区长、润州公安分局局长陆金火主持，副区长祝中昊布置2016年信访工作，区委常委、政法委书记刘凯成作了政法工作报告。

【成立区平安法治志愿者协会】 12月16日上午，润州区召开“弘扬法治精神，建设平安润州”润州区七五普法宣传暨平安法治志愿者协会成立大会。会议选举产生了润州区平安法治志愿者协会第一届理事会理事、常务理事、会长、副会长、秘书长，并举行了授旗仪式。区委政法委副书记、综治办主任贺永欣当选润州区平安法治志愿者协会会长。区委常委、政法委书记张庆松出席活动并作重要讲话，区政府副区长、政法委副书记、公安分局局长陆金火，区司法局、住建局、城管局、民政局、教育局等单位主要领导，各街道园区分管政法综治的领导和综治专干、各社区干部以及平安法治志愿者们参加了宣传活动。

【举办“公安环卫大联防，共创润州首善区”活动】 8月25日下午，在区城管局会议室举行了“公安环卫大联防，共创润州首善区”活动的启动仪式。仪式上，润州区政法、公安和城管主要负责人向4名一线工人代表发放了蓝马甲，并为他们佩戴上红袖标，标志着润州区1350名环卫工兼职治安巡防志愿者。润州区公安干警、环卫部门负责人和一线环卫工人代表30多人参加此次活动。

【综治中心投入实体化运作】 2016年，综治中心功能不断健全，已正式投入实体化运作，内设社会矛盾纠纷调处中心、涉法涉诉接访中心、法律援助中心、信访接待中心、社区矫正中心、信息研判中心6大中心，形成了以“一个大厅、六个分中心、一个行政办公区”为框架，以12个职能工作室为支撑的“大中心”组织架构。综治中心成功构建了一体化服务平台，并接入电视电话会议视频系统，结合综治信息系统的实战化运行，有效得范了办事流程，提高了运行效率，增强了实战效果。

（区委政法委）

12月16日，召开“弘扬法治精神，建设平安润州”润州区七五普法宣传暨平安法治志愿者协会成立大会 （区委政法委 摄）

8月24日，举行“公安环卫大联防，共创润州首善区”活动启动仪式
（区委政法委　摄）

润州综治中心投入使用　（区委政法委　摄）

## 公　安

**【概况】** 2016年，全区公安机关在区委、区政府和上级公安机关的坚强领导下，深入贯彻落实公安部“大连会议”、省厅市县公安局长会议等重要会议精神，紧紧围绕“四项建设”和“一体两翼”的总体布局，突出民意导向、问题导向，以镇江社会治安“首善之区”创建为抓手，整体推进立体化现代化社会治安防控体系建设，进一步提高了新常态下驾驭社会治安局势的能力水平。

围绕大局，维护稳定。坚决打击邪教渗透破坏活动，成功侦破“苏功338”专案、“净网行动”厅督4号专案，打击邪教专项整治行动绩效排名全市第一、国保工作综合绩效全市前三。抓获部级涉疆重点人员1名。充分履行信息预警职能，省市公安机关录用等级情报信息数同比增加16.2%，公安网信息录用工作考核全市第一、公安大情报工作考核全市第二。强化重点人员动态管控，严厉打击非访滋事违法活动，依法行政拘留非访人员7人次，全国人大和政协会议、G20峰会等敏感节点实现了“零”非访。妥善调处化解各类矛盾纠纷3600余起、涉众型矛盾89起，及时处置集访市政府事件720起，全区未发生有影响的涉稳事件。韦岗铁矿破产阶段维稳工作得到市政府的肯定，处置医患纠纷工作法等17项工作经验被省厅刊发简报。社会稳定风险评估工作基本实现全覆盖。

积极作为，服务发展。围绕“强富美高”新润州建设的总目标，以全面深化公安改革为切入点，进一步推动理念思路、体制机制和方法手段的创新，不断提升管理服务水平。继续深化“警企零距离”活动，倾力服务好重点企业和大项目建设，围绕18个市级、40个区级重点产业项目，建立了局领导挂钩联系制度，主动提供上门服务、预约服务、一站式服务。建成润州公安微警务服务平台，发布预警提示、警方宣传等55期，提供便民服务138人次。有效处置各类负面舆情129起，落地查证96人次，依法教育训诫57人次，牢牢掌握了网上斗争主动权。消防监管、危爆监管、阵地监管有力有效，公安派出所消防工作考核排名全市第一、消防综合绩效排名全市第二，易制毒化学品监管工作考核排名全市前三。31项大型活动安保和警卫任务做到万无一失，民警李圆被省厅表彰为“全省公安机关G20峰会安保工作先进个人”。

保民平安，打击犯罪。坚持以打开路，实行侦查团队制，加大破案考核奖励力度，实施办案“四回”制度，进一步强化侦查办案责任，刑事打处绩效创历史新高，共有27项主要打处绩效和打处重点工作排名全市前三。其中公诉、侵财犯罪公诉、经济犯罪公诉、黄赌娼犯罪公诉、制售假犯罪公诉完成率，百警抓获历年全国逃犯数，经侦综合绩效、吸毒人员动态管控工作等11项考核名列全市第一。劝返1名涉税境外逃犯回国投案。相继侦破公安部督办黄某某假发票案、华诚酒业非法吸收公众存款案、“2016-104”新型毒品目标案、“石某某利用QQ群传播淫秽物品案”、“A-香烟招代理”生产销售假冒伪劣产品案等部督案件7起、省督案件5起。

严密设防，立体防控。以镇江社会治安“首善之区”创建工作为抓手，持续深化“四防一平台”治安防控体系建设，全部刑事案件、侵财案件呈“发案下降、破案上升”的良好态势，发案数分别下降14.77%、16.26%，降幅均列全市第一。在2016年上半年省综治办组织的群众安全感测评中，润州群众安全感、见警率均列全市第一。不断完善屯警街面、布防社区的大巡防格局，自主招聘60名巡特勤队员，整合全部专职巡防力量投入全区主次干道和居民小区，大巡防工作考核全市第二。持续扩大意识防宣传覆盖面，会同区城管部门开展了“公安环卫大联防·共创润州首善区”活动，累计发放宣传品1.2万份，利用118块社会面电子屏不间断地滚动发布警情播报、预警提示。推进视频监控增点扩面工作和老旧小区安防升级改造工程，新增高清探头326个。全区万人违法犯罪警情较前两年均值降幅全市第一。

固本强基工作更实。切实规范基层警务，实行日常工作质态每周通报制度，积极推进“三室”实体化运作，严格落实首接民警责任制和分管领导监管责任制，从源头上减少差错率和失误率，把责任贯穿到派出所日常警务工作始终。公安润州分局“12345”政府热线工单派单数、执法服务类工单数、工单办理退单数同比分别下降了15.1%、27.9%、27.8%，派单数、退单数、不满意工单数在城区四个分局中最少。切实抓好基础管控，持续深化易犯罪人群“盯关跟打”工作，涉毒人员衍生违法犯罪现象得到明显遏制。扎实开展“防风险、补短板、抓规范、提能力”集中攻坚行动、重点人员数据清洗工作，完善了各专业警种部门共同参与的常态化研判制度，情报信息服务实战的能力明显提升。组织开展以流动人口和出租房屋清查整治为重点的“百日采控会战”，不断提高流动人口服务管理工作水平。切实抓好基层基础建设，七里甸派出所新办公用房已投入使用、和平路派出所改扩建工作已经启动。建成润州公安史陈列室，公安润州分局档案工作通过省五星级测评，一级机要室创建成功并正式投入使用，分局警营文化环境建设也进入全面实施阶段，民警周仁家被省厅表彰为“全省公安机关警务保障工作成绩突出个人”。

凝心聚力，争先创优。牢牢把握习总书记关于政法队伍建设“五个过硬”的总要求，以“两学一做”学习教育、全员考核等工作为统揽，群众工作、规范执法、作风建设、党风廉政“四位一体”推进。建立落实“每周学习日”制度，加强政治学习和理论武装工作，确保队伍信念坚定、忠诚可靠。严格落实“两个责任”，组织开展党风廉政建设“强责工程”。加强对重要领域和关键环节权力的监督，出台20余项机制，切实将“权力关进制度的笼子里”。实行每月队伍状况分析研判制度，积极开展“家庭助廉”活动，所队领导共与民警开展谈话170人次、家访77人次，有效延伸队伍8小时外的管理。着力抓好执法规范化建设，深入开展执法突出问题专项整治，建立落实案件审核“五级把关”、执法岗位责任、错案倒查问责和案件质量终身负责等制度措施，强化执法监督，提升执法质量，宝塔路派出所被省厅授予“全省公安机关执法示范单位”称号。积极开展先进典型选树表彰活动，15个集体和102名个人被上级表彰奖励。分局被授予省级文明行业称号，金山派出所被授予市级文明单位称号；民警樊东晓、高永峰分别荣获第四届“镇江最美警察”及提名奖，李祥霖被市委政法委授予“全市政法系统优秀党员干警”称号，张文君被市公安局授予首届“十佳女警”称号、王培峰被市公安局授予“十佳复转军人”称号、黄涛被市公安局授予“十佳效能标兵”称号。 （胡 斌）

### 润州公安分局机关及所辖派出所一览表

表8

| 名 称 | 地 址 | 电 话 | 负责人 |
|---|---|---|---|
| 纪委 | 南徐大道126号 | 80578007 | 蔡立深（党委委员、纪委书记） |
| 政治处 | 南徐大道126号 | 80578010 | 凌 军（党委委员、政治处主任） |
| 办公室 | 南徐大道126号 | 80578009 | 池兆禄（党委委员、办公室主任） |
| 机关保卫大队 | 南徐大道68号 | 89666130 | 朱力强 |
| 法制大队 | 南徐大道126号 | 80578061 | 邹林明 |
| 创建（考核）办 | 南徐大道126号 | 80578043 | 金学贵 |
| 国保大队 | 南徐大道126号 | 80578241 | 高国顺 |
| 内保大队 | 南徐大道126号 | 80578291 | 姜 波 |
| 治安大队 | 南徐大道126号 | 80578231 | 吴爱军 |
| 经侦大队 | 南徐大道126号 | 80578261 | 宦 晨 |
| 刑警大队 | 南徐大道126号 | 80578251 | 李锦虎 |
| 禁毒大队 | 南徐大道126号 | 80578281 | 吴晋亮 |
| 消防大队 | 朱方路 | 85616810 | 陈亚诺 |
| 宝塔路派出所 | 宝塔路66号 | 85278918 | 张 峰 |
| 金山派出所 | 中华路189号 | 85276007 | 巫之同 |
| 和平路派出所 | 朱方路74号 | 85631042 | 荀旭东 |
| 七里甸派出所 | 七里甸街道 | 85626152 | 孙 鹏 |
| 鹤林派出所 | 天桥路16号 | 84434358 | 周 毅 |
| 蒋乔派出所 | 蒋乔街道 | 85721363 | 张剑锋 |
| 官塘桥派出所 | 官塘桥路40号 | 88957921 | 魏 森 |
| 韦岗派出所 | 韦岗街道 | 85826110 | 步雪泉 |
| 竹林路派出所 | 南山风景区 | 88955650 | 丰伟华 |

（胡 斌）

## 检 察

**【概况】** 2016年，区检察院紧紧围绕区委和市检察院工作部署，扎实开展体系化建设，大力加强司法办案，积极推进司法改革，认真履行“两个责任”，努力加强过硬队伍建设，各项工作取得新进展。先后被评为江苏省文明单位、江苏省民事行政虚假诉讼监督专项活动先进集体、镇江市普法工作先进单位、镇江市文明城市建设网格化管理工作先进集体、润州区特别贡献单位。

围绕建设强富美高新润州，提升司法为民成效。随同行政执法部门参与对辖区内鸭血加工点开展联合执法，指导行政执法部门规范取证，及时发出《建议移送涉嫌犯罪案件函》，督促镇江市公安局润州分局以生产、销售有毒有害食品罪对涉案的3件6人立案侦查。积极开展行政执法检察监督工作，向区政府和市检察院提交《关于电梯使用管理存在安全隐患的风险预警报告》，督促履行监管职能。重视未成年人权益保障，扎实开展“护苗行动”，深化未成年人案件双休日工作机制，相关做法被最高人民检察院信息简报转发。与江苏大学文法学院、七里甸街道合作，共同开展“城市融入计划—成长的故事”主题活动，着力维护未成年人合法权益。贯彻“法治惠民镇村行”工程部署，向街道、社区选派20名法治建设工作指导员，推动基层法治建设。加强换届选举检察监督工作,认真审查拟提拔任用干部、人大代表候选人、村(社)党组织换届人选和非公经济代表人士资格,确保人选质量。依法批准逮捕各类犯罪102件153人,提起公诉206件275人。提前介入、引导侦查"E租宝"利用互联网金融平台非法吸收公众存款案,配合有关部门做好风险防控和化解工作;依法办理公安部督办的"10·26"特大侵犯著作权案,批准逮捕涉案犯罪嫌疑人2名;及时批准逮捕非法吸收公众存款10亿余元的镇江华诚酒业法定代表人刘某某;对省委巡视组交办的曹某某等人诈骗案等重大疑难案件,从快作出批准逮捕决定。完善涉法涉诉信访案件依法受理、依法办理工作机制,严厉打击非法上访活动中的犯罪行为,依法办理非访刑事案件3件,有效控制了缠访、闹访势头的蔓延。积极开展刑事被害人司法救助工作,向12名被害人依法发放国家司法救助金7.7万元。

积极回应社会关切群众期盼,突出反腐倡廉重点。2016年,区检察院在群众反映强烈的教育、医疗、城市建设和惠农补贴等领域共立案侦查贪污贿赂犯罪案件12件13人,渎职侵权犯罪案件3件5人,为国家、集体挽回经济损失982万余元。在查办的上述案件中,百万以上案件6件,科级干部5人。在城市建设领域,严肃查办了镇江文化旅游产业集团副总工程师谢某某受贿案、镇江市干道工程办公室工程审核科科长陶某某受贿案和镇江市规划局政策法规处处长洪某受贿案;在教育行业,根据市检察院指定管辖,立案查处了丹徒区教育局原局长常某某受贿窝串案;春节期间,全院干警加班加点,立案查办了润州区卫生和计划生育委员会原党委书记、主任于某某受贿窝串案,其中,于某某姐夫葛某受贿160万元案是全市首例利用影响力受贿案;在"三农"领域,立案查处了镇江市供销合作总社发展改革处原处长庄某某收受贿赂、滥用职权窝串案,保证了"新网工程"惠农补贴落到实处。大力转变司法办案理念,整合反贪、反渎、预防部门力量,成立自侦案件侦防组,建立快速响应机制,提高内部协同作战水平。加强信息平台建设,建立了案件线索信息、案件查处信息等六大信息数据库。统筹使用装备经费,购置办案所需的一线单兵器材。充实技术侦查队伍,成立职务犯罪侦查信息分析研判工作小组,通过组建实战团队、外出培训等方式,提高干警和技术人员的技战水平。加强重点产业项目、重点企业人员的专项预防,在辖区国有骨干企业和主要事业单位建设"清风驿站",精准投放预防信息,实现行贿档案查询预约、举报、案件信息查询等事项在线办理,通过定期组织驿站沙龙、旁听法庭审判、预防约谈、参观警示教育基地等形式,组织和接待了12家单位、1000余人参观学习。

紧紧围绕担当干事,深入推进党风廉政建设。院党组切实履行主体责任,抓班子、带队伍、严管理、强作风,大力推动党风廉政建设。组织开展党组中心组学习和专项学习教育活动,坚决贯彻"三严三实"专题教育活动部署,深入贯彻新修订的《廉洁自律准则》和《纪律处分条例》。深化"三访三和"活动,按照干部管理权限,为检察干警建立家庭廉政档案、司法形象档案和社会评价档案。层层签订党风廉政建设责任状,班子成员和部门负责人认真履行"一岗双责"。主动将检察长的工作置于全院干警视线内,班子成员带头执行党中央"八项规定"、带头钻研业务、带头廉洁自律。严格控制"三公"经费规模,数额逐年稳步下降,并将使用情况主动在门户网站向社会公开。制定完善《党组议事规则》《检察长办公会议事规则》《关于规范办公办案费用报销工作的意见》《因公外出费用报销暂行办法》等规章制度,明确区检察院"三重一大"决策事项的具体内容、决策程序、监督机制和责任追究,为决策过程划好"红线"、立好"规矩"。2016年,区检察院提请人大常委会任命检察员、拟定参加评先评优干警名单、部署开展重点工作、基础设施建设等事项,都坚持民主推荐、提交党组集体讨论研究决定,并建档立案,客观准确反映决策过程,无一遗漏。以"四个带头"和AB岗为抓手,发挥骨干人才的辐射带动作用。深入推进司法责任制改革,向市检察院党组上报24名入额检察官人选,对56名干警进行检察官职务套改,其中22名干警的检察官津贴实现增补。着眼建设一支建设高素质、专业化检察官队伍,全年共提请区人大常委会任命副检察长1人、检委会委员1人、检察员10人,区检察院检察员以上法律职务达到50人,占干警总数的75%。

**【构建案件质量立体监管平台】**

制定实施《司法办案质效考评办法》和《案件质量督查通报制度》,全面强化内部监督制约,防范案件质量瑕疵。通过案件督查评查,对事实认定、法律适用、程序规范、涉案款物处理等方面的质量问题,严格追究责任。推行检委会议案"双百、双书面"审查制度、青年干警列席检委会制度、决定执行情况反馈督查制度、执法态势分析研判制度,提升重大疑难复杂案件决策水平、青年干警办案水平,被评为江苏省检察机关检察委员会工作先进单位,在全市检察机关案件监管历次通报中,区检察院案件质量瑕疵数最少。

**【建立多元化诉讼监督工作体系】**

完善对派出所360°监督平台,健全审查批捕案件受案前审查机制、刑事案件同步录音录像移送机制等七项工作机制。研发公诉远程庭审指挥系统,推行要点式集中监督机制，对移送审查起诉的案卷实行交叉阅卷、逐一审查。深入开展判处实刑罪犯未执行刑罚专项活动和财产刑执行专项检察活动，梳理近3年来法院判决刑罚附加财产刑47人，涉案金额480万元，督促法院依法执行。全面加强社区矫正检察监督，杜绝脱管、漏管和虚管问题。精确打击民事虚假诉讼，民行科被评为全省检察机关民事行政虚假诉讼监督专项活动先进集体。

**【推进审判为中心的刑事诉讼制度改革】** 注重从源头上把关案件质量，开展刑事拘留案件专项核查活动，督促公安机关对符合起诉条件的10件15人尽快移送审查起诉。与公安机关会签《关于重大疑难案件侦查机关听取检察机关意见实施细则》，协助公安机关制定《刑事执法手册》，统一常见案件证据收集标准。引导自侦部门干警树立以庭审为中心的现代侦查理念，严格落实刑诉法和高检院相关规定，尊重和保障人权。充分保障律师执业权利，建立"诉前会议"机制，听取当事人及其辩护律师的辩护意见。积极探索刑事速裁程序，制定符合润州实际、切实可行的刑事速裁制度和办法。　（区检察院）

## 法　院

**【概况】** 2016年，区法院紧紧围绕努力让人民群众在每一个司法案件中感受到公平正义的目标要求，切实践行司法为民，大力加强公正司法，不断提高司法公信力，圆满完成了各项任务。共受理案件9417件，审执结7295件，同比分别上升45.94%和33.05%，收结案数增幅位列全市法院第一。

2016年，区法院以审判为中心的各项工作取得了明显成效。连续四年被评为机关效能优秀单位、特别贡献单位；被省综治委评为全省预防青少年犯罪先进集体，先后被省高院表彰为执行标兵单位，四次被省高院荣记集体一等功；被共青团中央命名为全国青少年维权岗。

围绕中心、忠诚履职，全力服务发展稳定大局。一是依法打击刑事犯罪，维护社会安全稳定。依法惩治各类犯罪活动，受理刑事案件280件，审结271件，判处罪犯331人。从严打击严重危害群众生命财产安全的"两抢一盗"、诈骗、涉毒等犯罪，审理了被告人苏某等10人大润发充值卡诈骗案。严厉惩处社会影响大、群众关注度高的涉及非法传销、非法集资、危害国家安全类犯罪，被告人吴某某等被告人跨省涉众集资诈骗案，被告人罗某某非法获取国家秘密案。依法审理贪污受贿、渎职类犯罪案件18件，严厉打击群众身边的腐败。严格执行罪刑法定、罪责相当、疑罪从无原则，落实宽严相济刑事政策，依法适用缓刑159人，免于刑事处罚7人。严格执行审限规定，实现零超期羁押。二是有效化解民商纠纷，助推经济社会发展。受理各类民商事案件4856件，审结4037件。加强民生司法保障，坚持调判结合，发挥调解优势，加大婚姻家庭、邻里关系、物业纠纷等案件调解力度，切实做到钝化矛盾。积极适应经济发展新常态，发挥商事审判职能，注重强化规则的引领与示范作用，支持和保障市场主体公平竞争，推动健全优胜劣汰的市场退出机制。加强金融创新领域的司法应对，审结涉及委托理财、金融借款、企业联保借款等金融纠纷356件，结案标的9.26亿元，依法审理全市首例公司虚设P2P担保平台融资案件；依法简化担保物权的实现程序，审理"申请实现担保物权"案件8件，涉案标的近3亿元，有效维护担保物权人权益。认真研判民间借贷纠纷高发态势，审慎审查证据、认定事实，平衡借贷双方利益，防范打击虚假诉讼。三是妥善解决行政争议，促进法治政府建设。严格执行修改后的《中华人民共和国行政诉讼法》，根据新的受案范围和立案标准，畅通行政救济渠道。严格司法审查标准，防止行政强制权滥用，受理行政争议案件86件，非诉强制执行案件51件，审结84件，其中判决行政机关败诉4件。主动实行庭前风险告知，庭后反馈制度，行政首长出庭应诉率100%。加强与行政机关沟通，建立司法与行政的良性互动机制，源头化解矛盾。2016年，到行政机关举办法制讲座4次，发送涉征地拆迁、工伤认定、城市管理等方面的司法建议、工作建议函8份，有效增强行政机关运用法治思维和法治方式履行职责的能力。四是努力破解执行难题，维护社会诚信体系。受理执行案件3685件，执结2838件，执结标的29.62亿元。充分发挥执行指挥中心作用，完善执行查控平台建设，加大执行工作规范化建设，切实提高执行效率。积极开展涉民生执行、反规避反消极执行、"零点行动""周末风暴"等集中执行专项活动，编织"执行天网"，堵截、抓获、拘留"老赖"，加大"老赖"曝光力度，多平台、多渠道发布"老赖"信息，大力惩戒失信行为，促使"老赖"主动履行义务。扎实推进公开透明、市场主导的司法网络拍卖，2016年拍品和成交金额同比分别增长82%、149%，均创历史新高。

完善机制、延伸职能，大力践行司法为民宗旨。一是完善诉讼服务机制，践行司法亲民有作为。全面落实立案登记制度改革，依法做到有案必立、有诉必理。加强"321"诉讼服务中心建设，积极推进矛盾纠纷多元化解机制，设立人民调解室、志愿者服务窗口、律师工作站，协调19名人民调解员、35名公益律师、15名大学生志愿者提供服务；加强诉调对接平台建设，与市残联、街道社区、消协、保险行业协会等互设工作站；落实院、庭长正常工作日接访制度，每月公布一次接待日程安排，方便群众有针对性地选择接访人员、反映信访问题，共接待105人次，化解信访苗头10起。实现了导诉、立案、信访、查询、调解等的一站式服务。二是完善审判工作机制，践行司法利民有方法。注重人民群众最关心最直接最现实利益的司法保护，精心审理教育、医疗、住房、劳动争议、拆迁补偿、人身损害赔偿等案件1487件，民间纠纷引发的故意伤害刑事案件和解率达70%。注重关心弱势群体，完善残疾人诉讼绿色通道、巡回法庭、无障碍法庭，保障残障人士充分行使诉讼权利，被评为全市“残疾人工作先进集体”，相关经验做法被人民法院报专题报道。改进司法救助工作，依法为老弱贫残的当事人缓减免交诉讼费39.6万元，发放司法救助基金15万元。针对物业纠纷，小额借贷和简易民事纠纷急剧上升的实际，实行案件繁简分流、速裁速决、提质增效，有效缩短审理期限。三是完善司法公开机制，践行司法便民有效果。以“互联网+”“大数据”理念带动司法公开全面升级，建立了网上诉讼服务中心和案件信息查询中心，累计公布裁判文书2119份，为当事人提供远程查询累计达700余次。通过庭审直播、新闻发布会、法院自媒体回应群众关切，与镇江广播电视台合作直播庭审被告人赵某等4人破坏电力设备罪案，对整个案件庭审情况进行现场直播，并在“一起镇江”App同步网络直播。深入“开展法院开放日”邀请中小学生、社区群众等赴院参观、旁听庭审累计达5000人次。四是完善职能延伸机制，践行司法惠民有建树。发挥法院职能优势，积极参与“六五”普法活动，开展“无毒社区”“维权学堂”“青少年维权岗”等工作。加强对来润务工人员及其子女、少数民族群众、残障人士、妇女儿童及老人的普法宣传教育，举办《反家庭暴力法》等普法讲座，助力弱势群体使用法律武器维护合法权益。积极参与“12·4”国家宪法日、“6·26”禁毒宣传日等综治平安建设宣传活动，开展涉民生专项执行工作宣传周、诉讼服务宣传月、立案登记制改革宣传周等活动，被评为全市“六五”普法先进单位。

聚焦改革、筑牢根基，有力推进审判事业发展。一是深化审判机制改革，夯实管理基础。深入推进审判权运行机制改革，认真总结“1+N+N”审判团队办案模式试点工作经验，实行主审法官和合议庭负责制、错案责任倒查问责制，做到有权必有责、有责要担当、失责必追究。落实法院人员分类管理制度，首批29名入额法官宣誓就职，完成34名书记员的考核定岗工作，同步推进执行工作警务化改造，基本形成了员额法官、司法辅助人员、司法警察及司法行政人员分类管理的新格局。深入推进家事审判改革试点工作，开展“七三”家事审判工作法。二是加强过硬队伍建设，夯实组织基础。深入开展 “两学一做”学习教育，增强队伍理想信念、党性意识和群众观念，区法院党总支被评为全市先进基层党组织。继续推行青年法官论坛、法官导师、轮岗轮训、创先争优等制度，开展案件“三评查”、审判调研、案例评析等活动，年均抽查卷宗500余册、庭审100次、裁判文书300份，多篇学术论文获得省级以上奖项，《致镇江市润州区教育局关于加强对未成年学生及其监护人人身安全教育的司法建议》被省法院评为优秀司法建议。认真落实“两个责任”，始终坚持从严治院，编发“510”手机短信48条，开展廉洁教育、训诫谈话21次，以“零容忍”的态度正风肃纪。三是加强法院文化建设，夯实人文基础。坚持“文化兴院”，打造法院廉政文化建设新高地，提振干警精气神。区法院“创新育廉机制，培育法院文化”的做法被评为全国法院文化建设特色项目。完成廉政警示教育馆声光电改造，强化了正面引导、反面警示功能，被市纪委授予廉政警示教育基地。完成南徐法庭重新装饰及文化改造，丰富法庭文化建设载体。开展征集“亮家规家训，讲家风故事”活动，传承优良家风、弘扬清风正气。成立法苑诗社，打造“诗香法院”，争创“中华诗教”先进单位，顺利通过中华诗词学会专家检查组的验收。四是加强数字信息建设，夯实基层基础。加快实施“科技强院”战略，推进信息技术在司法领域的全面应用，建成集执行指挥、庭审监督、安保监控、远程接访、视频会议、车辆管理等功能于一体的信息管理中心，建立横向到边、纵向到底的“点对点”“总对总”执行查询系统，为执法办案提供技术保障，提高了执法办案质效。加快实施标准化、数字化审判法庭建设，完成了全部审判法庭的信息化改造，在原有“三同步”基础上，实现庭审直播的高清化。加强纸质档案的数字化转化和利用工作，为审判工作及全社会提供更便捷、更高效的诉讼档案服务。

**【未成年人和家事审判庭成绩喜人】** 2016年，未成年人和家事审判庭共受理各类案件599件，审结442件，收案数较上一年度有大幅度提高。该庭坚持日常审判与争创全国青少年维权岗工作不放松，坚持涉少审判与家事审判不放松，坚持全庭业务管理和队伍管理不放松，坚持审判人员审判与庭长个人办案不放松。在各方面均取得了一定的成绩。全庭涉少审判工作、家事审判工作、民间借贷案件审理工作一年内7次被电视、报纸等新闻媒体采访，被润州法院拟申报为集体三等功，被省团委拟表彰为“全省预防青少年犯罪先进集体”，争创全国青少年维权岗工作也在有条不紊地进行。

一是争创工作有条不紊,做到日常审判与工作创新并进,争创内容与形式并进,争创工作与日常审判相互促进,相互发展。改“少年案件综合审判庭”为“未成年人和家事审判庭”,扩大收案范围,从仅审理涉少案件变为受理全部涉少刑、民案件和全院家事婚姻案件,并从下半年开始受理民间借贷案件。率先提出了涉少维权家庭、社会、学校、青少年本人和相关司法机关联动的“五位一体”的维权总思路,重点提出对教师学校的责任主体定位,加大教育部门的涉少维权责任意识。就庭内审理的两起侵害未成年人权益的刑事案件,向区教育局发出司法建议,并获得该局回复和落实整改。继续推进日常化的“五彩假日”“法制副校长”等法制宣传活动。首次设立并推广区法院“润苗青少年维权岗”品牌建设,创建“润苗工作室”,得到上级法院及团省委领导好评。在争创形式上,与其他部门合作,制作PPT、电视短片、争创台账等形式参加全国青少年维权岗评审大会。在日常审判中,更注意以更高的标准、要求全庭同志,在案件质量和效果上均取得了很好的效果。

二是在积极审理涉少案件的同时,加大家事案件审理力度,注重在审理中提炼、总结审判经验,形成了以下的家事审判特色亮点:(1)积极推进构建常设化、机构化而非临时性、个案事务性的由各相关职能部门参与的处置家事纠纷的联动机制;(2)针对家事案件特点,创新各种方法,加大调解力度,化解家事纠纷;(3)注重新媒体时代,维权意识当下的家事审判新特点,有针对性的采取适当措施,借力新兴渠道,多管齐下,力争事半功倍;(4)正确理解家事审判的内在特点,理清与其他民商事审判的区别,准确而非机械适用相关程序法律的规定。该经验做法在省高院2016年8月在常州召开的全省家事审判工作会议上,作为经验进行了介绍,获得了省高院领导的肯定,被确定为家事审判改革试点单位。

三是面对全庭法官相对年轻的现状,在教育廉政、底线意识的同时,结合全庭特点,特别提出加强服务意识,家事案件需要更大的爱心、热心、耐心。注重全庭形成团结、奋进、勤奋、向上、进取的优良庭风。

四是根据院党组要求,庭长在全面主持全庭各项工作的同时,落实院庭长办案制度,庭长个人共受理各类案件135件,审结84件,在全院正职庭长办案数中名列前茅,案件无一差错,起到了良好的带头办案示范作用。

**【依法妥善处理一起传销案件引发的群体性聚集事件】** 2月5日,在区委正确领导、院党组高度重视及公安、检察机关的大力支持下,区法院审理的一起涉众型重大传销案件顺利公开宣判,做到了组织指挥严密有力、整个过程安全有序。在该案的审理过程中,来自常州、扬州的群众多次包车到区法院,并聚集“讨要说法”,区法院均予以妥善处置。针对上述情况,在该案公开宣判前,区法院认真执行重大事项向党委报告制度,及时向区委政法委汇报案件情况,取得党委支持帮助,协调充足警力维护现场秩序。同时认真制订应急处置方案,完善应对措施。在公开宣判当日,区法院党组靠前指挥,妥善安排,一方面指挥警力维护正常的审判工作秩序;另一方面竭力安抚群众,防止群众采取过激行为。在宣判过程中,该院积极利用信息化技术手段,保障到场所有群众同步了解宣判进程,进一步安定了群众情绪。宣判结束后,大部分群众仍然聚集在该院,不愿离去,并一再询问“钱怎么要回来?”,针对群众关心这一问题,该院耐心辨法析理,有礼有节做好群众思想工作,最终所有群众都有秩序疏散。

**【探索家事审判新模式,优化青少年成长环境】** 为优化青少年的家庭成长环境,区法院将原少年案件综合审判庭更名为未成年人和家事审判庭,以此为契机,探索有利于青少年健康成长的家事纠纷解决机制,形成“劝、批、谈、教”的新模式。家事案件不简单地用“一刀两断式”的判决来处理,而是把促成当事人之间恢复感情、消除对立、实现和解作为纠纷解决的根本目标和价值取向。通过“劝、批、谈、教”相结合,达到解开心结,彻底消除矛盾的效果。与此同时,抓好家事案件判后司法延伸服务,创设了“探视抚养档案、登记离婚协议司法确认、心理指导矫治服务、社会帮扶”的新举措。通过建立离婚案件判后探视抚养档案,解决离婚后子女抚养探视难题,对涉及青少年权益的家事纠纷,引入心理疏导机制,帮助当事人解除心理障碍,取得了明显效果。

**【一案例入选全市法院2015年度十大典型案例】** 为集中展现全市法院2015年审判、执行工作成果,充分发挥典型案例的引导示范功能,市中院公布了全市法院2015年度十大典型案例,区法院朱盈承办并报送的《吴某某诉镇江万达广场商业管理有限公司人身损害赔偿纠纷案》顺利入选。

该案主要案情:2012年4月2日19时许,原告吴某某经购票后进入镇江万达广场2号门外广场上设置的儿童充气城堡内玩耍,后突刮大风,充气城堡因地面固定不牢而被刮翻倒塌,致原告受伤。后经鉴定,原告已构成人体损伤九级伤残。本院经审理后认为,原告在被告方儿童娱乐设施处购票后进入玩耍,因该设施存在安全隐患而导致原告人身受到损害,可以向被告要求赔偿。被告辩称该娱乐设施系租赁给第三人经营,应由直接侵权人承担赔偿责任的意见，本院认为：首先，被告方提交的《临时促销协议》并未载明具体位置及面积，无法证明该协议即为本案儿童充气城堡的场地出租协议；其次，该协议使用期限为2012年3月1日至2012年3月31日，本案事发为2012年4月2日，超出协议约定的时间；最后，根据被告方提交的个体工商户营业执照可以看出，租赁方扬州市维扬区五一六溜冰场的经营范围是溜冰场管理和溜冰鞋出租服务，与本案中儿童充气城堡无关。综上所述，被告在属于自身经营的场地范围内未尽到安全保障义务，导致原告的人身受到损害，应承担全部损害赔偿责任，至于其主张存在其他直接侵权人的意见，可由被告赔偿后向其他侵权人追偿。据此，依照相关法律规定，判决被告镇江万达广场商业管理有限公司于判决生效后十日内赔偿原告吴某某各项损失210765.64元。案件受理费1603元，鉴定费5480元，合计7083元，由被告负担。

该案的典型意义：本案根据消费者权益保护法第四十三条的规定"消费者在展销会、租赁柜台购买商品或者接受服务，其合法权益受到损害的，可以向销售者或者服务者要求赔偿。展销会结束或者柜台租赁期满后，也可以向展销会的举办者、柜台的出租者要求赔偿。展销会的举办者、柜台的出租者赔偿后，有权向销售者或者服务者追偿"的规定，驳回了被告方要求追加场地租赁者为第三人的请求，充分保证了受害儿童的权益能够得到充分和及时的保护，另本案中暴露出儿童充气城堡经营所存在的"三无"问题，区法院已向镇江市委有关部门上报情况反映，引起了镇江市委高度重视，并于2016年1月18日《镇江信息》决策参考头条予以转发。

**【发出首张人身保护令消息获多家媒体报道】** 3月16日，区法院开出全市首张人身保护令。未成年人和家事审判庭与办公室共同策划，在前期调查、送达人身保护令时邀请电视媒体跟踪拍摄，后期由办公室及时整理文字材料对外报道。该消息先后被《扬子晚报》《京江晚报》、法制网、新华网、金山网报道。

（区法院）

# 司法行政工作

**【概况】** 2016年，在区委、区政府的正确领导下，在市司法局的指导关心下，区司法局坚持以"打造人民满意的服务型司法行政机关"为目标，深入推进"四个全覆盖"工作体系，突出重点、强化责任，为建设"强富美高"新润州提供有力的法治保障。被省司法厅评为"法律援助先进集体""四个全覆盖先进单位"。

全面完成公共法律服务中心建设。2016年5月份，全区区级、街道、工业园区均建立了公共法律服务中心（共10个），村（社）司法行政服务站实现全覆盖，全面构建了区级、街道、村（社）三级公共法律服务体系，实现了"半小时法律服务圈"。公共法律服务中心为服务对象提供共计八大类33项服务内容，基本满足群众需要。

有序推进法治宣传教育工作。以"法润江苏·春风行动"为抓手，组织开展了预防网络诈骗、反家暴、"农民工学法周"等多项法治宣传教育专题活动，认真贯彻落实各项法治宣传教育任务；加强与政法委、法治办、组织部、宣传部等部门的沟通协作，结合润州实际，制定下发了《全区领导干部学法用法工作意见》《区级机关"谁执法谁普法"责任制实施办法》；出台了《2016年全区法治宣传教育工作要点》，进一步强化"法律六进"主体职责和义务落实；全面做好"七五"普法启动工作，坚持深入调查研究，广泛征求意见，结合润州实际，起草了《关于在全区公民中开展法治宣传教育的第七个五年规划》，8月，区人大审议通过并作出了相关决议；召开全区"六五"普法总结表彰暨"七五"普法动员部署大会，总结了全区"六五"普法工作，对"七五"普法工作作了部署；深化基层民主法治示范村（社区）创建活动，提升法治文化阵地（广场）建设水平，全区拥有国家级民主法治示范村1个，省级民主法治示范村（社区）28个，省级示范村（社区）创成率42.65%，2016年新创成省级法治文化示范点2个，填补了全区的空白；与江苏城市频道合作举办了"美好城市 法律相伴 你我共创"法治文化晚会，进一步提升了法治宣传教育的群众知晓率和满意度。

确保法律援助工作"提质增效"。及时学习贯彻中央、省、市文件精神，及时向区委、区政府领导汇报法律援助工作的新要求。抓好窗口接待工作，优化办案流程，进一步降低法律援助门槛，确保"应援尽援，应援优援"。全年，办理各类案件427件，超额完成全年的任务。

有力提升一村（社区）一法律顾问工作质效。加强区司法局、司法所、村（社区）与法律顾问律师的沟通，及时转发《镇江市"一村（社区）一法律顾问"工作绩效考核评比办法（试行）》至各街道，规范工作内容，畅通服务渠道。坚持明要求、强职责、优服务，确保法律顾问积极参与村（社区）矛盾调解与法律服务，受到了村（社区）干部和群众的好评。

切实维护社会稳定，矛盾纠纷调处工作实现新突破。认真抓好人民调委会达标建设，加强矛盾纠纷排查调处沟通反馈机制，基层调解组织达标率达100%；有序推进劳动调解、物价调节、医患调解等各类行业型、专业型调委会建设工作，公调对接、诉调对接工作实现新进展，积极宣传、打造全区特色专业性行业性调解组织，推广宣传取得成功经验的特色调解室，拓宽思路，打造特色调解品牌；注重打造矛盾纠纷多元化解机制，在全市率先成立了家事纠纷调解委员会、与区人民法院签订《关于完善人民法院诉讼服务中心建设相关工作的共建协议书》，在区法院诉讼中心和检察院开展诉前调解和公益法律服务，效果良好；落实《江苏省人民调解员等级评定管理办法(试行)》，成立润州区人民调解协会；定期组织培训，提升调解员业务能力，邀请全国模范调解员、高邮镇司法所所长陈世坡为全区调解员展开业务培训。全年，开展矛盾纠纷调处共1701件，调处成功率超98%。

特殊人群管控规范有力。按照省厅“双严”集中整治和“三检查三规范”活动要求，完善社区矫正结构化监管，实施社区服刑人员“六个必须，六个严禁”教育，全区在册社区矫正人员108人，无一例因监管措施不落实而导致的脱、漏管以及重新犯罪。区社区矫正联席会及时分析处理工作中出现的各种问题，以会议纪要的方式明确责任；在各街道(园区)均开展应急演练，提升了社区矫正工作人员的应急处置能力。社区矫正工作受到省司法厅副厅长张光东和社区矫正局的肯定。先后有山西省人大、湖北省司法厅、安徽省芜湖市司法局等单位来润州考察指导。认真做好安置帮教信息平台对接核查工作，共衔接安置帮教人员584人，重点人员接送率100%，帮教率100%。加强与监所的协调，妥善处置好危病和“三无”人员的衔接安置工作。解除强制隔离戒毒人员后续照管工作站、服务站全面建成，工作有序开展。

加强基层基础建设，落实双重管理体制。进一步完善司法所场所及功能配置，全区基层司法所办公面积均超100平方米，场所基本功能到位，人员配备基本满足要求。坚持“双重管理，以司法局为主”的管理模式，把好司法所所长任免及政法专编使用。全区街道司法所所长均为政法专编，司法所工作人员政法专编使用率达92.9%。

2016年10月25日，“美好城市 法律相伴 你我共创”江苏城市频道法治环省行走进润州活动现场 （区司法局 摄）

队伍能力素养有效提升。扎实开展“两学一做”系列活动，引导党员干部进一步牢固树立为民服务的宗旨意识。落实队伍“三化”建设，着力在政治素质、业务培训、工作规范、执行能力等方面提升水平。积极推进社会组织培育工作，借力市社会组织促进中心，开展社会组织的培育指导。

**【江苏城市频道法治环省行走进润州】** 为提升社区依法治理能力和市民的法治规则意识，10月25日，区司法局、七里甸街道和江苏城市频道合作，开展“美好城市 法律相伴 你我共创”倡议推广活动。活动由江苏卫视全媒体直播车现场直播，活动紧紧围绕法治主题，生动形象地演绎了关于预防通信网络诈骗、依法维权、感恩敬老等社会热点问题。舞蹈《腰鼓舞》、小品《寻找迷失的天平》、法律知识三句半、手语《跪羊图》等节目精彩纷呈，获得台下观众的阵阵掌声。晚会中还穿插了法律知识问答和游戏互动环节，观众纷纷踊跃报名参与将活动推向了高潮。同时，润州区司法局还组织了法律援助律师、公证员等专业人士并联合润州公安分局、润州法院、润州检察院等6家普法成员单位走进活动现场，通过义务法律咨询，发放法律宣传资料，展示法治宣传展牌等形式，为社区居民营造了浓厚的法治氛围，提供了便捷的法律服务，得到了广大市民的大力支持和好评。

## 2016年全区司法行政重点任务完成情况表

表9

| 序号 | 任务目标 | 完成情况 |
|---|---|---|
| 1 | 基本建成并试运行市级公共法律服务中心，确保政府民生改善重点项目落到实处、可观可感 | 全区区级、街道、工业园区均建立了公共法律服务中心（共10个），村（社）司法行政服务站实现全覆盖，全面构建了区级、街道、村（社）三级公共法律服务体系，实现了“半小时法律服务圈” |
| 2 | 整合应用网络信息资源，积极融入“互联网+”，打造“网上司法局”，建成运行承上启下的“二级数据库” | 通过开通润州普法网、润州普法微信，结合“12348”平台打造便捷的网络服务平台，大力推进司法行政信息化建设，积极打造“网上司法局” |
| 3 | 制定出台“七五”普法规划，落实“谁执法谁普法”工作机制，有效提升法治宣传教育质效 | 区委、区政府转发了《关于在全区公民中开展法治宣传教育的第七个五年规划》，与普法成员单位签订了“谁执法谁普法”责任状，新增省级民主法治示范村（社区）5个，创成率达42.65%，新创成2个省级法治文化示范点填补了全区的空白 |
| 4 | 关注困难弱势群体，进一步降低法律援助门槛，将经济困难标准放宽至低保标准2倍执行，确保“应援尽援、应援优援” | 降低法律援助门槛，将经济困难标准放宽至低保标准2倍执行。全年完成了法律援助案件427件，受援群众满意率达100%。办案质量达到省级优秀等级。2016年被省司法厅评为“法律援助先进集体” |
| 5 | 筑牢维护社会稳定“第一道防线”，全市网格化排查预警实现“全覆盖”。年内专业性行业性调解组织规范化建设达标率不低于70%，积极探索构建“1+X”调解模式 | 人民调解委员会规范化建设达标率和全区500人以上企业调解组织建成率均达100%；劳动调解、物价调节、医患调解等各类行业型、专业型调委会组建成功，达标率超70%；目前全区开展矛盾纠纷调处共1701件，调处成功率超98% |
| 6 | 出台绩效管理考评办法，有效提高村（社区）法律服务质量和保障水平，满足群众不断增长的法律服务需求，群众满意率达98%以上 | 及时转发《镇江市“一村（社区）一法律顾问”工作绩效考核评比办法（试行）》至各街道，规范工作内容，畅通服务渠道。确保法律顾问积极参与村（社区）矛盾调解与法律服务，群众满意率超98% |
| 7 | 加强社区服刑人员和刑满释放人员管理服务，有效预防和减少重新犯罪，年内筹建市级社区矫正指挥中心 | 在全省首提社区矫正工作人员“七条禁令”，在市内率先聘请行风监督员对社区矫正工作进行监督管理，现在册107名社区矫正人员，无一例因监管措施不落实而导致的脱、漏管以及重新犯罪案件。受到省厅张光东副厅长和社矫局的肯定。安置帮教重点人员接送率100%，帮教率100%。建设完善区级社区矫正指挥中心，建成使用服刑人员远程视频会见系统 |
| 8 | 继续推动司法所“双重管理、以司法局为主”管理模式全面理顺到位，专编人员落实率提高10个百分点，各辖市区按照全国“五好司法所”创建标准择优培育示范性司法所1~2家 | 司法所“双重管理、以司法局为主”的管理模式已全面理顺。专编人员落实率提升达92.8%，社区矫正执法人员“专编专职”全面配备到位；全区有2家司法所正在努力争创“五好司法所” |
| 9 | 加强执法执业规范化建设，强化法律服务质量监管，预防和减少有效投诉发生 | 加强了执法执业规范化建设，强化了法律服务质量监管，全年零投诉 |

（解　燕）

# 人民武装

**【概况】** 2016年是国防和军队编制体制改革的关键之年，区人武部在军分区党委和润州区委、区政府的正确领导下，扎实开展“两学一做”专题教育，广泛开展国防教育和爱国主义教育；着眼改革强军目标总要求，圆满地完成了民兵整组、民兵应急分队训练、年度兵员征集、战备规范化建设、抗洪抢险等任务，打牢了单位全面建设和全区武装工作发展基础。

**【紧贴实际召开党委扩大会】** 3月，召开了年度党委扩大会，区人武部部长朱小兵主持会议，并传达了上级会议精神，政委周文雄做了题为《聚集强军使命　深化改革创新　扎实推进人武部全面建设科学发展》的报告，回顾了2015年度工作，部署了2016年度工作：以深入学习习近平总书记系列重要讲话为主线，围绕主题加强思想政治建设；以如期形成作战能力为目标，加速推进军事斗争各项准备；以提高单位建设法治化水平为牵引，不断加大依法从严治军力度；以贯彻从严治党和推进作风建设为关键，全面加强党委班子和干部队伍建设。

【召开区委常委议军会】 5月，召开了区委常委议军会，区委所有常委都参加了会议。会上，政委周文雄汇报了2015年度人武部工作情况，提请研究了关于推进基层规范化建设和年度军事训练相关事宜，会议获得通过。

【深入开展“两学一做”专题教育】 区人武部党委坚持以学习贯彻习近平总书记系列重要讲话精神为首要任务和核心内容，以尊崇党章、遵守党规为基本要求，坚持正面教育与解决问题、集中教育与融入经常相结合开展“两学一做”专题教育。5月上旬，区人武部领导围绕能力素质、履职尽责、改进作风、遵章守纪等方面亲自授课，教育全体党员充分发挥先锋模范作用，自觉按照党员标准规范言行。5月中旬，所有党员在党小组会上做出公开承诺，党小组建立问题台账、定期检查，对不能认真履诺的及时批评提醒、限期改正。年底前，区人武部党委召开专题组织生活会，按照需要着重解决的问题，采取一人讲、领导点、大家帮等方法，深入查摆反思，搞好党性分析，进一步坚定信仰信念、严守纪律规矩、锤炼党性观念、培塑过硬作风。

【认真组织民兵训练】 区人武部党委按照“抓重点、打基础、重运用、促提高”的思路，对年度民兵训练的总体筹划、主要活动、关键环节坚持党委集体讨论决策。2016年年初，全体专武干部参加军分区集中组织的专武干部集训，强化了基础知识、提高了业务技能。结合民兵组织整顿，组织民兵应急分队开展抗洪抢险、森林灭火、反恐维稳、专业技术技能训练，熟悉和掌握处置突发事件行动的组织指挥程序。年底，采取各基层武装部自训为主、区人武部跟踪指导的方法，组织各民兵应急排开展以队列、体能和警棍盾牌操、应急器材操作和政策法规学习为主要内容的训练，确保年度训练任务规范有序落实。

【扎实开展民兵整组工作】 为了切实加强整组工作的组织领导，春节后区人武部立即专门召开了党委会，对组织整顿工作进行专题研究部署，下发了基层民兵组织整顿评分细则。整组中，本着“应急队伍优先建、支援队伍重点建、储备队伍长期建”的总体原则和“两兼顾、五不编、四优先”的要求，狠抓了人员配备和组织建设，真正把各类队伍人员编实、组织建牢、基础夯实。5月份，军分区组织民兵整组点验，润州区民兵到点率100%，退伍军人比例达到70%以上，均达到上级要求。

【高标准完成征兵工作】 2016年，征兵工作始终贯彻“依法征兵、素质征兵、廉洁征兵”的要求，坚持把征兵宣传贯穿到征兵工作的全过程，注重利用现代网络、传媒手段，突出以高校、高中中专应届毕业生为主要征集对象；积极开展法规标准学习活动，组织体格检查组、政治考核组工作人员开展业务培训；严格按照标准要求布置体检场所，进行封闭体检。经过基层初审、上站体检、政治考核、走访调查、会议研究，高标准完成了征兵任务。军分区及区委、区政府主要领导多次莅临征兵工作一线，了解情况、掌握进度、协调工作，并对润州征兵工作给予充分肯定。

【圆满完成防汛抗洪任务】 2016年，汛情较往年更为严峻，为提高民兵遂行抗洪抢险任务的能力，根据辖区防汛形势和任务区分，军事科修订完善了抗洪抢险预案，后勤科购置了一批抗洪抢险装备。4月下旬，区人武部选派6名民兵参加军分区统一组织的冲锋舟操作训练；5月上旬，抽调抗洪抢险应急分队，参加镇江市防汛指挥部组织的地联合抗洪抢险综合演练，进一步规范抗洪抢险应急救援的组织与实施，促进防汛队伍人装有机结合。7月，工业园区发生江水倒灌、内涝等险情，在区防汛指挥部的统一领导下，先后出动民兵100余人次参与抗洪抢险，解救被困群众30余户。

【积极参与G20峰会安保工作】 2016年9月4日至5日，20国集团峰会在浙江杭州举行，根据安保任务要求，区人武部周密制定方案计划，严格值班执勤、严密组织行动、严格安全管理。依托辖区情报信息员力量，负责对辖区长途汽车站、火车站等人员密集场所和敏感部位进行侦控，及时搜集涉恐涉暴动向性情报信息，主动与军分区值班室、应急办、反恐处、国家安全局等单位对接协调。8月30日至9月5日，区人武部组织1个民兵应急连，担负机动备勤力量，听令协助处置重大突发情况，为峰会圆满举办提供坚强有力的安保保障。

【大力推进基层战备规范化建设】 2016年，区人武部认真贯彻落实军分区党委首长关于抓好基层战备规范化建设的指示要求，在地方各级党委政府的支持帮助下，共计投入180余万元，购置各类装备器材2600余件套，装修各类库室1600余平方米，完成了七里甸、蒋乔、和平路、官塘桥、金山和韦岗6个街道人武部的“三室一库”建设，以及21个村(社区)民兵营(连)部的“两室一库一柜”建设。通过建设，基层人武部的工作环境和战备秩序明显改善，整体战备水平有所提升。

（区人武部）

## 经济发展与计划管理

【概况】 2016年,润州区根据市委确定的“稳中奋进”的总基调,面对复杂严峻的经济形势,积极适应经济发展新常态,着力加强供给侧结构性改革,坚定不移打好转型升级组合拳,坚持科学发展、率先发展、和谐发展,致力补经济发展短板、合力解经济发展难题,全区经济社会发展取得新成绩。

全年,完成地区生产总值369亿元,可比增长9.2%;完成公共财政预算收入20.66亿元;完成全社会固定资产投资427.57亿元,增长15%;完成产业类到位外资9020万美元;完成服务业增加值占GDP比重63.9%;完成高新技术产业产值占规模工业总产值比重53.1%;完成社会消费品零售总额177.85亿元,增长11.6%;城镇常住居民人均可支配收入增长8.2%;农村常住居民人均可支配收入增长8.1%。

经济发展稳中有升。坚持改革创新,突出提质增效,锲而不舍转变发展方式,转型升级态势良好。服务业发展充满活力。各项指标继续保持稳步增长,全年完成社会消费品零售总额177.85亿元、增长11.6%,完成服务业投资331.62亿元、增长12.7%,服务业增加值占GDP比重上升至63.9%。现代物流业转型升级,惠龙港国际物流园区荣获首批省级示范园区,惠龙港多式联运项目入围全省首批示范工程;旅游文化产业前景看好,台江软件园入选省现代服务业“十百千”行动计划重点项目,海洋魔幻世界列入2016年度省重大产业项目,西津渡历史文化街区旅游服务标准化试点列入2016年度省服务业标准化试点项目。睿泰数字产业园一期全面运营、入驻上下游企业30家以上;科技服务业迅速成长,2016年3月,镇江高新区成为科技部第二批40家科技服务业试点单位之一,高新区已有科技服务机构74家,公共服务平台17个,科技服务产业总收入3.5亿元;现代商贸平稳发展,万达宝贝王、颐高儿童梦幻乐园等一批品牌商家入驻城际商圈,北京特色酒店新燕京饭店、沪宁线上最好的明乐迪量贩式KTV入驻东方伟业。工业经济克难前行。全力阻击经济下行,全年工业应税销售增长5.9%,新兴产业销售增长8%,船舶与海工配套产业持平略降,镇江船厂企业订单充足,订到2018年;中船动力、正茂集团等企业运行情况较为稳定;电子与信息技术产业保持增长态势,华兴通讯、宏业科技等企业应税销售增长15%以上;小型工程机械产业稳中渐升,其中江苏柳工坚持走自主创新之路,不断开发新产品,为客户量身定制机型,企业利润不断攀升。怀特驱动的产品大部分出口外销,企业产销两旺。农业经济持续稳定。充分发挥区位优势,做好“山”“水”文章,形成五洲山、嶂山、南山三个片区的优质茶叶、应时鲜果特色产业。长山果品专业合作社被授予“国家级农民专业合作社示范社”,“江之鲜”家庭农场被评为“省级示范家庭农场”。

大项目建设成效明显。坚持项目首要地位。“一切围绕项目转、一切围绕项目干”,定期召开大项目推进会、“四方对接会”(项目挂钩区领导、职能部门、属地、项目投资方),积极贯彻落实大项目建设“五项制度”,项目建设成效明显。40个亿元以上产业项目推进顺利,部分竣工投产,其中2个省级、18个市级重大项目均达序时,增强了发展后劲。在建项目推进有力:移动物联网中心、星光时代广场等项目均超序时推进。移动物联网产业大厦已经建设至第14层,裙楼第三机房楼已经建设至第四层。星光时代广场三幢高层商住楼底部商业部分主体结构封顶，大型商业综合体开工建设。在手项目有所突破：魔幻海洋世界、芳满庭、雅阁酒店已经正式开工，其中海洋魔幻世界入选省重大产业项目。海洋魔幻世界飞机项目区域的配套基础设施建设完成，并试运营，两个主场馆正在进行基础施工。在谈项目取得进展：中船电气装备产业园、五洲创智产业园已经正式签约。

产业“三集”有力推进。各项指标、任务全面完成，部分重点指标高于全市水平。一是打造“三集”示范园区。围绕五大工程，重点打造润州的3个产业特色明显、功能配套完善、市场竞争力强大的市级示范园区。二是提升专业招商成效。以优势产业高端化、特色产业集聚化、新兴产业规模化为目标，紧盯跨国公司、大型央企、规模民企，集中力量招“强”、招“特”、招“新”，推动园区“招大引强”。2016年，全区重点开展了2次境外招商活动，分别赴美国加拿大经贸考察活动和赴日本和韩国开展经贸招商活动。三是着力优化产业结构。以产业“三集”园区为载体，推动制造业由生产型向生产服务型转变，生产性服务业向专业化和价值链高端延伸，生活性服务业向精细和高品质提升。完善土地节约利用硬约束机制，提高项目准入门槛，加强园区企业用地全程跟踪、评价和土地清理，有序推进园区低效利用土地再开发利用，不断提升综合利用效益和产出水平。四是加强载体平台建设。强化制造业园区标准化厂房、服务业集聚区产业楼宇建设。运用“互联网+”模式，通过“镇江市企业网络服务平台”建设，进一步优化服务内容、拓宽服务渠道，全面建立健全帮办服务机制，更好更便捷地为企业发展和创新创业提供优质高效的服务。

科技创新迈上新台阶。创新动力明显增强，高新技术产业产值占规模工业总产值比重达53.1%，R&D占GDP比重预计达2.38%，万人发明专利拥有量居全市首位。全年，申报省级科技计划项目19个，其中重点研发计划项目9个，科技成果转化项目3个，创新能力提升项目5个，国际科技合作项目2个。江苏科技大学海洋装备研究院于3月成功进驻镇江高新区大学科技园，高新区“政、产、学、研”合作机制与模式合作取得新的成果；睿泰“数字教育出版中心”被江苏省经信委认定为“江苏省信息产业企业联合研发创新中心”，成为全市辖区内唯一获批的创新中心。全年，开展各类政产学研活动7次，组织企业50家，对接各类高校院所近30所。

供给侧结构性改革稳定起步。全面贯彻落实党中央、国务院、省委、省政府和市委、市政府关于加快推进供给侧结构性改革的系列决策部署，扎实推进供给侧结构性改革，切实抓好去产能、去库存、去杠杆、降成本、补短板等“三去一降一补”五大任务，结合润州实际，制定了《关于贯彻落实镇江市委、市政府〈关于推进供给侧结构性改革的意见〉的实施方案》。明确了全区供给侧结构性改革的工作目标，主要任务，工作路径和责任单位等，为润州更好地开展供给侧结构性改革奠定了坚实的基础。全年，关闭落后产能企业5家，房地产库存去化周期缩短至13个月，地方政府债券置换6.32亿元，实施机器换人项目2个，新增直购电交易量1848万千瓦时，精准扶贫、棚户区改造、危房解危等工作有序开展。

社会事业全面发展。群众“获得感”显著增强，城镇、农村常住居民人均可支配收入分别增长8.2%、8.1%，教育发展优质均衡。教育现代化监测综合得分位列全省第三，率先创成首批省中小学校责任督学挂牌督导创新区；卫生事业成绩显著。国家卫生城市复审迎检顺利通过，医养护一体化等经验在省市推广；保障水平全面提升。拓宽就业渠道，率先试点实施“救急难”机制，主要就业指标均超额完成，城镇登记失业率控制在2%以内；社会管理全面加强。三项重点治理任务顺利完成，“一湖九河”、西南片区等综合整治成效显著，秸秆焚烧、大气管控等问题继续得到有效治理；社会治安防控网络日趋完善，“四防一平台”建设加快，建成10个公共法律服务中心，万人违法犯罪警情降幅全市第一，公众安全感、法治满意度名列全省前茅；各项事业全面发展。坚持推进全面深化改革，大力深化简政放权，营造优质高效的政务环境；加快推进“7+1”拆迁扫尾、二道沟、312北侧地块等安置项目基本完成，烟墩湾棚户区改造有力推进，大力提升城市宜居环境。安全生产形势持续稳定，食品药品安全监管有力。

（区发改经信委）

# 国有资产管理

**【概况】** 会同有关部门、单位，按照事业单位资产管理办法，对基层医疗卫生机构资产进行清查和处置，规范医院和基层医疗卫生机构的会计核算；按非税收入管理要求，强化资产收益管理；加强固定资产管理信息系统的管理和维护，准确完善资产数据，对资产实施动态管理和有效监管。

（区财政局）

# 国土资源管理

**【概况】** 2016年，在区委、区政府和市局党委的正确领导下，润州国土分局以“两学一做”学习教育活动为抓手，主动对接高新区建设、“强富美高”新润州建设，严格按照

创建“土地执法模范区” （国土润州分局 摄）

“保护资源、保障发展、维护权益”的总要求，奋力推动全年各项工作落地见效。被评为“2015年度江苏省国土资源节约集约利用模范县（市、区）”“2012～2014年度镇江市文明行业”“2015年度土地学会工作先进单位”“2016年度镇江市职务犯罪风险防控工作先进单位”“2016年度全市系统党风廉政建设工作先进集体”“2015年度镇江市市直部门决算工作先进单位”。

【资源保护更加有力】 一是严格落实耕地保护责任。由区政府与各街道（工业园区）签订了土地管理目标责任状，明确了耕地保护目标，把农田保护工作落在实处。二是积极创建“土地执法模范区”，专门出台创建实施意见，明确“一把手”作为耕地保护及违法用地整改的第一责任人，出台创建考核细则。并以创模工作为抓手，切实加强卫片查处整改力度，形成依法依规管地、用地的氛围。三是积极配合推进凤凰山和嶂山第二水泥厂矿山地质环境治理项目，目前凤凰山正在现场施工中，嶂山第二水泥厂已进入招投标阶段。

【节约集约水平提升】 润州区坚持“保护资源与保障发展并重，把节约集约放在首位”的用地方针，采取“布局集中、产业集聚、用地集约”的发展战略，为实现打造“一区四园”创新发展的格局搭建了平台、夯实了基础、提供了保障，并获得了2015年度江苏省国土资源节约集约利用模范县（市、区）称号。本年度共完成99.47公顷报批，完成征地126公顷，完成土地发证1918本。

【服务民生逐步增强】 一是扎实开展地质灾害防治工作，2016年共发生地质灾害21起，紧急撤离38户97人，实现了辖区内连续14年“零伤亡率”。通过开展地质灾害演练，检验了润州区对突发性地质灾害的应急协调和避险处置能力，增强了老百姓主动自救和科学避险能力，进一步明晰了地质灾害群防群测系统的工作内容、工作职责和操作程序。二是认真贯彻落实省政府93号令，严格规范征地程序，以“四个到位”保障被征地农民合法权益。三是努力维护信访群众的合法权益，切实解决群众合理关切，真诚地为信访群众释疑解惑、排忧解难。一年来，全区没有重点涉土信访事项，共受理各类信访55件，其中：信访系统8件，政务服务热线41件，上级交办1件，本级受理5件，办结率100%。

【创新能力显著提高】 根据省国土资源厅和市国土资源局党委的统一部署，从2015年8月起，国土润州分局积极筹划，建立起代表着创新、智能和守土有责的“i国土”平台，形成四大亮点，分别为系统模块集成，数据融合共享；实景画面呈现，监管实时主动；平台固动通用，工作高效快捷；网格规范管理，责任落实到人，达到了“全体人员、随时随地、视频监控、数据分析、全业务办理”的建设目标，积极践行国

润州区2016年度突发地质灾害应急演练 （国土润州分局 摄）

“i国土”综合动态智能监管平台　　（国土润州分局　摄）

土领域的效能革命。

【队伍建设不断深化】　一是全力开展“两学一做”学习教育。5月20日召开“两学一做”学习教育动员部署会以来，国土润州分局各支部狠抓学习，全力做到学习教育与日常工作紧密结合，严格按照学习要求，有序、有计划地完成了局方案安排的学习内容。二是落实“两个责任”，落实一岗双责，强化责任意识，没有出现一起违反“八项规定”“十项禁令”的案件。三是打造廉政文化长廊、党员活动室，建设全市国土系统廉政文化建设示范基地。

## 安全生产监督管理

【概况】　2016年，全区认真贯彻落实上级关于安全生产工作的指示精神，切实吸取靖江“4·22”火灾事故教训，结合实际，突出重点，狠抓薄弱环节，做到了责任明确，措施到位，有效预防和减少了生产安全事故的发生，促进了全区安全生产形势持续稳定。

落实职责，夯实安全生产工作基础。一是层层落实安全生产职责。区委常委会、区政府常务会议多次专题听取安全生产工作汇报，分析全区安全生产形势，研究部署安全生产工作，保证了全区安全监管在更高层次上抓落实。2月25日，召开了全区安全生产工作会议，全面部署了2016年的安全生产工作，并与全区17家安全生产考核单位(9个街道园区、8个政府部门)分别签订下发了2016年度安全生产责任书和任务书，层层分解落实目标任务，进一步完善各地各有关部门目标责任考核办法，健全安全生产控制指标体系。二是不断加强基层安监能力建设。针对“安监工作人员带有原罪”这一现象，区安监局大力加强思想建设。克服局机关人员少、事务多、任务重、责任大和基层监管队伍薄弱的实际情况，以规范化建设为抓手，通过建章立制、考核激励、责任追究等形式，引导安监机构和安监人员把工作的着力点放在扎实开展安全生产标准化建设、安全生产事故隐患排查治理体系建设等重点工作上，结合安全生产专项经费等制度，充分发挥杠杆作用，推进各安监站进一步完善自身能力建设。2016年，全区将街道(园区)安监办(站)规范化建设纳入安全生产目标管理责任制考核内容，进一步明确街道(园区)安监办(站)的队伍建设、工作职责和硬件建设的总体要求、基本标准，进一步细化工作措施，明确实施步骤，加强统筹协调，积极开展创建达标活动。全区共有5个街道获省级安全生产专项资金10万元的奖励。三是进一步落实企业安全生产主体责任。以安全生产信息平台建设为抓手，充分发挥企业在安全生产方面的主体作用。各街道(园区)和部门分别与辖区单位和所属企业签订年度安全生产责任状，将安全生产工作目标和责任落实到

廉政文化长廊　　（国土润州分局　摄）

每个环节,健全安全生产责任体系和各项规章制度,不断强化安全生产基础,落实安全生产职责。继续开展专家剖析式安全检查制度、加油站例会制度、烟花爆竹批发企业主要负责人安全履职定期报告制度和安全生产约谈制度。依法督促重点高危行业加大安全投入,用于隐患整改和安全条件改善,有效促进了企业落实安全生产主体责任。四是全面开展安全生产大检查。2016年,全区开展了元旦、春节期间安全生产大检查,高温季节和汛期安全生产大检查活动,区领导已带队检查企业50家次。德桥仓储有限公司"4·22"火灾事故发生后,及时在全区范围内组织开展了安全生产大检查。共检查企业146家次,查出隐患520条。突出对易燃易爆物品和危险化学品生产、储存、经营、使用等各环节的安全监管。检查危险化学品企业19家/次,下发各类文书19份,检查出各类隐患63条,全部整改完成。7月份,根据季节特点,及时召开了夏季高温和汛期安全生产工作会议,将"雷雨季节、高温季节建议停止和限制的作业类型"作为这一时期的检查重点。全区检查企业220家次,查出隐患569条,全部整改完成。五是强化宣传培训。重点宣传《中华人民共和国安全生产法》《江苏省安全生产条例》等安全生产法律、法规。宣传对象重点是生产经营单位主要负责人、企业员工和外来务工人员。利用各类载体,面向社会公众,广泛开展安全生产法律法规常识宣传,并通过发放安全宣传画册、安全生产知识读本,开展培训等形式,向公众传播安全文化。先后组织开展了危险化学品、工矿商贸、烟花爆竹等经营单位法律法规知识培训班,参加培训的生产经营单位主要负责人和安全管理人员共850多名。组织开展了以"强化安全发展观念,提升全民安全素质"为主题的"安全生产月"系列活动。开展了安全生产宣传咨询、"安康杯"知识竞赛、送安全培训到企业、在区电视台播放宣传片等活动,全区各级和企事业单位共张贴和悬挂安全标语和横幅300多条,张贴宣传画800多幅,免费发放宣传单和法律法规读本2600多份,在全社会营造了安全生产的浓厚氛围。

突出重点,开展安全生产专项整治活动。一是全面开展危险化学品专项整治工作。成立了由区长高国成任组长的全区危险化学品安全专项整治领导小组,及时召开了全区危险化学品安全专项整治工作会议,明确了危险化学品专项整治的目标、步骤、方法和整治重点。在专项整治工作中,对43家企业进行排查整治,查处违法违规单位9家,提出整改建议45条,整改事故隐患30项,将存在一般安全隐患的9家企业列入"蓝表",责令限期整改到位。对镇江乙炔气厂、镇江润州金华氧气厂、中石油4个加油站、江天客运加油站、道达尔加油站等9个单位下达了《责令限期整改指令书》,促使企业对存在的安全隐患进行整治。此次专项整治,区安监局将使用危险化学品的重点非化工企业也列入排查对象,对镇江船厂、江苏柳工、怀特驱动、华印电路等10家企业进行了排查,总体情况良好。二是认真开展烟花爆竹专项治理工作。对全区44家烟花爆竹零售网点和2家批发企业开展了执法检查,结合烟花爆竹零售许可证换发工作,严格对辖区内的零售网点进行安全生产条件评估,按照专项治理方案的要求,对"前店后宅、下店上宅"的零售网点坚决予以取缔,坚决淘汰安全经营条件不符合的网点。2016年,共处理"12345"举报2起,会同公安、市场监管局、城管局联合执法3次,查处无证经营销售点2家,没收非法销售烟花爆竹300余枚,已全部销毁处理。三是扎实开展重大隐患治理工作。2015年8月,镇江市食品有限公司冷库与周边居民区因安全距离严重不足,被省安委会列为重大安全隐患挂牌督办单位。区委、区政府领导高度重视,多次前往食品公司督查督办,在市政府及相关职能部门的监督下,认真落实属地管理责任,多次邀请专家对镇江市食品有限公司冷库进行安全隐患排查和治理。成立了由胡如明副区长任总指挥的"镇江市食品有限公司冷库液氨回收工作指挥部",7个部门以及和平路街道共同参与,制订了详细的液氨回收工作方案,从后勤保障、环境监测、安全警戒、车辆通行、应急救援等方面提供了全方位保证,于9月7日实施液氨回收工作,经过五个昼夜的全力奋战,顺利完成了冷库的液氨回收,11月1日省安委会已发文销号。四是严格落实职业病防治工作。在大力宣传《职业病防治法》的基础上,结合全区实际,对水泥制造、金属船舶修造、石材加工等企业相继开展了调查登记和专项整治行动,工作场所职业病危害项目网上申报范围不断扩大,全区申报企业111家;其中新增申报登记6家,变更申报登记4家。乙炔气厂、707制药厂、金港磁性、怀特驱动等10家企业的职业健康台账资料接受了国家总局的评查。对普尔利斯(中国)环保分离设备制造有限公司职工疑似职业病诊断和鉴定进行了跟踪管理,督促企业及时开展职业病检查,并指导企业建立职业病监护档案,确保职业卫生监管工作规范有序地运行。

改善方法,提高科学监管水平。一是充分利用安全隐患排查治理信息系统,全面提升安全隐患自查自报工作。以隐患排查治理信息系统为载体,定期检查各企业隐患排查上报情况,对不上报隐患和上报零隐患的企业进行现场检查,督促企业加强隐患排查治理工作。对隐患上报不及时、连续三个月零隐患上报的单位进行执法检查,下发整改通知书,责成企业落实好主体责任,定期上报隐患排查治理情况。全区共265家注册企业,系统已覆盖全区规模以上企业。2016年,共计自查隐患2751条,整改2747条,隐患整改率99.9%。二是以推进企业创建安全生产标准化为契机,全面提升安全隐患排查治理能力。在企业标准化达标创建推动工作落实的过程中,以服务企业为出发点,及时掌握企业创建工作动态,加强工作指导和帮助,逐步推进企业实现安全管理标准化、作业现场标准化和操作过程标准化,不断提高企业安全生产水平。2016年,全区企业安全生产标准化达标工作有序开展,共有126家企业完成了标准化达标创建工作。三是全力推进"互联网+安全生产平台"建设,探索和实践动态监管模式。市安监局"互联网+"安全生产现场会之后,区安监局组织全局人员进行了学习和调研,邀请技术人员讲课,传达平台建设的重要意义和具体效果。依托已建成的隐患排查信息系统,督促企业安装安全生产智能终端,将企业隐患纳入系统平台管理,探索和实践动态监管与科学决策的安全监管信息化工作。

(区安监局)

## 交通管理

【概况】 2016年,区交通运输局围绕年度目标任务,以项目建设为重点,紧抓交通建设不放松、强化行业服务不动摇、严抓队伍建设不懈怠,聚精会神谋发展,从严从实抓党建,凝心聚力、砥砺奋进。坚持"三着力三突出",着力要素集聚,突出重点项目,交通基础设施建设有新突破。着力行业监管,突出依法行政,交通运输服务水平有新提升。着力理论学习,突出作风建设,交通党建文明工作有新进展。

润州区境内公路总里程为238.517公里(不含城市主干道)。公路密度达179.77公里/百平方公里。其中,高速公路10.023公里,一级公路76.467公里,二级公路19.546公里,三级公路6.541公里,四级公路125.93公里。公路客运站场3个、长江汽渡1个、港区1个(码头泊位31个);铁路站2个,其中京沪高铁润州区境内全长9.41公里。

2016年,完成公路货运量308万吨,货物周转量3.75亿吨公里。

切实加强交通执法队伍建设,教育交通执法人员牢固树立执法为民的观念。组织运政执法人员参加省交通运输厅组织的法治轮训学习,所有参训的执法人员成绩合格。

加强廉政建设,开展"学习十八大精神,永葆清廉本色"主题教育活动,深化党务公开,完善廉政风险防控机制,筑牢思想道德和党纪国法两道防线,努力从源头上预防腐败,打造廉政阳光交通。

加强作风建设,把服务基层、服务群众作为创先争优的重要内容,结合领导干部下基层"三解三促"、结对帮扶、"四万四实"等活动,踏实践行群众路线,推动全局党员服务能力和水平的提升。

【基础设施建设】 完成对润州区境内的和高线、龙门港支线、石韦线、茅以升大道及南徐大道西延五条县道公路网规划。蒋乔街道修复蒋家门至润兴路的水泥路面1300余平方米,疏通排水沟约7公里,新增道路绿化500平方米,投资新建4米宽直通嶂山水库和公墓的水泥路面,投入35万元。韦岗街道取缔各类违章搭建、占道经营15处,清理排水沟400多米,投入10多万元对村韦岗一、二组道路破损进行修复重建,每年投入30多万元对路网道路实施市场化保洁。工业园区老跃进路长年失管,前期已投入约30万元对老跃进路进行大修。官塘街道修复了官驸路路灯,以方便了学生夜间的出行。七里街道加强对宁镇公路两侧及凤凰山公园路面水系的清理工作。南山街道对观音山路、王家湾路都进行了一定程度上的拓宽、改善,大大方便了村民的出行。

【行业管理】 区交通局以"服务型管理、人性化管理、规范化管理"为基础,不断提高交通管理和交通服务的能力。2016年,共办理业户审验1802户,车辆审验2305辆,办理新增车辆开户105户,道路运输证163辆,组织质量信誉考核12户,业务培训37户,整理营运车辆技术管理档案407件,运政管理信息系统登录率达100%。

【安全生产】 区交通局与各科室和部门签订了安全生产目标责任状,以"安全生产月"等重大活动为载体,开展形式多样的宣传教育活动,使安全意识深入人心,全年未发生重大、特大责任安全事故,安全生产形势持续安全稳定,安全生产大检查台账资料齐全。

【党建工作】 区交通局围绕"两学一做"学习教育活动工作要求,积极开展"三会一课",创新学习方式方法,全方位,多角度开展学习活动,提高党员破解难题,推动发展的能力。对照"双型"先进党支部标准,不断发挥基层党组织推动发展、服务群众、凝聚人心、促进和谐的先锋模范作用和党员干部密切联系群众、优质服务群众的先进性作用。

(宋 斌)

## 人事劳动管理

【概况】 2016年,区人社局在区委、区政府的坚强领导下,紧密围绕"五城共建",以"两学一做"学习教育为契机,立足"马上就办,真抓实干"的工作作风,切实强化创业就业、社会保障、人才服务、劳资和谐、窗口建设等工作,在扎实推进中有力有效，在开拓创新中量质齐升，全区人社事业持续良好向上，城镇登记失业率牢牢控制在2%以内，“城镇居民人均可支配收入”增幅8.1%，为建设“强富美高”新润州提供强有力的人力资源和社会保障支撑。

**【创业就业工作】** 开展精准化援助行动，进一步推进“就业110”制度落实，为就业困难人员和招工困难企业提供政策咨询、就业指导、免费培训等服务，帮助就业困难人员实现再就业1162人。主动策应供给侧改革，帮助88家单位落实稳岗补贴113万元。突出政策驱动，落实创业补贴、小额担保贷款等优惠政策，惠及34人共10.2万元。鼓励高校毕业生创业就业，培育省级大学生优秀创业项目5个，落实奖励资金50万元。探索建立“互联网+”创业服务平台助推失地农民创业就业。

**【人才引进工作】** 聚焦“高精尖缺”人才引进，深入到南昌、西安和云南等10所高校，开展系列招才引智活动，引进本科毕业生1210人，其中硕士以上120人。全面做好省市级各类人才项目申报，申报“金山英才”计划106人、省“双创”计划11人、授权专利40项，引进2名博士进站，博士后在站比2:1，居全市第一，发放各类博士后专项津贴、资助、奖励共211.9万元。以博士后科研流动站为依托，推动博士后及其合作导师的科研成果转化、促进高新技术企业孵化，成功获批“江苏省博士后成果转化试点基地”。助推企业建立“首席技师”制度，新增2名市、区两级首席技师。开展专业技术人员知识更新工程培训5500人，首次将全区教师、医务人员和环卫所人员纳入培训体系。

**【劳动仲裁工作】** 在工业园区建设全市首家“巡回仲裁庭”，打造基层矛盾化解调处升级版，切实维护好辖区内“僵尸”企业、去产能单位所涉及的集体劳动争议和女职工权益，有效地促进了基层劳动关系稳定和谐。放大“海燕工作室”品牌效应，提炼和推行“海燕工作法”，预防劳资纠纷50余起，5日之内快速解决劳资纠纷70余起，受到企业和职工的好评。开通微信公众号，推送劳动法律法规知识30余次。创新劳动监察执法，成立“劳动监察流动服务站”，对劳资双方进行劳动法律法规宣传和职业道德教育，服务辖区内企业900余家，发现并纠正违法问题360余次。

**【人事管理工作】** 研究并制定不同类型事业单位岗位设置方案，建立事业单位岗位动态管理机制。继续做强“考评录聘”阳光工程品牌，完善事业单位招聘结果备案和信息备查制度，成立事业单位公开招聘两个资格审查领导小组，全程留痕，堵塞漏洞，招录公务员23人，事业编制63人，实现公开招聘零上访、零矛盾、零纠纷。组织完成6家新批参公单位培训、考试及登记工作，落实好公务员法配套法规。深入推进公务员职业道德建设工程，完成公务员能力建设培训600人次。结合机关事业单位养老保险制度改革，畅通机关事业单位人员正常退出渠道。坚持“以人为本、用心服务”的理念，扎实推进军转安置工作。

**【为民服务】** 立足群众需求，夯实人社服务平台建设，优化服务内涵，实现服务从“窗口”延伸到“门口”，新增5家市级人社基层服务标准化建设示范平台。健全制度，严格执行服务承诺制、限制办结制、一次性告知制，新推综合柜员制，坚持当日事当日毕，实现人社业务办理高效便捷。强化信息宣传，通过配强人员，加大经费投入，充分发挥信息宣传员的骨干作用，平面媒体蝉联全市第一。注重舆情监控，及时回应群众来信来访74起，满意率逐年提升。

**【党建工作】** 牢牢把握“老百姓的事就是党组织的事；事关群众利益的事坚持马上就办；我们的办法多一点，群众的心就暖一些”的工作理念，扎实推进“两学一做”学习教育，创新开展“五进五送”“先进事迹报告会”“马上就办，真抓实干”主题演讲等活动，确保学有实效、做有实绩。持续深化作风建设，扎实开展“三亮三比三争”主题实践活动，强化群众意识，提升服务效能，“马上就办，真抓实干”的工作作风在全局上下蔚然成风。开设“人社大讲堂”，引导普通党员走上讲学平台，全面提升队伍素质。坚持从严治党，严格落实党风廉政建设“两个责任”，积极把握运用执纪监督“四种形态”，开展党风廉政建设督导检查，持续抓“四风”问题，对照省委巡视组反馈意见落实整改，惩治和预防腐败体系不断健全，全局上下形成了“风清、气正、心齐、气顺”的良好氛围。

（区人社局）

## 物价管理

**【概况】** 2016年，区物价局在市物价局的精心指导下，紧紧围绕区委、区政府工作中心，深入学习贯彻中共十八届三中、四中、五中全会精神，紧扣改革、监管两大主题，大力开展收费清理改革，全面加强市场价格监管，积极做好为民价格服务，全力营造优良价费环境。

**【深化行政审批制度改革】** 为深入贯彻《江苏省物价局、江苏省财政厅关于健全收费管理制度加强事中事后监管的通知》精神，根据市物价局、市财政局统一部署，区物价局于2016年4月1日起，在全区范围行政事业单位、政府定价的经营服务性收费单位开展了收费情况年度报告和收费统计工作。全区行政事业性、政府定价的经营服务性收费单位总数为85家,行政事业性收费项目涉及19个部门(系统)39个项目、政府定价的经营服务性收费涉及13个部门(系统)21个项目,2015年度收费(含经营服务性)总金额33136.47万元,支出32691.89万元。

**【开展减负帮困"轻风"行动】** 为贯彻落实省委、省政府《关于全面推进价格机制改革的实施意见》,根据省物价局《关于开展清费降本减负政策落实情况专项督查》和市物价局《关于在全市价格系统开展减负帮困"轻风"行动的通知》。区物价局局长李伟陪同市物价局纪委书记黄亚平多次走访五洲创客中心、睿泰数字产业园中的重点企业,对照润州区行政事业性收费目录清单和政府定价的经营服务性收费目录清单,全面落实涉企收费各项优惠、减免、免征政策。并通过多种形式,将镇江市涉企行政事业性收费目录、镇江市政府定价经营服务性收费公示目录和相关价费文件及时发放到全区重点园区和重点企业。同时,区物价局也及时梳理规范出台润州区行政事业性收费目录和润州区政府定价经营服务性收费目录两个清单,并将清单全面发放,及时对这两个清单进行动态更新。

**【深化经营服务性收费清单制度和涉农收费公示制度】** 2016年,区物价局按照市物价局要求,对全区经营服务收费项目进行清理,制定了《润州区政府定价经营服务性收费目录清单》,并以区政府文件形式向全区进行了发布。同时按照省、市要求,会同财政局,对全区行政事业性、经营服务性收费项目、标准进行了核对,齐抓共管,共同抓好全区收费行为的规范工作。对市、区两级行政事业单位涉及润州范围的主要涉农价格和收费目录进行了梳理、规范,出台了润州区主要涉农价格和收费项目目录,进一步提高了涉农收费的透明度,减轻了农民负担。

**【推进平价商店提档升级,促进平价商店发展】** 开展"平价商店规范年"和"平价商店满意行动",一是规范门头标识,提升平价商店形象;二是强化平价商店的考核机制,实事求是逐项考核;三是加强平价商店日常监管,聘请义务监督员加强第三方监管。经过年度考核,全区1家平价店被省市考评为2015~2016年度一等奖、4家平价店获二等奖、6家平价店获三等奖,分别给予5万元、3万元、1.5万元奖励;3家平价店在活动中被网民评选为"优秀平价店",分别给予2万元奖励,另外年内新创建2家平价商店,较好地调动了平价商店提档升级、稳价保供的积极性。

**【规范物业服务和停车收费管理】** 一是全力贯彻落实《镇江市物价局 镇江市住房和城乡建设局关于印发镇江市区物业服务收费管理实施办法的通知》《镇江市物价局 镇江市住房和城乡建设局关于公布镇江市区住宅小区汽车停放费和车位租金标准的通知》和《镇江市物价局 镇江市住房和城乡建设局关于明确市区普通住宅装饰装修管理服务费标准的通知》三个文件精神,对润州区万科蓝山、雅居乐等8个住宅小区的前期物业公共服务费进行了备案。二是积极疏导开发公司、物业公司、业主之间的收费矛盾,主要配合区住建局、属地街道疏导了国信宜和、远洋香奈等6个住宅小区汽车停放费及租金标准矛盾,现场解答了业主提问,对开发公司、物业公司收费政策进行了现场指导。三是书面解答物业信访咨询件4件,电话咨询件8件,一定程度上缓解了业主与物业公司、开发公司之间的矛盾,为社会和谐环境的营造起到了一定的作用。四是根据《镇江市物价局 镇江市住房和城乡建设局关于明确市区普通住宅装饰装修管理服务费标准的通知》,全面规范了前期物业服务收费行为,提高前期物业服务收费透明度、服务质量透明度,全力维护业主和物业企业合法权益,促进了全区物业服务企业健康发展。

**【价格监测网点建设】** 一是按照市物价局价格监测工作要求,继续将王家巷农贸市场作为零售价格常年监测点,承担农贸市场粮食、食用油等7大类49个品种的零售价格监测。将镇江凯天工艺品有限公司作为企业付费常年监测点,主要担负每月上报企业付费具体项目、标准的监测数据。全年,共监测上报数据72批次,采集的所有数据及时、准确、质量高,其中,农贸市场监测61次、企业付费监测6次。上报监测分析材料6篇。二是协助市物价局监测中心开展好长江流域江鲜价格指数编制工作,将毕士荣江鲜馆数据监测采集点,对江虾、江蟹等7个品种进行时令监测。并协助市物价局监测分局做好五洲山茶场、南山茶庄茶叶成本监测工作以及全市二手房价格监测工作。

**【开展涉企收费专项检查】** 根据省物价局《关于组织开展涉企收费减免政策落实情况专项检查的通知》精神和市物价局的统一部署,2016年3月~5月,区物价局在丹徒辖区范围内,检查了市物价局分工的5家单位及交通局下属4家单位。查出的问题是:应于2015年11月1日起取消的道路运输许可证工本费仍然有在收取的情况。

**【开展商品房销售明码标价专项检查】** 根据省、市物价局开展商品房销售明码标价专项检查的统一部署,区物价局从5月份开始按照市物价局的分组安排，在辖区范围内对商品房开发企业商品房销售明码标价情况进行了检查，共检查单位2家，从检查情况看，所有在售商品房楼盘都能做到明码标价。发现的主要问题有：明码标价的规范化、标准化不够，公示的标价信息不齐全。对检查出有问题的单位责令其立即进行整改。

**【做好市场价格网格化监管工作】** 根据市物价局《镇江市日常市场价格监管工作网格化实施方案》，结合润州实际，努力创新市场价格监管体制，制定了工作方案。一是加强组织领导。成立由局长任组长，检查分局局长任副组长的日常市场价格监管工作网格化管理领导小组，全面负责全区日常市场价格监管网格化管理工作。二是做好网格划分。按地域划分9个“网格”，分别由9名价格监督员按区域划分负责监管责任。并依托主要经营实体(商贸区域、商场、超市)划分6个“单位”，划网定格、以格定人、以人定责。三是明确工作任务。网格化市场价格监管以规范明码标价、禁止价格欺诈为工作重点，明确了价格政策宣传、日常检查规范、组织典型引导、开展诚信创建、协助矛盾调处、价格信息采集共六个方面主要任务。坚持“谁主管、谁负责”的原则，做到各司其职，各尽其力，切实将各项工作任务落到实处，抓出实效。

**【规范市场价格行为】** 区物价局开展多种形式送政策、送培训、送服务进商场、进企业。一是以价格服务进专业市场为突破口，以月星·九润家居广场等单位为示范典型，通过服务指导、提醒告诫、监督规范等方式，大力普及明码标价工作。二是邀请市物价局“巡回讲堂”的辅导员走进润州进行讲课，在月星九润国际家居广场进行了2场价格政策培训，参加培训人数110人，发放宣传资料328份，通过培训，增强了经营者的价格法律意识。

**【畅通举报渠道，切实维护群众利益】** 价格举报工作是价格监督检查工作的重要组成部分，是价格工作的窗口。对群众来访、来电、来信，努力做到件件有落实、事事有回音，从而取信于民。2016年，共受理各类价格举报、咨询案件94件，其中咨询案件87件、举报件1件、投诉件6件，办结率100%，切实维护了人民群众的切身利益。特别是圆满办理了3起职业价格举报案件，进一步提升了依法行政水平。

**【着力提高认证工作水平】** 一是服务政府重点民生建设项目。区物价局参与了征润州取水口环境整治项目的调查评估工作，项目涉及单位14户，房屋建筑面积1.82万平方米。二是服务城建重点工程建设征收拆迁资金概算和评估工作。2016年，区物价局完成国有土地上房屋征收资金概算4个，涉及4630户，房屋建筑面积38.6万平方米，概算金额38.83亿元。在继续做好鲇鱼套、嶂山站前广场拆迁扫尾工作的同时，参与243省道的搬迁评估工作，涉及55户，房屋建筑面积3.067万平方米。参与黄鹤山路拓宽项目的征收评估工作，涉及单位1户，房屋建筑面积1.05万平方米。此外，区物价局还积极投身太古山地块助征工作，为城建重点工程建设尽心出力。三是服务全区危房、空斗墙房屋解危工程。区物价局受市、区两级征收部门及金山、和平、宝塔等街道和南山联合社区的委托，承担了小街、金山新村等地块161户、0.58万平方米的资金评估工作。四是巩固司法鉴定和评估工作。2016年，完成了法院委托的司法鉴定3件，鉴定总金额4.79万元；完成社会评估17件，评估总金额5426.06万元。五是开展涉纪财物价格认定工作。完成了区监察局委托的涉纪财物价格认定1件，认定金额1.53万元；六是继续服务全区车改工作。受区车改办等数家单位委托，共对20辆公车进行了评估，评估金额122.24万元。

**【党务建设】** 区物价局认真开展“两学一做”活动，积极争创全区“法治型、服务型”三星级先进党支部。组织全体党员有重点的学习《党章》《宪法》《条例》《准则》《习近平总书记系列重要讲话读本》和《中共中央关于全面推进依法治国若干重大问题的决定》，及时学习十八届五中、六中全会精神，进一步打牢全局党员干部政治思想基础，增强依法治国的思维意识。组织党员干部积极参加区党章党规知识竞赛，参观南京大屠杀纪念馆和“宝堰新四军四县抗敌总会纪念馆”，强化党员意识，发扬革命传统。坚持开展书香机关活动，向党员干部推荐好书，大力弘扬法治文化。

**【机关作风建设】** 区物价局始终绷紧作风建设这根弦，抓常、抓细、抓长。对价格工作进行深入调研，认真实施物价系统“减负帮困轻风行动”“平价商店满意行动”“停车收费整治行动”等五大行动，在稳物价、惠民生上作贡献，在价格改革中积极作为。通过一系列的工作措施，转变和加强工作作风，坚决杜绝“慵懒散”作风。继续开展“三解三促”和“四万四实”活动，落实“三严三实”要求，领导干部通过下基层调研、走访等各种形式，为联系单位和结对户解决实际困难，着力打通联系服务群众的“最后一米”，进一步密切党群关系。局领导以身作则，带头执行中央“八项规定”和省、市、区委十项规定，严格执行机关各项内部管理制度，进一步强化机关作风建设。

**【文明创建】** 区物价局以“积聚正能量、打造新物价”主题活动为统揽，以创建活动为契机，形成人人忙创建、个个讲文明的良好局面，全面提升队伍的综合素质。与结对共建企业和社区联系，走访慰问“镇江好人”和困难群众，开展形式多样的志愿服务。积极投身全市文明城市创建活动，全面展示物价志愿者队伍的良好形象。

（区物价局）

# 市场监督管理

【概况】 2016年，区市场监管局在区委、区政府正确领导下，围绕服务发展主线，着眼供给侧改革要求，以“简政放权、放管结合、优化服务”为着力点，全面履行市场监管职能，为润州经济社会发展作出了积极贡献。区市场监督管理局被评为“2013～2015年江苏省文明单位”，被镇江市委、市政府表彰为“2012～2014年度文明行业”；“农贸市场抽检检测室和商品溯源系统”“万达诚信示范街电子信息平台”建设被列为镇江市2016年度重点民生项目，“建设农贸市场信息化远程信用依法监管平台”被表彰为2016年度镇江“十大法治事件”；编撰的《第三季度润州区市场主体发展情况分析》受到区委书记王冬生的批示表扬；首次获得区机关绩效管理考核一等奖。

深化改革促发展，经济提质增量成效明显。一是落实商事制度改革，推动市场主体发展。围绕经济建设中心任务，积极做好服务发展、服务群众、服务创业工作。落实“五证合一、一照一码”“两证合一”登记制度改革，并制定食品经营许可权力清单和名录，建立食品经营许可证限时办结制度，对营业执照、食品经营许可证一窗受理、证照同发进行并联审批。2016年，全区新增各类市场主体5534户，同比增长50.09%；注册资本总额125.88亿元，同比增长39.14%。新办食品经营许可证1668户，企业变更1498户，企业营改增换照3185户。二是加大职能服务力度，实施质量强区战略。开展“问需求、优服务、提效能、促改革”大走访，服务企业转型升级，促进品牌经济发展。筛选10家企业作为重点名牌产品对象、2家企业作为市长质量奖对象进行培育；启动中船动力有限公司新型船用中速柴油机“2016年度江苏省战略性新兴产业标准化试点项目”建设。镇江金莲食品有限公司“金莲”商标被国家工商总局认定为驰名商标，实现辖区驰名商标零的突破。2016年，发展驰名商标1件、著名商标6件、知名商标2件、马德里国际注册商标2件；清理异地经营企业171户，扩大了税源主体。三是改进服务方法手段，提升登记注册效能。创新服务方式，努力提升服务效能。推行“告知承诺”登记工作机制，推出食品经营(餐饮服务类)许可申请行政建议书，启动餐饮行业许可上门预约服务，实行登记材料后补制，不断加快简便快捷化登记注册进程；推进全程电子化登记工作，实现以电子营业执照为支撑的网上申请、受理、审核、发照和公示工作，发放电子营业执照1000余份。

着眼监管抓转型，社会消费安全逐步强化。一是推进企业信用监管。着眼宽进严管要求，积极推进证照联动监管，加快信用监管为核心的新型市场监管体系建设。抓好2015年度市场主体年报工作，发送年报提示信息40375份，公司及分公司年报率达71%；落实“双随机”抽查制度，全面推行经营异常名录、严重失信企业名单公示制度，将未按时完成2015年企业年报的2125户企业，9户农专户列入经营异常名录；依托“一中心一平台”加强网络监管，辖区101个网站完成“工商网监”电子标识申领业务，查处网络案件3起。第五分局“一中心一平台”应用和工商网监电子标识申领工作成效明显。二是强化市场竞争监管。坚持日常检查与专项整治相结合，严格市场执法监管。组织投资理财虚假违法广告和傍“名牌”行为查处，开展通信服务行业、油品专项整治，抓好无照经营专项整治等市场监管执法工作；并联合公安查处使用甲醛制售鸭血、工业松香代替食用松香制作鸭制品违法行为；对成品油等20大类176个批次的商品进行了抽检。全年立案查处89起，罚没款227.7万元。三是严格食品安全监管。坚持问题导向，严厉打击制售假冒伪劣食品、超标和非法添加等违法行为。共组织实施“节日食品安全整治”“农村食品整治”等13个专项整治活动，对全区48家中小学、幼儿园食堂进行全覆盖检查2次；检查食品生产经营户1678家，下发责令整改通知书26份，下架处理越南酸奶488盒；完成食用油等16大类637个批次食品抽检，和区党代会各类大型活动餐饮安全保障10余次。共查处食品违法案件47起，办结案件40起，罚没款约133万元，扣押不合格食品800多公斤。第一分局为各分局、部门食品安全监管执法工作起到引领带动作用。四是加强特设安全监察。落实安全责任，严守安全底线，开展特种设备安全专项大检查9次，检查相关单位69家，组织人员密集场所电梯应急救援演练4次；改进监管方式，安装气瓶二维码新标识6900个，东篱春晓等两小区44台电梯在市区率先购买了责任保险，华润燃气、朱方路食品冷库两家单位压力管道安装整改顺利结束。润州区大型游乐设施安全管理工作受到副市长胡宗元的充分肯定。2016年度共处理特种设备安全隐患639项，发放特设安全监察指令书16份，移交稽查部门立案查处2起。

突出民生建平台，惠民举措社会反响热烈。一是推进民生工程建设。稳步推进“万达诚信示范街区电子信息平台”“农贸市场抽检检测室和商品溯源系统”建设。利用无线网络将“农贸市场信息化远程信用监管平台”与“农贸市场抽检检测室和商品溯源系统”对接，投入100多台可溯源电子秤和智能触摸屏，在润州王家巷建成全市首家监管部门、市场主办方、经营商家“三位一体”的“智慧菜场”，实现服务民生与市场监管有机统一，并为国家工商总局、江苏新闻公共频道、镇江民生频道等多家媒体和网站报道宣传。同时，运河路等12个“智慧菜场”也已于2016年底建成。二是加大惠民服务力度。加大食品检验检测技术能力建设，筹集资金20余万元建成市区首家食品“快检中心”，并完成310余批次食品快速检测；开展计量为民服务活动，宣传计量常识，免费为居民检测眼镜、检定血压计；加强计量监管，组织春耕农资定量包装商品、加油机、预包装食品专项监督检查与抽查；以国家卫生城市复审迎检工作为契机，突出职能作用发挥，督促整改问题152个，指导悬挂食品经营单位制度公示牌650块。同时，自筹资金8000多元，采购一批白大掛、口罩、帽子等卫生防护物品，有力地规范了全区20个集贸易市场经营秩序。三是做好放心消费工作。强化消费维权品牌建设，加强消费知识宣传，着力抓好“新消费，我做主”3·15主题活动、“尚德守法”共治共享食品安全主题宣传周工作，组织“五进”活动10余场次，发放宣传资料2600余份，现场受理投诉14起，“你点我检”现场检验样品100多种；召开座谈会3场次，举办各类安全培训班4期，培训人员800余人次。受理投诉举报1934余件，办结1837件，为消费者挽回经济损失60余万元。

着眼规范严管理，依法行政效能不断提升。一是推进改革进程，完成机构整合。围绕做精业务科室、做实基层分局、做强执法大队、做细社会网络目标，全面整合监管资源，完成全局6个分局、11个科室、稽查大队的组建，对岗位人员进行优化组合，配强配齐了基层分局监督力量，并重新划分了各分局管辖区域。第二、四、六分局队伍稳定，工作开展起步顺利。二是加强培训管理，夯实队伍基础。把学习培训作为提高业务水平的重要途径，开办“新机构新职能全员素质大提升培训班”，组织全局赴苏州大学进行食品安全监管知识学习，选派业务骨干参加特种设备等技术执法类专项培训，组织案件听证模拟演练，提升监管专业技能，规范执法监管工作。2016年，共组织290余人次参加各级各类专业培训。抓好人员管理，严格上下班制度，落实请销假规定，加强日常工作检查督察。三是规范执法要求，提升法治水平。依据行政处罚法、行政强制法，参照江苏省行政程序规定，制定行政处罚程序规定。制定润州区市场监督管理局《行政执法部门工作职能》《稽查大队岗位职责》《查办重大违法案件督办制度》。加强执法办案督察，组织行政处罚案卷评查及案件交叉核审质量抽查，评查案卷15件，核审案件40件，集体讨论行政处罚案件28件。

突出班子抓队伍，党风廉政建设稳步推进。一是坚持制度引领，加强党委建设。根据润州区基层党委换届选举工作要求，选举了新一届局党委班子，集体领导力量进一步增强；坚持集体领导，严格民主集中制度，大项工作集体研究、合力推动，局党委核心作用突出；坚持制度规范，制定下发《润州区市场监督管理局党风廉政建设“两个责任”目标任务分解》，并与基层分局签订《党风廉政建设责任书》，完善工作考核机制。二是坚持思想领先，严格党员教育。以党委为中心，以支部为纽带，以党员为基础，积极开展“两学一做”学习教育，制定下发《关于在全局党员中开展“学党章党规、学系列讲话，做合格党员”学习教育的实施方案》，严格党员教育；搭建活动平台，充实教育内容，开展“双型”党支部创建，将学习教育融入党内生活、融入日常生活，组织党员向盐城受灾人民捐款11150元。第三分局支部堡垒作用突出，被评为区级四星级“双型”党支部，并被选为“两学一做”市级示范点。三是坚持挺纪在前，严格纪检监察。坚持防范在先，积极开展警示教育，增强了自身拒腐防变的能力和遵守廉洁自律各项规定的自觉性。坚持全面从严治党，贯彻落实党风廉政“一岗双责”，严格执行中央“八项规定”和省、市“十项规定”，结合岗位职能，开展重点领域、重点部门、重点环节和重点岗位的风险排查与防控工作。严格执行领导干部述职述廉、重大事项报告等制度，权力运行程序化和公开透明不断增强。（区市场监督管理局）

## 统计管理

【概况】 2016年，在省、市统计局和区委、区政府的领导下，区统计局认真贯彻省、市统计工作会议精神，全局人员统一思想，群策群力，以提高统计数据质量为中心，以改革创新为动力，以信息化建设为支撑，认真做好各项常规统计和调查任务，继续深化打造“阳光统计”品牌，开拓统计工作新局面，圆满地完成了全年的统计工作任务。

落实“三百行动”，深化“阳光统计”理念。区统计局在全国统计系统内率先提出“阳光统计”的理念，结合市统计局“三百行动”要求，深化“阳光统计”主题，突出“思想阳光、工作阳光、数据阳光”的统计工作理念，展开立体宣传，扩大统计的影响力，《中国信息报》2016年1月18日第5518期刊登了《润州区：“阳光统计”清新有力》的专题报道，从阳光氛围、阳光数据、阳光基层三个方面详细介绍了润州"阳光统计"的先进经验，彰显了润州统计工作的新亮点，得到了上级统计部门的充分肯定。

严把"四上"申报入库关，从源头上提高数据质量。2016年，在基层统计人员协力配合下，认真做好基本单位维护更新及"四上"单位审批工作，全区名录库工作有序推进。做好三经普数据与名录数据的比对、核实、改错以及相关单位的核查、补录；做好"四上企业"及亿元投资单位信息的在库比对、核实、变更维护；精心组织各街道和工业园区名录库维护人员，认真做好省统计局季度反馈工商、税务、民政等部门法人、产业单位的新增入库和审核改错工作。截至2016年年底，合计完成6547个单位的更新维护，并完成全库数据的审核和改错。

加强信息化建设，建成高效完善的统计网络。密切结合统计业务发展的要求，升级了全区统计网络DDN专线，对原有线路进行了扩容，定期更新业务电脑、激打等设备，投资建设了专用机房；及时更新区统计内、外网站，服务器硬件及网络防火墙，配备了空调、灭火器和UPS等专业设施，强化网络建设和计算机应用水平，提高了工作效率，建成全区高效完善的统计网络。

不断强化统计队伍人才建设。通过强化学习，注重实践培训的方式，努力培养和打造一支政治强、业务精、作风硬的统计队伍，重点加强基层统计人员的配备、基础设施的建设，积极开展业务培训，培训重点向基层统计员倾斜，推荐基层统计员参加省、市统计局组织的业务培训，区统计局全年累计培训达27次，全面提升统计干部队伍的自身素质。一是强化学习培训，提高干部队伍素质。坚持不懈地抓政治学习和业务学习培训，制定了全年学习计划，明确学习内容、方式和时间，形成学习制度化。二是注重实践锻炼，增强实际工作能力。积极开展了专业技能培训，全体干部职工按照岗位工作要求，不断学习，努力增强业务能力。三是积极筹备统计系统"工业统计业务技能竞赛"，经过努力，润州代表队获得全市团体第二名的好成绩，2名选手荣获全市"十佳能手"称号。四是加强统计行风建设，树立统计崭新形象。结合全区"两学一做"学习教育，积极开展各项学习教育活动，进一步提升全区统计系统干部的政治思想素质，营造了风清气正的统计工作氛围。

【统计改革】 区统计局认真贯彻落实省统计局"四三"统计工作的新要求，结合润州实际，因地制宜，推进全区统计工作改革。一是在三基方面（强基层、抓基础、固基本）：建立常规业务质量监测制度，提高核算、工业、固投等专业的数据质量，提供真实可信的统计数据。加强基层统计站建设，树立标杆，发挥现有省级示范统计站的作用，促进内部交流，推广先进经验。二是在三补方面（补缺、补短、补软）：优化现有专业设置与队伍结构，加强岗位责任制。对不适应专业要求的岗位及时进行调整。加强统计业务问责制度，细化专业责任，奖勤罚懒，树立系统内部先进典型。三是在三创方面（创亮点、创精品、创典型示范）：加强与区级新闻媒体的合作，宣传一些基层统计的先进典型。继续打造《润州统计年鉴》《润州统计月报》《产业集中集聚集约发展季报》等统计数据产品的知名品牌，发扬工匠精神，力求多出精品。四是在三提升方面（提升领导好评度、提升干部职工满意度、提升社会美誉度）：强化统计分析质量，为领导决策当好参谋。加强对区、街道二级统计系统人员的人文关怀，解决他们工作、生活中的一些困难，增强统计队伍的凝聚力。加强统计工作的宣传，进一步提升了统计的公信力和影响力，让普通群众认知统计、理解统计，支持统计。

【第三次农业普查】 农业普查是全面了解"三农"基本情况、准确把握"三农"发展变化的一项重大国情国力调查，对于科学制定"三农"政策、推动现代农业建设、全面建成小康社会，具有十分重要的意义。根据国家、省、市的统筹安排，区统计局精心组织，深入推进，将农业普查的各项工作落到实处。一是高度重视，切实将普查摆上政府重要议事日程。3月份，区政府下达《关于做好第三次全国农业普查工作的通知》，全面部署润州三农普工作，明确全区普查组织实施方案和职责分工，提出工作要求，为做好各项工作奠定基础。二是认真做好普查机构、人员和经费的"三落实"工作。将普查经费列入年初经费预算，在成立区级普查领导小组及内设机构的基础上，抽调业务精、作风硬、组织协调能力强的人员组成区级农业普查工作班子，落实办公地点及办公设备，确保普查工作的顺利开展。在此基础上，督促各涉农街道于5月30日前全面完成"三落实"工作，特别在普查经费的落实、普查员和指导员的人员选配上给予重点检查指导，为全面开展农业普查创造条件。三是认真筹划、全力推进区级试点。组织业务骨干参加市级试点培训观摩，认真选取试点街道和试点村，加强现场业务培训和指导，努力实现试点工作的"熟悉流程、培训队伍、检验方案"的目的。四是积极开展普查两员业务培训，对基层及时进行业务跟踪与指导，发放普查宣传资料，营造浓厚的普查氛围，全面实施清查摸底工作，为明年初普查的正式开展打下坚实良好的基础。

**【做好各行业经济数据、调查监测数据的报送与发布】** 紧紧围绕全区重点指标，兼顾全局，抓好落实，及时向区领导反映各项指标的完成进度，为区领导的各项工作决策提供全面的参考，为全区上下提供优质的统计服务。一是完成国民经济各行业统计年、定报工作：认真落实完成国民经济各行业统计工作，保质高效地完成了综合、固定资产投资、核算、工业、批零住餐、能源、房地产、建筑业、重点服务业、农业、粮食产量、人口、科技、文化产业、体育产业、劳动、行政区划等专业的年定报工作。二是开展各类专项调查与监测，及时发布统计资料：开展1%人口抽样、月度劳动力、劳动用工、企业创新调查、科技项目情况季度监测等各项调查监测。为市、区级政府提供了真实可信的监测数据。2016年年初发布《润州区国民经济和社会发展的统计公报》，定期发布《润州统计月报》，编纂印制《润州统计年鉴2015》，为全区经济转型发展提供翔实的数据支撑，成为各级领导分析形势、指导工作、制定决策的重要参考资料。

**【依法推进统计法治与双基规范化建设】** 深入各街道、园区、企业进行督查、指导，扎实推进“双基”规范化建设，统计法治建设。七里甸统计站、蒋乔统计站达全省示范级标准，其他街道统计站全部通过了省级规范化验收。一是结合“六五”普法，开展灵活多样的宣传工作，重点加强对各级党政领导和统计人员的普法宣传和教育，有针对性地加强对企业统计法律、法规宣传教育。二是开展以规范化建设和源头数据质量为重点的统计执法检查。2016年，全区确定13家单位作为执法检查对象，对企业的经营状况、财务数据、报表质量和统计人员等情况进行了检查，取得了良好的成效。三是2016年10月14日，区统计局顺利通过了省统计局“规范化验收回头看”检查，省地方调查局基层处处长陈长华在听取了工作汇报，并走访了金山街道、工业园区统计站及2家企业后，对润州统计规范化工作给予了高度评价。四是积极联系有关部门，在“法制宣传日”开展广场统计法宣传活动，进一步深化依法统计的工作理念。

**【强化统计宣传，提升统计影响力】** 一是在当今信息化时代和大数据时代，区统计局不断适应新形势的发展需求，更新统计宣传方式。加强与区宣传部门的密切合作，与润州人民广播电台签订了统计宣传合作协议，创办了《润州统计之声》栏目，每周4次定期宣传统计相关内容，营造氛围。2016年，着重围绕《统计法》《江苏统计实施条例》、三农普等重点进行宣传，解读统计指标、宣传统计法律知识，普及统计知识，解答百姓提问，扩大统计影响，实现了对全区29多万、各类人群的统计宣传的全方位、立体式宣传，收到各方面的好评。二是区统计局与宣传、法制等部门积极配合，开展统计宣传到社区、到乡村、到企业的活动，全年累计下基层宣传达23次，让统计观念更加深入人心。三是创新宣传方式，扩大统计影响。积极向市统计局、区政府办和区委办、《中国润州》网站、区电台投稿，及时更新区统计局统计信息内、外网站，截至目前，共完成统计分析15篇、信息76篇，被市级采用91篇，省局采用18篇，宣传效果显著。

**【全国海洋性调查试点工作圆满完成】** 经国家海洋与渔业局综合选定，2016年4月，润州区被定为“第一次全国海洋经济调查”唯一的非沿海城市非沿海县试点区域。区统计局按照国家及省的统一部署，科学组织，全力推进，以“快、实、准”为要求，积极组织协调，开展调查培训，组织调查摸底，上报统计数据，圆满完成了试点工作，为全国积极探索可复制可推广的经验，取得了显著的成果，得到了国家、省海洋与渔业局的充分肯定。

（区统计局）

## 农　业

【概况】 2016年,润州区农委在区委、区政府的正确领导下,在市农委的有力指导下,认真贯彻落实中央、省委一号文件精神,聚焦"强富美高"新农村建设,加快农业转型升级,推进农村改革发展,促进农民持续增收,推动全区现代农业建设迈上新台阶。全年完成农业大项目投资1.07亿元,实现农林牧渔增加值1.7亿元,粮食单产507公斤,生猪大中型规模养殖比重47%,完成社会资本投农2.08亿元,高效农业保险占比达62.3%。全年农村常住居民人均可支配收入达23674元,同比增幅8.8 %。

【农业项目建设能力提升】 2016年,润州区规范农业项目申报、实施管理、考核验收等环节做法,举办项目申报管理培训班,加强上下衔接,为各类农业经营主体做好技术指导和服务。全年完成社会资本投农资金2.08亿元,其中芳满庭科技园花卉市场投资4400万元建设花鸟市场连栋大棚15000平方米,大桥公园投资3900万元进行绿化建设,"亚夫在线"农业电子商务平台、农批二期建设冷链物流、蓝莓文化体验园前期建设、金莲食品有限公司优质菜籽油加工技改等项目都取得了较好成效。镇江市源春肉制品有限公司投资5750万元,实施了厂区搬迁、生产线提升改造工程,开通了源春肴肉淘宝店;镇江农副产品批发市场有限公司投资1800万元建设冷链物流项目,拓展了市场功能。

【一三产融合初显成效】 2016年,润州区一是注重新型农业经营主体的培育,积极做好省、市家庭农场项目申报、实施、验收工作,成功申报省级和市级家庭农场扶持项目各1个;加强职业农民队伍建设,组建"润州区新农人联合会",不定期开展参观学习、经验交流、理论研讨等活动,提升农业生产技术能力和网络营销水平,促进抱团发展。二是注重新模式探索示范,蔬菜研究所"阳光菜园"众筹项目取得较好的社会影响,发展潜力巨大,开启市民体验参与式农业的新模式;南山农艺积极筹备私人果园和药食同源特种蔬菜众筹项目。三是电商农业发展态势良好。全区有关农业经营主体利用淘宝网、美团网、亚夫在线、微商和自建平台等电商平台实现营销额达130余万元;"亚夫在线"完善农业电子商务平台的功能,建设了订单农业基地173.3公顷,发展市区蔬菜直供配送体系建设;农先生农业电商步入良性发展轨道。

【农业生态环境得到有效保护】 2016年,润州区一是推进绿化造林,全年完成成片造林6.6公顷,新增村庄绿化示范村1个,四旁绿化8万株,森林覆盖率达32.18%。加强森林病虫害的清理,共治理受害林面积39.4公顷,清理病死树株数1371株,松材线虫病发生危害面积和死亡株数同比下降10.0%和11.0%,治理率100%。二是做好测土配方项目实施,组织了全区测土配方施肥技术讲座,在3个街道、4个土壤采集点进行配方放施肥示范;做好农药、肥料减量工程,积极争取省级有机肥项目,形成3个示范点。三是完成辖区内畜禽养殖场全面摸底调查,制定润州区畜禽禁限养区专项整治行动初步工作方案。四是做好外来有害生物防治,完成加拿大一枝黄花防除面积近11.3公顷,美国白蛾、杨舟蛾等有害生物的监测工作进一步加强。五是推进秸秆综合利用,加大了以秸秆机械化还田为主的秸秆综合利用推广力度,基本实现秸秆全量还田,秸秆综合利用率达到95%以上。

**【农村改革进一步深化】** 2016年，润州区一是规范农村“三资”管理。在上年大量调查论证的基础上制定了《润州区农村财务管理制度》，并组织开展全区财务人员培训班，做好村级财务管理工作检查，继续坚持与区纪委、区审计局对2个村开展财务抽审。通过规范村级财务行为，为推进农村集体资产社区股份制改革打好基础。二是推进农村土地承包经营权确权登记颁证。在上年完成入户调查、现场指界、测量制图、公示审核、合同签订等工作前提下，完善了3个村(涉农社区)的农户确权档案建设，开展了韦岗村剩余9个组的确权工作，到年底基本完成颁证和验收，工作进度和完成质量走在全市前列。

**【行政执法力度持续加大】** 2016年，润州区一是加强农资市场整顿。加强农药、疫苗、兽药、饲料等农资市场检查，深入开展春季打假专项行动和各类专项整治行动，全年共出动执法人员190人次，检查农资经营网点40家次，依法保障农业生产安全，维护农民群众合法权益。二是加强森林资源保护管理。严厉打击各类破坏森林及野生动物资源的违法犯罪行为，开展了严厉打击非法占用林地等涉林违法犯罪专项行动，共出动执法人员45人次、车辆17台次对连淮扬镇铁路润州段建设使用林地项目和各街道(园区)山体林地以及江滩湿地等野生动物资源丰富的地区进行排查，发现非法占用林地建墓案件1件，并及时进行了查处。三是坚持长江春季禁渔。加强巡江检查力度，严厉打击非法捕鱼，全年查处违法捕捞案件4起，先后撤除网簖4张计150余米。四是加强质量安全监管。依托乡镇检测站加大对本辖区范围内的蔬菜进行产前、产中的质量安全督查检查的力度，积极配合省市农产品抽检，蔬菜产地检验合格率达100%；加强养殖场户日常监督检查和“瘦肉精”抽检，每月抽检覆盖面达10%以上；加强屠管执法，加大稽查力度，全年共组织行政执法200多人次，查扣违法私宰生猪肉16公斤。五是加强普法宣传教育。组织参加“3·15”消费者维权日活动，开展了春季“放心农资下乡进村”宣传周活动，现场接受群众咨询40多人次，发放识别假伪劣农资品宣传资料、书籍800多份，免费发放种子300多袋。

**【安全生产工作不断加强】** 2016年，润州区一是做好森林防火工作。加强森林防火宣传和护林防火信息员队伍建设，新增和更新宣传牌260余块，建立了30人以上的防火突击队5支，林权单位成立了10人以上的义务扑火队10支，新建护林值班房6个、集中焚烧设施3座。落实森林防火各项制度，全年未发生森林火灾和火警。二是抓好渔业安全生产。建立渔业安全生产网络，加强对渔民的渔业安全生产及科技培训，多次对辖区内的渔船进行查纠，实现全年度无渔业安全生产责任事故。三是保障畜牧生产稳定发展。开展重大动物疫病免疫工作，突出平时防疫与突击防疫相结合。加强屠宰场检验检疫，强化产地检疫电子出证制度。加强对病畜的无害化处理，全年处理病死畜禽3吨。四是落实农机安全生产。集中抓好农机审验，开展农机“送检下乡”活动，发放安全生产信息，对操作手及管理人员培训150多人次，完成职业技能鉴定20人，开展农机联合专项检查2次，抽查农机产品26批(台)次，全年未发生农机责任事故。

**【事中事后监管能力提升】** 2016年，润州区一是全面梳理权力清单，做好“双随机一公开”相关准备工作，高度重视“12345”热线群众反映的问题答复，重塑行政许可、日常监管等管理流程。二是严格规范执法，加强执法大队规范化建设，维护农业法规权威，强化群众维护生态、注重农产品安全的观念。三是加强农业项目和资金监管，制订了润州区农业项目管理制度，加强项目管理和指导，举办项目申报实施培训班，确保项目实施规范，资金使用合规。四是全面落实支农惠农政策，做好各类扶持对象的统计、核对、公示等环节的工作，确保各项支农惠农政策落实到基层、补贴资金发放到农户。全年共发放农业支持保护补贴(耕地地力保护)面积约86.6公顷，涉及农户858户，金额1.48万元；兑付农机具购置补贴资金5.4万元；发放渔民生活补助资金104万元；完成农业保险投保总金额9.27万元，其中高效农业保险占比达62.3%。

(尤昌洋)

## 水　利

**【概况】** 2016年，润州水利工作紧紧围绕区委、区政府的总体部署，坚持人与自然和谐相处的治水理念，以农村水利现代化建设为主线，以重点水利工程基础设施建设为重点，克难奋进、狠抓落实，较好地完成了各项工作任务。

全区共投入水利资金约1500万元，累计完成土石方约50万立方米；完成各项水利工程建设项目10个，其中省级重点水利工程运粮河水利血防综合整治工程基本竣工；除险加固小型水库3座；疏浚县乡河道5条，清淤村庄河塘10条(座)。

**【重点水利工程强势推进】** 2016年，润州区一是运粮河水利血防综合整治工程顺利完工。截至12月28日，完成土方量80万立方米，完成混凝土预制块护坡约16.5万平方米，完成深层搅拌桩约3万延米,完成自嵌式挡墙11.8千米,完成堤顶道路11.8千米,累计完成建设投资约8461万元。二是小水库除险加固工程实现竣工验收。对五洲山水库、六道涵水库、嶂山水库这3座不在册小型水库进行了除险加固,工程总概算931.19万元。12月9日,市水利局组织专家对润州区3座小水库除险加固工程进行了竣工验收。三是团结河(中段)整治工程开始启动。工程概算投资153.1万元,主要内容:河道疏浚783米,杉木桩护岸783米,岸坡整治7332平方米,草皮护坡8798平方米,截至年底,河道土方清淤已经完成,正在进行杉木桩护岸。

**【农田水利基础建设扎实】** 2016年,润州区一是基本完成韦岗燕子窝小流域治理工程。韦岗街道是市水土流失重点治理区,也是较为贫困的丘陵地区,近年来韦岗地区水生态环境继续恶化,旱灾和洪涝灾害频发。工程建设主要内容:疏浚船山河、西古河2条河道长度2.57公里4.4万立方米,护砌燕子窝水库溢洪河1.1千米,护砌渠道1.2公里,新建水闸2座、过路涵3座、修建机耕路1.3千米,栽植经济林6.6公顷,工程核定总投资300万元,工程已经基本完工。二是完成蒋乔街道嶂山村蔬菜基地水系改造工程。工程于7月3日开工,8月15日结束。工程内容包括:对基地内南侧蓄水塘(0.67公顷)在原有的基础上进行扩容改造;对基地东侧排水沟进行改建,长310米,采用砖砌排水沟;铺设直径100厘米混凝土涵管40米、直径80厘米混凝土涵管20米,工程总投资25.07万元。三是完成农村河道疏浚工程。紧紧围绕县乡河道疏浚、村庄河塘整治等重点,全面落实各项目标任务,依据《润州区"十三五"农村河道轮浚规划》,已经完成全部疏浚计划,疏浚乡级河道3条,分别为跃进河、四明河、戴家门排洪河,疏浚总长11.8公里、土方17万立方米,疏浚村庄河塘10条(座),疏浚土方8.5万立方米。四是农村灌排服务模式创新推广工作扎实推进。试点通过润州区安澜水务公司的全面化运作,基本实现了全区农村灌排的企业化运作,使区域内灌排体系功能得到充分发挥,有效地提高了区域农村抗灾保生产能力,减少水土流失,提高灌溉水利用率,降低农作物受灾面积。五是全面推进全区小型水利工程管理体制改革。成立了全区小型水利工程管理体制改革工作领导小组,召开了全区动员大会,调查摸底、整理筛选、分类汇总已经完成,下一步将进入确权发证阶段,对全区范围内的小型水利工程进行登记造册,明确产权,张榜公示,建档发证,建章立制、落实管理阶段,签订管护合同,落实管理资金,全面开展小型水利工程管护工作,强化督查,定期通报,严格考核。同时,抓好资料收集整理,查漏补缺,健全管理档案,对改革工作进行总结验收。

**【防汛防旱工作成效明显】** 3月份开始进行全区汛前大检查,根据排查出来的各类防汛隐患,下达了2016年度全区防汛急办工程建设项目,加大水利基础设施建设的力度,积极组织水毁工程的修复,扎实做好防汛防旱各项准备工作,汛期前总共完成5项防汛急办工程,共计投入74万元;进入主汛期后进一步落实防汛防旱工作责任制、防汛值班制度、巡查制度,完善各类防汛预案,认真做好防汛物资储备,加强专业抢险队伍建设,加强水雨情的监测,加强防办能力建设,确保了主汛期安全度汛,未发生任何险情与事故。11月底完成了全区汛后大检查,根据汛期暴露出的各类防汛隐患,继续加大水利基础设施建设的力度,积极组织水毁工程的修复,为进一步做好防汛工作打下了扎实的基础。

**【加快农村水利现代化建设】**

2016年,润州区结合农业产业结构的调整,着力改造生产条件,全面配套田间工程,新修防渗渠道2公里,新增节水灌溉面10公顷,新增节水能力3万立方米/秒,改造中低产田6.6公顷,新增高标准农田10公顷,改善灌溉面积133.3公顷,改善除涝面积66.6公顷。

**【坚持依法治水】** 2016年,润州区坚持依法治水的基本方针,着力打造现代化的润州水利,积极加大水利法制宣传教育,强化水行政职能。3月22日"世界水日"、3月22日至28日"中国水周"期间,开展了形式多样的水法宣传活动。在常发广场设立水法宣传咨询点,邀请区内书法家为社区居民书写水利作品,印发宣传资料2000多份,发放节水拎袋1500个。在镇江实验学校体育馆开展"百名少儿书水利"书法大赛,使水利知识在校园普及;同时组织开展第二届"我的家乡我的河"主题征文比赛和"水韵润州"摄影大赛,收到来自全国各地的参赛作品上千件,取得了良好的宣传教育效果。全区的节水型社会载体创建工作进一步开展,有两所学校、两个社区和两家企业成功创建节水型社会载体。

(区水利局)

# 润州区史志档案办公室

## 为党管档 为国守史 为民服务

史志宣教进广场活动

清明祭奠烈士

国际档案日宣教活动

工作人员搬运档案资料

库房改造规划

退休老干部参观改造后库房

# 润州区人民检察院

镇江市润州区第八届人民代表大会第五次会议召开，院党组书记、检察长鲁宽出席了会议，并在大会上作检察工作报告

在中交二航三公司召开“清风驿站”建设推进会。院党组书记、检察长鲁宽和二航三公司党委书记周永忠共同为“清风 · 二航三公司驿站”揭牌

举行首批员额检察官宣誓仪式

“康乃馨维权志愿”到社区给老人开展法治宣传

深入社区，接受群众法律咨询

开展“举报宣传周”，向社区居民讲解举报奖励相关规定

康乃馨维权志愿团带头人蒋晓轩来到金山水城社区，向社区妇女宣传《反家暴法》

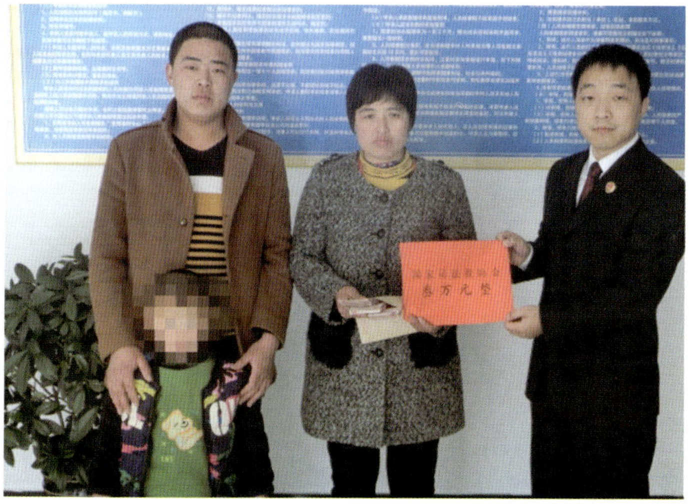

向一起故意伤害案的被害人家属发放司法救助金

联合镇江市关工委组织一批小学生走进检察院，开展“彩虹乐园、相伴成长，争做普法小天使”活动

# 镇江市公安

副区长、分局局长陆金火深入辖区瑞泰知识产业园、“七0七”制药厂等企业开展走访调研

2016年，润州区公安机关深入贯彻落实公安部“大连会议”、省厅市县公安局长会议等重要会议精神，围绕“四项建设”和“一体两翼”的总体布局，突出民意导向、问题导向，以镇江社会治安“首善之区”创建为抓手，整体推进立体化现代化社会治安防控体系建设，进一步提高了新常态下驾驭社会治安局势的能力水平。润州公安分局被授予省级文明行业称号,有15个集体和102名个人被上级表彰奖励，金山派出所被授予市级文明单位称号，民警樊东晓、高永峰分别荣获第四届“镇江最美警察”及提名奖，李祥霖被市委政法委授予“全市政法系统优秀党员干警”称号，张文君被市公安局授予首届“十佳女警”称号、王培峰被市公安局授予“十佳复转军人”称号、黄涛被市公安局授予“十佳效能标兵”称号。

润州公安分局召开中共镇江市公安局润州分局第五次代表大会

# 局 润 州 分 局

润州分局档案工作通过省五星级标准测评

分局将潜逃至埃塞俄比亚的犯罪嫌疑人闫某成功劝返回国投案自首

分局节目《真心英雄》获评市委宣传部、市总工会主办的“中国梦 · 劳动美 · 幸福路”职工职业服装秀活动优秀奖

润州公安分局隆重召开纪念建党 95 周年暨先进表彰大会

# 润州区财政局

2016 年全区财政工作会议

2016年，面对改革发展稳定的艰巨繁重任务，在区委区政府的坚强领导下，全区财政部门坚持稳中求进工作总基调，坚定推进改革，积极应对压力挑战，主动作为、克难奋进，经济运行整体缓中趋稳、稳中向好。

2016 年述责述职述廉述法

润州区区长高国成召集财政等部门研究营改增后建筑业税收事宜

镇江市财政局局长黄万荣到局调研财政工作

召集街道（园区）财政研究营改增后财政工作

研究交流财政工作

与朱方路社区共建开展“两学一做”学习教育活动

与银山门社区共建开展“两学一做”学习教育活动

集中参观新四军江南指挥部纪念馆

全区经济口党章党规知识竞赛

# 润州区人力资

劳动部领导考察润州区平台建设

2016年，润州区人社局围绕“五城共建”，以“两学一做”学习教育为契机，立足五大载体，强力推进“马上就办，真抓实干”的工作作风，在扎实推进中有力有效，在开拓创新中量质齐升，全区人社事业持续良好向上，城镇登记失业率控制在2%以内，城镇居民人均可支配收入增幅8.1%，为建设“强富美高”新润州提供强有力的人力资源和社会保障支撑。

开展人社系统“五进五送”活动

润州工业园区巡回仲裁庭揭牌仪式

党员干部为盐城龙卷风灾区捐款

# 和社会保障局

局长孙祥波定期视察办事大厅

开展主题演讲比赛活动

牵头开展民生口党章知识竞赛

开展宣传劳动法律法规活动

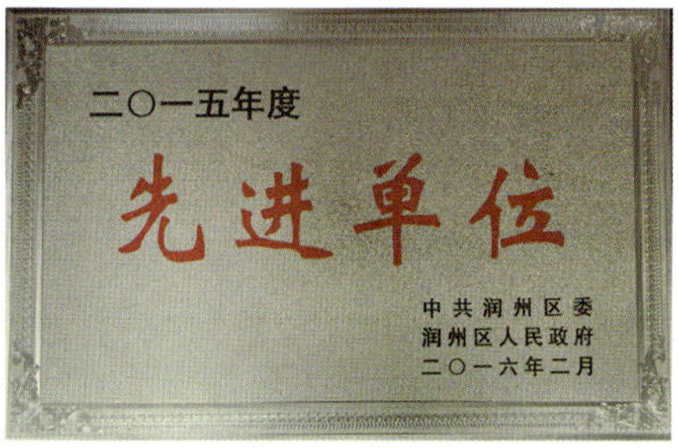

# 镇江市国土资

召开"两学一做"学习教育动员部署会

2016年，在区委、区政府和市国土局党委的正确领导下，润州国土分局以"两学一做"学习教育活动为抓手，主动对接高新区建设、"强富美高"新润州建设，严格按照"保护资源、保障发展、维护权益"的总要求，奋力推动全年各项工作落地见效。被评为"2015年度江苏省国土资源节约集约利用模范县（市、区）""2012~2014年度镇江市文明行业""2015年度土地学会工作先进单位""2016年度镇江市职务犯罪风险防控工作先进单位""2016年度全市系统党风廉政建设工作先进集体""2015年度镇江市市直部门决算工作先进单位"。

润州区2016年度突发地质灾害应急演练

# 源局润州分局

迎新春联欢会

创建“土地执法模范区”

“i国土”综合动态智能监管平台

廉政文化长廊

# 润州区七里甸街道

副省长张敬华一行考察睿泰数字产业园建设情况

召开“双型”先进党支部暨“两学一做”现场推进会，市委组织部副部长徐冀锋，带领各辖市区分管组织负责同志，到七里甸街道万科社区参观考察“双型”先进党支部和“两学一做”学习教育开展情况，并对万科社区党建工作成效给予高度肯定

丹佛斯动力系统工作装置事业部总裁多梅尼科一行到润州考察投资情况

七里甸街道是镇江市新行政中心和润州区政府所在地，润扬长江公路大桥、城际铁路、扬溧高速、312国道等在境内均有接口，坐拥南徐新城“首善资源”，区位优势独特。街道总面积26.22平方公里，街道辖12个社区，2个行政村。

2016年，街道上下紧扣建设“强富美高”新润州要求，坚持“转型、跨越、创新”总基调，紧紧围绕年初提出的目标任务，主动作为、狠抓落实，强势推进各项工作，取得了喜人业绩。

润园党支部开展“两学一做”集中学习

万科社区党总支利用远教平台对党员进行远程教育培训

全市优秀党务工作者王佳在党员家中

为辖区内弱势群体发放困难补助

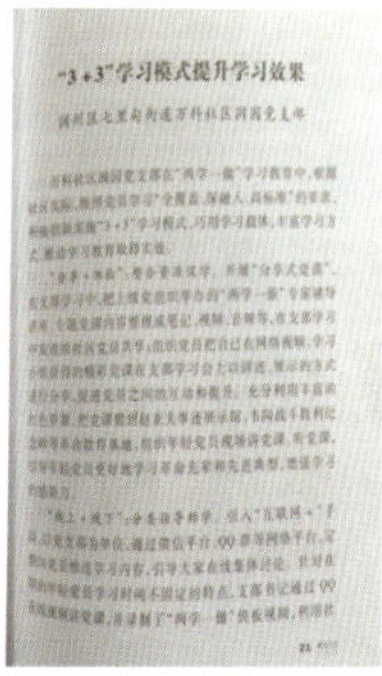

街道结合实际，创新方式，扎实开展“两学一做”学习教育，万科社区润园党支部“3+”学习模式、五洲山村茶叶协会党支部创新产业链上学习教育等做法先后被全市《“两学一做”典型案例选编》收录

开展“就业援助月”专场招聘会

移动物联网产业大厦主体工程封顶

# 润州区官

街道党工委书记 刘春光

街道党工委副书记、办事处主任 戚研

区长高国成考察台江软件园和航天科普园

官塘桥街道位于镇江市南郊，是2011年7月20日由原蒋乔镇拆镇设街后成立的新街道，同时也是官塘新城开发建设的主阵地，街道办事处驻官驸路6号。该街道东毗邻镇江丁卯经济开发区，南相接丹徒新区，西北紧依南徐新城区，辖区有338省道、京沪高速铁路和沪宁城际铁路等交通干线。街道行政区域面积12.26平方公里。2016年完成固定资产投资70亿元、工业技改投资2.28亿元、定报工业销售收入4.60亿元、实际利用外资700万美元、社会消费品零售总额11亿元、公共财政预算收入13000万元、R&D投入指标0.88亿元、高新技术产业产值3.10亿元、发明专利申请量75件。

失地农民学电子商务技能

远洋学校施工现场

# 塘桥街道

林隐茶博园举办的首届茶文化艺术节

街道举办科普宣传周活动

雷锋精神伴我行

健康服务惠及流动人口

街道文体活动丰富多彩

街道举办的首届农民运动会

“小候鸟”课堂来了老外志愿者

# 润州区宝塔路街道

街道党工委书记　赵春雷

街道办事处主任　田伟

宝塔路街道地处镇江市润州主城区，总面积7.63平方公里,下辖11个社区居委会（含1个涉农社区），2016年末总人口69230人，总户数25150户，是全区城市经济的核心区、项目建设的主阵地，是集商贸服务、餐饮娱乐、文化旅游于一体的镇江商业新中心所在地。2016年，街道完成一般公共预算收入4.5亿元，完成总量全区第一，社零总额、工业应税销售完成总量和增幅全区第一；高品质建成全市一流的城际商圈党群服务中心，积极构筑“全领域服务链”；城市管理水平全面提升，万达商圈综合整治、广厦新村片区改造、南苑新村物业提升等工作成效显著，全年大城管考核获得6个优秀；始终把保障和改善民生作为工作的出发点和落脚点，基本完成荣庆里、宝塔路横街等近200户危房解危，在电力路片区首创“标准化、专业化、精细化”工作法，“中心+工作站”体制成效明显。街道全年综合绩效管理考核跻身全区前列，荣获2016年度特别贡献单位。

市领导走访黄山社区

街道党工委扩大会议

“两学一做”党员志愿服务日活动——点亮微心愿，架起连心桥

“两学一做”本土教材——先锋的力量

最美家风展示馆

结对帮扶困难家庭

家在润州广场舞大赛

迎新春送春联活动

老年人象棋比赛

# 美丽新和平

# 润州区和平

党工委书记　王重阳

办事处主任　陆振兴

2016 年度党建工作部署会议

和平路街道环抱金山，滨水而居。街道现辖3个行政村（其中两个渔业村）、3个涉农社区和8个城市社区。陆域20平方公里，水域220平方公里，长江岸线93.56公里，常住人口6.8万人，是融市民、农民、渔民为一体的城乡结合型街道。

2016年，和平路街道始终以党的十八大和十八届全会，省、市、区党代会精神，以习近平总书记视察镇江的系列重要讲话精神为指导，以“四个全面”战略布局为引领，紧紧围绕全面建设“强富美高”新和平的目标，积极适应新常态，用心履职创业绩，努力开创街道各项工作新局面。

副省长张雷视察海绵城市

副市长陈金观视察卫生城

# 滨水新城区
# 各街道办事处

90 岁高龄何以范入党

区人大代表视察

“两学一做”学习教育座谈会

SYB 创业培训

迎春送福到渔船

“淘文化”活动

社区居民活动

# 润州区金山街道

党工委书记　周　藜

办事处主任　戴克祥

金山街道位于市区西部，辖区范围东起黄山北路，南沿中山西路，西接中山北路，北临长江。街道辖区总面积5.16平方公里，下辖10个社区，总人口近6万人。境内街巷古老，文化底蕴深厚，坐拥千年“文脉”西津渡古街、中外友好使者赛珍珠故居以及AAAA级风景旅游景区镇江博物馆等人文景观，是全市文物遗存最集中、人文资源最丰富、文化氛围最浓厚的街区。2016年，金山街道坚持以新理念推动新发展，找准战略定位，明晰发展思路，加速发展、加快转型，不断向着“强富美高”新金山开拓奋进。

协信太古城综合体开工仪式

协信太古城效果图标注

中宣部副部长鲁炜考察社区“爱心驿站”

“两学一做”学习教育推进会

“街巷文化靓金山”开幕式

创作了独具金山文化特色的“一书、一卡、一图”等文化系列产品

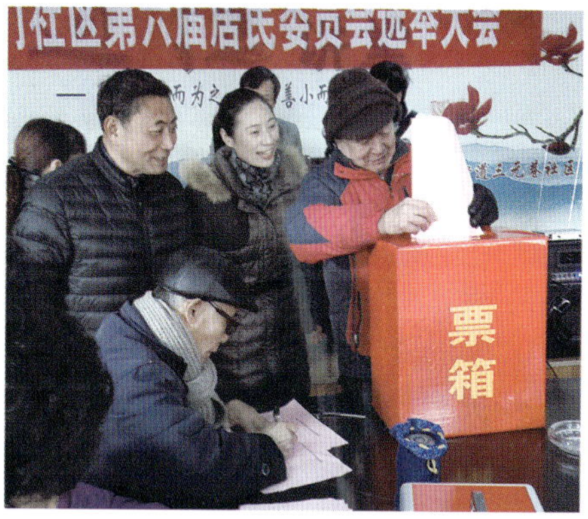


社区换届选举，居民参加投票

西津古渡社区新服务中心投入使用

檀山路北延正施工中

红光路已建成通车

# 润州区韦岗街道

街道党工委书记　孙　晶

街道办事处主任　马　乐

市委书记夏锦文考察韦岗地区环境整治工作

韦岗街道地处镇江西郊，距离市中心约20公里，东北面与丹徒区高资街道相邻，西南面与句容市边城镇交界。街道占地12.6平方公里，属丘陵山区地形，地势平缓、地质较硬、地耐力较强，土质以粘土为主，丘陵、农田、水面各占三分之一。街道交通便利，243省道、新改线的312国道、110县道（石韦路）穿街而过，沪宁铁路、沪宁高速公路毗邻。2016年，在区委、区政府的坚强领导下，街道党工委、办事处认真贯彻落实党的十八届三中、四中、五中、六中全会和习近平总书记系列重要讲话精神，抢抓机遇、克难奋进，街道经济社会、民生事业、党的建设等方面协调发展，收获不俗，为地区生态环境综合整治、产业转型发展和镇江特色高新区建设做出积极贡献。

“两学一做”青年干部座谈会

街道积极开展晨读交流活动

“青年干部谈家训，廉洁自律树家风”演讲比赛

韦岗村党总支换届选举

积极迎接国家卫生城市复审

312 国道施工现场

西南片区环境整治中拆除窑体

燕子窝小流域治理

南山

# 润州区南山街道

街道开门红大会

南山街道东起官塘桥路，北至南徐路，西到檀山路，南至312国道，总面积约16.28平方公里，总人口1.37万，下辖五凤口社区、鹤林社区、檀山社区、回龙社区、黄鹤山社区和回龙山水库管理所，有32个自然村，36个居民小组。2016年街道上下齐心协力，锐意进取，紧紧围绕建设“强富美高”新润州，立足“五城共建”发展方向，奋力实现“十三五”发展的良好开局。大力发展文化、旅游等需求潜力大的产业，积极引进朝阳产业、绿色产业。推进党建文化有形落地工作安排，以生态“绿”和党建“红”为两种主色调，着力打造南山的生态党建品牌。深入实施创业就业计划，落实医疗、慈善救助政策，扎实推进安居工程建设，持续推动公共文化发展。

街道红色党建阵地

党支部开展“弘扬传统文化，加强家风建设”专题系列讲座

非公企业开展“两学一做”专题讨论

五凤口社区老书记吴秀英上微党课

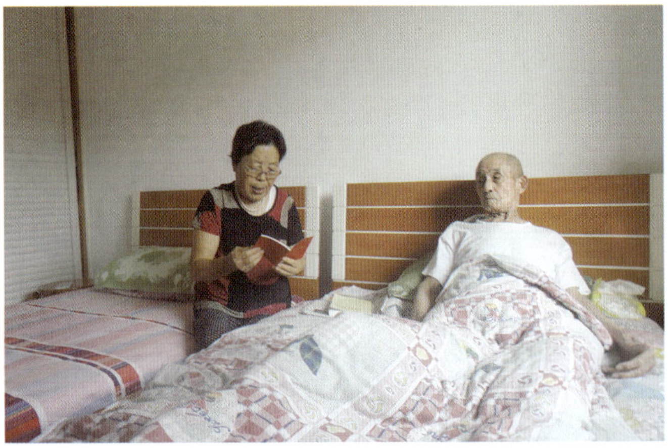
老党员刘玉玲为老伴读党章

# 党建更红 生态更绿
# 生态南山 融城共享

街道党工委书记朱震分享阅读心得

徒步＋骑行，寻找最美南山

“大手拉小手 · 我为南山添新绿”植树活动

二七河整治工程

无痕山野进镇江，城市山林是我家

青年干部户外拓展训练

# 江 苏 镇 江 润

江苏省委书记李强考察惠龙 E 通

海燕工作室揭牌

2016年，润州工业园区深入贯彻党的十八大、十八届三中、四中、五中、六中全会和习近平总书记系列重要讲话特别是视察江苏重要讲话精神，全面落实区委、区政府决策部署，自觉践行“五位一体”总体布局、“四个全面”战略布局和“五大发展”理念，以项目建设招商引资为重心，以科技引领创新驱动为抓手，以创优环境强化服务为保障，奋力开创苏南国家自主创新示范区建设的“润州实践”，实现了“十三五”经济社会发展各项事业的良好开局。

双招双引

镇江供电公司输电运检党支部与园区机关党支部结对共学

# 州工业园区

镇江市第二人民医院到园区富润华庭社区义诊

外国留学生到园区五洲山茶场体验茶文化

中船项目

四洋柴油机项目

中能建电力设备项目

美佳高速电梯项目

# 润州区

全国责任督学创新区申报省级督导考核

与新疆建设兵团七十七团结对帮扶

2016年,润州区教育局以开展“两学一做”学习教育活动为契机，以创建“江苏省教育现代化县级示范区”“江苏省基础教育装备示范区”“江苏省平安校园建设示范区”为抓手，开拓创新，奋发作为，不断提升教育发展新水平，取得了教育发展新成效.被评为江苏省促进义务教育均衡发展先进集体、江苏省信息化先进单位、2013~2015年度江苏省文明单位、2015年度省教育信息工作先进单位、镇江市职务犯罪风险防控示范单位、镇江市妇女儿童工作先进集体。创成首批“江苏省社区教育示范区”“江苏首批省中小学校责任督学挂牌督导创新区”。教育满意度第三方测评位居全省106个县(市、区）第一。荣获“2015年全国百城千村健身气功交流活动展示奖”称号。

润州区成立“阳光父母学堂”

新教师岗前培训

# 教　育　局

中国航空精密机械专家嵇钧生为母校穆源民族学校110周年校庆题词

重温入党誓词

“青春志·中国梦”集中入团仪式

多民族服装秀《民族花开》

承办中华艺术环球武术交流大赛暨中韩武术文化交流大会

2016 润州区群众文艺汇演

# 润州区教育局

教职工健身舞大赛

科技大篷车进校园

润心书场开讲

新建润州区实验幼儿园第一分园

# 江苏省润州中等专业学校

江苏省教育厅职业教育处处长刘克勇考察

镇江市人民政府副市长曹丽虹考察工作

江苏省润州中等专业学校，始建于1958年，现为国家级重点职业学校、江苏省四星级中等职业学校、江苏省高水平示范性中等职业学校、江苏省高水平现代化职业学校。学校占地10.8公顷，校舍面积达78316平方米，教学实验实训设备总值3862万元，建有计算机、电子、电气控制及运行、机加工中心等四大实训中心。近年来，学校先后被授予“国防特色学校”“江苏省职业教育德育特色学校”“江苏省职业教育改革实验学校”“江苏省和谐校园”“江苏省平安校园”“江苏省健康促进学校”“江苏省依法治校示范校”“江苏省军民共建社会主义精神文明先进单位”等荣誉称号。

镇江中德职业教育中心成立仪式

元旦文艺汇演

市计算机技能大赛现场

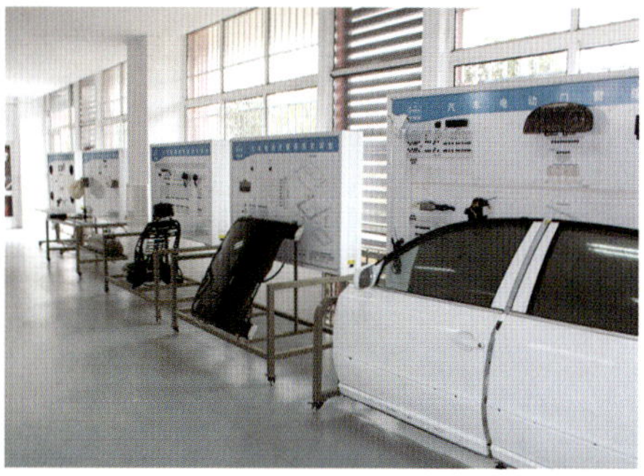

汽车电子实训室

# 润州区民政局

开展养老机构消防安全培训

开展养老机构食品安全培训

军民同绣五星红旗

2016年，润州区民政局深入贯彻落实习近平总书记系列重要讲话精神，全面推进现代民政示范区建设，认真落实“十三五”规划纲要。坚持“抓重点、树品牌、促转型、补短板、守底线”的工作思路；把握“标准再提高、问题再聚焦、资源再整合、底线再牢织”的工作要求。同时，从筑实兜底民生保障网络、做实社会福利和专项服务、夯实多元社会治理基础、落实养老服务业发展政策、充实军人荣誉内涵、抓实民政标准化建设等方面作了整体要求和部署。

军嫂进军营 慰问子弟兵

区民政局在全国扶贫日走访慰问困难群众

# 润州区住房和城乡建设局

对在建工地进行安全生产大检查

2016年,区住房和城乡建设局围绕区委、区政府“强富美高”新润州建设目标，认真履行工作职责，为全区基层群众和城乡建设提供服务。城市建设以创建“现代化的山水花园城市”为目标，根据《镇江市2016年八大类重点项目》下达的任务，牵头推进市区城建、民生改善、生态环境、重大基础设施等重点项目建设，九华山路改造、五凤口高架桥及周边辅道等一批交通干线支线通车，城市交通功能得到新的提升，长江湿地公园初步建成，海绵城市建设正式启动，城市环境得到改善，城市品位得到提升。实施棚户区、城中村、危旧房和城区街巷积水区改造，推进了城市基础设施建设，完善了城市公用设施布局，改善了旧城区面貌，方便了群众生活。住房管理，加快安置房建设，二道沟安置房等安置房小区加速建设。结合海绵城市建设，实施住宅小区亮点工程，推进了小区物业管理。加强低收入住房困难家庭申报廉租房的“动态管理”，实施“实物配租”，有效解决了城市低收入家庭的住房困难。

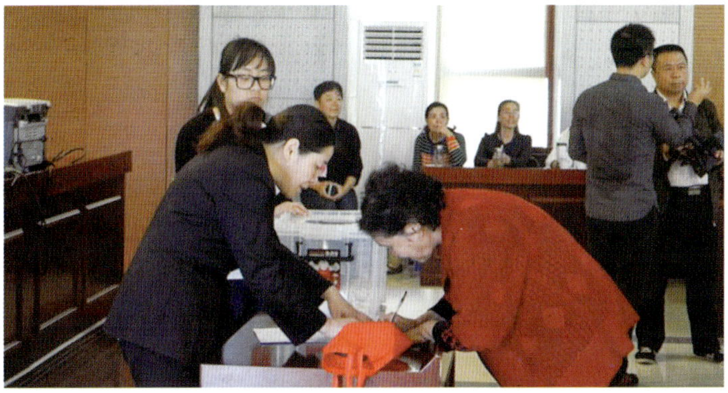

低收入家庭领取住房实物配租现场

向居民宣传危房解危政策

滨江花城安置房

在施工现场宣传安全生产

“263”项目“二七河”整治前

“263”项目“二七河”整治后

# 润州区城管局

区城管系统总结表彰暨工作部署大会

市领导慰问环卫工人

2016年，润州区城管局按照建设“强富美高”新润州总体要求，以国家卫生城市复审、文明城市复查工作为重要抓手，充分发挥大城管牵头抓总作用，持续开展城市环境综合整治，推动城管工作从“治脏、治乱、治差”向“精细、规范、长效”转型。网格化责任机制深入推进；市容市貌水平不断提升；民生工程项目积极落实；城管队伍建设切实加强；为建设强富美高”新润州作出积极贡献。

局领导带队整治占道经营

重温入党誓词

开展结对帮扶

渣土车净车出场

# 润州区交通运输局

党组成员研究部署“两学一做”工作

区交通运输局与五凤口社区党建工作结对共建签字仪式

开展“七一”专题党课

2016年，区交通运输局交围绕年度目标任务，以项目建设为重点，紧抓交通建设不放松、强化行业服务不动摇、严抓队伍建设不懈怠，聚精会神谋发展，从严从实抓党建，凝心聚力、砥砺奋进。坚持“三着力三突出”，着力要素集聚，突出重点项目，交通基础设施建设有新突破。着力行业监管，突出依法行政，交通运输服务水平有新提升。着力理论学习，突出作风建设，交通党建文明工作有新进展。

在韦岗街道片区开展交通安全法宣传

运政执法人员在货运源头开展治超治限检查工作

党员志愿服务队在五凤口社区开展志愿活动

# 润州区环境保护局

2016年，区环保局认真贯彻落实区委、区政府关于推进生态文明建设的工作要求，以改善环境质量为核心，大力度推进补短板工作，切实解决突出环境问题，各项工作目标任务全面完成。

召开年度全区环保工作大会

深入一线检查企业环保设备运行情况

现场查看污水处理厂运行情况

联合江苏科技大学开展主题环保宣传活动，传递绿色环保理念

举办“改善环境质量，推动绿色发展”主题广场文艺演出

# 润州区物价局

组织开展价格巡回讲堂

2016年，润州区物价局围绕区委、区政府工作中心，深入学习贯彻党的十八届三中、四中、五中全会精神，紧扣改革、监管两大主题，大力开展收费清理改革，全面加强市场价格监管，积极做好为民价格服务，全力营造优良价费环境。

减负帮扶“轻风”行动第一次服务企业活动

减负帮扶“轻风”行动第二次服务企业活动

组织开展“贯彻实施《江苏省价格条例》广场宣传活动”

# 润州区卫生和

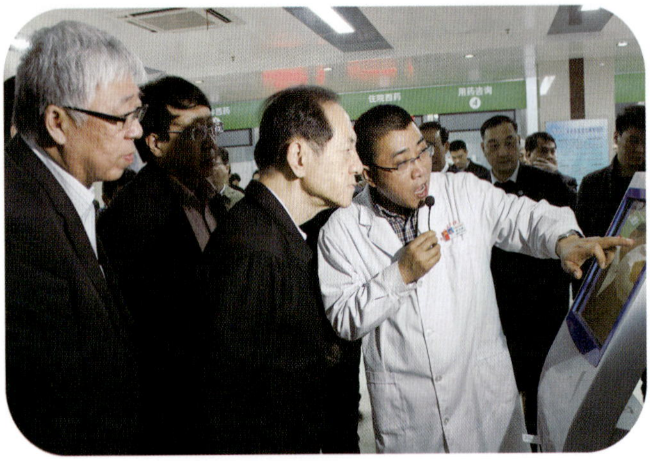

全国政协副主席韩启德考察黎明中心

江苏省委书记李强考察黎明中心

2016年，润州区卫生与计划生育系统不断深化基层卫生综合改革，全力推进国家卫生城市复审迎检，深入开展“两学一做”学习教育，努力建设群众满意的卫生和计生事业，取得了较好的成效。

一是全国百强优秀示范中心首创成功，黎明中心在被国家卫计委评为首批全国百强优秀示范社区卫生服务中心；二是首创个性化有偿签约服务，在坚持居民自愿的前提下，完成家庭医生与居民签约4000多人；三是医养护一体化服务模式全市首创；四是糖尿病区域一体化管理成为省级样板；五是全一专联合门诊模式全市推广，全区所有社区卫生服务中心均开设了全一专联合门诊；六是卫生信息化建设全市领先。

区卫计委党委书记、主任蒋阿喜参加联系点支部——七里甸社区卫生服务中心临床党支部的专题大讨论

润州区卫计系统“两学一做”学习教育“七一”专题辅导报告会

“党员党课讲学”“家风家规故事”演讲评比活动

# 划生育委员会

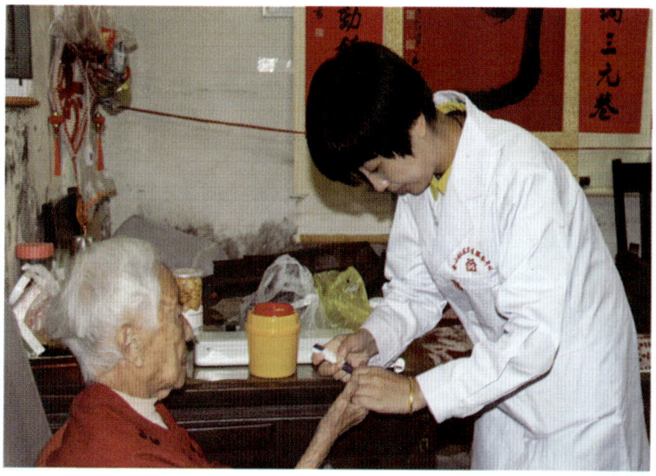

金山社区卫生服务中心为“百岁”老人们免费体检

润州区疾控中心在嶂山村开展结核病宣传

国际护士节九久医养中心成员和患者们为示范岗党员护士祝福

工业园区社区卫生服务中心健康小屋

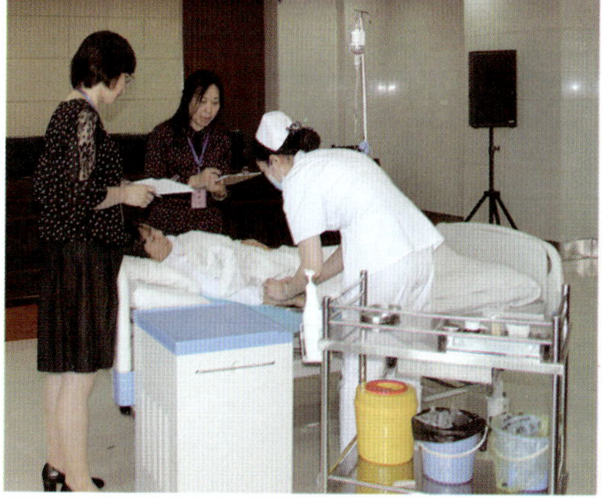

技能竞赛

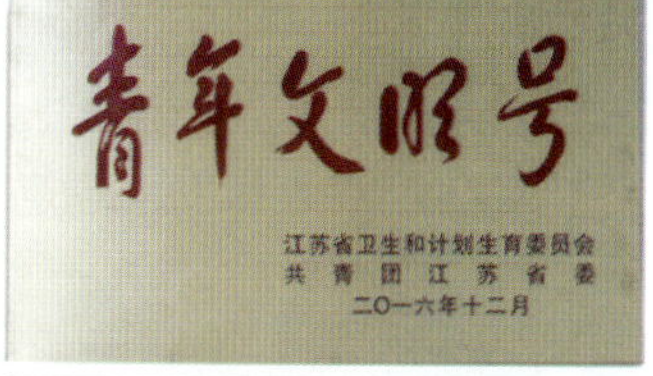

运动会

# 镇江市润州区市场监督管理局
# 镇江市润州区食品药品监督管理局

副区长蔡萍调研市场监督管理工作

2016年，润州区市场监管局在区委、区政府正确领导下，围绕服务发展主线，着眼供给侧改革要求，以“简政放权、放管结合、优化服务”为着力点，全面履行市场监管职能，为润州经济社会发展作出了积极贡献。被评为2013年至2015年“江苏省文明单位”，被镇江市委、市政府表彰为“2012~2014年度文明行业”；“农贸市场抽检检测室和商品溯源系统”“万达诚信示范街电子信息平台”建设被列为镇江市2016年度重点民生项目，“建设农贸市场信息化远程信用依法监管平台”被表彰为2016年度镇江“十大法治事件”。

召开市场监管暨党风廉政工作会，明确年度工作目标和方向

开展新机构新职能全员能力素质大提升培训，不断筑强市场监管执法能力水平

3·15“新消费 我做主”大型广场宣传活动，着力打造安全放心的消费环境

组织节日市场检查，严格打击违法经营行为

开展“你点我检”活动，着力保障群众食品消费安全

# 润州区供销合作总社

区供销合作总社党委书记、主任 王桂元

2016年，润州区供销社系统上下学习贯彻中共十八大和十八届五中、六中全会精神,讲政治、顾大局、抓改革、谋发展，围绕全面建设“强富美高”新润州的要求，坚持“改造自我、服务农民”战略，努力做到经济工作与党建及其他各项工作同步，推动综合改革与全面发展并举，化解各类矛盾与营造和谐环境兼顾，强化制度化、规范化建设，提升工作效能，提高工作执行力，瞄准目标，主动作为，克难奋进，各项目标任务顺利推进，取得显著成效。获全市供销合作社系统综合业绩考核特等奖。

作风建设大会

关心离退休老干部

全系统青年干部座谈会

# 镇江金莲食品有限公司

镇江金莲食品有限公司位于镇江市西区。纯正金莲香麻油系江苏传统产品，具有悠久的历史。“金莲”牌系列产品选用上等纯芝麻为原料，在传统“水代法”工艺(炒磨、晃)的基础上，形成一套新的生产流水线，生产的纯正香麻油，具有油色淡棕、透明清亮、香味浓郁、包装考究的特点。产品先后通过绿色食品认证、纯正黑芝麻香油通过有机产品认证，获全国供销合作社百佳标准化农产品品牌。“金莲”先后被认定为镇江市知名商标、江苏省著名商标、中国驰名商标。

镇江金莲食品有限公司

# 润州区房地产开发总公司

润州区房地产开发总公司成立于1984年9月，现拥有注册资本5251万元，总资产3.5亿元，是一家具备城市综合开发二级资质的房地产开发企业。总公司办公地址位于市朱方路98号四楼。截至2016年年末，有在职职工79人，其中，具备各类专业技术职称人员60人。公司下辖两个专业化子公司，分别为：润州区建筑装潢配套工程公司和润州房地产物业公司。2016年，总公司坚持以中共十八届三中、四中、五中、六中全会精神为指导，认真贯彻落实区委、区政府各项决策部署，突出项目建设重点，狠抓当前，谋划长远，各项工作取得了明显成效。全年累计上缴各类税金1747万元。

# 镇江市规划局润州分局

局长 周光宏

2016年，分局围绕镇江“十三五”发展目标和区委、区政府决策部署，推进“四个全面”，落实“五大发展理念”，实现生态领先特色发展，积极适应引领经济新常态，严格依法行政，提升规划服务水平。充分发挥城乡规划的引领和控制作用。

主动上门为企业排忧解难

现场为船厂服务

分局党员干部政治学习

# 镇江市国家税务局第二税务分局

2016年，镇江市国家税务局第二税务分局(以下简称国税二分局)，由全职能的征管分局转变为主要负责纳税评估和税款追征的专业化管理分局。全局上下齐心合力认真履行职责，积极做好风险应对工作、欠税追征工作、配合做好营改增工作等工作，确实加强队伍建设，先后被表彰为“江苏省文明单位”“镇江市职务犯罪风险防控示范点”“镇江市预防职务犯罪先进单位”和“润州区服务发展先进单位”。

区政协到分局调研指导工作

开展“营改增”辅导工作

开展“两学一做”学习教育活动

开展投身文明城市创建

开展干部培训

# 镇江地方税务局第三税务分局

“营改增”政策宣传

税法宣传进街道

纳税服务 · 走进镇江船厂

志愿者活动

2016年，镇江地方税务局第三税务分局深入贯彻全省地方税务工作会议和市委六届十一次全会精神，围绕“科学、规范、高效、廉明”的工作目标，坚持“一切在于干”工作理念，不断深化税收征管体制改革，成功经受全面实施营改增的重大考验和金税三期的平稳上线，以组织收入为中心，以绩效管理为抓手，服务发展大局，各项工作稳步有序推进。被润州区委、区政府授予“服务发展先进单位”。

重温经典歌曲

# 镇江市润州区城市建设投资公司

镇江市润州区城市建设投资公司成立于2002年11月，直属于润州区人民政府，注册资本金1亿元，公司经营范围：城市基础项目投资；经营工程管理；项目土地前期征地、拆迁、开发；房地产开发、建设；房屋销售；物业管理；小额贷款经营。内设机构：办公室、财务部、综合部、工程管理部、资产管理部，下辖镇江市诚润置业有限公司（注册资本金1亿元）、镇江市润诚农村小额贷款有限公司（注册资本金1亿元）、镇江市恒鸿城市基础设施配套有限公司三个子公司。

润诚农贷公司

2016年，在国家经济转型发展下行压力的大形势下，公司下属的小额贷款公司本着服务“三农”、稳健可控、市场运作的原则，全年公司累计发放贷款41笔1亿元，实现利息总收入0.148亿元。

富润华庭五区一期安置房项目

着力推进富润华庭五区一期安置房项目，该项目占地面积1.55公顷，总建筑面积4.1万平方米，2016年年底6幢安置房已完成主体竣工，目前正在配套设施施工，争取2017年6月全部竣工并交付安置。

庆丰圩路建设项目

开工建设富润华庭片区配套道路庆丰圩路建设，该道路长426米，宽20米，2016年底完成基础施工，建成后将极大改善富润华庭片区居民出行条件，计划2017年6月竣工通车。

五洲山城中村改造项目

重点推进完成五洲山片区城中村改造土地转让工作，2016年与镇江市土地储备中心签订转让协议，盘活五洲山土地8.59公顷，回收资金1.5亿元。

# 工业·服务业

栏目编校：田　崇

## 工　业

【概况】 2016年，润州区认真落实国家、省、市关于《中国制造2025》《关于降低实体经济企业成本的意见》等相关政策，主动适应经济新常态，提振信心，攻坚克难，全区工业经济总体保持稳中有进的发展态势。全年，完成工业增加值35.88亿元，同比增长6%；完成工业应税销售143亿元，增幅5.9%；完成工业投资95.94亿元，同比增长18.4%；完成工业技改投入53.28亿元，同比增长22.6%；完成规上工业销售收入157.47亿元，同比增长8.9%，规上工业利税14.8亿元，同比增长13.8%。

新增规模工业企业2家；高新技术产业产值72.88亿元，占规模以上工业总产值比重达53.1%。

【亮点工作】 1.产业转型成效显。一是支持企业加快实施生产车间智能化改造项目，建设一批以华印电路板、中化聚氨酯、先锋汽车零部件为代表的智能车间；加大工业机器人等智能装备的运用力度，提高设计、生产、管理和服务环节智能化水平，鼓励镇江强凌等实施工业机器人技改项目，降低用工成本、提高劳动生产率。二是积极鼓励企业发展首台套产品提升竞争力。全区共有3家企业4项产品进行了江苏省首台(套)重大装备及关键部件认定工作，包括镇江中化聚氨酯的SNW-CPL型外墙保温板自动化生产线，宏业科技全数字化宽幅铝箔轧机机组，镇江奥立特机械制造总线式智能柔性碳纤恒张力牵伸系统，以及镇江宏业科技全数字化宽幅铝箔轧机机组推广应用示范项目，2016年成功组织镇江船厂VZJ6257-12X高效节能电力驱动石油平台支持船项目进行了申报认定工作。镇江润州船舶配套创业科技创业园成功获批江苏省高端装备制造业特色示范产业基地，产业发展水平正逐步提升。

2.技改投资力度大。一是抓项目推进。在对重点企业调研摸底的基础上，初步筛选了符合国家产业政策、技术含量高、带动能力强、经济效益好的4个项目作为市重点技改项目。全年，完成4.19亿元，占年度计划的120%。二是抓投产量产。4个重点技改项目中，哈电机水火电部件技改项目、华兴通讯科技产品改扩建及光纤生产线新建项目、江苏英特康充换电设备制造项目均已完成年度投资计划，正在进行试生产，将于2017年投产达效。三是抓对上争取。围绕技术改造、节能降耗、两化融合等重点领域，第一时间掌握信息，主动帮助企业筛选、凝练、提报项目，最大限度地争取国家、省市相关政策资金扶持。2016年，为江苏凯德电控科技有限公司争取省级工业和信息产业转型专项资金60万元，为弘信华印、江苏柳工、先锋汽车等18家企业申报市级经信委专项资金476万元。

3.企业创新动力强。一是加快技术中心建设。继续开展省、市企业技术中心、工业设计中心的培育工作。全区共有国家级企业技术中心1家，省级企业技术中心6家，市级企业技术中心15家。2016年，组织凯德电控、船舶电器2家企业成功申报了市级企业技术中心。二是加快产学研联合。鼓励镇江船厂与江苏科技大学、船舶电器与华东科技大学、苏润电子与西安交大建立校企合作模式，搭建科研创新平台，充分利用高校的人才优势和研发设施，为企业技术创新奠定基础。

4.节能降耗举措多。紧紧围绕西南片区整治工作，促进传统产业低碳化改造。根据生态文明建设和低碳城市建设的要求，进一步推进园区循环化改造，改造方案已通过专家组的评审，获得了市发改委的正式批复，改造工作正在有序推进。进一步加强清洁生产力度，长江乳业有限公司和镇江先锋汽车零部件有限公司已开展自愿性清洁生产。积极推进"金屋顶"计划，区机关大院一号楼屋顶分布式光伏电站项目利用区政府一号楼楼顶400平方米进行太阳能光伏发电，项目合同已签订，备案手续已完善。积极完成淘汰落后产能任务，2016年，确定了洋光水泥等7家企业淘汰落后生产线和产能任务，列入全市去产能项目计划4个，其中：洋光水泥Ø3.0m×11m水泥粉磨生产线一条项目年产水泥40万吨，目前企业已经整体关停，已经省级相关部门验收。镇江奥立特机械制造有限公司、镇江汉邦科技有限公司，镇江市食品有限公司冷藏储运分公司三个项目均已完成并通过市级验收。

5.两化融合覆盖广。一是加快信息技术与生产过程融合。镇江船厂推行托盘化设计，将物资集配管理通过智能化立体高架巷道堆垛控制系统得以实现，大力推行岸基能耗实时监测系统关键技术的应用研究，实现目标产品岸基服务器数据通过船舶燃油油耗实时监控。二是加快信息技术与经营管理融合。全区包括镇江宏业科技、江苏莫仕天安、美佳马达在内的大部分企业实现了光纤网络全覆盖、并配备了广域网和公司内部网两套网络系统，建立了公司、客户、供应商等信息的数据库，网络覆盖了全部部门、车间，实现了企业基础信息化运作。三是加快电子商务与营销体系融合。惠龙e通先后四次创新，在长江公用码头基础上，搭建了水铁公多式联运集散平台、担保与质押监管相结合的融资平台、ERP信息化平台、期货交割平台等八大服务平台，完成了物流贸易港的转型升级，税费贡献率超过传统公用码头30倍。

**【"三集"发展】** 1.重点指标。根据2016年初市里下发的考核指标，润州区努力推进相关工作。全年，镇江高新区船舶与海工配套产业园完成固定资产投资31.4亿元，同比增长18.4%，高出任务数0.4个百分点；应税销售收入销售31.6亿元，入库税收收入1.49亿元，较好地完成了各项任务指标。

2.重点项目。2016年，园区新引进总投资30.6亿元的中船电气产业园项目，进一步培育壮大船舶与海工配套特色主导产业。总投资110亿元的船舶与海工配套产业园项目，2016年完成投资10.82亿元，其中动力集成产业化项目部分厂房已经封顶，正在进行设备基础施工；中船日立搬迁项目部分已竣工投产。总投资2.97亿元的四洋柴油机项目，目前5层办公楼已于12月23日封顶，厂房部分正在进行桩基开挖工程前期准备。总投资30亿元的中能建电力设备研发制造项目，全年完成投资9.42亿元，项目五层办公楼和后勤服务中心已经结构封顶，正在进行装修设计；4万平方米的联合厂房钢结构安装，完成工作总量的50%。

3.重点任务。2016年，园区新建标准化厂房33.56万平方米，新竣工厂房利用率达到77.79%；完成G级宽带接入网建设；建设成江苏省"企企通"示范试点园区；新增亿元企业2家，新增市级企业技术中心2个，新增规模工业企业2家；获批2016年江苏省高端装备制造示范产业基地。

（区发改经信委）

## 服　务　业

**【概况】** 2016年，全区实现社会消费品零售总额177.85亿元，同比增长11.6 %；服务业增加值占比63.9%；服务业投资331.62亿元，同比增长12.7%。

**【产业情况】** 1.物流业。以现代管理和信息技术为支撑，以港口物流和专业特色物流为重点，不断提升物流企业竞争力。2016年，全区实现物流业增加值33.6亿元，增幅12%。惠龙易通利用"互联网+物流"建设全国性物流平台，打造"天网"，累计发展会员管理单位1524家，遍布全国31个省市自治区，形成"地网"，发展车船和货方会员129万个，在线交易货运量达2.4亿吨。"惠龙贷""汽车贷""惠龙卡"等一系列增值服务产品落地，与建银国际股权投资项目在香港举行签约仪式，开启了物流电商产业与资本双轮驱动的新局面。江天物流与北京速派得合作建设江天速派得城市物流配送平台，利用"互联网+城市共同配送"，建立针对货主、车主、零售商的同城配送平台，为企业及用户提供快速、便捷的城市内零担货物运输服务。制定同城配送运作标准，融合线上线下，打造以市内公共配送为核心的区域供应链服务体系。

2.现代商贸。润州主要综合商圈——城际商圈和青年广场商圈通过不断调整业态，加大招商力度，人气不断提升，成为商户理想的入驻点。拉夏贝尔、万达宝贝王、颐高儿童梦幻乐园已正式开业；桔子酒店、全聚德、汉堡王、68轮滑俱乐部、艾尚健身中心等品牌店已相继入驻城际商圈各综合体。城际商圈服务平台搬迁新址至中浩国际广场，目前已建成沙盘展示厅、培训室、会议室、电子阅览室、办公室等，人员配置到位，10月已正式对外开放。同时，为鼓励创业者积极创业、减少创业成本。城际商圈筹建了商圈创业孵化基地，作为中小企业选址平台，已有近80多家大中小企业顺利入驻。

3.文化教育。瞄准文化教育产业发展态势，大力扶持龙头企业。睿泰数字产业园一期已投入运营，2016年继续投资5450万元开展产业园招商工作，目前，巨人商学院镇江分院、镇江乐泰基金管理有限公司等21家公司已经入驻睿泰总部研发大楼，相关从业人员达百人以上。同时，产业园积极与地方政府、企业、高校等探索多元化的合作模式：与润州区教育局合作开辟小创空间，给学生们提供创新性的学习实践场所；与三棵树涂料股份有限公司再度合作，通过睿泰成熟的超媒体数字内容制作技术，为其量身定制了超媒体宣传画册；与南京大学网络教育学院合作，通过校企联合培养，增加教学模块，提供专项服务。在企业培育方面，积极上门服务潜在规上企业，发展企业进规，打造文化产业"中流砥柱"。目前，新增规上文化企业一家——镇江金鹏软件科技有限公司。邀请相关券商开展新三板上市辅导。对镇江恒达包装股份有限公司等进行实地走访调研，积极探索企业新三板上市的可能性。

4.旅游业。积极探索将旅游资源、文化创意相结合的发展模式，扩大品牌辐射效应，形成新的经济增长点。西津渡历史文化小镇入选全市第一批特色小镇。围绕"生产、生活、生态"相融合的理念，建设集历史遗存、主体旅游、文化创意为一体的开放式"文创旅游度假小镇"。总投资34亿元的魔幻海洋世界项目，目前正提交两个主场馆设计方案，完善基础施工图，工程方面飞机项目区配套市政、飞机塑型区基础全面动工。项目二期江海文化基地已通过规委会专家审查会。

【主要工作】 1.推进重点项目建设。始终将大项目建设作为经济工作的重中之重，围绕"在手项目100%开工、在谈项目100%签约"的目标，推动项目又好又快建设。2016年，区发改经信委持续加强项目跟踪管理，对在建在手重点服务业项目及时跟踪，强化服务，做好项目报批等各项手续的办理工作，抓好服务项目的时间节点，把握项目推进的核心工作，督促项目按年度计划加快推进，一批服务业大项目有效建设。其中，"魔幻海洋"世界项目正式启动建设，构建全市"大旅游"格局；乐泰数字产业基金在睿泰数字产业园举行签约仪式，签订三方协议，实现国有资本和民营资本的结合运作；西津渡历史文化小镇项目全面开工建设，全力打造市级特色小镇。

2.推进服务业集聚区建设。坚持将产业"三集"发展作为稳增长、调结构、促转型的重要抓手，3个示范园区"五大工程"建设成效显著，4个重点建设服务业园区重点围绕载体盘活、专业招商，推进园区集聚发展。工作机制不断完善。根据2016年市考核办法的调整，润州出台《2016年润州区产业"三集"发展工作要点》和《2016年润州区产业集中集聚集约发展评价考核办法》，将园区分为市级示范园区和重点建设园区，分类考核。对3个市级示范园区，进一步明确提档升级方案，重点考核基础设施配套、平台载体建设提升、产业项目招引、企业品牌培育、市场化运作推广等五个方面内容。对于重点建设园区，进一步加大推进力度，明确年度推进目标，做好园区保障服务。同时，全区按季度召开产业"三集"工作推进会议，对重点指标、重点项目和重点任务的完成情况对标找差，查找弱点，确定工作重点，确保完成全年的工作指标。产业集聚程度不断提高。惠龙易通电商平台各类会员遍布全国31个省、市、自治区，实现平台交易额773亿元；城际商圈应税销售增长19.5%，达到95亿元，成为名副其实的全市商业中心；睿泰数字产业园已有巨人商学院镇江分院、镇江乐泰基金管理有限公司等21家公司入驻，相关从业人员达百人。

3.推进企业培育，做好服务工作。除了对外招商引资，对内也非常重视本地企业培育扶持工作。积极为项目争取国家、省、市等政策和资金方面的支持，2016年争取各级服务业专项资金550万元。新增金莲等1个中国驰名商标，新增惠龙易通、辣天下等6个江苏省著名商标，新增毕士荣等2个镇江市知名商标，引进镇江市"金山英才"现代服务业领军人才6人，提升了全区服务业发展层次。建立了企业网络服务平台帮办人制度，及时答复企业的疑难与困惑，全年办理诉求10起，满意率100%。同时开展"企业网络服务进园区"活动，帮助中小企业破解发展难题，全力帮助企业成长发展。 （区发改经信委）

## 工贸总公司

【概况】 2016年，润州区工贸总公司在区委、区政府的正确领导下，全面贯彻落实中共十八大、十八届四中、五中、六中全会和习总书记系列重要讲话精神，大力加强党的建设，坚持统筹谋划，加快企业改革改制，强化守土意识，较好地完成了全年的工作，促进了全系统各项工作的全民提升。

【扎实做好党委换届和区党代表选举工作】 按照区委统一部署，加强领导，严格程序，周密实施，强化纪律，认真做好党委换届选举工作，切实抓好换届的到会率、成功率、满意率。4月16日，在区政府一楼会议厅成功召开了党员大会，选举产生了新一届党委、纪委领导班子和出席区党代会的代表。

【深入开展"两学一做"学习教育】 自5月开展"两学一做"学习教育以来，工贸总公司党委在区委"两学一做"学习教育协调小组的直接指导下，结合实际，区分层次，把握好党员领导干部与普通党员参加学习教育的不同要求，既按规定动作开展，又探索“自选动作”，按照目标要求，有计划、有步骤，扎实有效地开展各项活动，圆满完成了学习教育，广大党员、班固在思想上得到了升华，群众观点得到了增强。

**【切实做好守土有责、守土尽责】** 近年来，区工贸总公司下属企业改制较多，国有资产的保值增值工作显得尤为重要。为了加强对企业资产的管理，维护国有资产的安全与完整，提高资产的使用效益，推动资产的优化配置，结合资产所处的地理位置、楼层与出租面积，广泛了解周边房屋出租行情，及时调整租金；将租赁合同、协议整理备案，专人负责，由资产财务科统一收取租金，确保租金的收缴率达100%；对所有基层企业财务实行监管，每月审计一次现金流；对基层企业资产进行专项调查摸底，建立账册，明晰产权和责任。

**【继续推进区属企业破产改制工作】** 镇江市黄山水泥厂、轻工业供销公司的破产改革工作在区委、区政府的领导和区法院的指导下，严格按照政策，规范操作，积极稳妥地推进。一是与资产租赁人沟通，对企业的资产进行清查、评估，核清家底，切实维护企业的权益；二是按照《中华人民共和国破产法》的规定，坚持“公平、公开、公正”的原则，目前已进入网上公开拍卖、变现程序；三是积极配合润州区西南片区生态环境综合整治工作，完成了承租企业洋光水泥有限公司的关停工作，企业生产许可证已按照规定进行了注销。

（张　萍）

## 供销合作总社

**【概况】** 2016年，区供销合作社系统围绕全面建设“强富美高”新润州和镇江特色高新区的要求，坚持“改造自我、服务农民”战略，努力做到经济工作与党建及其他各项工作同步，推动综合改革与全面发展并举，化解各类矛盾与营造和谐环境兼顾，强化制度化、规范化建设，提升工作效能，提高工作执行力，瞄准目标，主动作为，克难奋进，各项目标任务顺利推进。

2016年，区供销社系统工作多项获奖。金莲牌麻油喜获国家颁发的“中国驰名商标”称号，实现了润州区和全市供销社系统零的突破；供销社全系统获镇江市供销合作社2016年度综合业绩考核特等奖；七里供销社获全国供销社系统基层社标杆社称号；金莲麻油厂获“镇江市文明单位”“长三角地区创新标杆企业”“江苏省名优产品”“江苏省质量信誉双保障先进单位”“江苏省标准化生产企业”“江苏省中小科技型企业”称号，自主创新改进的3项菜籽油压榨工艺设备，均获国家实用新型专利证书。

**【目标任务全面完成】** 全年，实现商品销售3.79亿元，占年计划的104.44%；实现财务销售1.11万元，占年计划的102.26%；实现消费品零售额3.16亿元，占年计划的104.57%；实现利润332万元，占年计划的101.53%。完成基层薄弱社改造1个，新扩建项目1个，申办“润州区蒋乔兴农食用菌农民专业合作社”，举办农产品经纪人培训班1期，完成统防统治面积666.67公顷。

**【项目建设开端良好】** 继续推动“七里街道城市基层社转型发展”方面的改革，重点推进七里供销社“邻里中心”相关项目建设。子项目之一的七里供销社幼儿园项目招投标工作已圆满收官，以141万元落槌，比原标的高出50万元；子项目农贸市场招标工作正紧锣密鼓地展开；其他子项目正按计划积极推进中。金莲麻油厂技改投入30万元引进菜籽油压榨生产线，于10月正式投产运营，产销两旺。

**【薄弱社改造顺利完成】** 蒋乔供销社按照有证照、有场所、有标识、有人员、有收入、有为农服务项目“六有”标准，扎实推进基层薄弱社改造工作。全年，投入近30万元，对门点、仓库危房进行整修，对办公场所进行扩建和翻新。顺利通过市、省供销合作总社验收。

**【维稳工作成效显著】** 对维稳机制进一步充实完善。年初签订维稳目标责任状，加强信访维稳网络建设，一级抓一级，层层传递压力，人人职责分明，超前摸排，超前谋划，超前化解，维稳工作趋于平稳，全年无一例赴区、市、省信访事件发生。

**【外部形象大为提升】** 区供销社系统积极组织和参加全市“海峡两岸农展会”。选择润州名特优农产品参展，组织现场音乐、书画、茶艺等表演，以热情和特色展示润州供销社风采。社会慈善活动扬名镇江。全年，100多人次参加了各类社会慈善活动，捐钱、捐物，给社会孤寡老人、弱势人员送去一份份关怀和帮助。“社会儿女”——金莲志愿者服务队伍不断壮大，多人获得“润州优秀志愿者”“镇江红十字会优秀志愿者”“社会儿女优秀志愿者”等称号，他们的事迹频繁见诸报端，系统外部形象大为提升。

（区供销社）

# 城乡建设·环境保护

栏目编校：田 崇

## 城乡建设综述

【概况】 2016年，区住房和城乡建设局紧紧围绕区委、区政府“强富美高”新润州建设目标，认真履行工作职责，为全区基层群众和城乡建设提供服务。

城市建设。以创建“现代化的山水花园城市”为目标，根据《镇江市2016年八大类重点项目》下达的任务，牵头推进市区城建、民生改善、生态环境、重大基础设施等重点项目建设，九华山路改造、五凤口高架桥及周边辅道等一批交通干线支线通车，城市交通功能得到新的提升，长江湿地公园初步建成，海绵城市建设正式启动，城市环境得到改善，城市品位得到提升。实施棚户区、城中村、危旧房和城区街巷积水区改造，推进了城市基础设施建设，完善了城市公用设施布局，改善了旧城区面貌，方便了群众生活。

住房管理。加快安置房建设，二道沟安置房等安置房小区加速建设。结合海绵城市建设，实施住宅小区亮点工程，推进了小区物业管理。加强低收入住房困难家庭申报廉租房的“动态管理”，实施“实物配租”，有效解决了城市低收入家庭的住房困难。 （牟建中）

## 城市建设

【概况】 2016年，围绕现代化的山水花园城市建设目标，落实《镇江市2016年八大类重点项目》下达的任务，2016年润州区政府作为建设主体实施的民生类项目有4大类6项，计划总投资11.5亿元，当年完成投资4.92亿元。加强房屋征收拆迁，推进市区棚户区、危旧房改造，连镇铁路集体土地拆迁、山巷东片区大西路2号地块旧城改造等4个项目已结束。九华山路改造、中山北路北段及金山圩区周边路网等道路的通车，城市交通功能得到新的提升。长江生态湿地公园初步建成，对镇江沿江湿地进行原生态保护，海绵城市建设开始启动，城市环境得到提升。实施城区街巷改造、积水区，推进了城市基础设施建设，完善了城市公用设施布局，城市环境得到改善，方便了群众生活。

【黄鹤山路改造项目建成通车】 黄鹤山路位于磨笄山和黄鹤山之间，南接南徐大道，北通林隐路，全长约500米，路面宽20米，双向四车道。项目设计标准为城市次干道，路面采用沥青混凝土。该路于2016年9月全线封闭施工，2016年12月竣工。该路连接市区与碧榆园、南山景区，不仅极大改善了周边居民出行和安全，还有力促进了环境整治。

【九华山路改造工程竣工】 九华山路改造项目，北起南徐大道，南至金润大道(原312国道)，全长约4700米，道路将由现状30米拓宽改造至33米，实行机动车道与非机动车道分离，增加独立慢车道和人行道；同时进行管线配套和道路绿化，减少积水区内涝，改善道路景观。总投资3000万元，由市城建产业集团建设，2016年7月动工，12月底竣工。

九华山路改造工程重点对四个交叉路口进行了优化。分别对九华山路连接南徐大道和金润大道的交叉路口，进行大幅拓宽，路面由30米拓宽至37米，路口的快车道优化成5出2进的模式，加快了车辆通行速度。同时，还分别对九华山路与龙脉路路口和小龙山路路口进行拓宽调整。在小龙山和龙脉路路口修一条向东的道路，同时路面设计变成4出2进模式，以供车辆直接驶入西入口片区，避免车辆进出南山风景区需要在西入口处调转车头，给道路通行带来危险因素。此次改善工程还对龙山路至五洲山路段进行降坡，其中降坡最高点达到3米。

**【金山圩区路网初步建成】** 金山圩区位于润州区，西起运粮河西河口，东至金山湖景区，南起运粮河，北至长江，总面积约11.2平方公里。以京江路、长江路与润州路、中山北路交叉为骨干道路，同龙门港路、耀金路、柳城路、百花路、览金桥路、杨家圩路等十多条辅助道路，形成镇江市西部金山圩区路网。金山圩区路网是镇江市城建重点建设项目，计划从2015年到2017年建成，总投资4亿元，2016年投资1亿元，由市城建产业集团建设。金山圩区道路建设都融入海绵城市建设元素，道路采用透水型沥青路面，透水型混凝土盲道设计。金山圩区路网不仅连通了金山湖各景区，还穿插连缀起长江花园、金桥花园、金山水城三区四区、正太悠然居、富润华庭、金泉花园等已建成或在建的小区。不仅促进了周边旅游，而且方便了群众生活。2016年，龙门港路、耀金路和跃进河水系附属道路建成通车。

龙门港路（京江路—港前路段），位于大桥公园北侧，东西向。道路全长约1366米，红线宽度24米。2016年年底建成。

耀金路，西接港前路，东接览金桥路。全长1500米，路宽14米，两侧人行道各3米，车行道8米。道路在设计规划时融入海绵城市理念，整条路不埋设雨水管道，雨水收集通过两侧的边沟，分流到人行道两旁下沉式绿地中，经慢渗后缓排入跃进河。

跃进河水系附属道路，道路全长800米，沿河堤道路两旁栽种了高大的行道乔木。

**【中山北路北段（征润州路北延）工程竣工】** 中山北路北段（征润州路北延）工程，自环湖路至航道路，长742米，宽35米，总投资3500万元，投资建设主体为市文旅集团，2016年3月施工，2016年4月底竣工。该路建设中运用了海绵城市理念，机动车道和非机动车道分隔带采用雨水花园设计，留出溢流口和开口路牙，以便于雨水排出和收集。雨水花园中的土壤以粗砂、原土、椰糠等进行一定比例配混，可使雨水得到净化并逐渐渗透涵养地下水，实现每小时180毫米的雨水渗流流量。

**【街巷改造及积水区整治项目竣工】** 2016年，润州区街巷改造工程由市住建局实施，总投资约300万元，先后完成三茅宫3区16号、宝塔路140号、运河路48号等8处街巷改造项目，草场湾明沟清淤、朱方路太平路交叉口雨水口、长江路迎江路交叉口、大西路电力路交叉口等16处积水区改造工程。

**【城区防汛工作】** 2016年4月，区住建局组织对全区的低洼积水区进行摸底排查，将发现的低洼积水区及隐患整理及时上报，并据此专门制订了全区城区防汛应急预案，成立了全区城区防汛领导小组，协调和领导汛期的工作。汛前根据市城防指下达的隐患整改通知，区住建局协调相关街道开展辖区七里河、二道河、太平圩河、312国道两侧泄洪道清淤工作。2016年，防汛形势十分严峻，7月，镇江遭遇强降雨，降雨量、长江水位曾达到近年最高水平，区城区防汛指挥部办公室组织全区各街道加强了防汛值班和巡查，重点是易淹易涝区域和危旧房，确保平稳度过汛期。

**【润州区启动海绵城市建设试点】** 建设海绵城市是党中央、国务院的重大决策，习近平总书记多次专门作出指示。城市中出现的诸多矛盾问题：地下水位下降、逢大雨必涝、山水林田消失、城市养护成本增加以及对气象造成影响等问题，都可以通过海绵城市建设得到统筹解决或有效缓解。

2015年，镇江市入选全国16个海绵城市建设试点城市。江苏省住建厅《关于推进海绵城市建设的指导意见》，对海绵城市试点作出部署，计划通过2015～2017年三年时间，综合“渗、滞、蓄、净、用、排”等多种技术措施，全面实现海绵城市目标。

海绵城市建设的重点有8个方面：加强城乡规划的综合调控引导、提高城市绿地系统的雨水吸纳能力、推进海绵型公园绿地建设、推进海绵型道路和广场建设、推进海绵型住宅小区建设、推进公共项目的海绵体建设、提高城市排水系统能力、推进海绵型镇村建设等。

2016年，按照“镇江市2016年八大类重点项目”下达的任务，润州区自主实施的海绵化项目有15个，总投资约9000万元。分为6大类。目前已经竣工的，一是3个学校海绵化项目：宝塔路中心小学雨水罐项目，中华路中心小学屋顶绿地贴项目，金山小学雨水罐及屋顶绿地贴项目。二是水利海绵化项目，运粮河整治项目、御桥港河道清淤项目。三是绿地海绵化项目，地址在朱方路与蚕桑路交叉口绿地，海绵化施工已经结束。四是机关办公楼海绵化项目，为区民政局办公楼屋顶绿地贴项目。五是安置房海绵化项目：二道沟、富润华庭五期和南出入口312北侧地块安置房，海绵化与配套建设正在同时施工。六是协调辖区内非公海绵城市建设项目。

润州区还配合市海绵城市建设指挥部完成5个海绵小区建设，即南苑新村、北花苑、三茅宫一区41～45栋、臻美源、金环花园，进行了雨水花园、透水铺装等LID改造施工。

（牟建中）

# 住房管理

【概况】 2016年，润州区落实《镇江市城乡建设重点项目任务》，加快了房屋征收拆迁安置和安置房建设，二道沟、扬溧高速南出入口和富润华庭五期安置房建设如期推进。住宅小区物业管理全覆盖工作继续深入，推进了长效管理。加强住房保障工作，继续实施中低收入住房困难家庭申报廉租住房的“动态管理”，认真实施“实物配租”，有效解决了城市中低收入家庭的住房困难。

区住房制度改革办公室（区房改办）贯彻落实房改政策，做好全区房改补贴审核工作，严格按照“单位申请、配偶单位核实、核定补贴标准、市住建局房改处查档、审核签章”的程序，对符合政策要求的申请及时办结，全年共审批区属单位职工一次性购房补贴229份，补贴面积1.22万平方米，补贴金额817万元，出具查档证明6份。协助区教育局编制教职工一次性购（住）房补贴实施方案。

【重点工程房屋征收拆迁】 区住建局和区房屋征收办公室、区住房征收拆迁和安置中心牵头重点工程房屋征收拆迁工作。一是房屋征收拆迁取得进展，共计推进新老项目15个，完成签约2212户，35.33万平方米，连镇铁路集体土地拆迁、山巷东片区大西路2号地块旧城改造等4个项目已结束。其中：配合市各主体启动了官塘和鲇鱼套北剩余地块城中村改造房屋拆迁，太古山1号地块二期房屋征收，区征收办下发了罐头厂、和平路西（民主街）、山巷东西两侧（小街）片区棚户区改造等项目的房屋征收令。二是推进逾期安置问题的解决，认真做好与投资主体的协调对接，通过集中安置、调剂安置、货币安置等方式，全年共安置575户、693套，面积6.17万平方米。同时，协助主体做好发放逾期临时安置费工作，全年先后对14个项目，累计发放临时安置补助费5058户，约1.45亿元。三是推进安置房建设。二道沟、扬溧高速南出入口和富润华庭五期安置房，主体都已封顶，正在进行配套施工，二道沟安置房2016年12月底竣工，另2个计划2017年6月份竣工。

【二道沟安置房竣工】 二道沟安置房位于朱方路106号润康城小区内，为2栋高层建筑，其中1号楼18层，2号楼24层，共有安置房211套，总建筑面积2.3万平方米、总投资1.6亿元，2016年投资1400万元。建设主体镇江市润州区房地产开发总公司，2013年12月开工，2016年12月竣工，计划于2017年6月交付安置。

【润康城】 润康城由润州区房地产开发总公司开发建设，位于润州区朱方路106号，北至海太路，东临润康路，南接朱方路，西靠桃西路。规划总用地约为6.33公顷，总建筑面积近17.5万平方米，容积率为2.24，绿地率为30%。规划有7栋11层至30层的高层住宅，6栋6层至9层多层住宅，4栋18层至24层的动迁安置房住宅，（其中2栋为二道沟安置房）。共886户，可容纳近3000人小区业主居住。项目集洋房、高层、小高层及社区配套于一体，涵盖90～140平方米主流户型。建筑带有法式风格，小区拥有皇家法式园林。项目沿朱方路动迁安置房底部设有大型商业裙房，沿桃西路及海太路为分散式沿街商业区。

【全面开展危旧房解危工作】 2016年，润州区计划解危总面积2.28万平方米，实际完成危房和空斗墙解危搬迁628户，2.39万平方米。一是加强危房安全排查工作，首次使用无人机进行航拍协助排查危房，共排查2906处、危房3.1万户、面积约262万平方米，合计排查6.23万户、面积572.73万平方米。二是认真制定和落实《润州区危房治理工作方案》，主动与市城建集团、交产集团、文旅集团、国控集团等片区改造实施主体进行沟通和对接，将解危任务逐一落实，结合实际，有步骤地推进全区的解危工作顺利进行。三是加强强降雨期间危房管理。对强降雨后出现的危房，及时协调各主体和街道撤出人员、财产，防止意外事故发生。

【廉租住房保障工作】 区住建局、区住房保障和产权登记中心，按照提标扩面政策，实施动态管理模式，经过“三审二公示”和市保障中心终审后，全年，新增住房保障户443户，取消住房保障154户，完成廉租房年审2554户，其中租赁补贴913户、实物配租1641户。全年，发放租赁补贴564.76万元，做到了应保尽保。

【住宅小区物业管理工作】 区住建局、区物业管理中心加强对辖区79个市场化住宅小区物业管理监管，针对润州区老旧小区、零散小区、失管小区较多的特点，重点强化物管基础。一是制订和实施了区物业小区全国卫生城市复审迎检方案和创卫复审测评考核标准，对辖区物业小区环境卫生进行了专项检查，累计发放整改通知125张，全部整改到位。二是巩固“五个有”基础建设。结合海绵城市建设，投入资金294.33万元，完成5个小区的物业提升改造，即南苑新村、北花苑、三茅宫一区41～45栋、臻美源、金环花园。三是协调处理物业管理矛盾纠纷。先后参与协调处理金桥花园、华都名城、加州阳光、润南名居苑、中浩国际小区物业矛盾等20余起，处理回复各类投诉1596件，其中“12345”热线1406件，市长书记信箱10件、网络论坛投诉8件、业主群众来电来访172件，维护了小区正常秩序，受到业主群众欢迎。（牟建中）

## 建筑业管理

**【概况】** 2016年，区住建局、区建设工程管理处（区建管处）积极转变职能，热情为区建筑安装施工企业服务，加强建筑工程安全生产管理，推进文明工地创建，促进了区属建筑业的发展。

**【服务区属建安企业的发展】** 区住建局、区建设工程管理处主动服务施工企业，加强政策引导，帮助企业解决实际困难，扶持企业发展。一是召开建筑市场专题座谈会。全年共召开建筑业座谈会5次，邀请全区8家总承包企业及多家专业承包企业代表参加了会议，会上邀请专家就有关建筑市场政策进行专题讲解，分析了当前建筑市场发展空间和开拓建筑市场的方法、途径。通过讲座，坚定了施工企业投入市场竞争的信心。二是热情为企业服务。全区有22家施工企业通过资质核查，13家企业通过信用手册年检和信用平台的登记录入。三是做好建筑税征收工作。2016年是全面施行建筑税“营改增”（即由征收营业税改变为征收增值税）试点的第一年，区建管处加强了试点的宣传，积极协助企业纳税，平稳完成了过渡。2016年，全区建筑施工企业完成施工面积65万平方米，竣工面积23万平方米，完成建筑业总产值9.36亿元，完成建筑税3.53亿元，同比增长15%。对促进全区经济社会发展，发挥了重要作用。

**【建筑业安全生产管理】** 2016年，区住建局、区建管处坚持“安全第一、预防为主、综合治理”的方针，全年组织召开区属施工企业代表参加的安全生产工作会议5次，年初制订了《2016年安全生产工作要点》，并与区属施工企业签订安全生产责任状，进一步明确了企业安全生产责任主体和监管人员的职责、任务和要求。同时，采取以下措施确保安全生产有序进行。一是加强对施工现场的检查，除一般性日常巡查外，根据季节特点和上级部门的要求，先后开展了春节后复工、台风来临前预警、夏季消防安全、保障G20峰会空气质量、脚手架专项、工程吊篮使用专项、中秋国庆节、建筑工地地条钢专项、元旦前等安全生产综合大检查。全年，共开展安全生产检查80余次，排查一般性安全生产隐患80多处，隐患整改率95%以上。二是开展各类安全生产活动。6月份，组织开展了以“强化安全发展观念、提升全民安全素质”为主题的安全生产月活动，“送安全知识进工地”活动，在聚鑫雅苑建筑工地张贴安全生产宣传画册，组织各区属企业主要管理人员观看安全生产警示教育片，开展了安全教育讨论会，向全区各施工现场发放《镇江市建设领域安全教育实用手册》《企业安全生产知识100问》等各类安全生产宣传手册60余份。8月份，开展了“建筑工地送清凉”行动，先后向景天花园、聚鑫雅苑、扬溧高速南出口北地块安置房工程等在建工地现场，给坚守在暑热一线的百名民工工友送去了藿香正气丸、人丹、绿豆、矿泉水、毛巾等夏季防暑降温必备物品，同时，向现场人员宣传：高温期间中午必须停工休息，防止疲劳作业。三是加强企业从业人员安全生产培训。重点是企业安全员、施工员、质检员、塔吊司索工、特种作业人员，先后组织120余人参加了市住建局举办的培训班。四是组织应急援救演练。督促施工单位切实抓好安全生产责任制的落实，做好应急援救演练工作，有效地提高了全区建筑工程安全文明施工。通过以上措施，确保全区全年未发生重大安全事故，维护了安全生产工作平稳局面。

**【开展区属施工工地文明工地创建和环境整治】** 2016年，区住建局、区建管处开展文明工地创建和建筑工地扬尘污染防治工作。配合全市大城管考核和国家卫生城市、文明城市复审迎检工作，重点从拆迁、建筑工地的场容场貌、卫生管理、噪音控制、粉尘治理等方面入手，做到全天候督查，发现情况及时处理，对辖区内市属工地的问题及时向市建管处汇报。全年，共协调处理各类施工问题48处，整改到位48处，其中通过市建管处协调各类问题37处。向工地发放张贴宣传标语200多张，出新工地围墙2800米，修复围墙500多米。确保了辖区内建筑工地在镇江市国家卫生城市、文明城市复审考评中不失分。2016年，全区施工企业创市级标准化文明工地3个，省级文明工地1个。（牟建中）

## 区属房地产开发

**【润州区房地产开发总公司】** 润州区房地产开发总公司（以下简称总公司）成立于1984年9月，现拥有注册资本5251万元，总资产3.5亿元，是一家具备城市综合开发二级资质的房地产开发企业。总公司办公地址位于市朱方路98号四楼。截至2016年年末，有在职职工79人，其中，具备各类专业技术职称人员60人。公司下辖两个专业化子公司，分别为：润州区建筑装潢配套工程公司和润州房地产物业公司。

2016年，总公司坚持以中共十八届三中、四中、五中、六中全会精神为指导，认真贯彻落实区委、区政府各项决策部署，突出项目建设重点，狠抓当前，谋划长远，各项工作取得了明显成效。

全力推进“润康城”项目建设和销售，重点工作指标超额完成。一是项目建设进展迅速，所有房屋都完工，积极推进后期的配套进程；二是现场管理有条不紊，文明施工水平显著提高，在润康城项目建设过程中，未发生一起重特大安全生产事故；三是销售工作成效喜人，自2015年5月16日开盘销售以来，共计回笼资金3.66亿元；四是积极为润州财税作贡献，全年累计上缴各类税金1747万元；五是居安思危，积极谋划后续发展项目。通过近两个月来的调研、分析与对接，总公司针对几块相对优质的地块进行综合分析、筛选，并对该几宗地块委托相关设计单位进行概念性规划方案设计，进行了多方案可行性分析，并对产品定位进行了多地多轮次调研，把握市场销售动态。

苦练管理内功，综合试策提升内在发展质量。一是正风肃纪，强化劳动纪律，对违反规定的，不讲人情，不搞变通，坚决按制度执行；二是聚焦“四风”，“严”字当头，真正把群众路线要求落到实处；三是梳理问诊基层企业发展状况，及时提出有效的解决措施。

强化发展保障，一着不让推进党的建设。充分发挥党员的先锋模范作用，做到领导带头，以上率下，全力推进企业发展。准确把握三严三实的深刻内涵和要求，使之真正成为党员干部的思想自觉和行为习惯。要求党员干部始终保持清正操守和敬畏之心，做到依法不出格，廉洁不越轨。

（陈爱红）

【润州区土地房屋开发总公司】 润州区土地房屋开发总公司（以下简称总公司）成立于1988年4月，是具备城市综合二级资质的房地产开发企业。截至2016年年末，共有在职职工172人，其中技术人员72人，占职工总数的42%。2016年，总公司实现房屋开工面10.2万平方米，竣工24.3万平方米，上缴税收3974万元。

七里甸旧城改造项目稳步推进。该项目作为全市“7+1”城中村改造重点项目，2016年，完成该项目国有土地征收和集体土地拆迁以及厂企搬迁工作，完善各项土地交易手续，具备土地上市交易条件。完成该项目总建筑面积22万平方米、总投资10.6亿元的安置小区御桥嘉园项目建设，到2016年4月，该项目全面竣工，小区各项配套完善并回迁安置征迁户758户。

扬溧高速南出入口改造项目有序推进。南入口改造是市区城建重点项目之一。2016年，推进312国道北侧二期6万平方米的安置房工程建设，到5月份主体封顶，各项配套建设全面展开。推进该地块智能智慧产业展示交易中心的筹建工作。

烟墩湾城中村改造项目启动，征拆基本结束。该地块位于园区路以西，南徐大道以北，规划彭公路以东，规划蚕桑路以南，总投资约6.8亿元。2016年，完成该项目58000平方米、240户的征拆工作，截至12月份，实际完成投资2.85亿元，完成搬迁拆迁户231户。

华东电力设备制造厂异地搬迁项目开工建设。按照区委、区政府的重大型企业“退城进区”的要求，总公司承担该厂异地搬迁的6万平方米新厂代建工作，该项目于2016年3月开工建设。

润州消防站项目按时交付。该项目是润州区消防重点基础设施，是市、区政府重点工程项目之一。根据区政府统一安排部署，总公司垫资约1800万元启动该项目，并于3月份开工建设，总面积约6100平方米。2016年11月初，项目主体建设和室内外装修工作结束并投入使用。

镇江实验学校改扩建工程竣工交付。该工程占地面积6000平方米，是推进全区教育现代化的组成部分，受区委、区政府委托，总公司垫资1000万元，项目于2016年8月交付使用。

佰润粤海国际酒店正式开业。该项目总投资8亿多元，按照该项目定位和发展思路，历经4年的建设与精心筹备，酒店内外装饰工程于2016年8月全面竣工并进入试营业，于2016年9月28日正式营业。

（区土地房屋开发总公司）

## 城乡卫生管理

【概况】 2016年，区城管局按照建设“强富美高”新润州总体要求，以国家卫生城市复审、文明城市复查工作为重要抓手，充分发挥大城管牵头抓总作用，持续开展城市环境综合整治，推动城管工作从“治脏、治乱、治差”向“精细、规范、长效”转型。

网格化责任机制深入推进。积极推进“网格化”管理全覆盖，将外围街道一并纳入管理。不断完善“网格化”管理责任制、实施方案、考评办法和考评细则，同时由区协调办与街道分别成立考核组，负责“网格化”日常考核，月度评定网格等级，对41个网格进行综合考核评价，推动“网格化”管理不断取得实效。

市容市貌水平不断提升。一是加强环境卫生管理。2016年4月，对外围街道保洁公开招标，标志着全区城乡环卫保洁全面市场化，街巷生活垃圾清运也全部机械化，真正实现了管干分离、闭合循环，保洁质量明显提升。二是加强违法建设管理。紧紧围绕年度防治违目标任务，积极防控，主动作为，共拆除违法建设596起，9.3万平方米。三是加强渣土扬尘管理。强化源头管理,从严查处渣土运输抛洒污染、超限超载等违法违章行为,提升渣土规范化管理水平,共查纠违规车辆67辆。四是加强户外广告管理。重点围绕户外广告整治要求,积极开展工作。拆除违章及许可到期户外广告牌5000平方米。五是推进城市环境综合整治。围绕年度总体目标要求,动员各地各部门,认真组织,加强领导,积极推进。2016年,全区城市环境综合整治项目共19个,项目总投资5661.88万元。

民生工程项目积极落实。区城管局始终把惠民便民作为城市管理工作的落脚点,围绕重点工作,从推进市民群众最受益的民生实事工程抓起,使城市服务功能得到不断健全。对广厦新村片区环卫设施、楼道、绿化等进行整治改造,改善居民居住环境。对福莲巷、东麒麟巷进行排水、道路改造,解决了市民出行难的问题。

城管队伍建设切实加强。以“两学一做”学习教育活动为抓手,通过以会代训、自学与集体学习、适时培训等方式,坚持不懈地抓好思想教育和业务学习,提高工作人员的素质和水平。始终坚持以人为本,把“民生城管、人文城管、科学城管、文明城管”作为一切工作的根本出发点和落脚点,以自重、自省、自警、自励为标杆,真正把人民的利益放在首位,强化立即就办和主动作为、服务群众的意识,为提高城市管理水平、提升城市形象这一目标提供坚强的组织保证。

(区城管局)

**【润州区环卫所】** 2016年,区环卫所在区委、区政府的高度重视下,市、区城管局支持和领导下,以学习贯彻中共十八届六中全会精神为主题,紧紧围绕“两学一做”学习教育要求,进一步巩固发展全国文明城创建成果,加强精细化管理,严格执行各项规章制度;加大设施投入,推行环卫清扫保洁市场化运作;加大宣传力度,提高市民的环卫意识;健全组织、开展活动,切实加强党建和其他工作。

规范垃圾清运工作。垃圾清运工作实行定时、定点、定人,白天垃圾积存时间不超过2个小时;生活垃圾清运做到日产日清、车走地净,无滞留垃圾,切实落实“车走地净”制度。重大节日和活动期间,增加巡回清运车次,及时清运箱内垃圾。车辆要求整洁,杜绝垃圾运输车沿途撒漏现象,司机应按指定地点倾倒,无乱倒、乱卸现象。

完善落实各项条例制度。加强考核、考勤、管理等条例制度,不断提升作业质量。除全面检查辖区内主次干道的道路清扫质量、作业人员在岗在位情况外,还督促所部质量考核员和清洁队队长上路考核,加强对各保洁公司生产一线作业现场管理。完善与落实各种制度,形成一整套相互联系、相互促进、相互制约的规范化管理体系,建立了务实高效的工作秩序。

环卫设备进行升级改造。对三茅宫垃圾中转站进行整体升级改造。达标改造社会公厕5座;对五座中转站分别购置了除臭设备。积极开展创卫迎检工作,在各个中转站放置毒饵站,加强对蚊虫鼠蚁的消杀。添置垃圾清运车等环卫作业车辆,及时维修、更换辖区各路段的果皮箱、垃圾收集车,进一步完善环卫设施的更新和配置。进一步推进车队停车场的建设,争取在年底完成对地面硬化的工程。建设新的生产车间,方便以后对汽车进行维修。

加强宣传力度。通过新闻媒体、志愿者参与和学校、社区公益性宣传等多种形式,将宣传活动与集中整治融为一体,在宣传中整治,在整治中宣传。号召广大市民从现在做起、从身边做起,进一步增强广大市民的主人翁意识,积极参与,共同行动,努力营造良好氛围。

(区环卫所)

## 城管执法

**【概况】** 2016年,城管行政执法局润州分局(以下简称润州分局)以中共十八届五中、六中全会精神和中央城市工作会议精神为指导,全面落实区委八届一次党代会要求,以建立城市管理长效机制为目标,以解决群众关心关注的民生问题为重点,以城管体制创新为动力,不断提高城市管理效能、提高服务水平、提高城市品位,努力营造市容整洁、环境优美、和谐有序的城市环境。

2016年,润州分局开展占道经营整治行动180余次,取缔主次干道沿线占道经营行为3850余起、菜市场周边占道经营行为1760余起、校园周边占道经营行为417起;规范人行道上非机动车停放1330余起。推进晚间集中执法行动,查纠炭烧烤、餐饮小吃及排档占道经营480余起,查纠车载经营流动摊点325余起、夜间占道洗车24起,其他违法违规行为876起。推进街巷容貌美化行动,清理乱堆放、乱钉挂、乱贴画390余起(其中查处镇江美的房地产发展有限公司张贴小广告案件,责令该公司清理小广告10000份),协助管理部门规范临时疏导点经营行为522起。完成市容秩序执法保障任务40余次,办理网络舆情、市政府“12345”热线反映的涉及城管执法问题整改单531起,办理“大城管”派遣单94件。

**【市容市貌整治行动开展有序】** 润州分局以迎接文明城市、卫生城市复审为契机,扎实开展各类执法行动。一是开展主次干道、重要广场整治行动。重点对中山西路、朱方路、火车站南广场等路段和区域进行了集中整治。通过宣传教育、合理疏导、督促整改等方式方法对上述路段、区域的店面外溢、流动摊点、乱堆乱放各类违章行为进行集中清理。二是开展景区周边集中整治行动。加强对金山公园、西津渡等景区周边加强管控，在去年开展文明敬香行动的基础上，合理疏导原有固定摊贩，坚决取缔流动摊点，并在节假日和重要宗教节日期间在金山公园门口、金山桥路口、香逸渔港路、西津渡长江路入口等路段，安排人员值守。做好长效管理，以防回潮，打造清新亮丽、管理有序的风景旅游环境。三是开展农贸市场周边环境整治行动。为进一步改善农贸市场周边环境，提升城市功能品质，提高群众满意度。润州分局对朱方路批发市场、王家巷、七里菜市场等农贸市场周边开展整治，并实行早、中、晚时间段专人值守管理全覆盖，做好长效管理。通过集中整治、定人值守，规范了农贸市场周边环境秩序，营造良好的市容环境。四是开展校园周边整治行动。组织开展了以“净化校园周边环境秩序”为内容的整治行动，联合街道、社区对辖区内22所大中小学校及幼儿园周边市容环境进行了有效治理。并派遣执法人员对夜间投诉较多的江科大南校区进行定点值守，6月高考、中考期间均安排人员对考点周边加强巡查、值守。

**【网格化责任机制深入推进】** 在现有的四个街道实施网格化管理的基础上向全区所有街道、园区、南山联合社区服务中心全面推行，实现网格化管理全覆盖，将城市管理各元素通过网格细化到责任人，建立责任制，保证管理效果。建立健全网格联席会议制度，部门联动协同机制等日常运行机制和制度，形成齐抓共管合力。通过网格化责任制强化执法中队与属地联系配合，资源共享、数据互通，实现管理精细化。在2016年开展的火车站南广场万达商圈的综合整治行动中，润州分局根据网格化管理的要求积极联系属地街道安排20人的城管志愿者队伍加强对火车站南广场、万达商圈的日常管理，延长人员值守时段为7:00–23:00，并配合交警部门对市民投诉较多的非机动车乱停乱放开展整治。清理、疏导流动摊点800余人次，使周边市容环境质量得到有效改善。

**【保障活动组织有序】** 润州分局把每次保障活动当作对执法工作的检查和考验，全力以赴，细化措施，确保了各项保障活动万无一失。全年共执行“除夕祈福”保障、苏台灯会保障、江苏省海峡两岸名优农产品展销会保障、2016年国际低碳产品技术交易展示会、“百家央企镇江行”等大型活动保障，节假日、中、高考保障任务40余起，在历次执法保障中，全体执法队员充分发扬城管人“六个特别”的精神，按照工作力量、工作精力、工作措施“三到位”的要求，用最短的时间和最扎实的措施进行整治，使市容市貌和综合环境迅速得到改善，展示了城管执法队伍的形象，取得良好的社会效果。

**【城管执法宣传有力】** 城市管理水平的高低，决定于市民群众和社会单位参与的程度。润州分局力求改变过多依赖行政干预的城市管理方式，不断增强公众参与意识，完善“属地牵头、部门配合、社区组织、群众参与”的管理模式，创新群众参与方式，打造公众参与平台，以组织广场宣传、走进社区、走进企业等多种活动，让城市管理成为广大市民的自觉行动。2016年，润州分局在开展各项执法工作的同时，充分发挥新闻媒体的舆论宣传作用，利用媒体全面及时地反映城管政策法规、执法动态。在《京江晚报》等媒体刊登宣传报道22篇。发放宣传资料、《给市民一封信》6000余份，并在润州广场开展宣传教育活动，提供法律法规咨询，让市民了解参与城市管理工作。形成了“人人爱城市，人人管城市”的良好氛围。

（城管行政执法局润州分局）

## 环境保护

**【概况】** 2016年，区环保局认真贯彻落实区委、区政府关于推进生态文明建设的工作要求，以改善环境质量为核心，大力度推进补短板工作，切实解决突出环境问题，各项工作目标任务全面完成。

稳步推进生态文明建设项目。2016年，市环保局下达的生态文明建设重点项目共9个（运粮河水环境整治、周家河水环境整治、润州河流整治、中船动力试车台尾气处置、联合水泥除尘改造、金山水泥厂关闭、城郊农村环境整治、宕口治理、大桥生态园一期景观绿化），区委、区政府安排生态红线重点项目共10个。区环保局积极协调各相关责任单位，按照项目有计划、季度有督查、年度有考评的要求，认真推进生态项目建设完成。19个项目完成投资9977万元（其中生态文明建设重点项目8980万元，生态红线重点项目997万元），除了金山水泥厂关闭正加紧商谈推进中，其余项目已完成或已达序时完成量。此外，区环保局还积极向上争取环保资金2127万元，其中318万元生态红线补偿资金已全部发放到位。

深入推进西南片区环境整治。2016年，西南片区生态环境综合整治重点推进企业关闭搬迁、污染企业治理、矿山生态修复、水系河道治理四方面工作。企业关停方面，重点督查推进蒋乔街道加快关停乔家门2家轧石场、乔家门豆腐作坊、东山石灰窑厂和金山水泥厂。除金山水泥厂关停工作正在加紧商谈外，其余都已完成关停工作。污染企业治理方面，已完成江苏船山集团有限公司3台燃煤锅炉的拆除替代工作(拆除1台、煤改油1台、空气能锅炉替代1台)。江苏联合水泥有限公司电收尘提标改造已完成并通过验收。生态修复工程方面,积极协调区国土部门,加大督查力度,推进主体责任单位开展宕口整治工程。嶂山村采石场宕口、金山水泥采石场宕口人工辅助自然复绿工程已完成,凤凰山采石场宕口总投资891.96万元,相关整治工作都已达到序时完成量。水系河道治理方面,西团结河的河床及河埂清理整治工作在年初已完成,两岸河埂种植树木2500株,播种草籽11000平方米。韦岗街道与区水利局共同投入300万元,对燕子窝水库下游溢洪河、部分渠道进行了整治,对下游西古河、船山河进行了清淤,这项工作在11月已完成主体工程。

快速推进中央环境督察组交办问题整改。自中央环保督察组交办问题以来,区委、区政府高度重视,区政府主要领导亲自抓、分管领导具体抓,区环保强化工作落实,全力以赴督查推进相关部门和属地街道落实整改措施。信访件整改方面,中央环保督察组交办的信访件全市共115件,其中涉及润州2件(我家酸菜鱼油烟噪声扰民、新疆烧烤店油烟扰民环境脏乱差),区环保局制定专门监察工作方案,加强现场巡查督查,督促街道加快落实整治工作,两个信访件分别于8月5日和8月25日完成整改,全市率先完成整改销号工作任务。水源地环境整治方面,针对砂石码头和养殖场整治难度大的问题,成立区级领导小组,主要领导亲自指挥推进,环保执法人员全力配合区相关部门及属地街道,加强督查推进。11个砂石码头已有9户签订拆除搬迁协议,强制拆除1户,1户正在加紧洽谈中。正东养殖场和大强养殖场,环保、国土等多部门多举措全力配合街道推进整治工作,和平路街道每天坚持10个小时以上谈判,确保12月完成整治任务。

扎实推进大气污染防治。企业治污方面,按照市政府下达的2016年大气污染防治工作任务,润州区需完成船山集团3台锅炉整治、联合水泥提标改造、中船动力挥发性有机物治理3项治理任务。结合西南片区整治,区环保局领导多次深入企业现场指导,定期开展专项环境监察活动,加快推进企业提标改造进度,3项重点治理任务已全面完成。秸秆禁烧方面,夏、秋秸秆禁烧期间,认真制定禁烧工作方案,发放800份禁烧通告、200顶草帽;组织4个巡查小组,不间断对各街道属地开展巡查督察,处理火情20余起,有效控制了乱烧、偷烧秸秆的现象,实现了“零焚烧”的工作目标。G20峰会大气管控方面,专门成立大气管控工作领导小组,制定应急工作方案,对水泥、碳素等重点行业实施限产措施,启动船舶行业应急保障,确保了各项管控措施落实到位。

严格实施环境监察管理。一是从严建设项目管理。一方面,认真受理审批建设项目35个(登记表类项目20个,报告(书)表类项目15个),办理环保竣工环保验收项目11个。另一方面,严格按照上级环保部门工作要求,认真开展违法违规建设项目清理活动,清理违法违规建设项目19家(其中未批先建12家,已批未验6家,批建不符1家)。二是规范企业排污行为管理。完善企业数据库,全市率先完成42家企业“一企一档”数据录入上报工作,审核通过率100%。全面落实《江苏省排污许可证发放管理办法》,完成24家重点排污企业排污许可证发换证工作,做到覆盖全区重点行业,有效控制了新增污染物的排放。三是加强排污费征收。2016年,市环保局下达的收费任务共540万元,区环保局已完成收费547万元,全年收费序时进度始终保持全市前列。四是强化固废、核与辐射管理。在固废管理方面,按要求开展危险废物专项整治活动,加强对18家(国控3家、省控4家、市控11家)危险废物重点监管源单位进行监管;督促推动镇江船厂废矿物油及油桶纳入危废管理,并完善危废贮存场所达标建设;主动协调,妥善处置了丰欣半导体有限公司拆迁现场内遗留的危险化学试剂。在核与辐射管理方面,重点对16家核技术利用单位进行监管,责令整改了七里甸社区卫生服务中心核技术项目未报先用行为。五是加强常态化执法监察。在环境监管网格化建立上,结合润州区实际,创新“责任网格与区域网格并行”的网格划分模式,建立区级、乡镇级(街道、工业园区、南山联合社区)两级责任网络,同时建立起5个区域网格(老城区、中城区、新城区、工业集中区、城乡接合部),配备区、街道、社区三级监管人员达186人;在执法监察上,对重点区域、重点企业、重点行业、重点三产等,开展专项执法、突击检查、常态巡查、专项护考等执法监察活动,全年出动执法人员1800多人次,排查企业、工地、店面共计200多家次,下达监察文书9份、违法限改文书13份。实行新《中华人民共和国环保法》标准,依法作出行政处罚6起,罚款50460元。六是积极处理环境信访。区环保局高度重视群众对环境问题的诉求,认真积极对待每一件信访件,做到来件必处、有件必回。全年承办信访件698件,同比降低16.3%。

加强开展环境保护宣传。一是坚持“发声音,亮观点”。一方面每月按时在天涯论坛、西祠胡同、百度镇江吧、金山网和梦溪论坛等网络论坛上发表环保民生、环境保护等方面的工作亮点新闻,不断引导网民对环保工作的认识;另一方面,加强对负面帖子进行疏导,积极与网民进行交流沟通,争取群众对环保工作的理解与支持。二是坚持广场宣传活动。以“6·5”世界环境日，法制宣传日等为契机，组织开展了形式多样的现场宣传活动。在金山公园、西津渡社区、城市客厅和润州广场，分别开展了“无烟金山”、低碳环保时装秀、环保跳蚤市场、环保主题文艺演出、环保法制倡议推广等活动，通过形式多样的宣传活动，扎实有效地推进了环境宣传和环保普法工作。三是坚持企业环境评级。严格按照程序和流程开展2015年度环境信用评级工作，全年共有参评企业83家，其中绿色企业48家，蓝色企业34家，红色企业1家，占比分别为58%、41%和1%。环境信用评级工作的开展和评级结果的运用，极大地触动了企业环保“神经”，进一步增强了企业的环保意识，促使企业做出相应的环保行为改变。

（区环保局）

田冰摄影作品选

《秀美云台阁》

## 综　　述

【概况】 2016年，在区委、区政府的正确领导下，润州区商务部门认真贯彻落实全市开放型经济工作会议精神，坚持以加快发展为主线，专业化招商为重点，精准服务为手段，克难求进，以“一切在于干”的精气神，紧紧围绕主要商务经济指标，强化涉企服务，创新招商方式，在宏观经济形势不景气的形势下，确保商务工作企稳回升。全年社会消费品零售总额达170亿元，同比增长11.7%，全市增幅第一；实际利用外资创新克难，在工业园区还没有成为利用外资主阵地的不利情况下，通过招金引银，积极拓展利用外资新渠道，完成产业类实到外资9020万美元；外贸进出口总额，在镇江船厂等龙头企业自营出口同比下降将近2亿美元的极端情况下，果断采取外贸稳增长措施，培植外贸新增长点，有效填补船舶行业不景气形成的缺口，全年完成外贸进出口总额5.28亿美元。

## 利用外资

【概况】 不断创新工作机制。2016年，充分利用《外商投资企业设立及变更备案管理暂行办法》的契机，启动快速审批流程，以工作联系单为抓手，用“三不”服务念全程代理代办，最大限度地缩短办事流程。全年，全区新批外资企业11家(含增资)；完成协议外资6106.1万美元；完成到位外资9020万美元，与上年持平。利用外资方式多

**2016年润州新批外资及港台企业一览表**

表10　　　　单位：万美元

| 序号 | 企业名称 | 项目内容 | 外方单位 | 总投资 | 注册资本 | 协议外资 | 注册时间 | 所属单位 | 备注 |
|---|---|---|---|---|---|---|---|---|---|
| 1 | 镇江阿瓮电子科技有限公司 | DRM数字无线电接收机 | ANKIT AGRAWAL先生和OP.AGRAWAL先生 | 15.4 | 10.8 | 6.2 | 2016.01 | 金山 | |
| 2 | 镇江蜜月岛西餐有限公司 | 餐饮、红酒、橄榄油 | 西班牙章郑秀丽女士 | 18.7 | 18.7 | 18.7 | 2016.02 | 金山 | |
| 3 | 镇江市亿丰科技小额贷款有限公司 | 科技型中小微企业发放贷款 | 潘逸群先生、于艳女士 | 1538.0 | 1538.0 | 448.0 | 2016.03 | 区属 | |
| 4 | 镇江盖力国际贸易有限公司 | 从事机械设备及零件、电子产品、汽车零配件的批发 | 西班牙GALI INTERNACIONAL S.A. | 11.5 | 11.5 | 11.5 | 2016.04 | 园区 | |
| 5 | 镇江润恩电子商贸有限公司 | | | 700.0 | 700.0 | 700.0 | 2016.05 | 七里 | 增资 |

续表10

| 序号 | 企业名称 | 项目内容 | 外方单位 | 总投资 | 注册资本 | 协议外资 | 注册时间 | 所属单位 | 备注 |
|---|---|---|---|---|---|---|---|---|---|
| 6 | 镇江鹏来机电有限公司 | 从事电梯配件的批发 | | 5000.0 | 3600.0 | 3600.0 | 2016.05 | 官塘 | |
| 7 | 镇江爱华机械商贸有限公司 | | | 1300.0 | 1300.0 | 1300.0 | 2016.06 | 蒋乔 | |
| 8 | 镇江市泰和美容保健有限公司 | 非学制类美容保健技能培训、精油化妆品、食品的批发及进出口业务 | 泰国PANJAI SRI-WICHAI女士、SUPA-PORN CHAIWONG女士、SUPAPORN NITHA女士 | 1.0 | 1.0 | 1.0 | 2016.07 | 宝塔 | |
| 9 | 三富智能科技(镇江)有限公司 | 冷镦塑性压力监控技术及适用MES技术的研发,咨询,安装服务 | 韩国3VIEW.COM.INC | 10.0 | 10.0 | 10.0 | 2016.09 | 宝塔 | |
| 10 | 镇江睿腾数字科技有限公司 | 计算机软硬件开发 | 晓腾国际股份有限公司 | 1.5 | 1.5 | 0.68 | 2016.10 | 七里 | |
| 11 | 镇江新爱示精密机械有限公司 | 从事气体、流体控制设备领域的技术开发、技术咨询服务(除特种设备); | 香港新爱示国际贸易有限公司 | 10.0 | 10.0 | 10.0 | 2016.12 | 宝塔 | |

元化,亿丰科技小额贷款等金融业项目于今年新设;工业4.0项目三富智能科技;数字科技镇江睿腾等项目落户。

## 对外招商

**【概况】** 润州区统一思想,强化职业操守,把每一个人作为招商工作的窗口,苦练内功,着力开展环境建设,以饱满的工作热情、高效的工作质量、敬业的工作态度、专业的工作水准赢得客商和服务对象的尊重。一年来,强化并密切了一批央(国)企、外企负责人的关系,精心维系并深入挖掘了发电、电推进、环保设备、海洋工程、汽车配件、健康医疗等板块一批宝贵的项目源。

随着经济的转型,项目已从规模导向转为质量效益导向,招商方式上从土地招商向科技招商转变。2016年,区商务局积极探索“基金+项目+人才”模式,统筹国控航天基金等注册在润州区的基金杠杆,大学科技园以及村(社区)的载体资源,吸引精英创业团队带项目到润州区投资设厂,已积累了医疗器械、传感器、安全气囊点火炸药等一批有效项目信息。2016年围绕大学科技园,累计引进项目39个,已通过评审项目13个。

2016年全市利用外资的完成,主要得益于投资平台的发债,润州区通过拓宽外资与金融的嫁接,使亿丰科贷、金控融资租赁2个项目到位外资1970万美元,占到全区的近三分之一。特别是在香港现代服务业招商活动中,推进建银国际以100亿元认购价投资入股惠龙e通,在此基础上,打通惠龙e通利用外资的通道,并成为2017年外资的强大支撑。

2016年区招商中心强化了与市招商中心的对接,借力招商。根据润州区产业特点,在全市“海陆空智医”(即船舶海工、汽车、航天航空、智能制造、医药医疗)五大产业中有所为,有所不为。将润州区产业概况、土地岸线资源以及闲置存量载体融入市招商平台,积极参与,发挥市平台信息优势,共同招商,联合招商。

## 商贸流通

**【概况】** 推动“互联网+商贸”新业态。引导商贸企业、批发市场线上线下结合,现已有农批市场推出的“我的社区365”“亚夫在线”依托实体网点、货源、配送资源,建设B2C、O2O模式扩大销售。电子商务实现新突破。积极开展镇江市电子商务示范园区、示范企业建设活动,镇江农副产品批发市场有限公司获得首批镇江市电子商务示范企业称号。

## 对外贸易

【概况】 2016年,全区共有进出口企业150家,比上年增加了7家,其中进出口5000万美元以上的企业有1家,1000万美元以上的企业有16家。2016年通过加大财政支持力度,挖掘外贸新增长点,强化企业服务,取得了一定的成效,全年实现进出口额5.28亿美元,同比下降28%。其中出口4.41亿美元,进口0.87亿美元。

召开"外贸政策宣讲会""外贸企业交流会"等会议,开展"送政策送服务"大走访活动,扎实推进外贸稳增长工作,为属地企业讲解国家、省、市出台的一系列外贸稳增长政策措施,并指导企业做好资金申报工作,全年累计为辖区内企业争取扶持资金超过1000万元。调研走访大中小型各类企业,鼓励企业转型升级,走创新发展之路,鼓励企业参加各类展会,开拓国际市场和港澳台市场。

建立外贸企业交流平台,搭建了政企、企企之间沟通的桥梁,截至2016年年底已有86家企业加入了群组。发挥特种船舶及海洋工程配套产业公平贸易预警点作用,发布公平贸易预警信息,研究船舶海工行业动态,促进行业快复苏好发展。

学习新的统计制度,挖掘内部潜力,重点打造科技一条街、睿泰数字产业园、五洲创客中心,加快基地升级,加强集聚发展。2016年全区服务外包发展较好,增速稳定,全年实现服务外包执行额13007.7万美元,同比增长20.11%,顺利完成预期指标。

2016年润州区进出口前15强企业名单

表11

| 序号 | 企业名称 | 性质 | 主要出口产品 |
|---|---|---|---|
| 1 | 江苏省镇江船厂(集团)有限公司 | 民企 | 全回转拖轮、海工配套 |
| 2 | 江苏泛华进出口有限公司 | 民企 | 纺服、食品、五金、化工 |
| 3 | 镇江中船动力有限公司 | 国企 | 船用柴油机、螺旋桨及船舶推进系统 |
| 4 | 江苏汇天国际贸易有限责任公司 | 民企 | 泳池设备、纺服、 鞋帽 |
| 5 | 镇江东亚碳素焦化有限公司 | 民企 | 碳素制品 |
| 6 | 怀特(中国)驱动产品有限公司 | 美企 | 液压马达 |
| 7 | 镇江市汉华进出口有限公司 | 民企 | 五金交电、机械设备、卫生洁具、电子产品、日用百货、纺织品、服装、 |
| 8 | 康士伯船舶电气(江苏)有限公司 | 挪威 | 船用电器 |
| 9 | 江苏美佳马达有限公司 | 美企 | 电梯 |
| 10 | 镇江环球光学有限责任公司 | 民企 | 光学镜片 |
| 11 | 正茂集团有限责任公司 | 国企 | 船用电焊锚链 |
| 12 | 镇江市瑞琪机械进出口有限公司 | 民企 | 机械、五金、电动工具 |
| 13 | 镇江源龙铝业有限责任公司 | 民企 | 铝及铝合金、复合材料 |
| 14 | 镇江嘉信国际贸易有限公司 | 民企 | 饲料原料及添加剂、食品添加剂、五金、矿产品、轻纺产品、服装、农副产品、机械设备、电气设备、运输设备及配件 |
| 15 | 镇江润发国际贸易有限公司 | 民企 | 铝材、有色金属材料、黑色金属材料、化工产品(危险品除外)、塑料制品、五金交电、纸制品 |

## 对外经济技术合作

【概况】 2016年,全区对外投资发展稳定,对外承包工程企业建工建设集团在印度尼西亚、伊拉克、马来西亚等国有在建项目,对外劳务派遣企业五洲稳定向日本输送劳工。组织企业参加全省"深化合作、共同参与一带一路建设金融机构与企业对接会",开展走出去政策宣讲。同时,为外经企业积极争取扶持资金,继续鼓励辖区企业"走出去"。 (殷婷婷)

**【建银国际以100亿元市值投资入股惠龙易通】** 在11月2日~4日市委书记夏锦文率团赴香港开展的现代服务业经贸交流活动中,润州

（区招商局　摄）

惠龙易通与建银国际股权投资项目签约仪式成功举行，区委书记王冬生出席签约仪式。建银国际投资有限公司以100亿元认购价投资入股惠龙易通，首轮到位1亿元资金，占股1%。建银国际的进入，形成了资本与物流电商产业双轮驱动，极大地提升了润州现代服务业的层次。近年来，建设银行联手惠龙易通试点互联网金融创新，先后推出“惠龙贷”“惠龙卡”等金融创新产品，助推惠龙易通开创“互联网+”新时代。建银国际是中国建设银行股份有限公司旗下的全资投行，代表建设银行对外开展多元化的投资银行业务。

**【润州区中船船舶及海洋工程动力系统举行集中开工活动】** 2月23日上午，润州区中船船舶及海洋工程动力系统产业化等5个市、区重点项目举行集中开工活动。市政协主席李国忠，市委常委、市纪委书记孙健，市委常委、宣传部部长曹当凌，副市长胡宗元、詹立风，润州区委书记、镇江高新区党工委书记王冬生参加中船船舶及海洋工程动力系统产业化项目启动仪式，区长高国成主持该项目启动仪式。中船船舶及海洋工程动力系统产业化项目总投资6亿元，投产后将形成80台1500千瓦以上大功率采油机的年生产能力，新增年销售收入5亿元、利税8000万元。李国忠对项目的启动开工表示祝贺，并希望干出“镇江速度”、早日竣工投产。市领导们还对润州移动互联网中心项目进行现场观摩推进。总投资约6亿元的润州移动互联网中心项目即将开始基础施工，李国忠详细了解项目的总体规划和发展前景等，叮嘱要高质量建设、高水平管理，成为镇江产业项目建设新亮点。

**【赴美加招商引资】** 4月14日~21日，镇江市赴美国、加拿大开展为期一周的科技经贸考察活动，润州代表团精心准备、积极推介魅力润州，寻求与美、加在更多领域的合作共赢。在美国南加州大学马歇尔商学院和美国商务部联合举办的亚太商业前景展望会议（APBO会议）上，市委书记夏锦文作了“为更好地发展中国镇江，激励和创新的中国千禧一代”主题演讲，全方位推介宣传了镇江的投资环境。润州区委书记、镇江高新区党工委书记王冬生也与APBO组委会秘书长进行了深入的对接和交流。考察活动中，江苏美佳马达有限公司和美国麦克米伦电器制造公司还就无刷电机签订了技术合作协议。（区招商局）

（区招商局　摄）

# 财政·税务·审计·金融

栏目编校:田 崇

## 财 政

**【概况】** 2016年是全面深化改革的一年,也是财政形势最为复杂的一年,由于宏观经济增长动力减弱趋缓,尤其是全面推开营改增后,政策减税、体制减收等不利因素影响扩大,全区经济增长疲软,财政增长空间压缩,公共财政压力明显。面对诸多不利因素制约,财政部门知难而进,圆满完成各项目标任务。

紧抓收支管理,财政运行逆中求进。受全面"营改增"减税政策等因素影响,全区全年收入降减形势明显。2016年,全区实现一般公共预算收入20.66亿元,完成年度调整预算的100.3%,同口径增长3.8%;实现财政支出12.77亿元,完成年度任务的98.2%,同比增长9.14%。按现行财政体制结算,剔除市级专项补助和上年结转支出后,2016年,全区当年可用财力为13亿元,与财政预算支出相轧抵后,当年实现收支平衡。

强化资金扶持,助推经济转型发展。充分发挥财政资金引导作用和杠杆效应。一是持续抓好减税降费,降低实体经济负担。贯彻落实降低企业成本各项政策,设立专项扶持资金,全年累计为惠龙电商平台减负1.36亿元。二是加快政策资金落地,支持地方经济发展。严格执行上级和本级扶持企业各项政策措施,及时拨付项目资金;加大对产业三集、企业上市、楼宇经济等支持力度,全年争取企业扶持资金7507万元,兑现企业上市奖励382万元。三是支持科技创新和成果转化。全年,科技投入4435万元,拨付"331计划"等科技人才支出880万元,安排科技三项经费2000万元,拨付众创空间补助200万元,拨付重点研发及科技成果转化专项资金800万元,以科技创新推动经济发展提质扩面增效。

突出民生改善,着力增进民生福祉。坚持守住底线、突出重点,深入细致做好社会托底工作。全年,民生支出13.9亿元,较上年增加2.8亿元,增长25.26%。一是推进教育事业持续发展。全面推进新一轮教育现代化建设,全年教育投入达3.35亿元,比上年增加8984万元,增长36.71%。二是推进医药卫生体制改革。全年医疗卫生投入5682万元,进一步完善落实好财政补助政策,扎实推进社区卫生服务体系建设,促进社区卫生服务均等化,更好地满足人民群众日益增长的健康需求。三是推动创业就业工作开展。充分发挥财政资金激励作用,促进大众创业、万众创新,全年,投入1100万元,用于公益性岗位、大学生创业补助等。四是健全完善社会保障机制。全年,社会保障支出10334万元。足额发放城乡低保金、尊老金、重残人员生活补贴、居民养老补贴等;规范困难群众临时生活补助,完善社会救助机制,推动重度残疾人护理补贴制度实施;进一步推进养老服务体系建设,加大居家养老财政投入,通过财政购买养老服务,促进全区老年事业发展。五是支持文体、公共安全事业发展。全年,安排文体支出3001万元。设立432万元文化产业引导资金,持续推动文化产业发展;健全完善政法经费保障机制,全年,拨付548万元政法专项转移支付资金保障政法机关履职履责。

**【财政改革】** 积极贯彻新《预算法》以及国家和省、市、区有关法律法规要求,稳妥推进财政改革相关工作,正确处理好深化改革与稳定经济发展的关系。一是积极应对全面营改增对全区带来的负面影响,千方百计稳增长、保基数,积极争取有利于润州的财税政策,确保了财政收支平稳运行。推进法治财政常态化管理。对照法治财政建设目标考核办法,衡量依法行政和理财水准,切实推进落实法治标准化管理模式,严格规范财政管理行为,同时加强行政事业单位会计基础工作和内部控制体系建设,防范财经风险。二是完善规范透明的预算制度。扎实做好预决算公开工作,明确公开要求,细化公开内容;深化全口径预算管理,完善部门预算编制标准体系,加强预算编制的审核指导;建立财政一体化平台,目前一期已上线运行,预算编制的科学化精细化水平大幅提升。三是加强规范政府性债务管理。进一步规范融资行为,严控融资成本,坚持从源头控制政府性债务增长,优化债务结构、降低利息负担,切实防范债务风险,全年,向上争取地方政府债券置换存量债务额度4.75亿元。

（区财政局）

# 国　税

**【概况】** 镇江市国家税务局第二税务分局(以下简称国税二分局),现有干部25人,党员16人,内设局长室、办公室、综合业务科及5个税源管理科。征管改革后,国税二分局由全职能的征管分局转变为主要负责纳税评估和税款追征的专业化管理分局。2016年,国税二分局被表彰为"江苏省文明单位""镇江市职务犯罪风险防控示范点""镇江市预防职务犯罪先进单位"和"润州区服务发展先进单位"。

风险应对工作平稳开展。1.加大业务培训力度,国税二分局组织了"营改增"专题培训,税源管理平台新模块的操作培训,同时积极组织干部参加市国税局各类培训,不断提高干部的业务水平和应对能力,确保工作顺利开展。2.认真抓好风险应对工作。一是认真按照风险应对工作模板和《纳税评估法律指引》开展评估,着力规范风险应对工作,强化分户分析、应对实施、数据情报采集、基础信息核对、违法违章处理等应对处理各环节的规范操作。二是加强风险应对的内控机制,严格按照省国税局风险应对模板的要求,坚持分析预案、评估结论的集体审议制度,并试行了执法记录仪的运用,提高税收执法质量,防范执法风险。3.风险应对质效进一步提升。国税二分局完成风险应对任务92户,风险应对总成效1078.81万元(其中:入库增值税231.44万元,企业所得税55.22万元,加收滞纳金38.09万元,调减留抵税款101.72万元,调减亏损2609.31万元)。人均成效98.07万元,户均成效11.73万元,比去同比增加30.8%,风险应对准确率91.3%。

欠税追征工作有序开展。2016年,清理欠税256户次,共入库税金719万元,其中清缴本年新欠456.16万元,清欠率18.67%;追缴往年陈欠1507.54万元,清欠率达到35.95%;启动"欠税企业领购发票特批"流程10次,解决企业因资金问题形成欠税无法领购发票问题;参与破产企业债权人会议2次。

配合做好营改增工作。国税二分局积极配合市国税局做好123户营改增一般纳税人和700户小规模纳税人的培训,针对营改增一般纳税人企业进行逐户申报辅导,确保申报数据的准确和足额入库,并做好营改增税负的测算工作和税负增加企业的情况分析。组织人员对生活服务业纳税人增值税发票的使用情况开展了专项核查,共对86户纳税人进行了核查,全面了解增值税专用发票的使用情况,并对纳税人宣讲了增值税发票的使用规定,督促纳税人严格按规定开具发票。

以人为本带队伍。1.狠抓作风建设。国税二分局严格各项工作纪律,进一步规范了外出留言和请销假制度,加强了作风纪律督查,进一步推进"慵懒散"整治工作。2.加强党风廉政建设。积极开展税检共建,认真做好职务犯罪预防工作,并请检察院的同志作了一次专题讲座,认真落实新格局下的内控机制,使权力在阳光下运行。组织对国家新近出台的一系列廉政规定的学习,深入学习贯彻《税务系统领导班子及领导干部监督管理办法》及《实施细则》,运用正反典型案例特别是中纪委公布的最新案例开展教育。严禁滥用职权吃拿卡要报、贪污受贿、失职渎职、腐化堕落等违法违纪现象。继续开展"评监同行·阳光执法"活动。3.结合实际做好教育培训工作。组织干部参加了业务能力升级和领导胜任力测试,组织干部认真学习中共十八届四中、五中、六中全会精神,特别是认真学习习总书记系列重要讲话精神,引导干部心系大局、心系群众、心系家乡,为民解忧、为民谋利。国税二分局干部积极参加文明值勤,积极投身文明城市创建,被表彰为2013~2015级省级文明单位。积极开展"e路绿道,清新国税"品牌建设,国税二分局干部踊跃参加绿道健步走宣传活动和市局组织的文体活动,并取得了优异成绩,彰显了分局干部的活力。4.积极开展"两学一做"教育。国税二分局党支部按市国税局机关党委要求,制订了教育计划,开展了教育动员,支部书记带头讲党课,规范了学习时间和内容,确保"两学一做"教育取得扎实效果,切实增强党员"四个意识"。还组织干部赴新四军四县联合抗日纪念馆参观学习。

（国税二分局）

## 地　税

【概况】 2016年，镇江地税三分局深入贯彻全省地方税务工作会议和市委六届十一次全会精神，紧紧围绕“科学、规范、高效、廉明”的工作目标，坚持“一切在于干”工作理念，不断深化税收征管体制改革，成功经受全面实施营改增的重大考验和金税三期的平稳上线，以组织收入为中心，以绩效管理为抓手，服务发展大局，各项工作稳步有序推进。被润州区委、区政府授予“服务发展先进单位”。

攻坚克难，税收职能作用有效发挥。面对经济下行、营改增等严峻形势，地税三分局勇挑重担，挖潜增收，为圆满完成收入任务和提高收入质量交上了满意答卷。全年，共组织入库税收收入总额24.5亿元，同比减收6.94亿元，下减22.1%。征收社保费28.51亿元，同比增长8.7%；征收其他基金费收入14042万元。公共财政预算收入完成22.22亿元，同比减收6.72亿元，下降23.2%。其中市级收入7.31亿元，润州区级13.58亿元。剔除营业税，共完成各项税收13.75亿元，同比增长5.6%，其中公共预算收入11.51亿元，增长7.8%。

顺应改革，营改增实现平稳过渡。国家地税总局于3月8日下发了《全面推进营改增试点准备工作的通知》，地税系统的营改增试点移交工作也全面开展。在营改增移交国税衔接过程中，地税三分局全体干部职工鼓足干劲，积极彰显四种意识：一是大局意识，深刻领会了“营改增”收官工作的重要现实意义，思想上高度重视，行动上贯彻执行；二是责任意识，认真细致的完成了营改增纳税人的数据整理，按时间节点报送各项资料，重点加强对国企、投资平台的调查，全面真实反映税源状况、欠税情况；三是服务意识，加强对纳税人的政策宣传，配合市局做好各项配套服务工作；四是协调意识，能兼顾好营改增专项工作和其他工作的关系，确保营改增工作平稳过渡，其他工作稳步推进。

服务企业，引导树立诚信纳税意识。策划了以“诚信接力 税美润州”为主题的宣传方案，组织开展了系列活动。一是走进泰州商会，宣讲营改增政策。泰州商会会长认为这次活动对泰州商会会员企业今后的健康发展，起到了非常好的促进推动作用。二是走访诚信纳税企业，倡导传播诚信文化。通过走访恒顺集团、镇江船厂和大照集团3家诚信纳税单位，以点带面，用身边的榜样和鲜活的事例，倡导公众诚信纳税，将诚信纳税逐步融入企业文化，共铸发展。三是宣讲纳税信用，共建诚信润州。通过与润州区政府的合作，借助其辐射作用，扩大活动影响力和影响面，让广大纳税人了解纳税信用是如何评定的，了解纳税信用对企业发展的影响，规避因疏忽造成企业纳税信用下降的问题，不断强化诚信纳税意识。

从严治党，有力推进党建工作。一是以创建为动力，不断扎实党建工作基础。通过“四星党支部”和“省级文明单位”的创建，切实抓好党建工作各项制度落实，进一步完善党建工作的相关制度，加强党建工作的规范化、长效化。二是以创新党课为载体，打造学习新格局。通过微型党课的常态化开展并参与市国税局评比，通过支部书记讲党课的互学互评，拓展党课形式，活跃学习氛围，丰富学习内容，让更多的党员交流共享其所思所想，并展示个人特长。三是以共建活动为依托，增强党性修养。充分发挥分工会职能，积极与其他部门、纳税人合作开展各项主题党日活动，不断加强党性修养，实现全面从严治党。四是认真开展“两学一做”专题教育。地税三分局党支部陆续开展“重温经典歌曲、传承延安精神”主题党日活动；开展微型党课，展现出党员干部的所学、所思、所想、所悟；开展每人一句学习感言凝聚起广大党员热爱祖国的情怀。

以人为本，人文管理引领团队精神。坚持以文化为引领打造优秀团队，打响“善良、阳光、正能量”团队理念，树立“爱学习、敢作为、会工作、懂生活、尚廉洁”的团队形象，达到了整合干部思想、规范干部行为、激发干部工作热情的目的，促进了各项税收工作的有序开展。一是制订“百分浮动制”个人绩效管理办法。通过多干多劳者多得分，得分不限于100分，激励干部工作动力和热情。二是定期各项文体活动。拓展运动让全体干部感受到团队协作的力量，掼蛋比赛拉近了成员之间的距离，整个团队呈现出活力与激情。三是积极参加市局组织的各项活动，展示地税三分局干部的良好形象和才能。 （地税三分局）

## 审　计

【概况】 2016年，区审计局完成审计项目16个，查处违纪违规金额3313万元，追回损失浪费金额286万元，纠正管理不规范金额15150万元，要求调账金额14929万元。查处私存私放财政资金1个、涉及金额1793.13万元。完成政府交办事项4项，完成政府投资建设项目78个，累计核减额1.32亿元。根据审计结果，向上级审计机关和区政府提交各类信息、简报16篇，向被审计单位提出合理化建议25条，均被审计单位采纳，较好地发挥了审计监督作用。

【审计质量】 2016年，区审计局实施的“XX单位原主任经济责任审计”项目在全市优秀项目评比中，再次荣获全市第一；在全省优秀项目评比中，再次取得突破，列全省第一，位次比2015年进步了5名，创造了镇江审计史的最好成绩、开创了润州审计史的新篇章。具体举措是：1.邀请专家，授业培训。采取个人自学和专家讲解相结合的办法，加强对《江苏省审计厅审计现场管理办法（试行）》的集中学习。通过专家讲解、答疑解惑等方式，促进全体审计人员迅速、准确掌握业务知识，提高理论水平。2.案例点评，互动提高。坚持每季度举行案例点评会，采用外聘专家或导师，为一线审计人员讲解案例，通过分析、座谈和点评的方式，提高实践操作能力。3.双月考试，以考促学。将《中华人民共和国审计法》《江苏省审计条例》《江苏省审计厅审计现场管理办法》等业务知识作为考试内容，实行双月考试制度，考试结果计入个人考核档案。为审计质量的进一步提升夯实了基础。

**【审计全覆盖】** 区审计局根据国家审计署实施审计全覆盖的要求，积极加强与财政、人事等相关部门沟通协调，对全区174家（一二级预算单位数）审计对象，按照单位性质、审计类别等信息进行分类，建立了经济责任审计、固定资产投资审计、村级财务审计、行政事业单位审计等4个审计对象动态数据库。采用“三个结合”全面推进审计全覆盖。即结合同级财政审计，关注当年财政投入的资金流向，重点关注被审计单位政府投资和以政府投资为主的重大项目的建设和管理情况，实现动态管理；结合街道财政财务收支审计，对各类专项资金进行延伸审计和审计调查，对涉农社区（村）的财务收支情况建立抽审机制，力争3～5年轮审一遍；结合从严治党的要求，建立对重点部门、重要岗位进行干部离任审计和任中审计相结合的审计制度，进一步促进领导干部守法、守纪、守规、尽责。

**【审计文化】** 区审计局把社会主义核心价值观与“责任、忠诚、清廉、依法、独立、奉献”的审计价值观相融合，打造特色审计文化。开展“党员示范岗”“优秀审计项目”等评选活动，努力营造昂扬向上的审计氛围；严格执行廉政纪律和审计“八不准”规定，组织观看《悔恨》等警示教育片，始终保持清正廉洁的良好形象；开展“人人读好书、人人谈感悟”的读书活动，通过精读《弟子规》《致加西亚的信》《中国震撼》等优秀书籍，写感悟、谈心得；通过征集家风家规、我的审计价值观、讲一个自己最崇敬的人的故事等系列活动，树立正确的审计价值观，打造特色鲜明的润州审计文化。

（张 婷）

## 金　融

**【概况】** 2016年，区金融办在区委、区政府的正确领导下，以“两学一做”学习教育为抓手，认真学习贯彻中共十八届六中全会和习近平系列讲话精神，深刻把握和领会其科学体系、丰富内涵和精神实质。紧紧围绕全区工作大局，尽心尽责，探索前行，较好完成了全年各项工作任务，被区委、区政府表彰为二〇一六年度先进单位。

**【打击和处置非法集资】** 按照市处置办统一部署，结合润州实际，区金融办与区处置办各成员单位通力合作，大力开展打击和处置非法集资工作。

年初，区金融办按照全年工作要求，在调查分析的基础上，制定了《2016年润州区防范和处置非法集资工作任务分解表》，并印发到各街道基层，明确了处置办各成员单位和各街道的工作任务，确保做到各单位全局一盘棋，全年有行动。同时，加大宣传力度，增强群众的金融防范意识。为此，区金融办专门起草印发了《拒绝高利诱惑，远离非法集资》宣传单页，就非法集资的常见形式、具体特点分项做了明细介绍说明，简单明了，通俗易懂。为扩大宣传效果，在润州广场开展了集中宣传，并将宣传资料带到各街道，和社区干部一起到群众身边宣传，得到了居民群众的欢迎。

在广泛宣传的基础上，集中开展了投资理财类公司非法集资风险排查专项工作。利用5月份整整一个月的时间，区金融办、区市场监管局、区公安局三部门通力合作，联合上门开展风险排查。区市场监管局对企业名称中包含“财富”“投资咨询”“投资管理”“资产管理”等词眼的企业全面梳理，共梳理出包涵这些词眼的企业148家。在结合日常工作接触进行分析研判的基础上，提出了重点针对万达、常发广场区域和其他街边门面单位进行排查的细化工作方案。区金融办、公安分局、区市场监管局组成联合检查小组，在属地街道的配合下展开排查。在一个月时间内，检查小组共实地上门排查企业82户，电话联系询问企业40户，电话不通、注册地找不到26户。在上门检查企业过程中，通过谈话交流、看广告宣传资料、检查工商执照、查看企业负责人身份信息措施了解企业情况，发现有宣传违规、集资嫌疑的当场指出风险，要求整改。

在打击和处置非法集资的同时，扎实推进互联网金融风险专项整治。按照国务院、省、市政府互联网金融风险专项整治工作整体部署，区政府办下发了《润州区互联网金融风险专项整治工作的通知》。主要任务就是根据省市下发的245户相关企业名单，全部逐一上门到各企业下发全市统一印制的《互联网金融企业信息网上直报告知书》并作情况调查，对存在风险的企业进行整治。区整治办各成员单位，尤其是街道社区，都参与到了这项工作中来。各基层街道作为属地管理单位，深刻认识到互联网金融风险对居民群众的危害，高度重视本次整治工作。各街道专门组织工作班子，和社区人员一道展开拉网式摸排，逐一上门发放告知书，核查企业基本情况，对找不到的企业，逐一电话联系，不放过要求发放的每一个企业。区整治办坚持每天了解工作进度，解答工作疑问，同时参与到各街道的摸排工作之中，推进督查，适时开展各街道摸排工作推进交流会，对工作进展进行通报交流，同时对有金融风险的问题单位进行研究处置。

**【稳步推进小贷公司监管】** 为进一步规范和促进全区小贷公司健康持续稳定发展，坚持“创新为要、监管先行”的工作思路，以服务三农小微为宗旨，以规范经营为基础，以创新驱动为手段，全力化解不良，全力推进转型，促进小贷公司做精做优做强。

在工作中，坚持严格监管，防范行业风险。在日常监管中注重非现场监管的分析研判，坚持每季度开展一次小贷公司运行状况分析，并以书面形式向市金融办报送非现场监管报告。定期开展现场检查，4月份开展了风险防控专项检查，10月份开展了贷款真实性专项检查。通过实时掌握小贷公司经营管理与风险状况，及时跟踪、预警和化解风险，对重大风险隐患做到早发现、早处置。同时，严格材料审核，对小贷公司的各项申请材料，认真核实其真实性、齐全性和完整性，发现问题及时退回或给予纠正。实行分类处置，有效压降不良，对不良率超过10%的小贷公司进行诫勉谈话并提出整改方案，限期压降不良。对不良率超过50%的新联小贷公司，督促其自动进入停业整顿程序，待不良率下降后，再申请重新营业。

严格市场准入，优化股权结构。支持具备较强出资能力的上市公司、国有控股企业持股润州区小贷公司。在强化监管的同时，指导督促贷款不良率较高或经营难以为继的小贷公司进行行业重组，整合优化资源。

加强服务指导，引导适度创新。鼓励并支持小贷公司扩大业务范围，增加业务品种，通过发行私募债、拓展“开鑫贷”探索“小贷卡”等，提高中间业务收入比重，用好用足有利小贷公司发展的各项扶持政策，引导小贷公司从传统的粗放式管理向精细化管理转型，由抵押文化向信用文化转变，从“利润中心”向“客户中心”转型，提高小贷公司多层次、差异化信贷服务和市场竞争能力。

做好沟通协调，创造优良环境。充分利用省金农公司系统信息平台作用，支持符合条件的小贷公司接入人民银行征信系统，降低信贷交易成本，提高公司运行质量。目前，明润、润诚两家已接入人民银行征信系统，亿丰科贷正在接入申请中。

**【积极扶持企业上市】** 年初，和有上市意向的相关企业进行联系，并深入企业，了解企业实际，帮助他们了解上市的具体步骤，主动协助相关企业兑现上市奖励政策。上半年，建科集团、中谊抗震先后在新三板挂牌上市。加上2015年上市的江苏铁科、恒达包装，目前全区已有4家企业在新三板挂牌上市。

**【与省再担保公司开展恳谈合作】** 5月，润州区与省再担保公司举办了区域全面战略合作恳谈会。省再担保公司介绍了公司基本情况、与润州区战略合作的设想以及直保、增信等相关业务产品，各相关银行、区相关单位、部门负责人作了交流，为润州区相关融资平台主动对接，用足用好各类金融工具，为帮助企业解决“融资难、融资贵”问题提供了新途径。会后，区金融办与省再担保公司镇江分公司就合作事宜做了具体深入的交流和探讨。省再担保公司为润州区新农村发展实业有限公司发行企业债提供了担保。

（区金融办）

# 教　　育

栏目编校：何春华

## 综　　述

**【概况】** 2016年是润州教育“十三五”规划的开启之年，区教育局按照区委、区政府和上级教育部门的部署和要求，以开展“两学一做”学习教育活动为契机，以创建“江苏省教育现代化县级示范区”“江苏省基础教育装备示范区”“江苏省平安校园建设示范区”为抓手，开拓创新，奋发作为，不断提升教育发展新水平，取得了教育发展新成效：一是教育教学质量全省、全市领先，全省义务教育阶段学业水平检测名列全省前茅，领先苏南发达地区。小学生综合素质测评继续位居全市第一。中考总均分连续10年蝉联全大市第一，辖区四所初中总均分全部进入镇江市96所初中的前十。在镇中、一中达线率全市最高。江苏省职业学校对口单招高考，本科录取率达23.3%，专科录取率达100%，为全市最高水平。二是教育各类创建工作成效显著，教育现代化整体水平位居全省前列，教育现代化建设监测综合得分列全省106个省县(市、区)第三。57个单位建成“镇江市教育现代化先进街道、学校”，总进度列全市第一。2015年政府教育工作市级督导考核列全市第一，实现“三连升”。以全省第一名的成绩被推选争创全国责任督学挂牌督导创新区，责任督学挂牌督导创举获市2015教育行风建设“十大亮点”和2015年镇江教育“十大新事”，为全市唯一的“双十佳”。三是各项教育工作获社会各界点赞，被评为江苏省促进义务教育均衡发展先进集体、江苏省信息化先进单位、2013～2015年度江苏省文明单位、2015年度省教育信息工作先进单位、镇江市职务犯罪风险防控示范单位、镇江市妇女儿童工作先进集体。创成首批“江苏省社区教育示范区”“江苏首批省中小学校责任督学挂牌督导创新区”。教育满意度第三方测评位居全省106个县(市、区)第一。荣获“2015年全国百城千村健身气功交流活动展示奖”称号。

教育保障扎实有力。一是工程项目有序推进，全年总计投入建设资金1100万元、基建维修资金400余万元。先后完成建筑面积达34000平方米的校舍安全鉴定任务；完成镇江实验学校专用教室及附属工程改扩建，区实验小学体育馆、食堂及游泳馆建设工程，新城花园三期幼儿园室内外装饰工程并交付使用。远洋香奈配套学校、长山学校、金山湖小学、孔家巷小学异地新建等一批工程建设在加快推进之中；白龙潭、红星桃花源、润康城、丰盛山庄等配套幼儿园建设也在启动实施之中。同时，5月起，采用集中养护模式对系统绿化工程进行管理，并引入考核机制，运行效果良好。二是信息化工程强力实施，推进“宽带网络校校通”“优质资源班班通”“网络学习空间人人通”工程，把各种信息化应用平台融入镇江教育云建设中，促使大数据在教育领域的各项应用，为教育教学监控提供精准数据分析，建设“智慧校园”示范校。三是装备水平有效提升，下发《关于进一步加强中小学教育技术装备管理与使用工作实施意见》等文件，提升全区教育装备管理规范化、科学化水平。在2016年度中学理化生教师说课竞赛中，获省一等奖2个，市一等奖1个。1节录像课获中央电教馆评比优课，其他省市系列活动中，共获市一等奖11项。同时，年内为辖区所有初中安装“极课大数据”。在全区净菜配送加工中心升级改造的基础上，完成实验学校分加工点改造。此外，润州区被镇江市推荐为首批创建省基础教育装备建设示范区，各项创建准备工作有条不紊地推进。四是校园安保创新推进，召开创建“江苏省平安校园建设示范区”动员部署会，印发实施方案，成立创建工作领导小组。加强校园“人防”建设，与润州保安服务公司合作，为全区校园、直属单位派遣专职保安69名；完善校园“物防”设施，率全市之先对校园警务室实施标配，做到外观标识、警务公开、规章制度、安防器械、基础台账“五统一”；提升校园“技防”质效，以远程视频监控平台实现对重点要害部位的全覆盖；关注“心防”化解矛盾，建立心理咨询室，未成年人指导中心，成立化解师生间、学生间矛盾和干预学生心理疾患的机构和制度。以提高师生安全素养为宗旨，成立应急工作组、志愿者应急救援队伍等，全区已建成多处安全教育体验场所，有效提升了学生的安全自觉意识。深化制度创新，民办园安全管理经验做法在全市推广，构建安全隐患排查整治“635”工作制度，建立以长效监管机制为核心的新型监管体系。五是财务审计切实加强，多渠道筹措教育经费，积极争取财政投入，确保“三增长一提高”。做好扶困助学工作，保障困难学生受教育权利，全年落实各项资助政策由财政拨款的困难群体补助资金共439.62万元。教师购(住)房补贴2015、2016两年共800万资金均安排到位。此外，认真做好各类工程项目的审计工作。六是廉政建设紧抓不懈，先后对新任职和轮岗干部开展纪律培训系列活动，筑牢廉政防线，树立行业新风。建立“谈话提醒”制度，抓实廉政防风险防控。继续做好“廉政文化进校园”系列活动。

教育内涵品质全面提升。一是学前教育彰显普惠，深入开展《3～6岁儿童学习发展指南》系列活动，举办“提升幼儿园园长推进课程游戏化领导力”系列研讨活动(4期)。新申报省课程游戏化项目建设园、共建园共计2个，省资源教室建设项目1个，镇江市首批课程建设项目园1个，合计获53万元专项资金。推进民办园建设，出台《普惠性民办幼儿园认定管理办法》《民办幼儿园登记注册证年检实施意见》以及《2016年度民办幼儿园考核办法》等文件。创成镇江市教育现代化先进幼儿园2所、镇江市优质园3所。二是义务教育着眼公平，积极探索融合教育实践，金山小学成功申报省特殊教育发展工程办学条件改善项目，并在此基础上筹建“润州区融合教育指导中心”。建成义务教育阶段“悦读悦乐”读书评价平台。提升学生科学创新能力，建成中小学科技创新实践基地——睿泰科技园小创空间。在镇江市青少年科技创新大赛中，9位教师分获辅导员科技创新成果一、二、三等奖，5位教师分获优秀指导教师；共计204名学生分获青少年特等奖及一等奖。江苏省金钥匙科技竞赛，共计18名学生获省特等奖及一等奖，润州区代表团获省团体赛二等奖。全面加强学校卫生工作，认真做好因病缺课学生的直报监控及传染病预防工作。重点实施薄弱学校改造，累计投入747.5万元，项目覆盖学校6个，涉及学生4838名。三是职业教育立足创新，积极推进现代化职业学校建设，投入300万元建成省级计算机专业实训基地，顺利通过镇江市教育现代化评估。加强现代职业教育体系建设，与多家高校建立中高职“3+3”办学模式。打造国际合作办学平台，2016年首批职中留学生赴日交流学习；以润州中专为依托，探索有效的本土化“双元制”职业教育新模式，建成镇江“中德职业技术教育中心”，致力培养一批拥有国际通用技能证书的优秀人才。四是社区教育立足特色，全区9个街道中8个社区教育中心创成省标准化社区教育中心(南山街道2016年成立)，社区居民(村民)学校覆盖率达100%、省标率达60%，居民社区教育活动参与率超过60%，人均社区教育经费超过苏南城市标准。润州区老年大学成功创成省示范老年大学。此外，润州区2015年度全民终身学习周活动获全国成功组织奖，社教视频课程《话说西津渡》获江苏省一等奖，3个读本分获江苏省一、二、三等奖，全国网络展示3个。

素质教育彰显新魅力。一是德育改革不断深化，成立润州区德育研究指导中心，同时成立10个德育项目研究基地。实施班级发展性考核，进行学生核心素养培育评价年段指标的研究。35名教师参与心理健康国培。二是社团活动积极开展，全区中小学开设社团631个，学生参与率达100%，教师参与社团活动指导率达63.8%，外聘教师参与率达12.4%，社团活动实现多元化和特色化发展。三是团队工作生机勃勃，完成团代会换届选举工作，先后举办中小学生自我保护情景剧大赛、少先队辅导员说课展示、团干部暨少先队骨干辅导员培训班等。全国科普百校行活动组走进镇江，先后为润州区10所“全国计算机科技创新实践教育示范基地”学校授牌。在省市各类活动中，润州区均取得优异成绩，其中，区少工委被评为优秀组织奖，1个项目获2015年度省少先队工作优秀项目，5家单位被表彰为江苏新疆西藏青海少年儿童“手拉手”互助活动贡献奖。4所学校分别被评为省活动优秀组织奖。11所学校上报的活动案例被评为全国“红领巾相约中国梦”少先队基本知识学习实践活动好活动。6名队员分别被评为“省十佳小院士”和“省少科院小院士”。4所学校的“红领巾寻访”视频分获省一、二等奖。四是校园体艺内涵发展，先后举办润州区中小学生篮球联赛、校园足球赛、小学生田径运动会等赛事。承办镇江市少儿乒乓球比赛并被上级部门评为市级优秀赛区。全面实行《国家学生体质健康标准》，绝大多数学校及格率达到100%，最低的学校也达到

93%以上，所有学校优秀率均达10%以上。桃园、金山实验2所学校参加镇江市小学六年级体质测试分获第三、第四，学生体质平均成绩位列7个辖市区第二。竞技体育佳绩不断，中华路小学获镇江市少儿棋类比赛团体总分第一名，镇江实验学校获第三并同时获镇江市少儿乒乓球比赛第三；镇江实验学校魅力之城分校获镇江市少儿篮球赛初中女子第二，金山实验学校和镇江实验学校分获初中女子组及小学男子组第三；南徐小学获镇江市少儿排球赛女子甲组第二、女子乙组第三名，孔家巷小学获男子乙组第二并获镇江市少儿羽毛球比赛团体总分第三；润州区实验小学获"市长杯"校园足球竞赛小学男子甲组第一，官塘小学获小学男子乙组第二和男子甲组第三。在镇江市区初中生阳光体育系列竞赛中，镇江实验学校以99分的综合分位列镇江20所初中的第二，镇江实验学校魅力之城分校位列第五，官塘中学位列第8。此外，下半年各类项目在训运动员达67人，其中省队训练6人。学校艺术教育佳绩迭出，镇江实验学校和江苏省润州中等专业学校参选节目分获镇江市中学生文艺会演一、二等奖，中华路小学、镇江实验学校、宝塔路小学合唱队分获镇江市"春满校园"音乐会一、二、三等奖，中华路小学合唱节目同时获镇江市首届"金山合唱节"银奖。

教育核心竞争力切实加强。构建师德教育机制，各单位通过多种形式举行师德公开承诺活动。一是"两学一做"全面推进，按照中央、省、市文件精神，局党委紧紧围绕"深学、实做、立改"三大关键，创新学习形式，搭建"红烛先锋专题网页"和"红烛先锋微信"两个工作平台，先后举办"我身边的最美党员"演讲比赛、"最美党员家庭"微故事大赛等系列活动，不断激发广大党员干部不忘初心、继续前进的精神动力。发放"党建学习材料"1000余本，300多名党员已开设党课，为阜宁、射阳龙卷风灾区捐款近6万元。二是教师学历大幅提升，公办幼儿教师专科率达100%，小学教师本、专科学历分别达85%和100%，初中教师研究生和本科学历分别达12%和98.6%。中等职业学校"双师型"教师达80%，研究生学历高达20%。高层次人才不断涌现，有在岗特级教师2名，江苏省"333"培养对象2名，镇江市"169学术技术带头人"2名、科技骨干17名；镇江市学科带头人24名，镇江市骨干教师138名，镇江市教坛新秀15名，涉及所有学科，占比大市第一。人才队伍继续充实，年内招聘中小学、幼儿园教师43名。三是青蓝工程扎实推进，先后制定《1358青年教师管理考核办法》《润州区中小学新教师在岗实训手册》等文件，严格落实"拜师结对"制度和青年教师个性化成长方案，开展新入职教师入职培训活动，重点开展新教师一个月的"岗前培训"和一年的"在岗实训"系列培训。四是人才高地初步构筑，出台《教育系统名师培养规划（2015~2020）》和《乡村教师支持计划实施方案》文件，启动名师培养工程，组建导师团，整合资源、创新机制、研究制订润州区名师型人才培养的具体实施方案，指导、管理、考核、总结名师型人才的培养工作。先后举办卓越教师培训活动、"支教"活动、个人专题研讨会、校长（书记）学习型组织活动。全年累计投入300万元培训经费。五是全员培训有效实施，出台《润州区中小学教师和校长培训规划》《润州区中小学校本培训工作的指导意见》等文件，建立教师研修"层级体系"，健全教师研修"专业模块"。定期举办名师讲堂、校长论坛，举办校长、书记、骨干教师、农村学校教师专题培训。选拔12名优秀骨干教师到美国、英国、澳大利亚进行专业培训。中小学、幼儿园教师一年内完成继续教育达90学时。六是教育科研卓有成效，创新教科研模式，大力推进小课题研究，成立"区教育科研工作中心组"和教科研合作片区5个。国家、省、市级课题立项达309个，省教育科学规划课题达16项，教育部重点课题1个。10所学校分获全国、省及市教育科研先进集体，1所幼儿园获全国优秀教科研成果一等奖。30多篇论文获省一等奖，5人在省级评课中获一等奖。片区合作深入推进，主题课例式合作研训全面开展，片区合作背景下区域创意高效课堂建设成果丰硕。在基本功、评优课比赛中，获得省级以上奖项22人次，其中省一等奖9人。

文化体育工作全面加强。完成32个基层文化服务中心村（社区）创建任务，实现100%全覆盖。扎实推进书香润州建设，新建市行政中心书咖、润州工业园区五洲创客书咖、睿泰科技园区书咖三个阅读新空间；推进图书馆总分馆制，所有街道图书馆均建成市图书馆分馆。推动文化产业转型升级，申报上网服务特色门店2家，新型门店5家，省级文化产业引导资金企业2家。启动杨一清墓修缮工作，开展非遗项目"嶂山马灯""秀山号子"进校园等活动。进一步打造"家在润州"文化广场月月演、"街巷剧场"文化品牌、"润心书场"等品牌活动，先后开展"春天的歌会""舞动镇江"广场舞大赛、"庆七一专场文艺汇报演出"等活动；歌曲《春风又绿月又圆》获省"五星工程奖"音乐类铜奖。润州区代表队在江苏省第七届全民健身运动会武术气功大赛上荣获普及功法组、新功法组、竞赛功法组集体赛优秀奖共计6个；成功举办2016年"润州杯"中华艺术环球武术交流大赛、2016年镇江市少儿乒乓球比赛，并在镇江市校园篮球比赛、少儿排球比赛中获得优异成绩。

（王云苏）

## 幼儿教育

【概况】 2016年，润州区幼教工作紧扣镇江市《关于加快推进学前教育优质均衡发展的实施意见》《3~6岁儿童学习发展指南》等文件，不断巩固"江苏省学前教育改革发展示范区"创建成果，紧紧围绕打造"灵动、开放、幸福"润州学前教育的目标，深化体制改革，提高保教质量，学前教育发展水平得到快速提升。

攻坚克难，确保创建有成效。2016年，润州区实验幼儿园第一分园、六摆渡幼儿园顺利通过市教育现代化先进幼儿园创建评估，南山景园幼儿园、朴园伟才幼儿园、吉的堡幼儿园顺利通过镇江市优质园评估验收。创建过程中，公民办园结对帮扶、携手共进，有效促进了各民办园保教水平及办园质量的提升。

实践《指南》，加强课程游戏化建设。以《指南》实施为抓手，优化日常保教活动。深入开展《3~6岁儿童学习发展指南》系列活动，通过交流会、研讨会、座谈会、专家讲座以及个人自学等形式，广泛开展学习讨论。举办"提升幼儿园园长推进课程游戏化领导力"系列研讨活动(4期)。凤凰家园幼儿园、润州区实验幼儿园分别成功申报省课程游戏化项目建设园、共建园，并分获30万元、10万元省专项资金。中山西路幼儿园成功申报市首批课程建设项目园，获3万元专项资金。凤凰家园幼儿园成功承办省课程游戏化现场会现场，接待广西《指南》实验园幼儿园园长培训班参观学习，成功承办镇江市《指南》实验园小组活动和镇江市乡村幼儿园骨干教师培育站第一研修组第三次活动；润扬幼儿园成功承办镇江市《指南》实验园小组活动；南徐新城幼儿园、润州区实验幼儿园第一分园接待连云港海州区业务园长参观学习；金山水城幼儿园致力特殊儿童融合教育，获省资源教室建设项目10万元发展资金。润州区实验幼儿园、机关幼儿园、中山西路幼儿园、金山水城幼儿园、南徐新城幼儿园与新疆农四师建设兵团幼儿园缔结共建园；机关幼儿园、金山水城幼儿园积极申报市第三批指南实验园。

规范管理，求真务实促提高。重点加强民办幼儿园安全卫生管理，依据《润州区民办幼儿园安全工作考核实施办法》，幼教科、安保科、责任督学组成安全工作督查小组，每月对全区所有民办幼儿园安全卫生工作进行督查，并根据检查结果对幼儿园实施奖励和处罚。同时还重点加强幼儿园保安、园舍、季节性流行病、幼儿饮食卫生、接送车辆等管理，坚决杜绝重大安全事故、责任事故的发生。做好常规管理工作，促进学前教育稳步发展，依据《民办幼儿园年度考核方案》，有效加强对民办园的管理；出台《2016年润州区幼儿园招生工作实施意见》，规范全区幼儿园招生工作；做好幼儿园登记注册证换证工作；建立健全幼儿学籍信息管理系统，与省、市信息管理系统实现有效对接，加强对全区幼儿园基本信息管理系统建设、监管和结果运用。 (杨立群)

### 2016年润州区幼儿园基本情况

表12

| 项 目 | 数 量 |
|---|---|
| 一、幼儿园所数（所） | 31（其中含一所早教中心、一所残疾儿童幼儿园） |
| 其中：教育部门办 | 12 |
| 乡镇办 | 0 |
| 企业办 | 2 |
| 集体办 | 1 |
| 民办 | 16 |
| 二、幼儿园班数（个） | 227 |
| 其中：教育部门办 | 97 |
| 乡镇办 | 0 |

续表12

| 项 目 | 数 量 |
|---|---|
| 企业办 | 12 |
| 集体办 | 2 |
| 民办 | 116 |
| 三、在园幼儿数（人） | 6674 |
| 其中：教育部门办 | 3101 |
| 乡镇办 | 0 |
| 企业办 | 407 |
| 集体办 | 16 |
| 民办 | 3150 |
| 四、教师数（人） | 511 |
| 其中：教育部门办 | 226 |
| 乡镇办 | 0 |
| 企业办 | 26 |
| 集体办 | 4 |
| 民办 | 255 |

（杨立群）

## 中小学教育

**【概况】** 2016年，全区共有义务教育阶段中小学17所，其中小学13所，九年一贯制学校3所，初中1所。有438个班级，其中小学班级346个，初中班级92个。在校小学生12475人、初中生3939人，在校生总数16414人，其中，外来务工人员随迁子女总数5883人，外来务工人员随迁子女占本地生源总数的55.9%、占学生总数的35.8%。

义务教育优质均衡发展。高标准普及九年义务教育，实现教育机会均等，助学体系完善，适龄健康儿童按时入学率、残疾儿童少年义务教育入学率、外来务工人员随迁子女入学率、小学及初中巩固率均达100%。义务教育布局合理，学校规模适宜，教育信息技术升级换代，全面完成校安工程建设任务，教职员工配齐配足，校长及教师按要求交流，教师培训体系健全、经费保障到位等，促进了区域教育优质均衡发展。义务教育综合办学水平全面提升，素质教育全面推进。坚持以立德树人为目标，推进润州区德育体制改革，成立润州区德育研究中心，建成十个区级德育项目研究实践基地，组织全区班主任基本功竞赛和国家二级、三级心理咨询师培训，提高德育队伍的专业技能。积极探索融合教育实践，建成区融合教育指导中心，开创融合教育新途径。提升学生科学创新能力，建成区中小学科技创新实践基地——睿泰科技园小创空间。进一步完善“片区合作”背景下的教学管理机制，构建了片区合作下的“主题课例式合作教研”的教研模式，“片区合作，提升学生综合素质”的经验做法，作为典型案例编入全省现代化监测报告。

2016年，润州区中考科目各科均分和人均总均分列全市第一，连续第10年蝉联全大市第一；在镇江市小学教育教学质量综合监测与评价中，语、数、英学科合格率分别为99.6%、97.7%、95.2%，是唯一三科合格率均在95%以上的区域，列京口、丹徒和新区之首。全区88.2 %的中小学创成省级绿色学校；29.4%的中小学创成江苏省健康促进金奖学校；94.1%的中小学创成镇江市教育现代化先进学校；100%的学校创成镇江市社团教育先进学校。（杨惠俊）

## 2016年润州区中小学基本情况表

表13

| 序号 | 学校全称 | 占地面积(平方米) | 建筑面积(平方米) | 班级数(个) | 在校学生(人) | 在职教师(人) | 校长 | 联系电话 | 特色 |
|---|---|---|---|---|---|---|---|---|---|
| 1 | 省润州中等专业学校 | 70702 | 24836 | 43 | 1522 | 112 | 杜闽生 | 85334567 | 智力拥军 |
| 2 | 镇江实验学校 | 82912 | 39621 | 114 | 5147 | 292 | 夏建平 | 85628359 | 网络环境下的教学案教学 |
| 3 | 镇江实验学校魅力之城分校 | 32349 | 14952 | 31 | 1179 | 101 | 谢雪岭 | 88698179 | 绿色教育 |
| 4 | 镇江市金山实验学校 | 26451 | 11289 | 30 | 1067 | 84 | 祝　锋 | 80875001 | 生本教育 |
| 5 | 镇江市官塘中学 | 17450 | 6259 | 9 | 340 | 36 | 田　静 | 84517467 | 自觉教育 |
| 6 | 镇江市宝塔路小学 | 11421 | 6687 | 25 | 749 | 66 | 许　强 | 85282687 | 难忘教育 |
| 7 | 镇江市中华路小学 | 9163 | 8192 | 23 | 728 | 76 | 罗雪梅 | 85277709 | 诗意教育 |
| 8 | 镇江市孔家巷小学 | 19400 | 5894 | 21 | 720 | 48 | 施玉霞 | 84423753 | 国学经典 |
| 9 | 镇江市李家大山小学 | 8500 | 5764 | 8 | 256 | 27 | 笪　炜 | 85487008 | 少儿武术 |
| 10 | 镇江市润州区实验小学 | 35600 | 24931 | 34 | 1204 | 75 | 靳钟琦 | 85596299 | “个十百千”爱心工程、爱心小屋 |
| 11 | 镇江市穆源民族学校 | 16951 | 11869 | 19 | 589 | 56 | 周建苏 | 85573900 | 民族教育 |
| 12 | 镇江市桃园小学 | 10187 | 4445 | 19 | 632 | 56 | 苗　俊 | 80861729 | 京剧 |
| 13 | 镇江市金山小学 | 15778 | 9357 | 16 | 572 | 54 | 徐春英 | 85514999 | 智趣教育 |
| 14 | 镇江市南徐小学 | 32000 | 16022 | 34 | 1304 | 77 | 孙文生 | 81988201 | 物候探秘 |
| 15 | 镇江市朱方路小学 | 14900 | 11476 | 20 | 732 | 48 | 卢海程 | 80875118 | 篮球 |
| 16 | 镇江市蒋乔小学 | 11698 | 3548 | 10 | 310 | 27 | 王　勤 | 85721071 | 科技教育 |
| 17 | 镇江市韦岗小学 | 16027 | 2590 | 6 | 87 | 16 | 方道清 | 85821560 | 乡村学校少年宫 |
| 18 | 镇江市官塘桥小学 | 16700 | 3850 | 19 | 798 | 46 | 陈一兵 | 80862556 | “南山文化”浸润下的生态教育 |
| | 合计 | 448189 | 211582 | 481 | 17936 | 1297 | | | |

（杨惠俊）

# 职业教育和社会教育

**【概况】** 职业教育。2016年，润州中等专业学校成功创成镇江市现代化先进学校，被评为江苏省健康促进学校(银牌)、镇江市双拥七创三等功单位，计算机实训基地高标准通过省高水平示范性实训基地。在省对口单招高考中均分大市第一，本科达线20人，本科达线率21%，公办专科达线率100%。毕业生双证率达100%，就业率达99.8%。按国家和省规定设置课程，学校严格实施中等职业教育“2.5+0.5”学制，54%专业建有仿真实训室。有19位教师在市级以上技能大赛、课堂教学大赛、优质课评比、班主任基本功竞赛中获奖。2016年9月，镇江中德职业技术教育中心顺利建成，第一期机电一体化技工“一年制强化培训班”现已开班上课。

社会教育。2016年，润州区先后被省教育厅确立为首批江苏省社区教育示范区；七里甸街道、工业园区被评为全国社区教育示范街道；七里甸社区教育中心“万科学习苑”成功申报省开放大学首批基层“学习苑”；蒋乔街道凤凰家园社区被评为江苏省老年教育示范点。有效推进品牌培训，创新社区教育特色，全区批准立项品牌项目8个，获评社区教育优秀品牌培训项目2个，社区教育成功品牌培训项目5个。实施课程开发，编写印发了一批有地方特色的课程读本，其中《话说西津渡》获省社区教育优秀乡土课程（视频类）一等奖；《镇江的那些人，那些事》获省社区教育优秀乡土课程（读本类）二等奖；《古运河，新宝塔，与诗词同行》获读本类三等奖，同时，《话说西津渡》《我与孩子共成长》《小街故事》参加全国“教育资源进社区”网上博览会。全区社区教育在显特色、慧民众的创新改革道路上迈出了踏实有效的步伐。

老年大学秉承发展优势，成功创建为江苏省示范老年大学。在校学员1000余人，拥有社团5个，课程20多门。积极参与社区服务、慰问演出、参展参赛、助民活动，获得镇江市老年大学校歌比赛牡丹奖（一等奖）和桂花奖（三等奖）；器乐舞蹈《夜深沉》成功入选第五届“镇江福彩爱相随”中老年春晚活动海选。3名学员获镇江市“优秀文化老人”称号。

（丁明云　丁卫东）

## 师资队伍

**【概况】** 2016年，全区教师队伍建设以“甘守三尺讲台，做‘四有’教师”为主题，积极开展“集体宣誓”“师德承诺”“志愿导学”等活动；持续深化学校德育改革，全面推行“班级教育小组”教育活动；举办“红烛印象——身边最美党员事迹报告会”，引导广大教师“树师德，比奉献”。全区教师1508人，全部具有相应的教师资格证书。公办幼儿园教师专科及以上学历比例100%，本科及以上学历比例54.5%；小学教师专科及以上学历比例99.44%；初中教师本科及以上学历比例98.62%、研究生学历比例13.5%；中职学校本科及以上学历比例100%、研究生学历比例20%，双师型教师比例75.76%。拥有在岗在职特级教师2名，市级学科带头人24人，市级骨干教师和教坛新秀153人，区级骨干教师和教坛新秀169人。市级学科带头人和市级骨干教师占教师总数的比例继续在全市名列前茅。

全区在教师队伍建设方面突出“三名工程”。即打造名师、名班主任、名校长。先后出台《乡村教师支持计划实施方案》的通知、《师资队伍建设“十三五规划”》的通知、《润州区教育改革和发展第十三个五年规划》的通知，强化对名师的培养、考核和动态管理。“刘友开工作室”“数学名师成长工作室”“班主任工作室”等7个名师成长工作室，着力培养一批在全市乃至全省具有较高知名度的名优教师。为建设一支高素质、专业化的中小学校长队伍，通过自主申报、民主测评、现场答辩等环节从全区在职在岗的中小学、幼儿园正职校（园）长（含主持工作的副校长）中遴选了3名第二批“润州区名校长”，拥有镇江市名校长2名。坚持“凡进必考，择优聘用”的选人原则，2016年，面向社会公开招聘29名中小学教师，13名幼儿园教师。

有序组织教师继续教育、心理健康、教研组长、备课组长等各类岗位业务培训，5631人次参加区级以上培训，12名中小学教师赴海外研修，有效提高教师的专业素养。加大“请进来，走出去”的培训力度，全年聘请专家开设讲座120余场次，参加学习达8000余人次。加大校长、教师定期交流力度，全年共有4名校级干部、58名区级以上骨干教师进行校际流动，切实保证了全区师资队伍的均衡发展。组织全区教师进行各类职称评定，全年共评一级教师职称12人，高级教师职称10人，讲师2人，高级讲师2人。为切实发挥教学教师骨干的引领作用，明确规定每年7月为“拔尖人才考核月”，并将考核结果与津贴挂钩，为各级拔尖人才每月发放100～1300元的工作津贴。鼓励教师进修教育类硕士研究生学历，给予一定学费资助。充分发挥绩效工资的杠杆作用，结合实际，制定《关于义务教育学校教职工绩效考核工作的补充意见》，设立月考核奖、工作量津贴和工作成果奖，并对行政、后勤及教辅人员等人员分类折算工作量，可操作性强，使基层有据可依。全面推行岗位管理制度，积极落实“三关心”，年内投入近40万元继续为教师免费征订报纸杂志；为258名年满50周岁的老教师订购“园丁奶”、举办教职工趣味运动会等，积极为教师创设和谐的工作环境。

（徐　进）

## 重点学校、幼儿园介绍

**【镇江市中华路小学简介】** 镇江市中华路小学地处长江与古运河十字交汇处，创建于1928年，初名私立达仁小学，曾被誉为镇江“四大名校”之一。2016年初，学校完成校舍安全抗震加固工程并回迁。

2016年，学校有教学班23个，学生730名，专任教师75名，其中研究生学历2人，本科学历达91%；市级骨干教师12人，市区级骨干教师占专任教师总数的21.3%。优良的教师队伍保证了教学质量的稳定提升，参加市区毕业班教学质量调研均位居前列。

2016年，学校借助校安加固工程改造契机，按照《江苏省中小学教育技术装备标准》Ⅰ类标准进行教育设备设施配备，现有音乐室2个、舞蹈教室1个、美术室2个、科学实验室2个、标本室1个、劳技教室2个、图书室1个、体育器材室1个、计算机室2个、未来教室1个，所有教室均安装鸿合多媒体液晶显示屏、交互式一体机，校园闭路电视系统、校园广播系统、安全监控系统均到位，另有多个专用多媒体教室用以开展教师研修活动、学生主题活动、培训会议交流等，并可进行现场移动录播和校园电视直播。

近年来，学校积极探索教育现代化发展之路，在"求真、求美"的校训引领下，树立了"成就师生幸福人生"的办学理念，不断加强以"诗歌启迪美丽童心，诗意映照幸福人生"为核心的内涵建设，形成了"诗意教育"办学特色。先后迎接江苏省、全国"诗词之乡"检查，2016年12月，被评为"全国中华诗教先进单位"。同时，还被评为"镇江市模范职工之家""镇江市装备管理先进学校""镇江市心理健康教育示范学校""江苏省优秀校园网站""江苏省优秀少年科学院"等。（杨惠俊）

**【润州区实验幼儿园简介】** 润州区实验幼儿园始建于1949年，设有本部、第一分园(新城花园三区)两个园所。

1949年，政府在古城中心宝塔路横街创办宝塔路幼儿园；1989年，借助规划调整，幼儿园搬迁至李家山，更名为李苑幼儿园；2002年更名为润州区实验幼儿园；2009年，借助城市发展东风，幼儿园搬迁到天和星城小区内；2016年，在新城花园三区设第一分园。2016年，有小、中、大班13个班级，469名幼儿；57名教工，专任教师28名，其中高级、中级职称教师9名，市、区级骨干教师4名，本科学历达95%，共计60人次获市区教育先进工作者、师德标兵、优秀班主任、优秀教师、优秀老园丁和优秀共产党员等荣誉称号。

多年来，润州区实验幼儿园努力践行"教师幸福工作的家园、孩子快乐生活的天地、社会赞叹的园所"的办园宗旨，为教师和幼儿提供自由、广阔的发展空间和家长满意的服务。幼儿园秉承"科研兴园"之路，不断探究课程与课题、课程与活动、课程与环境三位一体式研究模式，有省级课题2个，市级课题7个，区级课题2个，为教育后续发展提供了强大动力。其中省级青年专项课题《多媒体在幼儿园教学活动中的组织与实施》获省专项课题经费拨款，研究成果在镇江大市推广交流；镇江市"十二五"科学规划课题《"E"时代幼儿园园本课程建构的实践研究》获2013年度镇江市精品课题奖。2016年，幼儿园以江苏省课程游戏化项目共建园为依托、以课题为抓手，以"阅生活之美，蕴品质之园"为出发点，"双生课程"，即"阅生活，悦生长"园本课程小荷已露尖尖角。独特的思考，多元化的教育探索，形成了"快乐阅读、品味生活、共同成长"的办园特色。先后被评为江苏省示范性实验幼儿园、江苏省巾帼文明岗、江苏省绿色先进幼儿园、江苏省平安校园、江苏省校园网站，镇江市青年文明号、镇江市教科研先进幼儿园、镇江市教科研基地、镇江市食品卫生等级A级单位、镇江市十大优秀校园网站、镇江市现代化先进幼儿园、镇江市优秀家长学校等。（周 鸿）

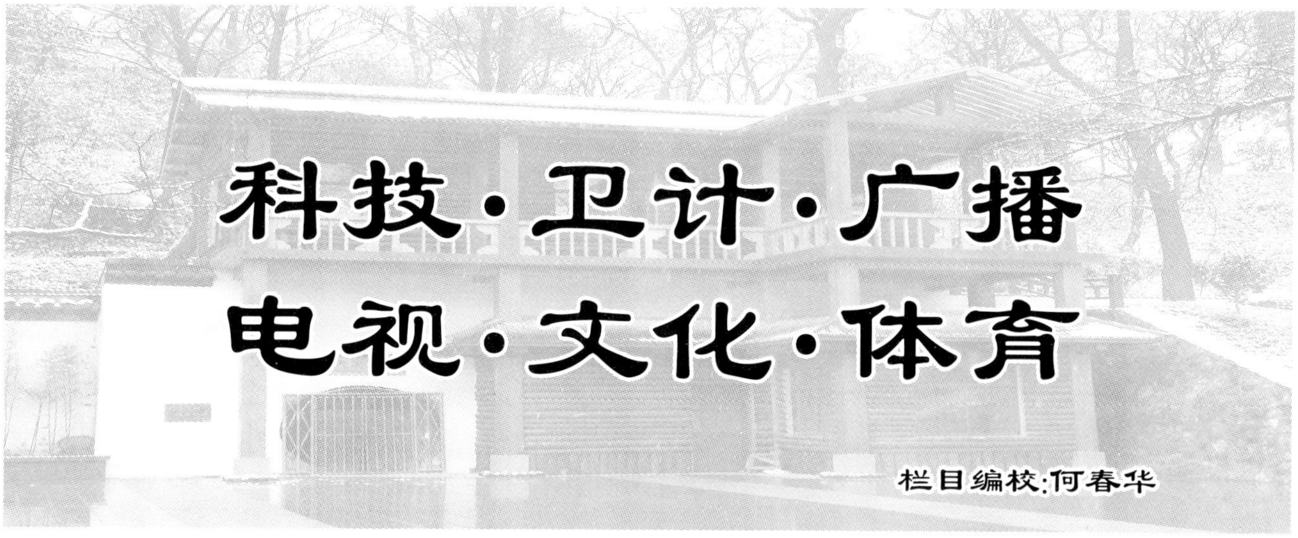


## 科学技术

【概况】 2016年,润州区科技工作在区委、区政府的正确领导下,在省、市科技管理部门的指导支持下,以“两学一做”“四个意识”为行动指南,发扬润州“店小二” 的服务精神,主动作为,奋力进取,不断落实新发展理念,深入实施创新驱动发展战略,努力构建科技创新新环境,各项指标全面达标,R&D占GDP比重达2.38%;高新技术产业产值占规模工业总产值比重达53.5%;申请专利数量3011件,万人发明专利拥有量达16.62;新认定高新技术企业16 家。

润州区承担17个市级科技创新重点项目,其中载体平台类项目9个、研发与产业化类项目4个、知识产权类项目4个。17个项目计划全年投资5.93亿元,实际完成投资5.93亿元,全面完成序时进度。按照省、市相关要求,精心组织、细致筛选、重点指导科技计划项目申报。省科技计划项目19个,其中重点研发计划项目9个(其中重点课题1个:江科大海装院水面水下多用途无人智能航行器关键技术与系列化装置研发项目为全市唯一获省重点研发计划类项目,获扶持资金740万元),科技成果转化项目3个,创新能力提升项目5个,国际科技合作项目2个。市科技计划项目11个,其中产业前瞻及共性关键技术类5个(重点研发计划项目1个、现代农业1个、社会发展1个),政策引导类3个,创新能力提升1个,知识产权专利密集型2个。

【加快区域创新建设平台】 2016年,中国船舶工业集团船舶电气研究院、中国清洁水交易服务平台、中国技术交易所知识产权托管交易平台(华东)中心、江苏大学等高校技术转移中心等十余个载体平台项目进展良好,其中:五洲创客中心暨大学科技园获批“科技企业孵化器”。江苏科技大学海洋装备研究院立足于润州区船舶与海工配套产业,是润州区首家新型研发机构,依托省级船舶关键配套产业产学研协同创新基地快速发展。惠龙易通物流平台旗下的“大宗商品智能物流管理平台的研发及产业化”项目填补了润州区省成果转化项目多年来的空白。睿泰数字产业园作为镇江知识城一期项目获市级众创空间、国家数字出版基地等殊荣。

【推动政产学研积极对接】 2016年,润州区科技部门以镇江市产业研究院为整体推进方向,结合自身科技平台发展现状,深挖产业关联,广泛对接高校院所,取得较大收获。3月中旬对接浙江大学,进一步洽谈落实微纳创新中心一期项目,并初步达成合作共识。4月1日协助组织“镇江—宁镇扬在地高校”产学研对接会,先期拜访洽谈河海大学、南京邮电大学、南京中医药大学、镇江船艇学院、江苏大学、江苏科技大学、中国农业科学院蚕业研究所等高校科研处。4月中旬参加人才对接峰会,并前往武汉大学,着力推进清洁水项目。4月下旬前往哈尔滨工程大学、黑龙江大学、哈尔滨科技大学,商讨合作共建研究院。5月先后组织近20家企业,上门拜访南京师范大学、南京工业大学、扬州大学等,让企业高层与高校专家老师面对面交流,寻求产学研合作。7月初组织10余家企业前往同济大学、复旦大学、上海大学、华东理工大学等,参加“2016镇江—上海高校合作对接会”活动。10月中旬参加科技镇长团活动,前往东三省开展高校人才对接活动。11月组织中煤电子、中船动力在南京参加中国·江苏第五届国际产学研合作论坛暨跨国技术转移大会,与欧洲高层次人才面对面。全年先后与高校院所签订战略合作协议及开展各类政产学研合作近20项，不断结合高校院所供给侧结构改革，不断拓展政产学研链条、不断延伸校企校地合作，不断推进润州区政产学研协同创新体系跨越发展。

**【实施知识产权战略】** 2016年，根据《润州区知识产权发展战略》，继续推动企业实施知识产权成果转化，组织优秀企业实施贯标，有12家企业成功通过省标，9家企业正在实施国标。6家企业实施江苏省企业知识产权战略推进项目，12家企业实施镇江市企业知识产权战略推进项目。9家企业开展知识产权质押融资，资金超过4800万元。30家企业实施专利保险。全年全区知识产权许可转让交易额达1400多万元，49家企业获市专利突破奖，润州区成为获得资助最多的辖区。4月，润州区顺利通过省知识产权试点园区验收工作。围绕主导产业，与江苏省知识产权研究中心共同倡议发起成立的特种船舶及海洋工程配套产业知识产权联盟成员数量已有35家；中国船舶与海洋工程产业知识产权联盟已设立法人单位实体化运作，服务产业技术转移及成果转化；苏南专利运营展示交易平台上线，开展专利运营及创新产业化服务，以江苏柳工为创新试点，通过企业分析、行业分析、竞争对手分析等方式，开展企业专利创新发展的“微导航”服务；江苏汇智于3月底前进驻大学科技园，并于11月开馆建设镇江市知识产权创新创业服务平台。2016年度，联合出动执法人员6人，开展专利执法检查2次，共抽查家电、学习用品、药品等30类近1000多个商品，发现近百件商品专利标注不规范，立案查处55件，结案率达100%。 （刘金燕）

### 2016年润州区国家级高新技术企业一览表

表14

| 序号 | 企业名称 | 批准时间 | 属地 | 级别 |
|---|---|---|---|---|
| 1 | 镇江市邦禾螺旋制造有限公司 | 2008年 | 官塘 | 国家级 |
| 2 | 正茂集团有限公司 | 2009年 | 官塘 | 国家级 |
| 3 | 江苏远东环保工程有限公司 | 2014年 | 官塘 | 国家级 |
| 4 | 镇江浩华通讯有限公司 | 2016年 | 官塘 | 国家级 |
| 5 | 镇江华东电力设备制造厂 | 2008年 | 蒋乔 | 国家级 |
| 6 | 镇江铁科橡塑制品有限公司 | 2009年 | 蒋乔 | 国家级 |
| 7 | 江苏广庆电子材料有限公司 | 2011年 | 蒋乔 | 国家级 |
| 8 | 镇江先锋汽车零部件有限公司 | 2012年 | 蒋乔 | 国家级 |
| 9 | 镇江苏润电子科技有限公司 | 2012年 | 蒋乔 | 国家级 |
| 10 | 镇江泰利丰电子有限公司 | 2013年 | 蒋乔 | 国家级 |
| 11 | 镇江宏业科技有限公司 | 2014年 | 蒋乔 | 国家级 |
| 12 | 镇江金港磁性元件有限公司 | 2014年 | 蒋乔 | 国家级 |
| 13 | 江苏华兴通讯科技有限公司 | 2015年 | 蒋乔 | 国家级 |
| 14 | 镇江汇龙电器有限公司 | 2015年 | 蒋乔 | 国家级 |
| 15 | 镇江汉邦科技有限公司 | 2015年 | 蒋乔 | 国家级 |
| 16 | 江苏骁翔实业有限公司 | 2016年 | 蒋乔 | 国家级 |
| 17 | 镇江长城注浆设备有限公司 | 2016年 | 蒋乔 | 国家级 |
| 18 | 镇江飞力照明有限公司 | 2016年 | 蒋乔 | 国家级 |
| 19 | 镇江市恒源汽车零部件有限公司 | 2016年 | 蒋乔 | 国家级 |
| 20 | 镇江佳峰儿童用品有限公司 | 2016年 | 蒋乔 | 国家级 |
| 21 | 镇江市美格照明有限公司 | 2016年 | 蒋乔 | 国家级 |
| 22 | 江苏美佳马达有限公司 | 2016年 | 蒋乔 | 国家级 |
| 23 | 江苏三顺实业有限公司 | 2016年 | 蒋乔 | 国家级 |
| 24 | 镇江晶至科技制衣有限公司 | 2016年 | 金山 | 国家级 |

续表14

| 序号 | 企业名称 | 批准时间 | 属地 | 级别 |
|---|---|---|---|---|
| 25 | 江苏柳工机械有限公司 | 2008年 | 七里 | 国家级 |
| 26 | 镇江飞亚轴承有限公司 | 2008年 | 七里 | 国家级 |
| 27 | 镇江液压有限责任公司 | 2009年 | 七里 | 国家级 |
| 28 | 镇江安达煤矿专用设备有限公司 | 2011年 | 七里 | 国家级 |
| 29 | 怀特(中国)驱动产品有限公司 | 2012年 | 七里 | 国家级 |
| 30 | 镇江市新创计算机系统集成有限公司 | 2015年 | 七里 | 国家级 |
| 31 | 镇江市建科工程质量检测中心有限公司 | 2016年 | 七里 | 国家级 |
| 32 | 江苏鼎峰信息技术有限公司 | 2016年 | 七里 | 国家级 |
| 33 | 江苏大唐机械有限公司 | 2016年 | 七里 | 国家级 |
| 34 | 镇江市镇研种业有限公司 | 2016年 | 七里 | 国家级 |
| 35 | 江苏七〇七天然制药有限公司 | 2008年 | 园区 | 国家级 |
| 36 | 镇江中船设备有限公司 | 2008年 | 园区 | 国家级 |
| 37 | 江苏荣基重工科技有限公司 | 2009年 | 园区 | 国家级 |
| 38 | 江苏省镇江船厂有限责任公司 | 2009年 | 园区 | 国家级 |
| 39 | 镇江中化聚氨酯工业设备有限公司 | 2015年 | 园区 | 国家级 |
| 40 | 江苏凯德电控科技有限公司 | 2015年 | 园区 | 国家级 |
| 41 | 康士伯船舶电气(江苏)有限公司 | 2015年 | 园区 | 国家级 |
| 42 | 镇江中煤电子有限公司 | 2015年 | 园区 | 国家级 |
| 43 | 镇江船舶电器有限责任公司 | 2016年 | 园区 | 国家级 |
| 44 | 镇江金鹏软件科技有限公司 | 2016年 | 园区 | 国家级 |
| 45 | 镇江华印电路板有限公司 | 2016年 | 园区 | 国家级 |
| 46 | 江苏弘信华印电路科技有限公司 | 2016年 | 园区 | 国家级 |
| 47 | 惠龙易通国际物流股份有限公司 | 2016年 | 园区 | 国家级 |
| 48 | 镇江惠龙长江港务有限公司 | 2016年 | 园区 | 国家级 |
| 49 | 贝克尔船舶系统(江苏)有限公司 | 2016年 | 园区 | 国家级 |
| 50 | 镇江奥立特机械制造有限公司 | 2016年 | 园区 | 国家级 |

（刘金燕）

## 2016年润州区省级高新技术企业一览表

表15

| 序号 | 企业名称 | 批准时间 | 属地 | 级别 |
|---|---|---|---|---|
| 1 | 镇江市宇驰检测技术有限公司 | 2015年 | 宝塔 | 省级 |
| 2 | 镇江达康医疗器械有限公司 | 2015年 | 和平 | 省级 |
| 3 | 镇江市润州金山包装厂 | 2015年 | 和平 | 省级 |
| 4 | 镇江恒顺生物工程有限公司 | 2013年 | 蒋乔 | 省级 |
| 5 | 镇江索达精密机械有限公司 | 2013年 | 蒋乔 | 省级 |
| 6 | 镇江华锐科技信息有限公司 | 2014年 | 蒋乔 | 省级 |
| 7 | 镇江市鸿兴磁选设备有限公司 | 2015年 | 蒋乔 | 省级 |
| 8 | 镇江市聚微电子有限公司 | 2015年 | 蒋乔 | 省级 |
| 9 | 镇江普森电气有限公司 | 2015年 | 蒋乔 | 省级 |

续表15

| 序号 | 企业名称 | 批准时间 | 属地 | 级别 |
|---|---|---|---|---|
| 10 | 镇江长城注浆设备有限公司 | 2015年 | 蒋乔 | 省级 |
| 11 | 镇江长河电力技术有限公司 | 2015年 | 蒋乔 | 省级 |
| 12 | 镇江润德节能科技有限公司 | 2015年 | 蒋乔 | 省级 |
| 13 | 镇江飞达医疗器材有限公司 | 2013年 | 七里 | 省级 |
| 14 | 镇江睿泰信息科技有限公司 | 2013年 | 七里 | 省级 |
| 15 | 中交二航局第三工程有限公司 | 2015年 | 七里 | 省级 |
| 16 | 镇江鸿达合金制造有限公司 | 2015年 | 七里 | 省级 |
| 17 | 镇江拓新电力电子有限公司 | 2013年 | 园区 | 省级 |
| 18 | 哈尔滨电机厂(镇江)有限责任公司 | 2014年 | 园区 | 省级 |
| 19 | 江苏新瑞峰信息科技有限公司 | 2014年 | 园区 | 省级 |
| 20 | 镇江艺高儿童用品有限公司 | 2014年 | 园区 | 省级 |
| 21 | 江苏名和集团有限公司 | 2015年 | 园区 | 省级 |
| 22 | 镇江润州联轴器厂 | 2015年 | 园区 | 省级 |
| 23 | 镇江金山物流中心 | 2015年 | 园区 | 省级 |
| 24 | 镇江市龙门石刻艺术工程有限公司 | 2015年 | 园区 | 省级 |

(刘金燕)

# 卫生与计划生育

**【概况】** 2016年,润州区卫生与计划生育工作在区委、区政府的正确领导下,在市卫计委的指导帮助下,不断深化基层卫生综合改革,全力推进国家卫生城市复审迎检,深入开展"两学一做"学习教育,努力建设群众满意的卫生和计生事业,取得了较好的成效。

一是全国百强优秀示范中心首创成功。黎明中心在全国优秀示范社区卫生服务中心核心资料评选、现场能力与质量评价、中心主任演讲PK等三轮评审中获全省综合排名第一,在江苏省选送国家卫计委评审的10家优秀示范社区卫生服务中心中位列第一,被国家卫计委评为首批全国百强优秀示范社区卫生服务中心,代表江苏省上台领奖。

二是首创个性化有偿签约服务。黎明、宝塔路、工业园区、官塘桥等社区卫生服务中心结合群众需求,制定了健康管理型、医护需求型、糖友个性定制型等以健康管理为主要内容、主动服务为主要形式的具有鲜明特点的个性化有偿签约服务包,在坚持居民自愿的前提下,完成家庭医生与居民签约4000多人,黎明中心家庭医生服务模式被列为省级创新项目。

三是医养护一体化服务模式全市首创。黎明社区卫生服务中心和市九久养老康复中心合作,派驻医护人员常年为入住的老人提供嵌入式医疗、护理及康复管理一体化健康服务。让入住老人足不出户解决常见病、慢性病诊疗、康复治疗和中医药服务。康复中心107名老人已全部纳入中心健康管理,对69名失能失智老年实行了全程医疗护理服务。镇江日报7月3日头版头条对此进行了专题报道。

四是糖尿病区域一体化管理成为省级样板。宝塔路、黎明社区卫生服务中心采取"5+1"糖尿病分阶段达标管理模式管理糖尿病患者400名,患者的血糖控制率在原基础上上升20%以上,综合治疗达标率在基线基础上上升10%以上。两家中心"5+1"糖尿病分阶段达标管理模式在省、市工作会议上作经验交流。

五是专科联合门诊模式全市推广。宝塔路社区卫生服务中心在全市率先开设了专科联合门诊,得到了市卫计委充分肯定,并在全市推广。全区所有社区卫生服务中心均开设了专科联合门诊,上级医院下派专科门诊医生坐诊达218天,累计门诊9427人次。

六是卫生信息化建设全市领先。完善了以居民健康档案为核心的区域卫生信息平台,加强了影像、检验、病理等远程会诊系统建设,实现了与集团医院信息共享,提高了诊断水平。宝塔路、金山社区卫生服务中心与小云健康合作的可穿戴智能健康设备已经在第一批180名慢性病患者管理中成功使用。

**【人口与计生工作】** 一是稳妥实施全面二孩政策。及时组织全区计生干部开展全面两孩政策培训，结合“5·29”协会纪念日，开展了“实施全面二孩政策、促进人口均衡发展”等宣传活动，提高群众对全面两孩政策知晓率。截至12月底共办理生育服务登记1761例，其中一孩1261例，二孩500例。二是全面落实利益导向政策。积极落实独生子女家庭一次性奖励政策，全年共对符合条件的422人发放奖励金126.6万元。同时，按规定将年满60周岁独生子女伤残、死亡的特别扶助对象扶助金标准分别提高到每人每月600元和700元，严格按照政策审核，全区共2366人享受了奖扶政策，504人享受了特扶政策。三是积极拓展关爱失独家庭社团组织。新成立了“暖心”沙龙失独家庭社会组织，失独家庭社团组织已达6个。联合金山公益专业服务团队和大学生志愿者服务团队。每月开展“暖心、爱心、温心”关爱帮扶活动，组织了野外踏青、欢聚共餐、健身娱乐、健康体检等特色活动，深受失独家庭欢迎。四是努力实现流动人口服务均等化。积极提升流动人口享受基本公共计生服务的可及率。为流动人口提供国家政策规定的基本项目免费服务，流动人口健康档案建档率达到80%，辖区内居住满2个月的0~6岁流动儿童预防接种率达到95%，流动人口传染病报告率和报告及时率达到100%，流动人口计划生育技术指导咨询服务覆盖率达到95%，计划生育免费技术服务率达到90%。五是扎实开展计划生育家庭健康服务。继续开展国家免费孕前优生健康检查项目，全区共对2052人进行了免费孕前优生健康检查。积极开展RTI防治工程，全区共检查10112人，对发现的宫颈癌、乳腺癌及癌前病变对象，均及早给予转诊治疗与干预。六是深入开展幸福家庭建设项目县创建工作。坚持以增进民生福祉为导向，紧紧围绕“文明、健康、优生、致富、奉献”主题，重点做好了失独家庭关爱帮扶工作，计生家庭生活质量和幸福指数得到了进一步提高。

**【润州区人民医院】** 润州区人民医院于1992年成立，地址位于朱方路245号，有职工246人，卫生技术人员218人，其中正高级职称2人，副高级职称9人，中级职称57人，现有床位300张。已投入使用的门急诊病房综合楼，建筑面积2万平方米，设施先进，环境优美。设有预防保健科、全科(包含内科、外科、儿科)、中医科(含推拿针灸)、康复医学科、医学影像科、医学检验科、妇产科、口腔科、中西医结合科、临终关怀科、眼科、耳鼻咽喉科、麻醉科、肾病专科(含血液透析中心)等，中心同时具有社区卫生服务的“六位一体”功能和二级医院的综合服务能力，是康复集团优质护理示范点。拥有进口血透机30台，进口全自动生化分析仪2台、尿沉渣分析仪1台、进口三维彩超3台、进口奥林帕斯电子胃镜2台、进口麻醉机2台、24小时动态心电图1台、全自动数字化X光机(DR)1台、进口16排CT一台等先进医疗设备。医院于1998年开始向社会公开承诺，实行全天候无节假日医院，实行文明规范化服务，医院先后获“市级、区级文明单位”“市文明行业示范点”“物价计量信得过单位”“江苏省示范城市社区卫生服务中心”“全科医师省级示范培训基地”“全国示范社区卫生服务中心”等荣誉称号。2016年，润州区人民医院累计完成总收入7685.5万元，完成门急诊总人次25.6万人次。 （区卫计委）

**2016年润州区各社区卫生服务中心情况**

表16

| 单　位 | 中心面积（平方米） | 辖区户数（户） | 医护人员数（人） | 地址 | 联系电话 |
|---|---|---|---|---|---|
| 宝塔社区卫生服务中心 | 4200 | 18127 | 38 | 矿机路3号 | 85573005 |
| 和平社区卫生服务中心 | 1500 | 14982 | 31 | 中山北路19号金山大厦二楼 | 85272885 |
| 金山社区卫生服务中心 | 600 | 18932 | 46 | 魏同兴巷47号 | 80861667 |
| 七里社区卫生服务中心 | 20000 | 16137 | 231 | 朱方路245号 | 85619446 |
| 工业园区社区卫生服务中心 | 4500 | 10371 | 30 | 富润路 | 87055255 |
| 官塘桥社区卫生服务中心 | 4759 | 4845 | 34 | 官驸路2号 | 84513399 |
| 黎明社区卫生服务中心 | 4200 | 15112 | 56 | 红星桃花源23幢 | 84422599 |
| 蒋乔社区卫生服务中心 | 4000 | 10733 | 35 | 檀山路10号 | 80852906 |

（区卫计委）

## 广播电视

【概况】 2016年是"十三五"规划的开局之年，是全面建成小康社会决胜阶段的关键之年，区广播电视台始终坚持按照区委的部署，深入贯彻落实以中共十八大、十八届六中全会精神及习近平总书记系列重要讲话精神为指导，严把舆论导向、倾力服务大局、提升节目质量、加强支部建设、致力创新创优，为实现"十三五"奋斗目标，打造"强富美高"新润州营造浓厚的舆论氛围。

坚持围绕中心、服务大局，着力于适应和引领经济发展新常态，"十三五"发展规划布局、建设"强富美高"新润州等内容积极策划开展新闻宣传活动，发挥FM100.3、政府门户网站、手机报、合作专版等外宣平台作用，全面报道区委、区政府中心工作和阶段性重点工作，当好连接区委、区政府及人民群众的"桥梁"和"纽带"。2016年，共在省级以上媒体发稿400余篇。其中，《人民日报》17篇，《光明日报》7篇，新华社通稿3篇，《新华日报》20篇、其中头版2篇头版头条1篇；在市级媒体刊发稿件700多篇，《镇江日报》头版头条33篇，头条发稿数量列各辖市区第一方阵。

坚持政治家办台指导思想，强化媒体责任。以节目轮作制、听评制度促《润州新闻》《点击润州看四方》等新闻节目质量提升，凸显新闻立台的本质。原创公益广告、快板消防等一系列创新节目做法受到了市广电听评员的高度赞扬，并在内部参考资料《镇江监听监看》里刊文表扬，称赞润州"台虽小但台风硬朗"。

【新闻宣传亮点凸显】 坚持在围绕中心、服务大局中找准坐标定位，打造亮点宣传。按照区委关于"补短板"工作要求，结合自身特点，发挥资源优势，建立全区88家"规上企业微信服务圈"，在镇江日报专版《润州天地》开设《调结构，转方式——来自企业一线的报道》专栏，展现镇江先锋汽车零部件、中谊抗震等辖区企业新常态"谋发展"的新思路，新做法。

"两学一做"学习教育开展以来，充分利用新闻媒体的权威性、广泛传播性及影响性优势，以及时准确的动态性报道，通俗生动的深度报道开展全方位宣传引导。其中，在喜迎建党95周年之际，根据和平路街道93岁老人何以范入党事迹采写刊发的《九旬老人何以范昨圆入党梦》连续报道受到全市党员干部和市民热议，市委书记夏锦文作专门批示，在全市引发了一场以"从何以范入党看信仰的力量"为主题的大讨论。

与国家、省、市媒体沟通合作更加融合，《现代服务业为润州经济提质增效》《润州："店小二"式服务保障企业发展》等一批展现润州近年来稳增长、促改革、调结构、惠民生创新做法的稿件在省市级重要媒体刊发；市、区党代会召开期间，《新华日报》《镇江日报》分别以整版和专版的形式，充分展示润州过去五年的发展成就，润州知名度及影响力进一步得到提升。

【创新创优赢得突破】 创新内部人才培养模式，以"1003润广讲堂"为载体，通过邀请镇江报业集团资深编辑、记者和市摄影专家等走进讲堂开设知识讲座，提升业务水平。2016年，共有8件新闻作品先后获得市级好新闻作品奖项。其中《笑对病魔的快乐"刑检铁汉"》《一家献血12年　质朴爱心暖人间》等作品获得2015年度镇江市优秀广播电视节目奖二等奖，《20场协商会，平息"上访事件"》《润州区首批"1+9"助餐点启动　城西3万老人可吃"现成饭"》等5件作品获得镇江日报通讯员好新闻奖，一名主持人入围镇江市第二届名记者、名编辑，《鸟巢书屋让好书读起来》参选江苏省"点赞最美阅读空间"摄影大赛，一名摄影记者获评视觉江苏十佳特约摄影师称号。

【内部运行提质增效】 树立全台"一盘棋"意识，加强部门间协调与沟通，日常工作进一步规范化、优质化、高效化。在区委区政府中心工作、重点活动及人员变动情况下，坚持"分工不分家"，注重发挥整体效能。认真贯彻落实区委和区级机关工委关于"双型"先进党支部创建工作的各项要求，将"两学一做"学习教育与"双型"党支部创建活动有机融合，以建设高素质党员队伍、构建先进基层党支部为目标，把从严治党的各项要求落实到电台每名党员。严格党内组织生活，规范支部日常管理，涉及党员发展等重点问题，坚持做到制度化、民主化和规范化。2016年，发展新党员2名，支部再添新鲜血液。 （汤丽娟）

## 文　化

【概况】 2016年，润州区文体局在区委、区政府的正确领导下，在市文广新局的悉心指导和区各有关部门的关心支持下，深入贯彻中共十八届五中、六中全会精神，按照全区文化建设迈上新台阶会议部署，以建设"强富美高"现代化新城区为契机，切实增强文化引领风尚、教育人民、服务社会、推动发展的作用，积极构建现代公共文化服务体系，促进文化事业和产业协调发展，各项工作取得明显成效。

2016年，润州区顺利完成32个基层文化服务中心建设任务，实现全区100%村和社区建成综合文化服务中心的目标任务，有8个村（社区）被评为中心示范点，其中新金江社区被评为"十佳"综合文化服务中心，光华社区、五凤口社区、宝平社区被评为优秀综合文化服务中心。全区万人享有公共文化设施新增面积达到2678.3平方米，较上年增加167.9平方米。积极推进文化广场标准化建设，顺利建成金山水城、征润州、大桥村、山巷和严庄5个示范性广场，建成七里甸、宝塔路、官塘桥3个生态文化广场，高质量通过市验收。加大街道文化站建文化站示范点。积极开展“文化四送”，全年累计送电影156场、送戏25场、送展览9次，送图书2000余册。

2016年，润州区继续深入开展书香润州建设，全区居民阅读指数保持在87%以上。新建市行政中心书咖、润州工业园区五洲创客书咖、睿泰科技园区书咖、金山水城书咖4个阅读新空间，利用文化、教育一体的优势，在全区小学推进“阅读慧心工程”“悦读悦乐”评价体系，实现全覆盖，并向中学延伸。邀请著名儿童文学作家秦文君、徐玲走进校园，举办多场读书报告会，积极开展读书节等系列活动。大力推进政府主导下的公共图书馆服务体系建设，投资40万元，实现区图书馆与9个农家书屋通借通还。通过第八届“润心读书节”，开展征文比赛、读书分享会、演讲比赛等系列活动。润州文化馆“润心书场”走进凤凰家园社区，连续两个多月开讲四十场《八窍珠》，为社区居民奉献免费文化大餐，广受群众好评。在镇江市“京江明月中秋韵经典诵读”大赛中，获得一个二等奖和一个三等奖的佳绩，在镇江市阅读分享会上，张晓波获特等奖。钱进获2015年江苏省全民阅读先进个人荣誉称号。积极开展诗词创建提升年活动，中华路小学顺利通过“全国诗教先进单位”复检。

文化惠民活动蓬勃开展，举办“舞动镇江”广场舞大赛、“家在润州 我们的节日”经典诵读大赛、“菊香诗韵满润州”诗词文化广场演出等活动。区文化馆和各街道每月轮流举办一次“家在润州”特色文化广场演出活动，金山街道开展“街巷文化靓金山”开幕式广场文艺演出，蒋乔街道举办 “为文化点赞、为美丽蒋乔喝彩”文化广场活动，韦岗街道举办“韦岗赞歌”——广场综艺演出，官塘桥街道举办2016年家在润州庆国庆专场演出等。

加强开展“扫黄打非”工作，进一步规范文化市场审批，公示市场审批服务流程，明确审批时限，新批（含变更、注销）出版物经营单位13家、互联网上网服务营业场所15家、娱乐场所13家、营业性演出备案16次，全年共完成 57项文化行政审批事项，项文化行政审批事项。

（曾竹花）

【校园文化建设】 2016年，润州区的艺术教育又上新台阶。在镇江市首届“金山合唱节”“春满校园”音乐会和市“中学生文艺汇演”中共获得一等奖2个、二等奖2个、三等奖一个的好成绩。全区创成省级艺术教育特色学校2所，市级艺术教育特色学校6所，占比居辖市区前列。镇江实验学校、宝塔路小学通过省级艺术教育特色学校复评，区实验小学获市级艺术教育特色学校。

【文化遗产保护】 2016年，润州区非遗保护中心继续开展非遗保护与传承的工作。年初组织了润州区非遗、民俗大拜年活动。6月围绕非遗日组织了相关的纪念活动。“许正顺膏药制作技艺”“苏派装裱技艺”入选市级非遗目录。区非遗保护中心和蒋乔街道共同完成“蒋乔民间故事”2016~2025年十年保护规划。10月组织嶂山马灯参加国庆游园会，鹤林寺大殿修缮工程正式启动。 （韦文胜）

【润州区文化馆】 2016年，润州区文化馆以“文化惠民”为主线，“文化三下乡”工作顺利完成，共开展30余场文化广场展演活动。“润心书场”演出近100场次，并开办流动书场，送评书进拆迁安置小区，成为2016“镇江文化工作十件大事”候选大事。区文化馆积极参加“全民艺术普及”工作，开展艺术知识讲座和技能培训11场次。加大了对润州艺术团的建设力度，举办21期各类培训班，培训人数达万余人次。在金山、宝塔路街道建成区文化馆分馆。馆员乔治创作的交响乐二胡协奏曲《白蛇随想——断桥》获首届江苏省艺术基金资助。区文化馆的阳光合唱团获“省优秀群众团队”称号，演唱的《花儿与少年》获得市教育局、市老年大学组织的“牡丹花奖”，在镇江市首届金山合唱节上获优秀奖。镇江第28届少儿故事创作表演比赛中，创作类分获一等奖、三等奖各一名，表演类分获二等奖、三等奖各一名。在镇江市首批群众文化“十百千”工程评选中，“家在润州” 文化广场活动获评优秀文化活动品牌，“阳光合唱团”获评优秀群文团队，一人获评优秀文艺骨干。

（宪 晨）

【润州区图书馆】 2016年，润州区图书馆在“服务读者 回馈社会”的办馆宗旨指引下，以“书香润州”建设为契机，坚持实行全公益、全免费开放，坚持文化惠民，成功举办第八届“悦读、追梦”润心读书节，精心组织了红领巾读书征文比赛、“走进电台 陪你读书”活动、绘本读书活动、“爱的传递”志愿者系列体验活动、作家秦文君进校园、图书漂流跳蚤市场、民生频道到图书馆录制“书香进校园”、润心讲堂开设了春季保健、急救知识讲座和七点半父母学堂等活动。在形式多样、内容丰富、精彩纷呈的阅读活动中，让广大市民充分享受公共文化服务，享受阅读的乐趣。

（陈 洁）

## 2016年润州区获市级以上各类艺术比赛奖情况

表17

| 时间 | 活动主题 | 主办单位 | 奖次 | 内容 | 获奖单位 |
|---|---|---|---|---|---|
| 2016年6月 | 镇江市金山合唱节 | 镇江市委宣传部 | 优秀奖 | 《雪花的快乐》<br>《花儿与少年》 | 润州区文化馆<br>阳光合唱团 |
| 2016年11月 | 镇江市老年大学<br>校歌比赛 | 镇江市教育局<br>镇江市老年大学 | 牡丹花奖<br>（一等奖） | 《花儿与少年》 | 润州区文化馆<br>阳光合唱团 |
| | 江苏省群众文化<br>百千万工程 | 江苏省委宣传部<br>省文化厅<br>省新闻出版广电局<br>省文联 | 优秀群众团队 | 阳光合唱团 | 润州区文化馆 |
| | 首批群众文化“十百千”<br>工程优秀文化活动品牌 | 镇江市委宣传部<br>镇江市文广新局<br>镇江市文联 | 首批群众文化“十百千”<br>工程优秀文化活动品牌 | “家在润州”<br>文化广场活动 | |
| | 首批群众文化“十百千”<br>工程优秀群文团队 | | 首批群众文化“十百千”<br>工程优秀群文团队 | 阳光合唱团 | |
| | 首批群众文化“十百千”<br>工程优秀文化骨干 | | 首批群众文化“十百千”<br>工程优秀文艺骨干 | 乔治 | |

（完　晨）

## 2016年润州区个人获市级以上各类艺术比赛奖情况

表18

| 时间 | 活动主题 | 主办单位 | 奖次 | 作品名称 | 作者（表演者） | 单　位 |
|---|---|---|---|---|---|---|
| 2016年11月 | 镇江市第二十八届<br>少儿故事创作演讲比赛 | 镇江市委<br>宣传部 | 创作一等奖 | 《爷爷的专车》 | 张晓波 | 润州区文化馆 |
| | | | 创作三等奖 | 《冰箱里的秘密》 | | |
| | | | 演讲二等奖 | 《爷爷的专车》 | 祝子晗 | 镇江市南徐小学 |
| | | | 演讲三等奖 | 《冰箱里的秘密》 | 孙炜懿 | 镇江市宝塔路小学 |

（完　晨）

## 2016年润州区文艺精品获奖情况

表19

| 时间 | 活动主题 | 主办单位 | 奖次 | 内容 | 获奖单位 |
|---|---|---|---|---|---|
| 2016年6月 | 镇江市首届金山合唱节 | 市委宣传部 | 银奖 | 歌曲《热带的地方》<br>《波罗涅茨舞曲》 | 中华路小学 |
| 2016年7月 | 江苏省第五届社会舞蹈大赛 | 江苏省舞蹈家协会 | 铜奖 | 舞蹈《阿哩哩》 | 镇江实验学校 |
| 2016年9月 | 镇江市第四届群众文艺汇演 | 市文广新局 | 一等奖 | 歌曲《春风又绿月有圆》 | 润州区文化馆 |
| 2016年10月 | 镇江市第二届广场舞大赛 | | 金奖 | 舞蹈《倍儿爽》<br>《今夜舞起来》 | 镇江实验学校 |
| | | | 银奖 | 舞蹈《倍儿爽》<br>《今夜舞起来》 | 南徐小学 |
| 2106年11月 | 江苏省第十二届“五星工程奖” | 江苏省文化厅 | 铜奖 | 歌曲《春风又绿月有圆》 | 润州区文化馆 |

（完　晨）

# 体 育

**【概况】** 2016年，区委、区政府专门出台《镇江市润州区全民健身实施计划(2016～2020)》和《润州区关于加快发展体育产业促进体育消费的实施意见》。区文体局出台了《镇江市润州区全民健身活动站点管理办法》《镇江市润州区公共体育设施维护管理实施办法》等文件。根据《全民健身条例》和《全民健身实施计划(2016年～2020年)》精神，认真组织实施，着力打造群众体育工作特色，进一步完善全民健身各项规定，健全长效服务管理体系，实现全民健身制度化、规范化和特色化管理。2016年2月，区文体局被国家体育总局授予“2015年全国百城千村健身气功交流活动展示奖”。

按照公益性、均等性、基本性、便民性原则，大力推进城乡公共体育健身设施提档升级与覆盖延伸，努力完善润州区“10分钟体育健身圈”。高质量完成体育健身小公园、健身路径等建设任务。年内建设体育健身小公园1处，多功能体育运动场一块；建设笼式足球场两块；新建健身路径6套、更新健身路径12套；为街道和社区发放跑步机16台、动感单车16台、室内乒球台18张、室外乒乓球台30张、台球桌7套、组合器械6套、室外篮球架4套。所有器材都安装到位，并对全区所有健身器材进行了拉网式更新与维护。全区共有健身路径146套、体育健身小公园10个、笼式足球场3面。各街道都具备“三室一场一路径”，各社区都具备“两室一场一路径”。全区共有社会体育指导员2244人，健身站点186个，每万人拥有健身点6个以上，万人拥有公共体育设施面积达37980平方米，居全市第一。

群众体育活动蓬勃开展。积极开展迎新年“红红火火过大年活动”全民健身志愿服务活动、润州区全民健身节启动仪式、润州区健身气功广场教学活动、送健身技能进新建安置小区等全民健身品牌活动；开展“润州杯”环球艺术中华武术交流大赛、润州区职工乒乓球赛、润州区中老年人体育节开幕式暨老年人柔力球大赛、润州区机关篮球赛、润州区健身气功站点联赛、润州区广场舞大赛等赛事活动。2016年，组织开展社会体育志愿者进社区活动以及广场表演展示活动138次，参与活动人次达10万余人；各级社会体育指导员和裁判员培训650余人，社会体育指导员协会队伍不断壮大，万人拥有社会体育指导员数量达58名。全区有20人晋升二级以上裁判资格，圆满完成当年国民体质监测任务，受测人数达3500人，居民体质合格率为93%，经常参加体育锻炼人口达43%。各街道都成立了体育总会、老年人体育协会和社会体育指导员协会，每个街道都有两个体育单项协会。进一步完善片长考核评优表彰等制度，健全全民健身志愿服务长效化工作体系，成立润州区全民健身指导服务中心。区篮球协会、乒乓球协会、羽毛球协会、健身腰鼓协会、木兰拳协会、空竹协会、健身气功协会、钓鱼协会等体育单项协会都积极开展各自丰富多彩的活动。

认真完成体育产业年报工作和体育产业名录库统计完善工作，完成全国第二次体育产业调查工作。有两家规模较大、运营状况良好的体育产业申报了省级体育产业引导资金，分别是：江苏美佳马达有限公司；镇江尚动力健身管理有限公司。 (孙立新)

**【阳光体育运动】** 2016年，润州区积极规范学校体育工作，“阳光体育”全面普及。进一步完善“阳光体育运动方案”并全面实行《国家学生体质健康标准》，指导各校开展“达标争优”活动，确保全区学生体质健康平均合格率95%以上，优秀率10%以上。组织润州区中小学生校园篮球联赛、“区长杯”校园足球比赛、小学生田径运动会、小学生毽绳以及棋类竞赛等赛事。先后建立多个体育项目的年度赛制，成为润州区学校体育、竞技体育工作规范性赛事。同时，承办2016年镇江市少儿乒乓球比赛，被上级部门评为市级优秀赛区。

为加强青少年体育，增强青少年体质，促进体育后备人才不断涌现，继续推进“体教结合”向“教体融合”转变，探索建立了体育、教育部门相互渗透、相互交叉、资源整合的“教体融合”体制和运行机制。充分发挥传统项目学校、青少年体育俱乐部、校园足球特色学校及各类体育社团的作用，积极组队参加上级主管部门组织的各类体育竞赛，并取得良好的成绩。市少儿乒乓球队、女子排球队均落户润州区学校并得到良好的发展。在2016年镇江市少儿排球中，润州区获得两个组别第二，一个组别第三的好成绩。镇江实验学校在市少儿乒乓球比赛中获得团体总分第三名，在市少儿棋类比赛中中华路小学获得团体总分第一名。校园足球活动得到蓬勃开展，在2016年“市长杯”校园足球总决赛中，区润州实小获小学男子甲组第一名，官塘小学分获小学男子乙组第二名、甲组第三名。同时，积极创设条件向市级训练单位输送运动员，下半年各类项目在训运动员达62人，其中在省队训练8人。

(江俊斌)

## 2016年润州区获市级以上各类体育竞赛奖情况

表20

| 时间 | 活动主题 | 主办单位 | 获奖项目(组别) | 名次 | 获奖单位 |
|---|---|---|---|---|---|
| 2016年5月27日~30日 | 江苏省第七届全民健身运动会武术气功大赛 | 江苏省体育局 | 健身气功·集体功法展示赛 | 优秀奖 | 润州区代表队 |
| | | | 健身气功·导引养生功十二法集体赛 | | |
| | | | 健身气功·大舞集体赛 | | |
| | | | 健身气功·六字诀普及功法集体赛 | | |
| | | | 体育道德风尚奖 | | |
| | | | 健身气功·八段锦普及功法个人赛 | 优秀奖 | 韩彩娟 |
| | | | 健身气功·易经经普及功法个人赛 | | 陈 峰 |
| | | | 健身气功·导引养生功十二法个人赛 | | 姜光和 |
| | | | 健身气功·六字诀普及功法个人赛 | | 张秀芳 |
| 2016年2月 | 2015年全国百城千村健身气功交流展示系列活动 | 国家体育总局健身气功管理中心 | 健身气功交流展示系列活 | 展示奖 | 润州区文体局 |
| 2016年10月 | 镇江市第五届千台万人乒乓球赛总决赛 | 镇江市体育局 | 镇江市第五届千台万人乒乓球赛总决赛 | 优秀组织奖 | 润州区代表队 |
| 2016年12月 | 2016年镇江市少儿足球比赛 | 镇江市教育局<br>镇江市体育局 | 小学男子甲组 | 第一名 | 润州实小 |
| | | | | 第三名 | 官塘小学 |
| | | | 小学男子乙组 | 第二名 | |
| | | | | 第六名 | 南徐小学 |
| | | | 初中男子组 | 第七名 | 镇江实验学校 |
| | | | 小学女子乙组 | 第八名 | 金山小学 |
| 2016年7月 | 2016年镇江市校园篮球比赛 | | 小学男子组 | 第三名 | 镇江实验学校 |
| | | | | 第七名 | 朱方路小学 |
| | | | 小学女子组 | 第四名 | |
| | | | | 第五名 | 润州实小 |
| | | | 初中男子组 | 第八名 | 魅力之城分校 |
| | | | 初中女子组 | 第二名 | |
| | | | | 第三名 | 金山实验学校 |
| 2016年7月 | 2016年镇江市少儿排球比赛 | | 男子乙组 | 第二名 | 孔家巷小学 |
| | | | 女子甲组 | | 南徐小学 |
| | | | 女子乙组 | 第三名 | |
| 2016年5月 | 2016年镇江市少儿乒乓球比赛 | | 团体总分 | | 镇江实验学校 |
| 2016年7月 | 2016年镇江市少儿跆拳道比赛 | | | 第四名 | 朱方路小学 |
| 2016年3月 | 2016年镇江市少儿棋类比赛 | | | 第一名 | 中华路小学 |
| | | | | 第三名 | 镇江实验学校 |
| 2016年5月 | 2016年镇江市少儿羽毛球比赛 | | | | 孔家巷小学 |

（江俊斌）

# 居民生活与社会保障

栏目编校：田 崇

## 民政工作

【概况】 2016年，区民政局深入贯彻落实习近平总书记系列重要讲话精神，全面推进现代民政示范区建设，认真落实“十三五”规划纲要。坚持“抓重点、树品牌、促转型、补短板、守底线”的工作思路；把握“标准再提高、问题再聚焦、资源再整合、底线再牢织”的工作要求，全区民政工作有了全面的发展。

【救灾救济】 2016年，各街道（园区）全面建立社会救助“一门受理”窗口，落实专人负责社会救助咨询、受理、分办、转办等工作，部分社区（村）设立社会救助服务窗口。成立“救急难”信息员队伍，现有信息员669名，主动发现并救助困难群众22户。在运用现有的政府社会救助政策保障基本生活同时，协调社会组织和动员社会爱心人士共同救助。开展了农房保险，为4000户村民居住房屋购买商业保险，理赔1次。“5·12”防灾减灾宣传周期间，紧紧围绕“减少灾害风险，建设安全城市”主题，开展了丰富多彩的宣传教育和防灾演练活动，共发放宣传单1600多份，开展知识讲座14场，广场宣传9场，开展各类防灾演练16场次。集中上报灾情1起，对受灾群众及时进行了转移安置，给予了生活救助。根据全区自然灾害的特点，与大润发超市签订救灾物资供应协议。深化全国综合减灾示范社区创建活动，和平路街道金山社区和南山街道五凤口社区成功创建全国综合减灾示范社区。

【现代社区治理创新实验区建设】 区民政局以贯彻落实《关于加强城乡社区协商的意见》为契机，扩大参与治理范围，全面推行参与式治理，围绕强化一种意识，解决二个不足，完善三项制度，推进协商共治向纵深发展。制定《2016年度润州区省现代社区治理创新实验区方案》，部署工作，明确具体任务。在全区全面推行参与式治理方式，结合实际工作中遇到的新情况、新问题，进行再细化、再改进、再完善，做到边试点、边总结、边推行，完善参与式治理方法，实现良性循环，促进基层治理水平的新提升。

【“一式两化”社区服务管理体系】 区民政局拓展“一式两化”社区建设的深度和广度，重点对参与式治理的主体、方法等内容进行系统研究，增强参与式治理工作可操作性，促进参与式治理的制度化、规范化、程序化，形成可复制、可操作的润州经验，具体概括为“一个核心、四个平台”，即以参与式治理为核心，搭建四大参与平台，制定四项制度，实现四个目的。强化社工能力建设，提高社工专业性，积极探索“全科社工”，在电力路片区试点推行“一专多能、一岗多责，全科服务”模式。全区在健全基层协商民主制度、改进社区治理方式、完善社区服务体系、提高社区治理水平等方面取得较大进步。

【区域性社区服务中心建设】 区民政局完善了万科、电力路、光华、金山水城、新金江、迎江路6个区域性社区服务中心的功能区设置，研究社区服务中心的人员配备、工作职权范围和运行机制，完善“1+X”运作模式。着力抓好凤凰家园、西津古渡2个区域性社区服务中心建设，凤凰家园社区、西津古渡社区已完成装修任务，并完成入驻办公服务。

【社区党组织为民服务专项工作】 区民政局下发《关于组织社区党组织为民服务专项资金项目申报工作的通知》，组织城市社区负责人培训，委托镇江众益社会组织指导服务中心逐个社区、逐个项目进行审核，最终确定年度需要实施的党员群众最关心、最迫切、最直接的民生项目。全区41个社区共有项目总数483个，资金818.267万元，其中特色类项目79个，资金357.111万元；常规类项目404个，资金461.156万元。

【第二次全国地名普查工作】 润州区第二次地名普查工作涉及全区共8个街道1个园区72个社区(村)。2016年，完成人员专业培训、基础资料收集、外业经纬度及多媒体信息采集。整理确定出目录11个大类，采集地名条数1454条，陆地水系38条，陆地地形50条，行政区域9条群众自治组织72条非行政区域8条，居民点310条，交通运输设施377条，水利、电力、通信设施58条，纪念地、旅游景点61条，建筑物85条，具有地名意义的单位386条，保质保量完成了阶段性任务。

【第十一届村委会和第六届居委会换届选举工作】 区民政局成立区换届选举工作领导小组，拟制《润州区第十一届村委会换届选举实施方案》《润州区第六届居委会换届选举实施方案》。全区8个街道1个园区、72个村(社区)全部参加本次换届选举， 12月底完成选举。换届选举工作以“两法两办法”为依据，认真筹划，精心组织，加强指导，依法推进，坚持“民主、平等、竞争、择优”的原则，努力把“思想政治素质强、科学发展能力强”的“双强”型优秀人才选进村(居)委会班子，提高社会治理水平，本次换届选举选民参选率和一次选举成功率分别达到91%和100%。

【双拥优抚工作】 在春节和“八一”期间，由区委常委和四套班子主要领导带队，对驻区或有共建关系部队进行走访慰问，区本级投入慰问金50余万元。密切军政军民关系，支持帮助73057部队军营文化建设，区民政局认真完成各项双拥工作。积极协调军人子女就学入托和随军家属就业落户相关问题。2016年，润州区被市委、市政府、军分区评为“双拥七创模范单位”。有序开展各项优抚安置重点工作。做好优抚慰问和优待金发放，共发放慰问经费达10.02万元；做好义务兵家属优待金发放，共发放优待金306.6406万元；发放大学生奖励金共35.13万元，发放立功奖励金达5万元左右。做好革命伤残军人、参战涉核人员、带病退伍回乡军人换证、评调残以及60周岁农村籍士兵评定工作。做好优抚对象数据核查工作，完成8个街道1个园区72个社区、村委会的数据调整工作，并对数据库里面的部分信息进行了区划分类、核查，已核查重点优抚对象116名，核查率达100%。做好退役士兵退伍登记、档案接收和技能培训工作。2016年，全区共接收61名夏季退役士兵，其中参加中高级技能培训1人、成人学历教育33人、复学17人。完成退役士兵安置生活补助金的测算工作，全区共需发放安置生活补助金311.57万元。

【老龄工作】 扎实推进居家养老服务项目建设。完成蒋乔街道凤凰家园社区老年人日间照料中心的建设和12家老年人助餐点。2016年，共发放“尊老金”337.465万元，发放人数9832人，补发2015年“尊老金”9.03万元。

【社会福利】 2016年，区民政局加大养老服务基础设施建设，提升每千名老人拥有床位数。9月，酵美村老年公寓投入运营，养老床位总数增加至2659张，每千名老人拥有床位数43张。切实加强对养老机构的管理，组织人员对辖区所有养老机构进行拉网式大排查，对存在的安全隐患问题提出相应措施，确保养老机构消防安全管理工作落实到位。认真完成“三无”“五保”提标工作，从7月1日起，农村“五保”老人标准提高至8700元每年，城市“三无”老人标准提高至1100元每月；分散供养农村“五保”和城市“三无”对象已全部签订结对关爱照料协议。不断推进各类儿童保障工作，完成留守儿童摸查排底工作和未成年人社会救助保护工作。

【社会事务管理】 2016年，区民政局全面应用社会组织管理信息系统，信息采集录入工作全部完成，社会组织的成立登记、变更、注销、换届等日常业务应用外网系统。有序开展社会组织“三证合一”工作，全区换发统一社会信用代码新证301家。开展社会组织年度检查，对不符合要求的社会组织的名称、组织架构、许可证等事宜进行规范，要求其及时变更、整顿；对连续三年不参检的社会组织进行撤销；对名存实亡的社会组织进行清理，要求其主动注销。率先按序完成社会组织等级评估工作。截至11月，共有168家组织获评，其中AAAAA级1家，AAAA级1家，AAA级30家，AA级45家，A级91家。

(区民政局)

## 民族·宗教

【概况】 2016年，在区委、区政府的有力领导和市民宗局的精心指导下，区民宗局深入贯彻落实中共十八大和习近平总书记系列重要讲话精神，按照党的民族宗教政策和上级民族宗教工作会议精神，努力营造全区民族团结、宗教和睦、社会和谐的良好氛围，为建设强富美高新润州作出了应有贡献。

【抓队伍强机制】 深入学习贯彻全国宗教工作会议精神，开展民宗干部、宗教场所负责人、宗教信众骨干的政策教育和业务培训，充分调动这三支队伍的主动性和积极性，加强民宗与属地、公安、国保等部门协调机制建设，加强基层民宗干部配备和人员素质提升，引导各方力量共同推动民宗事业持续、健康发展，着力破解区民宗部门执法主体资格缺失、工作力量薄弱的难题。在抓好“三级网络”“两级责任”的基础上，建立健全民族宗教重点区域挂钩联系制度，区主要领导亲自过问指导，分管领导定期督查推进。2016年，区民宗局全体人员以及各宗教活动场所负责人参加了有关的政策法规培训，法治意识和水平得到了进一步提高。

【广宣传造氛围】 将信息工作作为推动和检验全区民族宗教工作的重要抓手，认真做好信息收集、上报、登记、汇总工作。2016年，区民宗局在市级以上网站刊登民宗工作信息60余条，其中省民宗局网站11条，超额完成市民宗局下达的全年信息上报任务。同时，发动街道、社区利用宣传栏、黑板报、知识竞赛、悬挂横幅、张贴标语等多种形式，大力开展党和国家民族宗教政策的宣传，营造领导支持、百姓认可的民族宗教工作的良好氛围。同时，区民宗局还结合“两学一做”活动，先后赴南京大屠杀遇难同胞纪念馆、雨花台烈士陵园和淮安周恩来故居、纪念馆开展爱国主义和革命传统教育。

【评星级促发展】 区民宗局召开全区星级宗教场所创建工作动员部署会，按照全面动员、尊重实际、自愿报名的原则，制订上报了全区星级场所创建计划。创建工作坚持全覆盖、高标准、严要求，报名争创的场所自加标杆创，暂缺条件的场所自加压力创，建立了定期协调推进和上下联动机制，及时解决创建中遇到的问题，并对各宗教场所进行档案管理培训和全程指导把关。2016年，净因寺等4个宗教场所顺利通过档案管理工作省二星级标准测评；区佛教协会把握教风建设年契机，深入开展制度落实和能力提升教育实践，加快推动星级场所创建进程，积极争取上级政策、各方资金支持，尽最大努力保障创建工作的顺利推进；积极开展宗教慈善工作助推创建。6月23日，盐城部分地区遭遇龙卷风冰雹灾害后，区佛教协会、润州道院等纷纷举办祈福法会、组织救灾募捐，共为灾区捐献了1万余元善款。观音山圆通寺连续五年帮扶困难学子，全年共资助5名困难大学生1万元。

【排隐患保安全】 2016年年初，区民宗局与各宗教活动场所签订“创建最安全场所”工作责任书，明确了主体责任和部署要求。区民宗局多次联合属地街道组织开展宗教场所防汛隐患和危旧房排查，责令相关宗教场所抓好整改工作。区佛教协会利用微信平台，引导各宗教场所积极做好自然灾害的防范工作。2016年，净因寺对观音殿、济公殿、念佛堂、斋堂等部分危旧殿堂进行了维修翻新；高崇寺在取得市抗震办危房鉴定报告后，正积极办理天王殿等老旧建筑的修复报批手续；观音禅寺对坍塌的都天殿进行了重建修复。区民宗局对全区基督教聚会点和民间小庙小观进行摸底排查，依法处置青年广场基督教聚会点信众纠纷，协同属地街道和公安、国保等部门对该非法聚会点进行了取缔，积极调解纠纷双方矛盾、化解过激情绪，及时消除了全区宗教领域的不稳定因素。

【强协调促稳定】 建立健全民宗、公安、国保等部门协调工作机制。与市、区相关部门加强联系，定期交流情况、分析问题、协调行动，围绕辖区主要庙观重大香期的消防安全保障，制订落实重大宗教活动工作预案，确保平稳有序。2016年，区民宗局持续加强各宗教场所文明敬香的教育和监管，重大宗教活动坚持一线指挥、现场协调。在市民宗局的关心指导下，全程参与了五洲山净因寺大雄宝殿落成佛像开光暨方丈升座大型庆典活动。活动期间，净因寺邀请游本昌大师来镇献演爱国话剧《弘一法师·最后之胜利》，举办“佛缘净因·圆梦中华”文化讲座，有力提升了全区宗教界的影响力，得到与会领导及国内外大德高僧的一致好评。另外，区民宗局还牵头相关部门，全力保障圆通寺重大香期、观音禅寺都天殿上樑庆典活动平稳有序，积极协助市伊协组织开展开斋节活动，协助高崇寺办好江苏隆恩杯“福寿之路”重阳登山揭牌活动。

【点带面促团结】 一是抓好示范点。重点打造一村一校两社区，即大桥民族村、穆源民族学校、杨家门社区、同德里社区，集中优势资源和力量打造民族工作亮点。紧扣民族团结进步创建要求，将民族工作融入社区工作，推动杨家门社区与穆源民族学校、山巷清真寺共建共享，社、校、寺良性互动、密切协作。调研指导同德里社区民族工作，推动社区少数民族居民综合服务平台建设，进一步放大品牌示范效应。穆源民族学校积极构建以“勤以养正，乐善尽美”为宗旨的“养正”德育课程体系，荣获“江苏省民族团结进步主题教育馆”、镇江市“养正学堂示范校”等称号。大桥民族村举办了端午“一家亲”联谊活动，来自全区的归侨侨眷和大桥村少数民族村民近百人欢聚一堂，以包粽子、歌舞祈福等形式喜迎端午佳节，增进了解和友谊。二是瞄准关注点。按照上级关于穆斯林标志清查工作的部署，认真落实属地责任，发动街道、社区开展拉网式全覆盖清查，发现违规情况及时报送处置，防止出现“穆斯林标识”“清真标识”泛化、滥化现象。针对清真饮食补贴发放中容易出现的漏发、重发问题，区民宗局落实“三个一”工作举措，即一封公开信、一场培训会、一张流程表，扩大百姓知晓率、提高工作规范性，切实保障少数民族群众权益。针对当前旧城改造中少数民族居民关心的拆迁权益保障问题，金山街道杨家门社区邀请江苏省汇典律师事务所律师开展送法进社区活动，为社区居民和穆斯林同胞现场解答拆迁安置、遗产继承以及非本市户口的私房拆迁补偿等实际问题。三是打造闪光点。在继续抓好社区少数民族法律援助站、“12315”少数民族消费维权联络站和消费者投诉站的同时，根据今年工作重点和热点培植新的闪光点，跟踪指导穆源民族学校110周年校庆系列活动，参与其中重大庆祝活动的组织协调和重要展示平台的策划建设，鼓励其积极争创“全国民族团结进步创建活动示范小学”，加大学校民族特色工作和成功经验的宣传推介力度，积极争取领导关心和政策倾斜。杨家门社区充分利用古街老巷天造地设的社区文化平台——街巷剧场，发动社区文化名人、草根明星精心编排文艺节目，每月为社区献上一台雅俗共赏、独具特色的精彩演出，深受社区各族居民的好评。

（余文谦）

## 润州区慈善总会

**【概况】** 2016年，区慈善总会在区委、区政府的正确领导和社会各界关心支持下，在市慈善总会的具体指导下，深入宣传慈善理念，普及慈善文化，提高慈善意识，着力主动慈善，突出精准救助。按照年度计划扎实有序地开展了各项工作，取得一定成绩。区慈善总会被评为江苏省示范性社会组织，为慈善工作的开展奠定了扎实的基础。2016年，共收到捐款418.792万元，其中“一日捐”221.372万元，企业募捐款115万元，小额冠名28.2万元，风灾专项捐款47.9万元，其他6.32万元。实施救助项目23个，救助支出387.1万元，救助59928人次，其中，低保户享受助医救助53600人次。

**【慈善宣传工作】** 2016年，区慈善总会宣传工作成效显著。一是借助媒体平台宣传慈善，区慈善总会与分会在报纸、杂志、广播、网站等媒体发布文章185篇，大大提高了润州区慈善品牌的“曝光率”。二是做好区慈善总会成立十周年的宣传工作。2016年是区慈善总会成立十周年，区慈善总会把十年来所作出的成绩做成数十块展板，在全区人口密集场所展示，让全区人民了解慈善、关心慈善。同时，对十年来为慈善捐赠作出贡献的先进典型进行了评比，共表彰慈善捐赠特别贡献奖单位99个，优秀慈善工作者24名，并通过媒体广泛宣传受表彰单位和个人先进事迹，在全区形成积极向善和“我慈善、我光荣”的良好风尚。三是大力推进《中华人民共和国慈善法》普及。在润州电台开辟专栏定期宣讲《中华人民共和国慈善法》；利用《润州手机报》向广大干部群众宣传《中华人民共和国慈善法》；区慈善总会、分会积极开展了《中华人民共和国慈善法》专题培训班。区慈善总会还结合9月1日《中华人民共和国慈善法》的正式施行和9月5日首个“中华慈善日”，在润州广场及区政府大院内举行宣传活动，向市民发放《中华人民共和国慈善法》及自编的宣传手册。

**【慈善募捐工作】** 一是切实做好“慈善一日捐”活动。4月份，区委办和区政府办专门发文，并召开全区领导干部动员大会，各街道、社区（村）也相继层层发动、个个参与，形成了领导带头捐、党员主动捐、干部职工自觉捐的良好氛围，全区三个月时间共收到“一日捐”善款221.37万元。二是深入企业，继续做好企业认捐工作。以《慈善法》正式施行为契机，与各慈善分会分头一起，带着《慈善法》和总会编印的80问小册进企业、跑公司，先后与39家冠名企业座谈，让企业了解慈善，截至12月底已进账115万元。三是重视“小额冠名”捐。“小额冠名”已开展3年，2016年为了扩大“战果”，区慈善总会采取主动联系的方式催交冠名款，截至12月中旬共收到捐款28.2万元。四是及时做好“风灾捐款”工作。盐城风灾发生后，区慈善总会迅速与区委组织部联名发文，动员全区党员干部为灾区献爱心，在较短时间内共募集风灾款10.8万元。截至8月中旬共收到捐款47.9万余元，并及时汇往灾区。五是开展不同形式的慈善爱心捐。2016年，区慈善总会及时在幼儿园、学校、有关公共场所搭建慈善爱心平台，区教育局除领导带头捐外，专门组织各学校、幼儿园动员发动捐款。截至12月份，收到幼儿园“书香溢满园，爱心传心田”义卖款5360.5元，收到镇江市实验学校和润州区宝塔路小学学生零花钱捐款6133.8元，收到公共场所慈善爱心捐款箱善款9705.6元，收到“筑爱江南岸，捐资助学”书画家产品、作品义卖款4.2万元。

**【慈善救助工作】** 慈善救助是区慈善总会主要的工作，遵循慈善总会章程，积极开展“助困、助学、助医、助残、助老”等各种慈善救助活动，发挥慈善总会在完善社会保障体系和构建和谐社会中的补充作用。2016年，慈善救助主要突出“急”和“灾”，区慈善总会充分发挥了“慈善三级网络”作用，实行分级体制进行救助,精减了程序的同时提高了效率,让受助人从中得实惠。2016年,开展救助项目23个,其中与市合作18个,润州区自主救助5个,共救助6528人次。

**【自身建设】** 区慈善总会成立以来,一直把加强自身建设作为推动慈善工作的基础来抓,切实提升慈善组织的公信力。一是进一步规范内部管理。区慈善总会及时制作公示栏,把修订慈善资金管理办法、慈善工作网络图、捐款等信息统统上墙公示,让来办事的人员一目了然。同时制定了《2016年秘书处及各部门主要目标任务》,调整完善了会长、副会长、秘书处、办公室的工作职责。出台了宣传报道奖励办法,建立了每月定期学习制度,将时事政治和业务知识学习相结合。二是推进慈善信息公开,积极打造阳光慈善。实施信息公开是透明慈善的命脉,2016年,区慈善总会实现慈善信息平台页面的自主管理、资料统筹上传及日常维护,把捐赠收入、救助支出、慈善项目动态等信息在网上公示,把每一笔慈善资金和每一个慈善救助项目、内容、受助人员全部公布于众,真正做到 "明"和"细",进一步增强慈善救助工作的严肃性和严谨程度,用"透明"和"阳光"赢得公众信任。

(区慈善总会)

## 润州区见义勇为基金会

**【概况】** 2016年,区见义勇为基金会在区委、区政府、润州公安分局的领导和市见义勇为基金会的指导下,认真贯彻落实国务院和省、市政府《关于进一步加强见义勇为人员权益保护的实施意见》的精神,进一步体现党和政府对见义勇为人员的关爱,切实加强见义勇为人员的权益保护,全年工作取得显著成效。

加强领导,夯实基础,严格规范制度管理。一是区委、区政府领导高度重视基金会组织建设,经润州公安分局党委专门研究,再次为基金会充实1名在编民警,使基金会目前人数达到6人,切实解决了工作人员平均年龄大、电脑操作不熟练等现实问题。在平时的工作中,公安分局党委十分重视基金会工作,及时听取工作汇报,及时研究提出的问题。对基金会开展的重大活动和创新的措施,公安分局一把手亲自过问具体指导,确保了工作顺利开展。同时,公安分局政治处主任定期参加理事长办公会,会同基金会同仁及时研究工作中遇到的问题,不断改进工作模式、完善各项工作制度,并且及时将基金会的有关工作在分局党委会上进行汇报交流,有力推动了工作顺利开展。二是在制度建设方面,区基金会根据省、市基金会的工作要求,制定、修改和完善了区见义勇为基金会《关于进一步明确润州区见义勇为基金会专职工作人员职责分工的决定》《关于进一步规范申报见义勇为人员材料的细则》和《润州区见义勇为基金会奖励抚恤办法》等一系列规章制度。8月,基金会设计并创建润州区见义勇为基金会网页,在公安分局网上有了基金会工作阵地,保证了信息公开、及时、透明,呈现承上启下的良性运作局面。同时,注重夯实工作站基层基础,做到年初有目标,年终有考核。

表彰先进,弘扬正气,稳妥把握褒奖节奏。及时褒奖先进,是基金会工作的重要环节。基金会不仅加强与辖区派出所、街道工作站的密切联系,同时主动作为,与有关媒体记者加强联系。9月,在召开市区基金会慰问会上,理事长朱贵玉、秘书长杨曙平以及受表彰的见义勇为人员代表分别接受电视台记者的采访;12月,勇于救火救人的朱崧麓作为润州区7名见义勇为先进个人的代表,接受市领导的表彰后,我们主动约请镇江电视台记者做现场采访。基金会领导还分别走访出租汽车公司、有关单位,向他们宣传见义勇为工作,并让他们做有心人,及时把发生在身边的见义勇为人员和事迹和我们联系。2016年,全区见义勇为人员抢险救灾5人次,为公安机关提供线索或直接抓获犯罪嫌疑人76名。区见义勇为基金会表彰奖励见义勇为积极分子和辅警共93名,共发放奖金23余万元;受到市基金会表彰3名、市政府表彰7名、省级表彰1名。6月,区见义勇为基金会与公安分局共同在和平路街道召开表彰会,表彰奖励朱崧麓等12名同志;12月,给为"首善润州"投入正能量的姚玉强等14名同志颁发"润州区见义勇为积极分子"荣誉证书和奖金,给积极协助公安机关抓嫌犯、破案件的朱健等59名基层保安辅警颁发见义勇为专项奖励金3.54万元。

健全档案,完善基础,拓展网络动态模式。在对37名获得区政府以上表彰的见义勇为人员建立权益保护档案的基础上,不断保持上门走访慰问、电话常态联系的方式,对他们日常生活中出现的新情况新问题及时了解并帮助,个人基本信息的调整、个人健康的现状、家庭收入及困难新情况,修正和完善他们的权益保护档案。对2016年新涌现出的朱崧麓、郭建等见义勇为人员,基金会领导针对性的上门看望慰问或协同派出所一起调查核实,根据掌握的实际情况,为其层层申报建档。润州区见义勇为基金会网站上有图文并茂的见义勇为人员光荣榜和动态情况,使基础台账更为直观便于刷新留存,顺应网络时代的办公模式。年内,建立健全了每一位见义勇为人员的奖励呈批表和表彰决定,"炎夏送清凉、寒冬送温暖"慰问金、困难补助金呈批表和决定,医疗卡、公交卡、园林卡发放名册,免费健康体检,人身意外伤害保险等电子档案。

真情关爱,权益保护,创新举措畅通渠道。一是关心思想政治、增订一份报纸。2016年,基金会为进一步提高见义勇为人员政治素质,为受市政府以上表彰的具有固定住址的17名见义勇为人员订阅一份《京江晚报》;二是购买人身保险,减轻意外负担。2016年,区见义勇为基金会为进一步落实见义勇为人员权益保护措施,经理事长办公会研究决定,为全区曾受到市政府以上表彰的16名见义勇为人员分别按年购买了300元的人身意外保险;三是开展走访慰问,落实帮扶措施。根据见义勇为工作要求,基金会紧扣"见义勇为人员权益保护"主题,开展走访慰问,落实帮扶措施。多次与各街道、工业园区工作站以小型会议和个别登门的方式,分别对全区20名曾受到市政府以上表彰的见义勇为人员或家属、市见义勇为积极分子中的特困家庭进行了走访慰问和座谈,列出帮扶重点,先后为帮扶家庭和人员共发放慰问金1.85万元、困难补助金和助学金1.7万元。

开展培训,强化宣传。一是组织业务培训,增强服务意识。继续为各见义勇为工作站专门增订《江苏法制报》,且在宝塔路街道工作站试点成立见义勇为人员之家的基础上向全区各街道、工业园区进行推广其成功经验。4月期间,区见义勇为基金会与公安润州分局在七里甸街道召开润州区见义勇为志愿者服务总结表彰暨培训会议,特邀江苏大学心理学副教授、镇江市优秀志愿者钱宇平同志为与会人员授课。钱教授从见义勇为是中华民族的传统美德、见义勇为的界定和评价及各级政府出台的《关于进一步加强见义勇为人员权益保护的实施意见》和《江苏省奖励和保护见义勇为人员条例》的相关政策进行了宣讲解读;同时就什么是志愿者、为什么做志愿者和如何做好志愿者对在座的进行了业务培训。宝塔路街道见义勇为志愿者服务中队介绍一年来的做法和经验。会议还对2015年优秀见义勇为志愿者进行了表彰奖励;受表彰的4名志愿者代表作表态发言;区基金会理事长朱贵玉在总结2015年全区见义勇为志愿服务工作的同时,对全区2016年见义勇为志愿者服务工作提出了具体要求。二是开展舆论宣传,增强社会影响。2016年,见义勇为宣传工作在各街道、工业园区辖区内蓬勃开展。每年夏季,定制见义勇为宣传扇6000把,供各基层工作站和公安派出所户外设点宣传时发放给群众。在2016年"首善润州"的创建活动中,区见义勇为基金会、公安润州分局深入辖区宣传、教育、引导全区人民群众学习见义勇为英雄事迹,在镇江船厂门口、江苏科技大学校园和各居民小区安装了15块双面见义勇为和安全防范宣传栏。

挖掘资源,点面结合,加强基层工作站建设。为有力提升各工作站工作绩效,基金会认真分析基层工作质态,以工作动态为抓手,加大工作考核力度,收到效好成效。辖区7家工作站立足自身基础,发挥优势资源,采取多种形式,开展了丰富多彩的见义勇为宣传和服务活动。一是多项举措,打造宣传见义勇为的强劲态势。各街道工作站常年结合法律宣传和综治宣传月等活动,不断增强广大干部群众的见义勇为意识,进一步调动人民群众参与见义勇为的热情,营造平安建设的良好氛围。宝塔街道工作站在人员密集场所举办"平安法治"文艺汇演,将见义勇为精神融入节目中,通过大型文艺汇演活动,弘扬社会正气,提升广大群众的道德情操,营造"崇德向善、循法而为"的社会氛围;和平路街道工作站法制学校两次对普通居民、老党员、青少年等开展了见义勇为法制讲座培训;七里甸街道工作站夏季在新城花园社区广场开展了主题为"我为人人,人人为我"见义勇为的宣传活动。活动现场摆放见义勇为事迹相关知识内容的展牌,向社区群众发放了见义勇为宣传资料和宣传扇,开展了见义勇为知识有奖小问答活动。二是借助平台,努力开辟见义勇为阵地建设。各街道先后投资建立了平安法治文化广场和长廊。在此基础上,设立的大幅法制宣传版块中有部分见义勇为板块、有见义勇为箴言牌。还有见义勇为知识宣传视窗、普法草坪牌以及社区服务大厅门头上电子显示屏上也有滚动见义勇为字幕等,图文并茂地反映古今中外的见义勇为典故、见义勇为法律条文,把见义勇为理念和见义勇为法律条文转化成群众喜闻乐见的文化内容和形式,直观地宣传见义勇为法律法规知识,让群众在潜移默化中接受见义勇为文化熏陶。三是以人为本,提升为见义勇为人员服务的水平。区见义勇为基金会切实加强对各工作站志愿者队伍的建设和活动指导。各街道经常性开展志愿服务活动,利用辖区资源为曾受过市政府以上表彰的见义勇为人员提供了理发、洗澡、电动车修理和法律咨询的免费服务,并充分利用辖区可用利用资源尽可能为他们做好优抚优待服务工作。宝塔街道工作站建立的全区首个"见义勇为人员之家"设立在服务功能齐全的街道文体活动中心,为开展见义勇为活动提供了阵地支持。运转一年多来,举办了社会组织"3S"沙龙"对对碰"的交流活动,为见义勇为人员的志愿活动增添新的服务力量;韦岗街道工作站以季度为单位,联合韦岗派出所先后组织见义勇为信息员、志愿者参观韦岗战斗纪念馆、赴茅山新四军纪念馆瞻仰和缅怀先烈,开展"为高丽山洗把脸"清洁环境等活动。

(区见义勇为基金会)

## 社会保障

**【城乡低保工作】** 落实低保动态管理。2016年,润州区新增城乡低保139户、209人,停发城乡低保179户,360人,变更城乡低保109户,核减81人。截至12月份,全区共有城市低保3410户,6243人,农村低保491户,858人。做好低保提标和保障金发放。7月,按照《关于做好城乡低保提标工作的通知》,城乡低保月保障标准由610元/人提高至625元/人,全年,共发放城乡低保金3477.39万元。开展城乡低保节日慰问。在2016年春节来临前,区民政局根据市、区两级政府决定,对3452户、6447名城市低保对象和508户、896名农村低保对象,按照一人户400元,二人户600元,三人及以上户800元,分别发放了春节普惠制慰问金和市区特殊困难群众春节专项补助金,共计443万元。做好物价补贴发放工作。

**【人户分离管理】** 区民政局按照《镇江市区最低生活保障关系迁移操作细则》和《润州区居民最低生活保障人户分离管理办法(试行)》文件要求,扎实开展低保对象人户分离低保关系迁移和动态管理工作。2016年,市民政局社救处召集三个辖区进行了专门的研讨,决定从省补资金中划拨部分专项资金用于人户分离资金,初步缓解了人户分离所造成的相关问题。

**【特困群体救助】** 2016年,区民政部门和街道扎实开展临时救助工作,共救助困难群众554人次(不包含慈善救助),救助资金总额38.73万元,平均救助700元/人次,其中低保户433人次,低保边缘户121人次,因病489人次,突发灾害22人次,其他43人次。

(区民政局)

**【社会保障量质齐升】** 充分发挥好社会保险"稳定器""减压阀"的作用,建立多层次的社会养老保险体系,统筹推进城乡居民基本养老保险政策实施,明确"多缴多得、长缴多得"的待遇激励机制激发参保热情。强化扩面征缴工作,全年,养老保险基金征缴25872万元。稳步提高社保待遇,企业职工养老保障待遇持续上调6.5%。优化发展改革环境,切实做好企业保险比例调整工作,降低企业运行成本,为16家企业成功退费22余万元。完善被征地农民参保衔接机制,及时跟进被征地农民转企保工作,建立健全新征地农民"即征即保"常态化机制,提高全区4641名被征地农民基本生活保障待遇。全面做好机关事业单位养老保险制度改革筹备,完成全区130家参保单位、3336名在职参保人员和2088名机关事业退休人员的基础信息采集和核对,确保新老政策平稳过渡,改革工作顺利完成。

(区人社局)

## 七里甸街道

【概况】 七里甸街道是镇江市新行政中心和润州区政府所在地,润扬长江公路大桥、城际铁路、扬溧高速、312国道等在境内均有接口,坐拥南徐新城"首善资源",区位优势独特。街道总面积26.22平方公里,辖12个社区、2个行政村,总户数15742户,总人口44414人。

2016年,街道上下紧扣建设"强富美高"新润州要求,坚持"转型、跨越、创新"总基调,紧紧围绕年初提出的目标任务,主动作为、狠抓落实,强势推进各项工作,取得了喜人业绩。

经济发展态势强劲。全年实现工业应税销售收入12.5亿元,同比增长6.3%;定报工业销售收入12.62亿元,同比增长8.61%;定报工业利税0.71亿元。固定资产投资73.02亿元,同比增长15.02%;产业类实际利用外资1000万美元,与上年同期持平;社会消费品零售总额24.82亿元,同比增长11.7%;高新技术产业值10.2亿元,同比增长11.35%;工业技改投资6.07亿元,同比增长20.51%;公共财政预算收入3.84亿元。

项目建设成效明显。润州区亿元以上重点产业项目涉及七里街道5个项目,其中市级重点产业项目2个,分别是睿泰数字产业园、移动物联网中心。江苏睿泰数字产业园一期投入运营,成功吸引60余家上下游相关企业入驻园区;烟墩湾棚户区改造,地块拆迁基本结束,拟规划建设养老产业。镇江美的城项目超序时推进,一期部分交付,二期主体建设,三期地块成功上市摘牌;移动物联网中心建设步伐加快,主体工程12月28日已封顶。

招商引资形势喜人。引进中国石油江苏镇江销售分公司、太古电力等行业龙头企业入驻商务A区,吸引60余家数字出版相关企业入驻睿泰数字产业园。协助投资主体盘活了商务A区、国投双子楼、职工文体中心、九润商业广场、旭辉时代城、金恒大厦、冠城金融中心等载体6万平方米。此外,全区第一个文化数字产业基金(乐泰数字产业基金)于5月18日落户睿泰数字产业园,首期规模达1.8亿元,主要面向数字教育、数字出版等行业提供股权投资服务。

护协税措施得力。街道社区结对7个片区,网络化管理,因地制宜,做到"一区一策",建立健全辖区企业数据库。重视房地产项目的税源支撑作用,重点关注万科、美的城、上铁、万高、云开甲第、龙岗置业等项目;重视税源结构调整工作,重点关注辖区内三产服务业经营情况和商务A区、国投商务中心、冠城金融中心等重要载体的招商和企业入驻情况。重点关注迁入企业及时变更和新入驻企业证照办理。先后主动帮助中石油、佳峰房地产、睿泰数字产业入驻企业等30余家办理相关证照手续。

强化保障惠民生。开展"就业援助月"专场招聘会,提供岗位近1000个。实现就业困难人员再就业630人,创业意识教育培训3517人,新增扶持创业200人,城镇失业人员再就业950人。狠抓辖区城乡低保、低收入家庭认定工作,落实城市低保信息数据采集287人,农村低保信息数据采集65人。注重对弱势群体的帮扶,全年共救助困难人员30人,发放困难补助35000元左右。慈善助学人数为6人,发放慈善助学金为15000元。"八一"建军节到驻地部队发放慰问金10000元。进一步满足文化需求,街道文化站接受何厚铧、罗志军等领导视察,并荣获镇江市十佳文化站称号。五洲山和万科建成镇江市基层综合性文化服务中心。"淘文化网"首演落户七里甸街道,获得周边广大群众的欢迎。全力推进“中华诗词之乡”创建工作，建成万科、五里诗社，联合镇江市城投公司、润州区政协，共同打造了跑马山诗词公园。

助推党建新发展。严格落实中央和省市区委要求，把“两学一做”学习教育作为全年龙头任务，坚持以上率下，严格落实“一把手”责任清单和“六个一”要求，主要负责同志带头、班子成员下沉挂钩联系单位党支部，为党员干部讲党课、以普通党员身份参加组织生活，全年开展中心组学习研讨6次、讲党课20多次、建立联系点12个，街道“两学一做”督导组，采取召开推进会、随机抽查、现场观摩、知识测试、工作点评等方式，累计开展5轮集中督导，覆盖14个村（社区）、88个非公企业和社会组织等全部69个基层支部。坚持知行合一，注重发挥党支部主体作用，创新载体方式，推动基层党支部学有成效、做有实绩，万科社区润园党支部“分享+感悟、线上+线下、理论+实践”“3+”学习模式、五洲山村茶叶协会党支部产业链上抓好学习教育等做法先后被全市《“两学一做”典型案例选编》收录，全市“两学一做”推进会现场观摩万科社区“两学一做”学习教育开展情况并给予高度肯定。坚持不懈推进“双型”先进党支部建设，着力强化基层党组织“末梢神经”，通过典型引领、示范带动，促进各基层党支部增强政治和服务功能，万科社区润园党支部、五洲山村茶叶协会党支部顺利入围全市五星级先进党支部。抓好社区为民服务项目，通过项目化方式促进社区建设和居民服务的精准精细化，8个城市社区共申报、实施各类为民服务项目66个，涉及资金158.514万元。落实区委部署，扎实推进红色形象体系试点，围绕“三个有形落地”，在光华社区建设以“一窗一站三室”为主要功能布局的党建阵地，以“民主发动群众、组织扎根群众、产业致富群众、服务凝聚群众、文化引领群众”和党员“带头服务、带动创业、带领致富”为主题探索创新社区党组织建设，推动党建文化自信在基层落地生根。

城建城管显成效。街道投入8万余元对牌湾街291号化粪池进行了管道整治；投入10万余元，动用挖机6台，出动人力30余人次，拆除私自搭建2处，清运垃圾近百吨，对岗子下拆迁地块内环境进行了综合整治。按照全市“一湖九河”综合整治工作统一部署，配合职能部门开展水环境综合整治，并对辖区内周家河、运粮河、枣林河、长山河河岸垃圾进行清理、维护。街道在辖区各小区、城郊接合部及城中村粘贴除四害公告90余张，制作卫生教育宣传栏100余个。街道城管共出动执法人员28名，执法车辆1台，全天候轮岗履职，着力整治了金星菜市场及周边岗子下片区的店面外溢、占道经营、车辆乱停乱放现象。清运垃圾160余车，清除小广告10.2万平方米，清除卫生死角140余处。街道重点对城中村的旱厕及露天粪坑进行整治，清理粪缸1053个、清除旱厕102个。岗子下片区拆迁扫尾工作，全年完成扫尾任务近84户。启动五洲山烟墩湾地块拆迁工作，完成拆迁任务97户。

**【企业上市实现新突破】** 2016年，辖区内2家企业成功上市。2015年12月，江苏镇江建筑科学研究院集团股份有限公司在全国中小企业股份转让系统获批挂牌，2016年1月21日成功上市；2016年2月29日，镇江中谊抗震科技股份有限公司在全国中小企业股份转让系统获批挂牌，4月5日成功上市，成为全国抗震加固领域首家在新三板挂牌的公众公司。

**【人才工作硕果累累】** 2016年，街道新增了镇研种业、鼎峰科技和建科三家国家级高新技术企业。年底，街道共有国家级高新技术企业10家。2016年街道共成功申报金山英才1名，总共将获得100万元的资助。2016年“金山英才”人才项目，街道共申报10位人才，完成全部申报工作。

**【创新财税工作平台】** 2016年，街道所辖14个村、社区实行结对，共划分7个财税片区，实现网络化管理，梳理重点增长企业，确定护协税工作重点和方向，做到“一区一策”。充分利用税务、工商、护协税办纳税信息系统，初步开发辖区纳税企业数据平台系统，具备分类、归类、对比、查询、汇总计算等功能。

**【夯实党建基础】** 2016年，七里甸街道党工委注重强基础、创特色，扎实推进基层党组织建设，涌现了一批先进基层党组织和党务工作者典型，五洲山村党总支书记王佳被评为全市优秀党务工作者，万科社区党总支被评为全市先进基层党组织，社区远程教育站点被评为全省党员干部现代远程教育示范站点。

（顾　珺）

## 2016年七里甸街道各村、社区基本情况

表21

| 村、社区名称 | 面积(平方公里) | 总户数(户) | 总人口(人) | 村、社区党支部(总支)书记 | 村、社区主任 | 办公电话 |
|---|---|---|---|---|---|---|
| 光华社区 | 1.7 | 770 | 2225 | 江晓鹏 | 戴德荣 | 85624401 |
| 金星社区 | 3 | 500 | 1500 | 唐家义 | 唐家义 | 84448180 |
| 四圩社区 | 1.2 | 1170 | 3584 | 张国平 | 张　翔 | 85596988 |
| 五里社区 | 1.5 | 826 | 1839 | 杨永全 | 曹　仁 | 80861079 |
| 五洲山村 | 4 | 771 | 2250 | 王　佳 | 朱　林 | 85597299 |
| 曙光村 | 4 | 452 | 864 | 季秀平 | 汤庆林 | 85622282 |
| 四摆渡社区 | 3.5 | 710 | 2100 | 宦方俊 | 宦方俊 | 85606263 |
| 二道巷社区 | 0.4 | 863 | 2063 | 陈静萍 | 陈静萍 | 85607517 |
| 朱方路社区 | 0.13 | 1223 | 3507 | 殷　骥 | 殷　骥 | 85606778 |
| 七里甸社区 | 0.32 | 1168 | 2976 | 杨玉坤 | 杨玉坤 | 85607881 |
| 天桥路社区 | 0.5 | 2095 | 6291 | 周以馨 | 周以馨 | 84430757 |
| 天和星城社区 | 0.5 | 2344 | 6328 | 程红福 | 程红福 | 85246717 |
| 万科社区 | 1.5 | 2520 | 7561 | 夏光明 | 严　皓 | 85604208 |
| 新城社区 | 0.53 | 390 | 1326 | 杨永全 | 唐平平 | 15716102093 |

（顾　珺）

## 蒋乔街道

**【概况】** 蒋乔街道办事处(简称蒋乔街道)成立于2011年7月20日，位于南徐新城区的核心区域，行政区划面积24.4平方公里(包括山林面积)，常住人口近3万人，下辖嶂山1个自然村，七里、严庄、蒋家门、乔家门4个涉农社区，凤凰家园和九华山庄2个城市社区。

2016年，蒋乔街道在区委、区政府的正确领导下，按照全力建设创新型特色园区的总要求，紧紧围绕“打造高新孵化园区、扮靓城南门户街区、融入苏南现代化示范区”的发展主线，始终强化责任意识、机遇意识和担当意识，通过项目化安排、载体化推动、制度化管理，精准聚焦“抓改革、促发展，抓整改、转作风，抓和谐、保稳定”主旋律，锐意进取，潜心实干，各项工作取得了新进展。

经济指标稳步增长。2016年，街道公共财政预算收入达到3.01亿元，同比增长0.49%；实现固定资产投资62.73亿元，增长15.08%；实现工业销售38.62亿元，增长10.6%；实现利税4.2亿元，增长8.81%。工业投资、工业技改投资分别提前一个季度完成年度目标。

项目建设有效推进。区级6个重点考核项目按序时推进，招商引资硕果累累，新签约总投资6.8亿元的江苏索普兴大药业有限公司研发中心项目、总投资1.5亿元的豪威装饰产业园项目、总投资10亿元的智能智慧展示交易中心项目，新引进2个符合市重点项目认定标准的项目。

人居环境有效改善。突出打造嶂山最美乡村建设，实施嶂山河美化亮化工程；有效开展嶂山、东山宕口系列整治；联合环保、市场监管等部门加大污染源整治，确保西团结河综合整治有序进行；投入200多万元关停了4家石灰窑采石场，投入15万元关停宰牛场1家、豆腐作坊1家、养猪场2家。

服务阵地不断增强。投入近200万元，新增凤凰家园社区综合服务中心1200平方米，打造集为民服务大厅、老年人日间照料、残疾人康复训练、电子阅览等综合服务为一体的高效便民中心；成立凤凰家园优学儿童学习中心，为社区儿童提供低偿的托管和教育服务，成功争取党组织为民服务资金近8万元。

社会保障稳步推进。积极开展创业就业援助活动，实行精准创业就业帮扶，年内共培训730人次，扶持创业101人，带动就业505人；帮助办理被征地农民、下岗失业人员创业贷款6人，共130多万元；街道被评为“2016年全市人社基层服务标准化建设示范平台”，成为润州唯一一家上榜的街道级平台，蒋家门社区被评为“2015年全市人社基层服务标准化建设示范平台”。

文化事业持续繁荣。设立嶂山马灯传承人培训基地，全年开展活动30余次；积极开展“蒋乔民间故事”收集编撰工作，“蒋乔民间故事十年保护规划”获得省市专家认可肯定。凤凰家园社区作为润州唯一一家社区级单位，创成“江苏省老年教育示范点”

"两学一做"强力推进。组建了25人的"百姓宣讲员"队伍，完成各村(社区)巡讲30余次；在村(社区)征集家风箴言55条、家风故事19个、开展"我心中的'两学一做'"书画展；在非公企业，机关三个支部分别与焦煤、先锋汽车等非公企业结对，全面践行服务企业直通车。

【副市长詹立风莅临街道调研】 2016年12月4日上午，副市长詹立风带队督查街道文明城市测评迎检工作，实地查看南徐山庄小区临时疏导点和凤凰家园菜市场等具体情况，实际指导街道文明城市创建工作。詹立风要求街道切实做到领导重视、责任落实、举措强化，齐心协力、齐抓共管、齐头并进，真正把文明城市复审迎检作为全面提升建设管理水平与市民文明素质的有效载体，努力使文明城市成果惠及更多群众。

【推进"金莲"商标实现国字号】 2016年，街道着力提升三产发展水平，镇江金莲食品有限公司的"金莲"注册商标被国家工商总局认定为驰名商标，取得润州区零的突破。同时美佳马达、佳峰2家企业被授予江苏省著名商标。

【助推实体经济转型升级】 2016年，街道注重强化"服务企业直通车"绿色通道，促使企业坚持走"特、专、精"道路，瞄准细分市场和行业空白，沿着"质量至上"的成长轨迹，不断转型升级，助推长城注浆、先锋汽车等企业不断提高科技水平和产品质量，迈向产业高端的发展之路。

【人才招引成果丰硕】 2016年，街道申报国家级高新技术企业13家，通过8家，其中新获批6家，复审通过2家。街道国家级高新技术企业总数达27家，占全区1/3，科技项目申报省工业支撑计划6个，市国际合作项目2个，市社会发展项目1个，市工业支撑计划7个，新引进科技企业8家；申报国家"千人计划"并进入面试1人，申报省双创计划4人，进入面试2人，获批1人。参加市"金山英才"计划面试5人，获得资金扶持5人。新引进创业团队1个，创新团队9个。 (秦　娟)

2016年蒋乔街道各村(社区)基本情况

表22

| 村、社区名称 | 人口(人) | 户数(户) | 人均收入(元) | 村(社区)党总支书记 | 村(社区居)委会主任 | 联系电话 |
|---|---|---|---|---|---|---|
| 嶂山村 | 1850 | 525 | 19509 | 王其荣 | 王兴国 | 85722040 |
| 七里社区 | 1826 | 889 | 18821 | 蒋建中 | 蒋厚勤 | 80858160 |
| 严庄社区 | 512 | 218 | 16880 | 乔金城 | 张飞龙 | 85725032 |
| 乔家门社区 | 2200 | 1100 | 21569 | 李　平 | 李　平 | 85721270 |
| 蒋家门社区 | 816 | 376 | 20314 | 钟　慧 | 卢金喜 | 85727369 |
| 凤凰家园社区 | 356 | 150 | — | 裴春霞 | | 88082399 |
| 九华山庄社区 | 262 | 89 | — | 卢海琴 | | 88079749 |

(秦　娟)

## 官塘桥街道

【概况】 官塘桥街道位于镇江市南郊，是2011年7月20日由原蒋乔镇拆镇设街后成立的新街道，同时也是官塘新城开发建设的主阵地，街道办事处驻官驸路6号。该街道东毗邻镇江丁卯经济开发区，南相接丹徒新区，西北紧依南徐新城区，辖区有338省道、京沪高速铁路和沪宁城际铁路等交通干线。街道行政区域面积12.26平方公里，总户数2607户，总人口7155人，下辖官塘桥、平山、秀山三个村委会和宝平、远洋两个社区。辖区内有中学1所，小学1所，幼儿园1所，卫生院1所。

经济指标稳中有进。2016年，街道分别完成固定资产投资70亿元、工业技改投资2.28亿元、定报工业销售收入4.6亿元、实际利用外资700万美元、社会消费品零售总额11亿元、公共财政预算收入1.3亿元、R&D投入指标0.88亿元、高新技术产业产值3.1亿元、发明专利申请量75件，除个别指标确实有难度外，基本按序时完成全年指标任务。

项目建设稳步推进。完成台江软件园项目展示中心桩基，公交维修保养总站项目主体工程竣工，官塘新城配电中心项目于年底建成投入使用。总投资2亿元、建筑面积3.14万平方米的远洋学校项目完成现场土地平整和桩基进场；总投资10亿元、建筑面积25万平方米的板桥安置房四期进行主体施工；总投资17亿元的"四馆一中心"项目，已进行项目征地拆迁及项目前期工作。

征地拆迁快速高效。年内先后完成五洲山路官塘桥村孟家场组、显阳组两个地块245户、16.02万平方米的拆迁任务，完成征地66.6公顷。配合交产集团及拆迁事务所圆满完成2016年度回迁安置工作，在板桥一期安置回迁房屋1758套、17.2万平方米，共发放二次腾仓费 916.3万元。

民生实事成效明显。通过盘活资产、门面房出租、商铺返租等方式实现街道各村集体资产保值增值，村级年总收入2433万元。圆满完成夏秋两季秸秆禁烧和综合利用工作，实现“零焚烧”。按照市、区“全国卫生城市”和“全国文明城市”复审迎检的要求，重点对南山一品门面房周边和秀山美苑、农批市场等重要地点和场所定人、定岗、定责，并加强考核和监督，确保在复审迎检中不扣分、得高分。全面加大城管工作力度和提升小区物业管理水平，建立环境卫生长效机制。对官塘桥路、谷阳路及农批市场周边环境进行集中整治，共整治35次。投入资金60多万元，出动100人次，清理乱堆乱放50余处，清理小广告横幅500余处，清理建筑和生活垃圾100余吨。城管数字化平台处理案件953起。拆除违章建筑28处、6215平方米。投资100万元的秀山美苑休闲广场建成投入使用。成立远洋社区，配优配强工作人员，明确职能权限。

社会事业保障有力。积极完善社会保障体系，筹集城乡低保、养老金、尊老金等资金，确保城乡低保及时足额发放。共计发放粮食直补等各类补助资金256万元，发放现役军人优抚金25万元。街道“新农合”参保人数合计4305人，全面完成2016年度医保工作指标,切实解决村民看病难题。积极开展RTI防治工程，街道共有1200余人参检，目标人群覆盖率98%以上，推行孕前优生健康检查。组织开展了以科普宣传周、全国科普日、名医面对面、“科技、文化、卫生”三下乡、食品安全宣传周等活动16场次，受益人员4500余人。科普工作领跑全区。科普惠农兴村工作位居全市前列，宝平社区成功创建镇江市科普示范社区。结合失地农民就业难积极组织开展烘焙、网络电商等SYB创业培训班4期，培训人次180余人，转移农村剩余劳动力360余人。积极做好失地农民保障工作，全年共先后安置入库人数2420人。完成扩面拉动基金2300万元。在上年街道人社中心、官塘桥村率先建成“全市人社基层服务试点示范平台”的基础上，宝平社区也于年内9月份斩获该殊誉。

社会秩序和谐稳定。加大“平安官塘”“法治官塘”争创力度，制定工作举措和预案，狠抓矛盾纠纷排查调处，做细做实全国、省、市两会期间、G20峰会期间等重点时段信访工作。年内市、区交办重点信访案件13项，化解5项。全年受理信访事项51起，群众来信18件，区以上机关上访13批25人次，无人进京上访登记，受理事项办结率100%。积极推进综治工作三级平台建设和实施“法治惠民镇村行”工程，全力做好矛盾调处、社区矫正、刑释解教工作，深入开展“三八”妇女维权周、6·26禁毒知识宣传、法制宣传、法制培训等活动。街道和村矛盾调处中心全年共调处矛盾55件，调处率100%，调处成功率100%。答复12345政府热线165件。加强对地质灾害、动物疫情、防汛防台、食品安全、森林防火、企业安全生产等重点领域的隐患排查督查力度，及时调整防汛防台工作领导小组，落实领导带班和24小时值班制度。开展安全生产大检查6次，检查各类单位86家(次)，共查出各类违法违章问题和安全生产隐患305余处(起)，处理、处罚有严重违法问题的单位1家。

党建主体责任有效落实。全面加强党的建设，扎实推进基层党建工作，始终把“群众得实惠”作为工作的出发点和落脚点，深做“抓‘融城’、促发展、惠民生”文章，通过成立宝平社区党支部、整合资源建立“党员充电站”、搭建便民设施等方式抓牢阵地建设，在“一式两化”社区建设新模式下深入推进特色服务项目，建有“上门、预约、定点”为主要内容的“错时”公共服务新体系，并围绕“典型引路、品牌凝聚”，在各村、社区深入开展“富民党建”“安民党建”“乐民党建”和“3微党建”，党建品牌效应逐渐显现。有力有序按期圆满完成3村1社区“两委会”换届任务。深入推进“两学一做”学习教育，创新上门送学、现场教学、交流互学三种形式，深入开展“向我看齐五大行动”，更加注重“一村一特”，官塘桥村把握好“手上有动作、心中有思考、相互有交流、活动有创新、服务有提升”开展学习教育，务求“两学一做”不走样；平山村注重“学习计划充实、学习目标贴实、学习氛围厚实、学习过程务实、学习成果夯实”，实学实做，学以致用，模范我想做，先锋在身边；秀山村重点依托小候鸟课堂、乐夕阳服务队、新城帮帮团等党员志愿队伍，开展好“上门送学、帮扶捐助、党员示范”等活动；宝平社区建立微信公众号和微信群，开展“上好微党课、征求微心愿、提供微服务”的活动。积极开展好党员干部冬训、街道党工委中心组专题学习和机关干部双周三学习等活动，重点学习党章、中共十八大、十八届五中、六中全会和习总书记系列重要讲话精神。舆论宣传为街道发展鼓劲造势，在中央电视台、《人民日报》《新华日报》《镇江日报》、镇江电视台等传统媒体和人民网、视角江苏等网络媒体上录用稿件200余篇。以“幸福四季欢，和谐新官塘”作为街道广场活动品牌，积极开展系列活动。先后开展了迎新春趣味运动会、首届农民运动会、"家在润州"广场演出等活动。挖掘和放大"农耕文化"品牌效应,街道成功创建成镇江市特色文化之乡。宝平社区成功迎检镇江市基层综合性文化服务中心示范点。加大党建工作资金投入,争取各项优惠政策,推动基层党组织建设,全面提升基层干部队伍素质,增强基层组织的凝聚力,群众满意度得到明显提高。

党风廉政建设扎实推进。紧紧围绕纪检监察工作的特点和重点,认真落实"两个责任",全面提升了街道党风廉政建设水平。严格执行《关于落实党风廉政建设党委主体责任、纪委监督责任的实施办法》《建立健全惩治和预防腐败体系2013~2017年工作意见》等文件精神,制定了《2016年落实党风廉政建设责任制和惩防体系重点工作目标任务》文件。按照党风廉政建设责任制的要求,将党风廉政建设工作任务全面细化,明确职责,使各项工作具体到人,明确分工,确保了党风廉政建设各个环节有人抓、有人管。街道党工委与机关各支部、各村(居)党(总)支部、企业党支部分别签订了党风廉政建设责任状,形成了互相负责、相互监督的党风廉政建设责任制网络,促进了党风廉政建设各项任务的有效落实。坚持把党风廉政建设责任制工作与街道中心工作同研究、同部署、同落实、同检查、同考核。发挥机关作风和效能建设监督员、纪检小组、纪检委员的作用,强化了对党风廉政建设的督查指导,同时在年度考核中实施街道机关干部、村干部工作述职述廉、村党总支书记抓党建双向述职等制度,增强街道机关干部、村(居)干部廉洁意识和办事效率。推进廉政文化"六进"工程,重点做好"进机关、进农村、进企业、进学校"活动,组织农村文娱宣传队,开展廉政文艺演出。认真执行中央"八项规定"和省、市、区"十项规定",积极开展警示教育和"亮家规家训,晒家风故事""廉政故事大家讲"等廉政文化系列活动。宝平社区成功创建成市级"廉政文化示范社区"。

**【省、市统计局领导莅临街道慰问】** 2016年1月28日上午,省统计局副局长彭小年、市统计局长施章传等省、市统计局领导莅临街道慰问基层统计员,向他们致以新春的问候和祝愿。在街道统计站,彭小年与工作人员亲切交谈,了解询问统计工作环境,对该街道统计站获得镇江市2015年度"服务型统计建设最佳团队"荣誉表示祝贺,勉励街道统计员要再接再厉,继续扎实做好统计工作,提高统计资料的真实性、准确性、完整性和及时性,为统计事业的发展做出自己应有的贡献。同时希望当地党委政府进一步重视和支持统计工作,在人力、物力、财力保障上加大支持力度,为经济社会发展提供强有力的统计服务。

**【亚夫在线首届茶文化艺术节开幕】** 2016年4月11日,农联·亚夫在线携手林隐茶博园、市摄影家协会共同举办的首届茶文化艺术节暨"林隐杯"首届茶文化摄影大赛在官塘桥街道林隐茶博园开幕。开幕式上,著名历史学家、央视《百家讲坛》主讲人阎崇年先生就中国茶文化的博大精深,分别以"文、润、淡、雅"为主题进行了精彩的演讲,获得了与会者的阵阵掌声。茶文化节和摄影大赛从4月11日至30 日,为期20天,筹划了4个不同的主题周,每个主题周开放1个主题日开展主题摄影活动。

**【为失地农民举办电子商务技能培训】** 2016年8月17日,为期30天的官塘桥街道电子商务技能培训班在宝平社区结业,25名失地农民在润州中专专业老师的指导下,学习了手机淘宝网店操作、网上进出货交易、网店推介、店面装饰等电子商务技能,提升自主创业能力。培训班按照每个人的年龄、文化程度、特长等,量身定制培训计划,学员们听得津津有味。培训立足实际操作,从店铺装修、拍照技巧、交易安全、网店推广等电子商务知识、技术着手,让失地农民逐渐掌握网上开店技能,拓展创业思路与眼界。

**【趣味运动会让孩子"动起来"】** 2016年2月18日,官塘桥街道官塘桥村举办了"快乐假期"青少年趣味运动会,20多名学生在"袋鼠跳""风火轮""有轨电车""运西瓜"等趣味项目比赛中开心角逐,健康快乐迎接新学期到来。官塘桥村校外辅导员韩静自编自导的新游戏,让这些"年饱"的孩子都动起来。每年春节期间,官塘桥村都会组织一些文体活动,正月初一,村里就组织了一场新春运动会,大人、孩子各显身手,比一比、赛一赛,感受过年的热闹氛围。会后,官塘桥村工作人员给孩子们发放奖状和新华书店的读书卡作为奖品,希望能培养他们阅读的良好习惯,促进他们阳光、自信、健康成长。

**【廉政春联、年俗文化进社区】** 2016年1月28日上午,润州区文联携手区文化馆、区书画家协会和民间文艺家协会的艺术家,走进官塘桥街道宝平社区,现场为居民书写廉政春联,送福、送年俗文化。喜气的福字、大红的春联映衬着人们的笑脸,透出浓浓的年味。活动现场,4位书法家一字排开,挥毫泼墨,"去半点私心,养一身正气""柳梅放彩,猴羊争春""瑞雪纷飞迎盛世,金猴欢跃报丰年"……看着自己的春联在书法家笔下"新鲜出炉",居民喜笑颜开。一上午书法家们就送出近百副春联和"福"字。润州区文联副主席杨镇表示,在春节来临前,组织书法家书写一些廉政春联,也是让大家过一个风清气正的祥和年。(陈 玉)

**2016年官塘桥街道各村(社区)基本情况**

表23

| 村、居名称 | 面积(单位:平方公里) | 村(居)民户数(单位:户) | 总人口(单位:人) | 村(居)民人均收入(单位:元) | 党总支书记 | 主任 | 办公电话 |
|---|---|---|---|---|---|---|---|
| 平山村 | 5 | 1168 | 2946 | 23000 | 张义成 | 邱振宇 | 84522586 |
| 秀山村 | 4.5 | 760 | 2450 | 22800 | 吴志坚 | 朱明辉 | 85968270 |
| 官塘桥村 | 2.5 | 572 | 1503 | 23717 | 朱荣平 | 朱荣平 | 84510981 |
| 宝平社区 | 0.26 | 107 | 256 | —— | 徐　毅 | 赵蓝翔 | 84523580 |
| 合　计 | 12.26 | 2607 | 7155 | —— | | | |

(陈　玉)

# 宝塔路街道

**【概况】** 宝塔路街道地处镇江市润州主城区,东至古运河及丁卯桥路,南至天桥路、南山路、北府路,西至檀山路、黄山北路,北至中山西路及京口闸,总面积7.63平方公里。街道下辖11个社区居委会(含1个涉农社区)。2016年末总人口69230人,总户数25150户,是全区城市经济的核心区、项目建设的主阵地,是集商贸服务、餐饮娱乐、文化旅游于一体的镇江商业新中心所在地。

区域实力持续增强。2016年,积极应对经济下行压力,多措并举化解不利因素,经济在逆境中前行,完成一般公共预算收入4.5亿元,完成总量全区第一;实现定报工业销售11.31亿元,定报工业利税3.06亿元,完成固定资产投资61.47亿元,工业投资2.49亿元,工业技改投入1.17亿元,社会消费品零售总额83.3亿元,完成总量、增幅全区第一;产业类实际利用外资1151万美元。城际商圈入库税收、应税营业收入总量继续保持全市服务业聚集区前列。

项目建设推进有力。2016年,街道4个重点产业项目中:京沪铁路镇江站改造项目超序时完成年初任务;城际商圈二次招商盘活闲置资源近3.6万平方米,各商业主体基本实现满铺;李家山地块旧城改造项目正在走土地上市报批程序,有望上市、签约;中星城际广场项目正在完善二期土地上市条件资料。

精准服务扎实有效。占地3.8公顷,总投资10亿元的"运河·七彩城"项目已进场征收;占地1.5公顷,总投资5亿元的鸿鑫商业广场规划方案已在报批;占地6.6公顷,总投资8亿元的何家湾旧城改造项目已在办理征收令。项目建成后进一步拉动区域经济增长和效益的提升。

城管水平长效提升。街道积极推进城管"网格化"工作时效化管理、精细化操作、规范化运行。2016全年通过大城管数字平台处理案件5000余起,平均结案率达98%以上。通过加大经费投入、强化监管力度等措施,全年共清运各类垃圾600多车次,1500余吨;对车站西一村、何家湾、百盛家园等20余处卫生死角进行了大面积清理。坚持"疏堵结合、治管并举"原则,对中山西路、新马路、黄山南路等路段进行了30多次集中整治,共执法500多人次,执法用车30多台次,规范店面经营500多处,市容环境明显改善。尤其是对万达金街三个月的集中整治取得了阶段性的成果,极大地提高了万达的商业品质,提升了城市文明形象。

物业管理持续优化。街道积极应对辖区内老旧小区多,物业维修工作量大的问题,加大维修保养力度和频次,全年共接到各类维修200余起,投入维修资金40余万元。基本完成广厦新村的老小区改造和南苑新村的物业提升,改善市民的居住条件和生活环境。

拆违控违强劲有力。根据街道的实际情况,制定防违控违从严防控措施,坚持控违务实、拆违务净的原则,全年共查处违法建设252处,共拆除违法建筑 83起,面积约1400平方米(其中新生违建812.5平方米,存量违建581平方米)。

学习教育深入开展。围绕"学有实效、做有实绩"工作要求,街道党工委围绕"真学实做力改"这一主题,高标准、高质量抓好"两学一做"学习教育各项工作。《新华日报》《镇江日报》等媒体10余次报道街道实施"八个一"系列主题开局活动、组织微党课巡讲,开展"点亮微心愿、架起连心桥"志愿服务、推进"好家风好家训"建设做法;电力路、润州花园、李家大山等3个社区入选全区典型案例精选,电力路社区入选全市典型案例精选。

**【商圈党建成效显著】** 2016年,街道投入200余万元,高品质建成全市一流的城际商圈党群服务中心,广泛推行保姆式企业服务、一站式人才服务、菜单式文化服务,积极构筑"全领域服务链",全年实现新落户领军人才2人,成功入选市"金山英才"计划4人,相关做法得到省、市、区组织部门的高度认可。推行"保姆式"企业服务,选聘优秀党员干部担任企业帮办员,组建项目建设等五类"店小二"攻坚团;推行"一站式"人才服务,联合新华网镇江频道建成“互联网+”创业基地，开展“众创圆梦”创客能量站计划，累计吸引青年员工400余人次；推行“菜单式”文化服务，广泛开展“商圈文化嘉年华”和“智慧·梦、幸福·梦、奉献·梦”行动，累计开展各类文化活动80余场。

**【社区治理不断创新】** 2016年，街道在电力路片区全面推行“标准化、专业化、精细化”三化工作法。切实理顺片区中心和工作站工作清单，制定出台工作站民情走访、居民议事实务手册，全面实现大厅“一门受理”和“全职全岗”；常态化组织3S沙龙，引入10个专业社会组织参与社区治理，实施“乐活爱家”等18个社区服务项目，提供专业服务3300人次；试点建设“家在身边”定制化服务微信公众号，着力打造集政策咨询、物业维修、蔬果配送、外卖订餐等功能于一体的综合服务平台，累计提供上门政策或物业服务30余人次，推送优质蔬果、订餐信息200余条。

**【社会保障日趋完善】** 2016年，街道始终把保障和改善民生作为工作的出发点和落脚点，始终坚持以民为本，为民解困，为民服务，切实做好低保、养老服务、慈善救助、公租房等各项工作。全年新增低保38户，每月发放低保金69万元，受理困难群众临时救助110人，慈善助学25人，办理公租房申请审核136户，完成全街道700多名残疾人基本信息系统的录入登记。

**【就业创业取得实效】** 2016年，街道积极组织辖区企业开展专项招聘会，实现企业和员工互利共赢。全年共计帮扶城镇失业人员再就业908人，帮扶就业困难人员再就业169人。共扶持创业280人，引领大学生创业20人，创业带动就业1400人。实施创客能量站计划，开办各类创业技能培训6期，培训300余人，其中100多人创业成功，使创客能量站逐渐成为一个促进就业工作和创业交流及孵化的新兴平台。

**【工青妇工作再上新台阶】** 2016年，街道工会精准打造“一街一品”创新项目，全面建成万达女职工爱心小屋、商圈职工维权服务站和老刘劳模创新工作室，首次成功举办全区餐饮技能比赛；团委开展“创客之声·青春分享团”活动，累计举办创业培训40余期，为居民办理创业小额贷款达420人次，黄山社区被评为市“五四”红旗团支部；妇联成功承办全市“三八”维权周启动仪式，街道“冬日暖阳”居家养老妇女精神陪护项目，获区优秀巾帼志愿服务项目资助。

**【惠民征收有序开展】** 2016年，街道坚决把改善群众居住条件作为街道城市建设的重中之重，积极协调市级职能部门和相关投资主体，有序推进荣庆里、宝塔路横街等两批次近200户危房解危，做好罐头厂地块棚户区改造项目205户征收工作，主动对接恒顺地块、何家湾旧城改造项目征收手续办理，加快完善老城区基础设施配套。

**【社会大局持续稳定】** 2016年，街道着力建设平安宝塔、法治宝塔，街道和谐稳定局面日益巩固。加强人民调解、信访维稳工作，努力化解社会矛盾，年内以来，街道共接待群众来访28起，120人次，其中集体访2起，50余人次，阳光信访平台受理信访件46件，按期结案率100%。全年街道没有发生一起有影响的集体越级上访，没有发生一起因工作失责引发的重大信访事项。精心组织“七五”普法，推进“大普法、大治理、大宣传”格局，全面提高法治建设水平，法治满意度调查结果名列全区前茅。广泛开展“民主法治示范社区”创建活动，电力路社区被评为省级民主示范社区。

（张 旭）

**2016年宝塔路街道各社区基本情况**

表24

| 社区名称 | 总户数(户) | 总人口(人) | 党总支(党委、党支部)书记 | 主任 | 办公电话 |
|---|---|---|---|---|---|
| 黎明社区 | 2094 | 8646 | 吴爱民 | 崔正雪 | 85238837 |
| 李家大山社区 | 2981 | 7926 | 朱 晶 | 秦 瑶 | 88082514 |
| 黄山社区 | 2825 | 7062 | 徐 超 | 徐 超 | 85278928 |
| 电力路社区 | 2400 | 7080 | 许全鼎 | 许全鼎 | 85288433 |
| 广东山庄社区 | 2100 | 5600 | 李 实 | 李 实 | 85219608 |
| 同德里社区 | 1339 | 3104 | 黄 飞 | 黄 飞 | 85216522 |
| 运河社区 | 2350 | 5600 | 蔡春娟 | 蔡春娟 | 84496005 |
| 车站社区 | 2200 | 5100 | 于 敏 | 于 敏 | 85917058 |
| 凤鸣新村社区 | 2100 | 6200 | 满 化 | 满 化 | 85212983 |
| 润州花园社区 | 2249 | 6632 | 薛项雨 | 薛项雨 | 85210226 |
| 金桥社区 | 2512 | 6280 | 倪 欢 | 倪 欢 | 84419081 |

（张 旭）

# 和平路街道

**【概况】** 和平路街道环抱金山，滨水而居。街道现辖3个行政村(其中两个渔业村)、3个涉农社区和8个城市社区。陆域20平方公里，水域220平方公里，长江岸线93.56公里，常住人口6.8万人，是融市民、农民、渔民为一体的城乡结合型街道。

2016年，街道始终以中共十八大和省、市、区党代会精神，以习近平总书记视察镇江的系列重要讲话精神为指导，以“四个全面”战略布局为引领，紧紧围绕全面建设“强富美高”新和平的目标，积极适应新常态，用心履职创业绩，努力开创各项工作新局面。

攻坚克难抓经济。街道全年完成工业销售和工业利税5.6亿元、0.45亿元，占年计划的102%、105%；完成固定资产投资41.5亿元，占年计划的101.5%，完成工业投资4.03亿元，占年计划的100.8%，完成工业技改投资1.392亿元，占年计划的139.2%；完成财政预算收入任务1.2875亿元，占年计划的100.43%；完成社会消费品零售总额13.45亿元，占年计划的100.37%；完成外资任务1470万美元，占年计划的105%，创造了全区第一。

主动服务推项目。加强与东方伟业项目的沟通，有效缓解小业主群体性矛盾，继永辉超市开业后，2016年新开业新燕京饭店、明乐迪KTV、迅雷网枷等多个项目，北京明星时代影城项目春节前试营业。润康城项目有序推进，销售形势良好。由大连圣亚与文旅集团合作总投资35亿元的魔幻海洋世界项目于年内2月份正式开工，场馆建设有序推进，水上飞机项目于当年10月份进行试演，二期(江海文化基地)准备启动。

精心部署强基础。一是加强阵地建设，提升组织凝聚力。街道制定党建项目化管理的实施方案，制度化推进党建品牌建设，提升党建品牌影响力，15个村居申报党建项目共17个。金山水城社区综合服务中心年内5月份投入使用。二是强化学习管理，提升组织向心力。全面推进“两学一做”。在完成“规定动作”的同时，创新“三学”自选动作，即“每周一次推荐学”“因地制宜露天学”和“线上线下结合学”。全年，街道编印《“两学一做”学习教育简报》19期、《每周一学》30期。三是夯实队伍基础，提升组织战斗力。街道选优配强“双强”型党务后备干部、搭建后备干部锻炼平台两项队伍建设工作同步开展。通过召开青年干部座谈会、青年干部演讲比赛、纵横向交流、挂职锻炼等方式激励后备干部成长，提升青年干部综合素质。

正风肃纪促廉洁。制定《“两个责任”检查考核及责任追究暂行办法》等文件，明确相关职责，细化责任清单，建立向下传导制度，按照项目化管理的形式按序时进度扎实推进。干部廉洁性教育进一步加强，廉政党课与谈话提醒工作常态化。建立村(社区)党风廉政“三员”与纪检委员制度，倡导党风廉政向基层延伸。多次开展党风廉政专题党课，组织学习《条例》、《准则》，集体观看《永远在路上–拍蝇惩贪》纪录片等。2016年，街道开展廉政专题党课教育3次，《条例》《准则》学习6次。纪工委与街道干部以及后备干部开展谈心谈话36次，开展任前廉政谈话90次。

强化联动促宣传。2016年，街道大力做好与媒体间的沟通联络，搭建有效信息传播平台，优化宣传队伍结构，围绕街道中心工作，提前策划、提前准备，积极谋取有影响力的重点宣传项目，共同配合做好街道对外宣传工作。为提高宣传质量，进一步健全和完善工作例会制、工作通报制、活动评比制等制度，不断提升街道的综合竞争力，全年共刊登《镇江日报》头版7篇，《京江晚报》头版1篇，各类报道上百篇，村居报道数量较往年有了新的提高，有力促进了街道中心工作和重点工作，开创现代化宣传的新局面。

**【脚踏实地固民生】** 2016年，街道针对605户低保户发放低保金共415.2万元；对80位重残人士，全年发放补贴共49.6万元；享受廉租房补助188户，享受配租121户。新建金山村、桃一社区、金山社区、一泉社区4个助餐点，在街道文体中心建成老年日间照料中心1个，覆盖整个西片区的3万名老年人。依托便民服务大厅在全区率先建立了社会救助申请“一门受理”窗口，并在窗口悬挂“社会救助”标识，提升便民服务品质，受到办事群众一致好评。

**【常抓不懈求实效】** 街道城管以“网格化”管理模式为抓手，全面覆盖，突出重点，有效提高城管队伍管理的效率，防违控违有力，全年拆除新增各类违法建筑约1000平方米。结合全国卫生城市复审迎检工作，投资100万元对金山村银山河进行清淤，投资约30万元在辖区的主次干道边新划了6000余个非机动车停车位，集中精力对三茅宫周边烧烤、夜市排档等进行全面整治，对冷冻批发市场进行全面清理，在桃园入口新建景观式集中售香疏导点，改善了占道经营乱象，市容市貌明显改观，顺利通过全国卫生城市、文明城市两项复审工作。

**【强化协调推覆盖】** 2016年，街道积极推进住宅小区物业管理全覆盖工作，街道与社区点面结合，推动建立了小区业主委员会，物业费、停车费收缴得到保障，老小区物业管理水平显著提升。作为全市海绵城市试点，街道主动对接相关部门，细化工作方案，联同社区对辖区居民做好宣传和解释工作，取得居民的理解与支持，顺利完成春色江南丝竹苑、春色江南馨兰苑、北花苑、天元一品、三茅宫一区41～45幢、三茅宫二区8～15幢等六个小区海绵城市改造工作，小区面貌焕然一新，赢得居民点赞。

**【严把序时突重点】** 2016年，街道严把序时，有力推进拆迁、危房解危工作工作。金山文化园（魔幻海洋世界地块）企业搬迁全部完成，高效率完成太古山二期98户助拆工作任务。金山社区、琴园社区约230户危房改造全面扫尾。靠前指挥、强化协调，完成党代表换届、区人大代表换届、村居两委换届等阶段性工作。在集中整治黄标车工作中，街道充分利用各项资源，将111个黄标车全部清理，圆满完成任务。

**【立足阵地抓统计】** 2016年，街道统计站完成全年基本单位名录库新增单位的填表、审核和录入工作，共核实新增法人单位95家，更新了街道基本单位名录库。完成镇江市烟花爆竹规范管理调查。完成2016年人口变动抽样调查。完成一泉社区10户居民的住户一体化调查工作。完成区统计局、调查队下发的劳动力调查任务。全国第三次农业普查正在稳步推进。完成2016年辖区内45家“四上”企业的网上直报工作，上报合格率100%，直报率和直验率均为100%。

**【未雨绸缪防隐患】** 2016年，街道强化安全生产年度考核，与各村居、辖区企业单位签订安全生产综合目标管理任务书。安全生产实行“党政同责、一岗双责”，切实提高安全生产意识。在各节假日等节点，街道多次开展重大危险源排查，清除可燃物，整治和消除安全隐患，加强重点区域巡查，全力稳定形势。在街道精心组织下，顺利完成省挂牌督办的市食品公司氨改氟技术改造，彻底排除氨气泄漏的安全隐患。

**【着眼服务助创业】** 2016年，街道开展的“小平台大作为”活动，利用基层人社平台靠近居民区域优势，在滨江花城小区广场、新金江公园等地多次举办就业招聘会，进场招聘单位71家、提供岗位信息900余条、报名人数176人、当场达成意向48人。创业就业、社会保险、劳动监察等政策咨询1400余人次。发放创业扶持政策指南、省社会保障卡宣传资料等1400余份，帮助各类就业困难人员和残疾登记失业人员实现创业就业。自开展“小平台大作为”活动以来，登记城镇失业1026人，现已就业1024人，就业率99.84%；就业困难人员160人全部实现就业；帮助SYB创业培训38人、技能培训201人、扶持张弘等32人创业小额贷款650万元、帮助就业困难人员127人享受社保补贴政策。切实解决各类人员在创业就业中遇到的各种困难和阻碍，实现稳定创业就业。

**【崇尚法治促发展】** 2016年，街道按照江苏省司法“四个全覆盖”工作要求，即矛盾纠纷排查调处、公共法律服务、特殊人群服务管理、法治宣传教育全覆盖；大力实施“365工程”，以“人民满意的服务型司法行政机关”为总目标，分别实施基层基础建设推进年、达标年、深化年“三年行动计划”；实现组织体系进一步健全、基础保障进一步加强等“六项目标”；全面推进局所站一体化建设、县级司法局实战化建设等“五项建设”，坚持实战引领，夯实基层基础，全面加强司法行政基层组织建设、业务建设、队伍建设和装备设施建设。

**【防微杜渐提能力】** 2016年，街道强化培训，提高村居干部财务知识，谨防财务失职。年内对14个村居的财务人员进行了财务知识培训，进一步提高业务素质，使村居财务管理工作的制度化、规范化、科学化水平得到进一步提升。助力纪检核实村级“三资”底数，明晰产权关系，建立登记台账，健全管理制度，促进集体资金的规范管理。

**【稳步推进解矛盾】** 2016年，街道实行信访工作党政领导包案制度，相关领导主动与信访户进行沟通化解，有效化解4个信访老案。对进京、赴省信访等迅速反应、及时处置、采取措施，相关问题都在第一时间得到了控制或化解。积极开展“信访积案化解月”活动，创建了全市首批信访矛盾调处服务站，年内圆满完成了国家“两会”“G20峰会”、中央“十八届六中全会”“市、区党代会”期间的信访稳定任务。

**【综合施策攻难点】** 2016年，街道结合中央环保督查组交办的两家新疆人烧烤店整治工作，会同区公安、环保、城管、卫生等多个部门，联合施策，有效解决占道经营、露天宰杀、环境污染等问题，符合达标销号。针对征润州水源地11户码头及2户鱼塘整治工作，街道勇于担当，合力推进，综合施策，在12月底前全面完成签约工作。

（刘　伟）

## 2016年和平路街道各村、社区基本情况

表25

| 村、社区名称 | 面积（平方公里） | 总户数（户） | 总人口（人） | 村、社区党支部（总支）书记 | 村、社区主任 | 办公电话 |
|---|---|---|---|---|---|---|
| 金泉社区 | 1.8 | 853 | 1750 | 周松宝 | 张春兰 | 85516592 |
| 金山村 | 2.3 | 1262 | 3086 | 丁淑芬 | | 85517990 |
| 征润州社区 | 2 | 487 | 2005 | 李恩华 | | 85526611 |
| 金江村 | 2.5 | 223 | 1057 | 黄　静 | 张春华 | 85520703 |
| 长江村 | 0.643 | 142 | 833 | 常春平 | 常春平 | 85521070 |
| 金江社区 | 0.25 | 458 | 1403 | 刘长勇 | 刘长勇 | 85520998 |
| 三茅一社区 | 0.35 | 3608 | 11026 | 陈　君 | 陈　君 | 85609968 |
| 三茅二社区 | 0.3 | 1628 | 5732 | 金　涛 | 金　涛 | 85613293 |
| 金山社区 | 1.93 | 1712 | 4502 | 姜　丹 | 姜　丹 | 85520016 |
| 桃一社区 | 0.8 | 1528 | 3775 | 袁　强 | 袁　强 | 85529680 |
| 桃二社区 | 0.6 | 1805 | 4342 | 张　啸 | 张　啸 | 85320729 |
| 一泉社区 | 0.8 | 1610 | 4654 | 郑　列 | 郑　列 | 85529191 |
| 琴园巷社区 | 1 | 2710 | 6301 | 陈　锋 | 陈　锋 | 85627970 |
| 牌湾社区 | 0.4 | 2561 | 5162 | 孙贺敏 | 孙贺敏 | 88968308 |

（刘　伟）

# 金山街道

**【概况】** 金山街道位于市区西部，辖区范围东起黄山北路，南沿中山西路，西接中山北路，北临长江。街道辖区总面积5.16平方公里，下辖10个社区，总人口近6万人。境内街巷古老，文化底蕴深厚，坐拥千年“文脉”西津渡古街、中外友好使者赛珍珠故居以及AAAA级风景旅游景区镇江博物馆等人文景观，是全市文物遗存最集中、人文资源最丰富、文化氛围最浓厚的街区。2016年，金山街道坚持以新理念推动新发展，找准战略定位，明晰发展思路，加速发展、加快转型，不断向着“强富美高”新金山开拓奋进。

抓经济促发展，经济发展水平逆势增长。一是紧抓经济指标。对照区委区政府考核目标、国民经济和社会发展相关指标，2016年累计完成公共财政预算收入1.31亿元，完成固定资产投资37.8亿元，实现产业类实际利用外资1.2亿美元，实现R&D投入1177.3万元,新增申报高新技术企业3家；实现城镇常住居民人均可支配收入增长8.5%。二是紧抓项目建设。3个市、区重点项目总体推进良好，其中星光时代广场项目累计投资5.85亿元，售楼处及沿黄山北路商业街外装亮化工程结束、内墙砌筑完成；镇屏山文化街区项目累计投资1.95亿元，西津音乐厅、日新旅社、道台府主体结束，内装施工；雅阁酒店项目累计投资1.35亿元，酒店主体施工完成，山体整治、云台山路等配套工程建设已竣工。三是紧抓招商引资。结合自身特点和资源优势，主打楼宇招商和文化产业招商两张牌，重点招引文化创意、特色旅游、现代商贸等现代服务业项目。优化招商方式，主动与项目主体的沟通联系，全面参与、积极引导项目主体进行招商，同时派出小分队外出招商、上门请商，努力提高招商引资工作的针对性、实效性。制定和完善服务制度，切实做到每个项目一对一跟踪服务，一站式全程服务，积极营造“亲商、安商、富商”的浓厚氛围。

抓民生惠百姓，社会保障事业协调发展。一是做好精准扶贫。着力做好保障和改善民生工作，全年实现低保社会化发放1198.95万元，保障低保家庭1369户，人口2415人；享受公/廉租补贴的居民703户，年发放补贴260.2812万元；享受尊老金2928人，年发放204.23万元；享受无固定收入重残生活补贴人员69人，年发放49.1万元；优抚对象35人，年发放52万元；临时救助34人，年发放6万元。切实发挥了街道在保障困难群众基本生活中的兜底作用。二

是做好司法惠民。结合"七五"普法要求,在"税法宣传月""三八妇女维权周""3·15"消费者权益保障等法定宣传日,组织开展"法润江苏、2016春风行动"系列活动、"互联网+法治春风进社区"广场宣传等专题法制宣传活动13场,发放各类学习宣传资料5000余册。深入排查矛盾纠纷,共调处了土地征用、房屋拆迁及邻里纠纷122起,没有发生一起因调处不及时、不得当而酿成的恶性案件。三是做好就业帮扶。不断完善平台硬件设施和软件服务,开拓就业渠道,全年新增扶持创业150人,创业带动就业累计达750人次;为13名符合条件的创业企业办理初始创业补贴,累计金额2.7万元;办理创业小额担保贷款共21人次,累计金额194万元;为195名实现灵活就业的困难人员给予社会保险补贴等援助;为250余名就业困难人员开展免费技能培训,对110名有创业意愿的失业人员进行了SYB创业培训。

抓稳定保平安,城建城管综治不断提升。一是推进旧城改造。重点推进太古山片区旧城改造二期项目,征收面积14.46万平方米,1740户中已签约1557户,签约率达89%,其中檀山路北延涉及道路上的被征收户共有184户,已签约181户。大西路2号地块项目50户全部完成并交付城投,征收面积2537.9平方米。共实施7个批次的危房、空斗墙解危搬迁项目,实际入户调查总任务数301户,已签约242户。12月和平路西片区(中山北路东侧民主街片区)旧城改造正式启动。中山北路东侧民主街片区房屋征收具体范围为:运粮河以东,新河路以南,和平路以西,中山北路以北,总户数650户,共3.46万平方米,其中:居住638户,2.9万平方米,非居12户,0.56万平方米。该项目的实施为润州城市建设迈出了坚实的一步。二是推进城市管理。全年投入城管经费200万元,清理卫生死角8000多处,清理各类垃圾5000多吨,清除乱堆乱放4300余处,清除小区种菜30余处,清理楼道乱涂乱画6700平方米,维修垃圾房门窗80余个,新置更换垃圾桶280余个等。查处各处各类投诉违法建设156起,其中,拆除存量违建26起,面积379平方米。共接受日常考评案件3604条,其中重点任务56条,平均整改率98.2%,在全市城市长效管理考评中获7个优秀4个良好的成绩,并获得市城乡环卫工作先进单位。三是推进综合治理。全年集中开展矛盾纠纷和不安因素排查40余次,尤其是"全国两会""G20峰会""十八届六中全会""省党代会"等重要活动期间,加强重点人事物的排查、矛盾纠纷化解,切实做到"发现得早、化解得了、控制得好、处置得好"。着力调处各类矛盾,针对征地拆迁、赡养纠纷、违章建筑、家庭内部等方面矛盾,构建大调解、大信访的工作格局,全年街道共受理信访件63件,协调处理好53件。

抓创新树品牌,党建文化工作亮点纷呈。一是创新党建。认真开展"两学一做"学习教育,紧扣"深学、实做、力改"这个主线,迎江路中心社区"好家风家规"和太古山社区"三大平台"特色做法分别入选全市和全区典型案例精选。全力推进"双型"党支部建设工作,新申报"四星"党支部8个、"五星"党支部1个,不断增强基层党组织的凝聚力和战斗力。严肃党组织换届纪律,切实做到"九严禁"、杜绝"四大问题二十种具体情形",10家社区全部顺利完成党组织换届选举工作。二是创新宣传。丰富中心组学习载体,街道领导班子开展"强化四个意识""新时期共产党员行为规范"等专题学习讨论8次,不断提高自身理论水平和分析问题、解决问题的能力。营造良好舆论宣传氛围,全年完成市级以上媒体宣传报道670余篇,其中省级以上报道110篇。全面做好卫生城市、文明城市迎检工作,新增宣传牌1000块、海报300余张,社区宣传橱窗、宣传栏、黑板报等阵地创建内容常换常新。三是创新文化。"文化+金山"系列推动街道文化迈上新台阶,举办了"全民参会爱国卫生,共建共享清洁家园暨'街巷文化靓金山'开幕式"、追忆童年暨金山街道第九届街巷运动会、"发现魅力金山"摄影大赛等活动。利用微信APP软件,将街巷文化、古渡文化、宗教文化、红色文化等文化内涵分类整理,依托街巷剧场、迎江图书馆、文化馆等传承平台,成功打造西津渡文化小镇,绘制出金山文化地图,只需手指轻轻一点,就能了解全部内容。

**【西津古渡社区服务中心建成】** 2016年,街道经与西津渡公司协商置换,将长江路243-7号面积约1300多平方米原海关宿舍进行改造,建设西津古渡景区综合服务中心,兼具警务站、医务室、城管、工商和社区服务等多种功能,实现社区建设与景区发展有机融合,服务居民与方便游客有效统一。该项目列入了市民生改善重点项目之一,总投资超100万元,12月30日正式启用。

**【太古山旧城改造项目启动】** 2016年,太古山旧城改造项目1号地块二期总户数1740户,其中:住宅1709户,非住宅31户;总建筑面积14.46万平方米,其中:居住约12.82万平方米,非居约1.64万平方米。截至年底,已签约1552户,未签约188户。

**【和平路西片区旧城改造】** 2016年12月,和平路西片区(中山北路东侧民主街片区)旧城改造正式启动。中山北路东侧民主街片区房屋征收具体范围为:运粮河以东,新河路以南,和平路以西,中山北路以北,总户数650户,共3.46万平方米，其中：居住638户，共2.9万平方米，非居12户，共0.56万平方米。

**【启动"先锋亮绩、积分管理"新模式】** 2016年3月，市委组织部启动"先锋亮绩、积分管理"制度，引入积分管理模式，将党员管理考核量化，京畿路社区作为金山街道唯一一个试点社区，针对社区党支部现状，细化评分规则，明确将遵守《中国共产党廉洁自律准则》等党纪法规作为廉政文化建设内容列为考核标准。党员"先锋亮绩、积分管理"工作的开展是认真贯彻全面从严治党要求，坚持从严管理与有效激励相结合，将党员义务明晰化、先锋评价公开化、考核管理痕迹化，切实加强了党员队伍的日常教育管理。

**【实施"文化+金山"行动计划】** 为充分挖掘街道深厚的文化底蕴，在"十三五"开局之年率先实现"文化突围"，2016年街道实施了"文化+金山"行动，整个行动分成了四个系列"文化+民生"行动、"文化+旅游"行动、"文化+体育"行动和"文化+产业"行动。以创成"省五星工程奖"为目标，以服务群众、教育群众为出发点和落脚点，大力发展贴近实际、贴近生活、贴近群众的文化，全力助推金山文化建设迈上新台阶。

**【镇江首张"义工保单"诞生】** 2016年，金山街道从太平养老保险股份有限公司帮辖区内32名志愿者购买"义工保单"。志愿者在提供志愿服务过程中出现意外伤害，将能领取最高20多万元的意外伤害补贴。为"雷锋"交保险，这在镇江市保险历史上还是头一遭。从市保险行业协会了解到，江省内还没有类似保险项目，放眼全国也只在西安等少数地方出现过，但后来也因为缴费主体不明确等问题而夭折，像金山街道这样，由街道社区埋单的"义工保单"模式具有很强的创新性。市民政部门表示，会对"义工保单"的运行情况持续关注，及时总结经验加以推广。

**【市区首个"微型消防站"建成】** 2016年9月，经杨家门社区议事会协商，居民代表提议建一个小型消防站，充实消防器材，这样不仅能防火，即便发生小火也能开展自救。由社区出钱建"微型消防站"，这在市区是第一次。一个十平方米的小房间，房间里有两个消防带、一个电动三轮车、几瓶泡沫灭火器和十几个消防头盔，电动车被装饰成红色消防车的样子，"消防员"也不是专业人士，都是社区组织的志愿者，共有10人。他们中每天都有两到三个人定时上班，骑着"消防车"走街串巷，"电喇叭"反复提醒大家注意火灾。为了让"微型消防站"顺利运转，社区请来专业消防员开展培训，并完善了工作制度，受到居民好评。

（单维维）

**2016年金山街道各社区基本情况**

表26

| 社区名称 | 总人数（人） | 总户数（户） | 党总支（党委、党支部）书记 | 主 任 | 电 话 |
|---|---|---|---|---|---|
| 迎江路中心社区 | 9316 | 4683 | 阮庆红 | 张葛亮 | 85291392 |
| 西津古渡社区 | 4862 | 2858 | 史梅玲 | 史梅玲 | 85296871 |
| 杨家门社区 | 8028 | 3678 | 田桂芳 | 田桂芳 | 86100098 |
| 风车山社区 | 5272 | 2112 | 何永慧 | 何永慧 | 86107055 |
| 太古山社区 | 4840 | 2318 | 苏文峰 | 苏文峰 | 88081195 |
| 黑 桥社区 | 2831 | 1273 | 宋国琴 | 宋国琴 | 88081181 |
| 银山门社区 | 7878 | 3343 | 蒋菊花 | 蒋菊花 | 86100061 |
| 润州山路社区 | 4272 | 2422 | 干华锋 | 干华锋 | 88081191 |
| 红光社区 | 2199 | 441 | 卢庆荣 | 朱明德 | 88081193 |
| 京畿路社区 | 2047 | 681 | 郦玲花 | 郦玲花 | 86107031 |

（单维维）

# 韦岗街道

**【概况】** 韦岗街道地处镇江西郊，距离市中心约20公里，东北面与丹徒区高资街道相邻，西南面与句容市边城镇交界，是润州区的一块“飞地”。街道属丘陵山区地形，地势平缓、地质较硬、地耐力较强，土质以黏土为主，丘陵、农田、水面各占三分之一。街道交通便利，243省道、新改线的312国道、110县道（石韦路）穿街而过，沪宁铁路、沪宁高速公路毗邻。街道下辖1个村、17个村民小组，共有农户834户、农业人口1911人，2016年底户籍总人口4803人。街道占地12.6平方公里，其中耕地174.4公顷，建设用地（含村民宅基地等）57.6公顷，山地129.4公顷，水面34.9公顷，可利用土地约232.1公顷，有77.6公顷建设用地被市交投收储用于融资。境内高骊山、十里长山、东家庄水库、燕子窝水库等山林资源丰富，处于原始状态、尚未开发，大部分地区植被覆盖良好。辖区内韦岗温泉为镇江独一无二的纯天然“氡锶复合泉”，被中国地热开发管理委员会评价为“医疗热矿泉”，含有30多种有益人体的元素，具有独特的医疗价值，日涌水量达3000吨，水温恒定在49℃，温泉年客流量12万人次。

2016年，是“十三五”规划的开启元年，也是韦岗街道各项工作的关键之年。在区委、区政府的坚强领导下，街道党工委、办事处认真贯彻落实中共十八届三中、四中、五中、六中全会精神和习近平总书记系列重要讲话，抢抓机遇、克难奋进，街道经济社会、民生事业、党的建设等方面协调发展，收获不俗，为地区生态环境综合整治、产业转型发展和镇江特色高新区建设做出积极贡献。

一是经济实力稳中有升。街道上下紧紧围绕年初下达的各项指标任务，克难奋进，保证重点经济指标维持稳定。2016年公共财税预算收入0.41亿元，占年度计划的101.3%；固定资产投资6.50亿元，占年度计划的130%；社会零售总额0.71亿元，占年度计划的101.4%；外贸进出口总额3500亿元，占年度计划的100.6%；R&D投入0.30亿元，占年计划150%；完成发明专利35件，占年度计划的116.67%；工业固定资产抵扣税170万元，占年度计划的170%；应税销售收入7.74亿元，占年度计划的91.1%；工业销售收入6.44亿元，占年计划的80.5%；验资外资完成100万美元，占年度计划的16.7%。

二是街道环境焕然一新。创卫复审集中行动以来，共投入100多万元开展各类环境人居整治，清除露天粪缸458个，清除旱厕108个，清理排水沟400多米，拆除存量违建1000多平方米，维修道路和墙体出新6000 平方米。对村韦岗一、二组道路破损路面进行修复重建，并对道路一侧坑洼路面用混凝土改造成停车场。对辖区内3个公共旱厕进行改造。疏通临时菜场周边下水管道和坑洼路面，投入6000元沿街投放20多个垃圾桶，改造100多个垃圾箱门，实施全封闭管理。

三是民生事业全面推进。认真开展卫生城市迎复检工作，投入10多万元组织各村民小组进行大扫除。仔细做好血防工作五年检查，积极开展查螺和人群血吸虫查病工作。积极全面推进土地确权及水利工作。城乡低保、“五保”供养、新农合等救助机制基本健全、运作良好。一年两季的秸秆实现“零焚烧”。

四是社会管理扎实有序。强化信访工作领导责任制，完善“街村组”三级维稳防控网络。全国各级“两会”、G20峰会、十八届六中全会期间街道无一人赴省、赴浙、进京上访，无重大有影响群体性事件发生，信访维稳态势良好，稳定局面全区领先。安全生产、城建城管、征兵等工作有序推进，12345热线、市长信箱、网上论坛等来件投诉做到有问必答、依法处置。

五是党建工作扎实推进。严格落实党建工作责任制，规范党内生活制度，严格执行“三会一课”制度，继续推进“双型”先进党支部创建，积极指导非公有制企业党建工作。扎实开展两学一做学习教育活动，出台《韦岗街道“两学一做”督导挂钩联系点制度》。试点韦岗街道晨读制度，在职所有党政领导机关工作人员全部走上讲台，全年开展晨读40余次。务实推进韦岗村委会综合服务中心工程书记项目，科学合理进行功能设置，主体工程部分已结束。

六是从严治党扎实有序。严格执行民主集中制，建立健全了公众参与、专家论证和政府决定相结合的行政决策机制，强化人大监督、专门监督、社会监督，确保自觉遵纪守法、依法行政。严守“两项法规”底线，严格执行八项规定以及各项财经纪律。认真开展纪检督察工作，切实履行好“一岗双责”，深入开展“学习党章党规”等7个专题学习讨论，在村两委换届、事业编招选等关键环节严把纪检关口。

**【夏锦文书记到韦岗调研】** 2016年7月，市委书记夏锦文到润州区韦岗街道调研生态文明与环境整治情况。夏锦文详细视察了韦岗地区关停、搬迁污染企业情况，对街道迅速贯彻整治要求、坚决采取关停措施表示肯定。同时要求把生态保护作为守土有责的应尽之责，实行环境问题“零容忍”，坚决打好环境整治攻坚战。

**【243省道施工拆迁】** 2016年，街道配合243省道改造工程，协助做好省道施工韦岗段拆迁。此次拆

迁共涉及群众40多户，到年底拆迁工作进入尾声。下一步将根据既定时间节点的部署要求完成剩余的拆迁工作。

【土地承包经营权确权登记颁证】 2016年，街道认真做好农村土地承包经营确权登记颁证工作，年内剩余9个组（包括燕子窝）已完成土地确权指界，进行示意图公示，并打印土地确权图交给村民签字确认，工作顺利进入收官阶段。

【小流域治理】 2016年，街道加强辖区内小流域治理，燕子窝泄洪道施工结束，船山河清淤工程大部分完成，东古河清淤工程开始，韦岗村与相关人员就经济林合作意向达成一致，成立新公司管理经济林事项。

【基层换届选举】 2016年，街道积极做好基层换届选举工作。根据上级有关文件要求，做好前期各项排查审计和纪律宣传工作，通过“两推一选”的方式，选举产生了新一届的韦岗村党总支委员会。

【韦岗村服务中心工程项目建设】 2016年，街道新建的韦岗村委会综合服务中心位于韦岗街道文体活动中心旁，为一幢主体二层楼的建筑，属于土建三类工程，总面积为673平方米。4月开始筹建，8月正式开工，年底工程主体部分竣工。

【“两学一做”学习教育活动】 2016年，街道积极抓好专题学习教育，开展党课学习教育，试点韦岗街道晨读制度，编印了近8000元晨读辅导材料，开展“我心中的‘两学一做’青年党员座谈”“党员微故事”评选、“青年干部谈家训，廉洁自律树家风”演讲比赛等主题教育活动，学习教育成效明显。

（于青林）

## 南山街道

【概况】 南山街道，管辖范围东至沪宁铁路线，转谷阳路、官塘桥路、环山路，南与丹徒区接壤，西到九华山路，北接南徐大道、转至南山路、林隐路，总面积约16.18平方公里。下辖五凤口社区、鹤林社区、檀山社区、回龙社区、黄鹤山社区和回龙山水库管理所，有32个自然村，36个居民小组，总人口1.37万人。党工委下辖13个党支部，421名党员。

2016年，街道以中央、省、市、区委全会精神和习近平系列重要讲话为指导，围绕“强富美高”新润州建设大局，以“生态南山，融城共享”为总基调，认真落实区委、区政府各项工作部署，凝心聚力，克难攻坚，各项事业稳步提升。

转型街道显亮点。2016年南山迎来了一个新的身份，4月29日，市政府批复润州区设立南山街道；5月17日，润州区正式行文设立南山街道党工委、办事处，6月6日正式挂牌。面对新的考验，街道上下齐心协力，锐意进取，保证工作有序开展。街道工作稳扎稳打有保障。针对街道内人员划转双轨并存、机构组织不健全、历史遗留问题复杂等困难，街道班子不遗余力，加快落实街道组建工作，同相关部门对接，力争早日把“三定”方案定到位、人员编制定到位、相关人员配到位，建立健全街道运行机制，完善街道内设机构。社区工作凤舞南山创特色。五凤口社区与街道共同被列为党建红色视觉形象体系试点单位，被评为“全国综合减灾示范社区”，承办镇江市2016年“防灾减灾宣传周”的启动仪式；自筹数百万元对八公洞、陈家湾、张家湾、观音山等村组主干道进行道路拓宽。黄鹤山社区在辖区范围开展地质灾害隐患点排查，发现光学仪器厂宿舍石坝墙存在安全隐患，及时协调市国土地质灾害专业部门对现场进行监测，同时制定危房解危工作方案。

党建工作谋新篇。坚持以党建工作为重心，以“两学一做”学习教育开展为契机，以“融入新天地，出彩新南山”为目标，攻坚克难，实现从“适应”到“引领”的转变，开创党建工作新局面。一是打造品牌党建。以五凤口社区“五凤朝阳”为党建品牌建设的领头羊，打造“法治型、服务型”双型党支部，五凤口社区第一党支部创成五星级党支部，檀山、回龙创成四星级党支部，全面创建融城化党建品牌，引领南山涉农社区管理的粗放式向精细化转型。二是加快阵地建设。全面整合资源，因地制宜、循序渐进逐步规范各基层社区的综合服务中心建设，完善五凤口社区“一站式”服务大厅内置平台功能，加快檀山、鹤林、黄鹤山、回龙社区党建平台硬件配套设施建设，确保党建工作有形落地。三是推进特色活动。秉承“以学为先、以做为本、以改为根”的理念，创新开展“慎言、敏行、即改”主题实践活动，正“三风”改“三性”，做到规定不遗漏，自选动作创特色。党工委班子成员、社区党组织书记到基层支部讲专题党课15场次；开设初心大讲堂；各支部累计开展集中学习120次，开展集中讨论30次，现场教育5次，党员综合参与率超过80%。同时借鉴市、区委“两学一做”经验做法，吸纳各基层党组织学习教育典型案例，编印成册，借鉴交流。为贯彻市第七次党代会精神，落实区补短板工作推进会要求，街道召开“精准补短板，出彩新南山”两学一做暨补短板推进会及“真学实干，见效出彩”对标会，明确南山“新征程”，把握发展“风向标”，盯紧前行“记录仪”。四是顺利完成党组织换届。配优基层党组织领导班子，2016年社区党组织换届共选出支部委员22人，平均年龄44岁,新进班子8人,配足女干部、专职党务副书记。五是立足对外宣传。共计在《镇江日报》《京江晚报》、新华网等媒体上刊登报道60余篇,街道司法矫正工作做到“月月见报道”。8月份承办南山街道杯“公益跑、慈善行”活动,大力推介南山街道。六是落实党风廉政建设。把党风廉政建设纳入党工委重点工作,制定下发《关于印发〈2016年度落实党风廉政建设“两个责任”的责任清单〉的通知》,明确党工委主体责任清单51条和纪工委监督责任清单43条,监督党工委主要负责人履行党风廉政建设“第一责任人”责任,班子其他成员履行“一岗双责”责任。深入开展党纪法规教育,学习党章、《中国共产党廉洁自律准则》《中国共产党纪律处分条例》及中央关于严格党内生活的有关规定等,通报学习《让顶风“吃喝”者咽下问责苦酒——衡山县11名领导干部换届考察期间违规聚餐案件 》,组织集中观看《贪腐之殇》《润州区征地拆迁领域违纪违法案件警示录 》《镜鉴—衡阳、南充违反换届纪律案件警示录》、换届“九严禁”等警示教育片。

经济发展有作为。以“适应新形势,抢抓新机遇,再上新水平”为发展总要求,通力合作;以“重大项目快推进、主要指标争升位、特色亮点促转型”为主要思路,保质保量。一是经济指标达序时。为了实现零的突破,对辖区企业多次深度摸排、对税源潜力一挖再挖,狠抓重点经济指标。辖区范围内共有企业162家,新增企业56家。2016年地区生产总值2.1亿元,超额完成年度计划;按时完成2亿元固定资产投资总计划;400万元公共财政收入;增值税收入完成50万元。二是重点项目稳步建。辖区内萌可可中国少儿文化部落项目是2016年润州区亿元以上重点产业项目,各功能场馆已经开始室内装修阶段,其他各分项目正在按目标计划逐步推进;南山体育旅游基地项目球场建设方面两块球场的清表工作已经完成,年底两块球场开始施工;鹤林烟雨城建项目被列入市重点项目,一期投资7亿元,鹤林寺的基础修复已经完工,完成黄鹤山路道路提升工程改造。三是产业发展明方向。着眼自身“3万产业楼资产、1.6亿元村组资金、一山水土资源”,以“大力发展电子商务、休闲体育、生态观光等现代服务业”为产业定位。成立“五凤口乡情商会”,依托其建立招商引资的载体,引进龙道电商、南山体育旅游发展有限公司、电子竞技协会等商户;开展电商培训,加强与南山农艺园、茶林研究所的联系,引导八公洞发展庭院农家乐。

维稳工作不放松。始终将稳定工作作为南山工作的重中之重,“防非、防违、防灾”工作开展有举措、有实效,在全区有影响力。一是全力以赴稳信访。严格执行信访积案领导包案制度,制定应急预案。2016年化解重点个访对象3户4人,集访群众11户,成功化解初访6户;在中央领导来镇视察、全国“两会”等敏感时期,成功劝阻赴京群访2次,市党代会、区党代会期间零上访;招隐花苑群访户12户接受了调剂安置并得到妥善处理。有效化解了南山北出入口116户国有土地安置群访,199户集体土地集访,矛盾化解率达90%。二是防违控违“零容忍”。防违治违长抓不懈,广泛开展“零违建”社区创建活动,街道与社区联动、集中力量、统一行动,通过强拆、助拆、自拆等形式,共接到违法建设举报150个,共调查违法建设案件4宗,违法建设面积300平方米,累计开展各类拆违行动4次,拆除违法建设4户,面积300平方米。三是防灾减灾冲在前。五凤口社区科学选址设立4个应急避难场所,可保证2000多人集中避难。对八公洞“死灰复燃”的烧烤点进行集中整治,一周内,有证经营整改到位,无证经营全部取缔。夏季全员出动做好防涝工作,合理安排防汛值班,实时监察气象动态,做好防救措施,回龙山水库重点做好预防工作,安全度过汛期。

城建城管勇亮剑。按照“长效管理提升年”的要求,以打造优美、和谐、宜居的城市市容环境为目标,城建城管工作运作正常、效果明显。一是专业队伍狠抓整改。成立制度规范化、建设规范化、职责规范化的专业城管队伍,对辖区范围内卫生死角、积存垃圾、市政设施使用、环境卫生、城市“六乱”等进行专项普查,完成了对林隐路菜场、高家门、吕家湾、八公洞、栗子山公墓周边等市容环境治理,投入人力300余人次、资金 30余万元;五凤口社区完成八公洞等6个村组的村庄外部环境整治活动,并投入资金约250万元对周家河上游水系——二七河进行整治;秸秆禁烧工作中街道建立组织网格,各社区加强宣传和日常巡逻,檀山社区将秸秆集中堆放的方法得到了区环保局的肯定;区下达街道黄标车淘汰报废任务共66辆,已完成66辆,完成率100%。二是创卫复检完美收官。在国家卫生城市复审迎检工作中,街道以“生态卫生新南山,融城共享添光彩”为主题,着眼于国家卫生城市标准,集中力量解决主要问题,共出动人员1259余人次,资金约113万元,清除辖区内各社区卫生死角169处,清除各类垃圾和杂物3490吨,清除辖区旱厕61个,露天粪坑269个,新建、复建垃圾箱55个,清理各类小广告520余处,取缔违章搭建、占道经营13处。针对原林隐路(城市)社区管辖范围的环境卫生管理问题,在新的城市社区没有成立之前委托鹤林社区临时清运。并委托对违章村脏、乱、差现象进行环境整治,确保在创卫工作中不拖后腿,不失分、得高分。三是征地拆迁有序进行。太古山二期征收工作顺利开展,在规定时间实现了既定目标。5月底,檀山社区顺利完成了万科南地块剩余50户的回迁安置,涉及安置房70余套。7月以来,街道同期组织和实施了四个项目的危房搬迁工作分别为林隐路10号鹤林寺大殿(宗教和文保单位的危房搬迁)、林隐路10号鹤林寺附属房(2009年青山绿水项目钉子户的房屋搬迁)、光学仪器厂宿舍17户、镇江水泥厂宿舍15户。目前3个项目已基本结束,后续审计和补偿兑付工作正在进行,镇江水泥厂宿舍进度过半,项目推进速度受到区住建局领导的较高评价,初步树立了危房搬迁工作的南山品牌,也弥补了南山街道危房搬迁零经验的短板。

社会事务出实效。民生工作探索"精准",着力消除工作中的缝隙,提升为民服务的整体水平。一是民生保障兜底线。重视民生工程,严格审查并及时更新民生事务。2016年,街道共有158户家庭享受最低生活保障,发放低保金116.7万元;清退低保家庭3户,减少保障人口5户,核减保障金8户。二是"一对一"精准扶贫。街道开展"慈善一日捐"共募集慈善捐款8万余元;帮助6名学子圆梦校园,为7户重大疾病困难家庭发放临时救助金1.2万元;帮助1名残疾学生入住残疾托养中心并推荐就业,为1名肢体残疾人申请免费更换假肢,向12名无固定收入重度残疾人、一户多残和依老养残特殊困难残疾人发放生活补贴累计7余万元。三是服务理念适应"新常态"。将街道和社区"一站式"平台资源整合、信息共享,"短、平、快"开展各项服务,为居民办事创造更多的便捷。四是劳动保障促就业。2016年,街道新增就业143人,"4050"人员等困难群体帮扶13人,灵活就业社保补贴14人、通过创业贷款1人。对11名高校毕业生开展就业状况调查和跟踪服务。开办SYB培训,宣传创业优惠政策,进行创业扶持。组织100名城乡劳动者开办了电工维修、卫生保洁培训班,为劳动者再就业提供技术、技能支持。

**【市政府批复设立南山街道】** 2016年南山迎来了一个新的身份,站在了一个新的起点。4月29日,市政府批复润州区设立南山街道;5月17日,润州区正式行文设立南山街道党工委、办事处,6月6日正式对外挂牌。

**【创建融城化党建品牌】** 2016年,南山街道以五凤口社区"五凤朝阳"为党建品牌建设的领头羊,打造"法治型、服务型"双型党支部,五凤口社区第一党支部创成五星级党支部,檀山、回龙创成四星级党支部,全面创建融城化党建品牌。

**【重点项目稳步推进】** 2016年,辖区内萌可可中国少儿文化部落项目是润州区亿元以上重点产业项目,各功能场馆已经开始室内装修阶段,其他各分项目正在按目标计划逐步推进;南山体育旅游基地项目球场建设方面两块球场的清表工作完成,年底两块球场开始施工;鹤林烟雨城建项目被列入市重点项目,一期投资7亿元,鹤林寺的基础修复已经完工,完成黄鹤山路道路提升工程改造。

**【社区工作创中带实】** 2016年,五凤口社区与街道共同被列为党建红色视觉形象体系试点单位;被评为"全国综合减灾示范社区",承办镇江市2016年"防灾减灾宣传周"的启动仪式;自筹数百万元对八公洞、陈家湾、张家湾、观音山等村组主干道进行道路拓宽。

**【防违控违"零容忍"】** 2016年,街道防违治违长抓不懈,广泛开展"零违建"社区创建活动,年内以来,街道与社区联动、集中力量、统一行动,通过强拆、助拆、自拆等形式,共接到违法建设举报150个,共调查违法建设案件4宗,违法建设面积300平方米,累计开展各类拆违行动4次,拆除违法建设4户,面积300平方米。

**【创卫复检完美收官】** 2016年,街道在国家卫生城市复审迎检工作中,以"生态卫生新南山,融城共享添光彩"为主题,着眼于国家卫生城市标准,集中力量解决主要问题,共出动人员1259余人次,资金约113万元,清除辖区内各社区卫生死角169处,清除各类垃圾和杂物3490吨,清除辖区旱厕61个,露天粪坑269个,新建、复建垃圾箱55个,清理各类小广告520余处,取缔违章搭建、占道经营13处。

**【民生保障兜底线】** 2016年,街道重视民生工程,严格审查并及时更新民生事务。街道共有158户家庭享受最低生活保障,发放低保金116.7万元;清退低保家庭3户,减少保障人口5户,核减保障金8户。

**【"一对一"精准扶贫】** 2016年,街道开展"慈善一日捐"共募集慈善捐款8万余元;帮助6名学子圆梦校园,为7户重大疾病困难家庭发放临时救助金1.2万元;帮助1名残疾学生入住残疾托养中心并推荐就业,为1名肢体残疾人申请免费更换假肢,向12名无固定收入重度残疾人、一户多残和依老养残特殊困难残疾人发放生活补贴累计7余万元。

**【劳动保障促就业】** 2016年,街道新增就业143人,"4050"人员等困难群体帮扶13人,灵活就业社保补贴14人、通过创业贷款1人。对11名高校毕业生开展就业状况调查和跟踪服务。开办SYB培训,宣传创业优惠政策,进行创业扶持。组织100名城乡劳动者开办了电工维修、卫生保洁培训班,为劳动者再就业提供技术、技能支

2016年南山街道各村、社区基本情况

表27

| 社区名称 | 面积（平方公里） | 总户数（户） | 总人口（人） | 社区党支部（总支）书记 | 社区主任 |
|---|---|---|---|---|---|
| 五凤口社区 | 2.7 | 816 | 3374 | 杨 斌 | 孙正斌 |
| 鹤林社区 | 1.5 | 451 | 1478 | 周玉宝 | 张海明 |
| 檀山社区 | 0.44 | 450 | 1250 | 刘立新 | 汪晓祥 |
| 回龙社区 | 3.5 | 351 | 1400 | 鲍荣根 | 王裕平 |
| 黄鹤山社区 | 3 | 1245 | 3660 | 郑 仙 | 郑 仙 |

（李蒙飞）

持。（李蒙飞）

## 镇江市黄山园艺场

**【概况】** 镇江市黄山园艺场又名镇江市金黄实业总公司，位于镇江市南山路33号。下辖企业中年销售额1亿元以上企业2家，外贸出口企业3家。

2016年，在区委、区政府的领导下，按照区委、区政府的工作要求，紧紧围绕全年目标任务，以习总书记一系列重要讲话精神为统领，咬定目标不放松，发扬团结、民主、勤廉、奋进的黄山精神，坚持稳定、发展不动摇，围绕工作重点，积极做好各项工作，实现工业销售4.07亿元，实现利税6089万元。

全面推进现有资产的整治清理工作。与市、区商务局、市交通投资公司进行多次交涉，要求对南山菜场尽快实施搬迁，同时集中全部精力对地块上的租赁房屋进行全面清退。

积极参与文明城市创建工作。与天桥社区结对，每逢天桥社区安排任务，全场干部职工都能以志愿者身份积极参加创建活动。黄山小区是场多年前主导开发的老小区，由于设施不配套、小区未封闭、物业跟不上等原因而成为全市为数不多的失管小区，为了能够通过复检，主动配合天和星城社区对小区的道路、绿化、环境卫生实施了维修改造，赢得了居民的认可。与此同时，还加强了对场部承租户的清理与管理，落实门前三包责任制。

“两学一做”学习教育深入开展。按照市、区“两学一做”学习教育领导小组的工作要求，领导干部带头，全体党员积极参与“两学一做”学习教育。场党委及下辖的每个支部积极组织开展学习教育，每名党员积极参加学习教育，真正做到把党的思想政治建设抓在日常、严在经常，把全面从严治党的要求落实到每个党支部、落实到每名党员。

加强党风廉政建设，深入推进党风廉政责任制。强化反腐倡廉宣传教育，促进领导干部廉洁自律。年初党委召开专题研究会，下发党风廉政建设责任制及检查考核等相关文件，严格执行廉洁自律各项规定。充分发挥教育在反腐倡廉中的基础性作用，帮助党员干部筑牢思想防线，健全完善拒腐防变教育的长效机制。坚持以领导干部为重点，组织开展“勤政廉政”“立家规树家风”主题教育活动，突出理想信念教育、权力观教育和党纪国法教育，引导党员干部坚持党性原则，讲操守、重品行、树正气。积极改进宣传教育方式方法，完善反腐倡廉宣传教育工作格局，努力将反腐倡廉教育同职业道德、社会公德、家庭美德和个人品德教育结合起来，增强宣传教育的针对性和有效性。坚持教育与管理相结合，加强对领导干部廉洁自律情况的监督检查。认真贯彻中纪委《若干规定》，严格禁止党员干部利用职务上的便利为本人和特定关系人谋取不正当利益，进一步规范领导干部廉洁从政行为。

加强信访工作，切实维护群众利益，推动和谐社会建设。坚持领导干部接访和下访制度，做好“大接访”活动，加强信访信息资源的分析运用，加大信访处理力度，建立健全矛盾纠纷排查化解长效机制，进一步完善疑难复杂信访问题的解决机制。坚持以人为本、关注民生，着力解决损害群众的突出问题，按照标本兼治、纠建并举的要求，建立健全防治不正之风的长效机制。高度重视群众信访举报工作。不断完善信访工作大格局，加强对与群众利益密切相关的信访问题的督查督办，帮助群众解决实际问题。同时认真开展巡回接访工作，设立流动举报信箱，拓宽信访监督渠道，维护社会和谐稳定。

（赵庆华）

## 镇江市水产养殖试验场

**【概况】** 镇江市水产养殖试验场位于镇江市南徐路9号，与百年学府镇江中学相邻，下辖5家企业，其中：国有企业2家，改制民营企业3家。

2016年，该场坚持以中共十八大和十八届五中、六中全会精神为指导，认真开展“两学一做”学习教育活动，紧紧围绕区委、区政府提出的总体目标和要求，统筹推进“五城共建”，咬定目标，攻坚克难，开拓进取，不断创新，各项工作取得了明显成效。

盘活资产，挖掘潜力，确保资产保值增值。一是努力盘活现有资产，增加企业收入，确保资产保值增值。二是对江南开发剩余尾房进行清查处理，确保资产不闲置。三是完成对长江厂等单位调研工作，并针对存在的问题，及时做出重大决策部署。四是积极协调办理“富润华庭”剩余安置房源上市相关手续，努力盘活资产。五是注重开源节流，尽量减少不必要的开支。

妥善应对，化解矛盾，始终确保和谐稳定。着力在化解信访个案上下功夫，确保信访矛盾可控、可防。加大对困难职工的帮扶面和帮扶力度，努力减轻困难职工家庭的生活压力。始终把维护稳定作为首要任务，突出“事要解决”这个核心，深入基层，排查矛盾，做到在第一时间人员、措施、保障“三到位”，把维护和谐稳定的各项工作落到实处，最大限度增加和谐因素，减少不和谐因素。

从实从严，争当表率，认真践行学习要求。重点围绕“党要管党，从严治党”要求，认真组织开展好“两学一做”学习教育活动各个环节的工作，确保学习教育入脑入心，思想基础越夯越实，规矩意识越来越强，党员形象越亮越明。积极开展帮扶慰问等工作，按照区委的有关部署和要求，“七一”前后，先后与街道、社区困难群体开展帮扶对接，累计投入帮扶慰问款物合计金额近7000元。 （桑绍彪）

## 润州茶叶良种场

【概况】 润州茶叶良种场属国有场圃，地处官塘桥街道境内，西与丹徒区交接，距沪宁高速公路镇江出口和312国道及镇南立交桥约4000米。拥有国有土地66公顷，其中茶园26.6公顷。2016年年末，有职工120名，其中在职25名、退休工人95名。茶场生产的“丹茗”牌“三山香茗”绿茶曾获得丹徒区陆羽杯名优绿茶评比金奖，茶色清纯、香气宜人，多年来一直受到广大消费者好评。

2016年，茶场改善办公环境，对茶场周边环境进行了整治，新建20多个垃圾箱，派专人进行管理和清理，并对道路进行了翻新，路侧进行了绿化。在开春茶叶采摘季节，一如既往积极做好职工的后勤服务，定期指导职工治茶，并定期发放指导说明书，对于在茶叶销售上的确有实际困难的职工，茶场积极帮助其销售茶叶，共计400余公斤，在一定程度上既解决了职工的实际困难，也维护了茶场的稳定。

2016年，茶场继续积极做好职工服务工作：一是严抓质量关，保障茶场出去的每克茶叶都是精挑细选的优质绿茶，塑造优秀的企业品牌。二是继续努力保障职工“两金”到位，做到职工有生活保障，有病能就医，到年龄能办理退休，使职工能安享晚年。三是一如既往积极为职工做好茶叶相关的技术和销售服务，进一步提升绿茶品质。 （茶 场）

## 润州工业园区

【概况】 2016年，润州工业园区深入贯彻中共十八大、十八届三中、四中、五中、六中全会和习近平总书记系列重要讲话特别是视察江苏重要讲话精神，全面落实区委、区政府决策部署，自觉践行“五位一体”总体布局、“四个全面”战略布局和“五大发展”理念，以项目建设招商引资为重心，以科技引领创新驱动为抓手，以创优环境强化服务为保障，奋力开创苏南国家自主创新示范区建设的“润州实践”，实现了“十三五”经济社会发展各项事业的良好开局。

强产业、提形象，加快打造创新型特色园区。面对宏观环境下行的不利局面，始终把握稳中奋进总基调，积极适应经济发展新常态，获批江苏省高端装备制造业示范产业基地，打造“全国领先的船舶及海工关键配套产业集群”的目标更进一步。

一是经济质效稳步攀升。全年完成地区生产总值58亿元，同比增长9%；定报工业销售77.23亿元，同比增长13.59%；定报工业利税6.34亿元，同比增长14.23%；工业应税销售45亿元，同比增长6.89%；固定资产投资81亿元，同比增长19.07%；工业投资60.1亿元，同比增长21.50%；社会消费品零售额29.5亿元，同比增长14.08%；公共财政预算收入27000万元，同比增长8%。

二是项目建设推进有力。视项目建设为经济发展“生命线”，年内列入市、区重点的项目中：中船船舶与海工配套产业园的动力集成产业化项目钢结构厂房封顶，中船日立搬迁项目钢结构厂房封顶、生产服务楼竣工；中能建电力设备的五层办公楼和三层后勤服务中心封顶，4万平方米钢结构联合厂房进场吊装；美佳高速电梯的5层、2.7万平方米的电器厂房和27层、1.2万平方米电梯试验塔竣工，2万平方米的二接跨厂房封顶；惠龙港电子商务平台的内港池5600平方米仓库竣工；四洋柴油机的办公楼封顶，厂房桩基开挖；“亚夫在线”农业电子商务平台全面上线运营，年营业额突破千万。此外，总投资30.6亿元的中船海洋装备电气产业园于4月6日签约，总投资12亿元的五洲创智产业园于5月31日签约。

三是科技创新活力迸发。注重内涵提升，大力实施创新驱动战略，创新主体的作用得到充分激发：惠龙易通获批首批国家级“物流示范园区”，金山物流园获批省级“众创空间”，中船动力获省科技成果转化项目立项，园区企业承担省、市科技项目获批专项资金总计2143万元；全年新增国家高新技术企业5家，完成全社会R&D投入3.3亿元，申请发明专利160件，引进省“双创计划”2名、市“金山英才计划”3名；赴东北、武汉、成都、重庆高校开展科技人才招商，与黑龙江大学签订全面战略合作协议，法国巴黎第十大学、俄罗斯新西伯利亚国立大学、黑龙江大学等高校来园区考察交流，为下一步开展国际合作奠定良好基础。

四是闲置资源有效盘活。摸排辖区闲置资源，运用招商引资平台进行盘活，不断提升土地资源优化配置和建设用地集约利用水平，其中：中煤电子6.3万平方米厂房利用率显著提升，中煤电子公司整体迁入，大学科技园全面开园，已入驻中小型科技企业、高校科研院所、中介服务机构、创客团队40余家；707制药2万平方米厂房多渠道招商发布，加快打造医药科技创业园；广庆电子3万平方米厂房引进12家小微企业；大通重工引进吉林城投集团实施资产重组，恢复生产。

五是民生和谐持续巩固。积极稳妥处置拆迁安置等历史遗留问题，富润华庭五期安置房实现封顶，安置房房产证加紧办理，鲇鱼套北地块集体土地拆迁进入扫尾阶段；高水平建成“润州区劳动人事争议仲裁院工业园区巡回仲裁庭”暨“润州工业园区劳动监察流动服务站”，调解率100%，受到企业、职工广泛欢迎；认真落实信访“包案”制，因人施策、一案一策，持续加大积案攻坚力度，全年敏感节点没有发生进京非访；企业生产平稳有序，全年没有发生有重大影响的安全生产责任事故。

强基础、提作风，党的建设不断加强。以“两学一做”学习教育统揽全年党建工作，突出抓好党风廉政建设，积极开展“双型”党组织建设，推进基层党建工作再上新台阶。

一是狠抓“党风廉政”，履行两个责任。把全面从严治党摆在最为关键的位置，始终把纪律和规矩挺在前面，坚持惩防并举、注重预防的工作方针，为园区完成各项目标任务提供坚实的作风和效能保证。成立党风廉政建设领导小组，形成“一把手负总责，分管领导各负其责，班子成员齐抓共管”的领导体制；党工委书记作为党风廉政建设第一责任人，年初与班子成员和村(社区)“一把手”签订党风廉政建设责任书，严格实行“一岗双责”；认真落实党工委议事规则，按照议事决策、决策执行、监督问责“三权分立”的运行机制，确保各项工作依法依规、安全高效开展。加强纪检监察组织建设，增设党群工作部，配备专职纪检书记、党群部部长和纪检干事，大力支持和保障纪工委开展工作；坚决遏止“四风”，针对传统节假日违规接受吃请和请吃、收送礼金礼品等行为实行节前告诫提醒、节中暗访督查、节后上报情况；促进效能提升，突击检查机关部门、村(社区)工作人员的工作纪律、服务态度及办事效率，开展廉政谈话20余人次，约谈提醒3人次。在实行“村账园管”上，将园区3个村及74个村民小组账目全部上收管理的基础上，联合财务、审计部门开展财经问题专项整治，对村级集体资产进行审计，进一步严肃财经纪律；在全区率先对村级公务用车进行了改革，对3个村6部公车全部按照规范程序进行了拍卖处理，对村(社区)干部实行公务交通制度；纪工委全程参与干部选拔任用工作，参加民主测评和组织考察等，监督干部选拔任用程序的规范落实，有力保障了基层村(社区)“两委”换届工作。

二是深化“两学一做”，夯实政治基础。扎实开展“两学一做”学习教育，坚持规定动作不走样，自选动作有特色，筑牢“学”的基础，突显“做”的关键，不断增强基层党组织凝聚力战斗力。多措并举，在“学”上下真功夫。把党的政治生活放在首要位置，通过“三会一课”等方式召开园区党建工作暨“两学一做”学习教育推进会10次，非公企业座谈会8次，党工委班子每月组织一次政治学习；每周三举办“园区大讲台”，由领导干部和普通党员结合实际轮流上台讲课，党工委主要负责同志为全体党员上党课2次；结合纪念长征80周年，邀请延安精神研究会主任郝风年教授和毛主席警卫员王明福老同志为全体党员作报告。知行合一，在“做”上显真成效。把所“学”与工作实际相结合，特别在服务企业和群众、加强基层党组织方面，受到各界一致好评：协调交通、公交部门延伸18路公交，解决了南徐大道沿线企业的出行问题；投入100余万元修复跃进路部分破损路面，遏制超载和渣土扬尘，解决了沿线群众的公交出行问题；洪涝灾害期间，组建“党员突击队”抗洪抢险，为受灾严重的沿江企业加固江堤，面对洪水倒灌运粮河的紧急情况，及时转移、安置周边受灾群众，排除洪水漫溢沿线铁路主干道的重大险情，保障了人民群众的生命财产安全；严格遵守村(社区)换届纪律，按照“双强”标准，把优秀的新鲜血液充实进“两委”班子，按期顺利完成选举，园区党工委下派2名党工委副书记、1名党工委委员兼任村党委书记，有力加强了基层党组织力量。

三是打造“书记项目”，引领创新创业。将“打造创客党建，引领创新创业"列为2016年园区党建工作的"书记项目"。项目实施以来,党工委主要负责人高度重视、周密部署、稳步实施,亲力亲为将该项目抓紧抓实,取得了初步成效。跟进党建+联建孵化,打造创客党建。成立了创客党总支,下辖企业党支部、联合党支部、临时党支部等党组织,实现创新创业企业党组织全覆盖。通过"组织找党员、党员找组织、党员找党员"的"三找"活动,壮大党员队伍和扩大组织覆盖。通过党组织的建立来带动创客企业健康有序的发展,让党建与创新创业"同频共振"。规定动作+特色选题,破解发展障碍。搭建创客学院、党务工作者沙龙、党建主题展等多个党建特色板块,通过集中办班、送教上门、自主培训等方式,实现了精神"补钙"与业务"解渴"并举。引入"互联网+"模式,开展线上+线下学习教育模式,定期举办五洲创客中心企业联席会、财经专家论坛等活动,设立党员志愿服务岗,提供"创客沙龙"、党员远程教育等便民服务,为"双创"个人和企业解决融资、用工、生活住行等20余件问题。红色引擎+党建引领,抢占人才高地。坚持党管人才原则,充分利用五洲创客党群服务中心,给予创客人才"三免一减半"政策,通过筑池养鱼,筑巢引凤,改变了以往高层人才流动性大的问题。年内,创客中心内上海交大的王红雨博士入选市"金山英才计划",获资助100万元,江苏大学的潘中永博士入选省"333工程"。

**【中船船舶与海工配套项目】** 2016年,中船动力集成产业化项目开工建设,项目钢结构厂房竣工与老厂房完成对接;中船日立项目钢结构厂房、研发楼装修竣工,进行设备安装调试。该项目总投资110亿元,占地66.6公顷,总建设面积约60万平方米,达产后可实现年销售60亿元以上,利税10亿元。

**【中能建电力设备项目】** 2016年5月,中能建电力设备项目开工建设,年内,五层办公楼、两层食堂封顶;4万平方米钢结构联合厂房进场吊装。该项目总投资30亿元,占地20公顷,总建设面积30万平方米,其中一期建设13万平方米厂房及研发楼,主要产品为全绝缘浇注母线、噪音上变电站系统。

**【美佳高速电梯项目】** 2016年,美佳高速电梯项目开工建设,该项目总投资6.2亿元,占地9.4公顷,建筑面积约7万平方米,新增国产及进口设备200台(套);达产后年产电梯3万台。该项目5层、2.7万平方米电器车间和27层、1.2万平方米电梯试验塔已竣工,2万平方米的二接跨厂房已封顶。

**【四洋柴油机项目】** 2016年5月,四洋柴油机项目进场施工,截至年底,5层、0.38万平方米研发楼封顶;0.6万平方米厂房桩基完成。该项目总投资2.97亿元,占地1.5公顷,总建筑面积1.06万平方米,购置立式加工中心、数控车床、龙门刨床、普通车床等设备210台(套)。

**【获批省级高端装备制造业示范产业基地】** 2016年3月前,园区对照申报江苏高端装备制造业示范产业基地的文件做好前期准备工作、提供与产业基地有关附件材料作为证明材料,整理完成上报区发改委,再由区发改委报到市经信委,市经信委报到省经信委,材料审核通过之后到省经信委进行面试答辩,由省经信委批准为2015年度江苏高端装备制造业示范产业基地。

**【获国家级示范物流批园区】** 2016年,经中国物流与采购联合会批准,惠龙港国际物流园区为国家级示范物流园区。园区核心区面积为57.73公顷,重点发展大宗商品加工、货运仓储集配、电子商务交易、现代物流金融等功能,打造专业化、信息化的现代大宗商品物流基地。该物流园区将按照发展规划要求,立足产业特色和发展基础,进一步完善园区功能,提高集聚集约水平。

**【国务院发展研究中心莅临调研】** 2016年4月12日,国务院发展研究中心副主任刘世锦莅临惠龙e通进行"互联网+物流+工业"的调研工作。刘世锦详细了解了惠龙e通物流电商平台的商业模式和发展现状,高度肯定了惠龙e通在服务实体经济、提升产业信心方面所做出的贡献。并邀请施文进董事长参加国务院发展研究中心年内举行的"互联网+"战略发展研讨会。

**【中办回访督查组莅临惠龙调研】** 2016年4月23日,中办回访督查组组长张新民一行在江苏省委办公厅主任陈建刚、镇江市委副书记、市长朱晓明等省市领导的陪同下,莅临惠龙e通回访督查调研。

**【商务部电子商务和信息化司莅临调研】** 2016年5月10日,商务部电子商务和信息化司副巡视员刘德成一行莅临惠龙e通考察调研企业物流创新,省商务厅副巡视员耿云祥、省商务厅电子商务和信息化处处长朱卫东、市商务局副局长周军捷等陪同调研。

**【中国服务外包研究中心莅临调研】** 2016年5月3日,中国服务外包研究中心主任骞芳莉一行在镇江市领导的陪同下,莅临惠龙e通考察调研。骞芳莉一行参观了惠龙e通货运集配平台、北斗定位平台、大数据全息地图平台的实时演示,随后举行座谈详细了解了惠龙e通物流电商平台的商业模式和发展现状，高度肯定了惠龙e通在服务实体经济、保障国家安全方面所做出的贡献。

**【交通运输部公路司一行莅临惠考察】** 2016年6月24日下午，交通运输部公路司副司长徐亚华、交通运输部公路科学研究院物流中心主任顾敬岩和江苏省交通运输厅运输管理局局长蒋振雄一行莅临惠龙e通考察，惠龙e通董事长施文进和常务副总裁郁培昌接待了徐司长一行。

**【全国政协人口资源环境委员会考察惠龙】** 2016年7月27日上午，原国家发改委副主任，现任全国政协人口资源环境委员会副主任解振华冒着39度的高温在镇江市长朱晓明的陪同下考察了惠龙e通。

**【国家工商总局商标局调研惠龙】** 2016年8月23日下午，国家工商总局商标局副局长闫实、江苏省工商局吴永才副局长、镇江市工商局副局长邓国平等一行10人莅临惠龙e通国际物流股份有限公司，对惠龙品牌建设情况进行了调研，并针对如何全面提升商标品牌创造、运用、保护、管理和服务能力，加快商标品牌建设、发挥商标品牌作用提出了指导性意见。

**【国家工商总局企业监管局调研惠龙】** 2016年9月1日下午，国家工商总局企业监管局副局长洪丹、江苏省工商局副局长孙连才、镇江市工商局局长邓国平及副局长刘建等一行莅临惠龙e通国际物流股份有限公司，现场调研指导惠龙易通的网络市场建设发展情况。

**【国家发改委副主任宁吉喆调研惠龙】** 2016年9月20日，国家发展改革委副主任兼国家统计局局长、党组书记宁吉喆、国家统计局办公室主任曾玉平、综合司司长盛来运、工业司司长赵云城、能源司副司长王晓辉一行莅临惠龙e通，调研"互联网+"新形势下的创新发展模式。江苏省委常委、副省长杨岳、省政府副秘书长夏心旻、省统计局局长徐莹、国家统计局江苏调查总队副总队长张祖明以及镇江市市长朱晓明、市发改委主任殷国兴、市统计局局长马国进、国家统计局镇江调查队队长潘荣军等领导陪同调研。

**【赴武汉"双招双引"见成效】** 2016年，为加快推进重点产业项目，进一步促进科技成果转化和高端人才引进，润州工业园区组织招商小分队赴武汉开展"双招双引"活动。小分队一行先后拜访了武汉大学、华中科技大学、海军工程大学，考察了5.5创意产业园，就产业项目建设、科技人才交流合作、孵化器运营管理等方面与各主体进行了沟通对接。在华中科技大学，双方推进了新能源汽车配套项目，现场签约引进一名博士落户园区高新技术企业；在海军工程大学，双方洽谈了中压风水冷变压器产业化项目，并举行了签约仪式。

**【新西伯利亚国立大学来访】** 2016年11月17日至19日，俄罗斯新西伯利亚国立大学自然科学系主任，黑龙江大学中俄学院俄方院长教授、化学专家：V.A.列兹尼科夫带队到访，考察园区内镇江船厂、惠龙e通、康士伯、莫仕天安、五洲创客中心。

**【法国巴黎第十大学来访】** 2016年12月12日至14日，法国巴黎第十大学副校长、兼孔子学院法方院长：Sonia Lehman-Frisch，带队到访，考察园区内镇江船厂。

（周煜昕）

2016年润州工业园区各村（社区）基本情况

表28

| 村、社区名称 | 总户数（户） | 总人口（人） | 村（社区）党支部书记 | 主　任 |
|---|---|---|---|---|
| 鲇鱼套村 | 2123 | 4756 | 冯筱祥 | 李道祥 |
| 大桥村 | 1680 | 4186 | 孙　松 | 刘程勇 |
| 龙门村 | 1183 | 4084 | 凌　鑫 | 姚久海 |
| 富润华庭社区 | 60 | 146 | 王　凯 | 李芝玉 |

（周煜昕）

# 现任区级党政军领导

**王冬生**

镇江市政协副主席、润州区委书记

1964年1月出生,江苏丹徒人,中共党员,大学学历。1982年7月丹徒县多管局种猪场技术员;1982年12月在丹徒县黄墟乡副业公司工作;1987年4月任丹徒县黄墟乡党委秘书、团委书记;1989年11月任丹徒县丁岗镇副镇长;1993年12月任丹徒县宝堰镇党委副书记、镇长;1994年12月任丹徒县宝堰镇党委书记;1997年11月任丹阳市副市长;2002年12月任丹阳市委常委、副市长;2006年3月任镇江市农林局局长、党组副书记;2006年12月任镇江市农林局局长、党组书记;2008年2月任润州区委副书记、区政府代区长,2009年1月当选区长;2011年6月任润州区委书记,2012年3月兼任润州区人大常委会主任,2012年4月兼任润州区人大常委会党组书记,2013年1月兼任镇江高新技术产业开发区党工委书记;2016年1月任润州区委书记、镇江高新技术产业开发区党工委书记;2016年4月任润州区委书记;2017年2月任镇江市政协副主席、润州区委书记。

**高国成**

润州区委副书记、区政府党组书记、区长

1966年2月出生,江苏丹徒人,中共党员,研究生学历。1984年7月镇江市政府办公室综合科工作;1988年12月任镇江市政府办公室综合科副科长;1992年7月任镇江市地产开发总公司党组成员、副总经理;1996年7月任镇江市规划局党组成员、副局长;2000年12月任句容市委常委、副市长;2002年12月任句容市委常委、组织部部长;2004年11月任镇江市口岸和港口局党组书记、局长;2013年12任润州区委副书记、区政府代区长;2014年1月任润州区委副书记、区政府党组书记、区长。

**范永放**

区委副书记、区人大常委会主任；区人大常委会党组书记；区委党校校长。

1963年9月出生，江苏丹阳人，中共党员，研究生学历。1982年2月丹徒县钢丝绳厂任技术员；1985年7月任镇江市机械密封件厂车间主任、科长；1989年12月任润州区计经委科员、科长；1992年6月润州区七里甸镇工业公司挂职任经理助理；1992年8月任 润州区计经委副主任、工业局副局长；1993年7月任润州区计经委、外经委副主任；1994年3月任润州区七里甸镇农工商总公司总经理；1995年9月任七里甸镇党委副书记；1996年8月任七里甸镇党委副书记 、镇长；2001年3月任七里甸镇党委书记;2002年12月任 润州区委常委；2003年2月任润州区委常委、宣传部长；2006年6月任润州区委常委、常务副区长；2007年9月任润州区委常委、纪委书记；2011年6月任润州区委副书记；2015年12月任润州区委副书记、区人大常委会主任；2016年2月兼任区人大常委会党组书记；2016年8月兼任区委党校校长。

**蔡文龙**

润州区政协党组书记、主席。

1960年7月出生，江苏丹徒人，中共党员，研究生学历。1978年11月中国人民解放军54716部队服役，历任文书兼军械员、团支部书记；1982年12月上海生物制品研究所镇江输血站工作，历任行政科长、团支部书记；1987年6 月任润州区劳动实业公司办公室主任；1991年1月任润州区渔业乡党委组织干事；1992年1月任润州区渔业乡党委组织委员；1993年2月任润州区渔业乡党委副书记；1994年7月任润州区渔业乡党委副书记、乡长；1996年11月任润州区外经局党组书记、局长；2001年3月任江苏索普集团有限公司华达物资总公司、运输产业总公司总经理；2002年8月任润州民营经济发展管理委员会党工委书记、主任；2005年2月任润州区官塘桥镇党委书记；2005年12月任润州区人大常委会副主任；2007年12月任润州区政府副区长，2008年2月兼任区政府党组成员，2008年8月兼任区委政法委副书记；2011年6月任润州区委常委、政法委书记；2013年12月任润州区委常委、区政府副区长；2015年12月任润州区委常委、区政协主席、区政府副区长；2016年2月兼任区政协党组书记；2016年7月任润州区政协党组书记、主席。

**严竹波**

镇江高新技术产业开发区管委会主任、党工委委员；润州区委常委、区政府副区长。

1966年5月出生，江苏丹阳人，中共党员，研究生学历。1987年7月镇江市蚕桑技术指导站参加工作；1991年7月镇江市丝绸公司工作，1992年8月任科员；1996年8月任镇江市纺织丝绸工业总公司办公室科员；1996年11月任镇江市纺织丝绸工业总公司办公室副主任；1999年3月市纺织丝绸工业总公司办公室副主任兼团委书记（正科级）；1999年12月任镇江市政府办公室正科级干部；2000年6月任镇江市政府办公室综合八处副处长（正科级）；2001年12月任镇江市政府办公室综合三处副处长（正科级）；2002年5月任镇江市政府办公室综合三处处长；2003年2月任镇江市政府办公室综合六处处长；2007年5月任镇江市政府研究室副主任、党组成员；2009年3月任镇江市政府办公室副主任、党组成员，2010年8月兼市金融办副主任（其中2010年7–2011年7国家开发银行江苏分行挂职任客户二处副处长）；2011年8月任镇江市政府金融办主任，政府办公室副主任、党组成员；2013年2月任镇江市政府副秘书长、金融办主任、办公室党组成员；2014年12月任镇江市政府金融办主任、办公室党组成员；2016年4月任镇江高新技术产业开发区管委会主任、党工委委员；2016年6月兼任润州区委常委、区政府副区长。

**蒋　勇**

润州区委常委。

1970年11月出生，江苏镇江人，中共党员，研究生学历。1990年8月任镇江师范附小教师、少先队大队辅导员；1993年2月任润州区文教局团委副书记（主持工作）；1993年9月任润州区纪委办公室副主任；1996年6月任润州区纪委办公室主任（副局级）；1998年7月任润州区委办公室副主任；2001年10月任润州区蒋乔镇党委副书记；2003年12月任润州区蒋乔镇党委副书记、人大主席；2005年4月任润州区宝塔路街道党工委书记、人大工委主任；2006年2月任润州工业园区党工委书记、管委会主任；2006年8月任润州区委组织部副部长；2007年1月任润州区委组织部副部长、党联办主任；2010年1月任润州区委组织部副部长、区委新经济社会组织工委书记；2010年12月任润州区民营经济发展管理委员会党工委书记（2011年7月区划合并新组建蒋乔街道）；2011年7月任润州区蒋乔街道党工委书记；2012年4月任润州区发改经信委党组副书记、主任；2012年9月任润州区发改经信委党组书记、主任；2013年5月任润州区委常委、区发改经信委党组书记、主任；2013年7月任润州区委常委（2013年7月~2016年7月期间赴藏工作）。

**徐　燕**

润州区委常委、组织部部长、统战部部长。

1974年9月出生，江苏海门人，中共党员，研究生学历。1995年8月镇江市金山中学任教；2003年2月润州区级机关事务处工作，其间2003年2月~2005年1月润州区政府办公室借用；2005年1月~2005年4月润州区委办公室借用；2005年4月任润州区委办公室副科级干部；2005年9月任润州区委办公室副主任；2006年4月任镇江市纪委培训中心副主任；2006年8月任润州区委办公室副主任兼区广播电台副台长（正科级）；2007年7月任镇江市市委办公室综合一处副处长、主任科员；2010年10月任镇江市委办公室综合二处处长；2013年3月任镇江市委办公室综合一处处长；2013年11月任镇江市委办公室副主任；2016年6月任润州区委常委、组织部部长、统战部部长。

**仇　洋**

润州区委常委、纪委书记。

1979年5月出生，江苏镇江人，中共党员，大学学历。2002年8月作为省委组织部选调生在京口区纪委办公室工作；2003年6月京口区委办公室工作，历任综合科科员、副科长；2005年4月任共青团京口区委书记；2007年8月任京口区四牌楼街道党工委副书记、办事处主任；2009年7月任镇江新民洲港口产业园区党工委书记、省共青团农场党委书记；2013年6月任京口区农委主任、党组副书记；2014年7月任镇江市委新经济社会组织工委(非公有制经济和社会组织工委)副书记；2016年6月任润州区委常委、纪委书记。

**周文雄**

润州区委常委、区人武部政委。

1972年3月出生，湖南武冈人，中共党员，大学学历。1990年12月步兵第三师七团三营八连战士；1995年6月南京军区技工训练大队学员；1996年5月任步兵第三师司训连排长；1998年5月任步兵第三师通信营副连职军运助理员；1998年11月任步兵第三旅通信营副连职军运助理员；1999年7月任步兵第三旅汽车连连长；2000年5月任步兵第三旅后勤部运输科正连职助理员；2001年1月任步兵第三旅装备部轮式车辆装备科代科长、科长；2005年12月任步兵第三旅装备部轮式车辆装备科科长兼助理工程师；2008年2月任步兵第三旅装备部部长；2009年12月任步兵第三旅装备部部长兼工程师；2010年5月任炮兵第九师装备部部长；2012年6月任炮兵第九师保障部部长；2014年4月任第一集团军司机训练大队大队长；2015年3月任润州区人民武装部部长；2015年6月任润州区人武部政治委员；2015年7月任润州区委常委、区人武部政委。

**陈家军**

润州区委常委、宣传部部长。

1977年6月出生，安徽宣城人，中共党员，大学学历。1999年8月京口区象山乡民主村、象山乡工业公司工作；2000年6月京口区委办公室工作；2004年4月镇江市政府办公室综合一处工作；2010年6月任镇江市政府办公室综合一处主任科员；2012年4月任润州区委办公室主任；2013年4月任润州区委办主任、蒋乔街道党工委书记；2015年2月任润州区蒋乔街道党工委书记；2016年6月任润州区委常委、宣传部部长。

**张庆松**

润州区委常委、政法委书记、依法治区领导小组办公室主任。

1969年11月出生，江苏镇江人，中共党员，大学学历。1991年7月北京理工大学任教；1997年9月润州区委组织部干部二科工作；1998年10月润州区人事劳动和社会保障局工作，历任专业技术职称科副科长、人事管理科科长；2002年8月任润州区蒋乔镇副镇长；2005年4月任润州区蒋乔镇党委委员、副镇长；2007年1月任润州区蒋乔镇党委副书记、镇长；2010年12月任水产养殖场党委副书记、场长；2011年7月任润州区官塘桥街道党工委书记；2014年8月任润州区七里甸街道党工委书记；2016年7月任润州区委常委、政法委书记、依法治区领导小组办公室主任、七里甸街道党工委书记；2016年8月任润州区委常委、政法委书记、依法治区领导小组办公室主任。

**刘凯成**

润州区人大常委会党组成员、副主任。

1963年3月出生，江苏镇江人，中共党员，大学学历。1982年8月官塘桥农科站工作；1983年9月省句容农校学习；1986年7月区多管局工作；1989年6月挂职润州区蒋乔镇镇长助理；1990年5月任润州区七里甸镇镇长助理(副乡级)；1991年12月任润州区七里甸镇副镇长，1992年11月兼恒发实业总公司副总经理；1995年11月任润州区经济技术开发区管委会副主任、党委委员、市民营经济开发区管委会副主任；1996年8月任润州区蒋乔镇副镇长、经济实业总公司副总经理；1999年11月任润州区蒋乔镇党委副书记；2001年3月任润州区蒋乔镇镇长、党委副书记；2003年8月任润州区官塘桥镇党委书记；2005年1月任润州区蒋乔镇党委书记；2006年11月任润州区政府副区长；2007年1月任润州区政府党组成员、副区长；2014年1月任润州区委常委、区委政法委书记、依法治区领导小组办公室主任；2016年1月任润州区委常委、区人大常委会副主任、区委政法委书记、依法治区领导小组办公室主任，2016年2月兼区人大常委会党组成员；2016年7月任润州区人大常委会党组成员、副主任。

**易丽娟**

润州区人大常委会副主任。

1964年8月出生，黑龙江虎林人，大学学历。1981年8月任黑龙江虎林县第二中学教师；1989年8月任黑龙江虎林县高级中学教师；1993年2月任区教育局教研室教研员；2002年12月任七里甸镇副镇长；2005年12月任七里甸街道办事处副主任；2007年12 月任润州区人大常委会副主任。

**赵宝恒**

区人大常委会党组成员、副主任。

1960年6月出生，江苏邗江人，中共党员，大专学历。1978年11月郊区建筑安装管理处工作；1984年12月任郊区建筑安装公司副经理；1985年3月任润州区房地产开发公司经理；1992年1月任区建设环保局副局长；1993年1月任区建设环保委员会副主任；1996年11月任区建设局党委委员、副局长；2001年1月任区建设局党委副书记、副局长(主持工作)；2001年2月任区建设局党委副书记、局长；2001年10月任区建设局党委书记、局长；2010年2月任区住房和城乡建设局党委书记、局长；2012年3月任区人大常委会副主任；2012年4月任区人大常委会党组成员、副主任。

**徐菊生**

润州区人大常委会党组成员、副主任。

1960年9月出生，江苏镇江人，中共党员，大专学历。1983年11月润州区蒋乔镇建环所（环卫所）工作，1993年9月任副所长；1995年7月任润州区蒋乔镇工业公司副经理；1996年1月任润州区蒋乔镇工业公司（企管站）经理（站长）；1997年1月任润州区蒋乔镇经济实业总公司副总经理；1998年11月任润州区蒋乔镇副镇长；2001年3月任润州区蒋乔镇党委委员、副镇长，2002年8月录用为国家机关工作人员；2002.12月任润州区物资总公司总经理；2003.12 月任润州区物资总公司总经理兼区政府办副主任；2005年1月任润州区政府办副主任、区城投公司经理；2007年1 月任润州区委政法委副书记；2007年4 月任镇江市南山风景区管委会（市园林局）社会发展处处长兼南山联合社区服务中心主任；2007年10月任镇江市南山风景名胜区党工委委员、南山联合社区党委书记、服务中心主任，2009年3月明确为副处级；2014年1 月任镇江市园林局（南山风景名胜区管委会）副局长（副主任），市园林局（南山风景名胜区）党委委员（党工委委员）；2015年8任润州区人大常委会党组成员；2016年1任润州区人大常委会党组成员、副主任。

**蔡 萍**

润州区政府党组成员、副区长。

1969年7月出生，江苏扬中人，中共党员，研究生学历。1989年7月扬中县（市）妇女联合会工作；1994年12月扬中市委办公室工作；2001年4月任扬中市政府办公室副主任，2003年3月兼扬中市政府办公室党组成员，2004年3月兼扬中市政府教育督导室主任；2006年7月任扬中市人口计生委党组书记、主任；2007年12月任扬中市副市长，2010年3月兼扬中市红十字会会长；2016年12月任润州区政府党组成员、副区长。

**祝中昊**

润州区政府副区长、九三学社镇江市委副主委。

1971年7月出生，江苏丹徒人，九三学社社员，研究生学历。1993年8月镇江谏壁闸水文站技术干部；1995年3月镇江市水文局业务科技术干部、副科长；2000年11月任润州区水利局副局长；2003年12月任润州区水利局局长；2007年12月任润州区政协副主席、区水利局局长；2008年10月任润州区政协副主席、水利局局长、工商联主席，2011年12月兼九三学社镇江市委副主委；2012年3月任润州区政府副区长、九三学社镇江市委副主委。

**陆金火**

润州区政府党组成员、副区长、区委政法委副书记、公安润州分局党委书记、局长。

1964年8月出生，江苏丹阳人，中共党员，研究生学历。1986年8月丹阳市公安局办公室见习、办事员；1990年3月任丹阳市公安局办公室副主任、主任；1996年2月任丹阳市公安局全州派出所所长；1996年8月任丹阳市公安局副政委；1998年4月任丹阳市公安局副局长；2001年3月任丹阳市公安局政委、党委副书记；2004年11月任句容市公安局党委书记、局长(副处级)；2007年12月任句容市市长助理、句容市公安局党委书记、局长；2009年3月任句容市副市长、句容市公安局党委书记、局长；2010年1月任润州区政府党组成员、副区长、公安润州分局党委书记、局长；2011年7月任润州区政府党组成员、副区长、区委政法委副书记、公安润州分局党委书记、局长。

**胡如明**

润州区政府党组成员、副区长。

1964年11月出生，江苏姜堰人，中共党员，大学学历。1984年7月润州区计经委工作；1986年1月润州区团委、长城开关厂、工业局、第二毛纺厂工作；1989年1月润州区工业局区属管理股股长；1990年3月任润州区计经委基建技改科科长，外资外经科科长；1992年9月任蒋乔镇经济总公司副总经理；1995年11月任蒋乔镇党委副书记、经济总公司总经理；1996年8月任中华路街道党工委副书记、办事处副主任；1999年4月任宝塔路街道党工委副书记、办事处副主任，2002年12月任正局级；2003年12月任宝塔路街道党工委副书记、办事处主任；2005年4月任润州区科技局党组成员、区科协主席；2007年1月任润州区发改委党组副书记、副主任(正局级)；2008年2月任润州区发改委党组副书记、副主任、民营经济发展局局长(正局级)；2010年2月任润州区发改经信委党组副书记、副主任(正局级)；2010年12月任润州区发改经信委党组副书记、副主任、旅游局局长(正局级)；2011年8月任润州区科技局党组书记、局长；2013年2月任润州区政府副区长、区科技局党组书记、局长；2013年4月任润州区政府党组成员、副区长。

**刘国明**

润州区政府副区长、区发展改革和经济信息化委员会党组书记、主任。

1972年2月出生，江苏镇江人，中共党员，研究生学历。1991年8月水产养殖场工作，历任厂长助理、副经理；1995年5月任团区委办公室副主任；1998年11月任韦岗镇党委宣传委员，1999年11月兼组织委员、人武部长；2001年3月任蒋乔镇党委组织委员；2002年8月任蒋乔镇党委副书记、纪委书记；2006年2月任润州工业园区党工委副书记、管委会副主任(正局级)；2006年8月任润州工业园区党工委副书记、纪工委书记、管委会副主任；2008年12月任水产养殖场党委副书记、场长；2010年12月任蒋乔镇党委副书记、镇长；2011年7月任韦岗街道党工委书记；2013年7月任润州区发展改革和经济信息化委员会党组书记、主任；2017年1月任润州区政府副区长、区发展改革和经济信息化委员会党组书记、主任。

**董文生**

润州区人民政府党组成员。

1967年4月出生，江苏镇江人，中共党员，研究生学历。1985年1月在润州矿山机械厂工作，1987年4月任厂团支书，1989年4月兼任官塘桥乡团委副书记；1990年4月任润州锚链配件厂厂长；1993年10月任官塘桥镇官塘桥村党支部书记；1997年11月任官塘桥镇五凤口村党支部书记；2002年12月任官塘桥镇党委委员（福镇级）；2005年4月任宝塔路街道党工委副书记、办事处主任；2007年1月任和平路街道党工委副书记、办事处主任；2008年2月任和平路街道党工委书记、人大工委主任；2013年11月任润州区人民政府党组成员（副县级，2013年11月–2017年1月援疆）。

**高亚明**

润州区政协副主席。

1964年10月出生，江苏丹徒人，大学学历。1989年8 月润州区农业区划办工作；1992年11月润州区政府办工作，历任秘书、综合科副科长（正股级）；1995年9月任七里甸农工商总公司副总经理；1995年12月任七里甸镇副镇长；2002年12月任润州区政府副区长；2012年3月任润州区政协副主席。

**蔡　飞**

润州区政协副主席、区工贸总公司总经理、区发改经信委副主任。

1963年10月出生，江苏启东人，大学学历。1985年7月江苏华通机械集团工作，历任技术员、车间主任、生产计划科科长、集团公司总调度长；1994年2月润州区计经委工作，历任秘书、区直企业科科长、办公室主任、江苏飞黄集团副总经理；1997年1月润州区工业发展总公司工作，历任科长，兼任江苏飞黄集团副总经理；1999年11月任润州区工业发展总公司副总经理、区工业局副局长，2000年7月兼江苏飞黄集团总经理、镇江市黄山水泥厂厂长；2001年10月任润州区工业发展总公司副总经理、江苏飞黄集团总经理、镇江市黄山水泥厂厂长；2002年12月任润州区工业发展总公司总经理；2005年1月任润州区工贸总公司总经理；2005年9月任润州区工贸总公司总经理、区发改经贸委副主任；2007年12月任润州区政协副主席、区工贸总公司总经理、区发改经信委副主任。

**季 莉**

润州区政协副主席。

1969年1月出生,江苏镇江人,大学学历。1990年8月镇江市华侨友谊总公司工作,历任柜组长、团委书记;1995年1月任润州区社保中心主办会计;2002年4月任润州区人事劳动和社会保障局办公室主任;2006年7月任润州区信访局局长助理;2007年2月任润州区民营经济发展管理委员会副主任、润州工业园区管委会副主任;2011年7月任蒋乔街道办事处副主任;2012年3月任润州区政协副主席、蒋乔街道办事处副主任;2015年2月任润州区政协副主席。

**倪南成**

润州区政协副主席、区委组织部副部长、老干部局局长。

1963年4月出生,江苏镇江人,中共党员,大学学历。1980年11月入伍,历任战士、分队长、技术员、试训科正连职参谋;1993年9月任润州区建环委工作,历任环保办科员、团委书记;1996年12月任润州区环保局环境监测站站长;1998年11月任润州区蒋乔镇党委组织委员;2001年3月任润州区委副局级组织员、组织部干部科科长;2002年12月任润州区和平路街道党工委副书记、办事处主任;2005年4月任润州区京畿路街道党工委书记、人大工委主任;2005年12月任润州区委组织部副部长、党联办主任;2007年1月任润州区委组织部副部长、区人劳局党组书记;2008年2月任润州区委组织部副部长、老干部局局长;2017年1月任润州区政协副主席、区委组织部副部长、老干部局局长。

**张春平**

润州区政协副主席,区住房和城乡建设局党委书记、局长。

1963年5月出生,江苏镇江人,中共党员,大学学历。1983年9月任润州区七里甸黎明村经联社副社长、团支部书记、村委会副主任;1988年6月任润州区七里甸黎明村委会主任;1995年6月任润州区七里甸黎明村党支部书记;1999年4月任润州开发区管委会副主任、党委委员;2001.年10月任润州开发区党工委副书记、纪工委书记、副主任;2005年4月任润州区城管局党组书记、局长;2006年8月任润州工业园区党工委副书记、管委会主任;2008年12 月任润州区七里甸街道党工委副书记、办事处主任;2010年1月任润州区审计局党组书记、局长;2013年4月任润州区住房和城乡建设局党委委员、书记、局长;2014年8月任润州区住房和城乡建设局党委委员、局长;2015年8月任润州区住房和城乡建设局党委书记、局长;2017年1月任润州区政协副主席,区住房和城乡建设局党委书记、局长。

**张子敏**

润州区人民法院党组书记、院长。

1974年11月出生，江苏镇江人，中共党员，研究生学历。1997年7月镇江市司法局工作；1998年10月任镇江市司法局法制宣传处科员；2000年12月任镇江市司法局研究室副主任(副科职)；2001年5月任镇江市委办公室综合二处副主任科员；2003年7月任镇江市委办公室综合二处主任科员(正科级)；2004年12月任镇江市委办公室综合二处处长(正科职)；2006年11月任镇江市中级人民法院副处级干部、镇江经济开发区人民法院副院长(副县级)；2012年2月任京口区人民法院党组书记、副院长(副县级)；2012年4月任京口区人民法院党组书记、院长；2016年12月任润州区人民法院党组书记、副院长、代院长；2017年1月任润州区人民法院党组书记、院长。

**王 飞**

润州区人民检察院党组书记、检察长。

1968年11月出生，江苏江都人，中共党员，大学学历。1991年8月任扬州市中级人民法院书记员；1996年6月任丹阳市人民检察院书记员、助理检察员；2000年12月任丹阳市检察院检察员；2003年10月任丹阳市检察院检察委员会委员、公诉科科长；2004年11月任丹阳市检察院办公室主任；2009年4月任丹阳市人民检察院副检察长、党组成员；2016年12月任润州区人民检察院党组书记、副检察长、代检察长；2017年1月润州区人民检察院党组书记、检察长。

## 市级以上先进集体名录

### 2016年润州区获市和市级以上表彰的先进集体名录

表29

| 单位名称 | 荣誉名称 | 授予单位 |
|---|---|---|
| 润州区 | 江苏省促进义务教育均衡发展先进集体 | 省政府 |
| 润州区 | 2015年度首批省级社区教育示范区、省标准化社区学院、省标准化社区教育中心 | 省教育厅 |
| 区教育局 | 2013～2015年度江苏省文明行业和江苏省文明村镇、文明单位 | 省文明办 |
| 区财政局 | 全省财政系统先进集体 | 江苏省人社厅、财政厅 |
| 区检察院 | 江苏省文明单位 | 省文明委 |
| 区人力资源和社会保障局 | 2013～2015年度江苏省文明单位 | 省文明委 |
| 区劳动人事争议仲裁院 | 2014～2015年度江苏省青年文明号 | 共青团江苏省委 |
| 区劳动服务公司 | 2015年度江苏省诚信人力资源服务机构 | 省人力资源和社会保障厅 |
| 区人力资源和社会保障局 | 江苏省部门统计示范点 | 省统计局 |
| 金山街道西津渡文化产业创业孵化园 | 江苏省巾帼创业创新孵化基地 | 省妇女“双学双比”竞赛活动领导小组 |
| 区法院 | 集体一等功 | 省高院 |
| 区法院 | 江苏省文明单位 | 省文明办 |
| 区法院 | 关心下一代先进集体 | 省关工委 |

续表29

| 单位名称 | 荣誉名称 | 授予单位 |
|---|---|---|
| 区法院党支部 | 全省学习型党组织建设工作先进单位 | 省委组织部、省委宣传部 |
| 区法院未成年人和家事审判庭 | 2015年度“全省预防青少年违法犯罪工作”先进集体 | 省综治委预防青少年违法犯罪工作领导小组 |
| 区教育局 | 2012～2014年度镇江市文明行业文明单位文明镇文明村和文明社区 | 市委、市政府 |
| 区检察院 | 2011～2015年全市普法工作先进单位 | 市委、市政府 |
| 区人力资源和社会保障局 | 2012～2014年度市级文明单位 | 市委 |
| 区法院党支部 | 全市先进基层党组织 | 市委 |
| 区法院 | 镇江市文明单位 | 市政府 |
| 区法院 | 2011~2015年全市法治宣传教育先进集体 | 市政府 |
| 区人力资源和社会保障局 | 2015年度全市人力资源社会保障系统信息宣传工作先进单位 | 市人社局 |
| 区人力资源和社会保障局 | 2014年度全市人力资源社会保障优秀统计分析报告 | 市人社局 |

# 市级以上先进个人名录

## 2016年润州区获市和市级以上表彰人物一览表

表30

| 姓名 | 性别 | 荣誉名称 | 授予单位 |
|---|---|---|---|
| 鲁　宽 | 男 | 江苏省法学会刑法学研究会优秀论文三等奖 | 省法学会 |
| 陈　慧 | 女 | 全省案件监督管理业务能手、汇报答辩优秀奖 | 省检察院 |
| 王　影 | 女 | 全省检察机关“最美警嫂” | 省检察院 |

# 区委、区政府表彰名录

## 2015年度先进集体名录

镇润发〔2016〕4号

**一、特别贡献单位**

润州工业园区

润州区蒋乔街道

润州区宝塔路街道

润州区七里甸街道

润州区财政局

润州区教育局

润州区发展改革和经济信息化委员会

润州区农业委员会

润州区人民检察院

润州区人民法院

**二、服务发展先进单位**

镇江市公安消防支队润州大队

镇江市地方税务局第三税务分局

镇江市国家税务局第二税务分局

镇江市规划局润州分局

镇江市公安局润州分局

镇江市国土局润州分局

镇江市公安局润州交巡警大队

**三、先进单位**

润州区委组织部干部科

润州区委宣传部办公室

润州区人社局机关党支部

润州区委政法委综治指导科

润州区财政局纪检组

润州区金山街道团工委

润州区韦岗街道总工会

润州区官塘桥街道妇联

润州区史志办综合科

润州区委统战部民族宗教事务所

润州区广播电视台新闻中心

润州区信访局办信科

润州区机关事务服务中心车队

润州区台办台商服务中心

润州区供销合作总社七里供销社

润州区科技局生产力促进中心

润州区民政局基层政权和社区建设科

润州区水利局工程科

润州区司法局法律援助中心

润州区统计局综合抽样调查队

润州区法制办法制事务所

润州区交通运输局运输管理所

润州区市场监督管理局第三分局

润州区住建局房屋征收和拆迁安置中心

润州区商务局项目服务中心

润州区环保局环境监察大队

润州区安监局经济责任审计中心

润州区城管局特种垃圾渣土管理所

润州区和平路街道经济服务中心

润州区城市建设投资公司资产经营部

润州区土地房屋开发总公司房屋拆迁安置公司

润州区工贸总公司办公室

## 2011~2015年全区普法工作先进集体和先进个人名录

镇润发〔2016〕28号

**一、先进单位(29个)**

蒋乔街道办事处

官塘桥街道办事处

韦岗街道办事处

南山街道办事处

区委组织部

区委宣传部

区委政法委

区发改经信委
区民政局
区财政局
区住建局
区城管局
区水利局
区广播电视台
区环保局
区总工会
团区委
公安润州分局
区劳动人事争议仲裁院
七里甸街道光华社区
七里甸街道新城社区
宝塔路街道润州花园社区
宝塔路街道黄山社区
和平路街道三茅宫第二社区
金山街道京畿路社区
金山街道黑桥社区
润州工业园区大桥村
镇江市润州区南徐小学
江苏柳工机械有限公司

**二、先进个人(40名)**

罗　洋　区委办信息督查科科长
童礼华　区政府办综合科副科长
李志鹰　区纪委常委、党风政风监督室主任
杨　娴　区委宣传部文化科科长
王　霞　区信访局副局长
陈维怡　区人大内司委主任
王丽锦　区科技局办公室副主任
石天琦　区司法局办公室副主任
孙　健　区残联办公室主任
朱金良　区农委政策法规科科长
殷婷婷　区商务局办公室主任
李　静　区审计局经济责任审计中心主任
毛振涛　区安全生产监督管理局危化科副科长
李玉萍　区统计局副局长
章　伟　区物价局价格举报中心主任
司智玲　区市场监督管理局法规科科长
肖　波　区法制办科员
曹建平　区政协社会事业委员会主任科员
王　蒙　区人民法院办公室副主任
雷文辉　区人民检察院办公室副主任
范玲玲　区妇联副主席
施　源　公安润州分局法制大队教导员
朱红华　国土润州分局法规科副科长
杨　尧　镇江国税二分局综合业务科副科长
彭仁发　镇江地税三分局局长
赵　宁　区文体局工作人员
陈　钊　区运输管理所副所长
蒋佃能　七里甸街道司法所所长
孙　蕾　和平路街道司法所副所长
姜勇峰　金山街道司法所所长
刘圣荣　润州工业园区社会事业部部长
张　培　七里甸街道七里甸社区居民委员会副主任
徐　晶　宝塔路街道金桥社区工作人员
陆金玉　宝塔路街道凤鸣新村社区副主任
仲　宜　和平路街道长江村副书记兼副主任
朱成林　金山街道杨家门社区副书记
刘德宝　蒋乔街道七里社区党总支副书记
李连顺　官塘桥街道平山村村委会副主任
孙正斌　南山街道五凤口社区主任
李爱国　南山街道檀山社区副主任

## 2015年度全区综治、法治和平安建设先进单位名录

镇润发〔2016〕5号

**一、2015年度综治、法治和平安建设先进街道、园区(7个)**

七里甸街道　宝塔路街道　蒋乔街道
官塘桥街道　和平路街道　韦岗街道
润州工业园区

**二、2015年度综治、法治和平安建设先进部门(38个)**

区纪委　区委组织部
区委宣传部　区法院
区检察院　公安润州分局
区司法局　区民政局
区信访局　区法制办
区妇联　团区委
区总工会　区广播电视台
区关工委　区教育局
区委610办　区维稳办
区城管局　区发改经信委
区安监局　区人社局
区财政局　区交通运输局
区农委　区水利局
区统计局　区审计局
区环保局　规划润州分局

区市场监督管理局　国土润州分局
润州消防大队　区住建局
区级机关党工委　区编办
区科技局　区物价局

**三、2015年度综治、法治和平安建设先进村(社区)(20个)**

七里甸街道新城社区
七里甸街道天和星城社区
七里甸街道五洲山村
蒋乔街道嶂山村
蒋乔街道蒋家门村
官塘桥街道官塘桥村
宝塔路街道金桥社区
宝塔路街道润州花园社区
宝塔路街道凤鸣新村社区
宝塔路街道黄山社区
和平路街道金山村
和平路街道金泉社区
和平路街道新金江联合社区
和平路街道金山社区
金山街道银山门社区
金山街道黑桥社区
金山街道红光社区
金山街道风车山社区
韦岗街道韦岗村
润州工业园区大桥村

**四、2015年度平安建设先进单位(28个)**

区供销合作社
黄山园艺场
水产养殖场
区土地房屋开发总公司
区房地产开发总公司
镇江实验学校
镇江市博物馆
江苏省镇江中学
镇江金山物流中心
润州区五峰茶厂
江苏省润州中等专业学校
江苏柳工机械有限公司
怀特(中国)驱动产品有限公司
江苏铁科新材料股份有限公司
镇江建工建设集团有限公司
江苏华兴通讯科技有限公司
江苏汇创机电科技股份有限公司
镇江市农副产品批发市场有限公司
镇江市江滨电子有限公司
中国电信股份有限公司镇江分公司
镇江味雅大酒店
镇江农业银行金山支行
镇江市西津渡文化旅游有限责任公司
镇江市新大星超市
江苏船山矿业股份有限公司
镇江东亚碳素焦化有限公司
润州工业园区社会事业部
哈尔滨电机厂(镇江)有限责任公司

## 全区优秀共产党员、优秀党务工作者和先进基层党组织名录

镇润发〔2016〕11号

**一、优秀共产党员(30人,按姓氏笔画排列)**

| | | |
|---|---|---|
| 刁国华 | 王　凯 | 王俊功 |
| 卢大宝 | 吉　星 | 朱龙宝 |
| 华庆富 | 刘步楼 | 刘　敏 |
| 江　敏(女) | 许超美(女) | 孙正斌 |
| 孙有才 | 孙金玉 | 严龙泉 |
| 杨　勇 | 吴　丽 | 季秀平 |
| 沈少友 | 张云凯 | 范金华 |
| 周松宝 | 袁建国 | 徐君泽 |
| 奚　铭 | 唐俊富 | 常春平 |
| 蒋伟林 | 谢荣根 | 谢　东 |

**二、优秀党务工作者(30人,按姓氏笔画排列)**

| | | |
|---|---|---|
| 丁　琳(女) | 马　力 | 于红根 |
| 王久林 | 包永林 | 孙贺敏(女) |
| 向　绯(女) | 江　琳(女) | 阮庆红(女) |
| 朱荣平 | 李　实 | 李芝玉(女) |
| 李来水 | 李　瑶(女) | 吴志坚 |
| 张小平 | 周志坚 | 陈文艳(女) |
| 杨　斌 | 姜　俊 | 赵爱梅(女) |
| 夏光明 | 高　静(女) | 郦玲花(女) |
| 殷宏敏 | 殷迅杰 | 崔正雪 |
| 蒋　蒙(女) | 韦源福 | 缪　吉 |

**三、先进基层党组织(30个)**

七里甸街道光华社区党总支
七里甸街道新城社区党支部
蒋乔街道凤凰家园社区党支部
官塘桥街道官塘桥村党总支
宝塔路街道凤鸣新村社区党委

宝塔路街道运河社区党委
宝塔路街道车站社区党总支
和平路街道桃园第一社区党委
金山街道杨家门社区党总支
金山街道银山门社区联合党委
韦岗街道韦岗村党总支
润州工业园区大桥村党委
南山街道五凤口社区党总支
南山街道回龙社区党支部
区水利局党支部
区检察院党总支
区人社局机关党支部
区城管局机关党支部
镇江市公安局润州分局刑警大队党支部
镇江实验学校魅力之城分校党支部
茶叶良种场党支部
七里供销社党支部
江苏柳工机械有限公司党总支部
镇江中谊抗震科技股份有限公司党支部
镇江泰利丰电子有限公司党支部
嶂山果品协会党支部
镇江万达广场商业管理有限公司党支部
镇江惠龙e通国际物流股份有限公司党支部
福世特工程有限公司党支部
镇江金港磁性元件有限公司党支部

## 润州区优秀教育工作者名单

镇润发〔2016〕16号

### 润州区优秀教育工作者名单

| | | | | | | |
|---|---|---|---|---|---|---|
| 陈永富 | 王平原 | 张　敏 | 何杏娣 | 潘海萍 | 张凡娣 | 朱国平 |
| 蒋菊香 | 韩晶晶 | 韦　霞 | 胡　兵 | 王　敏 | 钱　菁 | 刘　丹 |
| 陈　玲 | 陈玉莲 | 章再俊 | 叶显慧 | 刘丽丽 | 柴建华 | 李　红 |
| 阙盛梅 | 李　海 | 王唯一 | 谢娜洁 | 石　颖 | 蒋　兰 | 朱红芳 |
| 吴　健 | 孙　蓓 | 杨进孝 | 陈　鹏 | 袁学云 | 胡玲玲 | 张　静 |
| 田家飞 | 郭荣喜 | 赵晓芸 | 华　燕 | 朱　娟 | 冯德胜 | 林丹君 |
| 俞凤岚 | 田小金 | 王　军 | 刘　移 | 刘小芬 | 余婷婷 | 李红蕾 |
| 谢　晔 | 许　勇 | 朱　凯 | 倪海蓉 | 余云峰 | 朱春芳 | 钱　鹏 |
| 谢　娟 | 孙晓梅 | 周　敏 | 张　勤 | 徐鑫鑫 | 陈　娟 | 巫海飞 |
| 许志刚 | 李　琴 | 刘　建 | 高志炜 | 邱爱梅 | 贺旭东 | 梁　莉 |
| 朱丽琴 | 柏　萍 | 刘　莉 | 卢海程 | 郝思勤 | 洪　梅 | 张　燕 |
| 聂玉洁 | 朱奉亭 | 何云凤 | 王　瑛 | 刘　燕 | 朱丽云 | 江　敏 |
| 艾　珠 | 吴海燕 | 巫红琴 | 史卫华 | 陈　敏 | 张　俊 | |

## 二〇一五年度征兵工作先进单位和先进个人名录

镇润政〔2016〕74号

**一、先进单位**

蒋乔街道办事处
官塘桥街道办事处
和平路街道办事处

**二、先进个人**

戴永能　七里甸街道人武部部长
蔡　军　宝塔路街道人武部部长
甘汉元　金山街道人武部部长
刘银辉　韦岗街道人武部部长
冯筱祥　润州工业园区人武部部长
穆　俊　公安润州分局内保大队三级警长
姚盛江　韦岗派出所教导员
樊金春　七里甸社区卫生服务中心内科主任

## 重要文件选录

### 关于印发《润州区农村财务管理制度》的通知

镇润办〔2016〕20号

各街道党工委、办事处,各场圃,润州工业园区,南山联合社区,区各部委办局、各人民团体、各直属单位:

经区委、区政府研究同意,现将《润州区农村财务管理制度》印发给你们。请按照相关要求,做好贯彻落实。

附件:《润州区农村财务管理制度》

中共镇江市润州区委办公室

镇江市润州区人民政府办公室

### 润州区农村财务管理制度

为进一步加强和规范村级财务管理,促进农村集体经济发展,根据《村民委员会组织法》和财政部、农业部《村合作经济组织财务制度》以及《村集体经济组织会计制度》等法律、法规,按照区委、区政府《润州区促进村、社区经营性收入增长的意见》的要求,结合我区实际情况,制定润州区农村财务管理制度。

**一、农村集体财务双代理制度**

1.全区农村集体财务实行双代理制度,在不改变村集体经济组织独立核算单位资金的所有权、使用权、审批权、收益权的前提下,由村集体经济组织与街道农村财务管理部门签订委托代理协议书,实行村级资金、财务委托街道代理。实行组账委托村代理制度,鼓励有条件的街道实行组账街道代理。

(1)统一委托程序。村两委会经村民会议或村民代表会议授权,与街道农村财务管理部门签订“双代理”委托协议,依法成立委托契约关系,确保村级集体资产不被平调、挪用和侵占。

(2)统一资金管理。日常开支采用备用金报账制,村会计定期向街道记账会计结报村财务收支情况,并补足规定的备用金。

(3)统一会计核算。街道农村财务管理部门应分村建账,分村核算。经街道农村财务管理部门审核手续完备、开支和交易程序合规、资金使用方向正确的,由记账会计按村会计电算化的要求统一进行记账,定期编制会计报表,做到"账款、账物、账账、账表、账据"五相符。

(4)统一财务制度。街道农村财务管理部门按照《村集体经济组织会计制度》,结合村级集体财务"双代理"工作实施细则,进行会计核算和监督,保证会计核算的规范、及时和准确,满足各村所需会计信息。村会计应做好备用金管理及资金收付、票据的真实性、合法性的审核,做好应收、应付等往来款项的登记和债权债务结算以及各类承包合同的管理、结算、兑现等工作。

**二、财务收支预决算制度**

2.年初村编制财务收支预算计划,提请村民代表会议通过后执行;年内因客观情况发生较大变化需要调整预算计划时,应按民主程序形成决议并张榜公布,通过后方可付诸执行。村财务收支预算报街道农村财务管理部门备案。

3.财务收支预算计划内容:(1)财务收支计划;(2)固定资产购建计划;(3)农业基本建设计划;(4)收益分配计划。

4.年终编制预算执行情况并将预算执行情况和决算结果,报街道农村财务管理部门审核后,提请村民代表会议审议通过,并向全体村民公布。

**三、现金、银行存款管理制度**

5.账户管理:按照《人民币银行结算账户管理办法》的有关规定,村只允许在银行开设一个基本结算账户,用于日常经营活动的资金收付及工资、奖金和现金的支取。严格执行银行结算规定,严禁多头开户;严禁出租出借银行账户;严禁公款私存或乱支乱用;严禁设立账外账;严禁签发空头支票和远期支票。由街道农村财务管理部门和村会计实行账、款分管,支票、财务印鉴章分开保管。按经济业务发生顺序逐笔记好现金、银行存款日记账,并与总账和银行(信用社)对账单核对。

6.现金管理:要严格执行《现金管理暂行条例》,严格控制现金使用范围,零星或小额急办事项开支用现金,大额资金支出通过银行办理转账结算。对人员工资、补贴实行工资卡管理,直接支付额度必须控制在80%以上,坚决杜绝过渡账户。各村日常开支实行备用金垫支制度,备用金额度由街道按各村业务大小核定,报区农委备案;原则上月底库存现金归零,年末库存现金必须归零。村一切现金收支均由村会计负责,其他人员不得保管现金。

7.有价证券必须在账内核算并进行明细登记,由村会计统一保管,到期兑现或转存。定期对村会计保管的有价证券进行清点核对。

**四、收入、支出管理制度**

8.村集体收入主要包括:村的经营、发包、租赁、投资、资产处置等集体收入,上级财政转移支付资金以及补助、补偿资金,"一事一议"资金等。接受的各项捐赠、赞助、土地补偿费等应计入公积公益金科目,不得记入收入科目。

9.村集体收入一律凭据入账,严格实行收支两条线,严禁收入不入账或以支代收、差额入账,严禁挪用坐收坐支和白条抵库。

10.村集体支出遵循"量入为出、统筹兼顾、留有余地"的原则,在保障村集体正常运转的基础上,应当主要用于举办民生实事、实行收益分配。

11.加强专项资金管理。土地征用补偿费等专项资金要纳入账簿统一核算,实行专户存储、转账管理、专款专用、专项审计监督。

12.严格控制非生产性开支。认真执行上级有关廉政建设的规定和开支标准,严格控制非生产性开支。

(1)招待费:村级招待费主要用于发展村级经济、招商引资和项目建设。村级招待费实行限额控制、专项核算,按年度村级集体收入、各村管理人口基数、以前年度实际支出等情况核定各村招待费控制总额,费用额度原则上控制在当年收入的10%以内。当年发生的招待费应在年度财务结算前结清,不得跨年度结报。对确因重点工程等特殊情况而需增加招待费控制额度的,须填写《招待费追加审批单》,报街道行政主要负责人审核同意后,追加适当限额并纳入当年费用总额。

(2)公共事业支出:举办公益事业、化解群众矛盾支出,所有票据必须由街道分管领导加批或经街道集体研究同意。

(3)用车补贴:按照区政府办《关于未车改单位公车使用和管理办法(试行)》(镇润政办〔2014〕75号)的要求,取消村公务用车,车贴发放标准由街道根据各村管辖范围和工作距离核定。

(4)工资福利支出:村定额人员工资报酬、福利费用、奖金按责任制考核标准执行,严禁违反规定发放各类津贴、补贴、资金和实物。突击性工作确需发放加班费的,应经街道行政主要领导审批后发放。村集体定额以外人员的工资报酬报街道组织部门审核后方可发放。

(5)村集体报刊杂志征订由街道宣传部门审核后入账。

**五、财务审批制度**

13.财务审批程序。村财务开支实行"一支笔"审批制度。入账票据必须如实填写业务发生时间、数量、金额、内容摘要,所有支出票据必有经手人、证明人签字、村主任(书记、主任一肩挑的,由分管副书记)审核、书记审批,交民主理财小组审核盖章后入账。

14.财务审批额度。单笔2000元以下的支出，由村主要负责人审批；单笔2000元以上的支出，次月由村填报支出清单和具体事项报街道审核，具体审核办法由街道制定。单笔支出5000元以上的，事前必须报街道行政主要负责人同意，事后由其核批。

15.严格财务审核。加大对原始凭证的审核力度，街道农村财务管理部门对不真实、不完整、不及时的原始凭证一律不予受理。同一笔开支不得拆分为多笔开支。

**六、会计电算化制度**

16.村、组账务全部实行会计电算化，通过全市统一的农村“三资”管理信息平台进行记账核算。

17.记账会计负责做好建账、记账工作，对录入数据(记账凭证和原始凭证内容等)的正确性负责，及时打印报表、账簿并装订成册。

18.街道农村财务管理部门负责人做好信息平台账务审核工作。

19.街道、村每年1月15日前分别做好上年度信息平台财务数据备份。

**七、资产管理制度**

20.村集体所有的房屋、建筑物、机器、设备、工具等固定资产，按类别登记台账并在农村集体“三资”信息化管理平台上按“五有”要求录入图片等资料，及时记录资产增减变动情况。主要内容包括：资产的名称、类别、数量、单位、购建时间、原始价值、预计使用年限、折旧额、净值等。

21.村集体购置固定资产，应按照财务收支预算执行。如有特殊情况，应事前提出书面申请报街道批准后，参照政府采购程序办理。

22.村集体20万元以上(含)工程项目，要经集体讨论决定，并由街道牵头组织招标。5万元以上(含)20万元人民币以下的工程项目，由街道牵头参照招投标程序议标。工程项目结束后必须进行竣工验收，出具审计报告。5万元以下的零星工程，报街道批准后，由两委会研究形成会议纪要、签订协议，并保存工程影像资料。

23.村集体资产租赁，必须报街道资产管理部门审批后实施，并使用统一的合同文书签订书面合同。年租金超过5万元的资产租赁，原则上以招投标或拍卖方式公开竞价。

24.村集体每年要定期进行资产清查，重点清查核实集体所有的资产、负债和所有制权益，做到账实、账款相符。资产清查由村民主理财小组负责实施，清查结果向全体村民公布并报街道农村财务管理部门备案。

25.村集体报废资产，必须有保管、民主理财小组和村主要负责人签字，记好备查账簿，做到物销案存。处置、变卖大额集体资产，必须报街道批准后，提交村民代表会议讨论决定。

**八、资源管理制度**

26.对法律规定属于集体所有的土地、林地、水面、荒地、滩涂、建设用地等资源性资产，应当建立集体资源性资产登记账册，逐项纪录，并建立电子数据库。登记内容包括：资源名称、类别、位置、面积、用途、使用状态等，租赁的集体资源还应当登记租赁单位、期限、租金等事项。

27.村集体资源性资产对外承包、租赁、出让，应报街道资产管理部门审批后方可实施，对外承包、租赁的原则上期限不超过10年。严禁组级擅自对外出租土地等资源。

28.村集体资源性资产的承包、租赁、出让，应当采取公开协商或者招投标、拍卖的方式进行。年租金超过5万元以上的资源承包、租赁，原则上以招投标或拍卖方式公开竞价。

29.村集体以招投标、拍卖方式承包、租赁、出让集体资源，以参股、联营、合作方式经营集体资源，实行产权制度该给、合并或分设等，应当由街道资产管理部门组织价值评估。

30.村集体资源的承包、租赁、出让，必须使用统一的合同文本签订书面合同，统一编号，统一管理。对合同期将满的已承包、租赁的资源性资产，按照市价及时调整租金。经济合同及有关资料应及时归档并报街道资产管理部门备案。

**九、债权债务管理制度**

31.设立债权债务登记簿，由村会计负责管理。每年对债权债务进行一次清查核实，及时调整变更数目，切实做到账实相符。对经核实的债权债务每年至少公布一次。

32.村集体资金不允许违规向私营企业及个人借支，不得为私营企业或个人贷款提供担保和抵押。向国有或集体单位借支的，必须经村“两委会”集体研究，并报街道批准。

33.村集体举办公益事业，原则上不允许举债，应当通过“一事一议”的方式解决，有多少钱办多少事。如确需举债，必须写出专题报告，报街道审核同意，并经村民代表会议讨论通过后才能进行。对违反规定发生举债的村，必须追究主要负责人的责任，视情节轻重和数额大小，给予相应的纪律处分，并依法追究其经济和行政责任。

34.严格坏账核销程序，对确实无法收回的款项，经村两委会审议、村民代表会议表决、结果公示、街道审批后，作坏账处理。任何人不得擅自减免应收账款，对有关责任人造成的坏账损失，将酌情责其赔偿。

35.村民主理财小组对村级债权债务的变动情况进行全程监督。

**十、票据管理制度**

36.街道农村财务管理部门明确专人负责票据管

理，建立票据领、发、缴、存登记簿记录票据的购领、发放和缴销。村会计负责本村所需票据的领用、保管和缴销。票据存根和票据登记簿要作为财务档案妥善保管。

37.加强内部结算票据管理。村必须使用街道农村财务管理部门提供的“江苏省农村合作经济组织内部结算凭证”，严禁使用自购的收款凭证或打白条。

38.各类票据使用必须要连本连号，不得跳页、隔号或隔本使用，作废票据要全份保存，并应注明“作废”字样妥善保存。

39.根据各村票据使用量，实行限量领用、少领勤结，一般村、组一次领购1本。年终，村会计对所领票据清点后全部缴销，不得跨年度使用。

**十一、民主理财制度**

40.村成立民主理财小组，由懂业务的党员、干部和村民代表3~5人组成。民主理财小组成员由村民会议或村民代表会议选举产生，任期与村委会任期相同。

41.村干部及其配偶、直系亲属不得担任民主理财小组成员。

42.民主理财小组应定期召开会议。按月进行理财；按季度审核“三资”运行情况，向村民代表会议和村民监督委员会报告；进行财务公开，接受群众监督。

**十二、财务公开制度**

43.村集体财务公开的形式为村务公开栏和阳光村务网。

44.村应当在年初公布当年各项财务预算、上年度各项财产、债权债务、收益分配、干部报酬等。每月15日前公布上月各项收入、支出情况。

45.村公布的财务账目必须真实可靠，同时要有村主要负责人、民主理财小组负责人和村会计签字。

46.平时对于多数村民或民主理财小组要求公开的专项财务活动，村应及时进行公布；重要的财务活动，应及时逐项逐笔公布。

47.财务账目张榜公布后，对群众提出的问题，村主要负责人应及时解答，并将结果向群众公布。

**十三、财务审计监督制度**

48.财务审计监督主要指由街道对村级财务收支情况实行年度会审，以及村主要干部实行离任审计。

49.年度审计在次年一季度进行，离任审计在离任后一个季度内进行。

50.审计内容：(1)国家方针政策的落实情况；(2)惠民政策落实情况；(3)执行廉洁纪律情况；(4)内控制度建立情况；(5)资产资源管理情况。

51.审计程序。(1)成立审计小组。审计小组由街道农经、财政、纪检监察等部门抽调人员组成。(2)年度审计在实施审计3日前电话通知被审计单位，被审单位做好应审准备；离任审计在实施审计3日前，向被审村送达《审计通知书》，被审单位在接到《审计通知书》后应认真做好应审准备，积极配合审计组开展工作。(3)在审计组出具审计报告前，征求被审计村和个人意见，形成正式报告后报街道备案。(4)被审计村和个人应及时整改，整改执行情况报审计小组。

52.区纪委、区农委会同区审计局对村集体资金收支情况进行抽审。

53.区农委对农村“三资”管理平台进行监管，并对街道村级财务管理情况进行年度抽查。

**十四、会计档案管理制度**

54.会计档案主要包括：财务预决算方案、会计凭证、账簿、会计报表、会计交接清册、各类经济合同、各类重要的经济活动书、证资料和反映村级社会经济成果的各类报表资料和档案销毁清册等。

55.会计档案保管年限：(1)各类合同、契约、产权证书及年度财务报告(决算)等永久保存；(2)账簿、凭证、会计移交清册和档案销毁清册等一般保存15~25年；(3)其他资料一般保存5年。

56.会计档案移交，应编制交接手续，署明应移交的会计档案名称、卷号、册数、起止年度、档案编号、保管期限，由交接双方和监交人签章。

57.会计档案查阅，应到保管人员处填写查阅单，经负责人批准后，于现场查阅、复制，不得涂改、转借或带到异地使用。

58.保管期满的会计档案需要销毁时，应由保管人提出销毁意见，编制销毁清单，报上级业务主管部门批准后，各相关单位派员监销。

59.建立财务资料入库检查制度，由各村会计协助街道农村财务管理部门工作人员，在年度终了30日内，将当年本单位财务资料、财务数据及相关财务信息资料(含电子账和纸质账)一并存档入库，街道农村财务管理部门要及时组织检查，确保财务资料安全、完整。

60.经济合同及有关资料应当及时归档并报街道农服中心(资产办)备案，根据“五有”要求在农村集体“三资”信息化管理平台上录入图片等资料。

**十五、财务人员管理制度**

61.村会计和街道农村财务管理部门记账会计必须取得“会计从业资格证书”，方可从事会计工作。

62.村会计和街道农村财务管理部门记账会计每年必须参加财政部门组织的业务知识学习和统一考试及上级农村部门组织的业务培训。

63.实行村会计任期制，既要保持村会计队伍相对稳定，又要跨村定期交流。

64.村会计和街道农村财务管理部门记账会计因工作变动离职时，须办理好交接手续，编制交接清单，移交人、接手人、监交人在交接清单上签字。

65.村会计和街道农村财务管理部门记账会计应严格执行各项财经法纪。对违反制度的责任人，酌情扣除干部报酬并追究经济责任;对严重违反制度并造成经济损失者,要按有关法律法规追究直接责任人的经济和法律责任。

**十六、附则**

66.本制度适用范围包括各涉农街道(工业园区、南山联合社区)所属村(涉农社区)集体经济组织。村民(居民)小组参照本制度执行。

67.本制度从发文之日起执行。

## 关于印发《润州区公务用车制度改革总体方案》的通知

镇润办〔2016〕21号

各街道党工委、办事处,各场圃,润州工业园区,南山联合社区,区各部委办局,各人民团体,各直属单位:

经区委常委会研究同意,并报市公务用车制度改革领导小组审核通过,现将《润州区公务用车制度改革总体方案》印发给你们,请结合实际认真贯彻执行。

中共镇江市润州区委办公室
镇江市润州区人民政府办公室
2016年4月1日

## 润州区公务用车制度改革总体方案

为贯彻落实党的十八大和十八届三中、四中、五中全会精神及《党政机关厉行节约反对浪费条例》,改革公务用车制度,规范公务用车运行管理,有效降低行政成本,根据《关于全面推进公务用车制度改革的指导意见》(中办发〔2014〕40号)、《江苏省公务用车制度改革总体方案》(苏车改〔2015〕1号)和《镇江市公务用车制度改革总体方案》(镇车改〔2016〕2号),结合我区实际,特制定本方案。

**一、总体要求和基本原则**

(一)总体要求

按照中央关于厉行节约反对浪费的要求,坚持社会化、市场化方向,改革公务出行保障方式,建立有效保障公务出行、公车运行费用节约可控、公车管理规范透明、监管问责科学有效的新型公务用车制度。

(二)基本原则

1.坚持制度创新,保障公务出行。改革公务用车实物供给方式,取消一般公务用车,普通公务出行方式由公务人员自行选择,实行社会化提供并适度补贴交通费用。从严配备和管理定向化保障的公务用车。

2.坚持统筹协调,注重政策配套。正确处理改革涉及的各方面利益关系,科学制定改革方案和相关配套政策,增强可行性和协调性,确保新旧机制有效转换。

3.坚持面向基层,保障一线工作。改革方案和具体政策向基层倾斜,调动基层一线公务人员工作积极性,为高效优质服务群众创造必要条件。

4.坚持统一部署,分类分步推进。按照中央和省确定的改革要求,率先推进各级党政机关及其所属参公事业单位公车制度改革。非参公事业单位、国有企业待中央、省有关政策出台后,制定改革方案并组织实施。

**二、主要任务**

(一)确定参改范围

1.机构范围:各级党政机关,包括党委、人大、政府、政协机关,审判、检察机关,各民主党派、工商联机关,参照公务员法管理的人民团体、群众团体、事业单位,全部列入改革范围。

在本次车改机构范围之外,上一轮已经先行改革的单位不再改回,按照本方案规范执行;符合本次车改条件而先行改革未参加的单位必须纳入本次车改范围一并实施。

2.人员范围:参改机构内在编在岗的处级及以下工作人员均列入改革范围。区委、区政府主要负责人,允许以适当集中形式提供工作用车实物保障,但应严格规范管理,不得领取公务交通补贴。

参改机构机关工勤编制人员参加机关公务用车制度改革。

在本次车改人员范围之外,已先行实施了车改的人员原则上不再改回；符合本次车改条件而先行车改时未参加车改的人员必须纳入本次车改范围一并实施。

3.车辆范围：取消一般公务用车，保留必要的机要通信用车、应急用车、调研和接待用车、特种专业技术用车，以及符合规定的一线执法执勤岗位车辆和其他车辆。

县处级离退休老干部管理机构服务用车暂不纳入改革范围。但保留数量须按市规定实行总量控制并加强管理，统筹使用。

（二）确定公务交通补贴保障范围和标准

1.公务交通补贴保障范围。对列入公务用车制度改革范围的人员，在润州区、丹徒区、京口区、镇江新区等4区的普通公务出行，由其自行选择出行方式，不再报销公务交通费用。

2.公务交通补贴标准确定办法。公务交通补贴标准按照节约成本、保障公务、便于操作的要求，综合考虑公务出行成本、经济发展水平、社会承受能力、辖区面积、自然地理环境、公务出行次数和距离、行政级别及实际承担的工作职责等因素确定。按照中央、省、市意见和方案要求，在公务用车改革前后节支率达到规定指标的条件下，我区执行不高于中央和国家机关公务交通补贴130%的标准。全区公务人员公务交通补贴按职级在公务交通总费用内确定不同标准。对未参改单位和人员，不得发放公务交通补贴。

根据交通成本等相关因素变化情况，公务交通补贴标准可适时适度进行调整，调整方案须报市政府有关主管部门批准。

上一轮先行车改人员公务交通补贴范围、补贴标准，参照省、市现行车改政策，按照新标准执行；我区非参公事业单位已经先行车改并领取公务交通补贴的人员，按照同职级党政机关公务人员改革后的公务交通补贴标准同步进行规范调整。统一规范衔接时间自2016年1月1日起执行。

3.不同职级和不同地区的公务交通补贴标准。全区参改人员公务交通补贴标准，处级为每月1040元，科级为每月650元，科级以下及机关工勤编制人员为每月500元。允许参改单位根据实际情况，从公务交通补贴中统筹不超过10%的部分，用于增加高出行岗位的补贴。统筹资金的使用要制定具体管理办法，确保公开公平。

区委、区政府主要负责人申请参加车改的，其公务交通补贴可上靠一级，其他人员一律不得上靠。

（三）合理确定并使用定向化保障公务用车编制

1.全区各级机关机要通信用车和应急用车编制。全区机关按照省、市统一核定的总量控制数确定，节约统筹使用。

2.调研和接待用车编制。区委办、区人大办、区政府办、区政协办和区纪委机关可分别适量保留调研和接待用车编制，具体以市控制总量确定，用于保障重要接待任务和领导干部下基层调研。车型以中巴车为主，实行集中管理，统筹使用。各街道、润州工业园区、南山联合社区不得配备调研和接待用车。

3.统筹使用定向化保障车辆编制。全区各级机关保留用车编制，应根据节约、高效的原则，统筹使用、合理配置，以提高公车使用效率和公务保障能力。

（四）稳妥推进执法执勤用车改革

执法执勤部门统一参加公务用车制度改革，其一般公务用车全部纳入改革范围，特种专业技术用车经核定后予以保留。执法执勤用车按现有编制保留70%以内。保留的执法执勤用车严格配备在一线执法执勤岗位，机关内部管理和后勤岗位及机关所属事业单位一律不得配备执法执勤用车。

可以配备执法执勤用车的部门及执法执勤车辆编制由执法执勤用车主管部门按规定严格核定。其他部门实际担负行政执法任务所需用车，原则上由主管部门重新核定编制并创造条件纳入综合执法车辆平台统一保障。

根据中央关于积极推行市县行政执法部门整合的改革要求，执法执勤用车编制核定及使用管理要与此相适应，以提高执法执勤用车保障效率。

执法执勤用车改革后，除特殊需要之外，一般执法执勤用车原则上不再配备专职司勤人员。

执法执勤用车改革，由区财政局专门制定具体实施方案，并组织实施。

（五）公开规范处置取消的公务用车

对取消的一般公务用车和非一线执法执勤用车，由区机关事务服务中心统一规范处置，各部门、单位一律不得自行处置。处置前须委托中介机构进行资产评估，并以评估价作为处置基准价。处置应当采取公开拍卖方式进行，处置结果向社会公开。处置所得收入，扣除有关税费后全部上缴国库。

取消的公车用车处置，由区财政局会同区机关事务服务中心共同制定具体办法并组织实施。

（六）妥善安置司勤人员

列入公务用车改革范围的各级党政机关和参照公务员法管理的事业单位，要根据保留车辆的实际需要，合理设置司勤人员岗位，采取公开、平等、竞争、择优的原则确定人员；未聘用的编制内司勤人员原则上以单位内部安置为主，采取内部转岗、提前离岗等措施妥善安置。依法做好未聘用的其他司勤人员终止、解除劳动关系工作，维护其合法权益。区人社局负责指导参改单位做好司勤人员安置工作，确保改革平稳推进。

司勤人员安置办法，由区人社局牵头研究制定并组织实施。

## 三、健全公务用车管理和保障措施

(一)加强保留的定向保障用车管理

由区机关事务服务中心负责,制订公车管理办法,确定公车使用范围,建立保留用车集中管理平台,公开车辆管理信息,接受社会监督。根据集中管理要求,区机关事务服务中心负责制订保留的定向保障用车使用管理办法,严格核定各类保留用车的编制和标准。公务用车制度改革期间,不得新购车辆,车辆配备应首先从取消车辆中选留符合规定的车辆使用;车辆配备更新时应当优先选用新能源汽车。除涉及国家安全、侦查办案等特殊工作用车外,执法执勤用车应喷涂明显的标识。其他保留用车实行集中管理,并逐步采用卫星定位等技术手段和管理办法,实施有效监督。

(二)创新公务用车保障方式

坚持集中统一管理的原则,区机关事务服务中心要切实加强对留用定向保障公务用车的编制管理、更新购置审批以及定点停放、定点保险、定点维修、定点加油等集中管理制度的落实执行,对公务用车日常使用情况进行检查监督。采取统一集中管理和驻点保障服务相结合的办法,实事求是解决管理和使用的矛盾,方便公务出行。积极探索社会化保障服务的新模式,保障公务活动的高效开展。对执行重大抢险救灾、事故处理、突发事件处置等不可预测的特殊任务,可根据实际情况,另行制定特殊情况下公务用车保障办法。

(三)完善财务管理

党政机关公务交通补贴属于改革性补贴,统一纳入财政预算,在交通费中列支,随工资按月发放给个人,用于保障公务人员普通公务出行。各部门单位要加强财务管理,按照在编在岗公务人员数量和职级核定补贴数额,经有关职能部门审批后按规定程序发放,不得擅自扩大补贴范围、提高补贴标准;不得以交通补贴名义变相发放福利。公车改革后,财政部门要科学完善差旅费用报销及管理办法,搞好政策衔接。

(四)加强公务用车监督检查

所有确定的涉改车辆必须全部纳入改革,做到应改尽改,不得以任何理由、任何形式私自留用。各级各部门不得以特殊用途等理由变相超编制、超标准配备公务用车;不得以任何方式换用、借用、占用下属单位或其他单位和个人的车辆;不得接受企事业单位和个人赠送的车辆;不得以任何理由违反用途使用或固定给个人使用执法执勤、机要通信、应急处置、调研接待等公务用车。公务人员不得既领取公务交通补贴、又违规乘坐公务用车。因应急公务需要使用公车的,需履行审批登记手续并以一定方式公示。纪检监察机关要强化监督检查,及时受理群众举报,依法依纪严肃查处违反公务用车制度改革和公务用车管理的行为,严肃追究相关责任人的责任。审计部门要将改革后公务用车配备和运行维护费用、交通补贴发放、车辆处置情况等纳入日常和专项审计监督。

(五)完善公共交通服务体系

各地要采取有效措施,增加社会化交通产品供给,积极发展适合公务出行的市场化交通定制服务。要及时研究解决公务出行遇到的实际问题,确保改革后公务出行得到有效保障。

## 四、加强组织实施

(一)加强领导,明确责任。公务用车制度改革政策性强、涉及面广、任务艰巨,各地各部门要切实加强领导,严格执行政策,明确工作责任,抓好工作落实。区机关公务用车制度改革工作领导小组负责指导、协调全区公务用车制度改革工作。同时,按照下管一级的原则,指导各地公务用车制度改革。

各相关职能部门要根据公车改革的总体要求,制定相关的配套政策和管理办法,确保车改工作取得实效。

(二)精心组织,扎实推进。各地各部门加强公务用车制度改革工作调研,认真做好公务用车存量情况、前三年公务用车费用情况和司勤人员情况的统计分析工作,为制定本地区车改工作方案提供决策支撑。要周密制定公务用车制度改革方案,明确时限要求,及时解决改革中遇到的新情况新问题新矛盾,确保各项工作落到实处。

区机关公务用车制度改革工作领导小组办公室要切实担负起责任,发挥参谋助手、具体组织协调作用;各参与部门要有担当意识,相互支持,积极配合,有力有序地推进车改各项工作。

(三)加强舆论引导,营造良好氛围。公务用车制度改革是一项引领性改革,涉及公务活动方式、方法转变,也涉及利益关系调整,社会各界高度关注。要切实做好宣传和舆论引导,以及政策解读工作,阐释改革的目的和意义,正确引导社会舆论,及时回应社会关切,使广大人民群众了解、支持改革,努力为改革营造良好氛围和环境。

附件:

1.润州区公务用车制度改革实施办法;

2.润州区执法执勤用车制度改革办法;

3.润州区公务用车制度改革涉及车辆的处置办法;

4.润州区公务用车制度改革中妥善安置司勤人员实施办法;

5.润州区公务出行保障和保留车辆管理办法(试行);

6.润州区公务用车制度改革涉改人员交通补贴发放办法(试行);

7.润州区公务用车制度改革纪律规定。

附件1：

# 润州区公务用车制度改革实施办法

根据《润州区公务用车制度改革总体方案》，特制定本实施办法。

**一、总体目标和要求**

严格按照中央、省、市公务用车制度改革总体部署，围绕建设节约型、廉洁型机关，坚持社会化、市场化方向，改革公务出行保障方式，建立有效保障公务出行、公车运行费用节约可控、管理规范透明、监管问责科学有效的新型公务用车制度。全区公务用车制度改革于2015年底前实施。

列入改革的单位，取消一般公务用车，保留必要的定向保障用车；实行普通公务出行的货币化保障办法；执法执勤用车严格限制一线执法执勤岗位配备；建立和完善集中管理、统筹使用的公务用车管理制度。

**二、改革的主要任务**

（一）参改范围

1.机构范围：各级党政机关，包括党委、人大、政府、政协机关，审判、检察机关，工商联机关，参照公务员法管理的人民团体、群众团体、事业单位。

2.人员范围：参改单位中在编在岗的处级及以下工作人员。区委、区政府主要领导允许以适当集中形式提供工作用车实物保障。

3.车辆范围：参改单位一般公务用车和执法执勤用车全部列入改革范围。

县处级老干部服务用车暂不纳入改革范围，按照原渠道服务保障，但必须规范管理，统筹使用。

（二）严格保留车辆的编制管理

1.机要通信、应急用车编制：按照市统一明确的总量控制数确定，总数控制在35辆以内（含润州国土分局1辆），统筹安排使用。对在区政府大院内集中办公的单位不再分别核定保留车辆编制，由区机关事务服务中心实行集中统一管理和使用；对在区政府大院以外分散办公的单位，原则上每个部门核定1~2辆编制。

2.调研和接待用车编制：区委办、区人大办、区政府办、区政协办和区纪委机关保留部分调研和接待用车编制，其他部门原则上不再配备调研和接待用车编制，总数控制在10辆以内。调研接待用车配置以中巴车为主，实行集中管理。

3.老干部服务机构服务用车编制：按照市统一明确的总量控制数确定，总数控制在5辆以内。

4.执法执勤用车和特种专业技术用车编制：按照市统一明确的总量控制数确定，总数控制在35辆以内。

（三）普通公务出行实行货币化保障

1.保障范围。全区参加车改的人员，在润州区、丹徒区、京口区、镇江新区范围内的普通公务出行，不再提供公务用车实物保障，不再报销公务交通费用。

2.公务交通补贴层级及标准。全区公务交通补贴划分3个层级档次，每人每月具体补贴标准为：处级1040元，科级650元，科级以下及在编工勤人员500元。

3.公务交通补贴发放程序。参改单位按照规定准确核对本单位参改人员信息，汇总各职级人数，填写公务交通补贴审批表，经单位主要负责人签字并加盖公章后，由区委组织部、区编办、区人社局、区财政局审核，报区机关公务用车制度改革工作领导小组办公室审批。审批通过后，按相关程序进行发放。

上一轮已车改并领取公务交通补贴的非参公事业单位，同步汇总本单位已车改并领取公务交通补贴人员信息，按照上述程序进行审批并发放。

4.高出行岗位可适当增加补贴。为保障高出行岗位的公务活动需要，各参改单位可根据实际情况，在单位公务交通补贴总额内集中部分公务交通补贴统筹使用，统筹比例原则上不超过补贴总额的10%。统筹资金使用要公开透明，具体管理办法由各单位自行制定。实施高出行岗位增加补贴的单位，要向区机关公务用车制度改革工作领导小组办公室报送统筹使用管理办法，经领导小组审批后实施。

（四）执法执勤用车改革

全区允许保留执法执勤用车的部门为区纪委（监察局）、区法院、区检察院、区司法局、区交通运输局、区农委、区市场监管局、区食药监（餐饮监督）等8个部门，其车辆编制按有关规定确定。其他10个部门，即区水利局（水政监察）、国土润州分局、区人社局（劳动监察）、区环保局（环境监察）、区科技局、区城管局（城管执法）、区安监局（安全生产）、区物价局，按实际担负行政执法任务所需保留用车数量，由区财政局重新核定编制确定。

保留的执法执勤用车，须严格配备在一线执法执勤岗位，机关内部管理和后勤岗位以及机关所属事业单位一律不得配备执法执勤用车。条件成熟的，统一纳入区保留用车集中管理平台统一管理，并接受区纪委的全过程监督检查。

保留执法执勤用车的机构，保留车辆超过现有编制60%的，每多保留1辆车按每年6万元扣减单位公务交通补贴。保留比例超过现有编制90%的单位,不得发放公务交通补贴。

执法执勤用车改革后,除特殊需要之外,不再配备专职司勤人员。

因上一轮车改中,上述部分单位已全部取消一般公务用车和执法执勤用车。上述单位若执法执勤确需配备用车的,需向区机关公务用车制度改革工作领导小组提出申请。在此次车改中,上述单位的执法执勤用车配备可在取消的一般公务用车中选留,但必须严格执行中央、省、市有关党政机关公务用车配备使用管理实施办法之规定,不得超标准配备使用。同时,积极探索综合执法车辆集中管理平台统一保障的新模式,由区机关事务服务中心根据相关单位需要统一调配执法执勤车辆使用。

执法执勤用车改革由区财政局牵头负责按方案要求实施,具体见《润州区执法执勤用车制度改革办法》。

**三、车辆处置**

因我区2013年底已进行了公务用车改革试点,大部分涉改单位的一般公务用车已处置结束。

凡符合本次车改条件而上一轮车改时未参加车改的机构,以及已实施车改但在上一轮车改中允许保留公务用车的机构,其单位的公务用车及其车辆档案等资料原则上要按程序统一交区机关事务服务中心,并在2015年12月31日前停驶封存,纳入区保留用车集中管理平台统一管理。具体操作办法由区财政局、区机关事务服务中心负责,由区机关公务用车制度改革工作领导小组办公室审核。

在本次车改中,如遇超标准配置和超编制数等原因须取消的公务用车(含执法执勤用车),取消车辆的处置,按《润州区公务用车制度改革涉及车辆的迟滞办法》实施。

**四、司勤人员安排**

全区各单位公务用车制度改革中涉及司勤人员的安置工作,由区人社局牵头负责,按《润州区公务用车制度改革中妥善安置司勤人员实施办法》实施。

**五、建立和完善公务用车集中管理制度**

按照省、市车改方案要求,区机关事务服务中心应建立保留用车集中管理平台,负责保留车辆的统一管理、统筹使用和调度管理。

区派驻定向化保证车辆的单位要根据《润州区公务出行保障和保留车辆管理办法》,制定具体的公务用车管理制度,并落实管理责任,加强规范管理。区公务用车主管部门要切实加强监督,确保公务用车管理各项制度得到切实执行。

**六、改革的组织实施**

(一)加强组织领导。全区公务用车制度改革,在区机关公务用车制度改革工作领导小组统一领导下开展相关工作。各参改单位要高度重视,主要领导要亲自负责,并明确分管领导具体负责,并按照《实施办法》要求,在规定的时间内报送相关材料,上交公务用车。区委组织部、区纪委、区编办、区人社局、区财政局、区机关事务服务中心、区车改办等单位要按照《总体方案》和《实施办法》的要求,履行职能,做好相关工作。

(二)严肃改革纪律。参改单位要严格遵守车改工作纪律和有关政策,单位和个人不得以特殊用途等理由变相超编制、超标准配备公务用车,不得以任何方式换用、借用、占用下属单位或其他单位和个人的车辆,不得接受企事业单位和个人赠送的车辆,不得以任何理由固定给个人使用执法执勤、机要通信等公务用车,不得以公务交通补贴名义变相发放福利。公务人员不得既领取公务交通补贴,又违规乘坐公务用车。区纪委要加强对公车改革工作的全过程监督检查,对改革中发现的各种违规行为,按照相关政策法规坚决严肃处理。

(三)注重宣传引导。各有关部门要切实加强新闻宣传和舆论引导工作,广泛宣传公务用车制度改革目的意义、有关政策、经验和成效,及时回应社会关切,使广大公务人员和人民群众了解、支持公务用车制度改革,努力为改革创造良好舆论氛围和社会环境。

本实施办法自发文之日起执行,《关于全区机关公务用车制度改革的实施意见》(镇润办〔2013〕56号)同步废止。

本实施办法由区公务用车制度改革工作领导小组办公室负责解释。

附:全区参改单位工作人员公务交通补贴审批表(略)

附件2：

# 润州区执法执勤用车制度改革办法

**第一条** 为积极稳妥有序推进全区执法执勤用车制度改革，进一步规范执法执勤用车管理，根据《润州区公务用车制度改革总体方案》制定本办法。

**第二条** 执法执勤用车是指按法律法规规定，经批准允许党政机关配备用于执勤、监管、稽查、办案等公务的专用机动车辆，分为一般执法执勤用车和特种专业技术用车两类。一般执法执勤用车是指用于执法执勤公务的普通车辆，特种专业技术用车是指需要长期固定装载特殊专业技术设备用于特种专业执法执勤的车辆。

**第三条** 全区各级机关执法执勤用车纳入公务用车改革范围。

允许保留执法执勤用车的部门（系统）为：中央和省确定的纪委（监察）、检察、法院、司法、交通运输、农委、市场监督、食药监（餐饮监督）等8个部门（系统）；根据地方职能需要，并有省及省以上行政机关文件明确，可配置执法业务用车的水利（水政监察）、国土、人社（劳动监察）、卫计（卫生监督）、环保（市环境监察）、住建（城建监察）、科技、城管（城管执法）、安监（安全生产监察）、物价等10个部门（系统）。

**第四条** 执法执勤用车配备遵循保障公务、经济实用、编制控制、管理规范的原则，严格限制在一线执法执勤岗位，机关内部管理和后勤岗位以及机关所属事业单位一律不得配备。

**第五条** 配备执法执勤用车单位，在现有的执法执勤用车编制（执法执勤特种专业技术用车除外）基础上，须根据职能、机构和一线执法执勤岗位等因素，以及本办法相关条款规定，研究提出本部门保留和取消的车辆数量，向当地财政机关提出保留车辆申请，说明保留理由，并附全部车辆的品牌、型号、牌照号、车架号、使用年限、行驶里程等信息，由区财政局审核后报区机关公务用车制度改革工作领导小组审定。

**第六条** 省明确的8个部门可以保留的一般执法执勤用车数量，以不超过现有执法执勤用车编制数减去保留的特种专业技术用车的70%；其它具有执法职能的部门单位可以保留的执法业务用车数量，不超过现有编制数的60%，只有1台一般执法执勤用车的，经单位申请，区财政局审核后报区机关公务用车制度改革工作领导小组审定，可以保留1台。各地根据节支率等因素在上述范围内确定实际保留车辆数，可足额发放交通补贴。

**第七条** 区财政局根据核准的一般执法执勤用车保留数量，确定各单位扣减的公务交通补贴。保留执法执勤用车数少于或等于编制数60%的单位，不扣减单位公务交通补贴；超过60%的单位，每多保留1辆车，每年按6万元扣减部门公务交通补贴。保留比例超过编制数90%的部门，不得发放公务交通补贴。

特种专业技术用车不扣减公务交通补贴。

**第八条** 配备执法执勤用车单位应明确落实内部使用执法执勤用车具体部门，严格遵循在执行公务时使用执法执勤用车规定，严禁以任何理由挪用或固定给个人使用执法执勤用车，不得以任何方式换用、借用、占用其他单位或下属单位执法执勤用车，不得既领取公务交通补贴、又违规乘坐执法执勤用车。

**第九条** 执法执勤用车外观应当喷涂相应规定的外观制式。涉及国家安全、办案保密要求，不喷涂外观制式的，应当经市财政局核准，并单独登记管理。所有执法执勤用车应当统一登记建账，由单位集中管理，统一调度，提高使用效率。

中央、省明确的8个部门以外的其它具有执法业务职能部门保留的执法业务用车，在条件具备时，建立跨部门综合执法用车平台，统一管理，共享使用。

**第十条** 非执法执勤的紧急公务和特殊情况下使用执法执勤用车，必须履行报备、登记、审核等手续，以备查验。

**第十一条** 执法执勤处置取消车辆严格按照《润州区公务用车制度改革涉及车辆的处置办法》规定，集中处置。处置收入抵扣相关税费后按照非税收入管理有关规定上缴财政。

**第十二条** 执法执勤用车更新购置、使用管理严格按照相关规定要求执行。除涉及保密等要求的执法执勤用车外，应当建立公示制度，接受有关方面和社会监督。

**第十三条** 执法执勤用车改革后，原则上不配专职司勤人员。如需配备专职司勤人员，应报区机关公务用车改革工作领导小组办公室批准。

**第十四条** 区纪委、区财政局、区机关事务服务中心、区审计局对执法执勤用车配备、使用和交通补贴发放等改革情况进行监督检查，对违反相关规定的行为，依照党纪政纪及其他有关规定处理。

**第十五条** 本办法由区财政局会同区机关事务服务中心、区人社局等有关部门负责解释。

**第十六条** 本办法自发布之日起施行。

附件3：

## 润州区公务用车制度改革涉及车辆的处置办法

根据《润州区公务用车制度改革总体方案》精神，确保公务用车制度改革顺利完成，防止国有资产流失，根据我国相关法律法规和省、市相关政策，结合我区实施情况，制定本办法。

**一、基本原则**

1.合法、合规原则。在公车处置工作中，应当严格遵守国家相关法律法规、规章，坚持合理、优化、节约的原则，不得侵害国家和其他各方的合法权益。

2.坚持依法评估，竞价出售的原则。严格执行国有资产处置法律、法规和相关政策，切实履行法律程序，依法操作，规范运行，做到公开、公平、公正。

3.资产价值最大化原则。根据资产处置的实际状况，在不低于评估价的基础上，最大限度实现资产价值的最大化。

4.高效有序原则。在公车处置过程中，应提高工作效率，加快处置进度，保证资产处置工作有条不紊地进行。

**二、公车处置依据**

1.《关于全面推进公务用车制度改革的指导意见》(中办发〔2014〕40号)和省、市、区《公务用车制度改革总体方案》。

2.《省级行政事业单位国有资产处置管理暂行办法》(苏财规〔2011〕27号)。

3.《镇江市市级机关公务用车制度改革涉及车辆的处置办法》。

**三、公车处置的方式和方法**

根据我区实际，处置车辆进行分类处置：

1.报废。经审核符合报废条件实施报废处置的车辆，由车辆所在单位报区机关事务服务中心办理报废手续。

2.拍卖。经审核实行拍卖的车辆，由区车改办、区机关事务服务中心委托拍卖机构组织公开拍卖。

公车拍卖的方法和步骤：

(1)公车评估。对取消的公务用车，委托中介机构进行资产评估，以评估价作为处置基准价，采取公开拍卖的方式进行处置，处置结果向社会公开。

(2)发布公告。与有资质的拍卖公司共同组织进行，借助拍卖市场的平台发布公告信息，征集受让人。

(3)公开拍卖。委托有资质的拍卖公司对公车进行公开拍卖。

(4)移交过户。拍卖成交后由公车所有单位提供过户相关资料，竞买人交纳过户保证金并在规定期限内通过市二手车交易市场进行过户。

(5)收入管理。车辆处置收入按照非税收入管理有关规定上缴财政。

(6)监察监督。此次公车处置由区纪委、区财政局、区物价局等部门进行全程参与，全程跟踪，全程指导，全程监督，严禁暗箱操作，防止国有资产的流失。

本办法由区机关事务服务中心负责解释。

附件4：

## 润州区公务用车制度改革中妥善安置司勤人员的实施办法

为妥善安置全区机关公务用车制度改革中的司勤人员，保障公务用车制度改革平稳顺利实施，根据国家、省和市公务用车制度改革政策规定和《润州区公务用车制度改革总体方案》，制定本实施办法。

**一、安置范围**

本实施办法所称司勤人员，是指在全区机关及其所属参照管理事业单位涉改公务用车司机、维修等岗位上工作，与用人单位建立人事劳动关系的工作人员。

**二、安置原则**

(一)坚持以人为本、分类安置。坚持从单位实际出发，针对司勤人员的不同情况，实行分类安置，保障司勤人员合法权益，妥善做好工作年限长、年龄大的司勤人员的安置工作。

(二)坚持公开透明、规范实施。严格依据国家、省和市有关政策规定，采取公开平等、竞争择优、综合考评等方式确定上岗人员，确保过程公开透明、方法科学民主、结果干部群众认可。

(三)坚持因地制宜、积极稳妥。落实各部门各单位的安置工作责任，坚持内部消化为主，多种安置方式并行，不能将人员简单推向社会，确保安置工作平稳有序。

**三、保留公务用车司勤人员的选配**

因上一轮车改过程中，各参改单位的司勤人员均已得到妥善安置。对于符合本次车改条件参改单位的司勤人员，按照公开、平等、竞争、择优的原则，由区机关事务服务中心在现有在册正式司勤人员中，采用公开条件、竞聘上岗等方式确定上岗人员，并安排在保留的机要通信用车、应急用车、调研和接待用车的司勤保障上，但原则上上述用车不再配备专职司勤人员。

**四、其他司勤人员的安置方式**

（一）内部转岗。各部门各单位根据工作需要，对未聘用的在册正式司勤人员，开展转岗培训，安排到机关所需要的相关岗位从事辅助性工作，或转岗到本系统其他单位工作。转岗到事业单位的，按事业单位岗位设置管理的规定，聘用到事业单位空缺的工勤岗位。本系统所属事业单位无空缺工勤岗位的，可在编制限额内一次性超岗聘用，今后逐步消化。对于内部转岗和新设岗位需要转岗培训的司勤人员，可参加同技术等级的转岗培训，考核合格后颁发相应岗位技术等级证书，今后在晋升岗位技术等级时，原工种工作年限与现工种工作年限可连续合并计算。

（二）开辟新岗。各部门各单位根据工作需要，可结合司勤人员政治素质和能力水平，在相关政策框架内开辟新的就业岗位，促进司勤人员在单位内部继续就业。

（三）提前离岗。对2015年12月31日前距国家法定退休年龄不足5年的在册正式司勤人员，经本人申请，单位同意，可以提前离岗。提前离岗人员应填写《润州区公务用车制度改革司勤人员提前离岗备案表》，按惯例权限报组织人社部门审核备案。离岗期间原则上工资福利等基本待遇不变；单位和个人继续按规定缴纳各项社会保险费，达到国家法定退休年龄时，及时办理退休手续。

（四）终止、解除聘用合同或劳动合同。对已订立聘用合同或劳动合同的司勤人员，合同到期终止或双方协商一致解除的，用人单位应当按照《国务院办公厅转发人事部〈关于在事业单位试行人员聘用制度意见〉的通知》（国办发〔2002〕35号）、《江苏省事业单位人员聘用制暂行办法》（苏政办发〔2005〕123号）和《镇江市事业单位人员聘用制实施办法》（镇政人〔2004〕45号）或劳动合同法律法规有关规定支付经济补偿。未订立聘用合同或劳动合同的司勤人员，解除人事劳动关系的经济补偿参照解除聘用（劳动）合同的规定执行。

对解除人事劳动关系的司勤人员，进入事业单位、企业工作的，按照《国务院关于机关事业单位工作人员养老保险制度改革的决定》（国发〔2015〕2号）、《国务院办公厅关于引发机关事业单位职业年金办法的通知》（国办发〔2015〕18号）和《关于职工在机关事业单位与企业之间流动时社会保险关系处理意见的通知》（劳社部发〔2001〕13号）等有关规定，办理社会保险关系接续手续。参加失业保险并符合享受失业保险待遇条件的，由参保所在地失业保险经办机构负责按规定落实失业保险待遇；未参加失业保险的，由所在部门、单位参照当地失业保险金标准及享受期限给予一次性补偿。

（五）做好相关工作

1.在册正式司勤人员不能满足单位保留公务用车用人需求时，可在本单位非在册司勤人员中择优聘用。

2.借调、退休返聘的司勤人员，由所在部门、单位予以退回或终止返聘。

3.劳务派遣司勤人员，由所在部门、单位与劳务派遣机构按照劳务派遣协议和相关政策规定办理。

4.在公务用车制度改革期间，涉改单位不再新进司勤人员，不再办理司勤人员流动手续。

5.公务用车改革中失业的司勤人员，由公共就业服务机构提供就业服务和免费的就业创业培训，按照规定享受就业创业的相关政策。

**五、组织实施**

（一）成立工作机构。成立润州区公务用车制度改革司勤人员安置专项小组，由润州区人力资源社会保障局相关部门人员组成，在润州区机关公务用车制度改革工作领导小组领导下，负责司勤人员安置的统筹协调工作。各部门各单位也要成立工作小组，具体负责司勤人员的安置工作。

（二）拟定安置方案。各部门各单位要根据润州区公务用车制度改革的总体部署，在深入调查研究、广泛听取意见的基础上，研究制定司勤人员安置方案，报经润州区公务用车制度改革司勤人员安置专项工作小组审核后施行。

（三）规范组织实施。各部门各单位在具体实施中，要制定应急预案，周密安排，严格执行方案确定的基本程序和主要内容，加强各环节工作的监督检查。要耐心细致地做好政策宣传解释工作，让司勤人员享有充分的知情权和参与权，确保安置工作公开透明、顺利实施。

本实施办法由润州区人力资源社会保障部门负责解释。

附《润州区公务用车制度改革司勤人员提前离岗备案表》（略）

附件5：

# 润州区公务出行保障和保留车辆管理办法(试行)

根据《润州区公务用车制度改革总体方案》以及公务用车管理相关规定，制定本办法。

区级各单位公务出行活动和车辆管理适用本办法。

**一、公务出行保障**

1.本办法所称公务出行保障，是指公务用车制度改革后，公务人员公务出行的保障。

本办法所称保留车辆，是指公务用车制度改革后，各单位按规定可以保留的车辆，包括机要通信用车、应急用车、接待调研用车及其他车辆。

2.公务出行要坚持节约环保、便捷高效、管理规范，严格执行有关规定。

3.公务出行试行分类保障。

在镇江城区丹徒区、京口区、润州区、镇江新区以内出行，普通公务由发放公务交通补贴费用保障，应急等特殊公务经批准可使用保留车辆保障。

市内其他地区公务出行，优先选用公共交通，按区级机关差旅费管理办法报销交通费用；应急等特殊公务经批准使用保留车辆的，不再报销出差市内交通补贴；实行定额交通补贴办法的按定额办法执行。

市外公务出行一般不得使用保留车辆，由公共交通保障，按照区级机关差旅费管理办法报销交通费用。

4.凡紧急公务使用保留车辆，需及时补办报备、审核等相关手续。

**二、保留车辆编制管理**

5.机要通信、应急用车。区级机关按照市统一明确的机要通信和应急用车编制，统筹安排使用。对区政府大院内集中办公的单位不再分别核定车辆编制，由公务用车管理主管部门实行集中统一管理；对区政府大院以外分散办公的单位，原则上每个部门核定1~2辆编制。

机构职能应急任务重的部门经批准可在总编制内适当增加应急公务用车编制。

6.党政机关所属事业单位不得配备机要通信、应急用车。

7.调研接待用车编制。区委办公室、区人大办公室、区政府办公室、区政协办公室和区纪委保留部分调研和接待用车编制。其他部门原则上不再配备调研和接待用车编制。

8.特种专业技术用车。按有关政策规定和特殊工作用途需要配备。

9.执法执勤用车。一线岗位配备执法执勤用车编制按国家有关规定核定。机关内部管理和后勤岗位及机关所属事业单位一律不得配备执法执勤用车。

**三、保留车辆配备标准**

10.机要通信用车配备标准为排气量1.6升，价格12万元以内。

11.应急公务用车配置标准为1.8升，价格18万元以内；根据需要可在编制内配备排气量3.0升，价格25万元以内的商务车。

12.一般执法执勤用车配备标准为排气量1.6升，价格12万元以内。确因工作需要，可以配备少量排气量1.8升(含)以下，价格18万元以内的轿车或者其他小型客车。

13.调研接待用车原则上以商务车、面包车为主。

14.特种专业技术用车执行行业政策规定配置标准。

**四、保留车辆使用管理**

15.各单位保留车辆实行统一管理、统筹使用和调度管理，并制定具体管理制度，明确具体使用范围，落实具体管理责任。严禁既领取公务交通补贴，又违规乘坐公务用车。

16.普通公务活动不得使用执法执勤用车。紧急公务使用执法执勤用车应严格执行执法执勤用车使用管理规定。

17.除涉及国家安全、侦察办案等有保密要求的特殊工作需要外，执法执勤用车一律喷涂明显的统一标识。

18.保留车辆号牌实行固定号段管理，并向社会公开，接受社会监督。

19.保留车辆的加油、维修、保养、保险，按区级机关政府采购规定执行。各单位要建立安全、节约用车的考核制度，实行单车核算，并每年公示考核情况。

20.派驻定向化服务保障用车的单位，在使用管理重出现违纪违规等问题，公务用车主管部门将不予派驻定向化保障用车进行保障。

21.保留车辆使用范围

(一)机要通信用车使用范围

(1)密码电报、内部明电传输、办理、呈送。

(2)密码电报管理及全市办公自动化和计算机信息网络有关加密方案、技术防范检查指导。

(3)参与或组织严重涉密事件查处等公务。

(二)调研接待用车使用范围

(1)核定调研接待用车的部门、单位领导下基层调研活动。

(2)迎接上级领导、机关及省内外党政机关考察团视察、调研等重要接待活动。

(3)承办上级安排在镇组织开展的重大会议、重要活动中的接待活动。

(三)特种专业技术用车使用范围

按照特种专业技术用车的性质进行使用。

(四)执法执勤用车使用范围

(1)侦查、办案、监察、稽查、税务征管等司法活动。

(2)行政执法执勤部门行政执法活动。

普通公务活动不得使用执法执勤用车。紧急公务使用执法执勤用车应严格执行执法执勤用车使用管理规定。

应急用车使用,按省明确使用范围后严格执行。

**五、保留车辆的处置与更新**

22.保留车辆报废更新实行审批管理。执法执勤用车由区财政局审批,其他车辆由区机关事务服务中心审批。

(1)保留车辆符合处置条件的,应按照公开拍卖或直接报废的办法进行处置。

(2)保留车辆使用年限超过8年的可以更新。符合更新条件仍能继续使用的应当继续使用。

(3)处置旧车更换新车的,应当在购车前按规定办理旧车处置手续。

23.保留车辆符合处置条件的,应按照公开拍卖或直接报废的办法进行处置。

24.保留车辆使用年限超过8年的可以更新,符合更新条件仍能继续使用的应当继续使用。

25.保留车辆的报废更新实行审批管理。其中,执法执勤用车由区财政局审批,其他车辆由区机关事务服务中心审批。

26.保留车辆配备更新实行计划管理。保留车辆派驻保障的部门(单位)在每年9月底报送下年度车辆更新计划。区机关事务服务中心会同区财政局按照配备更新标准和车辆状况,编制年度车辆配备更新计划。财政部门根据年度保留车辆配备更新计划,统筹安排购置经费,并实行严格管理。

**六、公务出行保障经费管理**

27.区级机关公务出行保障经费统一纳入区财政预算,其中,根据保留车辆编制核定情况,运行费用列入相关部门预算。集中管理平台的应急公务车辆费用,由区财政局另行核定。

28.编制内车辆的新增和更新购置费用由区财政实行预算管理。

**七、其他**

29.纪检监察、审计机关对公车使用管理实行监督,对违规违纪情况要及时查处,并予以通报。

30.本办法由区机关事务服务中心、区财政局负责解释。

31.本办法自发布之日起执行。

附件6:

## 润州区公务用车制度改革涉改人员交通补贴发放实施办法(试行)

**第一条** 为积极稳妥地做好润州区公车改革公务交通补贴发放工作,根据《润州区公务用车制度改革总体方案》制定本实施办法。

**第二条** 公务交通补贴发放范围为参改的党政机关和参照公务员管理的人民团体、群众团体、事业单位在编在岗人员。

对未参改单位和人员,不得发放公务交通补贴。

**第三条** 对参改的人员适度发放公务交通补贴,在镇江市区,含京口区、润州区、丹徒区、镇江新区内公务出行,由其自行选择出行方式,不再报销公务交通费用。

**第四条** 发放公务交通补贴后,赴公务交通补贴保障范围之外的因公出行,参照《镇江市市级机关差旅费管理办法》报销相关费用。

**第五条** 按照节约成本、保证公务、便于操作、简化档次的要求,合理确定各职级工作人员公务交通补贴标准。具体为:县处级每人每月1040元,科级每人每月650元,科级以下每人每月500元。

**第六条** 为保障高出行岗位公务出行,各参改单位可根据实际情况,从公务交通补贴中划出一定比例作为单位统筹部分,集中用于解决不同岗位之间公务出行不均衡等问题,比例原则上不超过单位补贴总额的10%。统筹资金使用要公开透明,具体管理办法由各单位自行制定,管理办法须报区机关公务用车制度改革工作领导小组办公室审批后实施。

**第七条** 公务交通补贴属于改革性补贴,统一纳入财政预算,在交通费中列支,按月发放。

**第八条** 各参改单位要加强财务管理,按照在编在岗公务员数量和职级核定补贴数额,严格公务交通补贴发放,不得擅自扩大补贴人员范围、提高补贴标准。

**第九条** 各参改单位根据区公务用车改革方案要求,形成本单位公务交通补贴具体方案,准确核定本单位参改人员信息,汇总各职级人数,编制公务交通补贴汇总表,并提供相关事项说明,经单位主要负责人签字后,由区委组织部、区编办、区人社、区财政部门审核,报区机关公务用车制度改革工作领导小组办公室审批。

**第十条** 干部职级变动的,自发文次月起,相应调整交通补贴标准。凡调离本单位、本部门或离岗退养、退休的,自办理手续的次月起,停发交通补贴。

**第十一条** 经组织批准同意,去外地出差、脱产学习、病事假或其他原因离岗天数在3个月以内的,可全额补贴;超过3个月的,停发离岗期间交通补贴。

**第十二条** 因违法被司法机关采取强制措施而离岗的,停发离岗期间的全部交通补贴费。

**第十三条** 区纪委、区审计局、区财政局对公务交通补贴发放情况进行监督检查,对违反相关规定的行为,依照党纪政纪及其他有关规定处理。

**第十四条** 本实施办法由区财政局会同区机关事务服务中心、区人社局负责解释。

附件7:

## 润州区公务用车制度改革纪律规定

为顺利推进全区公务用车制度改革,防止公务用车制度改革违纪违规问题发生,根据《中国共产党纪律处分条例》,以及《关于全面推进公务用车制度改革的指导意见》(中办发〔2014〕40号)和省、市、区《公务用车制度改革总体方案》的精神,特制定本规定。

一、参改单位必须严格执行《润州区公务用车制度改革总体方案》,切实加强组织领导,明确责任分工,扎实抓好车改工作落实。同时,要增强大局观念,强化组织意识,严明财经纪律,坚决防止弄虚作假、谋取不当利益。

二、参改单位不得随意扩大或缩小涉改人员范围,不得随意变更公务用车使用权属及公务用车号牌、擅自留置转移和添置更新车辆,不准自行处置公务用车、突击进行非正常装潢、维修或调整配置,严禁拆卸涉改车辆的设备、装饰、零件。

三、参改单位在车辆上缴期间,不得以任何借口拒绝提供公车证照及相关资料,不得拖延封车、交车时间,要严格按照区车改办的安排将公务用车进行集中停放并封存。

四、参改单位车辆在封存之前发生的相关费用须在车改实施之日登记入册,在车改后的次月底前入账报结。财务结算部门要认真履行监管职责,严格把关,不符合规定的费用一律不予报销。公务用车上缴前,参改单位要备齐机动车登记证、行驶证、购车凭证、购置附加费(税)证、交强险单、组织机构代码证等材料,以及随车工具,确保资料手续齐备,同时,做到无违章记录、年检有效期需在3个月以上,确保车辆上缴时顺利交接。

五、参改单位必须严格执行中央、省、市、区关于党政机关公务用车配备使用管理有关规定和区车改办按照上级政策规定编报的保留用车编制标准,不得以任何特殊用途等理由变相超编制、超标准配备公务用车。

六、参改单位不得以任何理由固定给个人使用执法执勤、机要通信、应急公务等公务用车;参改单位和参改人员不得以任何方式换用、借用、占用下属单位或其他单位和个人的车辆,以及接受企事业单位和个人赠送的车辆。下基层工作不得要求对方派车接送。

七、参改人员公务交通补贴标准以本人职务任命文件为依据。参改单位要严格按照《润州区公务用车制度改革实施办法》要求发放公务交通补贴,不得随意提高或降低补贴标准。要严格核定补贴发放人员,若发生人员增减、职务变动等情况需要调整公务交通补贴的,要按正常程序批报。不得以公务交通补贴名义变相发放福利,公务人员不得既领取公务交通补贴、又违规乘坐公务用车。

八、参改人员不准利用职权和工作之便到下属单位或其他单位报销或索要应由个人承担的车船使用税、年检费、保险费、油料费、修理费、过路(桥)费、停车费等费用。不准为节约个人交通费用而影响公务、拖延工作。

九、凡违反公务用车制度改革有关规定的,必须给予相应的组织处理或纪律处分。情节较轻的,给予当事人批评教育、诫勉谈话、作出书面检查,并扣发个人1~3个月的公务交通补贴;情节较重的,给予当事人通报批评、待岗处置,并扣发个人4~6个月的公务交通补贴;违反党纪政纪的,按照党纪政纪的有关规定给予纪律处分;涉嫌违法犯罪的,移送司法机关处理。

十、本纪律规定的执行情况,由区纪委、监察局负责进行监督检查。各纪检监察组织要切实履行职责,定期检查,及时将执行纪律情况上报区纪委、监察局。

十一、本规定适用于参改单位和参改人员,各单位、各部门可参照本规定制定实施细则。

十二、本规定由区纪委、监察局负责解释。

十三、本规定自下发之日起施行。

# 关于印发《润州区外围街道清扫保洁市场化作业质量考核办法》的通知

镇润政办〔2016〕49号

各街道办事处，润州工业园区管委会，区各有关部门：

《润州区外围街道清扫保洁市场化作业质量考核办法》已经区政府同意，现印发给你们，请认真组织实施。

镇江市润州区人民政府办公室

2016年8月30日

## 润州区外围街道保洁市场化作业质量考核办法

为切实加强我区外围街道的清扫保洁、“小广告”清除等市场化作业工作的管理，培育和优化环卫作业市场，不断完善环境卫生长效管理机制，提升清扫保洁市场化全覆盖作业服务质量，根据行业相关标准、规范和市考评考核要求，结合我区实际，特制定本考核办法。

**一、考核依据**

以《江苏省城市环境卫生作业服务质量标准》《镇江市城市环境卫生作业服务质量标准》标书合同相关内容为依据，进行全面的作业质量综合考核。

**二、考核主体**

以街道（园区）为管理考核主体，并采取“区+属地”两级“双控双考”的联合考核方法，由区城管局协同各街道（园区）进行日常考核工作。各街道（园区）需明确一名分管领导，并指定一名及以上人员负责日常巡查、考核、记录。

**三、考核对象**

具有相应的环卫作业资质，经公开招投标，在我区从事外围街道清扫保洁的市场化中标企业。

**四、考核内容**

1.作业范围内的道路路面清扫保洁，道路护栏清洗，小广告清除，道路绿化保洁，道路两侧垃圾收集容器管护（含消杀），道路两侧生活垃圾、无主建筑装潢垃圾和废弃杂物清运。

2.作业范围内的背街小巷（村）地面清扫保洁，绿化保洁，小广告清除，垃圾收集容器管护（含消杀），背街小巷范围内的生活垃圾、无主建筑装潢垃圾和废弃杂物清运。

具体内容和评分标准按照《镇江市京口、润州区涉农街道环卫作业质量考核评分标准》执行。

**五、考核方式**

采取区、属地两级双控双考，分级负责。实行每日巡查、随机督查相结合，按月考核。

（一）日常巡查考核

日常巡查以属地为主，区城管局为辅助。各街道（园区）对本区域范围内日常巡查发现的卫生保洁问题及时督促保洁公司整改，并按格式要求填写考核扣分记录。

（二）随机督查考核

督查考核由区城管局执行，定期不定期对属地保洁质量进行检查，发现问题督促属地会同保洁公司进行整改。检查考核记录作为对属地环境卫生管理考评和相应保洁公司考评扣分的依据。

**六、考核评分**

1.考核分值

将一个标段作为一个考核单元，每月考核分值为100分，对检查发现的问题按考核细则进行扣分。

2.计分办法

每个标段考核得分=100分-（属地扣分×百分比+城管局扣分×百分比）

各单位具体所占比例参照《外围街道市场化保洁各街道考核分值比例表》

各街道（园区）于次月5日前将上月的巡查考核扣分记录表提交到区城管局，与城管局的考核一起按权重比形成保洁公司的月度考核扣分。

**七、考核兑现**

1.考核基数为：中标价的10%。

2.扣罚分分值为：中标价×10%÷12个月÷100分

3.每月的兑现服务费为：中标价×95%÷12个月-扣分金额。

每月由区城管局汇总上报考核结果，由区财政审核后直接拨付保洁公司（另5%由市考核兑现）。

本办法自2016年9月1日起试行，请各有关单位对照标准，遵照执行。本办法未尽事宜，另行研究商定。

附件：

1.镇江市京口、润州区涉农街道环卫作业质量考核评分标准

2.外围街道市场化保洁各街道考核分值比例表

3.考核扣分记录表

附件1：

## 镇江市京口、润州区涉农街道环卫作业质量考核评分标准

| 考核项目 | 考核内容 | 考核方法 | 评分标准 |
|---|---|---|---|
| 一、城乡道路清扫保洁 | 1.1按道路等级落实保洁时间要求：三级道路12小时(6:00~18:00)，四级道路8小时(7:00~11:00，13:00~17:00)；所有道路每天人工普扫两次，第一次在7:30之前结束，第二次在13:30之前结束，普扫结束后立即转入巡回保洁状态。 | 日常检查<br>随机检查 | 未按要求作业，发现一个路段扣1分。 |
| | 1.2按招标文件要求配齐道路清扫保洁人员，着装统一、醒目、整洁，挂牌上岗，作业工具和车辆配备齐全且随身携带，保洁车辆车容车貌良好。 | 日常检查<br>随机检查 | 未按要求配置道路清扫保洁人员，少一人扣1分；未按要求着装和挂牌上岗，发现一人扣0.2分；在岗人员未随身带齐作业工具和车辆，发现一人扣0.2分；保洁车辆破损或外表有明显污迹，发现一辆扣0.2分。 |
| | 1.3道路实行“墙到墙”清扫保洁，要求做到“六无”“五净”，“六无”即无暴露垃圾、无无主建筑装潢垃圾和废弃杂物、无漂浮垃圾、无土石积水、无烟蒂狗粪、无小广告，“五净”即路面干净、路牙干净、绿化带干净、护栏干净、垃圾容器干净。 | 日常检查<br>随机检查 | 道路“墙到墙”范围内有大面积漏扫一处扣0.5分，暴露垃圾、无主建筑装潢垃圾和废弃杂物未及时清理一处扣0.5分；路面、绿化带有零星漂浮垃圾、土石积水、烟蒂狗粪等一处扣0.1分；路面、路牙有黄泥带、积尘积土一处扣0.2分；小广告未及时清理一处扣0.1分；护栏有明显污迹一处扣0.1分；果壳箱、垃圾箱(桶)等垃圾容器外表有明显污迹一处扣0.2分。 |
| | 1.4道路清扫保洁人员规范作业，对沿街商户定时上门收集垃圾，上班时间无缺岗、串岗、歇岗、迟到、早退、干私活、抽烟、吃零食等行为，不得将尘土、垃圾扫入窨井、沟渠、河道，严禁偷倒垃圾、焚烧垃圾、焚烧落叶。 | 日常检查<br>随机检查 | 未定时上门收集垃圾、路边有垃圾包滞留一处扣0.2分；上班时间有缺岗、串岗、歇岗、迟到、早退、干私活、抽烟、吃零食等行为，发现一人扣0.2分；违规将尘土、垃圾扫入窨井、沟渠、河道等一处扣0.2分；违规偷倒垃圾、焚烧垃圾、焚烧落叶一处扣1分。 |
| | 1.5道路清扫保洁人员文明作业，言行礼貌，遵守交通法规，不影响市民正常生产和生活，不对环境形成二次污染。 | 日常检查<br>随机检查 | 有闯红灯、横穿马路、逆向骑行等违反交通法规的行为，发现一起扣0.2分；无故与他人发生冲突的，发现一起扣0.2分；作业过程中不主动避让行人、产生扬尘等，发现一起扣0.2分。 |
| | 1.6道路沿线果壳箱、垃圾箱(桶)等垃圾容器完好无破损，门、窗、盖齐全，严禁私自拆除，容器周边无散落垃圾、积水和废弃杂物，容器内垃圾日产日清，送往指定场所，无积存、满溢现象，定期消杀。 | 日常检查<br>随机检查 | 各类垃圾容器破损或门窗盖缺失一处扣0.2分；未经审核私自拆除一处扣1分；容器周边有明显散落垃圾、积水和废弃杂物一处扣0.2分；蝇蛆超标一处扣0.1分；垃圾积存、满溢一处扣0.5分；垃圾未送往指定场所的，发现一次扣1分。 |
| | 1.7做好雨、雪、大风、雾霾等恶劣天气以及重大活动的环卫应急处置和保障，无条件服从主管部门的统一指挥调度。积极配合主管部门的日常检查和随机抽查。 | 日常检查<br>随机检查 | 在环卫应急处置和保障过程中，不服从主管部门的统一指挥调度，有一次扣3分；不配合主管部门的日常检查和随机抽查，视情节轻重有一次扣1~2分。 |
| | 1.8严格按照《劳动法》《劳动合同法》等法律法规录用环卫作业人员，及时足额发放主管部门安排的各种慰问和补贴。 | 日常检查<br>随机检查 | 违法违规用工的，发现一起扣1分；未及时足额发放市级慰问和补贴的，有一人扣0.5分；虚报人数套取慰问和补贴的，发现一次扣2分，并取消慰问和补贴资格。 |
| | 1.9自觉接受新闻媒体、网络、市民及上级部门对于清扫保洁质量的第三方监督。 | 第三方监督 | 因作业质量问题被曝光、举报、投诉、批评、督办的，核实后视情节轻重有一次扣1~3分。 |

| 考核项目 | 考核内容 | 考核方法 | 评分标准 |
| --- | --- | --- | --- |
| 二、街巷小区清扫保洁 | 2.1涉农街道建成区街巷小区实行12小时保洁(6:30~18:30),城乡结合部街巷小区(村)实行8小时保洁(7:00~11:00,13:00~17:00)。所有街巷小区(村)每天人工普扫两次,第一次在8:00之前结束,第二次在14:00之前结束,普扫结束后立即转入巡回保洁状态。 | 日常检查<br>随机检查 | 未按要求作业,发现一个街巷小区(村)扣1分。 |
| | 2.2按招标文件要求配齐街巷小区清扫保洁人员,着装统一、醒目、整洁,挂牌上岗,作业工具和车辆配备齐全且随身携带,保洁车辆车容车貌良好。 | 日常检查<br>随机检查 | 未按要求配置街巷小区清扫保洁人员,少一人扣1分;未按要求着装和挂牌上岗,发现一人扣0.2分;在岗人员未随身带齐作业工具和车辆,发现一人扣0.2分;保洁车辆破损或外表有明显污迹,发现一辆扣0.2分。 |
| | 2.3街巷小区实行"墙到墙"清扫保洁,要求做到"六无""五净","六无"即无暴露垃圾、无无主建筑装潢垃圾和废弃杂物、无漂浮垃圾、无土石积水、无烟蒂狗粪、无小广告,"五净"即路面干净、路牙干净、绿化带干净、公共楼道干净、垃圾容器干净。 | 日常检查<br>随机检查 | 街巷小区"墙到墙"范围内有大面积漏扫一处扣0.5分,暴露垃圾、无主建筑装潢垃圾和废弃杂物未及时清理一处扣0.5分;路面、绿化带有零星漂浮垃圾、土石积水、烟蒂狗粪等一处扣0.1分;小广告未及时清理一处扣0.1分;公共楼道保洁不到位一处扣0.1分;垃圾箱(房、桶)等垃圾容器外表有明显污迹一处扣0.2分。 |
| | 2.4街巷小区扫保洁人员规范作业,上班时间无缺岗、串岗、歇岗、迟到、早退、干私活、抽烟、吃零食等行为,不得将尘土、垃圾扫入窨井、沟渠、河道,严禁偷倒垃圾、焚烧垃圾、焚烧落叶。 | 日常检查<br>随机检查 | 上班时间有缺岗、串岗、歇岗、迟到、早退、干私活、抽烟、吃零食等行为,发现一人扣0.2分;违规将尘土、垃圾扫入窨井、沟渠、河道等一处扣0.2分;违规偷倒垃圾、焚烧垃圾、焚烧落叶一处扣1分。 |
| | 2.5街巷小区清扫保洁人员文明作业,言行礼貌,遵守交通法规,不影响市民正常生产和生活,不对环境形成二次污染。 | 日常检查<br>随机检查 | 有闯红灯、横穿马路、逆向骑行等违反交通法规的行为,发现一起扣0.2分;无故与他人发生冲突的,发现一起扣0.2分;作业过程中不主动避让行人、产生扬尘等,发现一起扣0.2分。 |
| | 2.6街巷小区保洁范围捏垃圾箱(房、桶)等垃圾容器完好无破损,门、窗、盖齐全,严禁私自拆除,容器周边无散落垃圾、积水和废弃杂物,定期清洗垃圾容器外立面,定期消杀。 | 日常检查<br>随机检查 | 各类垃圾容器破损或门窗盖缺失一处扣0.2分;未经审核私自拆除一处扣1分;容器周边有明显散落垃圾、积水和废弃杂物一处扣0.2分;垃圾容器外立面有明显污迹一处扣0.2分;蝇蛆超标一处扣0.1分。 |
| | 2.7做好雨、雪、大风、雾霾等恶劣天气以及重大活动的环卫应急处置和保障,无条件服从主管部门的统一指挥调度。积极配合主管部门的日常检查和随机抽查。 | 日常检查<br>随机检查 | 在环卫应急处置和保障过程中,不服从主管部门的统一指挥调度,有一次扣3分;不配合主管部门的日常检查和随机抽查,视情节轻重有一次扣1~2分。 |
| | 2.8严格按照《劳动法》《劳动合同法》等法律法规录用环卫作业人员,及时足额发放主管部门安排的各种慰问和补贴。 | 日常检查<br>随机检查 | 违法违规用工的,发现一起扣1分;未及时足额发放市级慰问和补贴的,有一人扣0.5分;虚报人数套取慰问和补贴的,发现一次扣2分,并取消慰问和补贴资格。 |
| | 2.9自觉接受新闻媒体、网络、市民及上级部门对于清扫保洁质量的第三方监督。 | 第三方监督 | 因作业质量问题被曝光、举报、投诉、批评、督办的,核实后视情节轻重有一次扣1~3分。 |

| 考核项目 | 考核内容 | 考核方法 | 评分标准 |
| --- | --- | --- | --- |
| 三、城市道路机械化作业 | 3.1按招标文件要求配齐作业车辆,按主管部门要求对扫路车、洒水车、洗扫车等环卫作业车辆加装车载GPS,并接入环卫数字化平台,确保车载仪器正常工作,如遇故障,及时报修。 | 在线监控<br>日常检查 | 作业车辆不足的,少一台扣10分;拒不加装车载GPS的,有一台扣5分;擅自拆除、破坏车载GPS的,有一台扣5分;车载GPS工作不正常且未及时报修的,有一台扣1分。 |
| | 3.2环卫作业车辆保持部件齐全,车况良好,专用讯响器、警示灯光功能正常。车容车貌整洁,标识清晰,整车无破损、无锈蚀、无污物、无灰垢、无外挂、无漏水、漏油。 | 日常检查<br>随机抽查 | 作业车辆部件缺损、车况异常的,有一台扣0.5分;专用讯响器、警示灯光无法正常使用的,有一台扣0.2分;车容车貌不洁、外观破损、跑冒滴漏的,有一台扣0.2分。 |
| | 3.3三级(含)以上道路每天上、下午各机扫、洒水不少于一次,上午7:30、下午13:30前完成作业,每周冲洗不少于2次,原则上安排夜间作业。如遇恶劣天气、机械故障、年审等特殊情况不能正常上路作业,应及时上报主管部门。路面机械清扫和冲洒水必须按核定线路行驶,保持规定时速,严禁"干扫",作业时合理讯响器、警示灯光,主动避让行人。冬季道路洒水和冲洗应视气温条件,及时调整作业时间,避免造成路面结冰上冻。 | 在线监控<br>日常检查<br>随机抽查<br>第三方监督 | 无正当理由,未按规定频次、路线和时间实施机械化作业的,发现一台次扣0.5分;超速作业、"干扫"扬尘的,发现一台次扣0.3分;未合理使用讯响器、警示灯光,不主动避让行人,低温带水作业造成路面结冰上冻的,发现或核实一台次扣0.5分。 |
| | 3.4机扫作业无路面漏扫、无污水滴漏、无泥沙拖线、无漂浮垃圾。洒水作业路面全覆盖,有效遏制扬尘。冲洗作业路面洁净,现本色,无黄泥、沙石、积尘、积土、积水等。 | 日常检查<br>随机抽查 | 机扫、冲扫水作业不达标的,有一处扣0.2分。 |
| | 3.5按招标文件要求配齐机驾人员,依法依规录用机驾人员,实行"一人一车"制,统一着装,挂牌上岗。 | 日常检查<br>随机抽查 | 机驾人员不足的,少一人扣3分;违法违规用工的,发现一起扣1分;未统一着装或挂牌上岗的,发现一人扣0.5分。 |
| | 3.6做好雨、雪、大风、雾霾等恶劣天气以及重大活动的环卫应急处置和保障,无条件服从主管部门的统一指挥调度。积极配合主管部门的日常检查和随机抽查。 | 日常检查<br>随机检查 | 在环卫应急处置和保障过程中,不服从主管部门的统一指挥调度,有一次扣3分;不配合主管部门的日常检查和随机抽查,视情节轻重有一次扣1~2分。 |
| | 3.7自觉接受新闻媒体、网络、市民及上级部门对于清扫保洁质量的第三方监督。 | 第三方监督 | 因作业质量问题被曝光、举报、投诉、批评、督办的,核实后视情节轻重有一次扣1~3分。 |
| 四、环卫基础设施管护 | 4.1垃圾转运站管护落实定人、定岗、定责,在醒目位置张贴管理制度、安全操作规程等,人员统一着装,挂牌山岗。 | 日常检查<br>随机抽查 | 未落实定人、定岗、定责管护的,有一处扣0.5分;未在醒目位置张贴管理制度、安全操作规程等,有一处扣0.5分;未统一着装或挂牌上岗的,有一人扣0.2分。 |
| | 4.2垃圾运转站内外保持整洁,无积存垃圾、无乱堆乱放;地面平整,无坑洼、无积水、无积垢;门窗、墙面完好洁净,无积尘、无蛛网;有除臭设备且运行正常;定期消杀,蝇蛆不超标;运转结束后立即对作业面和转运场地进行打扫冲洗,作业工具摆放整齐。 | 日常检查<br>随机抽查 | 有一处不符合要求,扣0.2分。 |
| | 4.3垃圾转运设施、设备完好,部件齐全、润滑良好、无渗漏、无变形,电器元件安全可靠,确保持续安全运行。 | 日常检查<br>随机抽查 | 设施、设备不完好的,有一处扣0.3分;因设施、设备问题,对垃圾转运工作造成严重影响的,有一次扣1分。 |

| 考核项目 | 考核内容 | 考核方法 | 评分标准 |
|---|---|---|---|
| 四、环卫基础设施管护 | 4.4 公厕实行定人定时保洁、消杀。坑位和便池无积粪、无尿垢、无堵塞、无恶臭、蝇蛆不超标，地面干净、无污迹、无积水，门窗和墙面无积尘、蛛网，无乱堆乱放、乱钉挂。 | 日常检查<br>随机抽查 | 未落实定时定人保洁、消杀的，有一处扣1分；不符合保洁要求的，有一处扣0.2分。 |
| | 4.5 公厕标识醒目、清晰，内外设施、设备完好，无缺失和破损。 | 日常检查<br>随机抽查 | 无标识或不清楚的，有一处扣0.2分；内外设施设备缺失、破损，未及时更新维修的，有一处扣0.2分。 |
| | 4.6 垃圾转运站、公厕配套管理用房门窗完好，内外整洁，无杂物堆放，无闲杂人等。 | 日常检查<br>随机抽查 | 管理用房门窗破损、环境脏乱、有闲杂人等，有一处扣0.2分。 |
| | 4.7 垃圾转运站、公厕因征地建设等客观原因需要拆除的，须经主管部门审核许可后，方可实施。 | 日常检查<br>随机抽查 | 未经许可擅自拆除环卫基础设施的，有一处扣10分。 |
| | 4.8 积极配合主管部门的日常检查和随机抽查。自觉接受新闻媒体、网络、市民及上级部门的第三方监督。 | 日常检查<br>随机抽查<br>第三方监督 | 不配合主管部门的日常检查和随机抽查，视情节轻重有一次扣1~2分；因作业质量问题被曝光、举报、投诉、批评、督办的，核实后视情节轻重有一次扣1~3分。 |
| 五、生活垃圾一、二级清运 | 5.1 街巷小区（村）范围内的居民生活垃圾日产日清，所有垃圾箱（房、桶）每天上、下午各清运一次，无积存、满溢现象，清运作业后，关闭垃圾容器的门、窗、盖，清扫收集地面的散落垃圾。 | 日常检查<br>随机抽查 | 垃圾容器出现积存、满溢的，有一处扣0.5分；清运作业后未及时关闭垃圾容器门、窗、盖的，有一处扣0.1分；地面散落垃圾未及时清扫收集的，有一处扣0.2分。 |
| | 5.2 生活垃圾送往制定处理场所，严禁偷倒、转移、焚烧等违规行为。 | 日常检查<br>随机抽查 | 私自偷倒、转移、焚烧生活垃圾的，发现一次扣5分。 |
| | 5.3 按招标文件要求配齐垃圾清运车辆和人员，依法依规录用机驾和清运人员，实行“定人定车”制，统一着装，挂牌上岗。 | 日常检查<br>随机抽查 | 垃圾清运车辆不足的，少一辆扣5分；清运人员不足的，少一人扣3分；违法违规用工的，发现一起扣1分；未统一着装或挂牌上岗的，发现一人扣0.5分。 |
| | 5.4 做好清运源头及流程管控，杜绝非生活垃圾进入环卫收运体系。 | 日常检查<br>随机抽查 | 生活垃圾和其他垃圾混装混运的，发现一次扣3分。 |
| | 5.5 生活垃圾一、二级清运实行密闭化运输，无抛洒滴漏。清运车辆保持部件齐全，车况良好，车容车貌整洁，标识清晰，整车无破损、无锈蚀、无污物、无灰垢、无外挂、无漏水、漏油。 | 日常检查<br>随机抽查 | 未落实密闭运输的，有一台扣1分，有抛洒滴漏一处扣0.5分；车况不佳、车容车貌不洁、外观破损的，有一台次扣0.2分。 |
| | 5.6 积极配合主管部门的日常检查和随机抽查。自觉接受新闻媒体、网络、市民及上级部门的第三方监督。 | 日常检查<br>随机抽查<br>第三方监督 | 不配合主管部门的日常检查和随机抽查，视情节轻重有一次扣1~2分；因作业质量问题被曝光、举报、投诉、批评、督办的，核实后视情节轻重有一次扣1~3分。 |
| 六、奖励加分条件 | 6.1 因工作得力、表现突出，受到市领导或新闻媒体点名表扬的；<br>6.2 在职责范围以外，圆满完成主管部门交办的环卫作业任务。 | | 视情节给予1~3分的奖励加分，同一事项不重复加分。 |

附件2：

## 外围街道市场化保洁各街道考核分值比例表

C标怡雅保洁公司

| 单位 | 区 | 蒋乔 | 七里 | 园区 | 和平 | 合计 |
|---|---|---|---|---|---|---|
| 资金分摊 | 99.2 | 35.9 | 19.2 | 22.4 | 3.7 | 180.4 |
| 考核占比 | 25% | 25% | 20% | 25% | 5% | 100% |

D标长顺保洁公司

| 单位 | 区 | 官塘 | 韦岗 | 南山 | 茶场 | 合计 |
|---|---|---|---|---|---|---|
| 资金分摊 | 93 | 13.1 | 32.1 | 27.8 | 3.1 | 169.1 |
| 考核占比 | 25% | 20% | 25% | 25% | 5% | 100% |

附件3：

## 考核扣分记录表

考核部门：　　　　　　　　　　　　　　　　　　　　月份

| 序号 | 时间 | 扣分内容 | 分值 | 备注 |
|---|---|---|---|---|
| 1 | | | | |
| 2 | | | | |
| 3 | | | | |
| 4 | | | | |
| 5 | | | | |
| 6 | | | | |
| 7 | | | | |
| 8 | | | | |
| 9 | | | | |
| 10 | | | | |
| 11 | | | | |
| 12 | | | | |
| 13 | | | | |
| 14 | | | | |
| 15 | | | | |
| 合 计 | | | | |

考核员签字：　　　　　　　　　　　　　　　　　分管领导签字：

# 镇江市润州区人民政府办公室
# 印发《关于建立双随机抽查机制加强事中事后监管实施方案》的通知

镇润政办〔2016〕50号

各街道办事处，各场圃，润州工业园区管委会，区各部委办局，各直属单位：

《关于建立双随机抽查机制加强事中事后监管的实施方案》已经区政府同意，现印发给你们，请认真贯彻落实。

镇江市润州区人民政府办公室

2016年9月14日

## 关于建立双随机抽查机制加强事中事后监管的实施方案

为了贯彻落实省市关于深化行政体制改革，加快转变政府职能，进一步推进简政放权、放管结合、优化服务的部署和要求，根据《省政府办公厅关于建立双随机抽查机制加强事中事后监管的通知》（苏政办发〔2015〕114号）和《镇江市人民政府办公室印发关于建立双随机抽查机制加强事中事后监管的实施方案的通知》（镇政办发〔2015〕223号）等文件精神，结合我区实际，制定本方案。

**一、总体要求**

按照《国务院关于印发2015年推进简政放权放管结合转变政府职能工作方案的通知》（国发〔2015〕29号）和《省政府关于印发2015年推进简政放权放管结合转变政府职能工作方案的通知》（苏政发〔2015〕97号）部署，建立"一表两清单、两库一平台"（建立统一的执法检查表格，随机抽查事项清单、事中事后监管责任清单；建立随机抽查对象库、执法检查人员名录库和统一的市场监管信息平台）的"双随机"抽查机制，大力推广随机抽查，规范监管行为，创新管理方式，强化市场主体自律和社会监督，着力解决群众反映强烈的突出问题，提高监管效能，激发市场活力。

——坚持依法监管。严格执行有关法律法规，规范事中事后监管，落实监管责任，健全监管责任清单，建立依"清单"追责机制，确保事中事后监管依法有序进行，推进随机抽查制度化、规范化、信息化。

——坚持公正高效。规范行政权力运行，切实做到严格规范公正文明执法，提升监管效能，减轻市场主体负担，优化市场环境。实施随机抽查事项公开、程序公开、结果公开，实行"阳光执法"，保障市场主体权利平等、机会平等、规则平等。

——坚持协同高效。在事中事后监管领域建立健全随机抽查机制，形成市、区、街道三级统一的市场监管信息平台，在探索集中审批的基础上，推进综合执法、分类监管与服务，探索跨部门跨行业联合随机抽查。

——坚持联合惩戒。充分发挥信用管理在事中事后监管中的作用，完善社会信用体系，建立各部门信用信息互通共享机制，实现联合惩戒，形成"一处失信、处处受限"的信用约束机制。

**二、建立"双随机"抽查机制**

（一）对照行政权力清单，制定随机抽查事项清单。区各有关部门要对照行政权力清单及事中事后监管责任清单，根据法律法规规章规定的检查事项，建立随机抽查事项清单。法律法规规章没有规定的，一律不得擅自开展检查；对法律法规规章规定的检查事项，要大力推广随机抽查。随机抽查事项清单应包括抽查事项、抽查主体、抽查依据、抽查内容、随机抽查的比例和频次、抽查方式及要求等内容。编制各部门统一的执法检查表格，实现一张表格管检查，并及时向社会公布。

（二）摸清监管底数，建立随机抽查对象和执法检查人员名录库。现阶段以本部门监管领域为基础，建立健全抽查对象和监察人员名录库，随机抽查对象库应涵盖全部被监管企业，检查人员名录库应涵盖所有执法检查人员名单，建立名录库动态调整机制。对于执法检查人员较少的区域，探索实施跨区域联合抽查。

（三）运用信息技术，完善随机"摇号"程序。通过摇号等方式，从随机抽查对象和检查人员名录库中随机抽取检查对象和执法检查人员。充分利用网络信息技术，完善双随机"摇号"程序，保障"双随机"工作顺利实施，实现在线随机选择检查对象、随机选择执法检查人员，对随机抽查做到全程留痕，实现责任可追溯。

（四）合理确定抽查比例和频次，确保执法监管履职到位。各部门要严格限制规范执法自由裁量权，根据全区社会发展和本部门监管领域实际情况，合理确定年度随机抽查的比例和频次，既要监管履职到位，又要防止检查过多和执法扰民。在1年内对同一市场主体的抽查原则上不超过2次，对投诉举报多、列入经营异常名录、有失信行为、有严重违法违规记录等情况的市场主体，应增加抽查频次，加大检查力度；对涉及“三安”（生产安全、生活安宁、社会安定）领域的市场主体，应实行全覆盖监管。

（五）加强结果运用，突出信用信息共享联合惩戒。各部门应对抽查发现的违法违规行为，依法依规加大惩处力度，抽查情况及查处结果要及时向社会公布，将失信记录及时纳入同级信用信息平台，加大失信行为联合惩戒力度，形成有效震慑，增强市场主体守法的自觉性。

**三、加快配套制度机制建设**

（一）建立统一的市场监管信息平台。抓紧建立统一的市场监管信息平台，探索制定各部门统一的执法检查表式。加快政府部门之间、上下之间监管信息的互联互通，及时公开监管信息，形成监管合力。

（二）推进“双随机”工作信息公开。通过政务信息公开和社会信息资源共享开放，进一步加大随机执法检查信息公开力度，及时向社会公布随机抽查事项目录、随机抽查处理结果，提高行政机关职责履行、权力运行的透明度，拓宽社会监督渠道，为新闻媒体、行业组织、利益相关主体和广大群众共同参与监督创造条件。

（三）做好随机抽查与社会信用体系相衔接。建立健全市场主体诚信档案、失信联合惩戒和黑名单制度。在随机抽查工作中，要根据市场主体的信用情况，采取针对性强的监督检查方式，将随机抽查结果纳入市场主体的社会信用记录，让失信者一处违规、处处受限。

（四）探索开展跨部门联合抽查。结合本地实际，探索部门内部科室、跨部门间联合抽查工作模式，按照“双随机”要求，制定并实施联合抽查计划，对同一市场主体的多个检查事项，原则上应一次性完成，提高执法效能，降低市场主体成本。

（五）建立责任追究机制。各部门要进一步增强责任意识，公平、有效、透明地进行事中事后监管，严格按照事中事后监管责任清单内容开展各项监管工作，形成依据责任清单依法依纪追责的机制。对“双随机”抽查工作中失职渎职的行为，依法依规严肃处理。

**四、工作步骤**

“双随机”抽查落实工作分以下三个阶段进行：

（一）制定方案清单（2016年9月中旬）。各有关职能部门要对照行政权力清单及事中事后监管责任清单，根据本部门的监管职责，拟定“双随机”抽查实施方案，制定包括抽查事项、抽查主体、抽查依据、抽查内容、随机抽查的比例和频次、抽查方式及要求等内容的随机抽查事项清单，并于9月30日前将清单报区编办汇总。

（二）组织实施（2016年9月下旬）。各有关职能部门按照确定的实施方案和随机抽查事项清单，逐步建立健全“双随机”抽查的相关配套制度机制，开展“双随机”抽查工作，并根据实际情况，及时总结监管工作中发现的问题。

（三）提升完善（2016年10月后）。各有关职能部门要各尽其职，各负其责，完善常态化“双随机”抽查工作机制，提高监管水平，并适时根据法律和法规变化、职能调整及分工变化情况，对监管事项进行调整，促进工作常态化、规范化、程序化。

**五、工作要求**

（一）加强组织领导。推广随机抽查是简政放权、放管结合、优化服务的重要举措，各有关职能部门要加强对随机抽查工作的指导和督促。加强对随机抽查监管的统筹协调，建立健全相应工作机制，充实并合理调配一线执法检查力量，加强跨部门协同配合，不断提高检查水平，切实把随机抽查监管落到实处。

（二）加强督促指导。各部门要加强对随机抽查工作的指导和督查，确保“双随机”抽查工作责任到位、任务落实。根据本部门职责及工作步骤时间表，制定具体政策措施，积极开展各项工作，及时总结推广“双随机”工作经验，切实帮助基层解决实际问题。

（三）严守法律底线。各部门要根据自身实际情况，在保证依法履职到位的基础上，大力推进“双随机”抽查工作，确保既要做到依法监管不缺位，又要做到执法高效不扰民。

（四）注重宣传培训。随机抽查是事中事后监管方式的探索和创新，各部门要加大宣传力度，加强执法人员培训，转变执法理念，探索完善随机抽查监管办法，不断提高执法能力。

随机抽查不仅要在市场监管领域推广，也要在各部门的其他检查工作中广泛运用。各部门要根据本方案要求，抓紧建立推广“双随机”工作协调机制，制定实施方案，出台随机抽查事项清单，细化在本部门推广随机抽查的任务安排和时间进度要求，抓好督促落实，总结交流经验，务求推广随机抽查工作取得实效，把简政放权改革向纵深推进，为经济社会发展营造公平竞争的市场环境。

附件：润州区随机抽查事项清单（空表）（略）

# 文 件 题 录

## 区 委

表31

| 序号 | 文 号 | 标 题 |
| --- | --- | --- |
| 1 | 镇润发〔2016〕2号 | 关于润州区基层党委换届工作的意见 |
| 2 | 镇润发〔2016〕3号 | 关于印发《润州区选拔任用科级领导干部初始提名工作实施办法(试行)》的通知 |
| 3 | 镇润发〔2016〕4号 | 关于表彰2015年度先进集体的决定 |
| 4 | 镇润发〔2016〕5号 | 关于表彰2015年度全区综治、法治和平安建设先进单位的决定 |
| 5 | 镇润发〔2016〕6号 | 关于申请选派第九批"科技镇长团"来润州工作的请示 |
| 6 | 镇润发〔2016〕7号 | 关于转发《润州区政协2016年工作意见》的通知 |
| 7 | 镇润发〔2016〕8号 | 中共润州区委关于巡视整改情况的报告 |
| 8 | 镇润发〔2016〕9号 | 中共润州区委关于巡视整改情况的通报 |
| 9 | 镇润发〔2016〕10号 | 关于做好中国共产党镇江市润州区第八届代表大会第一次会议代表选举工作的通知 |
| 10 | 镇润发〔2016〕11号 | 关于表彰全区优秀共产党员、优秀党务工作者和先进基层党组织的决定 |
| 11 | 镇润发〔2016〕12号 | 关于贯彻落实镇江市委、市政府《关于推进供给侧结构性改革的意见》的实施方案 |
| 12 | 镇润发〔2016〕13号 | 关于区委常委分工的通知 |
| 13 | 镇润发〔2016〕14号 | 关于调整区委常委、副区长挂钩联系基层联系点的通知 |
| 14 | 镇润发〔2016〕15号 | 关于调整区机构编制委员会成员的通知 |
| 15 | 镇润发〔2016〕16号 | 关于表彰润州区优秀教育工作者的决定 |
| 16 | 镇润发〔2016〕17号 | 关于补短板的实施意见 |
| 17 | 镇润发〔2016〕18号 | 关于调整区国家安全工作领导小组组成人员的通知 |
| 18 | 镇润发〔2016〕19号 | 中共润州区委关于成立区委统战工作领导小组的通知 |
| 19 | 镇润发〔2016〕20号 | 关于调整区委政法委员会组成人员的通知 |
| 20 | 镇润发〔2016〕21号 | 关于转发《中共润州区人大常委会党组关于做好全区人民代表大会换届选举工作的意见》的通知 |
| 21 | 镇润发〔2016〕22号 | 关于成立区委巡察工作领导小组的通知 |
| 22 | 镇润发〔2016〕23号 | 关于开展巡察工作的实施意见 |
| 23 | 镇润发〔2016〕24号 | 关于申报省诗教工作先进单位的申请 |

续表31

| 序号 | 文号 | 标题 |
|---|---|---|
| 24 | 镇润发〔2016〕25号 | 关于蒋勇同志分工和挂钩基层联系点的通知 |
| 25 | 镇润发〔2016〕26号 | 关于推行红色形象体系、增强党建文化自信的实施方案 |
| 26 | 镇润发〔2016〕27号 | 关于转发区委宣传部,区司法局《关于在全区公民中开展法治宣传教育的第七个五年规划(2016~2020年)》的通知 |
| 27 | 镇润发〔2016〕28号 | 关于通报表扬2011~2015年全区普法工作先进集体和先进个人的决定 |
| 28 | 镇润发〔2016〕29号 | 关于转发区委统战部、区委组织部《关于政协润州区第六届委员会人事安排意见》的通知 |
| 29 | 镇润办〔2016〕2号 | 关于印发《中共润州区委关于省委巡视组反馈意见整改落实分工方案》的通知 |
| 30 | 镇润办〔2016〕3号 | 关于印发《中共润州区委关于省委巡视组反馈意见整改落实工作方案》的通知 |
| 31 | 镇润办〔2016〕4号 | 关于印发《2016年社区(村)协助党政部门工作事项》等减负目录并做好签约工作的通知 |
| 32 | 镇润办〔2016〕5号 | 关于开展“两节、两会”期间暨冬季安全生产区领导带队大检查活动的通知 |
| 33 | 镇润办〔2016〕6号 | 关于印发《2016年润州区亿元以上重点产业项目投资计划》的通知 |
| 34 | 镇润办〔2016〕7号 | 关于印发《党(工)委(党组)落实全面从严治党责任清单》的通知 |
| 35 | 镇润办〔2016〕8号 | 关于印发《2016年润州区重点工作督察方案》的通知 |
| 36 | 镇润办〔2016〕9号 | 关于成立润州区省委巡视反馈意见整改落实工作督查组的通知 |
| 37 | 镇润办〔2016〕10号 | 关于印发2016年全区低碳建设工作目标任务的通知 |
| 38 | 镇润办〔2016〕11号 | 关于成立区低碳城市建设工作领导小组的通知 |
| 39 | 镇润办〔2016〕12号 | 关于进一步规范基层“三重一大”事项决策过程的通知 |
| 40 | 镇润办〔2016〕13号 | 关于印发《2016年度落实党风廉政建设“两个责任”的责任清单》的通知 |
| 41 | 镇润办〔2016〕14号 | 关于印发《2016年全区党(工)委(党组)中心组专题学习计划》的通知 |
| 42 | 镇润办〔2016〕15号 | 关于印发《区领导挂钩联系基层推进国家卫生城市复审迎检工作方案》的通知 |
| 43 | 镇润办〔2016〕16号 | 关于转发《润州区关工委2015年工作意见》的通知 |
| 44 | 镇润办〔2016〕17号 | 关于表彰2015年度发展壮大集体经济先进村社区的决定 |
| 45 | 镇润办〔2016〕18号 | 关于成立润州区基层党委换届工作领导小组的通知 |
| 46 | 镇润办〔2016〕19号 | 关于进一步加强党管人才的实施意见 |
| 47 | 镇润办〔2016〕20号 | 关于印发《润州区农村财务管理制度》的通知 |
| 48 | 镇润办〔2016〕21号 | 关于印发《润州区公务用车制度改革总体方案》的通知 |
| 49 | 镇润办〔2016〕22号 | 关于启用手机版网上警示教育基地的通知 |
| 50 | 镇润办〔2016〕23号 | 关于印发《中共润州区委关于中央、省委巡视组反馈意见整改落实"回头看"工作方案》的通知 |

续表31

| 序号 | 文　号 | 标　　　题 |
|---|---|---|
| 51 | 镇润办〔2016〕24号 | 关于印发《润州区创建"江苏省平安校园建设示范区"实施方案》的通知 |
| 52 | 镇润办〔2016〕25号 | 关于继续开展"爱在润州·慈善一日捐"活动的通知 |
| 53 | 镇润办〔2016〕26号 | 中共镇江市润州区委办公室印发关于实施党风廉政建设"强责工程"意见的通知 |
| 54 | 镇润办〔2016〕27号 | 印发《关于在全区党员中开展"学党章党规，学系列讲话，做合格党员"学习教育的实施方案》的通知 |
| 55 | 镇润办〔2016〕28号 | 关于做好新华日报"交汇点"新闻客户端和"镇江发布""润州发布"微信公众号推广使用工作的通知 |
| 56 | 镇润办〔2016〕29号 | 关于转发《中共镇江市委关于印发严肃换届纪律"五个责任主体"责任清单的通知》的通知 |
| 57 | 镇润办〔2016〕30号 | 关于印发《润州区2016年"诗词之乡"内涵提升工作任务》的通知 |
| 58 | 镇润办〔2016〕31号 | 关于调整区防汛防旱指挥部成员的通知 |
| 59 | 镇润办〔2016〕32号 | 关于印发《2016年度镇江市润州区委党风廉政建设责任清单》的通知 |
| 60 | 镇润办〔2016〕33号 | 中共镇江市润州区委办公室关于印发2016年深化全面推进依法治区工作要点的通知 |
| 61 | 镇润办〔2016〕34号 | 关于印发《纪念建党95周年系列活动实施方案》的通知 |
| 62 | 镇润办〔2016〕35号 | 关于印发《2016年度辖区街道、工业园区绩效管理考核实施意见》的通知 |
| 63 | 镇润办〔2016〕36号 | 关于印发《2016年润州区区级机关绩效管理考核办法》的通知 |
| 64 | 镇润办〔2016〕37号 | 关于成立润州区党内规范性文件清理工作领导小组的通知 |
| 65 | 镇润办〔2016〕38号 | 关于印发《润州区学习贯彻〈习近平总书记在庆祝中国共产党成立95周年大会上的讲话〉工作方案》的通知 |
| 66 | 镇润办〔2016〕39号 | 关于请求拨付区委七届十二次全会、区八届一次党代会会议经费的请示 |
| 67 | 镇润办〔2016〕40号 | 关于成立润州区村（社区）党组织换届工作领导小组的通知 |
| 68 | 镇润办〔2016〕41号 | 关于转发区委组织部《关于认真做好村（社区）党组织换届工作的通知》的通知 |
| 69 | 镇润办〔2016〕42号 | 关于印发《关于开展党内规范性文件清理工作实施方案》的通知 |
| 70 | 镇润办〔2016〕43号 | 关于调整润州区社会治安综合治理委员会组成人员的通知 |
| 71 | 镇润办〔2016〕44号 | 关于成立润州区人大换届选举领导小组的通知 |
| 72 | 镇润办〔2016〕45号 | 关于成立润州区精准扶贫工作领导小组的通知 |
| 73 | 镇润办〔2016〕46号 | 关于建议季前进同志为正科职人选考察对象的请示 |
| 74 | 镇润办〔2016〕47号 | 关于做好全区第十一届村民委员会换届选举工作的意见 |
| 75 | 镇润办〔2016〕48号 | 关于做好全区第六届社区居委委员会换届选举工作的意见 |
| 76 | 镇润办〔2016〕49号 | 关于做好2017年度《中办通讯》等刊物订阅与学用工作的通知 |
| 77 | 镇润办〔2016〕50号 | 关于成立区非公有制经济代表人士综合评价工作联席会议的通知 |

续表31

| 序号 | 文　号 | 标　　　题 |
|---|---|---|
| 78 | 镇润办〔2016〕51号 | 关于做好全区2017年度重点党报党刊征订工作的通知 |
| 79 | 镇润办〔2016〕53号 | 关于区法制宣传教育领导小组更名为区法治宣传教育领导小组的通知 |
| 80 | 镇润办〔2016〕54号 | 关于调整润州区“打黄扫非”工作领导小组成员的通知 |
| 81 | 镇润办〔2016〕55号 | 关于申请拨付挂职领导住宿及餐费经费的请示 |
| 82 | 镇润办〔2016〕56号 | 关于转发润州区信访工作联席会议办公室《关于信访稳定工作的补充考核办法》的通知 |
| 83 | 镇润办〔2016〕57号 | 关于印发《镇江市润州区全民健身实施计划(2016~2020)》的通知 |
| 84 | 镇润办〔2016〕58号 | 关于调整区落实党风廉政建设责任制领导小组的通知 |
| 85 | 镇润办〔2016〕59号 | 关于2016年度区委常委带队开展党风廉政建设责任制重点检查考核的通知 |
| 86 | 镇润办〔2016〕60号 | 关于开展2016年度落实党风廉政建设责任制情况检查考核工作的通知 |
| 87 | 镇润办〔2016〕61号 | 关于做好2017年元旦春节期间有关工作的通知 |

# 区人大常委会

表32

| 序号 | 文　号 | 标　　　题 |
|---|---|---|
| 1 | 镇润人〔2016〕1号 | 润州区人民代表大会常务委员会关于许可对区八届人大代表王惠亮采取强制措施的决定 |
| 2 | 镇润人〔2016〕2号 | 关于公布区政府组成部门、垂直管理部门和“两院”效能建设测评结果的通知 |
| 3 | 镇润人〔2016〕3号 | 关于提请石光亚等同志职务任免的报告 |
| 4 | 镇润人〔2016〕4号 | 关于表彰2015年度机关效能建设优秀单位的通知 |
| 5 | 镇润人〔2016〕5号 | 2016年区人大常委会工作要点 |
| 6 | 镇润人〔2016〕6号 | 关于柳洪同志任职的通知 |
| 7 | 镇润人〔2016〕7号 | 关于石光亚等同志职务任免的通知 |
| 8 | 镇润人〔2016〕8号 | 关于唐明乐等同志职务任免的通知 |
| 9 | 镇润人〔2016〕9号 | 关于王志祥等同志职务任免的通知 |
| 10 | 镇润人〔2016〕10号 | 关于张小兵等同志职务任免的通知 |

续表32

| 序号 | 文　号 | 标　　题 |
|---|---|---|
| 11 | 镇润人〔2016〕11号 | 关于表彰2015年度基层人大百分考核先进单位的决定 |
| 12 | 镇润人〔2016〕12号 | 关于镇江市润州区第八届人大常委会主任会议成员工作分工的通知 |
| 13 | 镇润人〔2016〕13号 | 润州区人民代表大会常务委员会关于许可对区八届人大代表戴超民采取强制措施的决定 |
| 14 | 镇润人〔2016〕14号 | 关于提请陆振兴等同志职务任免的报告 |
| 15 | 镇润人〔2016〕15号 | 关于陆振兴等同志职务任免的通知 |
| 16 | 镇润人〔2016〕16号 | 关于吴忠同志免职的通知 |
| 17 | 镇润人〔2016〕17号 | 关于魏娜同志任职的通知 |
| 18 | 镇润人〔2016〕18号 | 关于印发《润州区人民代表大会常务委员会街道工作委员会工作暂行规定》的通知 |
| 19 | 镇润人〔2016〕19号 | 镇江市润州区人大常委会关于将“白湾”及“烟墩湾”项目购买棚改服务费用列入财政预算的决定 |
| 20 | 镇润人〔2016〕20号 | 关于严竹波同志任职的通知 |
| 21 | 镇润人〔2016〕21号 | 关于江其兵同志任职的通知 |
| 22 | 镇润人〔2016〕22号 | 关于朱兆明等同志任职的通知 |
| 23 | 镇润人〔2016〕23号 | 关于眭月虎同志撤销职务的通知 |
| 24 | 镇润人〔2016〕24号 | 关于提请郑奇斌同志任职的报告 |
| 25 | 镇润人〔2016〕25号 | 关于郑奇斌同志任职的通知 |
| 26 | 镇润人〔2016〕26号 | 关于马文林等同志免职的通知 |
| 27 | 镇润人〔2016〕27号 | 关于成立镇江市润州区选举委员会的通知 |
| 28 | 镇润人〔2016〕28号 | 关于启用镇江市润州区选举委员会印章的通知 |
| 29 | 镇润人〔2016〕29号 | 关于启用镇江市润州区人大常委会南山街道工作委员会印章的通知 |
| 30 | 镇润人〔2016〕30号 | 关于凌云志同志任职的通知 |
| 31 | 镇润人〔2016〕31号 | 关于严瑛同志免职的通知 |
| 32 | 镇润人〔2016〕32号 | 关于提请祝昌镜等同志职务任免的报告 |
| 33 | 镇润人〔2016〕33号 | 关于祝昌镜等同志职务任免的通知 |
| 34 | 镇润人〔2016〕34号 | 关于纪宁军等同志职务任免的通知 |
| 35 | 镇润人〔2016〕35号 | 关于王娟等同志职务任免的通知 |
| 36 | 镇润人〔2016〕36号 | 关于李二丛同志免职的通知 |
| 37 | 镇润人〔2016〕37号 | 关于提请张子敏同志职务任命的报告 |
| 38 | 镇润人〔2016〕38号 | 关于提请王飞同志职务任命的报告 |
| 39 | 镇润人〔2016〕39号 | 关于蔡萍同志任职的通知 |

续表32

| 序号 | 文　号 | 标　　　题 |
| --- | --- | --- |
| 40 | 镇润人〔2016〕40号 | 关于张子敏同志任职的通知 |
| 41 | 镇润人〔2016〕41号 | 关于王飞同志任职的通知 |
| 42 | 镇润人〔2016〕42号 | 关于张子敏同志任职的通知 |
| 43 | 镇润人〔2016〕43号 | 关于王飞同志任职的通知 |
| 44 | 镇润人办〔2016〕1号 | 关于召开区八届人大常委会第三十次会议的通知 |
| 45 | 镇润人办〔2016〕2号 | 关于加强区人大代表各组与被测评单位对口联系的通知 |
| 46 | 镇润人办〔2016〕3号 | 2016年区人大代表小组开展活动的意见 |
| 47 | 镇润人办〔2016〕4号 | 关于召开区八届人大常委会第九十九次主任会议的通知 |
| 48 | 镇润人办〔2016〕5号 | 关于召开区八届人大常委会第三十一次会议的通知 |
| 49 | 镇润人办〔2016〕6号 | 关于张春平等同志述职评议情况的通报 |
| 50 | 镇润人办〔2016〕7号 | 关于印发《区人大常委会各工委办联系“一府两院”及相关部门》的通知 |
| 51 | 镇润人办〔2016〕8号 | 关于召开区八届人大常委会第一百零三次主任会议的通知 |
| 52 | 镇润人办〔2016〕9号 | 关于召开区八届人大常委会第三十二次会议的通知 |
| 53 | 镇润人办〔2016〕10号 | 关于顾健等同志述职评议情况的通报 |
| 54 | 镇润人办〔2016〕11号 | 关于刘国明同志述职评议情况的通报 |
| 55 | 镇润人办〔2016〕12号 | 关于召开区八届人大常委会第一百零六次主任会议的通知 |
| 56 | 镇润人办〔2016〕13号 | 关于召开区八届人大常委会第三十三次会议的通知 |
| 57 | 镇润人办〔2016〕14号 | 关于召开区八届人大常委会第一百一十次主任会议的通知 |
| 58 | 镇润人办〔2016〕15号 | 关于区人大换届选举工作经费的请示 |
| 59 | 镇润人办〔2016〕16号 | 关于召开区八届人大常委会第三十四次会议的通知 |
| 60 | 镇润人办〔2016〕17号 | 关于确定润州区人大常委会相关领导督查指导换届选举工作联系点的通知 |
| 61 | 镇润人办〔2016〕18号 | 关于召开区八届人大常委会第三十五次会议的通知 |
| 62 | 镇润人办〔2016〕19号 | 关于召开区八届人大常委会第三十六次会议的通知 |
| 63 | 镇润人办〔2016〕20号 | 关于召开区八届人大常委会第一百一十五次主任会议的通知 |
| 64 | 镇润人办〔2016〕21号 | 关于报送对政府组成部门、垂直管理部门和“两院”开展效能建设测评材料的通知 |
| 65 | 镇润人办〔2016〕23号 | 关于召开区九届一次人代会经费的请示 |

# 区政府

表33

| 序号 | 文　号 | 标　　题 |
|---|---|---|
| 1 | 镇润政〔2016〕1号 | 关于公布镇江市润州区政府定价经营服务性收费目录清单的通知 |
| 2 | 镇润政〔2016〕2号 | 关于汤丹率团访问德国的请示 |
| 3 | 镇润政〔2016〕3号 | 关于请求协调润州工业园区拆迁项目安置房产权证办理有关事项的请示 |
| 4 | 镇润政〔2016〕4号 | 关于减免东篱春晓一期安置房城市基础设施配套费的请示 |
| 5 | 镇润政〔2016〕5号 | 关于减免何家湾城中村安置房城市基础设施配套费的请示 |
| 6 | 镇润政〔2016〕6号 | 关于协调办理东篱春晓、秀山美苑回迁安置房相关手续的请示 |
| 7 | 镇润政〔2016〕7号 | 关于返还七里甸城中村改造项目2014-5-2号地块政府基金的请示 |
| 8 | 镇润政〔2016〕8号 | 关于汤丹率团访问德国的请示 |
| 9 | 镇润政〔2016〕9号 | 关于提请唐明乐等同志职务任免的报告 |
| 10 | 镇润政〔2016〕10号 | 关于薛真文等同志职务任免的通知 |
| 11 | 镇润政〔2016〕11号 | 关于王慧同志试用任职的通知 |
| 12 | 镇润政〔2016〕12号 | 关于提请柳洪同志任职的通知 |
| 13 | 镇润政〔2016〕13号 | 关于设立南山街道办事处的请示 |
| 14 | 镇润政〔2016〕14号 | 关于做好民兵组织整顿工作的通知 |
| 15 | 镇润政〔2016〕15号 | 关于印发《润州区政府2016年六大任务百项工作责任分解》的通知 |
| 16 | 镇润政〔2016〕16号 | 关于印发润州区2016年六大类重点项目实施计划的通知 |
| 17 | 镇润政〔2016〕17号 | 关于下达《润州区2016年国民经济和社会发展计划》的通知 |
| 18 | 镇润政〔2016〕18号 | 关于调整区安全生产委员会组成人员的通知 |
| 19 | 镇润政〔2016〕19号 | 关于王冬生等2人赴美国和加拿大访问的请示 |
| 20 | 镇润政〔2016〕20号 | 关于下达2016年度一般公共预算收入任务的通知 |
| 21 | 镇润政〔2016〕21号 | 关于申请办理祝中昊等6人应邀赴台批件的请示 |
| 22 | 镇润政〔2016〕22号 | 关于请求返还七里甸城中村改造项目2014-5-2号地块土地滞纳金的请示 |
| 23 | 镇润政〔2016〕23号 | 关于做好第三次全国农业普查工作的通 |

续表33

| 序号 | 文　号 | 标　　　　题 |
|---|---|---|
| 24 | 镇润政〔2016〕24号 | 关于请求批准富润华庭五期安置房项目土地上市的请示 |
| 25 | 镇润政〔2016〕25号 | 关于请求拨付我区企业在全国中小企业股份转让系统成功挂牌政策扶持奖励的请示 |
| 26 | 镇润政〔2016〕26号 | 关于支持润州消防站建设经费的请示 |
| 27 | 镇润政〔2016〕27号 | 关于胡如明同志率团赴日本和韩国开展科技人才经贸招商活动的请示 |
| 28 | 镇润政〔2016〕28号 | 关于请求将广厦纳入2016年老小区改造计划的请示 |
| 29 | 镇润政〔2016〕29号 | 关于将万科南配套学校(长山小学)建成九年一贯制学校的请示 |
| 30 | 镇润政〔2016〕30号 | 关于蔡文龙等6人赴瑞典和芬兰访问的请示 |
| 31 | 镇润政〔2016〕31号 | 关于镇江润州创意产业园建设情况的报告 |
| 32 | 镇润政〔2016〕32号 | 关于张杰等同志职务任免的通知 |
| 33 | 镇润政〔2016〕33号 | 关于朱邦政同志职务任免的通知 |
| 34 | 镇润政〔2016〕34号 | 关于李建国等同志试用任职的通知 |
| 35 | 镇润政〔2016〕35号 | 关于减免润州区检察院新建为民服务中心项目相关建设规费的请示 |
| 36 | 镇润政〔2016〕36号 | 关于不要将征润州岛划入城市周边永久基本农田的请示 |
| 37 | 镇润政〔2016〕37号 | 关于提请吴忠同志免职的报告 |
| 38 | 镇润政〔2016〕38号 | 关于请求返还茶砚山庄回迁安置房城市基础设施配套费的请示 |
| 39 | 镇润政〔2016〕39号 | 关于请求返还七里甸城中村改造项目2015-5-3号地块政府基金和净收益的请示 |
| 40 | 镇润政〔2016〕40号 | 关于申请办理范永放等6人应邀赴台批件的请示 |
| 41 | 镇润政〔2016〕41号 | 关于给予江苏银行棚改基金项目政府采购授权书的通知 |
| 42 | 镇润政〔2016〕42号 | 关于转发润州区审计局2016年度审计工作意见的通知 |
| 43 | 镇润政〔2016〕43号 | 关于高建等同志任职的通知 |
| 44 | 镇润政〔2016〕44号 | 关于协调降低税负促进惠龙易通创新发展的请示 |
| 45 | 镇润政〔2016〕45号 | 关于2015年润州区地方政府置换债卷自查和核查情况整改的报告 |
| 46 | 镇润政〔2016〕46号 | 关于印发镇江市润州区国民经济和社会发展第十三个五年规划纲要的通知 |
| 47 | 镇润政〔2016〕47号 | 关于设立南山街道办事处的通知 |

续表33

| 序号 | 文 号 | 标 题 |
|---|---|---|
| 48 | 镇润政〔2016〕48号 | 关于减免年产6250台(156MW)救生艇柴油机组生产项目市政公用基础设施配套费的请示 |
| 49 | 镇润政〔2016〕49号 | 关于江金保同志赴法国学习交流的请示 |
| 50 | 镇润政〔2016〕50号 | 关于提请撤销眭月虎副区长职务的报告 |
| 51 | 镇润政〔2016〕51号 | 关于将润州区政府或有债务转化为政府债务的请示 |
| 52 | 镇润政〔2016〕52号 | 关于汤俊、朱凤同志赴德国进行的请示 |
| 53 | 镇润政〔2016〕53号 | 关于对惠龙易通继续按原税负执行相关扶持政策的请示 |
| 54 | 镇润政〔2016〕54号 | 关于戚研等同志职务任免的通知 |
| 55 | 镇润政〔2016〕55号 | 关于提请江其兵同志任职的报告 |
| 56 | 镇润政〔2016〕56号 | 关于洪敏同志试用任职的通知 |
| 57 | 镇润政〔2016〕57号 | 关于朱一国同志试用任职的通知 |
| 58 | 镇润政〔2016〕58号 | 关于将“白湾”及“烟墩湾”棚户区改造项目列入财政预算的报告 |
| 59 | 镇润政〔2016〕59号 | 关于田静、周冬林同志赴英国交流学习的请示 |
| 60 | 镇润政〔2016〕60号 | 关于请求协调亿兆软件园项目相关事宜的请示 |
| 61 | 镇润政〔2016〕61号 | 关于提请严竹波同志任职的报告 |
| 62 | 镇润政〔2016〕62号 | 关于镇江苏润电子科技公司新建项目市政公用基础设施配套费的请示 |
| 63 | 镇润政〔2016〕63号 | 关于秦红芳等3位同志赴澳大利亚交流学习的请示 |
| 64 | 镇润政〔2016〕64号 | 关于请求免予御桥嘉苑回迁安置房项目行政处罚的请示 |
| 65 | 镇润政〔2016〕65号 | 关于明确何峥同志为驻市政务服务中心润州区窗口首席代表的通知 |
| 66 | 镇润政〔2016〕66号 | 关于请求协调解决“秀山美苑”回迁安置房地块上市交易的请示 |
| 67 | 镇润政〔2016〕67号 | 关于请求批准由市财政局向省财政厅出具江苏银行棚户区改造基金承诺函的请示 |
| 68 | 镇润政〔2016〕68号 | 关于再次请求批准富润华庭五期安置房项目土地上市的请示 |
| 69 | 镇润政〔2016〕69号 | 关于明确惠龙码头抵押登记办理部门的请示 |
| 70 | 镇润政〔2016〕70号 | 关于钱欣同志赴英国交流学习的请示 |
| 71 | 镇润政〔2016〕71号 | 关于请求返还七里甸城中村改造项目2016-1-7号地块政府基金和净收益的请示 |

续表33

| 序号 | 文　号 | 标　　　题 |
| --- | --- | --- |
| 72 | 镇润政〔2016〕72号 | 关于公布第二批区级非物质文化遗产增补名录的通知 |
| 73 | 镇润政〔2016〕73号 | 关于调整区征兵工作领导小组成员的通知 |
| 74 | 镇润政〔2016〕74号 | 关于表彰2015年度征兵工作先进单位和先进个人的决定 |
| 75 | 镇润政〔2016〕75号 | 润州区2015年节能目标责任评价考核自查报告 |
| 76 | 镇润政〔2016〕76号 | 关于调整润州区部分行政区划的请示 |
| 77 | 镇润政〔2016〕77号 | 关于减免镇江船舶电气有限公司迁建项目市政公用基础设施配套费的请示 |
| 78 | 镇润政〔2016〕78号 | 关于减免江苏广庆电子材料有限公司年产4500吨复合新材料项目市政公用基础设施配套费的请示 |
| 79 | 镇润政〔2016〕79号 | 关于环保部综合督查通报问题整改情况的报告 |
| 80 | 镇润政〔2016〕80号 | 关于区政府区长和副区长工作分工的通知 |
| 81 | 镇润政〔2016〕81号 | 关于调整2016年度一般公共预算收入任务及下达2016年下半年增值税任务的通知 |
| 82 | 镇润政〔2016〕82号 | 关于胡立仁等同志职务任免的通知 |
| 83 | 镇润政〔2016〕83号 | 关于卢海程同志赴美国进修的请示 |
| 84 | 镇润政〔2016〕84号 | 关于减免江苏美佳高速电梯有限公司高效节能电梯生产基地建设项目市政公用基础设施配套费的请示 |
| 85 | 镇润政〔2016〕85号 | 关于郭敏同志赴美国进修的请示 |
| 86 | 镇润政〔2016〕86号 | 关于冯毅夫等同志任职的通知 |
| 87 | 镇润政〔2016〕87号 | 关于请求批准向市农商行置换土地抵押物的请示 |
| 88 | 镇润政〔2016〕88号 | 关于向恒丰银行南京分行土地抵押贷款的请示 |
| 89 | 镇润政〔2016〕89号 | 关于申请将镇江市润州正华鞋业工业用房转变为商办性质的请示 |
| 90 | 镇润政〔2016〕90号 | 关于对镇江华东列电设备制造厂有限公司异地搬迁扩能建设项目免于处罚的请示 |
| 91 | 镇润政〔2016〕91号 | 关于王冬生等四人赴香港开展经贸招商活动的请示 |
| 92 | 镇润政〔2016〕92号 | 关于西荷花塘6栋楼居民实施搬迁的请示 |
| 93 | 镇润政〔2016〕93号 | 关于提请凌云志同志任职的报告 |
| 94 | 镇润政〔2016〕94号 | 关于提请将“白湾”项目购买棚改服务费用列入财政预算的报告 |
| 95 | 镇润政〔2016〕95号 | 243省道润州段改造项目搬迁公告 |

续表33

| 序号 | 文　号 | 标　　题 |
|---|---|---|
| 96 | 镇润政〔2016〕96号 | 关于请求减免江苏美佳电梯有限公司高效节能电梯生产基地建设项目处罚的请示 |
| 97 | 镇润政〔2016〕97号 | 关于提请纪宁军等同志职务任免的通知 |
| 98 | 镇润政〔2016〕98号 | 关于请求减免润州工业园区高创园一期三项目处罚的请示 |
| 99 | 镇润政〔2016〕99号 | 关于肖骁等同志试用任职的通知 |
| 100 | 镇润政〔2016〕100号 | 关于王桂元等同志职务任免的通知 |
| 101 | 镇润政〔2016〕101号 | 关于请求减免美的城二区项目处罚的请示 |
| 102 | 镇润政〔2016〕102号 | 关于变更镇江亿兆软件园1#楼使用性质的请示 |
| 103 | 镇润政〔2016〕103号 | 关于请求减免美佳电梯项目违法建设处罚以尽快取得《建设工程规划许可证》的请示 |
| 104 | 镇润政〔2016〕104号 | 关于报备《镇江市运粮河新河桥断面水体达标方案》的请示 |
| 105 | 镇润政〔2016〕105号 | 荣庆里16号等危房解危搬迁公告 |
| 106 | 镇润政〔2016〕106号 | 关于润州行政区划范围全部划为畜禽养殖禁养区的请示 |
| 107 | 镇润政〔2016〕107号 | 关于请求将龚家湾片区划入2017年棚户区改造计划的请示 |
| 108 | 镇润政〔2016〕108号 | 关于润州丹徒线联合检查的报告 |
| 109 | 镇润政〔2016〕110号 | 关于郭海燕等同志职务任免的通知 |
| 110 | 镇润政〔2016〕111号 | 关于认真做好2016年度随军家属安置工作的通知 |
| 111 | 镇润政〔2016〕112号 | 关于请求下达南山联合社区支出补助基数的请示 |
| 112 | 镇润政〔2016〕113号 | 关于请求协调中集金山湖1号项目土地遗留问题的请示 |
| 113 | 镇润政〔2016〕114号 | 京儿路113、115号危房解危搬迁公告 |
| 114 | 镇润政〔2016〕115号 | 关于提请蔡萍同志任职的报告 |
| 115 | 镇润政〔2016〕116号 | 新河新村21号、琴园巷217号危房解危搬迁公告 |
| 116 | 镇润政〔2016〕117号 | 润州区人民政府关于2016年度推进依法行政工作情况的报告 |
| 117 | 镇润政〔2016〕118号 | 关于蔡萍、凌云志副区长分工的通知 |
| 118 | 镇润政〔2016〕119号 | 关于调整部分省级生态公益林小班的请示 |
| 119 | 镇润政办〔2016〕1号 | 关于做好《润州年鉴（2016）》编撰工作的通知 |

续表33

| 序号 | 文　号 | 标　　题 |
|---|---|---|
| 120 | 镇润政办〔2016〕2号 | 关于下达2016年一季度指导性计划的通知 |
| 121 | 镇润政办〔2016〕3号 | 关于印发润州区道路除雪防冻工作预案的通知 |
| 122 | 镇润政办〔2016〕4号 | 关于转发《关于开展集成电路卡发放情况调查工作的通知》的通知 |
| 123 | 镇润政办〔2016〕5号 | 关于申请拨付挂职领导住宿及餐费经费的请示 |
| 124 | 镇润政办〔2016〕6号 | 关于印发《润州区开展2016年"3·15"国际消费者权益日主题活动方案》的通知 |
| 125 | 镇润政办〔2016〕7号 | 关于建立打击治理电信网络新型违法犯罪工作联席会议制度的通知 |
| 126 | 镇润政办〔2016〕8号 | 关于下达2016年全区主要工业经济和信息化发展指标任务的通知 |
| 127 | 镇润政办〔2016〕9号 | 关于印发润州区(镇江高新区)对接省"一中心""一基地"建设任务分解表的通知 |
| 128 | 镇润政办〔2016〕10号 | 关于印发《润州区2016年国家卫生城市复审迎检工作方案》的通知 |
| 129 | 镇润政办〔2016〕11号 | 关于印发《润州区国家卫生城市复审迎检分组督导工作方案》的通知 |
| 130 | 镇润政办〔2016〕12号 | 关于下达润州区2016年城市环境综合整治任务的通知 |
| 131 | 镇润政办〔2016〕13号 | 关于拨付行政权力网上公开透明运行网络经费的请示 |
| 132 | 镇润政办〔2016〕14号 | 关于调整润州区环境保护委员会成员的通知 |
| 133 | 镇润政办〔2016〕15号 | 关于调整润州区国家城市复审迎检工作领导小组及指挥部成员的通知 |
| 134 | 镇润政办〔2016〕16号 | 区政府办公室2016年普法工作意见 |
| 135 | 镇润政办〔2016〕17号 | 关于印发2016年润州区农业工作要点的通知 |
| 136 | 镇润政办〔2016〕18号 | 关于印发《碧水绕润州——水岸共治十大行动方案》的通知 |
| 137 | 镇润政办〔2016〕19号 | 关于召开2016年建议提案交办会的通知 |
| 138 | 镇润政办〔2016〕20号 | 关于成立润州区2015年度土地矿产卫片执法监督检查工作领导小组的通知 |
| 139 | 镇润政办〔2016〕21号 | 关于开展2015年度土地矿产卫片执法监督检查工作的通知 |
| 140 | 镇润政办〔2016〕22号 | 关于印发2016年全区专业化招商目标任务分解表和上半年全区产业类外资到位任务表的通知 |
| 141 | 镇润政办〔2016〕23号 | 关于明确张杰同志工作分工的通知 |
| 142 | 镇润政办〔2016〕24号 | 关于开展创建新一轮"土地执法模范区"活动的实施意见 |
| 143 | 镇润政办〔2016〕25号 | 关于印发《润州区食品药品安全工作意见》的通知 |

续表33

| 序号 | 文　号 | 标　　题 |
| --- | --- | --- |
| 144 | 镇润政办〔2016〕26号 | 关于开展投资理财公司非法集资风险排查工作的通知 |
| 145 | 镇润政办〔2016〕27号 | 关于成立润州区创建“土地执法模范区”工作领导小组的通知 |
| 146 | 镇润政办〔2016〕28号 | 关于申请拨付赴瑞典、芬兰经贸招商专项经费的请示 |
| 147 | 镇润政办〔2016〕29号 | 关于印发《2016年润州区产业“三集”发展工作要点》的通知 |
| 148 | 镇润政办〔2016〕30号 | 关于印发《2016年润州区产业集中集聚集约发展评价考核办法》的通知 |
| 149 | 镇润政办〔2016〕31号 | 关于加快推进全民艺术普及工作的意见 |
| 150 | 镇润政办〔2016〕32号 | 关于印发《润州区2016年度地质灾害防治方案》的通知 |
| 151 | 镇润政办〔2016〕33号 | 关于印发《润州区2016年外资、外贸工作考核办法》的通知 |
| 152 | 镇润政办〔2016〕34号 | 关于申请拨付专项接待经费的请示 |
| 153 | 镇润政办〔2016〕35号 | 关于申请拨付省巡视组专项经费的请示 |
| 154 | 镇润政办〔2016〕36号 | 关于印发《润州区危险化学品安全专项整治实施方案》的通知 |
| 155 | 镇润政办〔2016〕37号 | 关于印发《润州区人武部兵器室值班工作意见》的通知 |
| 156 | 镇润政办〔2016〕38号 | 关于印发《镇江市润州区安全生产目标管理考核办法(修订)》的通知 |
| 157 | 镇润政办〔2016〕39号 | 关于成立润州区网格化环境保护管理工作领导小组的通知 |
| 158 | 镇润政办〔2016〕40号 | 关于转发市政府办公室《关于深刻汲取苏州相城区“6·25”火灾事故教训全力做好当前火灾防控工作的紧急通知》的通知 |
| 159 | 镇润政办〔2016〕41号 | 关于印发《润州区保障G20峰会空气质量工作方案》的通知 |
| 160 | 镇润政办〔2016〕42号 | 关于拨付行政权力网上公开透明运行网络经费的请示 |
| 161 | 镇润政办〔2016〕43号 | 关于申请拨付专项协作经费的请示 |
| 162 | 镇润政办〔2016〕44号 | 关于成立润州区中央环境保护督察组交办问题整改工作领导小组的通知 |
| 163 | 镇润政办〔2016〕45号 | 关于开展互联网金融风险专项整治工作的通知 |
| 164 | 镇润政办〔2016〕46号 | 关于中央环境保护督察组举报受理转办清单(第二十一批56号)处理情况的报告 |
| 165 | 镇润政办〔2016〕47号 | 关于尽快完善蓝波船厂舾装码头竣工验收等手续的通知 |
| 166 | 镇润政办〔2016〕48号 | 关于尽快解押市特教中心建设所需土地的通知 |
| 167 | 镇润政办〔2016〕49号 | 关于印发《润州区外围街道清扫保洁市场化作业质量考核办法》的通知 |

续表33

| 序号 | 文　号 | 标　　题 |
| --- | --- | --- |
| 168 | 镇润政办〔2016〕50号 | 镇江市润州区人民政府办公室印发《关于建立双随机抽查机制加强事中事后监管实施方案》的通知 |
| 169 | 镇润政办〔2016〕51号 | 关于在全区开展"中秋、国庆"期间安全生产大检查的通知 |
| 170 | 镇润政办〔2016〕52号 | 关于成立润州区国考、省考断面水质达标工作领导小组的通知 |
| 171 | 镇润政办〔2016〕53号 | 关于成立润州区工业用地调查和低效产业用地再开发工作领导小组的通知 |
| 172 | 镇润政办〔2016〕54号 | 关于申请拨付通讯网络保障经费的请示 |
| 173 | 镇润政办〔2016〕55号 | 关于实施证照联动加强事中事后监管工作的意见 |
| 174 | 镇润政办〔2016〕56号 | 关于组织开展集中无偿献血活动的通知 |
| 175 | 镇润政办〔2016〕57号 | 关于加快推进2016年社会主体海绵城市建设项目的通知 |
| 176 | 镇润政办〔2016〕58号 | 转发《关于调整市级机关差旅费等有关问题的通知》的通知 |
| 177 | 镇润政办〔2016〕59号 | 转发《关于印发〈市级机关差旅费管理执行中有关问题处理的说明〉的通知》的通知 |
| 178 | 镇润政办〔2016〕60号 | 关于报送2016年度依法行政工作报告的通知 |
| 179 | 镇润政办〔2016〕61号 | 关于印发润州区突发事件信息报告情况通报办法(试行)的通知 |
| 180 | 镇润政办〔2016〕62号 | 关于调整我区被征地农民2016年基本生活保障的通知 |
| 181 | 镇润政办〔2016〕63号 | 关于推进最严格耕地保护制度和节约集约用地制度的通知 |
| 182 | 镇润政办〔2016〕64号 | 关于建立健全土地长效管理共同责任机制的意见 |
| 183 | 镇润政办〔2016〕65号 | 关于做好《润州年鉴(2016)》和《镇江年鉴(2016)》发行工作的通知 |
| 184 | 镇润政办〔2016〕66号 | 关于做好《润州年鉴(2017)》编撰工作的通知 |
| 185 | 镇润政办〔2016〕67号 | 关于转发镇江市人民政府办公室《关于印发完善困难残疾人生活补贴和重度残疾人护理补贴制度实施办法的通知》的通知 |
| 186 | 镇润政办〔2016〕68号 | 关于印发《润州区关于加快发展体育产业促进体育消费的实施意见》的通知 |
| 187 | 镇润政办〔2016〕69号 | 关于印发《关于加快推进全民艺术普及工作的意见》的通知 |

# 区 政 协

表34

| 序号 | 文 号 | 标 题 |
|---|---|---|
| 1 | 镇润政协〔2016〕1号 | 关于政协润州区第五届委员会主席、副主席、秘书长工作分工的通知 |
| 2 | 镇润政协〔2016〕2号 | 关于开展“弘扬价值观、践行当模范”主题活动的意见 |
| 3 | 镇润政协〔2016〕3号 | 关于依法加强食品安全监管的建议案 |
| 4 | 镇润政协〔2016〕4号 | 关于加快推进润州区信息化和工业化深度融合的建议案 |
| 5 | 镇润政协〔2016〕5号 | 关于刘向华等同志职务任免的通知 |
| 6 | 镇润政协〔2016〕6号 | 关于表彰2014~2016年度“优秀政协委员”“先进界别小组”和“先进基层联络委”的决定 |
| 7 | 镇润政协〔2016〕7号 | 关于表彰2014~2016年度优秀提案和提案承办先进单位的决定 |
| 8 | 镇润政协办〔2016〕1号 | 关于巩固提升“中华诗词之乡”创建成果工作经费的申请 |
| 9 | 镇润政协办〔2016〕2号 | 关于加快推进“弘扬价值观，践行当模范”各项活动的通知 |
| 10 | 镇润政协办〔2016〕3号 | 关于开展区政协委员述职的通知 |
| 11 | 镇润政协办〔2016〕4号 | 关于开展先进界别小组 优秀政协委员 优秀提案评选的通知 |
| 12 | 镇润政协办〔2016〕5号 | 关于印发《润州区政协机关管理制度》的通知 |
| 13 | 镇润政协办〔2016〕6号 | 关于做好区政协六届一次全体会议提案征集工作的通知 |
| 14 | 镇润政协办〔2016〕7号 | 关于换届工作经费的报告 |
| 15 | 镇润政协办〔2016〕8号 | 关于召开区政协六届一次全体会议经费的报告 |

## 统 计 公 报

# 2016年润州区国民经济和社会发展统计公报

润州区统计局

二〇一七年三月二十九日

2016年，面对严峻复杂的发展环境，全区上下坚决贯彻中央和省市委的决策部署，积极适应经济发展新常态，着力加强供给侧结构性改革，坚定不移打好转型升级组合拳，在攻坚克难上勇于担当，在干事创业上凝心聚力，全区发展迈上新台阶、开创新局面。

**一、综合**

2016年，全区实现地区生产总值369亿元，按可比价格计算，比上年增长9.2%，其中：第一产业增加值1.56亿元，下降9.7%；第二产业增加值131.76亿元，增长6.1%；第三产业增加值235.68亿元，增长11.2%。

经济结构进一步优化，服务业增加值占地区生产总值比重进一步提高，三次产业比例为0.4:35.7:63.9。

全年，完成财政总收入29.51亿元，下降6.50%；其中一般公共预算收入20.66亿元，下降17.13%；一般公共预算收入中各项税收收入18.39亿元，下降18.74%。全年完成财政总支出19.17亿元，下降8.50%；其中一般公共预算支出18.56亿元，下降10.53%。

**二、农业**

全区农林牧渔业总产值（现价）2.82亿元，下降0.88%；其中：农业1.43亿元，增长2.27%；林业0.01亿元，同比持平；畜牧业0.57亿元，下降7.25%；渔业0.70亿元，下降1.62%；农林牧渔服务业0.11亿元，下降0.61%。

全年，农作物播种面积1.36千公顷，同比下降6.84%；其中：粮食播种面积0.21千公顷，同比平持；油菜籽播种面积0.2千公顷，同比平持；蔬菜播种面积1.05千公顷，同比下降4.55%。全年生猪饲养量2.9万头，同比持平；肉类总产量3147吨，同比下降5.09%；家禽饲养量8.11万只，同比下降2.52%；水产品产量2839吨，同比下降1.97%。主要农林牧渔业产品产量见表1。

**主要农产品产量**

表35

| 产品名称 | 产品产量(吨) | 同比(±%) |
|---|---|---|
| 粮 食 | 2091 | -7.80 |
| 蔬 菜 | 25085 | -2.42 |
| 油菜籽 | 43 | -5.1 |
| 禽 蛋 | 93 | -2.84 |
| 水产品 | 2839 | -1.97 |

全年，完成农业大项目投资1.07亿元，实现粮食单产507公斤，生猪大中型规模养殖比重47%，完成社会资本投农2.08亿元，高效农业保险占比达62.3%。全年农村常住居民人均可支配收入达23517元，同比增幅8.1%。

完成成片造林6.67公顷，新增村庄绿化示范村1个，四旁绿化8万株，森林覆盖率达32.18%。加强森林病虫害的清理，共治理受害林面积39.47公顷，清理病死树株数1371株，松材线虫病发生危害面积和死亡株数同比下降10.0%和11.0%，治理率100%。

共出动执法人员190人次，检查农资经营网点40家次，依法保障农业生产安全，维护农民群众合法权益。共出动执法人员45人次、车辆17台次对连淮扬镇铁路润州段建设使用林地项目和各街道（园区）山体林地以及江滩湿地等野生动物资源丰富的地区进行排查，发现非法占用林地建墓案件1件，并及时进行了查处。

全年，查处违法捕捞案件4起，先后撤除网簖4张计150余米。共处理病死畜禽3吨。

2016年，共发放农业支持保护补贴（耕地地力保护）面积约86.67公顷，涉及农户858户，金额1.48万元；兑付农机具购置补贴资金5.4万元；发放渔民生活补助资金104万元；完成农业保险投保总金额9.27万元，其中高效农业保险占比达62.3%。

2016年度，全区冬春农田水利基本建设完成投资529.5万元。完成土方约38万方，修建小沟级以上建筑物5座；新建防渗渠道2千米；疏浚县乡河道5条，疏浚长度14.37千米；疏浚村庄河塘10条（座）；新建塘坝1座。改善灌溉面积200公顷，改善除涝面积133.33公顷，新增节水灌溉面积10公顷。综合治理水土保持面积1.4平方公里，受益面积3平方公里。长效保洁河道18公里。

全年，化肥施用量（折纯）980吨，农村用电量7265万千瓦时。

**三、工业和建筑业**

2016年年末，拥有规模以上工业企业82家。全年，规模以上工业企业完成总产值158.79亿元，同比增长4.52%。分轻重工业看，轻工业13.52亿元，同比增长8.49%；重工业145.27亿元，同比增长4.17%。分行业门类看，采矿业2.72亿元，同比下降25.32%；制造业144.76亿元，同比增长6.52%；电力、热力、燃气及水生产和供应业11.31亿元，同比下降8.65%。在总计中，国有企业0.30亿元，同比下降4.33%；股份制企业88.81亿元，同比增长7.96%（其中：国有控股企业30.52亿元，增长6.72%）；外商及港澳台商投资企业63.03亿元，同比下降1.25%；其他经济类型企业6.65亿元，同比增长20.62%。其中，民营工业66.03亿元，同比增长9.57%，其中私营企业57.01亿元，同比增长14.79%。

全年，规模以上工业企业实现主营业务收入157.47亿元，同比增长8.90%；利税14.8亿元，同比增长13.8%；利润7.91亿元，同比增长12.5%。规模以上工业企业总资产贡献率、主营业务收入利润率和成本费用利润率分别为8.95%、5.02%和5.20%，产品销售率为100.69%。规模以上工业企业主要产品产量见表2。

**主要工业产品产量**

表36

| 产品名称 | 计量单位 | 累计 | 同比+-% | 产品名称 | 计量单位 | 累计 | 同比+-% |
|---|---|---|---|---|---|---|---|
| 石灰石 | 吨 | 7327886.00 | -7.92 | 电焊机 | 台 | 15417.00 | 167.42 |
| 鲜、冷藏肉 | 吨 | 935.00 | 13.58 | 液压元件 | 件 | 658734.00 | -16.10 |
| 乳制品 | 吨 | 2060.00 | 18.05 | 滚动轴承 | 万套 | 528.96 | -8.14 |
| 无纺布（无纺织物） | 吨 | 370.00 | -2.63 | 矿山专用设备 | 吨 | 157.39 | -92.51 |
| 服装 | 万件 | 122.56 | -0.48 | 建筑工程用机械 | 台 | 3408.00 | 10.33 |
| 合成橡胶 | 吨 | 5385.00 | -1.01 | 民用钢质船舶 | 载重吨 | 58460.00 | -27.95 |
| 中成药 | 吨 | 302.81 | 14.74 | 变压器 | 千伏安 | 14784.00 | 24.88 |
| 硅酸盐水泥熟料 | 吨 | 964814.00 | 18.15 | 低压开关板 | 面 | 381.00 | 67.84 |
| 商品混凝土 | 立方米 | 334987.00 | 10.44 | 电光源 | 万只 | 15376.00 | -0.50 |
| 石墨及炭素制品 | 吨 | 148004.00 | -4.22 | 电子元件 | 万只 | 18545.00 | -17.70 |
| 发动机 | 千瓦 | 796861.00 | -4.74 | 汽车仪器仪表 | 台 | 19080.00 | 12.83 |

2016年年末，拥有资质以上建筑业企业59家，年平均从业人员22689人。全年，签订合同额594.85亿元，同比增长16.2%，建筑业房屋施工面积585.53万平方米，同比增长16.95%。全年，建筑业实现总产值194.71亿元，同比增长3.57%，竣工产值117.97亿元，同比下降2.51%。

**四、固定资产投资**

全年，完成固定资产投资427.57亿元，同比增长15%。其中二产投资完成95.94亿元，同比增长18.4%；三产投资完成331.63亿元，同比增长12.7%；产业投资完成159.82亿元，同比增长15.1%；工业技改投资完成53.28亿元，同比增长22.6%。

全区房地产完成投资122.43亿元，同比增长42.9%。其中，住宅完成投资额90.75亿元，增长37.77%。施工面积475.96万平方米，下降1.53%;竣工面积76.17万平方米，增长23.29%。房地产销售面积完成82.66万平方米，增长15.7%。其中，住宅销售面积78.56万平方米，增长17.43%。商品房平均售价7183元/平方米，增长18.9%,待售面积33.83万平方米，增长8.43%。

**五、国内贸易和开放型经济**

全年，实现社会消费品零售总额177.85亿元，增长11.6%。按消费形态分，批发业实现零售额79.05亿元，增长7.3%；零售业实现零售额78.89亿元，增长11.3%；住宿业实现零售额4.56亿元，增长45.2%；餐饮业实现零售额15.35亿元，增长30.7%。

全年，限额以上批发和零售业消费品中，服装、鞋帽、针纺织品类实现零售额6.62亿元，比上年增长4.8%；石油及制品类实现零售额45.7亿元，比上年增长12.2%；家用电器和音像器材类实现零售额0.77亿元，比上年增长15.8%；中西药品类实现零售额10.59亿元，比上年增长13.9%；金银珠宝类实现零售额2.34亿元，比上年增长1.9%。

2016年年末，拥有亿元贸易市场3个，分别是：镇江九州国际装饰家居广场有限公司、镇江农副产品批发市场有限公司、惠龙港国际钢铁物流股份有限公司，实现成交额 258.25亿元。

全年，完成进出口总额5.28亿美元，同比下降28%，其中出口总额4.41亿美元，同比下降28.3%；进口总额0.87亿美元，同比下降26.5%。全年新批三资企业11家，实际利用外资9020万美元，与去年基本持平，协议注册外资6106.1万美元，同比下降57%。

**六、科学技术和教育**

全年，实现高新技术产业产值72.9亿元，占规模以上工业总产值比重53.2%，R&D 投入8.78亿元，占地区生产总值的比重2.38%。全年，新增高新技术企业16家，33个科技项目获市以上立项，为企业争取扶持资金2600余万元。2016年末，全区共拥有国家级、省级孵化器4个，累计建成孵化面积46万平方米。全年共申请专利3011件，其中发明专利申请764件；专利授权745件。

年末，全区拥有小学13所、初中1所、九年一贯制学校3所；现有在校小学生12475人，初中生3939人。九年义务教育对象入学率100%；小学、初中在校生巩固率均达100%；初中升高中段的比例达到100%。职业教育、成人教育继续发展，现有中等职业类学校1所，在校学生1522人。年内向普通高校输送新生85人。

**七、文化、卫生和体育**

2016年年末，全区拥有文化馆(站)8个，建成基层综合文化服务中心32个，农家书屋实现电子阅览室全覆盖。群众性文化活动蓬勃开展，全年举办区级演出、展览20场。组织文艺下乡、下基层演出48场次、送电影156场。全区文艺创作者在市级以上获奖作品150余件，在书画、美术、舞台文艺等方面发表作品300余件。

2016年末，拥有医疗卫生机构17个、床位680张；有卫生技术人员644人，其中执业医师242人、注册护士358人、药剂人员44人。城乡居民合作医疗同步实施，农村新型合作医疗覆盖率100%，卫生服务体系健全率100%。

润州区认真抓好各竞赛项目的运动员队伍选拔和训练，共向上推荐、输送运动员67名。积极组队参加省、市两级比赛，在2016年镇江市青少年阳光体育运动联赛少儿体育竞赛中，我区积极参赛，参加了田径、篮球、排球、足球所有组别的竞赛，并获得优异成绩。全区已建成体育健身路径点152个。目前，社会体育指导员2244人。

**八、生态环境**

2016年，全区入江支流国控运粮河新河桥断面Ⅲ类，达标率100%。全区集中式饮用水水质达标率100%。全年总监测天数365天，环境良好天数248天，空气质量平均优良天数比列为68%,较2015年PM2.5下降14.2%。城市区域环境噪声除4类区交通噪声外，其余各类区昼间和夜间噪声值均能达到标准要求，4类区夜间噪声达标率100%。

**九、人民生活和社会保障**

2016年，面对宏观经济的复杂局面和“稳增长、促转型”的两难矛盾，全区上下克难奋进，在GDP保持稳步增长的前提下，城乡居民收入保持了平稳较好的增长态势，居民生活踏上新台阶，并正向更高水平小康社会迈进。据城乡一体化住户抽样调查资料显示，2016年全体居民人均可支配收入40289元，比上年增加3201元，增长8.6%。全体居民人均消费支出25473元，比上年增加1666元，增长7.0%。分城乡看，城镇常住居民人均可支配收入为41433元，比上年增加3151元，增长8.2%，其中工资性收入、经营净收入、财产净收入、转移净收入25890元、5271元、4020元、

6252元，分别增长6.5%、12.9%、14.8%和7.6%。城镇常住居民人均生活消费支出25784元，比上年增加1568元，增长6.5%。农村常住居民人均可支配收入为23517元，比上年增加1758元，增长8.1%，其中工资性收入、经营净收入、财产净收入、转移净收入14587元、5106元、950元、2875元，分别增长5.9%、12.1%、9.0%和12.2%。农村常住居民人均生活消费支出17485元，比上年增加1984元，增长12.8%。城镇居民人均可支配收入增速仅高出农村0.1个百分点，城乡居民收入比持续下降。

2016年，全区新增城镇就业人员1.1万人，帮助下岗失业人员再就业6966人，实现农村劳动力转移200人，2016年末城镇登记失业率2%。全区新建市级创业示范基地1个，城乡基本社会保险覆盖率98%，共有7214名城乡老年居民享受到政府养老补贴，失业、工伤、生育保险参保率均达100%以上。

注：1.公报中各项统计数据均为初步统计数，正式数据以统计年鉴为准；

2.公报中各项统计数据除注明按可比价格计算外，均按现行价格计算。

# 统 计 数 据

## 基本概况

表37

| 指标名称 | 计量单位 | 2016年实绩 |
|---|---|---|
| 行政概况 | | |
| 街道 | 个 | 8 |
| 园区 | 个 | 1 |
| 村民委员会 | 个 | 13 |
| 村民小组 | 个 | 246 |
| 居民委员会 | 个 | 60 |
| 全区总面积 | 平方公里 | 124 |
| 年末总户数 | 户 | 102016 |
| 年末户籍总人口 | 人 | 244118 |
| 出生人口 | 人 | 1928 |
| 死亡人口 | 人 | 1385 |

注：1.全区总面积取自《镇江统计2017》。2.人口数据含许输村。

## 国民经济与社会发展主要指标

表38

| 指标名称 | 计量单位 | 2016年实绩 | 比上年±% |
|---|---|---|---|
| 国民经济核算 | | | |
| 地区生产总值 | 亿元 | 369.00 | 9.2 |
| #第一产业 | 亿元 | 1.56 | -9.8 |
| 第二产业 | 亿元 | 131.76 | 6.1 |
| #工业 | 亿元 | 86.76 | 7.8 |
| 第三产业 | 亿元 | 235.68 | 11.2 |

续表38

| 指标名称 | 计量单位 | 2016年实绩 | 比上年±% |
|---|---|---|---|
| 农业 | | | |
| 农林牧渔总产值 | 亿元 | 2.82 | -0.9 |
| #农业 | 亿元 | 1.43 | 2.2 |
| 林业 | 亿元 | 0.01 | 0.0 |
| 牧业 | 亿元 | 0.57 | -7.2 |
| 渔业 | 亿元 | 0.70 | -1.6 |
| 农林牧渔服务业 | 亿元 | 0.11 | -0.7 |
| 工业 | | | |
| 规模以上工业总产值 | 亿元 | 158.79 | 4.5 |
| 规模以上工业增加值 | 亿元 | 35.88 | 6.0 |
| 规模以上工业销售收入 | 亿元 | 157.47 | 8.9 |
| 规模以上工业利税总额 | 亿元 | 14.8 | 13.8 |
| 规模以上工业利润总额 | 亿元 | 7.91 | 12.5 |
| 国内贸易 | | | |
| 社会消费品零售总额 | 亿元 | 177.85 | 11.6 |
| 对外经济 | | | |
| 项目数 | 个 | 11 | -21.0 |
| 工商注册实际到位外资 | 万美元 | 9020 | 0.0 |
| 进出口总额 | 万美元 | 52855 | -28.0 |
| 进口 | 万美元 | 8755 | -26.5 |
| 出口 | 万美元 | 44100 | -28.3 |
| 固定资产投资 | | | |
| 固定资产投资 | 亿元 | 427.57 | 15.0 |
| #第二产业 | 亿元 | 95.94 | 18.4 |
| 第三产业 | 亿元 | 331.62 | 12.7 |
| #房地产 | 亿元 | 122.43 | 42.9 |
| 财政收支 | | | |
| 财政总收入 | 亿元 | 29.51 | -6.5 |
| #一般公共预算收入 | 亿元 | 20.66 | 3.8 |
| 财政总支出 | 亿元 | 18.56 | -11.4 |
| 人民生活 | | | |
| 在岗职工平均工资 | 元 | 71021 | 9.3 |
| 城镇常住居民人均可支配收入 | 元 | 41433 | 8.2 |
| 农村常住居民人均可支配收入 | 元 | 23517 | 8.1 |
| 教育卫生 | | | |
| 在校学生数 | 人 | 24604 | 4.8 |
| 医院床位数 | 张 | 680 | 0.0 |
| 卫生技术人员 | 人 | 644 | 1.2 |
| #护士 | 人 | 358 | 3.5 |
| 科学技术 | | | |
| 高新技术产业产值 | 亿元 | 72.90 | |
| 高新技术产业产值占规模工业总产值比重 | % | 53.20 | |
| R&D投入 | 亿元 | 8.88 | |
| R&D投入占GDP比重 | % | 2.38 | |

注：1、项目数含增资项目；2、规模以上工业数据除工业用电量外，均含中船动力的数据。

## 人口

表39

| 指标名称 | 计量单位 | 2016年实绩 |
|---|---|---|
| 总户数 | 户 | 102016 |
| 总人口 | 人 | 244118 |
| 男 | 人 | 122696 |
| 女 | 人 | 121422 |
| 性别比 | % | 101.05 |
| 出生人口 | 人 | 1928 |
| 男 | 人 | 997 |
| 女 | 人 | 931 |
| 出生率 | ‰ | 7.90 |
| 死亡人口 | 人 | 1385 |
| 男 | 人 | 787 |
| 女 | 人 | 598 |
| 死亡率 | ‰ | 5.68 |
| 自然增长人口 | 人 | 543 |
| 男 | 人 | 210 |
| 女 | 人 | 333 |
| 自然增长率 | ‰ | 2.22 |

注:人口数据含南山管委会及诈输村。

## 规模以上工业(分街道)

表40 单位:亿元、个、万人

| 单位名称 | 工业总产值 | 主营业务收入 | 利税 | 利润总额 | 资产总计 | 负债总计 | 企业个数 | 平均用工人数 |
|---|---|---|---|---|---|---|---|---|
| 合计 | 158.79 | 157.47 | 14.80 | 7.91 | 173.90 | 87.09 | 82 | 1.66 |
| 七里甸街道 | 12.18 | 12.62 | 0.71 | 0.30 | 13.02 | 5.03 | 9 | 0.21 |
| 蒋乔街道 | 39.70 | 38.62 | 4.20 | 2.87 | 29.15 | 13.36 | 31 | 0.42 |
| 官塘桥街道 | 3.91 | 4.59 | 0.11 | –0.08 | 7.90 | 4.23 | 6 | 0.11 |
| 宝塔路街道 | 11.31 | 11.31 | 3.06 | 2.62 | 13.14 | 6.87 | 1 | 0.06 |
| 和平路街道 | 5.97 | 5.55 | 0.43 | 0.29 | 5.25 | 3.34 | 9 | 0.07 |
| 金山街道 | 0.00 | 0.00 | 0.00 | 0.00 | 0.00 | 0.00 | 0 | 0.00 |
| 韦岗街道 | 6.02 | 7.46 | –0.05 | –0.55 | 13.62 | 4.60 | 6 | 0.15 |
| 工业园区 | 79.69 | 77.33 | 6.35 | 2.46 | 91.81 | 49.65 | 20 | 0.66 |

## 建筑业企业主要生产指标

表41

| 指标名称 | 计量单位 | 2016年实绩 | 比上年±% |
|---|---|---|---|
| 企业个数 | 个 | 59 | 15.69 |
| 签定的合同额 | 亿元 | 594.85 | 12.45 |
| 建筑业总产值 | 亿元 | 194.71 | 3.95 |
| 竣工产值 | 亿元 | 117.97 | -2.51 |
| 房屋建筑施工面积 | 万平方米 | 58.55 | -88.31 |
| #新开工面积 | 万平方米 | 15.05 | -87.20 |
| 年末从业人员 | 人 | 22365 | 23.88 |
| 年末从业人员年平均人数 | 人 | 22792 | 1.02 |

注:本表建筑业企业均为具有资质等级的总承包和专业承包建筑业企业(不含劳务分包建筑业企业)

## 固定资产投资

表42

| 指标名称 | 计量单位 | 2016年实绩 | 比上年±% |
|---|---|---|---|
| 固定资产投资 | 亿元 | 427.57 | 15.00 |
| #产业投资 | 亿元 | 159.82 | 15.10 |
| 工业技改投资 | 亿元 | 53.28 | 22.60 |
| 亿元以上项目投资 | 亿元 | 190.72 | -20.90 |
| 按产业分 | | | |
| 第一产业 | 亿元 | | |
| 第二产业 | 亿元 | 95.94 | 18.40 |
| 第三产业 | 亿元 | 331.62 | 12.70 |
| #房地产 | 亿元 | 122.43 | 42.90 |

## 房地产开发投资

表43

| 指标名称 | 计量单位 | 2016年实绩 | 比上年±% |
|---|---|---|---|
| 房地产开发投资完成额 | 亿元 | 122.43 | 42.9 |
| 房屋施工面积 | 万平方米 | 475.96 | -1.5 |
| 房屋竣工面积 | 万平方米 | 76.17 | 23.3 |
| 商品房销售面积 | 万平方米 | 82.66 | 15.7 |
| #住宅 | 万平方米 | 78.56 | 17.4 |
| 商品房销售额 | 亿元 | 59.38 | 37.6 |
| #住宅 | 亿元 | 54.52 | 40.3 |
| 商品房平均售价 | 元 | 7183.00 | 18.9 |
| #住宅 | 元 | 6939.16 | 19.4 |
| 待售面积 | 万平方米 | 33.83 | 8.4 |

## 城镇非私营单位从业人员和劳动报酬

表44

| 指标名称 | 年末从业人员数(人) | | 年末从业人员劳动报酬(千元) | | 在岗职工平均工资(元) |
|---|---|---|---|---|---|
| | | 在岗职工 | | 在岗职工工资总额 | |
| 合计 | 48756 | 41892 | 3405500 | 3059433 | 71021 |
| 1.国有单位合计 | 25942 | 21594 | 2237698 | 1999994 | 88104 |
| 2.城镇集体单位合计 | 960 | 537 | 51927 | 32218 | 55530 |
| 3.其他单位合计 | 21854 | 19761 | 1115875 | 1027221 | 51419 |
| 按企业、事业、机关分组 | | | | | |
| #1.企业 | 30077 | 25989 | 1719724 | 1523102 | 57754 |
| 2.事业 | 11541 | 9206 | 956370 | 826571 | 84732 |
| 3.机关 | 7095 | 6654 | 727180 | 707534 | 104557 |
| 按国民经济行业分组 | | | | | |
| 1.农、林、牧、渔业 | 59 | 59 | 2574 | 2574 | 43627 |
| 2.采矿业 | 966 | 855 | 70081 | 62785 | 71438 |
| 3.制造业 | 9768 | 9100 | 536640 | 507036 | 53612 |
| 4.电力、燃气及水的供应业 | 559 | 418 | 48115 | 43353 | 86484 |
| 5.建筑业 | 8705 | 7241 | 394614 | 342926 | 48537 |
| 6.交通运输、仓储业 | 1929 | 1903 | 80744 | 80116 | 41182 |
| 7.信息传输、计算机服务和软件业 | 2051 | 1556 | 176683 | 145791 | 89627 |
| 8.批发和零售业 | 1187 | 1020 | 50672 | 44306 | 41767 |

续表44

| 指标名称 | 年末从业人员数(人) | | 年末从业人员劳动报酬(千元) | | 在岗职工平均工资(元) |
|---|---|---|---|---|---|
| | | 在岗职工 | | 在岗职工工资总额 | |
| 9.住宿和餐饮业 | 1158 | 911 | 68248 | 58035 | 62470 |
| 10.金融业 | 728 | 725 | 77181 | 77032 | 104948 |
| 11.房地产业 | 1236 | 1204 | 75923 | 73525 | 59932 |
| 12.租赁和商务服务业 | 468 | 221 | 23085 | 13215 | 49759 |
| 13.科学研究、技术服务和地质勘查业 | 2407 | 2156 | 227910 | 192324 | 92568 |
| 14.水利、环境和公共设施管理业 | 1170 | 895 | 78130 | 65236 | 66234 |
| 15.居民服务和其他服务业 | 145 | 136 | 10748 | 10291 | 73116 |
| 16.教育 | 2928 | 2390 | 240692 | 220350 | 88122 |
| 17.卫生、社会保障和社会福利业 | 4458 | 3397 | 384110 | 318416 | 87278 |
| 18.文化、体育和娱乐业 | 1057 | 534 | 70348 | 40349 | 65169 |
| 19.公共管理和社会组织 | 7777 | 7171 | 789002 | 761773 | 103321 |

## 社会消费品零售总额

表45

| 指标名称 | 计量单位 | 2016年实绩 | 比上年±% |
|---|---|---|---|
| 社会消费品零售总额 | 万元 | 1778511 | 11.6 |
| 按消费单位所在地分组 | | | |
| 市 | 万元 | 1778511 | 11.6 |
| 按行业分组 | | | |
| 批发业 | 万元 | 790507 | 7.3 |
| 限额以上企业 | 万元 | 660459 | 14.5 |
| 限额以下企业和个体 | 万元 | 130048 | -18.5 |
| 零售业 | 万元 | 788947 | 11.3 |
| 限额以上企业 | 万元 | 614352 | 7.4 |
| 限额以下企业和个体 | 万元 | 174595 | 27.7 |
| 住宿业 | 万元 | 45595 | 45.2 |
| 限额以上企业 | 万元 | 6080 | -3.9 |
| 限额以下企业和个体 | 万元 | 39516 | 57.5 |
| 餐饮业 | 万元 | 153462 | 30.7 |
| 限额以上企业 | 万元 | 83150 | 12.2 |
| 限额以下企业和个体 | 万元 | 70312 | 62.6 |
| 其他 | 万元 | | |

## 利用外资(分街道)

表46

| 指标名称 | 项目数(个) | 实际利用外资(万美元) |
|---|---|---|
| 合计 | 11 | 9020.00 |
| 七里甸街道 | 2 | 1000.00 |
| 蒋乔街道 | 1 | 1058.90 |
| 官塘桥街道 | 1 | 1000.00 |
| 宝塔路街道 | 3 | 1151.00 |
| 和平路街道 | | 1470.00 |
| 金山街道 | 2 | 1200.00 |
| 韦岗街道 | | 300.00 |
| 工业园区 | 1 | 853.90 |
| 南山街道 | | |
| 其他 | 1 | |

注:项目数含增资项目

## 财政总收入

表47

| 指标名称 | 2016年实绩 | 比上年±% |
|---|---|---|
| 一、工商税收(万元) | 272381 | -6.24 |
| 国税(万元) | 84867 | 9.48 |
| 地税 (万元) | 187514 | -11.96 |
| 二、农牧业税(万元) | 0 | -100.00 |
| 三、专项收入(万元) | 5934 | 0.30 |
| 四、其它收入(万元) | 6762 | -16.85 |
| 五、行政事业性收费收入(万元) | 10002 | 11.02 |
| 六、基金收入(万元) | 0 | |
| 本年收入合计(万元) | 295079 | -6.50 |

## 财政总支出

表48

| 指标名称 | 2016年实绩 | 比上年±% |
|---|---|---|
| 一、一般公共服务(万元) | 21302 | 9.52 |
| 二、外交(万元) | | |
| 三、国防(万元) | 241 | 7.59 |
| 四、公共安全(万元) | 9510 | 18.31 |
| 五、教育(万元) | 33439 | 15.49 |
| 六、科学技术(万元) | 4171 | 8.93 |
| 七、文化体育与传媒(万元) | 3090 | 33.94 |
| 八、社会保障和就业(万元) | 9466 | -24.14 |
| 九、医疗卫生(万元) | 5648 | 2.04 |
| 十、环境保护(万元) | 1850 | 125.06 |
| 十一、城乡社区事务(万元) | 58074 | 140.65 |
| 十二、农林水事务(万元) | 4687 | -19.40 |
| 十三、交通运输(万元) | 705 | 20.93 |
| 十四、工业商业金融等事务(万元) | 27774 | 69.33 |
| 十五、其他支出(万元) | 5650 | -93.02 |
| 本年支出合计(万元) | 185607 | -11.42 |

## 教育

表49

| 指标名称 | 2016年 | 比上年±% |
|---|---|---|
| 全区学校总数(所) | 50 | 2.04 |
| 1.高中 | | |
| 2.初中 | 4 | 0.00 |
| 3.职中 | 1 | 0.00 |
| 4.小学 | 16 | 0.00 |
| 5.幼儿园 | 29 | 3.57 |
| 全区学生总数(人) | 24604 | 4.82 |
| 1.高中 | | |
| 2.初中 | 3939 | 7.98 |
| 3.职中 | 1523 | -13.26 |
| 4.小学 | 12475 | 1.82 |
| 5.幼儿园 | 6667 | 14.63 |
| 全区班级总数(个) | 709 | 5.66 |
| 1.高中 | | |
| 2.初中 | 92 | 6.97 |
| 3.职中 | 43 | -14.00 |
| 4.小学 | 346 | 1.76 |
| 5.幼儿园 | 228 | 16.92 |

续表49

| 指标名称 | 2016年 | 比上年±% |
| --- | --- | --- |
| 全区当年毕业生数(人) | 5755 | 7.65 |
| 1.高中 | | |
| 2.初中 | 1123 | 1.99 |
| 3.职中 | 680 | 26.62 |
| 4.小学 | 1948 | 5.01 |
| 5.幼儿园 | 2004 | 8.15 |
| 全区当年招生数(人) | 6693 | -2.26 |
| 1.高中 | | |
| 2.初中 | 1440 | 8.35 |
| 3.职中 | 532 | -30.18 |
| 4.小学 | 2157 | 2.86 |
| 5.幼儿园 | 2564 | 3.28 |
| 全区教职员工总数(人) | 2173 | 5.48 |
| #专任教师 | 1733 | 39.30 |
| 1.高初中 | 286 | -0.69 |
| 2.职校 | 115 | 2.67 |
| 3.小学 | 858 | -3.37 |
| 4.幼儿园 | 914 | 18.39 |
| 中学专任教师职称人数(人) | 277 | 1.10 |
| 1.高级教师 | 102 | 9.67 |
| 2.一级教师 | 140 | -2.22 |
| 3.二级教师 | 35 | -5.41 |
| 小学专任教师职称人数(人) | 937 | 12.08 |
| 1.高级教师 | 81 | 6.58 |
| 2.一级教师 | 763 | 14.22 |
| 3.二级教师 | 93 | 1.08 |

注:专任教师数不含工人。

## 医疗机构

表50　　单位:个、张、人

| 分组名称 | 机构数 | 床位数 | 卫生技术人员 | 其中 | | |
| --- | --- | --- | --- | --- | --- | --- |
| | | | | 执业医师 | 注册护士 | 药剂人员 |
| 总计 | 17 | 680 | 644 | 242 | 358 | 44 |
| 医院 | 7 | 230 | 157 | 71 | 86 | 5 |
| 综合医院 | 7 | 230 | 157 | 71 | 86 | 5 |
| 专科医院 | 0 | 0 | 0 | 0 | 0 | 0 |
| 社区卫生服务中心 | 7 | 450 | 394 | 128 | 266 | 38 |
| 卫生院 | 0 | 0 | 0 | 0 | 0 | 0 |
| 妇幼保健院(所、站) | 1 | 0 | 19 | 12 | 6 | 1 |
| 疾病预防控制中心 | 1 | 0 | 17 | 17 | 0 | 0 |
| 卫生监督所(局) | 1 | 0 | 14 | 14 | 0 | 0 |

# 索　引

栏目编校：田　宗

## 说　明

一、本索引采用主题分析索引方法编制，按索引词第一个字的汉语拼音字母顺序排列(同音按声调)，音、调相同按第二个字音序排列，依次类推。

二、索引词后的阿拉伯数字表示内容所在的页码，数字后的拉丁字母a、b、c表示该页码从左到右的栏位。

三、凡空二字起排，为二级索引，是一级索引词的“附见”。

四、特载、专记、大事记等内容不作索引。

## A



## B



## C

## D



## F



## G

## H

## J



## K

## Q



## R



## S

## T



## W

## X



## Y



## Z

集万卷于一书

缩一年为一瞬

# 镇江润州长江村镇银行

江苏银行业星级营业网点
STAR-RATED BANKING OUTLET JIANGSU
江苏省银行业协会
JIANGSU BANKING ASSOCIATION
320160511002

镇江润州长江村镇银行股份有限公司（简称镇江润州长江村镇银行）是由武汉农村商业银行作为主发起行，经中国银监会镇江监管分局批准，具有独立法人资格的新型农村商业银行。注册资本人民币2亿元，2015年2月5日正式对外营业。目前城南支行正在开业筹备中。

该行位于镇江的主城区和行政中心所在地——润州区，营业场所面积达1500平方米，开设4个营业窗口,办公场所环境优美、营业大厅宽敞明亮、软硬件设施完备、服务功能齐全。该行以先进的农村金融经营管理理念、完善的管理模式、丰富的金融产品、优质高效的金融服务，积极推动润州区经济的快速发展。该行积极按照《江苏银行业普惠金融文明规范服务乡镇星级网点评定标准》开展星级网点的建设工作，并以此项工作为契机大幅提升服务品质，成功打造江苏省三星级网点，向社会展示该行的特色文化内涵和良好精神风貌。业务范围包括：吸收公众存款；发放短期、中期和长期贷款；办理国内结算；办理票据承兑与贴现；从事同业拆借；从事借记卡业务；代理发行、代理兑付、承销政府债券；代理收付款项及代理保险业务；经银行业监督管理机构批准的其他业务。

该行依托主发起银行——武汉农村商业银行先进的网路系统支持，业务系统平台建设稳步推进。镇江润州长江村镇银行的经营宗旨是：恪守信用，合法经营，积极参与金融市场竞争，以安全性、流动性、效益性为经营原则，以服务“三农”、小微企业、区域经济发展为目标，向社会提供优质、高效的金融服务，促进经济繁荣及各项事业发展。

## 镇江市农业产业化经营龙头企业

# 镇江市五峰茶场

镇江市五峰茶场地处镇江市西郊、五洲山北麓，属宁镇丘陵地区。茶场创建于1986年2月，茶园面积62公顷，分布在五洲山坡上，生态环境极佳，茶树优良品种率达90%以上，茶园方圆5公里内无工业“三废”排放企业。2006年，茶场场区搬迁，投资800万元新建办公大楼及高标准的符合食品安全卫生生产要求的厂房、茶叶低温冷藏保鲜库2座和配套设施用房8000平方米。茶场年产各类绿茶23吨，品种包含：五峰白茶、五峰迎春茶、金山翠芽茶、五峰香怡茶；产销率高达100%，历年来呈现供不应求的趋势。茶场是镇江市市级农业产业化经营龙头企业，中国茶叶学会首批命名的全国12家“茶叶科技示范基地”之一。茶场先后通过无公害农产品产地和产品认证、绿色食品认证，并在全省茶叶企业首批通过QS市场准入质量安全认证。

茶场产品品牌响、质量优。茶场拥有的“彭公”牌商标和“五峰迎春”牌商标双双被评为“江苏省著名商标”；“五峰迎春茶”被评为“江苏名牌农产品”。“彭公”牌“金山翠芽”“五峰迎春”茶在国际名茶评比中多次荣获金奖。在国内各级别，国家级“中茶杯”、省级“陆羽杯”、市级“三山杯”名特茶质量评比中连续多年荣获特等奖、一等奖。在2015年第十届镇江市“三山杯”名特茶评比中，“彭公牌”五峰白茶获荣获特等奖，“彭公牌”五峰迎春茶荣获一等奖。

茶场严格实施了质量管理制度，确保产品质量。五峰茶场认真贯彻了国家行业和地方相关茶叶标准化体系，建立了茶叶生产全程产品质量安全控制方案，完善茶叶质量追踪溯源制度，狠抓从茶园栽培管理到加工包装的全程质量控制，严格执行“五化六统一”的要求，确保茶叶质量。2015年企业承担了2015部级园艺作物标准园《镇江市五峰茶叶标准园项目》，并顺利通过验收，逐步实现集规模化种植、标准化生产、商品化处理、品牌化销售、产业化经营为一体的茶叶标准园。通过产品质量体系建设，成为打造“金山翠芽”“五峰迎春”茶叶精品品牌的有效保障。

今后茶场将紧紧围绕“做大产业、做强龙头、做精产品、做优环境”的建设总体目标，做好以下两个方面工作。一是认真落实行业标准，形成产业化带动，使茶场真正形成“金山翠芽茶”，“五峰迎春茶”重点示范基地，用3—5年时间将“彭公”牌“金山翠芽”，“五峰迎春”由地方品牌茶提升到国家级名品茶，提高企业产品的知名度，进一步增强茶叶的市场竞争力。二是进一步加大科技投入力度，发展高效新农业，提高单位面积产出率。

开展创新产业链上学习教育活动

联系电话：0511-85724277　0511-85723277　传真：0511-85729

# 镇江美的房地

项目实景图

项目实景图

2013年，中国地产百强美的地产落于镇江，2014年6月，美的城一期首开倾城，连续2年位于镇江楼市销售排名前列，目前一区一标、二标已于2016年6月份交付，一期三标预计于2017年6月底交付。2016年初，美的城全新二期面世，项目地处南徐核心七里甸老城商圈，周边教育、医疗、休闲、购物、娱乐等一应俱全。项目总占地12.3公顷，建筑面积超36万平方米，由17幢住宅及2幢独立商业构成。作为美的地产集团在全国首个5M智慧健康社区示范点，项目携手知名景观规划设计团队，将国际化的产品理念引入到项目中，采用海绵城市设计标准，引进美的5M智慧家，以无边际双泳池，豪华入户大堂，8大安防系统，健康跑道、美的农场等多个空间为业主们提供交流机会。2017年下半年，美的城三期即将上市，项目包含小高层、高层、集中商业等产品，面积段涵盖100~138平方米全能户型。美的城，在满足人们对更高生活品质追求的同时，将形成一个智慧健康，可持续发展的现代化综合社区。

项目鸟瞰图

# 发展有限公司

镇江美的房地产发展有限公司隶属美的地产，
项目公司成立于2013年9月，
是具备国家二级资质的房地产开发企业。
截至2016年末，在职职工65人，截至2016年，
公司已实现房屋开发约63万立方米，
三期地块预计2017年下半年动工。

美的城效果图

美的地产荣誉

美的地产荣誉

二期效果图

Tusincere 启迪协信 | TAIGU LEGENDS 太古城

# 启迪协信
# 科技城投资运营商

## 启迪协信 巨擘联合

强强联合 全国首个千亿级科技服务企业

启迪协信成立于2015年6月10日，由全国最大的科技服务企业启迪控股与中国房地产五十强协信集团实施“地产战略整合重组”成立。源于清华，致力于成为全球领先的科技园投资运营商。

## 中国科技地产行业标杆企业

2017年3月启迪协信
荣膺“2017中国科技地产行业标杆企业”

vanke万科 | 500 GLOBAL

# 镇江万科 与城共生长

1984年万科成立，33年发展，中国房产龙头企业，全国最大的住宅开发企业。跻身“世界500强”，业务覆盖中国大陆及香港、新加坡、旧金山、西雅图、伦敦、纽约等共计71座城市。“赞美生命·共筑城市”，万科以品质生活，为全国100余万业主悉心服务。

## 13年深耕醋城 辉耀南徐心

2004年，镇江万科成立。融于文化，深耕本土。凭卓越的战略目光，择址润州南徐。13年深耕于此，万科·魅力之城、万科·红郡、万科·润园、万科·蓝山、万科·沁园、万科·锦程、万科·红郡西岸，七个项目，20000余业主，见证南徐的飞速发展！2017年，镇江万科，蓝山和红郡，双盘齐辉，再度引领南徐热潮。

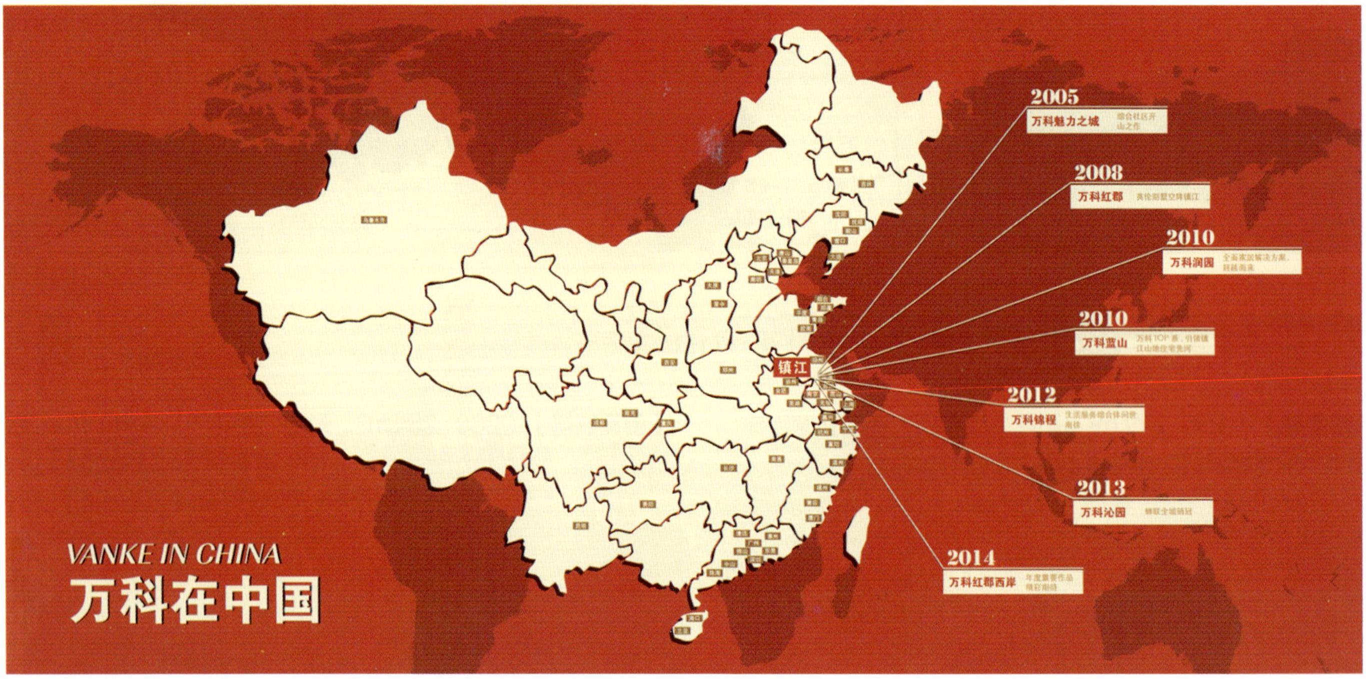


## 万科蓝山-新中式的风雅大宅

新中式建筑群，追求山居涵氧生活，打造自然舒享家。择址考究，依天然氧吧南山，邻城市核心版图。规划更以尊重土地、充分体现土地原有价值为原则，打造坡地特色景观，一层一景。案名谐音南山，打造南徐中高端品质社区。

## 万科红郡西岸-纯英伦生态住区

纯英式别墅，位据南徐核心。2014年镇江万科重要作品，以创造舒适生活为宗旨，将“都铎”式建筑的几何对称元素特点与自然景观相融合，创造纯正英式风格自然庭园。各种植被形成景观围合，观景空间和邻里交往空间，交相呼应。

# 镇江市港龙交通工程建设有限责任公司

板桥路

宝平路

和儿庙路

四明河路

镇江市港龙交通工程建设有限责任公司成立于2009年，由原润安工程公司改制而来，注册资本5188万元人民币。公司是通过ISO9002国际质量体系认证的国家建筑二级资质企业,具有道路工程设计与施工、市政公用工程施工等一体的综合施工能力。公司职工280余人，其中工程技术人员95人，高级职称5人，中级职称25人，初级职称65人，具有一流资质的项目经理12人。公司拥有机械设备125台，设备总功率4300千瓦。公司拥有水稳拌合楼壹座，年生产能力50万吨。 多年来，公司解放思想、深化改革，强化管理，依靠科技进步，不断提高科技装备水平，为镇江的城市建设作出积极贡献。

四平山路

五凤口路

显洋路

周湾路

# 镇江金港磁性元件有限公司

区长高国成到企业调研

产品展示

镇江金港磁性元件有限公司成立于1992年，主要生产、销售各种电机用小至6克大至900克不同规格的瓦形磁体，磁性能达到世界领先水平。

公司现有员工552名，其中本科含本科以上学历人员29名，大中专学历157名，其中工程技术人员30名。目前注册资本370万美元，企业占地面积29473平方米，厂房面积15952平方米。截至2015年，公司拥有7条微机控制电窑永磁铁氧体生产线，拥有国内先进的全自动液压机、球磨机、磨加工自动生产线等设备和磁性能全自动检测仪等共100多台套，生产能力为年1.3万吨成品磁体。公司集生产经营、科技开发为一体，是国内目前规模最大的专业生产高档瓦形磁体的企业之一。

2014年投资兴建江苏天地磁业有限公司，它是镇江金港磁性元件有限公司在句容下蜀投资的全资子公司，专门生产高性能永磁铁氧体磁瓦和机壳等电机零部件。公司位于江苏省句容下蜀镇临港科技园区内，总投资额2亿元，占地47000多平方米。预计2016年6月前竣工。项目拟建成有一条原料生产线，六条铁氧体磁瓦器件生产线。年生产各种高性能磁瓦1.5万吨，预计实现年销售1.9亿元。

公司产品品质位居永磁铁氧体行业内的中高档水平，产品在国内市场上，与各大汽车企业、摩托车企业和家电企业配套。在国际市场上，产品远销美国、欧洲、东南亚等国家和地区，并与一些国际著名公司建立了长期的业务关系。

卓越的创新意识，优良的产品质量，诚信的服务态度是我公司始终如一的宗旨和承诺，塑造了金港品牌的美好形象。公司连续被评为“润州区慈善爱心企业”“润州区慈善捐赠突出贡献单位”“镇江市明星企业”“镇江市劳动关系和谐达标企业”“镇江市法制宣传教育先进单位”“镇江市职工培训教育工作先进单位”“镇江市深化创新厂务公开民主管理工作先进单位”“镇江市企业（职工）文化建设示范单位”“江苏省模范职工之家”“江苏省模范劳动关系和谐企业”“江苏省高新技术企业”“全国职工教育培训示范点”等荣誉称号。

# 和平路街道新金江联合社区

省委组织部到新金江社区调研“融城党建”工作

市委书记惠建林考察和平路街道新金江联合社区基层党建红色形象体系建设

和平路街道新金江社区联合党委是镇江市老渔业乡所在地，渔文化历史悠久、氛围浓厚。现有涉渔人口700余人，上岸渔民2800余人，党员130人。近年来，社区联合党委以区委红色形象体系建设为契机，积极打造红色渔文化的社区名片，不断推动渔民党建在拓展党群阵地、浓厚红色氛围、深化融城服务等方面探索和延伸，着力打造一座党旗红、百姓安、产业富的魅力滨水新城。

一是以水积鱼聚的状态，构筑群众家门口的党群红色阵地。针对长江岸线长、地域面积广、资源共享难的问题，将党建堡垒建在群众“家门口”，以“1+X”的模式，联合驻区单位和相邻村居，打造一批满足党群需求的红色渔文化阵地。

二是以鱼水情深的心态，浓厚春风化雨般的党群红色氛围。坚持党建引领、以文化人，充分发挥红色渔文化的渗透力、影响力和带动力，在深入群众、联系群众、服务群众中，不断提升党建文化软实力。

三是以授人以渔的常态，凝聚共建新家园的党群红色力量。直面大批渔民转产上岸的出路问题，社区联合党委围绕“授人以鱼不如授人以渔”的思路，用心为“失水渔民”和“假期渔民”搭台子、谋路子，将无形党建文化变为红色有形能量。

润州区在新金江社区召开全区基层党建“书记项目”启动暨红色形象体系现场推进会

党员主动结对困难群众，并发放结对帮扶联系卡

渔民趣味运动会

# 润州区宝塔路

社区党委书记 吴爱民

宝塔路街道黎明社区地处镇江城区南端，东至黄山东路，南靠南山风景区，西至老黄山南路，北依沪宁铁路线。辖区占地1.2平方公里，常住人口1.3万人，有小学和幼儿园各1所，企事业单位2家，大型生活夜市公园1个。社区所辖五个成熟封闭小区及部分零散楼栋，五个成熟封闭小区分别是亚东朴园、景天花园、红星牡丹园、红星瑞香园、样板安置小区红星桃花源。

近年来，社区先后荣获“省级文明社区”、市级“双拥模范社区”、市级“退休人员社会化管理服务示范点”、市级“廉政文化示范点”、连续被评为人口和计划生育工作市级“示范社区”等多项荣誉称号。

社区两委会成员开展“两学一做”学习活动

黎明社区党委换届

黎明社区居委会换届

# 街道黎明社区

律师进社区协助调解养老纠纷

组织反腐倡廉文艺演出

组织青少年参观军营

黎明社区文化惠民活动精彩纷呈

# 润州区官塘桥街道官塘桥村

村党总支书记、村委会主任 朱荣平

官塘桥村位于镇江市南大门，是官塘桥街道办事处驻地，全村面积3平方公里，下辖9个村民小组。总人口1450人，几年来随着官塘新城建设的推进，全村已拆迁847户、34.52万平方米、安置失地农民1097人、回迁安置1100套房屋，全村共征地约146.67公顷，沙山公园、台江软件园、招商地产、润土等项目相继落户。固定资产3233.82万元，年经营性收入308.59万元。集体资产有远洋香奈城售楼处1656平方米、创业楼6600平方米以及板桥1000平方米商办用房等。随着官塘新城的推进，官塘桥村围绕经济发展、民生事业、安置就业等重点工作取得显著成绩，重点打造了“南山翠茗”“林隐白茶”等中高档茶叶品牌。已建成通车的环山路、和儿庙路线拉出了官塘新城项目的雏形。远洋创业楼为自主创业人员提供创业平台，目前已有多家公司入驻。官塘桥村开拓创新工作思路为群众做实事，制定了《低收入老年人生活补贴办法》《官塘桥村大病医疗救助机制实施办法》《大学生奖励助学办法》三大惠民举措。先后获得“全国综合减灾示范村”“全国科普惠农兴村先进单位”“江苏省优秀科普惠农服务站”“江苏省民主法治示范村”“镇江市社区综合文化服务中心示范点”“润州区双型“四星”级先进党支部”等多项荣誉。

党员、群众学习“两学一做”

村党组织换届选举

普及拒绝家暴活动

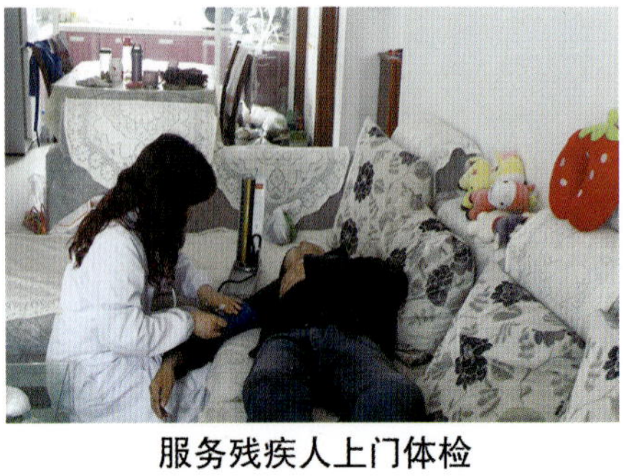

服务残疾人上门体检

慰问环卫工人

迎国庆文艺活动

# 润州区官塘桥街道平山村

村党总支书记 张义成

村委会主任 邱振宇

官塘桥街道平山村位于沪蓉高速南出入口，北与南山风景名胜区管理委员会五凤口村交界，南与秀山村接壤，东与大港新区丁卯街道毗邻，是官塘新城建设的核心区。全村面积6.7平方公里，下辖21个村民小组，1183户居民，常住人口2960人。近年来，村“两委”班子，深入贯彻习近平总书记系列重要讲话精神，坚持走群众路线，围绕街道党工委、办事处的工作部署，率领全体党员干部抢抓机遇，转型升级，村级经济社会快速、稳定、可持续发展，全村各项工作呈现良好发展局面。先后获得江苏省社会主义新农村建设示范、江苏十佳草莓基地、四星先进“双型”党支部等多项荣誉。

二孩政策宣传活动

炎炎夏日平山村志愿者给环卫工人送清凉

重阳节敬老院慰问老人

老年人体育节开幕式

青少年“小候鸟”暑假班

# 润州区南山

润州区委组织部部长徐燕到檀山调研

党员大会

“大手拉小手，我为南山添新绿”护绿行动

南山街道檀山社区位于亚东紫檀凤凰山路9号，建筑面积约为936平方米。社区下辖8个居民小组，总户数450户、人口1280人，党员53名。

自2003年檀山路征地拆迁开始，社区先后经历了11年的征地拆迁，相继完成了10余项征地拆迁任务。目前原辖区的失地农民已经全部安置在凤凰家园小区和九华山庄小区。为更好的服务原辖区的失地农民，不断提升社区原居民的满意度和幸福感，社区新的为民服务中心本着“一室多用、灵活多样、功能齐全”的布局思想，内装风格简约、温馨，谋划长远，彰显活力。内设一站式服务大厅、党员之家、律动馆、书香馆、疏导室、怡然室、青少年之家等功能厅室。实现了“办公最小化，服务最大化”。

社区回归润州以来，坚持以党建工作为引领，以服务居民为中心，以创新社区管理为目标，通过加强党组织建设，强化党支部的政治和服务功能，不断地规范社区管理，优化服务方式。充分利用各类活动阵地，常年开展主题鲜明、内容丰富、形式多样的群众文化教育活动，大力宣传中华传统美德，用“家”文化凝聚民心，倾心打造幸福檀山，和谐家园。

支部委员工作会议

重温入党誓词

# 街道檀山社区

访民情解民困

回迁安置分房现场

卫生知识进社区宣讲活动

南山徒步，踏春迎“三八”

社区为民服务中心

# 七里甸街道四圩社区

社区党总支书记 张国平

社区居委会主任 张 翔

向残疾人、困难家庭发放爱心卡、慈善卡

润州区七里甸街道四圩社区位于润州区政府北侧，2004年村改居，占地面积1.2平方公里，人口近3500人。社区先后获全国侨法宣传角、全国创建学习型家庭示范社区、江苏省文明社区、江苏省民主法治示范社区、江苏省示范妇女儿童之家、江苏省优秀居民学校、江苏省商业示范社区、镇江市文明社区、镇江市廉政文化示范社区、镇江市人口和计划生育工作示范社区、镇江市绿色社区、镇江市创业就业工作先进社区、润州区先进基层党组织等荣誉称号，社区成为安居乐业、知礼立德、守望相助、其乐融融的新型和谐社区。

“家捷帮”志愿者联合江苏科技大学志愿者开展为西部困难儿童捐赠衣物活动

联合镇江文广新局开展首届文化节暨读书月活动

文化惠民社区行“走进四圩”广场纳凉晚会

# 镇江市润州区妇幼保健所

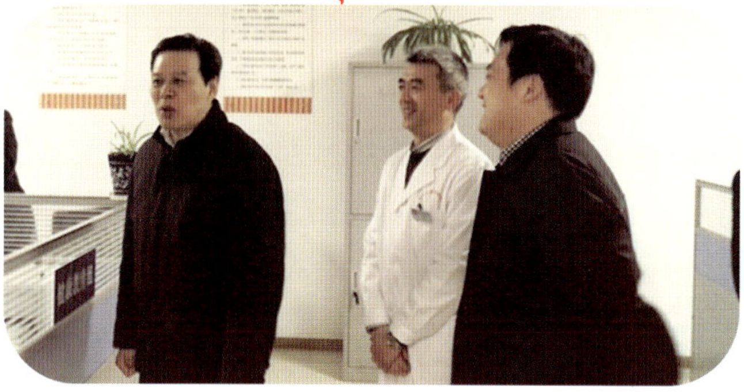

省、区级领导考察指导

区级领导莅临指导

镇江市润州区妇幼保健所，成立于1984年，原位于王家巷44号，建筑面积约500平方米，于2014年10月搬迁至檀山路10号，建筑面积约3800平方米。是一个集保健、医疗、培训、指导、信息统计为一体的区级妇幼保健机构，担负着全润州区妇女儿童健康保健重任，是基层妇幼保健工作的业务指导中心。多年来在“以保健为中心，以保障生殖健康为目的，保健与临床相结合，面向群体、面向基层和预防为主”的妇幼卫生工作方针指引下。在妇幼卫生工作者与全区人民共同努力，为我区妇女儿童健康工作做出了贡献。所内设有群体保健、妇女保健、儿童保健、生殖保健等科室。拥有数字化摄影系统、彩色多普勒超声、乳腺诊断仪、微波治疗仪、无痛人流设备、电子光学阴道镜、新生儿听力筛查仪、智力测定仪、微量元素测定仪、视力筛查仪、血球自动计数仪、全自动生化分析仪等先进的医疗设备和功能齐全的管理系统。以妇女保健、儿童保健为两大主线，妇女保健以妇女病查治、孕产妇管理和计划生育技术指导为主；儿童保健以0~7岁儿童保健、托幼机构卫生保健指导。从事婚前医学检查、临床与保健相结合、妇幼保健两个系统管理和“出生医学证明”发放管理工作。不断强化全体职工的服务意识，始终坚持“以服务对象为中心”，按照“服务人民群众、规范行业行为、推进卫生改革”的要求。单位上下始终保持着一种好了要更好、快了要更快的奋进状态，不断刷新着我们创造的业绩，不断超越着我们实践的理念，润州妇幼保健所生机勃勃，事业发展蒸蒸日上。区妇幼保健所竭诚为全区人民，尤其是广大的妇女儿童提供规范、便捷、安全、优质、经济的医疗保健服务。

创等检查

到托幼机构健康教育宣传

全体职工

# 润州区黎明社区卫生服务中心

全国政协副主席韩启德来镇调研医改工作

中央督导组一行调研黎明中心

国家卫计委主任一行调研黎明中心

江苏省委书记李强一行调研黎明中心

润州区黎明社区卫生服务中心是政府全资新建的现代化、高标准的社区卫生服务中心。建筑面积4231平方米，中心现有职工70人，其中卫生专业技术人员65人，高级职称5人，承担辖区内4.2万多人的基本医疗和公共卫生服务。2016年中心门诊人次数达23.22万，住院病人1777例其中下转病人884例，业务收入为3111.8万元，接收财政资金及专项补助奖励资金558万元。

黎明中心全景

# 润州区宝塔路社区卫生服务中心

蔡萍副区长考察中心“康复联合病房”工作

礼来全球公司事务和传播部高级副总裁裴柏德先生，全球新兴市场高级准入拓展总监睿博来先生及省江苏省疾病预防控制中心副主任武鸣、镇江市卫计委副主任苏枫一行到中心，就江苏省糖尿病“三位一体”综合管理工作开展情况进行考察、指导

润州区宝塔路社区卫生服务中心是政府投入新建的现代化、高标准的社区卫生服务中心。是康复医疗集团全科医师规范化培训基地。中心建筑面积3700平方米，卫生专业技术人员51人，其中高级以上职称4人。中心康复病区环境舒适温馨、设施齐全，拥有病床37张。2016年中心就诊人次达15.49万，总收入2331万元。拥有数字化X光机（DR）、全自动生化分析仪、全自动血球分析仪、GE-F8彩超等医疗设备。着力打造数字化社区卫生服务中心，依托信息化实现与集团核心三甲医院医疗资源整合，实现基本医疗和公共卫生工作的相互融合，实现市级区域卫生平台信息共享。

中心以全专联合门诊、中医治疗技术为亮点，根据不同居民的健康需求，设置出多种个性化服务套餐。签约方式更是多种多样，除团队签约，面对面签约，更是尝试小云健康平台签约。2016年度为832人开展个性化签约服务。

宝塔中心糖尿病自我管理小组进行“糖尿病饮食调节”活动演练

中心与第四人民医院神经内科联合成立了“康复联合病房”，收治神经内科需要后续康复治疗的患者。中心每周一至周五都有市级医院的首席专家到中心坐诊，查房。社区的医护人员也轮流到三甲医院接受培训，利用信息化数字平台，通过“患者不动，标本动、信息动”的方式，实现了基层首诊、便捷就医、高效、优质服务的新模式。

宝塔中心康复联合病房医护人员合照